日省錄 蔚山資料

- 李成九 外 -

UUP

지은이

이성구 서울대학교 대학원 동양사학과 졸업
현 울산대학교 역사문화학과 교수

김강식 부산대학교 대학원 사학과 졸업
문학박사
울산대학교 인문과학연구소 연구교수
현 동명대학교 교양학부 교수

나희라 서울대학교 대학원 동양사학과 졸업
문학박사
울산대학교 인문과학연구소 연구교수
현 울산대학교 역사문화학과 강의전담 교수

변광석 부산대학교 대학원 사학과 졸업
문학박사
울산대학교 역사문화학과 강의전담 교수
현 부산대학교 사학과 강사

전영섭 울산대 인문과학연구소 연구교수
문학박사
울산대학교 인문과학연구소 연구교수
현 부산대학교 사학과 강사

日省錄 蔚山資料

2007년 1월 17일 초판 인쇄
2007년 1월 23일 초판 발행

지은이 | 이성구 외
발행인 | 정정길
발행처 | UUP(울산대학교출판부)

출판등록 | 제 370-1996-000001호(1996.3.13)
주소 | 680-749 울산광역시 남구 무거 2동 산29번지
전화 | (052) 259-2488
팩스 | (052) 277-3011
편집·표지 디자인 | 지미정·김수연

값 40,000원

ISBN 978-89-7868-957-1

※ 이 책은 2002년도 한국학술진흥재단의 지원에 의하여 연구되었음.
(KRF-2002-072-AM 1007)

간행사

울산대학교 인문과학연구소는 울산 관련 자료의 수집, 정리, 연구, 편찬에 진력해 오고 있습니다. 그러던 중 「울산지역사연구」 과제가 2002년 8월 학술진흥재단의 기초학문육성사업에 선정되어 조선후기부터 1980년까지의 울산지역의 자료를 발췌·정리하고 있습니다.

이 가운데 문헌팀은 조선후기의 많은 자료들 중에서도 조선후기의 전반적안 상황을 구체적으로 보여주는 자료로서 『비변사등록』과 『일성록』을 선정하여 일관성 있게 작업을 진행하였습니다. 이번에 간행하는 『일성록울산관련자료』는 문헌팀이 작업한 1~3차년도 분을 정리하여 묶은 것으로 일종의 결과보고서의 성격을 띠고 있습니다.

『일성록』은 1760년(영조 36년)에서 1910년(융희 4년)까지 150년에 걸친 국정 전반에 관한 매일의 기록으로서 조선왕조의 대표적인 관찬 연대기입니다. 『일성록』은 역대 실록이 새로 즉위한 왕이 선왕 일대의 기록을 찬수한 것임에 비해, 매일의 기록을 근거로 5일 또는 매월 한 차례씩 정리한 것입니다. 때문에 더욱 정확하고 근본적인 사료입니다. 또 각 사실마다 제목을 붙여 열람하기에 편하며, 『승정원일기』에도 실리지 않은 사실들이 『일성록』에만 실린 사항도 많다는 점에서 기초사료로서의 중요성이 큰 자료입니다.

이러한 중요성으로 『일성록』은 이미 서울대학교 규장각에서 영인·간행하였지만, 아직까지도 내용의 방대함과 기사별 중층성 때문에 이용자들의 활용이 그리 많지 않은 실정입니다.

본 자료집은 이러한 문제점을 극복하기 위하여 『일성록』의 전체 내용 가운데서 울산 지역 관련 자료를 발췌·정리하여 간행한 것입니다. 이를 위한 작업은 연구원과 보조연구원이 전체 86권을 나누어 읽으면서 울산 지역 관련 자료를 직접 발췌했는데, 모두 1,432건이었습니다. 그리고 이 자료를 이용의 편의를 위하여 내용과 연관된 검색어를 뽑아내어 제시하였으며, 기사의 전체 내용을 쉽게 파악할 수 있도록 건명을 제시하였습니다. 아울러 원문을 제시함으로써 연구자들이 직접 이용할 수 있도록 하였습니다.

본 자료집은 우선 조선후기와 한말의 울산에 대해서 관심을 가진 분들에게 귀중한 자료로 활용될 것입니다. 사실 조선후기와 한말 시기의 울산은 국방의 도시, 산업의 도시로서 주목받는 고장이었습니다. 이러한 모습은 자료집에 정리되어 내용들을 통해서 직접 확인할 수 있습니다. 다음으로는 이 자료집이 울산 지역의 전근대 역사상을 정립하는 데 직접적으로 활용되어 울산 지역의 정체성을 마련하는 데 기여하리라 기대해 봅니다.

끝으로 그동안 자료집을 발간하기까지 전심전력으로 힘써 주신 연구원들에게 감사를 드리며, 앞으로도 본 연구소는 울산 관련 자료의 발굴과 정리 및 연구에 더욱 정진할 것을 약속 드립니다. 아울러 이 자료집을 보기 좋게 꾸며준 울산대학교 출판부에도 고마움을 전합니다.

2006년 12월 20일

이성구

일러두기

1. 이 자료집은 1982년 서울대학교 규장각이 영인·간행한『日省錄』86권을 底本으로 하였다.
2. 이 자료집은『日省錄』86권에서 오늘날의 울산광역시에 해당하는 지역을 대상으로 하여 모든 주제의 관련 기사를 발췌하여 입력하였다. 때문에 기사의 내용이 울산 지역을 주대상으로 하는 기사가 아닌 경우에도 울산 지역이 언급되면 대상으로 하였다.
3. 이 자료집의 시기는 조선시대의 영조 36년(1760)~융희 4년(1910)까지이다.
4. 각 기사는 건명, 발신처, 검색어, 출처, 원문의 순서로 되어 있다.
5. 각 기사의 건명은 기사의 내용을 파악할 수 있도록 발췌한 원문 내용을 고려하여 작성하였다.
6. 각 기사의 발신처는 원칙적으로 대부분 국왕이지만, 해당 사항을 의결하거나 지시할 때 참고한 첫 啓를 올린 주체를 찾아내어 작성하였다.
7. 각 기사의 검색어는 울산 관련 지역 명칭과 기사의 내용을 나타내는 용어를 중심으로 5개 내외씩 제시하였다.
8. 출처는 다음의 예와 같이 표기하였다. 다만 앞의 숫자는 책의 권수이고, 뒤의 숫자는 기사의 해당 페이지이며, 上과 下의 표시는 해당 페이지의 아래쪽과 위쪽을 의미한다. 가운데 ~의 표기는 해당 기사가 연결됨을 나타낸다.
   예) 正祖 22年 甲申 7月 20日 ; 21-674下~675上
9. 각 기사에서 해당 기사와 관련 없는 부분은 (前略), (中略), (下略)을 사용하여 가급적 생략하였다.
10. 표기는 가급적 底本의 원문을 따랐다. 다만 직접 입력이 불가능한 古字일 경우 현재 통용되는 글자로 입력하였으며, 僻字는 별도로 표기하였다.
11. 표기는 가급적 底本의 원문을 따르되 의미상 명백하게 틀릴 경우 바로잡았다.

12. 표기상에서 □로 되어 있는 부분은 底本의 원문에서 삭제된 부분이거나, 脫草하지 못한 부분이다.
13. 원문의 띄어쓰기는 底本의 원문을 토대로 하되 일관성을 두려 하였다.

해제

『日省錄』 소재 蔚山地域史 자료의 내용과 성격

1. 머리말

역사의 연구는 그 대상인 과거사의 정리에서 출발한다. 이를 위해서는 과거사의 원천인 자료의 발굴과 정리가 역사연구의 관건이라 할 수 있다. 그런 점에서 풍부한 자료발굴과 그것의 체계적인 정리는 실증적인 역사연구를 담보해 내기 위한 전제 조건이다.

지금 우리 사회는 지방자치제의 실시가 다방면으로 축적되면서 지방의 역사와 문화 및 전통에 대한 관심이 크게 고조되고 있다. 이러한 추세는 그동안 역사연구의 무대가 중앙에 치우친 나머지, 지방의 역사에 대한 관심과 보존 노력이 거의 전무하였던 상황에서 볼 때 매우 고무적인 현상이다. 지역의 역사와 문화전통이 제대로 정리되어야만 곧 그 사회의 정체성을 올바르게 확립할 수 있으며, 전통사회를 파악하는 방법론상에서도 다양성을 확보할 수 있다.[1)]

이와 같은 시도는 중앙중심적인 기준의 평가를 극복하는 방법이기도 하다. 나아

---

1) 최근 지역의 역사에 대한 관심 이상으로 그 용어도 '지역사', '지방사' 또는 '향토사' 등 다양하게 사용되고 있으며, 이에 대한 인식의 편차도 크다. 비록 여러 견해가 있지만 대체로 지방이라는 용어는 중앙에 대한 종속적인 개념을 내포한다는 점에서, 또 향토라는 말은 자기 지역(향토)에 대한 강한(때로는 배타적인) 애정을 전제하고 쓰고 있는 점에서, 필자는 '지역'·'지역사' 용어를 사용하기로 한다. 즉 지역이라는 용어는 개별 지방의 단위로서 독립성을 지니고 있기 때문에 적절한 표현으로 판단된다. 고석규, 「지방사 연구의 새로운 모색」 역사문화학회편, 『지방사와 지방문화 1』, 학연문화사, 1998 ; 김동수, 「조선시대 지역사 서술체계와 자료」 국사편찬위원회편, 『한국사론』 32, 2001 참조.

가 이러한 개별 지역사가 종합되어야 궁극적으로 온전한 전체사, 국가사가 정리될 수 있다. 우리의 삶의 터전인 지역의 역사를 정당하게 복원하려면 무엇보다도 그 원천인 자료, 즉 풍부한 문헌자료를 정리해 내어야 할 것이다.

중요한 문제는 그 자료가 정확하고 객관적인 사료이어야 지역의 역사가 왜곡되지 않고 역사에 대한 올바른 이해를 담보할 수 있다는 점이다. 최근에 본 울산지역사 연구팀은 조선시대의 지방 실정을 종합적으로 수록하고 있는 『備邊司謄錄』 사료를 이용하여 구체적이고 체계적으로 울산지역사 자료를 정리 해설한 결과물을 간행하였다.[2)]

이러한 작업은 각 지역과 연관된 중앙의 자료를 통해서 해당 지역의 역사상을 파악할 수 있는 좋은 방편이 될 수 있으며, 나아가 지나간 역사를 재조명하고 현재의 모습을 토대로 올바른 지역 발전의 기틀을 마련할 수 있기 때문이다.

지방자치 시대에 맞추어 울산광역시의 문화적 정체성 확립과 지역사 정리 차원에서 전근대 울산지역과 관련된 자료 정리는 매우 중요한 의미를 가지게 된다. 무엇보다도 울산은 조선시대에 군사상·행정상으로 중요한 위상을 지녔던 도시였다. 그러한 역사적 중요성에 비추어 볼 때 본격적인 지역사 연구의 전단계로서 자료를 축적하는 작업은 무엇보다도 의의가 있다. 이에 조선 후기 울산의 위상과 실체를 파악하기 위한 구체적인 토대를 마련하기 위해 본 울산지역사 연구팀은 2~3차 연구의 일환으로 『日省錄』을 텍스트로 하여 울산지역을 대상으로 조선 후기부터 조선 말기까지 전근대 시기의 관련자료를 분류·정리하고 나아가 이를 해설하고자 한다.

2. 울산지역사 연구의 현황과 과제

울산의 역사 개관을 간략하게 말하면 다음과 같다. 선사시대의 울산은 비교적 많은 유적지가 분포하고 있는데, 신석기시대부터 주로 유적이 나타나고 있으며 동부 영남의 중심 지역으로 기능해 왔다. 청동기시대에는 우리나라 어느 지역보다 많은 취락유적이 발견되었다. 또 유명한 반구대 암각화와 천전리 각석 등에서 볼 수 있듯이 태화강을 문명의 젖줄로 삼아 다양한 농경·어로·수렵 및 의례 생활을 누렸던 취락 중심지였다. 이어 초기 국가시기에는 풍부한 철기문화를 바탕으로 于尸山國을 건설하여 독자적인 문화 전통을 꾸려왔으며, 삼국시대에는 신라의 대외 접촉 창

---

2) 李成九 外, 『備邊司謄錄蔚山資料』, 울산대학교 출판부, 2004.

구와 수도 경주를 방어하는 전초 기지 역할을 수행하였다.

고려시대의 울산은 초기에 興禮府로 승격한 이후 감무나 방어사가 파견되는 주현으로서 명칭은 줄곧 蔚州로 불렸다. 이후 조선시대의 울산은 국방체제상으로 매우 중요한 도시였다. 조선 초기에 慶尙左兵營과 慶尙左水營이 설치되면서 동부 영남지역 방어의 중핵으로 기능하였다. 비록 경상좌수영은 후에 동래로 이전해 갔지만, 경상좌병영은 조선 말 신식 군사제도가 시행될 때까지 유지되었다. 이로 보아 무엇보다도 조선 시대 울산은 육군·수군의 주요 근거지로서 군사상·국방상 매우 중요한 역할을 담당하였다.

일제시기 울산에서는 병영·언양·남창 일원에서 3·1운동을 전개하였고, 이를 주도했던 인물들은 그 이후 각종 사회운동에 적극적으로 참여하여 민족운동을 주도하였다. 일제 말기에 일본은 울산에 인구 50만을 수용하는 대도시를 건설하여 대륙침략을 위한 병참 기지로 삼으려고 계획하였지만 패전과 함께 무산되었다. 그런데 해방 후 1962년 경제개발계획에 따라 울산에 중화학공업 단지가 건설되고 현대기업의 중공업·자동차 등 공단이 들어서면서 한국 최대의 공업도시로 성장하였다. 울산은 1997년 인구 100만의 광역시로 승격되면서 새로운 역사적 과제에 직면하고 있다.[3)]

이와 같은 역사와 전통을 지닌 울산은 지역사 연구의 대상으로서 주요한 위상을 차지한다고 할 수 있다. 그동안의 한국사 연구가 중앙사 내지 전체사 중심으로 이루어진 결과 지역사 연구는 전문 역사 연구자가 아닌 소위 '향토사가'들에 의해 추진될 수밖에 없었다. 이러한 현상은 울산에서도 예외가 아니었다. 전문 역사연구자들은 이 지방의 사정을 잘 알지 못한다는 생각에서, 또 다루어야 할 대상이나 주제가 너무 단편적·지엽적이라고 생각하여 지역사 연구에 거의 손을 대지 않았다.

그러나 최근 중앙 중심의 전체사가 역사를 구조 중심으로 파악한 나머지 구체성과 현장성을 파악하기가 어려울 뿐만 아니라, 역사에서 중요한 인간들의 삶의 모습이 빠진 채 연구가 이루어졌다는 반성과 함께 지역사에 대한 관심이 고조된 것이다.

울산지역사 연구를 제약해 온 요인 중에는 한국사 연구의 중앙 중심주의도 원인이 되었지만, 근본적으로 지금까지 울산지역사 관련 자료 수집이 체계적으로 이루어지지 않은 점을 들 수 있다. 울산이 광역시가 되면서 1999년에 비로소 울산시사편찬위원회가 구성되었지만, 당시 시사편찬위원회는 울산광역시사를 편찬하는 데 몰두하여 이를 완료한 이후로 그 기구마저 해산된 상태다. 따라서 지방자치단체의

3) 울산광역시사편찬위원회, 『蔚山廣域市史』(①~⑥) 2002. 6 참조.

지원에 의한 울산지역사 연구의 토대 구축을 위한 기초 작업에는 전혀 눈길을 돌리지 못하고 있다.

울산광역시사에 자료편이 편입되어 있으나 주로 조선 이전 부분에 한정되어 있고, 조선시대 자료로는 『朝鮮王朝實錄』에서 울산 관련 자료를 추출하는 수준에 그칠 뿐 『備邊司謄錄』·『日省錄』·『承政院日記』 등의 연대기 자료에까지는 미치지 못하고 있다. 그런 점에서 비문헌 자료 수집은 지금까지 아예 엄두도 내지 못하던 실정이었다.

지난 30여 년 간 전문 역사 연구자에 의한 울산 지역사 연구는 연구 수행을 가능하게 하는 자료의 분포와 관련하여 주로 원시시대와 고대, 그리고 조선시대에 집중되어 왔다. 고대 이전의 울산 연구는 반구대와 천전리의 岩刻畵 연구, 매장 문화재 발굴과 관련한 청동기 시대와 삼국시대의 주거지와 墓制 연구 등이 있고, 통일신라시대에는 處容의 정체에 관한 연구가 있다. 고려시대 울산 연구는 자료 부족으로 매우 희소하고, 조선시대 울산 연구도 울산과 언양의 戶籍大帳을 이용한 신분사와 사회사 연구에 국한되었다.

더욱이 근대와 현대의 울산에 대한 연구는 거의 전무하였다. 울산이 국가공단으로 지정되어 우리나라 중화학공업을 이끌기 시작한 1960년대 이후의 발전과정과 역사에 대한 연구 및 자료 정리도 시급한 실정이다.[4] 이에 본 울산지역사 연구팀 산하 문헌조사 연구반이 2~3차 연도 연구의 일환으로 『日省錄』을 텍스트로 울산 관련 기사를 모두 발췌하여 정리하기로 하였다. 이와 같은 자료 정리와 해제 작업은 조선 후기 울산의 지역사 복원을 위한 전단계로서 종합적이고 구체적인 울산 연구의 토대가 될 것이다.

3. 『日省錄』의 자료적 성격

조선시대에 국가의 정치·경제·사회·외교 등 전반적인 통치에 관한 기록으로는 가장 기본적인 正史로서 『朝鮮王朝實錄』을 비롯하여 『備邊司謄錄』과 『日省錄』·『承政院日記』를 빼놓을 수 없다. 여기서 본 연구팀의 작업 텍스트인 『日省錄』은 1760년(영조 36) 1월부터 1910년(융희 4년) 8월까지 151년 간의 기록이다. 내용은

4) 양상현, 「울산 지방사 연구의 성과와 과제」『人文論叢』 제17집, 울산대학교 인문과학연구소, 1999 참조.

주로 국왕의 동정과 국정 전반사항을 기록한 일기이며, 제1차 관찬 연대기로서 중요한 필사본 문헌이다. 왕의 입장에서 정무를 처리하고 편찬한 일기의 형식을 갖추고 있으나 실질적으로는 정부의 공식 기록이다.

정조의 『日省錄』은 선왕인 영조의 『御製自省編』의 뜻을 본받은 것으로, 정조가 왕세손으로 있을 때 대리청정을 둘러싼 정국에 관해 썼던 『尊賢閣日記』를 기초로 하여 즉위 후에도 계속 쓴 것이다. 이는 모두 유교적 덕치를 이상으로 군주가 自省의 근거로 삼기 위한 것이었다.

『日省錄』은 다른 연대기 자료에 비해 특징적인 장점이 있다. 첫째, 역대 왕조실록이 先王 一代의 기록을 편찬한 것임에 비해 이것은 매일의 국정내용 기록을 토대로 5일마다 또는 매월 한 차례씩 정리한 것이므로 기록성의 측면에서 매우 정확하고 근본적인 사료라 할 수 있다. 둘째, 매월 한 차례씩 정리된 점에서는 『承政院日記』와 동질적인 가치가 있지만, 『日省錄』은 자료를 다시 분류하여 정리한 기록이며, 또 각 사실마다 제목을 붙여 두어 열람하기에 편리하고, 『承政院日記』에는 수록되지 않은 사실들 가운데 『日省錄』에만 실린 사항이 많으므로 사료로서의 강점이 크다.

더구나 조선 말기의 역사기록에 있어서 『高宗純宗實錄』의 경우 일본인 학자들에 의한 曲筆을 면할 수 없었고, 또 이 시기의 『承政院日記』는 상당 부분 소실되어 改修한 일기이다. 개수할 때 바로 『日省錄』이 중요한 참고·전거사료였다는 점에서 보더라도 그 사료적 중요성이 매우 크다고 할 수 있다.

『日省錄』의 기사 수록은 하루를 단위로 하였지만, 同日의 사안 중에서는 성격상 높여야 할 것을 앞에 둔다는 所敬爲先 원칙에 의하여 기록하였다. 『日省錄』에는 중앙의 정치적인 주요 사안 외에도 지방의 사회·경제·군사문제 등에 관한 다양한 기사가 실려 있다. 즉 국왕이 내리는 윤음·비답·재가 등의 臨御召見類도 있지만, 지방에서 올라온 각종 보고서나 상소문인 啓辭類·疏箚類·暗行御史別單類 및 지방의 농업과 관련된 田畓打量이나 勸農綸音, 군사·군수문제와 관련되는 武官職人事나 水陸軍操鍊 상황 내지 都試 등에 관한 기사가 많이 수록되어 있다.

이처럼 풍부한 자료는 지방사 연구에 매우 소중한 관찬 자료이다. 그런 점에서 울산의 사회, 경제, 군사와 관련된 자료의 수집과 정리에 큰 역할을 할 수 있다. 특히 조선시대에 울산이 지니는 兵營·水營으로서의 군사적 중요성을 감안해 보면 중앙 조정에서도 이와 같은 지방의 문제를 많이 논의하였을 것이다. 이 작업은 지역사료의 정리뿐만 아니라 기초 자료의 토대 구축 차원에서 『비변사등록』 작업과 함께 소중한 지역연구의 일환이 될 것이다.

4. 관련 기사의 주요 내용과 의미

『일성록』에는 지방사 자료가 비교적 풍부하게 수록되어 있다. 그 가운데에 울산 지역사 관련 기사로는 조선시대 병영도시에 걸맞는 군사 관련 내용을 비롯하여 행정, 재정, 민원 등 다양한 방면에 걸쳐 확인된다. 게다가 행정 관련 기사가 많은 이유는 울산지역이 좌병영 소재지라는 점과 관련 있다. 즉 좌병사의 임명과 교체 및 행정적 비리나 무능에 대한 추고 등 행정적 인사 측면에서 중앙이나 지방감영으로부터의 조치가 가장 많은 기사 내용을 차지하고 있음을 볼 수 있다. 이런 사실은 다른 지방도시와 비교해 볼 때 울산이 지니는 군사도시로서의 역할과 기능이 자못 큰 비중이었음을 말해 준다.

울산 지역사에 관한 전반적인 기사를 추출하는 데에는 현재의 울산광역시 권역에 포함되는 조선시대 당시의 군현 영역에 속한 지명을 대상으로 하였다. 이와 같은 지명(蔚山, 彦陽, 鶴城 등)을 비롯하여 관아와 관청(慶尙左兵營·使, 慶尙左水營·使, 蔚山府使 등), 인물, 사건 등을 표제어로 삼아 울산과 관련되는 기사를 추출 정리하였다.

먼저 『日省錄』에 수록된 울산 관련 기사 전체의 국왕 在位 시기별 건수 분포를 살펴보면 다음과 같다.

<표 1> 『日省錄』 소재 울산 관련 기사의 시기별 건수

시 기	건 수
정조 연간	400
순조 연간	373
헌종 연간	122
철종 연간	149
고종 연간	343
순종 연간	33
합 계	1432

위의 표에서 보면 전체 1421건 중에 무려 400건의 기사가 수록되어 있는 정조 연간이 재위 시기별로 보아 가장 많다. 특히 정조 연간에 『일성록』 기록의 중요성과 필요성을 가장 강조해왔기 때문이라 볼 수 있다. 이어서 순조, 고종, 철종, 헌종 순서이며 마지막 순종 연간의 기록이 가장 적게 나타났다.

다음으로 기사 내용을 다시 주제별로 분류해서 정리하면 다음과 같다.

<표 2> 『日省錄』 소재 울산 관련 기사의 내용별 분석

시기	건수	분류	내용(괄호 안은 해당 기사의 복수 건수)	소계
正祖	400	군사 훈련	春操(7), 秋操(4), 水陸操, 習操巡點(15), 春秋習操와 營將巡點 정지(4), 上番軍 點閱(2), 軍馬 조련	34
		군사 관방	좌병영 城堞 수축, 좌병영 이설 논의(3), 倭船漂迫에 대한 좌병사의 장계, 봉수 철폐 논의, 外洋行船, 화성성역	7
		군사 의례	좌병사 문책, 陪牌 혁파논의, 馬兵都試, 兵符 소실 문제, 병영장교와 무사합격자 施賞(3), 都試 폐단, 馬兵과 將領의 임명, 火藥 범죄, 좌병사 장계, 좌병사 提兵, 좌병영 試藝(3), 무과성적, 무사의 訓鍊院試, 別試	18
		군사 군량	軍餉	1
		군사 군액	언양 속오군, 中官 처벌과 驛保 충원(2), 充軍(5), 武士抄報, 射隊軍 제거, 能櫓軍疊役, 馬步軍, 虞侯(2), 上番軍(2)	16
		군사 비용	戰船 개조 목재(2)	2
		군사 전선	兵船還泊, 戰船致敗(3), 戰防船 수리	5
		행정 인사	울산부사 교체·임명(23), 부사 파직, 언양현감 임명(8), 현감 파직, 좌병사 교체·임명(28), 좌병사 처벌·논죄(32), 좌병사 點閱替行, 울산전부사 처벌(2), 전좌병사 처벌(2), 前西生僉使 처벌, 개운포만호 인사, 개운포만호 처벌, 좌병사 辭陛(2)	103
		행정 진휼	彦陽給災, 尤甚邑, 饘死, 虎患, 蔭換差賑恤, 民家失火(2), 彦陽給復, 蔚山燒戶賑恤, 恤典(3), 영남 민폐, 漂民(2)	15
		행정 제도	殿最 수행 문책, 언양현 소속 옛땅 회복 요청 上言, 언양현감에 대한 암행평가, 驛案頒下事, 부사의 望筒, 어사서계별단(2), 守令薦單書, 신라경순왕묘 이건논의, 부사 추고, 경상감사 추고, 좌병사 善治, 取才, 兼衡, 都政	15

		행정 치죄	울산수령 拿囚(2), 수령 경책(2), 울산부 爲奴, 僞印, 울산죄수 疏決案(2), 徒流罪人(6), 囚人 처리(2), 臭載囚推人(2), 造船 책임 추궁, 민간 인치사	20
		행정 청원	울산유학의 上言(4), 山訟, 原情(2), 擊錚, 구강 서원, 身病 수령	10
		행정 봉산	彦陽封山 혁파 논의, 風落松(3)	4
		행정 명령	殿最(17), 蔭官 차출(2), 죄인 充軍, 定配罪人(9), 언양현감 論賞, 전좌병사 蕩滌, 전부사 蕩滌, 民丁 동원, 울산죄인 放送(4), 윤음반포, 字恤典則 頒賜, 加資封爵(13), 驛吏免役, 孝烈 포상(3), 徒流罪蕩滌, 유배지 이동(2), 享所 수리, 補賑人 논상, 赦典, 褒貶等第(2)	64
		재정 전정	궁방전 세금, 下納米, 영남곡 이전, 작물 파종(2), 함양에서 울산으로 조세 이전, 民庫 폐단, 農形, 災實分等(2), 하사전답, 虛留穀, 米太 징수, 堤와 洑의 수(2)	16
		재정 환곡	기근구제곡(8), 還弊 이정, 還政, 穀分俵, 分賑穀(3), 官穀逋欠, 환곡 탕감, 穀簿, 分留穀, 환곡 犯科(2), 盡分穀	21
		재정 비용	納布軍役, 陳賀方物, 保米布上納(2), 군영재정 부족분, 錢荒, 南倉錢(4), 南倉의 債利(2), 언양인 私賑, 좌병영 米布(2), 軍餉米, 進上物, 공납(3), 화산산성 축성곡(3), 新還餉의 邑秩, 봉산 목재, 회록미와 상납전, 公貨 획송	27
		재정 목장	목장, 牧場身布(2), 목장 민폐, 放牧馬 수효(5), 목장의 돌림병	10
		재정 어염장	海弊, 公鹽 세납, 全鰒 채취·진상(10)	12
純祖	373	군사 훈련	水陸操(8), 春操와 都試 시행, 軍點替行, 秋操와 闕門聚點 시행	11
		군사 관방	좌병영 이설논의(2), 수영 이설논의, 倭船 방어	4
		군사 의례	좌병영 扈衛軍兵 문책(2), 護行大差倭, 漂民領來差倭(2)	5
		군사 군량	좌병영 山城米 획급 논의(9), 병영 소관곡 移錄 논의(2)	11
		군사 군액	上番軍摠 보고, 좌병영 守城軍官, 언양 속오군, 疊役의 폐단, 죄인 充軍(2), 武科借射人 充軍	7
		군사 비용	좌병영 年例作錢, 군졸의 身布	2
		군사 전선	전선 개조, 船艙 이설 논의(3)	4

		행정 인사	울산부사 임명(17), 울산부사 파출(2), 좌병사 改差·罷職(7), 좌병사 임명(23), 좌병사 추고(11), 좌병사 望筒誤擬, 언양현감 임명(14), 언양현감 改差·파출(2), 서생첨사 교체, 수령 降考(5), 개운포만호 降考, 좌병영 우후 임명	85
		행정 진휼	漂民의 渰死屍身 문제, 失火 휼전(13), 饑民 처리(2), 錢布 납부 연기, 渰死 휼전(14), 私賑 처리, 漂頹戶 휼전(8), 畢賑 보고(2), 수재민 휼전(3)	45
		행정 제도	좌병사 召見(3), 암행어사서계별단(3), 어사별단복계(5), 都政 시행, 武科殿試, 別試武士別單, 울산부사의 죄상보고	15
		행정 치죄	죄인 鞠問과 絶島 안치 및 죄인을 좌병사에게 譴罷(4), 죄인 방면 여부(17), 좌병사 空啓의 죄, 죄인 유배(23), 죄수 처분 심의(14), 좌병사의 移營 지체 처벌, 감목관 처벌(6), 언양현감 처벌(3), 죄인 연좌, 前府使의 죄상·처벌(4), 審理案(2), 노비 獄事	77
		행정 청원	老職人 처분(7), 좌병사 장계(2), 언양현감 勘放 청원, 一胎生三男 장계(2), 수령 狀請(2), 전부사 勘放 청원(2), 擊錚原情(5), 좌병사 辭朝 청원, 봉산실화의 죄를 청함	23
		행정 봉산	封山失火(7), 봉산혁파 논의(2), 松田失火, 封山禁養 청원	11
		행정 명령	殿最(10), 좌병사 越俸, 충신효행 포상(2), 前좌병영우후 加資, 현감 署經 면제, 하직 수령에 傳敎, 감목관 勘放, 좌병사 차출명령, 좌병사 追榮(4), 좌병사 加資, 좌병사 생가에 推恩移贈, 邪學 죄인 석방(2), 部將에 대한 추증, 울산부사 放免	28
		재정 전정	곡물 致敗, 田畓水災(4), 北關移轉穀 致敗	6
		재정 환곡	환곡 포흠, 영남곡 이전 논의, 환곡운영의 모순, 捧還의 잘못, 還耗 취용(2), 좌병영의 還政(2)	8
		재정 비용	산릉도감 비용, 좌병영 이설 비용, 倭米, 架山餉還과 좌병영 軍摠元額	4
		재정 목장	馬畜數爻 보고(25)	25
		재정 어염장	어염선세, 全鰒進上	2

<table>
<tr><td rowspan="14">憲宗</td><td rowspan="14">122</td><td>군사 훈련</td><td>春秋操巡</td><td>1</td></tr>
<tr><td>군사 관방</td><td>왜선, 이양선(3), 표류</td><td>5</td></tr>
<tr><td>군사 의례</td><td>兵營虞侯 처벌</td><td>1</td></tr>
<tr><td>군사 군량</td><td>좌병영 산성곡(6)</td><td>6</td></tr>
<tr><td>행정 인사</td><td>좌병사 추고(7), 좌병사 교체(4), 좌병사 임명(11), 수령 降考(2), 언양현감 교체(2), 현감 임명(7), 울산부사 추고(2), 부사 임명(7),</td><td>42</td></tr>
<tr><td>행정 진휼</td><td>민호 휼전(5), 渰死人 휼전(6), 失火 휼전, 身還布 탕감</td><td>13</td></tr>
<tr><td>행정 제도</td><td>암행어사별단, 암행어사서계의 覆啓, 무과초시 치계(3), 언양현감 포폄</td><td>6</td></tr>
<tr><td>행정 치죄</td><td>살옥안(4), 연좌제(2), 유배(4), 죄인방면(3), 서생첨사 치죄(2), 徒流案, 좌병사 비리심문(2), 좌병사 처벌완화</td><td>19</td></tr>
<tr><td>행정 청원</td><td>老職人下批(2), 민폐 상소, 세 쌍둥이 태생 치계, 原情</td><td>5</td></tr>
<tr><td>행정 封山</td><td>失火(5)</td><td>5</td></tr>
<tr><td>행정 명령</td><td>殿最(4)</td><td>4</td></tr>
<tr><td>재정 전정</td><td>災實分等</td><td>1</td></tr>
<tr><td>재정 비용</td><td>逋欠</td><td>1</td></tr>
<tr><td>재정 목장</td><td>馬畜 수효 보고(13)</td><td>13</td></tr>
<tr><td rowspan="12">哲宗</td><td rowspan="12">149</td><td>군사 훈련</td><td>春秋操巡</td><td>1</td></tr>
<tr><td>군사 관방</td><td>왜선(2), 이양선(2)</td><td>4</td></tr>
<tr><td>군사 의례</td><td>漂民領來差倭에 대한 조사, 병영우후 처벌(3)</td><td>4</td></tr>
<tr><td>군사 군량</td><td>좌병영 산성곡(3)</td><td>3</td></tr>
<tr><td>군사 戰船</td><td>造船 책임추궁</td><td>1</td></tr>
<tr><td>행정 인사</td><td>좌병사 추고(6), 좌병사 교체(10), 좌병사 임명(14), 수령 降考, 울산부사 임명(12), 언양현감 임명(5)</td><td>48</td></tr>
<tr><td>행정 진휼</td><td>민호 휼전, 渰死人 휼전(2), 失火 휼전(4), 幼學에 대한 진휼</td><td>8</td></tr>
<tr><td>행정 제도</td><td>암행어사별단(6), 암행어사서계의 覆啓(4)</td><td>10</td></tr>
<tr><td>행정 치죄</td><td>살옥안(4), 심리안, 연좌제(2), 유배(3), 죄인조사처벌(6), 죄인 방면(7), 좌병사 비리심문, 좌병사 처벌완화, 좌병사의 密啓(4)</td><td>29</td></tr>
<tr><td>행정 청원</td><td>原情(4)</td><td>4</td></tr>
<tr><td>행정 명령</td><td>殿最(3), 임금의 좌병사에 대한 당부, 좌병사 越俸, 울산부사에게 給馬下送 명령, 相地官 임명, 좌병사 부임 재촉</td><td>8</td></tr>
</table>

		재정 전정	재실분등, 대동미, 좌병영 곡총, 農形 보고, 하납미	5
		재정 환곡	좌병영 還弊(3)	3
		재정 비용	因山 물력, 差倭禮單蔘(2), 築城米, 陵園都監 물력(2), 능침과 서궐 수선물력, 還御 후 궁궐수리 물력	8
		재정 목장	馬畜 수효 보고(13)	13
高宗	344	군사 훈련	水陸諸操	1
		군사 관방	이양선(3), 표류왜인(2), 울산의 要害處 지적, 임란시 서생진 전투	7
		군사 의례	개운포만호 仍任 청원(2), 新興堡置別將 요청, 개운포의 四鎭 파견, 개운포만호 처벌	5
		군사 군액	좌병사 이력	1
		군사 군제	武科科場의 부정, 鎭衛聯隊 편제	2
		군사 군영	좌병영의 피폐	1
		군사 전선	火輪船(3)	3
		행정 인사	좌병사 추고(7), 좌병사 교체(35), 좌병사 差出 명령, 좌병사 파직문제(3), 좌병사 임명(65), 수령 降考, 울산부사 罷黜(2), 울산부사 교체(5), 울산부사 임명(14), 울산전부사 추고, 언양현감 파직(2), 언양현감 체직(5), 언양현감 임명(18), 울산감목관 임명(3), 울산감목관 체직(3), 울산군수 임명(2), 울산군수 파면(2), 언양군수 파면, 언양군수 임명(2)	173
		행정 진휼	渰死人 휼전(2), 민호 휼전(3), 別厲祭 실시	6
		행정 제도	암행어사서계별단(4), 암행어사서계의 복계(4), 언양현감임명에 관한 내용, 안핵사의 민란보고, 경상감사의 치계(3), 時務疏陳에 대한 비답	14
		행정 치죄	審理啓目, 유배(8), 죄인 심문(2), 죄인 방면(3), 죄인 조사처벌(3), 邪學 죄인, 관곡 횡령죄인, 逋吏 효수, 민란주범자 처벌, 울산부사의 太任 보고, 울산 前前府使에 대한 처벌, 謀逘에 대한 조사처벌, 언양 前前縣監에 대한 치죄, 언양현감 拿處(2), 火賊 처벌(2), 좌병사의 犯贓, 울산전군수 拿囚(2)	32
		행정 청원	좌병사 仍任 청원(3), 울산부사 改差 청원, 울산부사 加資 청원(2), 좌병사 加資 청원, 좌병사 改差 청원(7), 언양현감 別差청원(2), 감목관 임명청원, 좌병사의 부하추고 청원(2), 울산부사의 先祖伸寃 상소(2), 擊錚原情, 경상감사가 언양현감의 母喪을 보고, 군수 임면 上奏(12)	35

		행정 구역	울산과 언양을 동래부에서 관할케 함, 울산군과 언양군을 경상남도의 3등군과 4등군으로 편제	2
		행정 명령	殿最(5), 좌병영 임소 체직명령, 都政에 批答, 부평역찰방 仍任, 현감의 신속한 부임명령, 안핵사 파견, 울산부사에게 給馬下送 명령, 민란사건 重推, 울산부민에 대한 五衛將 加設, 언양현감을 宣傳官으로 임명(2), 울산부사 加資, 울산부사를 양주목사로 체직, 좌병사에게 戴罪擧行을 명령, 언양현감을 內禁將에 제수(3), 울산부사를 흥해현감으로 移拜명령, 勅令 제43호 제3조에 의한 울산과 언양의 우편물 발송건(2)	24
		재정 전정	하납미, 公作米, 재실분등(2), 稅船致敗, 언양양안, 농사재해	7
		재정 환곡	還弊(2), 社還	3
純宗	33	재정 비용	逋吏의 수탈, 倭物庫舍(2)	3
		재정 목장	馬畜 수효 보고(27)	27
		군사 군제	鎭衛隊 편제(1), 充軍(1)	2
		행정 인사	군수임면 上奏(4), 군수임면 上奏를 裁下(5), 蔚山區裁判所判事 임명(2), 좌병사 임명(2), 좌병사 파직(4)	16
		행정 제도	국왕이 경상도관찰사 및 언양군수 등을 召見(2)	2
		행정 진휼	渰死人 휼전(1), 표류인 恤典(1)	2
		행정 치죄	울산전군수 구속(1), 울사부사 방면(1), 죄수 방면(5), 병조판서 치죄(1)	8
		재정 비용	度支部 비용(1)	1
		재정 목장	馬畜 수효 보고(2)	2

위의 표에서와 같이 국왕 재위별로 울산 관련 기사를 보면 정조 연간이 모두 400건으로 가장 많고, 다음은 순조 연간이 373건, 고종 연간이 344건으로 그 뒤를 이었다. 헌종과 철종대는 약 130건 내외였다.

앞의 표를 통해서 볼 때 기사의 주제는 크게 행정·군사·재정 등의 부문으로 분류되고 있는데, 그 중에서도 人事·殿最·賑恤政策 등과 같은 행정 문제가 가장 높은 비율을 차지하고 있다. 특히 慶尙左兵使·蔚山府使·彦陽縣監의 임명이나 교체 및 이들에 대한 殿最의 등급 문제 등과 같이 人事 문제가 가장 많이 언급되어 있음을 확인할 수 있다. 이것은 중앙정부와 지방관청의 관계에서 지방관(文武官)의 파견과 교체 및 이들의 업무능력이 매우 중시되고 있었다는 점을 반영하는 것이다.

지방관의 업무능력 기준은 역시 納布·軍役·春秋習操 등을 수행하는 문제와 직결되고 있었다.

또 다른 행정부문에서 治罪에 관한 사항이 많은 비중을 차지하고 있었다. 구체적으로 殺獄案, 連坐制, 流配, 죄인 조사처벌, 죄인 방면, 좌병사 비리 심문, 좌병사 처벌 완화 등이었다. 이러한 모습은 조선후기의 사회변동 과정에서 나타나는 각종 사회적 현상과 비리의 처벌과 관련이 있다고 할 것이다. 이런 점들은 울산지역에서 민란을 초래하고, 이에 대한 수습책으로 이어졌다. 이런 모습은 民戶 恤典, 渰死人 휼전, 失火 휼전, 身還布 탕감 등의 조처로 나타났다. 아울러 울산과 언양은 서울에서 먼 거리에 위치하였기 때문에 유배지로 자주 이용되었다.

한편 울산 관련 기사에서 軍作米·儲置米·還穀 등 재정 문제가 자주 거론되고 있는 점은 18세기 후반부터 일반화되기 시작한 지방의 財源 부족 문제였다. 그러한 차원에서 재정이 지방 행정의 중요한 관건이 되고 있던 당시의 사회 상황을 울산지역의 사례에서도 확인할 수 있다.

그리고 개항 시기를 전후해서는 異樣船과 표류 왜인에 대한 기사가 자주 보인다. 이 점은 개항 시기에 서울 인근 지역에 많은 이양선이 나타나고 있었지만, 동남해안 지역에도 서구와 일본의 진출이 있었음을 보여주는 예이다. 일제강점기에 내려오면 지방제도 개편의 모습도 많이 보인다. 즉 울산과 언양을 동래부에서 관할하는 문제, 울산군과 언양군을 전국의 군 등급편성에서 경상남도의 3등 郡과 4등 군으로 편제됨, 勅令 제43호 제3조에 의해 울산과 언양의 우편물 발송을 처리하는 점 등이다. 이러한 점은 일제강점기에 소위 근대적인 제도 변화 속에서 울산 지역의 변화와 제도상의 변모를 알 수 있는 좋은 예이다.

5. 연구 활용 방안

『日省錄』은 조선 후기의 행정·경제·사회·군사와 관련된 기록이 매우 풍부하기 때문에, 여기에 소재한 내용 중 지방 관련 기사는 지역사 연구에 다양하게 활용할 수 있다. 추출된 울산 관련 기사를 통해 연구에 활용할 수 있는 분야는 크게 행정(인사), 군사(재정, 훈련), 지방민정(재정), 수세(조세, 면세지) 등으로 다음과 같이 정리해 볼 수 있다.

첫째, 지방 수령의 임명이나 교체 등 행정인사 문제에 관한 연구에 활용할 수 있다. 이에 관한 자료를 대표적으로 예시하면 다음과 같다.

예시 자료 ① : 『日省錄』 正祖 3年 己亥 正月 25日 ; 4-301下
「推慶尙左兵使白東俊兵曺啓言 上番騎兵 本曺點考時 龍宮騎兵一名 初不上來 至於闕點 當該帥臣 難免不能檢飭之失 請推警 允之」

예시 자료 ② : 『日省錄』 正祖 7年 癸卯 6月 9日 ; 8-122下~123上
「開坼諸道褒貶啓本京畿監司李亨逵啓本 (中略) ○ 慶尙監司李秉模啓本 (中略) 彦陽縣監李彦愼 治固著勤 刑宜加愼 (中略) 幷中」

특히 고종 연간에는 좌병사에 대한 추고, 교체, 임명건이 매우 많은 편이었다. 개인적 비리도 있지만 업무상의 비리나 행정 잘못으로 추고, 처벌당하는 경우가 많았다. 대표적으로 고종 4년 4월의 경우만 해도 불과 1개월 동안 교체와 임명을 무려 9회나 단행하고 있다.

둘째, 儲置米 처리나 債錢과 같은 지방 재정의 운용이나 左兵營의 納布와 같은 군사재정과 관련된 문제를 연구하는 데 활용할 수 있다.

예시 자료 ① : 『日省錄』 正祖 5年 辛丑 6月 10日 ; 6-178下~179上
「命嶺營需用不足自朝家充補給代債錢收刷參酌擧行領議政徐命善啓言 卽見慶尙監司李文源狀啓 則本營債殖 並爲停罷 以債利需用者 更爲減削 而不得不給代者 爲一萬九千八百二十兩 前啓所陳別備條外華山殖條耗作錢外 其所不足 以射軍奴木代米及南倉錢半留條 每年取耗以用 蒜山鹽利錢 姑母山城米 華山別備太 移錄於防債條 其餘則以營耗充補 而本錢收捧 不必以什一爲定 十年爲限 次第收刷爲宜 請令廟堂稟處矣 未盡停殖之債 幷旣停殖 則惠已均矣 未盡剋減之需 益加剋減 則用又節矣 其中充代者 則只要句管之推移 營閫需用之不足者 自朝家充補給代 雖非正當道理 而今於再啓後 有難靳持 並依狀請許施 本錢收捧事 付諸道臣參酌擧行 營各庫則非朝家指揮者 而南倉債錢隨其所捧 着意典守之意 請分付 從之」

예시 자료 ② : 『日省錄』英祖 52年 丙申 11月 初5日 ; 2-638上
「許施慶尙兵營軍丁勿侵甲冑耗米許劃之請左議政 金尙喆啓言 慶尙

左兵使 金永綬狀啓 以爲城內居民 以本官納布 軍應役之苦 日漸逃散 自今爲始 役止 其身所生男丁及自他官來接者 勿侵身役 團束於城丁軍 專意守城 且以營力之殘薄 不能數行賞射 備局句管甲冑米 逐年耗條中 限二百石許劃 逐朔試射事 請令廟堂稟旨分付矣 軍丁事及甲冑耗米 請幷依請許施 從之」

셋째, 군사들의 春秋 習操와 巡點 등 군사 관련 기록이 많이 추출되었는데, 이를 통한 군사분야 연구에 중요한 자료가 될 수 있다. 일찍이 울산에는 慶尙左兵營이 설치되어 군제운영상 중요 거점 도시였으며, 소속 지역의 군사훈련이 경상좌병영에서 관리되었다. 그런데 군사훈련과 관련된 기록은 習操와 巡點을 정지하는 논의와 명령이 대부분이다. 이는 正祖代에 들어오면서 지방군의 근간인 東伍軍이 본래의 군사적인 의미를 상실해 가는 과정을 잘 보여주는 것이다.

英祖代에 이미 속오군의 조련이 그 빈도나 강도에서 축소되는 추세에 있었으며, 正祖代에 들어오면 그러한 경향이 더욱 두드러지는데, 울산의 경상좌병영 관련 習操 기사에서도 그 사실을 확인할 수 있다.

예시 자료 : 『日省錄』 正祖 2年 戊戌 正月 初10日 ; 3-412下

「命嶺南左右兵營江華開城守禦營摠管習操並停止領議政 金尙喆啓言 此慶尙左兵使 金永綬狀啓也 今春習操及營將巡點擧行事 請令廟堂 稟旨分付矣 嶺南左右道 俱方設賑 習操巡點 請並停止 從之」

넷째, 울산지역 목장의 馬畜 수효가 각 시기별로 계속적으로 파악되고 있었으며, 封山의 지속적인 관리가 이어졌음을 확인할 수 있다.

예시 자료 ① : 『日省錄』 憲宗 3年 丁酉 12月 30日 ; 51-727上~730上

太僕以各道牧場馬畜數爻啓 司僕寺啓言 各道牧場馬畜數爻啓 目後錄 而今年牧政孶息 或加元式 而旣不超等 故失或減元總 而數不爲多 賞罰一款姑置之後錄 (中略) 蔚山長鬐等 監牧官朴楠秀 所管二牧場 丙申籍付馬八百六十二匹 今生馬一百十九匹 合馬九百八十一匹內 封進馬四匹 故失馬七十四匹 除今年實留放壯兒雌雄馬 竝九百三匹內 壯雌馬三百六十七匹 一年應孶產馬一百十匹 今生馬一百十九匹 加報九匹 (下略)

예시 자료 ② :『日省錄』哲宗 2年 辛亥 12月 30日 ; 58-629上~632下

太僕以各道牧場馬畜數爻啓 司僕寺啓言 今年牧政 比諸元式 或加或減 故失 則比諸元總 或多或少 賞罰更觀來頭 請置之 允之 ○ 後錄(中略) 蔚山長鬐等 監牧官前任吳淳 常時任姜文欽 所管二牧場 戊申籍付馬一千一百七十九匹 前任吳淳常所報 今生馬一百六十五匹 合馬一千三百四十四匹內 封進馬四匹 前任吳淳常所報 故失馬一百二十一匹 除今年實留放壯兒雌雄馬 竝一千二百十九匹內 壯雌馬五百四匹 一年應孳産馬一百五十一匹 今生馬一百六十五匹 加報十四匹(中略) 已上 戊申籍付馬七千一百七十四匹 代徵馬二匹 今生馬九百六十一匹 合馬八千一百三十七匹內 封進馬三十九匹 各邑分養捉給馬六匹 故失馬六百二十四匹 合馬六百六十九匹 除今年實留放壯兒雌雄馬 竝七千四百六十八匹

예시 자료 ③ :『日省錄』高宗 10年 癸酉 12月 23日 ; 69-962上~964下

太僕以各道牧場馬畜數爻啓 (前略) 蔚山長鬐等 監牧官李萬治 所管二牧場 壬申籍付馬五百三十四匹 今生馬六十四匹 合馬五百九十八匹 內封進馬四匹 故失馬六十四匹除 今年實留放壯兒雌雄馬並五百三十匹 內壯雌馬一百八十九匹 一應年孳産馬五十七匹 今生馬六十四匹 加報七匹 (下略)

여기서는 특히 목장의 마축 수효가 각 시기별 증감과 변화의 항목이 상세하게 파악되고 있었음이 주목된다.

다섯째, 지역 내의 災害 실정이나 이를 경상감영에서 파악하여 중앙에 보고하는 과정 및 지방민정에 대한 恤典 등을 살필 수 있다.

예시 자료 :『日省錄』正祖 元年 丁酉 10月 29日 ; 3-267上~下

「領議政金尙喆以關東嶺南灾實分等狀覆啓尙喆啓言 (中略) 又啓言 慶尙監司李性源狀啓 知禮等十四邑尤甚 晉州等三十三邑之次 彦陽等二十四邑稍實 仍以爲該𦗟給灾八千結 分俵無路 特許加給灾 九千三百六十結 其餘蠲恤之政 條列請稟處 而其一 面里分等 必須逐面逐里事也 其一 尤甚面里新還分數停退事也 其一 尤甚之次稍實邑還穀以相當穀代捧 特明秋還作本色事也 其一 舊還分排一萬石 準數責徵

其勢誠難 量宜減定事也 其一 比安知禮 俱不可遲待開春 自歲前別般賑濟蠲恤 而至於知禮四面之邑 今番水災 卽失三面 則勢將無邑 以後已安集之方 從長變通事也 其一 各山城 今年還穀折半捧留各該邑平倉事也 其一 推奴徵債 限明秋防塞事也 其一 京外徒流 限明年 勿定配所於尤甚邑事也 災結加給 新還停退 舊還減數 已有特教許施 其中還穀代捧 尤甚邑折半 之次邑三分一 稍實邑 許令準折代捧 至於知禮民邑 事勢萬萬可悶 凡有變通之道 當待道臣狀聞稟處 各山城還穀推奴徵債勿定配所 幷依請擧行之意 請分付 從之」

여섯째, 각 지방에 설정된 궁방·아문의 折受地 운영실태를 알 수 있다. 울산에 설정된 宮房田의 경우에도 無土田·有土田의 出稅 조처 후 문제점이 지적되기도 하였다. 정조 즉위년 4월에 그동안 폐해가 지적되어 오던 법규정 외의 궁방전 면세결이 出稅 조치되는 개혁조치가 있었는데, 無土田이나 有土免稅田이 出稅 조처되고 나서도 다시 收稅가 되어 民人들이 '一土兩稅'의 부담을 지게 되었던 폐단의 사례가 있었다.

예시 자료 : 『日省錄』 英祖 52年 丙申 11月 10日 ; 2-648下

「命壽進龍洞宮任發問目嚴査教曰 初見該宮任之招 有此査啓之命矣 今見嶺伯啓本 蔚山等邑之壽進龍洞 無土之出稅後 如前收稅 有土之出稅後 與前無減 渠輩所供 多有徑庭 以此傳教 參互査啓宮任處發問目嚴査 而向聞該宮任老不解事云 當宮宮任中伶利解事者 捉致査問事 分付刑曹」

일곱째, 울산 지역의 행정제도도 근대화라는 명목 아래 일제강점기에 관할과 등급 등이 조정되는 등 많은 변화가 나타났다. 蔚山과 彦陽은 東萊府에서 관할하였으며, 울산과 언양의 군 등급은 3등급과 4등급에 속하였다. 또 蔚山과 彦陽은 2일 간격으로 우편물을 發送하는 1路에 포함되었다. 일제강점기의 행정과 체신 행정의 변화를 알 수 있는 예이다.

예시 자료 ① : 『日省錄』 高宗 32年 乙未 5月 26日 ; 79-339下~341上

「裁下監留廢止件及地方制度改正件 勅令第九十七號 (中略) 勅令第九十八號 (中略) ○ 第三條各府管轄區域 如左事 ○ (前略) 晉州府 晉州郡 固城郡 鎭海郡 泗川郡 昆陽郡 南海郡 丹城郡 山淸郡 河東

郡 居昌郡 安義郡 咸陽郡 陜川郡 草溪郡 三嘉郡 宜寧郡 漆原郡 咸安郡 昌原郡 熊川郡 金海郡 東萊府 東萊郡 梁山郡 機張郡 蔚山郡 彦陽郡 慶州郡 延日郡 長鬐郡 興海郡 巨濟郡 大邱府 大邱郡 慶山郡 漆谷郡 仁同郡 星州郡 知禮郡 高靈郡 善山郡 開寧郡 金山郡 義城郡 義興郡 軍威郡 比安郡 密陽郡 淸道郡 永川郡 慈仁郡 新寧郡 河陽郡 昌寧郡 靈山郡 玄風郡 安東府 安東郡 靑松郡 眞寶郡 英陽郡 盈德郡 寧海郡 淸河郡 榮川郡 禮安郡 奉化郡 順興郡 豊基郡 咸昌郡 龍宮郡 醴泉郡 尙州郡 (中略) ○ 第五條 本令施行之日 時任府尹牧使府使郡守庶尹判官縣令縣監之官職現在者 雖無別用辭令 依本令施行 各其郡守事」

예시 자료 ② : 『日省錄』 建陽 元年 丙申 6月 25日 ; 79-703下~708上

「裁下地方制度官制俸給經費改正件地方官吏職制所關件地方官吏事務章程地方官廳俸給經費支給規程 勅令 第三十六號 第一條 (中略) ○ 第五條 十三道之所管各郡 以五等分定 仍舊郡守管轄區域 如第一表 而官吏經費 如第二表事 第一表 京畿 三十八郡 一等 廣州府 開城府 江華府 仁川府 二等 水原郡 三等 驪州郡 楊州郡 長湍郡 通津郡 四等 坡州郡 利川郡 富平郡 南陽郡 豊德郡 抱川郡 竹山郡 楊根郡 安山郡 朔寧郡 安城郡 高陽郡 金浦郡 永平郡 麻田郡 交河郡 加平郡 龍仁郡 陰竹郡 振威郡 陽川郡 始興郡 砥平郡 積城郡 果川郡 漣川郡 陽智郡 陽城郡 喬桐郡 (中略) 慶尙北道 四十一郡 一等 尙州郡 慶州郡 二等 大邱郡 星州郡 義城郡 永川郡 安東郡 三等 醴泉郡 金山郡 善山郡 淸道郡 四等 靑松郡 仁同郡 寧海郡 順興郡 漆谷郡 豊基郡 盈德郡 龍宮郡 河陽郡 榮川郡 奉化郡 淸河郡 眞寶郡 軍威郡 咸昌郡 英陽郡 興海郡 慶山郡 比安郡 玄風郡 高靈郡 長鬐郡 南道 三十郡 一等 東萊府 晉州郡 二等 金海郡 密陽郡 三等 蔚山郡 宜寧郡 昌寧郡 昌原郡 居昌郡 咸安郡 河東郡 陜川郡 咸陽郡 固城郡 四等 梁山郡 彦陽郡 靈山郡 機張郡 巨濟郡 草溪郡 昆陽郡 三嘉郡 漆原郡 鎭海郡 安義郡 山淸郡 丹城郡 南海郡 泗川郡 熊川郡 (中略) 第二表 郡守以下等級年俸 (中略) ○ 三等郡守 七十 二八百元 月俸六十六元零 鄕長 上同 巡校 五人 二百四十元 月俸五元 首書記 一人 八十四元 月俸七元 書記 上同 通引 六人 七十二元 月給三元 使令 六人 二百十六元 月給三元 使傭 二人 七十二元 月給三元 使僮 二人 七十二元 月給三元 客舍直 鄕校直 上同 享祀費 八十

元 廳費 上同 旅費 七十元 單合計二千五百六元 ○ 四等郡守 二百十 七百元 月俸五十八元零 鄕長 上同 巡校 四人 一百九十二元 月俸四元 首書記 上同 書記 六人 三百六十元 月俸五元 通引 使令 使傭 使僮 客舍直 鄕校直 上同 享祀費 八十元 廳費 六十元 旅費 六十元 單合計 二千一百五十四元 (中略) ○ 總合計 七十七萬六千九百六十八元 (下略)」

예시 자료 ③ :『日省錄』光武 元年 丁酉 11月 30日 ; 80-220上~221下

「裁下臨時郵遞規則 勅令 第四十三號 臨時郵遞規則 ○ 第一條 國內郵遞 現今間 姑未普通開設 故臨時郵遞規則 另定事 ○ 第二條 自郵遞司所在地限二十里外 稱以郵遞區外 而臨時郵遞創設事 ○ 第三條 臨時郵遞區域 則參互各該道所管各府郡間道里 形便劃定 其各區分內 劃定線路 每日或間二日 遞送臨時郵遞物 而區域之界分及日子之期限 依左表事 ○ 每日發送直路 ○ 漢城 開城間 高陽 坡州 漢城 春川間 加平 漢城 水原間 果川 水原 公州間 振威 公州 水原間 天安 稷山 (中略) 間二日發送 一路 始興 安山 南陽 全義 木川 禮山 溫陽 牙山 平澤 新昌 金溝 泰仁 井邑 古阜 扶安 泗川 固城 鎭海 巨濟 南平 羅州 務安 咸平 任實 長水 智島 靈光 茂長 興德 高敞 長城 延豊 淸風 丹陽 永春 淸州 淸安 龍宮 安東 禮安 奉化 榮川 順興 豊基 醴泉 慶山 慈仁 慶州 長鬐 延日 永川 河陽 機張 蔚山 彦陽 梁山 豊德 白川 免山 新溪 谷山 遂安 祥原 三登 陽德 成川 江東 龜城 雲山 渭原 楚山 朔州 昌城 碧潼 楊口 麟蹄 三陟 蔚珍 平海 平康 伊川 安峽 鐵原 安邊 三水 甲山 富寧 會寧 茂山 慶源 穩城 鍾城 長津 (中略) 但農商工部大臣 從事務之 使宜區域 或日子 可得臨時改正事 (下略)」

여덟째, 한말의 사회경제적 변화에 따라 울산지역에서도 재정적인 모순이 심화되는 사례를 볼 수 있다. 그것은 좌병영의 還弊, 逋吏의 수탈로 울산 민란이 발생하는 원인이 되었고, 동시에 還弊 문제로 인해 西生僉使가 罷黜되는 일까지 있었다. 이런 사실을 통하여 조선 말기 봉건사회의 구조적 모순과 관료의 비리실태를 확인할 수 있다.

예시 자료 ① :『日省錄』哲宗 元年 戊戌 4月 15日 ; 57-614上~626上

「慶尙左道暗行御史金世鎬以書啓別單啓書啓以爲 (中略) 蔚山府使

朴齊韶 上下納之必趁當限 補弊米之痛革謬例 實心做去 (中略) 彦陽縣監金憲祖 聽斷剛明 每欲寃枉之 必伸措劃 周密可喜 欠逋之 已完修公廨 而特捐殘廩蠲戶柴 而另恤窮蔀 (中略) 左兵使柳信儉 巡倉不憚於逐日 給料每趁於當朔 前兵使申從翼 己酉春需米價 每石以四兩八錢 加定收捧 沒數作錢需米 無由排用 則以還米四十二石 挪移取用後 每石以二兩立本 戊申秋還錢及公貨二千餘兩出給 妾娚方哥放鹽於三山大島峙津等地 而準捧發賣 取用利錢未收 則每石本錢 不過二兩 而以四兩式抑勒督捧 又使方哥 放債於浦民 重邊督捧鞭 朴狼藉差任捧賂 則千總方瑞龜三百兩 隨陪鄭元采一百兩 禮庫子四百兩 兵庫子六十兩 此其最著者 而其餘任窠 則皆捧賂上項 所犯俱係不法 (中略) 蔚山長鬐機張等邑 首吏鄉各捧錢 合爲八百五十兩 稱以禁松 多發將差於東沿七邑 稍饒之民 謂之犯斫捉囚 勒捧錢 合爲三千七百九十二兩 梵魚寺僧托 以其姪之犯用 營債白徵八百兩 東萊民處 謂以徵逋 加錄取用錢爲二百兩 漁基稅橫徵錢爲三十七兩零 遞歸時堂參稧屛等 債之當下於官廨者 無難冒下補軍倉者 錢爲四百六十七兩零 上項諸條 合錢爲九千九百四十六兩零 米爲四十七石十一斗 印蹟昭著吏招 丁寧不可以已遞 (中略) 西生僉使金永浚 爲人可了一鎭 包伊萬戶崔景漢 鎭卒賴安 豆毛萬戶黃始淸 姑無顯疵 開雲萬戶崔德順 宜勉刷逋 西平萬戶安箕弘 到鎭屬耳 架山別將金養穆 能盡其責 蔚山監牧官姜文欽 毁譽無聞 前監牧官吳淳常 馴駒勤幹 捧稅均平 ○ 別單 (中略) 一 左兵營還弊 甚於各邑以數多之還添贅邑還分面糶糴分面故民少還多 故弊生 況營屬之威迫無少顧藉民 何以支堪乎 聞庚子春自監營有萬餘石 作錢減總之擧 而十年之間 穀簿增減弊 復如前將士支放之需藉此排比 則營還名色 雖不可無 而治祛太甚之義 不可不減還總 而紓民力 左兵營還穀 限折米一萬五千石 詳定作錢 分送他邑事令廟堂稟處 (下略)」

예시 자료 ② :『日省錄』高宗 12年 乙亥 6月 3日 ; 70-909上~910下

「前縣監金炳昱疏陳禦防之策賜批 疏略曰 今聞倭虜無端構釁設辭嘗試 其所謂書契之 捧與不捧在我國顧非審 且愼者乎 所以廟堂之議論拖至八年終不得歸一矣 (中略) 怪百出 彼蔚山亂民恐將走附於彼賊而爲明璉之子可不懼哉 今速出令安集蔚民梟示逋吏 則衆心成城庶無民散之慮矣 臣復請以病喩 今國中之變怪爻象卽內傷之症也 邊境之

構釁嘗試 乃外感之祟也 若先治內傷而元氣充 然則彼外感之病自可消除矣 臣有所著泰平五策一編 此是積年費慮精誠所到也 倘蒙乙覽而付之廟堂爛議許施 則豈非民國幸甚伏乞勿以人輕而廢言 專從持正之論而禦防之策劃 卽講究特軫安民之道而 措處之事隨卽施行 批以所陳當留念矣」

예시 자료 ③ :『日省錄』高宗 15年 戊寅 6月 初5日 ; 72-281上~283上
「兵曹以慶尙右道暗行御史李正來左道暗行御史李萬植書啓覆啓 (前略) ○ 又啓言 觀此慶尙左道暗行御史李萬稙書啓 (中略) 西生僉使辛聖何 還弊漸痼 金井別將鄭必善 給代失時 上項兩鎭將俱係溺職 竝罷黜 (中略) 前左兵使鄭完默繡啓 雖甚推將閫帥體重 勿論其餘閫帥中軍虞候營將邊將監牧官等 別無優績亦無顯疵 請竝置之 從之」

이리하여 고종 12년 5월엔 逋吏層의 수탈로 인해 발생한 울산부 민란과 관련하여 경상좌병사의 파직문제가 처리되었고, 민란에 대한 보고 내용은 역시『日省錄』고종 12년 6월 29일 기사에 상세히 수록되어 있어 이 부문에 관한 연구에 좋은 자료가 된다.

6. 맺음말

이상으로『日省錄』의 자료적 성격과 여기에 수록되어 있는 울산 관련 기사의 주요 내용과 이를 통한 연구의 활용방안을 살펴 보았다. 지역사 연구의 일환인 사료의 발굴과 정리 및 이에 대한 해설이 목적인 본 작업은 지역의 역사와 문화를 올바르게 규명할 수 있는 기초를 확립함으로써 지역사 연구를 활성화시키는 토대가 될 것이다.

작업 결과 조선시대 중앙과 울산지역의 행정관계, 재정관계, 군사관계 등에 대한 구체적인 사실을 알려주는 자료들을 수집 정리할 수 있었다. 우선 울산이 경상좌병영과 서생진으로 대표되는 육군과 수군의 군사적 위상을 알 수 있었고, 목장업이나 철광 취련 등이 활발했던 산업도시로서의 기능도 확인할 수 있었다. 동시에 울산부사나 좌병사 및 언양현감 등 지방관의 역할, 임기, 책임, 교체업무 등 행정적 사항이 상당한 건수로 수록된 점을 통하여 조선시대 지방행정의 중요성을 발견할 수 있었다.

결국 조선시대의 중요한 국가 기록을 통하여 전통시대 울산이 가지는 위상과 지역민들의 삶의 자취를 복원하여 울산의 역사와 전통문화를 확립함으로써 지역의 정체성과 지역민의 자긍심을 고취시킬 수 있을 것이다.

목차

건명 목차

자료집

1.

건명 : 경상좌병사 최조악의 죄악에 대해 조사할 것을 상소하자 비답한 내용

발신처 : 正言 姜儹

검색어 : 慶尙左兵使, 崔朝岳, 貪饕

출처 : 英祖 52年 丙申 7月 11日 ; 2-397下~398上

正言姜儹疎陳父病乞遞仍請趙德成竄配崔朝岳刋版賜批疏略曰 (中略) 慶尙左兵使崔朝岳 濫叨閫鉞之任 不思報效 刑杖太濫 多殺人命 貪饕縱恣 無所顧忌 爲先施以刋版之典 仍令道臣嚴查 勘以當律 批 (中略) 崔朝岳事 依施

2.

건명 : 前慶尙左兵使 최조악의 죄악에 대해 의금부가 조사한 내용을 올림

발신처 : 義禁府

검색어 : 慶尙前左兵使, 崔朝岳, 極罪

출처 :『日省錄』英祖 52年 丙申 9月 16日 ; 2-549上

命時囚崔朝岳盤問取服鄭錫達減死定配徐廷進等分揀放送

義禁府啓言 慶尙前左兵使崔朝岳 貪饕濫殺 罔非不法 擅賣國穀 恣意取用 請刑推得情 教以殺越人命 偸竊國穀 無非極罪 傳教之下焉 敢呑吐漫漶 不自覺 其歸於罪上添罪之科乎 更爲嚴問口招 若不直招 當加刑 以此添問目逐條盤問 期於取服

3.

건명 : 최조악의 죄를 減死하고 杖配에 처함

발신처 : 義禁府

검색어 : 崔朝岳, 減死

출처 : 英祖 52年 丙申 9月 20日 ; 2-557下~558上

命崔朝岳減死杖配金悌行更爲嚴問義禁府啓言

崔朝岳十條罪目 俱係一律 請結案取招 教以旣有下教之意 昧爽以後斷不饒貸爲定 崔朝岳可謂死有餘罪 渠之蒙被國恩 至於閫任 不思報效之道 恣意貪黷 任慾剝割 三尺之法 不施於東岳朝岳而何哉 雖然斷死卽法也 而前此同罪之人 旣貸一律 法不可低仰 姑爲參酌減死 以次律杖配

4.

건명 : 최조악을 杖 一百後 강진현으로 유배하기로 함

발신처 : 義禁府

검색어 : 崔朝岳, 流配

출처 : 英祖 52年 丙申 9月 21日 ; 2-561下

配崔朝岳等義禁府啓言 時囚崔朝岳 決杖一百後 康津縣流三千里定配 (中略) 請押送于各其配所 並允之

5.

건명 : 東萊府使인 유당이 동래의 군사적 중요성을 언급하면서 언양 등 주변 지역과의 거리를 말하는 내용

발신처 : 東萊府使 柳戇

검색어 : 彦(陽)

출처 : 英祖 52年 丙申 9月 22日 ; 2-563上

東萊府使柳戇疏陳四條弊瘼賜批

疏略曰 臣纔到本府 逐事鉤覈 就其弊竇甚者 有四大憂焉 一曰立本之害民也 二曰手標倭貿之生釁也 三曰軍兵之疊役也 四曰關防之失宜也 (中略) 所謂關防之失宜云者 (中略) 守之之法 梁機彦密等六七邑 去城近爲三四十里 遠不過百里 限三千束伍 付之臣府 使之主管操鍊 則府城山城 相猗相救 賊不敢正眼看熠伏而威戢矣 惟聖明垂察焉 批以所陳 細櫛民隱 可謂不負倚畀 原狀下廟堂稟處

6.

건명 : 慶尙左兵使인 김영수가 납포와 군역에 관한 장계를 올림

발신처 : 慶尙左兵使 金永綬

검색어 : 慶尙左兵使, 金永綬, 軍丁

출처 : 英祖 52年 丙申 11月 初5日 ; 2-638上

許施慶尙兵營軍丁勿侵甲冑耗米許劃之請

左議政金尙喆啓言 慶尙左兵使金永綬狀啓 以爲城內居民 以本官納布軍應役之苦 日漸逃散 自今爲始 役止其身 所生男丁及自他官來接者勿侵身役 團束於城丁軍 專意守城 且以營力之殘薄 不能數行賞射 備局句管甲冑米逐年耗條中 限二百石許劃 逐朔試射事 請令廟堂稟旨分付矣 軍丁事及甲冑耗米 請幷依請許施 從之

7.

건명 : 영백이 울산 등의 수진·용동궁 소속 궁장토의 出稅에 관한 장계를 올리자 조사토록한 내용

발신처 : 嶺伯

검색어 : 壽進龍洞宮, 蔚山, 出稅

출처 : 英祖 52年 丙申 11月 初10日 ; 2-648下

命壽進龍洞宮任發問目嚴査

敎曰 初見該宮任之招 有此査啓之命矣 今見嶺伯啓本 蔚山等邑之壽進龍洞 無土之出稅後如前收稅 有土之出稅後與前無減 渠輩所供 多有徑庭 以此傳敎 參互査啓 宮任處發問目嚴査 而向聞該宮任老不解事云 當宮宮任中 伶利解事者 捉致查問事 分付刑曹

8.

건명 : 金愚를 蔚山府使에 제수한 내용

발신처 : 英祖

검색어 : 金愚, 蔚山府使

출처 : 英祖 52年 丙申 12月 初3日 ; 2-685下

以蔡洪履爲鳳山郡守黃幹爲長興府使兪恒柱爲靈巖郡守金愚爲蔚山府使朴基正爲龍宮縣監金命埏爲泗川縣監鄭致儉爲晉州牧使尹得霖爲忠

州牧使吳載基爲昌原府使柳孝源爲慈山府使白鳳麟爲寶城郡守李徽之爲都摠管(並口傳也)

教曰 守令有闕 口傳差出 又教曰 新除授守令 今日謝恩與未下直守令皆令辭朝

9.

건명 : 왕이 울산부사 김우를 불러 진심으로 정사를 돌보기를 당부하는 내용

발신처 : 英祖

검색어 : 蔚山府使, 金愚

출처 : 英祖 52年 丙申 12月 初9日 ; 2-691上

召見下直守令于尊賢閣(靈巖郡守兪恒柱蔚山府使金愚龍宮縣監朴基正)

予謂恒柱曰 (中略) 謂愚曰 蔚山旣非小邑 而且當積弊之餘 盡心爲政可也

10.

건명 : 慶尙左兵使 金永綬가 春習操와 巡點의 정지를 요청한 내용

발신처 : 慶尙左兵使 金永綬

검색어 : 金尙喆, 慶尙左兵使, 金永綬, 春操, 巡點

출처 : 正祖 元年 丁酉 正月 初10日 ; 2-747上

命各營各道春操巡點幷停止

左議政 金尙喆啓言 (中略) 慶尙左兵使金永綬狀啓 以今春習操及營將巡點 依例擧行事 稟旨矣 三南秋操旣已設行 方當東作 與營將巡點 請幷停止 (中略) 幷從之

11.

건명 : 변방의 鎭撫에 대한 開雲浦萬戶 權衡彬과 王과의 대화 내용

발신처 : 開雲浦萬戶 權衡彬

검색어 : 開雲浦萬戶, 權衡彬, 鎭撫之道

출처 : 正祖 元年 丁酉 7月 初3日 ; 3-5下~6上

召見守令邊將察訪初仕復職人于興政堂

開雲浦萬戶權衡彬進前 予曰 邊鎭自是重地 鎭撫之道 將欲何以爲之耶 衡彬曰 欲爲愛民而治之矣

12.

건명 : 秋曹에서 朴江伊를 蔚山府에 充軍한 내용

발신처 : 刑曹

검색어 : 朴江伊, 蔚山府, 充軍

출처 : 『日省錄』 正祖 元年 丁酉 7月 初4日 ; 3-12上

秋曹以罪人金世昌等照律定配啓

該曹啓言 差備待令 近仗軍士 摘奸時執頉 以此照律 (中略) 朴江伊 蔚山府充軍 幷定配押送 教以杖收贖

13.

건명 : 慶尙左兵使 金永綬가 秋習操와 營將巡點의 行事에 대해 장계한 내용

발신처 : 慶尙左兵使 金永綬

검색어 : 慶尙左兵使, 金永綬, 秋習操, 營將巡點

출처 : 正祖 元年 丁酉 7月 21日 ; 3-48下

命慶尙左右兵營關東三鎭北兵營守禦廳巡點習操姑停官門聚點及考講都試擧行

領議政金尙喆啓言 慶尙左兵使金永綬狀啓 今秋習操及營將巡點擧行事 稟旨矣 (中略) 請一體停止 從之

14.

건명 : 罪人인 興文에 연좌된 兄有良를 蔚山府의 奴로 삼았다는 내용

발신처 : 刑曹

검색어 : 興文, 有良, 蔚山府

출처 : 正祖 元年 丁酉 8月 12日 ; 3-98下

秋曹以大逆不道興文龍輝應坐人押配啓

刑曹啓言 因義禁府啓辭 大逆不道罪人 興文應坐兄有良 蔚山府 有豐興陽縣 幷爲奴

15.

건명 : 慶尙監司 李性源이 언양 등의 災害에 대해 장계한 내용

발신처 : 慶尙監司 李性源

검색어 : 慶尙監司, 李性源, 彦陽, 灾實, 停退

출처 :『日省錄』正祖 元年 丁酉 10月 29日 ; 3-267上~下

領議政金尙喆以關東嶺南灾實分等狀覆啓

尙喆啓言 (中略) 又啓言 慶尙監司李性源狀啓 知禮等十四邑尤甚 晋州等三十三邑之次 彦陽等二十四邑稍實 仍以爲該曺給灾八千結 分俵無路 特許加給灾 九千三百六十結 其餘蠲恤之政 條列請稟處 而其一面里分等 必須逐面逐里事也 其一 尤甚面里新還分數停退事也 其一尤甚之次稍實邑還穀 以相當穀代捧 特明秋還作本色事也 其一 舊還分排一萬石 準數責徵 其勢誠難 量宜減定事也 其一 比安知禮 俱不可遲待開春 自歲前別般賑濟蠲恤 而至於知禮四面之邑 今番水灾 卽失三面 則勢將無邑 以後已安集之方 從長變通事也 其一 各山城 今年還穀折半捧留各該邑平倉事也 其一 推奴徵債 限明秋防塞事也 其一京外徒流 限明年 勿定配所於尤甚邑事也 灾結加給 新還停退 舊還減數 已有特敎許施 其中還穀代捧 尤甚邑折半 之次邑三分一 稍實邑 許令準折代捧 至於知禮民邑 事勢萬萬可悶 凡有變通之道 當待道臣狀聞稟處 各山城還穀 推奴徵債勿定配所 幷依請擧行之意 請分付 從之

16.

건명 : 京外納布軍 四百名을 彦陽 等의 例에 따라 他邑에 移屬시킬 것을 청한 내용

발신처 : 慶尙監司

검색어 : 慶尙監司, 李性源, 彦陽

출처 : 正祖 元年 丁酉 12月 初10日 ; 3-343上~下

領議政金尙喆以嶺南賑穀還餉軍田等諸條所請覆啓

尙喆啓言 慶尙監司李性源狀啓 以爲 尤甚邑不可不冬前後設賑 若其面里偏歉處 亦不可不方便救急 私賑備荒帖價等穀十八萬五千三百餘石之中 限二萬石 許劃知禮縣 永久安集之方 條陣于後 幷令廟堂稟旨 而其一 知禮縣民少軍多 蠲減之政 宜先於此 京外納布軍四百名 依彦

陽等邑例 移屬他邑事也 (中略) 而其中軍布 此是各軍門需用者 雖不可全數蠲減 此邑民事 有不可膠守常例 今年當納者 許令停退之意請分付 從之

17.

건명 : 慶尙左兵使 金永綬가 習操巡點을 정지해 줄 것을 장계한 내용

발신처 : 慶尙左兵使 金永綬

검색어 : 慶尙左兵使, 金永綬, 習操巡點

출처 : 正祖 2年 戊戌 正月 初10日 ; 3-412下

命嶺南左右兵營江華開城守禦營摠管習操並停止

領議政金尙喆 啓言 此慶尙左兵使 金永綬狀啓也 今春習操及營將巡點擧行事 請令廟堂 稟旨分付矣 嶺南左右道 俱方設賑 習操巡點 請並停止 從之

18.

건명 : 白東俊를 慶尙左兵使로 삼음

발신처 : 正祖

검색어 : 慶尙左兵使, 白東俊

출처 : 正祖 2年 戊戌 正月 11日 ; 3-417上

有政 吏曹參判徐浩修兵曹參判嚴璹

敎曰 慶尙左兵使 今日政差出 ○ 以趙時俊 爲副摠管 金永綬 爲南兵使 以白東俊 爲慶尙左兵使 ○ 敎曰 南兵使金永綬除 朝辭赴任 又敎曰 慶尙左兵使 白東俊 明日辭朝事 分付

19.

건명 : 左兵營의 春操를 停止함

발신처 : 慶尙兵使 李長爀

검색어 : 左兵營, 春操

출처 : 正祖 2年 戊戌 正月 25日 ; 3-444下~445上

命統營三南兵營關北守禦營巡操停止

領議政 金尙喆啓言 (中略) 又啓言 慶尙兵使李長爀以爲 今春習操及

營將節制使巡點擧行事 請令廟堂 稟旨分付矣 本道多設賑之邑 故左兵營春操 旣令停止 右兵營 亦不可異同 請並巡點一體 姑停 待秋擧行 並從之

20.

건명 : 求禮前縣監 李重玉의 죄를 물어 蔚山府에 定配한다는 내용

발신처 : 義禁府

검색어 : 求禮前縣監, 李重玉, 蔚山府, 定配

출처 : 正祖 2年 戊戌 4月 初1日 ; 3-602下

命時囚李重玉勘配

因義禁府 求禮前縣監李重玉 原情啓目 教以照律 放送後草記 又啓言 時囚李重玉 莫重還穀 擅自那移 又不勤催科之政 一千六百九十六石零 虛錄磨勘 從重論杖一百收贖 告身盡行追奪 蔚山府流三千里 定配 押送配所 教以如有公議減等

21.

건명 : 慶尙左兵使 白東浚이 올린 鳥銃 문제에 대한 죄를 묻는 내용

발신처 : 禮曺

검색어 : 慶尙左兵使, 白東浚, 推考

출처 : 正祖 2年 戊戌 5月 初6日 ; 3-678上

推慶尙左兵使白東浚

禮曹啓言 今此各殿 上尊號陳賀諸道方物看品 則其中慶尙左兵使白東浚 所封 鳥銃二柄內一柄則 以弓帒筒箇 代封上來矣 今者代封 以冬至方物例 誤爲封進 事體未安 當還爲下送 更以本色鳥銃一柄 使之封進而退送有弊 以已上來代封弓帒筒箇 原啓本中懸註捧入 請該兵使白東浚推考 允之

22.

건명 : 慶尙左兵使 金永綬의 장계에 따라 恤典을 거행함

발신처 : 慶尙左兵使

검색어 : 慶尙左兵使, 金永綬, 恤典

출처 : 正祖 2年 戊戌 6月 初2日 ; 3-728上

給青松㘅戶恤典

慶尙左兵使金永綬 以青松居幼學李正培等㘅死馳啓 教以 令本道恤典擧行

23.

건명 : 蔚山府定配罪人 李重玉을 減等한다는 내용

발신처 : 義禁府

검색어 : 蔚山府定配罪人, 李重玉, 減等

출처 : 正祖 2年 戊戌 6月 23日 ; 3-780下

判下金吾嶺南放未放回啓

義禁府啓言 慶尙道放未放修啓冊子 本府所管罪人未放秩 依啓聞施行 他餘罪人 請令各該衙門稟處 允之 教以 (中略) 蔚山府定配罪人 李重玉 昆陽郡定配罪人 金昌祿 泗川縣定配罪人 李尙直等 則不無疑似之跡 於渠何誅 並減等

24.

건명 : 刑曹의 장계에 따라 蔚山에 定配된 죄인 奴三金을 放送함

발신처 : 刑曹

검색어 : 蔚山, 奴三金, 放送

출처 : 正祖 2年 戊戌 閏6月 初4日 ; 3-802上

判下秋曹嶺南放未放回啓

刑曹啓言 慶尙道放未放修啓冊子 本曹所管定配罪人放秩仍秩 依啓聞施行 而放秩中張軫仍配 稟秩中鄭者億別尹光郁李鶴棲洪永臣鞠命祿仍秩中崔重贊朴以榮方聖裕金奉協金彦坤李景延金碩昌韓濟裕孫廷秀等 並放送之意 請分付道臣 允之 教以徒流充軍勿限年等定配罪人盈德金陽春 蔚山奴三金 機張李挺耇 (中略) 等 則罪或有輕重 而皆可參恕 放送

25.

건명 : 慶尙左兵使 白東俊 등이 秋習操와 城營將의 巡點을 停止해 줄 것을

요청하자 허락하는 내용

발신처 : 領議政

검색어 : 慶尙左兵使, 白東俊, 習操, 城營將, 巡點

출처 : 正祖 2年 戊戌 7月 20日 ; 3-917上~下

命關北關西兵營等處秋操擧行三南水操停止

領議政金尙喆啓言 此前北兵使徐有大狀啓也 本營屬軍兵合操 富寧以南各衛及防營軍兵 今秋巡操 依定式擧行 親騎衛都試依例合設事 (中略) 此全羅兵使柳爀 慶尙左兵使白東俊 右兵使尹僖東 公忠兵使李鼎炳 狀啓也 皆以今秋習操及城營將巡點事 並請令廟堂 稟旨 分付矣 並請依狀請擧行 城營將巡點 並姑停止 並從之 ○ 敎曰 詰戎之擧 不容疎忽 而昨年嶺湖 既多設賑之邑 眞所謂瘡痍甫完 此時保民之方 尤所當念 今秋三南水操 並令特爲停止

26.

건명 : 弼海을 蔚山府에 遠配 押送함

발신처 : 刑曹

검색어 : 弼海, 蔚山府, 遠配押送

출처 : 正祖 2年 戊戌 9月 11日 ; 4-25上

秋曹以罪人奴一才等絶島爲奴啓

刑曹啓言 罪人奴一才濟州牧 奴卜男大靜縣 奴福伊羅州牧黑山島 並絶島爲奴 勿揀赦令 高老味靈巖郡楸子島爲奴 弼海蔚山府遠配 並卽押送

27.

건명 : 前慶尙左兵使 白東俊을 다시 前職에 임명함

발신처 : 正祖

검색어 : 前慶尙左兵使, 白東俊, 仍任前職

출처 : 正祖 2年 戊戌 12月 18日 ; 4-215上~下

命前喬桐水使洪秀輔前慶尙左兵使白東俊仍任

敎曰 所以用人而任官者 欲其有實效也 近以洪秀輔事觀之 朝廷之以別格擬於閫帥 曾未幾何 又復請遞 未知其間有何聲績 而以予所知言

之 可謂無着落也 且兼圻邑守令 亦不可輕遞 徒貽民弊 前喬桐水使洪秀輔 仍任前職 此時嶺閫遞易 甚難 前慶尙左兵使白東俊 亦爲仍任前職

28.

건명 : 慶尙右兵使 白東俊이 道內 各鎭束伍軍兵의 明春習操 및 營將巡點 등의 일에 대해 장계함

발신처 : 領議政 金尙喆

검색어 : 慶尙右兵使, 白東俊, 春巡操停止

출처 : 正祖 3年 己亥 正月 初9日 ; 4-254上~5下

命諸道今春巡操停止

領議政金尙喆啓言 平安兵使金相玉黃海兵使李應爀狀啓 俱以爲今春巡操 令廟堂稟旨分付矣 (中略) 尙喆啓言 統制使李敬懋狀啓 以爲兩南舟師 春操合設於本營前洋 已有定式 今年春操設行當否事 慶尙左兵使白東俊狀啓 以爲道內各鎭束伍軍兵 明春習操及營將巡點等事 慶尙右兵使尹僖東狀啓 以爲今春習操 及營將節制使巡點 一款令廟堂稟旨事 (中略) 並從之

29.

건명 : 慶尙左兵使 白東俊을 推警함

발신처 : 兵曹

검색어 : 慶尙左兵使, 白東俊, 推警

출처 : 正祖 3年 己亥 正月 25日 ; 4-301下

推慶尙左兵使白東俊

兵曹啓言 上番騎兵 本曺點考時 龍宮騎兵一名 初不上來 至於闕點 當該帥臣 難免不能檢飭之失 請推警 允之

30.

건명 : 前慶尙左兵使 白東浚을 교동부사로 삼음

발신처 : 正祖

검색어 : 白東浚

출처 : 正祖 3年 己亥 3月 9日 ; 4-407上

有政 吏曹判書鄭尙淳兵曹判書李徽之進

以尹師國金思穆爲承旨 白東浚爲喬桐府使 (下略)

31.

건명 : 李文德을 慶尙左兵使로 삼음

발신처 : 正祖

검색어 : 慶尙左兵使, 李文德, 差出

출처 : 正祖 3年 己亥 3月 10日 ; 4-407下

全羅監司鄭元始疎陳病狀辭職賜批許之以李文德爲慶尙左兵使

敎曰 慶尙左兵使 口傳差出

32.

건명 : 諸道에서는 虎患에 관한 일을 慶尙左兵營의 예에 의거할 것을 敎함.

발신처 : 領議政 金尙喆

검색어 : 捉虎, 慶尙左兵營

출처 : 正祖 3年 己亥 3月 15日 ; 4-415上~下

飭諸道捉虎

領議政金尙喆啓言 諸道虎患 近益不止 囕人之狀 前後相續 別加申飭 多般獵捉 請爲民除害 從之 敎以玆事 予亦曾欲下敎 而未果矣 不特申飭而止者 考其勤怠 論其賞罰 斷不可已也 以此自備局另加嚴飭諸道 且外邑規例 各自不同 慶尙左兵營外 只啓虎囕之狀 不啓捉虎之事 事甚疎忽 此後 依慶尙兵營例 着實狀聞事 一體知委也

33.

건명 : 慶尙左兵使 李文德이 지방으로 떠나는 인사를 함

발신처 :

검색어 : 慶尙左兵使, 李文德

출처 : 正祖 3年 己亥 4月 初2日 ; 4-459下

召見慶尙左兵使李文德 洪忠兵使吳載熙慶尙左水使李築于熙政堂 辭陛也

34.

건명 : 前慶尙左兵使 白東俊의 照律啓目에서 付標하지 않은 죄를 들어 持平 홍낙연의 推考를 청하자 허락함

발신처 : 承旨 徐有防

검색어 : 前慶尙左兵使, 白東浚, 推考

출처 : 正祖 3年 己亥 4月 23日 ; 4-501上

推持平洪樂淵

承旨徐有防啓言 今此憲府之照律 前慶尙左兵使白東俊啓目 功議有無不爲付標 議讞文字 未免不察 當該臺臣 請推考 從之

35.

건명 : 持平 洪樂淵이 前慶尙左兵使 白東浚의 議律에서 付標하지 않은 책임을 지고 관직 삭탈을 청하였으나 不許함

발신처 : 持平 洪樂淵

검색어 : 避嫌, 前慶尙左兵使, 白東浚

출처 : 正祖 3年 己亥 4月 24日 ; 4-503下

持平洪樂淵避嫌乞遞賜批

避嫌略曰 臣於 前慶尙左兵使白東俊議律公事 以功議有無之不爲付標 至有承宣 請推之擧 臣果未諳規例 而率爾署啓 今於問備之下 臣何敢仍冒於臺次乎 請遞臣職 批 以勿辭亦勿退待

36.

건명 : 慶尙左兵營移設에 관한 諸議論

발신처 : 領議政 金尙喆

검색어 : 慶尙左兵營移設, 白東浚

출처 : 正祖 3年 己亥 4月 25日 ; 4-507下~8上

命慶尙左兵營移設置之

領議政金尙喆啓言 前慶尙左兵使白東浚狀啓 以爲本營處在沿海 與對馬島隔海相望 外無險阻 內無柴水 稱以城丁者 不滿數百 所領三鎭軍額 遠在三四百里之外 若有警急 則顧安得不危乎 移營一事 以其事役之浩大 議論參差 至今因循矣 己巳年間 故參判南泰良 按本道時 目見

本營必可移之狀 鳩聚穀物 名以築城穀 散置各邑 見今米租太爲五萬餘石 以此爲需 則何役不成乎 若使議論一定 大役將擧 則就慶州永川華山等處 審擇形便之地 以爲永久之圖事 請令廟堂稟處矣 移營之論自古有之 而本道之寘兵營於蔚山 一如湖南之置兵營於康津 當初兩道之設營 不於中央之陸地 必寘之沿海者 古人設置者 豈無所以哉 從前帥臣之以此論請 尙未許施者非徒爲事役之浩大而已 今不可輕議 請下詢諸臣而處之 予詢左相徐命善啓言 此是大變通之擧 苟無有的確之見豈容遽議 臣亦以爲姑寘宜矣 予詢備堂具允鈺啓言 左兵營形便 臣未目見 移營之利害 不敢臆對矣 洪樂性啓言 臣未見形便 不敢臆對矣 李徽之 啓言 形便雖不敢質言其利害 而國家設寘兩南兵水營 全爲南寇之憂 而當初兵營之寘於沿海者 似有意見 今不可輕議矣 尹東暹啓言嶺南地理形便 臣未嘗目見 移營利害 不敢臆對矣 鄭尙淳啓言 移營之論 其來已久 而至今未諧 似有難便之端 姑不可輕議 金孝大啓言 兵營形便 臣不敢强其所不知而仰對矣 洪樂淳啓言 遠外形便 不敢臆對而其難愼之意 與諸臣所奏無異矣 權導啓言 此等移營之擧 若非大關利害 則不當輕議 從前移設之議 至今不爲者 亦豈無所以 寘之似好矣 鄭光漢啓言 營邑移設 所關甚重 不可輕議矣 金華鎭啓言 華山諸處 自古有移營之議 臣亦歷覽其形便 而當初設寘兵營於距水營 不遠之地者似出於專意海防之計 到今改圖 恐難輕議 洪國榮啓言 形便則未審 而意見則與諸臣同矣 鄭民始啓言 臣意則不但此事 各道關防之請移易者一切報罷似好矣 李性源啓言 古人設置兵營於海曲 必有意見 且當荐歉之餘 恐不可輕議矣 敎以 古人寘閫之意 必有所見 寘之

37.

건명 : 湖南의 軍作米 換作 및 蔭官의 換差 등을 蔚山 등의 예에 따를 것을 命함

발신처 : 前全羅監司 鄭元始

검색어 : 軍作米, 換作, 還差, 蔚山

출처 : 正祖 3年 己亥 4月 26日 ; 4-513下~4上

命湖南軍作米換作及古阜邑蔭官換差幷令廟堂稟處

前全羅監司鄭元始啓言 近年以來 以經費之不足 本道軍作米 船運上

納 大爲沿民難支之弊 盖以既捧之還米 還給民間 使之出浦 其米色之精粗 斛量之輕重 上納與還穀自別 而其外亦不無耗費之端 故聞各邑近例 一石出浦 稱以添補 加給半石米 使之補縮以納 而縮米條 待秋分捧於民戶 事之矜悶 莫此爲甚 民弊既如此 則不可無變通之道 目下經費 如可拮据繼用 而軍作米上納一款 特爲安徐 如或不得不上納 則以新儲置米 換作出補 似可爲一分除弊之道 故敢達 請下詢廟堂而處之 本道右沿一帶 地既濱海 人尤巧詐 最爲難治 其中古阜一邑 連以武臣之無履歷 文官之未經事者 差送 而近來又爲數遞 悍吏用事 百度廢弛 還穀則每年未捧 而移轉各邑 灾結則濫報成習 而民不受惠 弊源既痼 至於谷城 則雖是山邑 而吏奸民悍 且値數遞 成一弊邑 臣意 則依嶺南之晋州蔚山例 待其有窠 以蔭官中有聲績者 換差久任 責成似好 請下詢大臣而處之 并教以 以此出擧條 令廟堂稟處

38.

건명 : 慶尙左兵使 白東俊의 緘辭啓本 중 付標하지 않은 일에 대한 책임을 지고 대사헌 정창순이 自引하자 사직하지 말라는 批答을 내림

발신처 : 大司憲 鄭昌順

검색어 : 慶尙左兵使, 白東俊, 鐫削

출처 : 正祖 3年 己亥 4月 27日 ; 4-514下~5上

大司憲鄭昌順疏論諸賊仍自引賜批

疏略曰 今此合辭諸賊之罪 經年閱歲 上下相持 元惡大憝 久逭典刑 凶徒無所懲畏 并乞快賜允從 伏見擧條下者 以慶尙左兵使白東俊緘辭啓本中 功議有無之不爲付標 至有承宣請推之事 漫不省察 有此做錯 乞賜諒察 亟命鐫削 批 以卿其勿辭 行公

39.

건명 : 왕과 신하들이 恤典과 蔭換差 등에 대해 논의함

발신처 : 左議政

검색어 : 蔭換差, 蔚山, 蔭窠

출처 : 正祖 3年 己亥 5月 初3日 ; 4-523上~5上

行次對于熙政堂

領議政金尙喆曰 伏見傳教下者 又聞左相親承之教 宿衛所節目 謹爲修整 弁以草記仰奏矣 予曰 此是 新定節目乎 (中略) 戶曹判書金華鎭曰 各道恤典 一自變通之後 各處報來者 不勝其繁 在朝家恤民之道 非不爲好 而亦有所可悶者矣 予曰 前日則雖使某道渰死爲百人 某道壓死爲百人 而若非一邑三人 則不加恤典 此在先朝黃景源爲承旨 筵中稟定者也 雖是防弊之意 而旣非古例 又非恤死之本意 故新爲定式者此也 予曰 此甚可悶 惟彼兩邑之民 實有奚罪之歎 何以則爲好耶 命善曰 以蔭換差好矣 尙喆曰 無論文蔭武 惟在擇人矣 予曰 初何不擇送也命善曰 至於趙懋範 畧有名譽者 今乃如此 亦非始料矣 予曰 當初非不擇人 而每患如此誠悶矣 國榮曰 昨年宋文楫點下之後 臣亦請令擇差矣 予曰 此兩邑 初不以蔭官擇差者 何也 命善曰 蔭窠則文雖爲之 文窠則蔭不得爲之例也 吏曹判書鄭尙淳曰 古例則谷城以三年窠差遣文官 命善曰 蔚山晉州以蔭換差後 大勝於前云矣 予曰 治之幾年 可以蘇革乎 命善曰 果得善治之人 則不踰年而當蘇弊矣

40.

건명 : 蔚山府 下納米 중 敗沒米를 인근 읍의 儲置米에서 떼어 보낼 것을 분부함

발신처 : 領議政 金尙喆

검색어 : 慶尙監司, 李在簡, 蔚山府使, 金愚, 下納米, 儲置米 劃給事

출처 : 正祖 3年 己亥 5月 初3日 ; 4-526上

命下納米致敗傍近邑儲置中劃送

領議政金尙喆啓言 慶尙監司李在簡狀啓枚擧 蔚山府使金愚牒呈 以爲本府下納米一百九十三石所載船一隻 到東萊前洋致敗 沙格十六名渰死 敗沒米 更以某邑儲置米劃給事 令廟堂稟旨分付 渰死人等恤典 令該曹稟處爲請矣 下納米 無他還徵之處 傍近邑儲置中 從便劃送事 請分付 從之

41.

건명 : 진주와 울산의 예에 따라 고부에 蔭煥差할 것을 아뢰니 이에 따름

발신처 : 領議政 金尙喆

검색어 : 蔭官, 煥差, 晋州, 蔚山

출처 : 正祖 3年 己亥 5月 초3日 ; 4-526上~下

領議政金尙喆啓以全羅前監司鄭元始所啓覆啓

尙喆啓言 (中略) 又啓言 其一 古阜一邑 連以武臣之無履歷 文官之未經事者 差送 而悍吏用事 還穀則每年未捧 移轉各邑 災結則濫報成習 谷城則吏奸民悍 且値數遞 成一弊邑 依晉州蔚山例 以蔭官有聲績者 換差事也 待有窠勿論文蔭武 極擇差遣 以爲久任 蘇弊之道 恐似得宜 請分付銓曹

42.

건명 : 王이 慶尙道暗行御史 黃昇源과 前慶尙左兵使 白東俊의 일을 말함.

발신처 : 慶尙道暗行御史 黃昇源

검색어 : 白東俊, 慶尙道暗行御史, 黃昇源

출처 : 正祖 3年 己亥 6月 14日 ; 4-586下

行次對于誠正閣

予曰 書啓外大臣有仰達事乎 領議政金尙喆曰 別無仰達矣 慶尙道暗行御史黃昇源進前 予曰 御史經年而歸王事多勞 能無病還來乎 昇源曰 無양而還矣 (中略) 予曰 白東俊事 極爲無狀矣 左議政徐命善曰 極爲駭然矣 予曰 在京者 先爲拿囚事 分付也

43.

건명 : 彦陽縣監 朴長濂을 아전을 관리하지 못했음의 이유로 파직함

발신처 : 吏曹判書 鄭尙淳

검색어 : 彦陽縣監, 朴長濂, 氣力不足 奸猾莫戢, 罷職

출처 : 正祖 3年 己亥 6月 14日 ; 4-588上~下

命密陽府使尹光裕等罷職漆原縣監宋興錫等拿處

吏曹判書鄭尙淳啓言慶尙道暗行御史黃昇源書啓稟處事命下矣 (中略) 彦陽縣監朴長濂 氣力不足 奸猾莫戢 金泉察訪申大尹 立馬之際 招謗已多 幷罷職 (中略) 從之

44.

건명 : 慶尙前左兵使 白東俊이 賑資 보충, 성의 수리 등을 핑계로 사욕을 챙기고 硫黃軍錢 또한 없어진 책임을 물어 罷黜하고 拿問嚴處함

발신처 : 兵曹判書 權導

검색어 : 慶尙前左兵使, 白東俊, 軍錢

출처 : 正祖 3年 己亥 6月 14日 ; 4-588下

罷拿白東俊柳鎭恒尹僖東

兵曹判書權導啓言 今覽慶尙道暗行御史黃昇源書啓 則以爲慶尙前左兵使白東俊 稱以補賑 成出外兵房帖文 每張三十兩式合錢四百五十餘兩 本營守城軍收捧一千一百四十兩 稱以城堞修補 如例會減 硫黃軍錢一千二百兩 中間消瀜 貪汚如是 爲先罷黜 請拿問嚴處

45.

건명 : 慶尙前兵使 白東俊을 嚴囚嚴問함

발신처 : 正祖

검색어 : 慶尙前兵使, 白東俊

출처 : 正祖 3年 己亥 6月 14日 ; 4-589下

命白東俊柳鎭恒嚴問取服

教曰 今則便是令 後以繡啓 臚列觀之 不法之狀 萬萬痛駭 其在懲勵之政 決不容 復事含容 不可循例 拿處而止 慶尙前兵使白東俊前水使柳鎭恒 令該府爲先嚴囚 嚴問口招 期於取服

46.

건명 : 金鳳顯을 彦陽縣監으로 除授함

발신처 : 正祖

검색어 : 金鳳顯, 彦陽縣監

출처 : 正祖 3年 己亥 6月 14日 ; 4-591上

有政 吏曹判書鄭尙淳進

教曰 梁山漆原聞是弊邑云 不拘常格 今日政 各別擇差事分付 以徐有鍊爲正言 (中略) 金鳳顯爲彦陽縣監 (中略) 教曰 今日政 新除授守令明日入侍

47.

건명 : 彦陽縣監 朴長濾에 대한 평가

발신처 : 正祖

검색어 : 彦陽縣監, 朴長濾

출처 : 正祖 3年 己亥 6月 15日 ; 4-594上~5上

開坼各道殿最

教曰 吏兵房承旨 持褒貶啓本 入侍 (中略) 慶尙監司李在簡啓本 (中略) 彦陽縣監朴長濾 所貴安詳 差欠振刷 (中略) 并中

48.

건명 : 義禁府에서 慶尙前左兵使 白東俊의 죄의 실정을 엄히 캐물어 알아내고 보고하라 함

발신처 : 義禁府

검색어 : 慶尙前兵使, 白東俊, 貪汚不法之罪

출처 : 正祖 3年 己亥 6月 22日 ; 4-607下~8上

命時囚柳鎭恒等問目取招

義禁府啓言 (中略) 又啓言 慶尙前兵使白東俊 貪汚不法之罪 請刑推得情 教以繡啓中 臚列不啻狼藉 供辭又極窘遁 或諉之謬例 或稱以憫寃 觀其爲說 決不可以此取信 御史論罪 非比尋常不職之事 雖以贓汚之律 勘斷在渠 無發明之端 焉敢以依俙未瑩之說 周遮彌縫乎 豈其御史之因他事被譴之故 認以爲并與渠輩所犯而自上或不欲深究 而然原情 甚爲糢糊 嚴問口招 期於得情 勿論有犯與無犯 問目內條件 使之逐條明白指陳 俾勿如前之意 并以嚴加究問以聞

49.

건명 : 彦陽縣 民家燒燼에 대해 恤典함

발신처 : 慶尙監司 李在簡

검색어 : 彦陽縣民家燒燼, 恤典

출처 : 正祖 3年 己亥 11月 28日 ; 4-963下

給彦陽縣燒戶恤典

慶尙監司李在簡 以彦陽縣民家燒燼馳啓 教以觀此嶺伯狀 彦陽縣民家

燒燼 至於百餘戶之多 殊極驚慘 燒死三人 自有恤典 而被火人家 道臣親執査 抄會簿穀中 量宜加數周給 以爲結搆奠居之地 星火擧行 俾無遲滯 形止亦卽狀聞事 下諭

50.

건명 : 李成祐을 蔚山府使로 삼음, 洪益喆을 蔚山府使로 삼음

발신처 : 吏曹

검색어 : 吏批, 蔚山府使, 李成祐, 洪益喆

출처 : 正祖 4年 庚子 6月 22日 ; 5-307上~8上

御宣政殿行都政吏曹判書金鍾秀參判鄭民始參議沈豊之兵曹判書李衍祥參判李坪參議鄭文啓參知申大升進

教曰 大政體重 銓曺堂上 有闕之代 除在外實蹉人 以在京無故人 差出 (中略) 吏批 以李成祐爲蔚山府使 (中略) 洪益喆爲蔚山府使 (中略) 教曰 今日政 新除守令邊將察訪虞候 及新資復職初仕人 並令明日肅拜後留待

51.

건명 : 慶尙左兵使 李文德이 今秋의 營將巡點을 依例設行할 것인가를 물으니 정지케 함

발신처 : 慶尙左兵使 李文德

검색어 : 慶尙左兵營, 都試, 慶尙左兵使, 李文德, 巡點停止

출처 : 正祖 4年 庚子 7月 26日 ; 5-379下

命南兵營巡操及慶尙左兵營都試依例設行右兵營巡點停止

左議政徐命善啓言 北兵使具明謙狀啓 以爲本營屬親騎衛都試 依例設行爲辭 慶尙左兵使李文德狀啓 以爲今秋營將巡點 依例設行 爲辭 慶尙右兵使洪和輔狀啓 以爲習操及營將節制使巡點 一款請令廟堂稟旨分付矣 詰戎之政 曠廢多年穡事庶有登稔之望 並令依狀請擧行 而營將節制使巡點 則請停止事分付 從之

52.

건명 : 慶尙左兵使 李文德이 올린 장계에 따라 保米布上納의 의례에 따를 것

을 명한 건

발신처 : 慶尙左兵使 李文德

검색어 : 慶尙左兵使, 李文德, 保米布上納

출처 : 正祖 4年 庚子 10月 29日 ; 5-590上

命保米布上納依例狀聞

回慶尙左兵使李文德 價布定差員上送狀啓 教以外方擧行 道各異例 已非同文之義 此亦無異 惟正之稅 稅大同裝發 旣有狀啓 則保米布上納 豈無登聞之事乎 此兵營外 皆無狀聞者 必是謬例 此後依此例 狀聞事 自兵曹分付諸道

53.

건명 : 彦陽縣監 金鳳顯과 開雲浦萬戶 崔仁得에 대한 殿最

발신처 : 慶尙監司 趙時俊

검색어 : 殿最, 彦陽縣監, 金鳳顯, 開雲浦萬戶, 崔仁得

출처 : 正祖 4年 庚子 12月 15日 ; 5-668下~670上

召見諸承旨于誠正閣開坼諸道殿最都承旨徐浩修左承旨李亨逵右承旨徐有防左副承旨李亨元右副承旨金宇鎭同副承旨鄭志儉

京畿監司李鎭衡啓本 (中略) 慶尙監司趙時俊啓本 (中略) 彦陽縣監金鳳顯 鐲恤多譽 體貌無損 (中略) 開雲浦萬戶崔仁得 居上而其題曰 前有受警近無顯疵 予命點下

54.

건명 : 蔚山兵使의 죄가 중해 任所에 둘 수 없다는 내용과 柳恒鎭을 慶尙左兵 使에 삼는다는 내용

발신처 : 慶尙道暗行御史 李時秀, 兵曹

검색어 : 蔚山兵使, 慶尙監司 慶尙左兵使, 柳恒鎭

출처 : 正祖 4年 庚子 12月 21日 ; 5-681下~2上

御宣政殿行都政召見大臣及慶尙道暗行御史領議政金尙喆右議政李徽之吏曹判書李衍祥參判鄭民始參議李敬養正郎徐鼎修假郎廳金瑞復兵曹判書李性源參判洪良浩參議沈念祖參知趙時偉正郎姜僙李顯模佐郎李益運尹得孚朴行淳韓光植暗行御史李時秀

自內 詣宣政殿陞座訖 予曰 今日政府習儀 若值殿座 則似有頃稟 禮房承旨 出去委折 知入承旨徐有防 承命出去 仍入奏曰 出問禮曹該吏 以爲殿座時 例爲頃稟 以其預儀 故不敢自下入頃稟 今日擧行云矣 時秀曰 守令之治否 民俗之弊瘼 俱載書啓 別無更奏之事矣 予曰 御史出去本職 肅謝後 與大臣偕入 仍參政事也 尙喆曰 三局將任 今當擬望 而今無 無故人極甚 苟艱憫然矣 予曰 果如卿言矣 予曰 今觀御史書啓 則晉州兵使 所犯之罪 尤重 而蔚山兵使 亦不可仍置任所矣 ○ 敎曰 兩司多臺 皆是在外 臺諫 並許遞 今日政 差出 又敎曰 慶尙監司左右兵使 今日政 各別擇差 (中略) ○ 兵批 以柳恒鎭爲慶尙左兵使 申應周爲右兵使 (中略) ○ 敎曰 都目政除拜外 未下直守令邊將 皆令明日辭朝

55.

건명 : 직분을 게을리한 慶尙左兵使 李文德을 拿問處之한다는 내용.

발신처 : 兵曹判書

검색어 : 慶尙左兵使, 李文德, 拿問處之

출처 : 正祖 4年 庚子 12月 21日 ; 5-682下

拿處慶尙左兵使李文德右兵使洪和輔罷忠州營將權璹等職

兵曹判書李性源啓言 慶尙左兵使李文德 駄妓軍中 已是駭擧 而未明聚軍 向午赴場 其不恤軍民 可知 請拿問處之 從之

56.

건명 : 慶州兼任蔚山前府使 金愚를 拿問處之함

발신처 : 吏曹判書

검색어 : 慶州兼任蔚山前府使, 金愚, 拿問

출처 : 正祖 4年 庚子 12月 21日 ; 5-682下~3上

拿處晉州前牧使曹允精等罷丹城縣監申光堯等職

吏曹判書李衍祥啓言 伏見御史書啓下者 晉州前牧使曹允精 星州前牧使南鶴聞 前前牧使李河永 金海前府使孫相龍 咸安郡守閔游 南海縣令盧廷尹 慶州府尹李鎭翼 前府尹沈灝之 慶州兼任蔚山前府使金愚 密陽府使洪秉殷 (中略) 莫重還穀 或有加分與擅用 或有吏逋與反作 至於刑具之不遵法式 疵政之亦多現發 一並拿問處之

57.

건명 : 蔚山前府使 金愚를 잡아오게 명함

발신처 : 義禁府

검색어 : 蔚山前府使, 金愚

출처 : 正祖 5年 辛丑 正月 初4日 ; 5-715下~6上

命守令中拿命愆期者卽速拿來

義禁府啓言 慶尙道守令中 有拿命愆期者 卽令該府發遣 書吏羅將 卽速押來事 命下矣 蔚山前府使金愚 在連山地 豊基郡守沈重奎 在任所故去二十三日 拿處傳旨 啓下後 知委待命之意 行會各道矣 計其路程則今已過限發遣 府羅將 幷拿來矣 敎以 此外守令愆期者 依此隨卽草記拿來

58.

건명 : 蔚山府 囚推罪人 姜太玉에 관한 건

발신처 : 秋曹

검색어 : 殺獄文案, 蔚山府, 囚推罪人, 姜太玉

출처 : 正祖 5年 辛丑 正月 22日 ; 5-759下~78下

判下秋曹各道殺獄案覆啓

敎曰 嘉山郡殺獄罪人金準京 肅川府殺獄罪人金億才 (中略) 蔚山府囚推罪人姜太玉趙厚邑氏等 印信翻刻 僞成貼文 雖係三尺之律 所謂僞印 篆畫則不明 印文則未詳 旣有先朝戊寅受敎 其在仰體欽恤之盛意此等獄事 傳之輕典 豈有持疑之端 而惟首惟從 推諉不決 尤合參恕 令道臣分輕重決配 大邱府囚推罪人殷思默 帖文僞造 與僞印有間 況其帖文所踏者 又非印迹 不過以破平凉子片 依樣塗朱 而踏之 犯之差輕尤非蔚山太玉之比 別無更覈之端 令道臣更加嚴刑 參酌決配 (中略)
○ 敎曰 大體殺獄事 係重大 若或小忽 則可生者或死 當死者或生 其爲寃枉 當如何 此等處 不可不着意審愼 故予果盡宵考閱呼 寫判付 而不知其疲倦者 意有所在矣 又敎曰 諸道文案判下者 明日三堂會于本曹 楷書謄關 仔細校準 卽爲行會祗受形止 令道臣這卽狀聞 殺獄體重一字添漏 文勢判異 今此楷書之命 良以此也 以此知悉 不特今番 此後殺獄文案 覆啓判付 必皆楷關知委 永爲定式事 分付刑曹

59.

건명 : 王이 慶尙左兵使 柳恒鎭을 불러 惕念의 정치를 할 것을 당부하는 내용
발신처 : 正祖
검색어 : 慶尙左兵使, 柳恒鎭
출처 : 正祖 5年 辛丑 2月 11日 ; 5-827上

御誠正閣行晝講仍召見慶尙左兵使柳恒鎭及輪對官 知事洪樂性特進官金履素承旨徐有防玉堂李競淵朴天行假注書趙衍德史官金載瓚李集斗宗臣鶴林君熿武臣副護軍韓光濟

恒鎭進伏 予曰 爾其赴梱 無如東萊水使時 必以惕念爲政也 (下略)

60.

건명: 경상 감영의 부족한 재정을 南倉錢 半留條 등으로 보충하게 해달라는 경상 감사의 장계에 대한 처리
발신처 : 領議政 徐命善
검색어 : 領議政, 徐命善, 慶尙監司, 南倉, 債錢, 鹽利錢, 停殖
출처 : 正祖 5年 6月 10日 ; 6-178下~179上

命嶺營需用不足自朝家充補給代債錢收刷參酌擧行

領議政徐命善啓言 卽見慶尙監司李文源狀啓 則本營債殖 並爲停罷以債利需用者 更爲減削 而不得不給代者 爲一萬九千八百二十兩 前啓所陳別備條外 華山殖條耗作錢外 其所不足 以射軍奴木代米及南倉錢半留條 每年取耗以用 蒜山鹽利錢 姑母山城米 華山別備太 移錄於防債條 其餘則以營耗充補 而本錢收捧 不必以什一爲定 十年爲限 次第收刷爲宜 請令廟堂稟處矣 未盡停殖之債 幷旣停殖 則惠已均矣 未盡剋減之需 益加剋減 則用又節矣 其中充代者 則只要句管之推移 營閫需用之不足者 自朝家充補給代 雖非正當道理 而今於再啓後 有難靳持 並依狀請許施 本錢收捧事 付諸道臣參酌擧行 營各庫則非朝家指揮者 而南倉債錢隨其所捧 着意典守之意 請分付 從之

61.

건명 : 직무를 제대로 살피지 못한 못한 彦陽縣監 金鳳顯을 改差하고 拿問處之함

발신처 : 正祖

검색어 : 彦陽, 彦陽縣監, 金鳳顯, 貶題, 改差

출처 : 正祖 5年 6月 15日 ; 6-192下

命彦陽縣監金鳳顯爲先改差拿問處之

因慶尙道啓本彦陽縣監貶題 敎以 勤恪意或堪任 積勞不翅幾年 當初差除 實期殊績 而近年貶目續啓 皆稱損體 可謂不勝任 此等之類 須有警飭之政 可責來效 彦陽縣監金鳳顯 爲先改差 拿問處之

62.

건명 : 鶴城君의 아들인 李彦愼이 언양현감으로 부임하면서 하직 인사드릴 때 정조와 나눈 대화

발신처 : 正祖

검색어 : 彦陽, 彦陽縣監, 李彦愼, 鶴城君

출처 : 正祖 5年 7月 2日 ; 6-245上~246上

召見摠裁官鄭存謙承旨嚴璹下直閫帥守令于涵仁亭

存謙曰 (中略) 彦陽縣監李彦愼進前 予曰 爾是鶴城君之子乎 對曰 然矣 予曰 邑況素稱殘薄不不以奉其親矣 第往善爲也

63.

건명 : 前彦陽縣監 金鳳顯을 방면하라 함

발신처 : 正祖

검색어 : 彦陽, 彦陽縣監, 金鳳顯, 放送

출처 : 正祖 5년 7월 6일 ; 6-258下

放時囚金鳳顯

因囚單 敎以 不過飭勵之事 溽暑如此 付過放送

64.

건명 : 경상도 수령의 자리는 하루라도 비울 수 없으니 蔚山府使 洪益喆을 拿處하는 것을 조금 더 심의하고 우선 從重推考하라 함

발신처 : 正祖

검색어 : 蔚山, 蔚山府使, 洪益喆, 曠官

출처: 正祖 5年 7月 15日 ; 6-292上

命蔚山府使洪益喆拿處分揀

因禁府拿來啓稟 敎以 此時本道邑宰 不可一日曠官 所犯不至大段 拿處則分揀 姑先從重推考

65.

건명: 彦陽縣監 李彦愼에 대한 殿最

발신처 : 慶尙監司 趙時俊

검색어 : 彦陽, 彦陽縣監, 李彦愼, 慶尙監司, 趙時俊, 褒貶啓本, 殿最

출처 : 正祖 5년 12월 15일 ; 6-778下~779上

開坼各道殿最

敎曰 吏兵房承旨 持褒貶啓本入侍 (中略) 慶尙監司趙時俊啓本 (中略) 彦陽縣監李彦愼 管庫雖忽 了賑果善 (中略) 幷中

66.

건명 : 慶尙左兵使 李文德의 죄상에 내한 내용

발신처 : 領議政 徐命善

검색어 : 徐命善, 具善復, 慶尙左兵使, 李文德, 習操

출처 : 正祖 6年 壬寅 6月 14日 ; 7-188下~189上

行次對于誠正閣

予曰 (中略) 予曰 李文德事 卿等知之乎 命善曰 以慶尙左兵使習操時挾妓晩赴事 因繡啓被罪矣 予曰 習操時或有挾妓之例乎 知事具善復曰 所謂隨廳妓 習操時隨去 果是謬例矣 予曰 聚軍後晩赴 誠有罪矣 善復曰 其時聞 以實病差晩赴場云矣 而此等之人 皆有罪名 故千把摠無以備擬差出矣 予曰 非但千把摠爲然 近來行首宣傳官極爲苟艱 殆不成樣矣 兵曹判書鄭好仁曰 誠然矣 予曰 李文德外 兵水使之未敍用者 有幾人乎 好仁曰 前兵使元厚鎭 亦未敍用 水使則有無不能的知矣 予曰 行首之任 不可以防禦使差出 近來宣傳官雖武將之言 亦不肯聽 況望輕之行首乎

67.

건명 : 兵水使를 지낸 인물들을 모두 敍用하며, 그 중 前慶尙左兵使 李文德은 죄를 없애주고 敍用하라 함

발신처 : 正祖

검색어 : 慶尙左兵使, 李文德, 敍用

출처 : 正祖 6年 壬寅 6月 14日 ; 7-189下

命前府使李陽運收敍

領議政徐命善啓言 (中略) 敎曰 曾經兵水使人員並敍用 其中李文德蕩滌敍用

68.

건명 : 彦陽縣監에 대한 殿最

발신처 : 慶尙監司

검색어 : 慶尙監司, 趙時俊, 彦陽, 彦陽縣監, 李彦愼, 殿最

출처 : 正祖 6年 壬寅 6月 15日 ; 7-191上~下

開坼諸道殿最

敎曰 吏兵房承旨 持褒貶啓本入侍 (中略) 慶尙監司趙時俊啓本 昌源府使趙升鉉 踈率宜警 賙賑以誠 居昌府使(缺) 誠切願治 稅或遺奸 奉化縣監尹廷烈 雅規可喜 板禁差擾 彦陽縣監李彦愼 管庫雖忽 了賑果善 機張縣監安德鵬 販奸宜察 賑事無闕 比安縣監金翼均 慈諒之政或有糴弊 安奇察訪金成九 報辭宜詳 並中 英陽縣監李命圭 糴賑濫稅一未覺察 下

69.

건명 : 邊將 殿最를 엄히 하지 못했음을 문책하라는 啓에 대해 윤허함

발신처 : 承政院

검색어 : 慶尙左兵使, 具敍五, 殿最

출처 : 正祖 6年 壬寅 6月 15日 ; 7-191下~192上

罷承旨申應顯職

政院啓言 江華留守金熤 統制使具明謙 慶尙左兵使具敍五 褒貶啓本邊將無一人居中居下 殊無嚴明殿最之意 並請推考警責 允之

70.

건명 : 機張 武知浦에 표박한 倭船을 조사 중 '三'字를 '二'字로 잘못 써 넣은 죄를 지은 別差 朴致倫을 징계하라는 건

발신처 : 領議政 徐命善

검색어 : 機張, 武知浦, 倭船, 徐命善, 慶尙左兵使, 具叙五, 別差, 朴致倫, 問情, 代官倭

출처 : 正祖 6年 壬寅 7月 4日 ; 7-249下

命武知浦別差朴致倫待用刑嚴棍懲勵

領議政徐命善啓言 卽見慶尙左兵使具叙五狀啓則以爲 機張武知浦漂泊倭大船 別差問情中 三代官倭之三字 誤以二字書塡 及其查問之後 遁辭彌縫 別差朴致倫罪狀 請令廟堂稟處矣 問情之誤書事 極疎忽 因此拿勘 不無貽弊 請分付萊府使之待用刑 嚴棍懲勵 從之

71.

건명 : 錢荒에 대한 논의 과정에서 南倉錢의 사례를 언급한 내용

발신처 : 正祖

검색어 : 南倉, 南倉錢, 錢荒

출처 : 正祖 6年 壬寅 11月 6日 ; 7-554上

行次對于誠政閣

予曰 聞近來錢荒 甚於穀荒 京外民情 以此遑急云 貨泉者流行互遷之謂也 錢貨之漸至匱竭 其故何也 (中略) 大抵昨今年錢荒 誠莫曉其故 內而各衙門外 而諸營閫之流行錢貨 朝家初無禁止之事 而說者每以榷于官爲言 何也 雖以嶺營南倉錢一事言之 御史條陳其年久弊痼害及子孫 民不支堪 故自朝家蕩滌債錢 代給穀物 以濟生民之急 而不出數年 又以錢荒歸之於無債之故 朝家於此實不知何以矯捄 今此純錢上下 不過爲目下些少之益 決不可以此了 當大臣諸堂各陳變通之策也

72.

건명 : 義禁府 刑曹의 疏決案과 吏曹 兵曹의 歲抄에 대한 判下 내용

발신처 : 正祖

검색어 : 蔚山, 彦陽, 罪人, 邊案泰, 徐日三, 張漢樞, 黃成龍, 禹匡四, 安福尙,

尹任基, 崔鈺鉉, 李太白, 崔敬綱, 梁永壽, 朴次乭, 梁明輝, 洪禹喆, 張來明, 朱晩晦, 朴文玉, 閔陽復, 李錫增, 金海成, 尹長烈, 李正煥, 李悌白, 金一新, 李德春, 張友信, 權在龍, 金聲得, 鄭世永, 權德貴, 申命得, 尹潤國, 徐興守, 朴處海, 金白允, 李奉亮, 朴正得, 李漢臣, 崔必周, 姜世濟, 崔太奉, 李正太, 張元世

출처 : 正祖 6年 壬寅 12月 3日 ; 7-623下~643上

判下金吾秋曺疏決案及吏兵曺歲抄

教曰 義禁府所管 鞫廳罪人 (中略) 定配罪人 (中略) 慶尙道 (中略) 蔚山邊安泰 (中略) 幷放 (中略)

刑曺所管 減死定配罪人 (中略) 慶尙道 (中略) 蔚山徐日三 (中略) 幷放

流三千里罪人 (中略) 慶尙道 (中略) 蔚山張漢樞 (中略) 英陽姜周成 (中略) 蔚山黃成龍 (中略) 蔚山禹匡四 (中略) 彦陽安福尙 (中略) 彦陽尹任基 (中略) 彦陽崔鈺鉉 (中略) 蔚山李太白 (中略) 彦陽崔敬綱 (中略) 彦陽梁永壽 (中略) 幷放, (中略)

不限年罪人 (中略) 慶尙道 (中略) 蔚山朴次乭 (中略) 彦陽梁明輝 (中略) 幷放, (中略)

慶尙道 (中略) 蔚山洪禹喆 (中略) 幷減等 (中略)

徒年罪人 (中略) 慶尙道 (中略) 彦陽張來明 (中略) 幷放, (中略)

未至配所罪人 (中略) 慶尙道 (中略) 彦陽朱晩晦 (中略) 幷放, (中略)

減死定配未至配所罪人 (中略) 慶尙道 蔚山朴文玉 (中略) 幷減等 (中略)

流三千里罪人 (中略) 慶尙道 (中略) 彦陽閔陽復 (中略) 右人等中 豈無不知裏面之類 放

待用刑罪人 (中略) 慶尙監營所管 (中略) 慶尙左兵營所管 李錫增 金海成 尹長烈 李正煥 李悌白 金一新 李德春 張友信 權在龍 金聲得 鄭世永 權德貴 申命得 尹潤國 徐興守 朴處海 金白允 李奉亮 朴正得 李漢臣 崔必周 姜世濟 崔太奉 李正太 張元世 (中略) 等 五百九十七名 幷蕩滌 (中略)

又教曰 義禁府刑曹所管 雜犯罪死以下 吏兵曺所管 被謫蒙放以下 其他文書未下京囚 待用刑等 各項罪名 區別疏放者 凡爲二千三百四十七人 皆令今日內撥馬 行會諸道 各該房承宣與各該堂上 眼同 一依傳

教 照檢頒布 無或有一人遺漏之弊

73.

건명 : 疏決에서 누락된 죄인 朴文玉 등을 放送함

발신처 : 正祖

검색어 : 蔚山, 朴文玉, 刑曹

출처 : 正祖 6年 壬寅 12月 30日 ; 7-715上~下

放金興道等

教曰 向來疏決時 刑曹文書遺漏 未蒙一視之澤 興陽金興道 任實李漢日 務安柳彦燮 金甲島朴鳳起 三嘉黃重來 晉州李光瑞 蔚山朴文玉 放送事 今日內分付

74.

건명 : 梁山郡에서 새로 浦口를 뚫는 赴役에 彦陽 등 세 고을의 民丁을 동원하는 것에 대한 논의

발신처 : 右議政 金熤

검색어 : 彦陽, 鑿浦

출처 : 正祖 7年 癸卯 正月 25日; 7-807下

命梁山郡新鑿浦補築民丁赴役從便擧行모

右議政金熤啓言 ,慶尙監司 李秉模狀啓 枚擧梁山郡守李師濂牒呈以爲 本郡處在一道都水口之地 少値潦水 輒必衝嚙 故築堤防患之外 新鑿一浦 以殺 水勢矣 昨年水災 新鑿之浦 旋復堙塞 若不及今䟽 鑿補築 則全島盡棄 衆民失業 本郡民丁二千名 限四日赴役 東萊機張彦陽三邑民丁限七千名 二日赴役 使掘浦築堤 以圖永固無患之地事 請令廟堂 稟旨分付矣 (中略) 教以 諸議別無異同 依此分付也

75.

건명 : 刑曹에서 回啓한 慶尙道 罪人들에 대한 判下

발신처 : 刑曹, 正祖

검색어 : 蔚山, 罪人, 朴文玉, 洪禹喆

출처 : 正祖 7年 癸卯 2月 12日 ; 7-841上

判下秋曺慶尙道放未放回啓

刑曹啓言 本曹所管定配罪人放未放 並依啓聞施行矣 朱晩晦 未至配所 已爲蒙放罪人英伊 旣是義禁府所管 而混錄於本曺所管者 俱涉朦然 該道臣推考 晩晦請卽爲放送 允之 敎以 草溪罪人全時弘 蔚山洪禹喆 巨濟罪人魏相最等 並放送 他道徒流案中 似此罪名 一体放送 蔚山罪人朴文玉 亦爲放送 機張罪人煥程 巨濟罪人金勛 並徒流案爻周

76.

건명 : 前慶尙道慰諭使 趙時俊을 召見하여 南倉錢을 革罷한 것 등에 대하여 논의

발신처 : 承旨 趙時俊

검색어 : 南倉, 南倉錢, 作錢, 防債穀, 還穀

출처 : 正祖 7年 癸卯 2월 16일 ; 7-850下

召見承旨趙時俊于誠正閣

敎曰 都承旨入侍 時俊進伏 予曰 見卿久矣 予曰 向者卿以慰諭使出往嶺南 而或有取怨之事 是何故也 (中略) 予曰 分賑穀數爲幾何乎 時俊曰 當初下去時 請得三萬石 而到營後 果有不足之慮 故至有加請之事矣 予曰 還穀留庫爲幾何乎 時俊曰 爲六十萬石矣 予曰 營債革罷後果何如 時俊曰 亦有不當罷而罷者 故有難處事矣 予曰 南倉錢 亦爲革罷乎 時俊曰 然矣 時俊曰 嶺營防債後 全以穀物 作錢需用 而防債穀及加分穀 兩色耗之每年作錢者 當爲一萬三千餘石 毋論豊歉 論其穀價 則沿邑貴 而山邑賤 故沿邊穀 漸致耗渴 此甚可悶 (下略)

77.

건명 : 밀양, 양산, 언양의 封山 혁파에 관한 논의

발신처 : 領議政

검색어 : 嶺南暗行御史, 彦陽, 封山

출처 : 正祖 7年 癸卯 6月 9日 ; 8-99下~102上

領議政鄭存謙以嶺南御史別單覆啓

存謙啓言 卽見嶺南暗行御史沈基泰別單則 (中略) 又啓言 其一論 密陽梁山彦陽等邑境 封山松木漸蕃延 及平地沃土陳荒 封山特爲革罷事

也 近百年設置之封山 不可容議其革罷矣 予詢右相福源曰 臣意亦與首相無異矣 予曰 諸備堂各陳所見可也 華鎭等曰 不可遽議革罷矣 存謙曰 僉議如是 請置之 從之

78.

건명 : 彦陽縣監에 대한 殿最

발신처 : 慶尙監司

검색어 : 慶尙監司, 李秉模, 彦陽, 彦陽縣監, 李彦愼

출처 : 正祖 7年 癸卯 6月 9日 ; 8-122下~123上

開坼諸道褒貶啓本

京畿監司李亨逵啓本 (中略) ○ 慶尙監司李秉模啓本 (中略) 彦陽縣監李彦愼 治固著勤 刑宜加愼 (中略) 幷中

79.

건명 : 慶尙兵營의 習操를 정지할 것

발신처 : 領議政

검색어 : 慶尙左兵使, 金廷遇, 慶尙右兵使, 南憲喆, 習操, 巡點

출처 : 正祖 7年 癸卯 7月 12日 ; 8-222上

命三南水操慶尙兵營習操淸北巡操湖西習操永宗陸操幷停止

領議政鄭存謙啓言 (中略) 又啓言 慶尙右兵使南憲喆左兵使金廷遇狀啓以爲 今秋習操及營城將節制使巡點 依例擧行事 請令廟堂稟旨矣 何以爲之 敎以 停操

80.

건명 : 幼學 李德行이 彦陽의 梁聖三 夫妻의 孝友에 대하여 上言한 것에 대한 判下

발신처 : 正祖

검색어 : 李德行, 彦陽, 梁聖三, 孝友, 給復

출처 : 正祖 7年 癸卯 8月 29日 ; 8-348下~8-349下

判下上言覆啓

因禮曹生員孫程九上言覆啓 敎以慶州古縣監孫宗老 (中略) 又因幼學

李德行上言 教以 彦陽梁聖三夫妻 孝于其母 友于其兄 此等卓絶之行 在簪纓家 實所罕聞 遐土賤泯 有此特異之事 何靳褒美之典 況上言諸人 俱是本鄕士林 亦可知公議之同然 不必更令本道査實 特爲給復 以勵風教

81.

건명 : 李在亨을 蔚山府使에 임명함

발신처 : 吏曺參判

검색어 : 李在亨, 蔚山府使

출처 : 正祖 7年 癸卯 9月 1日 ; 8-354下

有政 吏曺參判沈豊之參議趙鼎鎭兵曺判書李坤進

以嚴璹爲大司憲 (中略) 李在亨爲蔚山府使

82.

건명 : 蔚山府使 李在亨 등의 辭朝

발신처 : 正祖

검색어 : 李在亨, 蔚山, 蔚山府使

출처 : 正祖 7年 癸卯 9月 6日 ; 8-367上

召見承旨徐鼎修李在學及下直守令于誠政閣

(上略) 蔚山府使李在亨進前 予曰 幾次作宰 在亨曰 待罪五邑矣 予曰 蔚山殆同弊局 汝往勞力

83.

건명 : 前 開雲浦 萬戶 曺允祥 등에 대한 사법 처리

발신처 : 義禁府

검색어 : 開雲浦, 曺允祥, 告身, 定配

출처 : 正祖 7年 癸卯 9月 25日 ; 8-441下~8-442下

命時囚宋銓等議處韓湁從重勘律李崇運罷黜放送趙亨逵等勘放李亮載照律

義禁府啓言 (中略) 又啓言 開雲浦前萬戶曺允祥 慶尙前左水使李喆運査啓 辛丑反作各穀二百九十四石零 壬寅反作各穀三百四十四石零 罪

告身盡行追奪 徒三年定配 又五年禁錮 私罪施行 並允之 又啓言 時囚金東臣曺允祥等原情考律勘放事命下矣 頃因判付 各鎭餉穀反作首犯人 禁錮徒配 其餘各人等 本律以公罪收贖放送 而今此金東臣等之餉穀反作 雖非首犯 旣有考律勘放之命 自下不敢以公罪勘放 依本律以私罪照入 教以 依同罪他囚例 勘放

84.

건명 : 罪人 李弘濟 등의 配所를 蔚山府 등으로 정한 뒤 압송한다는 刑曹의 보고

발신처 : 刑曹

검색어 : 李弘濟, 蔚山, 配所, 定配

출처 : 正祖 7年 癸卯 9月 26日 ; 8-444下

配金洛星等

刑曹啓言 (中略) 權漢復等七人 亂入科場改祖變姓二罪 從重論 各待考訊 十日之限 決杖一百後 漢復熙川郡 (中略) 李弘濟蔚山府 並流三千里 定配所押送啓

85.

건명 : 原春道 綸音을 本道 인사들에게 반포할 것에 대한 教

발신처 : 正祖

검색어 : 綸音, 慶尙左兵虞候, 高雲瑞

출처 : 正祖 7年 癸卯 10月 25日 ; 8-567下~8-568上

命原春道綸音頒布

教曰 諭原春道嶺東嶺西士民綸音 (中略) 又教曰 今番綸音 本道人士宜令聞知 前察訪權啓學 前都事權世規 前佐郎崔顯珌 田籍金澤珉 前監察朴民瞻 前田籍權漢 緯學正黃乃正 前司諫李一曾 持平李百亨 (中略) 慶尙左兵虞候高雲瑞 前縣監池日浩 前郡守李彬 前主簿閔德洙 前武兼安宗赫徐景國 訓練主簿元光厚 楸坡萬戶元宅鎭 備邊郎李尙岳 前宣傳官金魯正 前武兼李時菡等 各頒一件之意 下諭于嶺東伯 處職姓名 不過從官案書下 此外文武出身 或有遺漏人 添書加數 件中頒給形止狀聞 頒布之際 遐士人 或不無遺落之弊 各別照察擧行之意 一體

下諭

86.

건명 : 전국에 字恤典則을 頒賜함

발신처 : 正祖

검색어 : 恤典, 蔚山, 彦陽, 西生浦, 開雲浦, 慶尙左兵使, 兵虞候

출처 : 正祖 7年 癸卯 11月 12日 ; 8-620下~8-624下

頒賜字恤典則

教曰 字恤典則頒賜件 (中略) 慶尙道 監司 統制使 左右兵使 左水使 各粧纊白綿紙一件 (中略) 蔚山府使 (中略) 彦陽縣監 (中略) 各不粧白綿紙一件 (中略) 左右兵虞候 (中略) 西生浦僉使 (中略) 開雲浦萬戶 (中略) 蔚山監牧官 (中略) 各不粧白休紙一件

87.

건명 : 蔚山府使 吳在文 등에 대한 임명

발신처 : 吏曹參判 趙時俊

검색어 : 有政, 蔚山府使, 吳在文

출처 : 正祖 7年 癸卯 11月 22日 ; 8-663下~8-664上

有政 吏曹參判趙時俊進

教曰 政官牌招開政 又教曰 今聞錦伯言 道內守令中 有親嫌應避人云 此時災邑 有難遲待 到界與黃牧之代 今日政擇差 ○ 以洪彦喆爲執義 (中略) 吳在文爲蔚山府使 (下略)

88.

건명 : 蔚山의 幼學 徐達伋이 上言한 것을 吏曹에서 覆啓함

발신처 : 吏曹

검색어 : 蔚山, 徐達伋, 贈秩

출처 : 正祖 8年 甲辰 正月 29日 ; 8-821上~8-821下

吏曹以許杓等上言覆啓

該曹啓言 (中略) 又啓言 蔚山幼學徐達伋上言內辭緣 有難輕議 請置之 教以 其矣五代祖仁忠事績 旣如是卓越 則尙無贈秩之擧 大欠敦風

之義 不可以事在久遠置之勿論之科 分付道臣 詳考邑誌 旁採物情 使之具意見論理 狀聞來到 議大臣草記稟處

89.

건명 : 嶺南의 곡식을 嶺東으로 옮기는데 功을 세운 彥陽縣監 李彥愼과 西生僉使 申好祥 등에 대한 論賞

발신처 : 督運御史

검색어 : 運穀差使員, 彥陽縣監, 李彥愼, 西生僉使, 申好祥,

출처 : 正祖 8年 甲辰 2月 3日 ; 8-827下~8-828上

運穀差使員論賞令廟堂行會御史處

督運御史金載人 以運穀差使員守令邊將姓名馳啓 教以 (中略) 彥陽縣監李彥愼 三千二百石 亦能無事畢運 陞敍 (中略) 西生僉使申好祥 一萬七千六百石穀物 領運之功 宜有別般奬勸 聞已限滿遞歸 亦令該曺明日政更除善地邊將 (中略) 今番嶺穀之善運 皆由御史及差使員殫誠董督之效 比再昨年西穀監運之人 其能否勤慢 不可同日而語 朝家賞罰之政 豈無弦偉之擧 並須知悉事 令廟堂行會御史處

90.

건명 : 蔚山監牧官 洪仁基 등을 拿囚하는 것에 대한 논의

발신처 : 義禁府

검색어 : 蔚山監牧官, 洪仁基, 拿囚, 畢賑

출처 : 正祖 8年 甲辰 3月 21日 ; 8-985上

命尤甚邑守令待畢賑自現拿囚

義禁府啓言 宋守淵等拿處事 命下矣 宋守淵時任高山縣監 (中略) 洪仁基時任蔚山監牧官 而俱在任所 請拿來 允之 教以 尤甚邑守令 待畢賑 待其自現 拿囚

91.

건명 : 兩南 지역의 守令을 拿囚하는 것에 대한 논의

발신처 : 義禁府

검색어 : 尤甚邑, 蔚山, 拿囚

출처 : 正祖 8年 甲辰 3月 22日 ; 8-989上

命兩南守令待麥秋拿囚

義禁府啓言 高山陰城鴻山蔚山等五邑 俱非尤甚 依例擧行 而其中龍安縣監尹達東 待畢賑 知委就囚事分付 教以 兩南守令 待麥秋拿囚

92.

건명 : 울산 幼學 徐達伋의 上言에 대해 徐仁忠의 追贈을 합의하여 올린 啓

발신처 : 吏曹

검색어 : 蔚山, 徐達伋, 慶尙監司 李秉模, 徐仁忠, 邑誌, 追施貤贈

출처 : 正祖 8年 甲辰 閏三月 下 25日 ; 9-51上~下

吏曹以蔚山幼學徐達伋上言收議啓

該曺啓言 蔚山居幼學徐達伋上言 回啓判付內分付 道臣旁採物情 狀聞來到 議大臣草記 稟處事命下矣 今以慶尙監司李秉模狀本 議于大臣則 領議政鄭存謙判府事徐命善左議政李福源右議政金熤 俱以爲 徐仁忠事績之載於邑誌者 既如是昭著則 其在樹風勵節之義 追施貤贈恐不必靳惜 判府事李徽之以爲 今此徐仁忠 以鄕曲一武夫 奮義於孤城危急之中 水陸力戰 斬馘甚多 忠心功績 可謂卓異 其在表奬之道 宜有貤贈之典 而其時既許錄勳一等再除 邊鎭未知 朝廷有所斟量於其間而酬勞之恩 止於斯耶 今於幾百年之後 特以生前之未究 其用似難輕施 死後之恩云矣 請上裁教 以依草記施行

93.

건명 : 慶尙左兵使 李仁秀 등에 대한 임명

발신처 : 兵曹判書

검색어 : 慶尙左兵使, 慶尙右兵使, 李仁秀

출처 : 正祖 8年 甲辰 4月 26日 ; 9-147上

有政

李仁秀爲慶尙左兵使 申暾爲慶尙右兵使

94.

건명 : 慶尙左兵使 李仁秀의 下直 인사

발신처 : 正祖

검색어 : 慶尙左兵使, 李仁秀

출처 : 正祖 8年 甲辰 4月 30日 ; 9-160下

召見下直閫帥守令于誠正閣

予謂慶尙左兵使李仁秀曰 兵使與牧民之官 雖有不同 而荐饑之餘 詰戎之政 不可泛忽 各別撫摩

95.

건명 : 彦陽의 李禹臣 등이 曺萬昌의 私賑에 대하여 襃賞을 요청하는 上言과, 언양의 李德衍이 慶州府에 속해 있는 언양현의 옛 땅을 회복시켜줄 것을 요청하는 上言에 대한 覆啓

발신처 : 備邊司

검색어 : 彦陽, 李禹臣, 曺萬昌, 李德衍, 私賑, 蔚山, 慶州

출처 : 正祖 8年 甲辰 10月 1日 ; 9-619下~9-620下

各該司李行幸時上言覆啓

彦陽李禹臣等以爲 辛丑大歉 本縣曺萬昌 自備私賑二千六百餘石 蕩盡田庄 特垂襃賞云 令道臣論理狀聞,

李德衍等以爲 本縣一人三四役 不能自存 己亥革罷本縣 半屬蔚山 半屬慶州 壬子 自蔚分縣復邑 慶州所附之地未能還推 特令還給 以濟一縣之民云 弊則可悶 事則難施 置之 (中略) 教以 (中略) 彦陽居民人等事 本縣人曺萬昌 連三年私賑石數至於此多 則道啓之見漏 事甚訝惑 如非邑宰匿不報營 豈有是也 嚴飭本道 詳査狀聞, 同縣居民等事 依草記施行

96.

건명 : 彦陽의 曺萬昌이 私賑한 穀數를 慶尙監司가 조사하여 狀聞한 것에 대한 처리

발신처 : 正祖

검색어 : 彦陽, 曺萬昌, 私賑

출처 : 正祖 8年 甲辰 11月 17日 ; 9-762上

命曺萬昌穀數相左査治補賑論賞施行

因慶尙監司李秉模彦陽曺萬昌私賑穀數査實狀啓 敎以 穀數畧有相左 補賑固無違端 罪自罪 功自功 不可以此掩彼 數爻相左之罪 令本道査治 補賑人論賞 參考前例施行事 自本司 分付該廳 擧行

97.

건명 : 尹東賓을 蔚山府使로 임명함

발신처 : 吏曹判書

검색어 : 尹東賓, 蔚山府使, 都政

출처 : 正祖 8年 甲辰 12月 25日 ; 9-870上

御涵仁亭行都政

以尹東賓爲蔚山府使

98.

건명 : 慶尙左兵使 李仁秀를 改差함

발신처 : 領議政

검색어 : 慶尙左兵使, 李仁秀

출처 : 正祖 9年 乙巳 2月 6日 ; 9-969下

改差慶尙左兵使李仁秀

領議政徐命善啓言 平安兵使李漢泰 有明日辭朝之命矣 慶尙左兵使李仁秀 以叔侄之 並居閫任 爲亂安之端 私義無怪 慶尙左兵使 請今姑改差 從之

99.

건명 : 白師誾을 慶尙左兵使로 삼음

발신처 : 吏曹判書 李命植 등

검색어 : 慶尙左兵使, 白師誾

출처 : 正祖 9年 乙巳 2月 6日 ; 9-970下~9-971上

有政

再政 (中略) 白師誾爲慶尙左兵使

100.

건명 : 慶尙左兵使 白師誾의 辭朝 지시

발신처 : 正祖

검색어 : 慶尙左兵使, 白師誾, 辭朝

출처 : 正祖 9年 乙巳 2月 8日 ; 9-979下

命慶尙左兵使白師誾當日辭朝

101.

건명 : 權正遇를 彦陽縣監에 임명함

발신처 : 吏曹判書 李命植 등

검색어 : 彦陽縣監, 彦陽, 權正遇

출처 : 正祖 9年 乙巳 2月 25日 ; 9-1021上

有政

權正遇爲彦陽縣監

102.

건명 : 蔚山 등지의 陪牌를 革罷할 것에 대한 備邊司의 啓言

발신처 : 備邊司

검색어 : 蔚山, 陪牌

출처 : 正祖 9年 乙巳 3月 3日 ; 10-4上~5上

命陪牌革罷飭諸道

備邊司啓言 昨冬因全羅兵使曹學臣陪牌革罷事狀啓草記批旨 有本道如此外此 諸道安知無此等謬例 因是遍査不害 爲反隅之擧 此等謬例有無 擧實狀聞後 稟處之命矣 依下教 邑例之同異 爲弊之淺深 並與矯革便否 而關問諸道矣 卽見 (中略) 慶尙監司李秉模以爲 蔚山等五邑陪牌 或自民庫雇立措實 雖殊規模已定 其餘列邑 方便雇立 庶爲官民兩便之方云 (中略) 諸道事情 道臣必當周知 一併依狀請許施 從今以後 路文定式外 冒禁犯科者 以濫騎律施行之意 請一體分付於諸道道臣兩都留守 以爲嚴飭列邑 遵式擧行之地

103.

건명 : 殿最에서 울산부사 이동빈은 늙고 병들어 정무에 힘쓰지 못했으므로 下에 매겨짐

발신처 : 正祖

검색어 : 殿最, 慶尙監司, 鄭昌順, 蔚山府使, 李東賓

출처 : 正祖 9年 乙巳 6월 15일 ; 10-270上

御丹楓亭行宣傳官試講京外殿最(試官具善復趙時俊尹行任)

自內詣丹楓亭陞座 予曰 日熱如此 試官行禮除之 仍命殿最開坼 (中略) 慶尙監司鄭昌順啓本 (中略) 蔚山府使李東賓 政因老弛 務由病曠 (中略) 幷下

104.

건명 : 沈公藝를 蔚山府使로 삼음

발신처 : 吏曹

검색어 : 沈公藝, 蔚山府使

출처 : 正祖 9年 乙巳 6月 24日 ; 10-298下

御涵仁亭行親政吏曹判書李命植參判沈豊之參議黃昇源佐郎趙濟魯兵曹判書趙時俊參判李文源參議柳誼參知李夔正郎宋民載進

敎曰 生民休戚在邑宰 防軍若樂係鎭將 (中略) ○ 吏批 以趙宅鎭爲居昌府使 洪元燮爲光州牧使 沈公藝爲蔚山府使

105.

건명 : 慶尙左兵使 등이 習操와 巡點 등을 분부해 달라고 한 것에 대해, 이를 정지하고 諸道에 籤丁을 따로 신칙할 것을 명함

발신처 : 備邊司

검색어 : 習操, 營將巡點, 聚點, 慶尙左兵使, 白師誾

출처 : 正祖9年 乙巳 7月 19日 ; 10-374上

命習操等節幷停止諸道籤丁另飭

備邊司啓言卽 見守禦使鄭尙淳摠戎使金思穆江華留守嚴璹京畿監司徐有防原春監司李時秀黃海兵使任崔洪忠前兵使李潤禧洪忠前水使趙心恭平安兵使李漢恭全羅兵使許逅慶尙左兵使白師誾右兵使金迂遇統制

使李邦一北兵使閔義爀南兵使申應周永宗防禦使李禹鉉狀啓 則以爲今秋何以爲之 而營將巡點聚點等事 幷令廟堂稟處分付爲辭矣 詰戎之政 有國所重 連値歉歲 許久停廢 極涉疎虞 宜有練習之擧 水陸巡操營將巡點聚點等節 一依狀請施行 至於關東之校生考講災傷覆審 依近例使道臣兼行 勸武軍官別武士選武軍官武學等都試 請幷一體分付允之教以 以近日農形狀本言之 東西北三路來頭民事方在關念 詰戎雖重民力宜頗 習操巡操巡點等節 幷停止 畿甸及三南昨年穡事 雖曰稍熟疲瘵之餘 似未蘇完 足食然後 可責足兵 水陸軍兵齎糧往來之弊 在所當念 幷依他道例 停操停點 爲閫帥守令者 苟欲有意武備 凡係籤丁修械等事 無非詰戎大政 隨處惕念 盡職之意 嚴飭諸道 籤丁當其時

106.

건명 : 馬兵都試를 허락해 달라는 蔚山左兵營 軍官의 上言을 허락하지 않음

발신처 : 有司堂上

검색어 : 趙時俊, 蔚山, 蔚山左兵營, 金海珎, 馬兵都試, 東萊, 東萊別騎衛, 軍役

출처 : 正祖 9年 乙巳 10月 2日 ; 10- 561上

命蔚山左兵營軍官金海珎上言勿施

啓言 蔚上言 有登對稟處之命矣 諸道馬兵民皆不願故 乃以疲殘 丐乞之輩俱數塡充 戰馬戎裝無一措備 頃年馬兵都試之刱設者 盖意其富實之民爲其科路 或有願屬之類而然也 至於東萊別騎衛以邊門重地 專爲慰悅之方 設行都試則 較他自別 而今者兵閫之校 援此兩例 欲刱右領軍官都試之規 渠輩雖曰 無料布得免軍役入屬校列亦已幸矣 此而許施則 諸道營閫之校 必將接跡而起論 以一視之道 亦何可或許或否乎 後弊所關 不可不防元 上言勿施猥越之罪 請令攸司處之 從之

107.

건명 : 죄인 李邦喆을 인근 울산에 定配하였다는 洪忠監司의 啓本에 대해 인근 도에 정배한 잘못을 들어 계본을 돌려보낼 것을 명함

발신처 : 洪忠監司

검색어 : 洪忠監司, 李得臣, 李邦喆, 蔚山, 定配

출처 : 正祖 9年 乙巳 10月 16日 ; 10-607上

命錦伯啓本還下送

洪忠監司李得臣以罪人李邦喆蔚山定配馳啓 教以近來京外紀綱雖曰解弛 特教遠配罪人 忽定配所於隣道 寧有此等 紀綱其所爲使之 據實狀聞事回諭 此啓本還下送

108.

건명 : 蔚山府 燒戶에게 恤典을 지급함

발신처 : 慶尙監司

검색어 : 蔚山府, 燒戶恤典, 慶尙監司, 鄭昌順

출처 : 正祖 9年 乙巳 12月 6日 ; 10-718下

給蔚山府燒戶恤典

慶尙監司鄭昌順 以蔚山府民家被燒馳啓 教以寒節被燼 至於三十餘戶之多 極爲矜惻 元恤典外各別顧助 期於從速奠接事 令廟堂申飭行會

109.

건명 : 殿最에서 彦陽縣監 權正遇가 中에 매겨짐

발신처 : 慶尙監司

검색어 : 殿最, 慶尙監司, 鄭昌順, 彦陽, 彦陽縣監, 權正遇

출처 : 正祖 9年 乙巳 12月 15日 ; 10-739上

開坼京外殿最

因惠民署褒貶啓本 (中略) ○ 慶尙監司鄭昌順啓本 (中略) 彦陽縣監權正遇 多言少實 宜思誠勤 (中略) 並中

110.

건명 : 蔚山 業武 李永先이 제기한 山訟에 대해 剛明官을 정해 사실을 摘奸토록 하여 南昔輝에게 형벌을 내리도록 한 처분

발신처 : 蔚山 業武 李永先 등

검색어 : 蔚山, 李永先, 張國良, 南昔輝, 劃給

출처 : 正祖 10年 丙午 2月 26日 ; 11-82上~104下

判下上言一百五十二度于各該司

宗廟署府僕鄭德龍等 關西小米劃給事 (中略) 知禮幼學金泰亨 田土推

給事 東部良人李信源債錢推給事 西部哨官崔泰郁 龍山業武李世春 豊德幼學金世郁 仁川幼學任珌 洪州幼學徐潤珏 蔚山業武李永先 中和幼學李孝甲 定山幼學李錫民 龍仁幼學李亨疇 竝山訟事 龍仁幼學南漢昌 其先祖祠宇來龍禁葬事 (中略) 又啓言 蔚山業武李永先上言以爲 甲辰遭父喪 借得空閒地於山主張國良處矣 其後七日 南昔輝等 稱以渠山外 青龍起訟禁斷 而於渠山 隔一水隔一麓 相距三百餘步之外 而橫侵不當之地者 極爲無狀 南哥非法之罪嚴繩 俾保父墳云矣 請令道臣 別定剛明官 摘奸査實 果狀辭不虛 則南昔輝等嚴刑 從之

111.

건명 : 姜五成을 慶尙左兵使로 삼음

발신처 : 正祖

검색어 : 慶尙左兵使, 姜五成

출처 : 正祖 10年 丙午 3月 10日 ; 11-157下

有政 吏曹判書金魯鎭參議趙鼎鎭進

以李敬養爲吏曹參判 尹光普爲校理 徐鼎修爲兼輔德 李秉模爲兵曹參判 李晩祥爲長陵參奉 尹東晩爲慈山府使 金鳳顯爲雲山郡守 李鼎揆爲大司諫 姜五正爲執義 沈銖爲正言 朴基正爲司書 韓光近爲靈光郡守 姜五成爲慶尙左兵使

112.

건명 : 慶尙左兵使로 제수 받은 姜五成이 영광군에 있을 때 朝辭하지 말고 부임하라는 명령에 따라 密符는 前兵使 白師誾이 받도록 한 처분

발신처 : 正祖

검색어 : 慶尙左兵使, 姜五成, 前兵使, 白師誾, 密符, 安寶

출처 : 正祖 10年 丙午 3月 14日 ; 11-165下

行召對于誠正閣承旨趙尙鎭玉堂洪聖淵李晴閣臣李崑秀

承旨趙尙鎭啓言 新除授慶尙左兵使姜五成 時在靈光郡任所 而有除朝辭赴任之命矣 密符 則以前兵使白師誾 所佩密符 傳授諭書 則安寶 請使院吏齎傳 從之

113.

건명 : 蔚山府 朴再根의 妻 등에게 封爵하도록 한 처분

발신처 : 正祖

검색어 : 蔚山府, 朴再根, 朴廷植, 老職, 加資, 婦女封爵

출처 : 正祖 10年 丙午 4月 11日 ; 11-235上~236下

有政 吏曹參議李集斗進

敎曰 奏御文字 何等莫重 而政望有此 前所未有之駭擧 吏曹參議李集斗禁推 (中略) 蔚山府 士族 故學生朴再根妻李氏等二人 庶民 資憲朴廷植等六人 (中略) 並老職加資 下批 婦女封爵

114.

건명 : 墓所都監에 慶尙左兵營 등의 각 부서에서 올린 米布의 수효 내용

발신처 : 墓所都監

검색어 : 墓所都監進米布別單, 慶尙監營, 慶尙左兵營, 統營, 米布, 正木

출처 : 正祖 10年 丙午 5月 24日 ; 11-344上

墓所都監進米布別單

別單曰 賑恤廳 米一千二百七十石 訓鍊都監 正木十同 禁衛營 米五百七十石正木十同 御營廳 米五百七十石 正木十同 守禦廳 米二百石 摠戎廳 米二百石 平安監營 正木十五同 兵營 正木十同 忠淸監營 正木三同 黃海監營 正木八同 兵營 正木六同 全羅監營 正木八同 兵營 正木六同 左水營 正木二同 右水營 正木二同 慶尙監營 正木十三同 左兵營 正木四同 右兵營 正木五同 左水營 正木二同 統營 正木十一同 已上 米二千八百十石 正木一百二十五同

115.

건명 : 墓所都監에 올릴 米布 가운데 慶尙左兵營 등에서는 각기 한 등급을 감하여 올리도록 한 처분

발신처 : 墓所都監

검색어 : 墓所都監進米布別單, 換錢取用, 賑恤廳米布分定元數, 慶尙監營, 慶尙左兵營, 天銀, 米布, 正木, 代減

출처 : 正祖 10年 丙午 5月 28日 ; 11-358下~359上

墓所都監進米布別單

該都監啓言 內下 天銀五百兩 從時直換錢取用於賑恤廳米布分定元數中 分排計減別單書入別單 賑恤廳 米一千二百七十石 訓鍊都監 正木十同 禁衛營 米五百七十石 正木十同 御營廳 米五百七十石 正木十同 守禦廳 米二百石內 木二十五疋 代減十石 摠戎廳 米二百石內 木二十五疋 代減十石 平安監營 正木十五同內 減一同 兵營 正木十同內 減一同 忠淸監營 正木三同內 減一同 黃海監營 正木八同內 減一同 兵營 正木六同內 減一同 全羅監營 正木八同內 減一同 兵營 正木六同內 減一同 左水營 正木二同內 減一同 右水營 正木二同內 減一同 慶尙監營 正木十三同內 減一同 左兵營 正木四同內 減一同 右兵營 正木五同內 減一同 左水營 正木二同內 減一同 統營 正木十一同內 減一同 已上 米二千八百十石內 減二十石 正木一百二十五同內 減十四同

116.

건명 : 淸道郡의 兵符가 불타자 兵曹에서 慶尙左兵使 姜五成이 狀啓한 것을 바탕으로 삼도록 한 처분

발신처 : 慶尙左兵使

검색어 : 淸道郡, 鄭昌期, 慶尙左兵使, 姜五成, 兵符, 左符, 推考

출처 : 正祖 10年 丙午 5月 29日 ; 11-361上

命淸道郡舊符上送燒火

兵曹啓言 觀此慶尙左兵使姜五成狀啓 則交龜時淸道郡兵符左符一隻外 又有舊兵符左一隻 與前兵使眼同開拆 則舊符比新符差少 而色渝磨洗似有新舊之別 傳授冊子中 只有乾隆十八年甲戌以下置簿記 而元無他可考之蹟 一郡二符竝存 誠非法意 一番歸正 斷不可已發關 査問於該郡 則郡守所佩一隻外 亦無可據之蹟云 當其合符之時 兩符之因循置之 恐非重師律之道 待朝家處分 該郡守鄭昌期 使之馳進本營 所佩兵符較視後 不合一符 上送爲宜 請令該曹稟處云矣 一邑兩符 事係駭異 前後兵使傳授之際 所當趂卽狀聞 而一味掩置 誠極寒心 甲戌以後 兵使事當一倂拿勘 而姑爲參酌 竝從重推考 自監兵營 該郡守使之馳進 營下合驗於兩營左隻後 舊符卽令上送 以爲燒火之地 從之

117.

건명 : 蔚山 幼學 徐達天이 花山米還의 變通에 대해 올린 내용에 대한 처분
발신처 : 蔚山 幼學 徐達天 등
검색어 : 蔚山, 徐達天, 下納米變通, 花山倉, 慶尙兵使, 李玗, 新寧縣
출처 : 正祖 10年 丙午 9月 7日 ; 11-813上~815上

判下上言七十二度于各該司

順天幼學吳達孫 爲其父訟寃事 蔚山幼學徐達天等 花山米還變通事 (中略) 光陽幼學仇彦仁進 爲國詞事 教 以見其冊子 亦多有理其在擇蕘之意 豈無嘉奬之擧 以此上言封送 該道仍令道伯 各別採用招致 仇彦仁出給判付 俾渠知朝家採用之意 東萊民李斗請等 下納米變通事 教 以令有司堂上 分付該道 使之從長論理 啓聞後稟處 金海民劉占才等 劉姓人頉役事 教 以先朝下教 既如是嚴明 伊後擧行 如有不勤之事 各別申飭 俾無稱寃之弊事 行會道伯 (中略) 又啓言 蔚山幼學徐達天上言 以爲本營故兵使李玗 以本營局小城窄 欲爲移營於新寧縣花山地 而役糧不贍 請得北關錢三千兩 特設別庫名之 曰花山倉 以錢代穀 其年所捧 至於三千石 遽移他職北關之錢 反作蔚山之米還 今至萬餘石 本營南北諸邑中 一體均分 使一隅之民 更無偏受難支之弊矣 花山倉穀 本爲移營而 營則未移 穀則滋多 通計原還勢將難支 而遠外事有難遙度 關問于道臣及該兵使 論理報來後 更爲稟處 稱以民瘼收斂錢物之弊難保 其必無 請令本道 査問處之 允之

118.

건명 : 南倉에 빌려준 돈을 환수하는 문제에 대하여 논의한 내용
발신처 : 前嶺伯
검색어 : 嶺伯, 鄭昌順, 南倉, 債錢, 徵利, 加徵
출처 : 正祖 10年 丙午 9月 19日 ; 11-862下

召見前嶺伯鄭昌順于誠正閣

又啓言 南倉債錢事 既承下詢 敢此仰達 南倉給債之規 有排朔之例蕩債之令 既下於辛丑正月 則所當計其給債之朔 以爲徵利之限 而庚子臘月 所給之債 竝受十朔之利 受債旬望之間 備納一年之息 多有稱寃之端 臣以此意論報備局 未蒙許施 今若一例混捧 則便同加徵 請計朔

收捧 從之

119.

건명 : 李元植을 彦陽縣監으로 임명함

발신처 : 正祖

검색어 : 李元植, 彦陽縣監

출처 : 正祖 10年 丙午年 11月 18日 ; 11-1003下

有政 吏曹參判李秉模進

以曺允大爲校理 李元植爲彦陽縣監

120.

건명 : 殿最에서 慶尙左兵使 姜五成 등을 褒貶啓本에 따라 처분한 내용

발신처 : 承旨

검색어 : 殿最, 慶尙左兵使, 姜五成, 褒貶啓本, 推考

출처 : 正祖 10年 丙午 12月 15日 ; 12-65下

開坼各道殿最于誠正閣

承旨李敬一啓言 即伏見忠淸兵使具世勣 水使沈士省 黃海水使田翊顯 全羅兵使李漢五 左水使許任 右水使申遇文 慶尙左兵使姜五成 右兵使金廷遇 左水使任屹 今秋冬等褒貶啓本 則邊將無一人居下 殊無嚴明 殿最之意 請幷推考 從之

121.

건명 : 蔚山을 비롯한 각 道에서 백성의 饑饉을 구할 곡식 수를 아뢴 내용

발신처 : 慶尙道 등

검색어 : 進救急饑口穀數, 蔚山, 左兵營, 開雲, 西生, 蔚山牧場, 饑口

출처 : 正祖 10年 丙午 12月 30日 ; 12-156下~158上

各道進救急饑口穀數

慶尙道 各邑 饑民二萬八千五百五十五口 穀一千六百八十一石十二斗四升三合 (中略) 蔚山 饑民一千八百六十口 穀五十四石六斗一升 (中略) 左兵營 饑民二百三十二口 穀六石四升 (中略) 西生 饑民五十一口 穀三石五升 (下略)

122.

건명 : 蔚山府 朴思古의 妻를 비롯한 부녀자들에게 封爵함

발신처 : 正祖

검색어 : 蔚山府, 彦陽縣, 老職加資, 婦女封爵

출처 : 正祖 11年 丁未 1月 3日 ; 12-166上~168下

有政 吏曹判書尹蓍東進

以趙璥爲同經筵 吳載重爲長淵縣監 黃仁煐爲通津府使 (中略) 蔚山府士庶幼學朴思古等六人 士族婦女 故學生朴再根妻淑夫人李氏 故學生安夢賢妻淑夫人張氏 (中略) 彦陽縣 士庶通政白孝采等二人 (中略) 幷老職加資 下批婦女封爵

123.

건명 : 사사로이 蔚山으로 내려간 中官 黃道揆에게 濫騎律로 처벌하도록 아뢴 내용

발신처 : 刑曹

검색어 : 蔚山, 中官, 黃道揆, 濫騎律

출처 : 正祖 11年 丁未 1月 12日 ; 12-198下~199上

命當該中官以濫騎律照勘

刑曹啓言 該中官星火捉來 捧招以聞事命下矣 卽發刑差使之捉來 則當該中官黃道揆家人所告內 道揆 昨年十二月 以其母病 受由下去 蔚山地云 發關該道 罔夜捉來後擧行 敎 以萬一遲滯 不飭之 沿路監司當處分 以此嚴飭

124.

건명 : 慶尙左兵使 姜五成을 비롯하여 각 도에서 春操와 巡點 거행 여부에 대한 처분

발신처 : 右議政 金熤

검색어 : 慶尙左兵使, 姜五成, 春操, 習操, 營將巡點, 合操

출처 : 正祖 11年 丁未 1月 15日 ; 12-211下

右議政金熤啓言 此京外帥臣春操狀啓也 (中略) 慶尙左兵使姜五成 以今春習操及營將巡點擧行事 慶尙右兵使金廷遇 以今春習操及營城將

節制使巡點擧行事 統制使柳鎭恒 以今春兩南舟師合操設行事 黃海兵使趙心泰 以今春習操巡歷及各鎭營將巡點事 平安兵使趙圭鎭 以今春淸南巡操擧行事 幷請廟堂 稟旨分付矣 (中略) 又啓言 嘉禮前本家主人付職 自是典例 請分付銓曺 使之依例擧行 從之

125.

건명 : 罪人 黃道揆를 驛保로 충원하도록 아뢴 내용

발신처 : 刑曹

검색어 : 蔚山, 黃道揆, 濫騎罪人, 驛保

출처 : 正祖 11年 丁未 1月 28日 ; 12-268下

命濫騎罪人黃道揆充定驛

刑曹啓言 濫騎罪人黃道揆 因特敎推問 則本以蔚山地人 聞母病重報自京發行卽於良才驛 責出馬匹 轉向前站 分行龍眼丹月安保遙城幽谷加通水山安溪相溪助溪長水淸通阿火毛良路室義不火阿谷等驛 循例出給 故仍爲替把 旣已遲晩所當照律嚴勘 而旣有捧供以聞之命 請上裁敎 以厥漢 已自內府刊去名籍 不可以中官言爲先嚴刑 一次遠驛充定驛保 以渠供招觀之 沿路各驛 無不次次濫騎 甚至二十驛站之多 國綱所在 萬萬痛駭 旣不據法防塞 又不論理枚報 沿路各驛 當該察訪 先罷後拿其代 今日政差出 待開門下送長吏 令各該道臣 嚴刑懲勵 此雖小事 不可無勸懲之政 良才察訪洪夏俊 守令待窠調用 以示矜念 許久無端廢棄之意

126.

건명 : 蔚山을 비롯한 각 道에서 백성의 饑饉을 구할 곡식 수를 아뢴 내용

발신처 : 蔚山 등

검색어 : 各道進饑口穀數, 蔚山, 左兵營, 開雲, 西生, 蔚山牧場

출처 : 正祖 11年 丁未 1月 29日 ; 12-276上~277下

各道進饑口穀數

慶尙道 各邑三巡 饑民十五萬四千四百四十三口 米三百八石十三斗二升九合 穀九千九百二十五石九斗 (中略) 蔚山 饑民九千四百八十八口 米十八石十四斗六升四合 穀五百八十二石九斗七升五合 (中略) 左兵

營 饑民四百四十九口 米十三斗四升七合 穀二十一石七斗五升 (中略) 西生 饑民三百五口 米九斗一升五合 穀十八石五升 (中略) 蔚山牧場 饑民八百四十四口 米一石十斗三升二合 穀五十五石八斗五升 (下略)

127.

건명 : 蔚山 幼學 徐達天이 華山倉 軍餉米를 還穀으로 운용하여 생긴 문제점에 대해 아뢴 내용

발신처 : 惠堂 徐有隣

검색어 : 蔚山, 幼學, 徐達天, 華山倉, 還換, 糶糴, 元還穀

출처 : 正祖 11年 丁未 2月 10日 ; 12-334下

惠堂徐有隣啓言 前因蔚山幼學徐達天上言 華山倉餉還換錄均分平否 令道帥臣 論理報來分付矣 卽見慶尙監司金尙集 左兵使姜五成所報 則以爲華山倉米 卽己巳年爲備築城之資 自兵營措置見 今糶糴者 只爲四千餘石 幷計營府元還三萬餘石於本府八千餘戶 則每戶所受不過三四石 上言中 華山倉米萬餘包 元還穀五萬包 每戶所受爲數十石云者 都歸誣罔 且該營餉還 初無爲弊之端 反有穀少之歎 則就中除減 恐非可論爲辭矣 毋論華山軍餉與本府元還 初無過多爲弊之端 道帥臣一辭報來 換錄一款 不必擧論 請置之 從之

128.

건명 : 蔚山을 비롯한 慶尙 각 지역 백성의 饑民 수와 饑饉을 구휼하기 위한 곡식의 양을 아뢴 내용

발신처 : 蔚山 등

검색어 : 京外進饑口穀數, 蔚山, 左兵營, 開雲, 西生, 蔚山牧場, 饑口穀數

출처 : 正祖 11年 丁未 2月 30日 ; 12-394下~396下

京外進饑口穀數

慶尙道 各邑三巡 饑民二十三萬五千八百二十四口 穀一萬五千二百九十八石二斗一升五合 米四百七十一石九斗七升二合 醬八百六十四石十斗三升二合 (中略) (中略) 蔚山 饑民一萬八百四十八口 穀六百六十七石七斗七升五合 米二十一石十斗四升四合 醬三十九石十一斗六升四合 (中略) 左兵營 饑民五百十五口 穀三十石二升五合 米一石四

升五合 醬一石十三斗三升二合五夕 (中略) 西生 饑民二百九十三口 穀十七石米八斗七升九合 醬一石一斗一升一合五夕 (中略) 蔚山牧場 饑民八百六十九口 穀五十六石六斗七升五合 米一石十一斗七合 醬三石二斗七升九合五夕 (下略)

129.

건명 : 蔚山을 비롯한 慶尙 각 지역 백성의 饑民 수와 饑饉을 구휼하기 위한 곡식의 양을 아뢴 내용

발신처 : 蔚山 등

검색어 : 京外進饑口穀數, 分賑, 左兵營, 開雲, 西生, 蔚山牧場, 饑口穀數

출처 : 正祖 11年 丁未 3月 29日 ; 12-459下~461下

京外進饑口穀數

慶尙道 各邑三巡 分賑 饑民二十五萬三千九百四十口 穀一萬六千七百五十石十二斗七升 米五百七石十三斗二升 醬九百三十一石一斗七升 (中略) 蔚山 饑民九千八百五十三口 穀六百八石八斗五升 米十九石十斗五升九合 醬三十六石一斗九升一合一夕 (中略) 左兵營 饑民五百六十四口 穀三十二石九斗七升五合 米一石一斗九升二合 醬二石二合 (中略) 西生 饑民二百五十七口 穀十四石十三斗 米七斗七升一合 醬十四斗一升三合五夕 (中略) 蔚山牧場 饑民七百三口 穀四十四石二斗五升 米一石六斗九合 醬二石八斗六升六合五夕 (下略)

130.

건명 : 彦陽縣監 李元植이 백성을 잘 거두어 구휼하였음을 올린 내용

발신처 : 暗行御史 鄭大容

검색어 : 暗行御史, 鄭大容, 彦陽縣監, 李元植, 慶尙左道, 分賑, 賑政

출처: 正祖 11年 丁未 4月 29日 ; 12-596上~601下

慶尙左道暗行御史鄭大容復命

初命大容 按廉慶尙左道其封書曰 嶺南之俗務本力穡似乎 幽崇儉戒康類乎 唐好禮讓尙絃誦 又有鄒魯之遺風 苟使長吏得人政令 毋乖其當施措 毋拂其性 庶幾不勞而治也 然猶幅員之廣甲于諸路七十餘州縣星羅碁置聲績虛實 疾若有無有非一 方伯所能周知種種瘡疣難以毛擧

此前後繡衣之不嫌 獨多者也 以言乎 穀簿 則沿峽太不就均以言乎 地利 則山澤罔不受病 轉移徒勞 比摠無實 欲數嶺弊 此最居先 而況今灾荒 無間於兩湖賙賑 殆遍于一道 廉按之擧 不容但已玆命爾 爲嶺南御史 爾其念官啣直指之意 體朝家推心之眷 只知公廉二字 毋憚勞悴一身出沒於邑里村舍 混雜於饑氓糴民 藏蹤如豹隱 癉惡如鷹擊 蘇弊瘼則必去害 群之馬擧循良 則必察栖棘之鸞 明着眼目殫竭心力 使彼嶺南黎獻 咸知朝廷之有人一或差誤 予當以法從之 毋曰 九重敻邃 予自有躡 爾後探爾行之道 合行事例 撮其梗 槩條列于左 栍邑梁山密陽比安彦陽 賑政一事 係是目下先察之端 而察之之道 最難適中 蓋穀旣白給 有受無納 故逐戶逐口 皆願付食一不如意 (中略) 彦陽縣監李元植假貸營錢 捐出廩俸穀物之措備 旣精且優 饑口之抄集 寧濫無漏實心救荒約已恤民 而月三巡分賑之 外頻訪村閭 詳察浮黃 以年以租 提囊橐而饋之 遂令累百饑民 幸無一二捐瘠官需米之蠲減 待秋實惠不少從馬價之出給 防役宿弊可祛 莅任屬耳 頌譽播口 以上栍邑 (後略)

131.

건명 : 慶尙左道의 暗行 결과 彦陽縣監 李元植 등이 별문제가 없음으로 직분을 수행하도록 하는 것이 좋겠다는 내용

발신처 : 暗行御史

검색어 : 彦陽縣監, 李元植, 暗行御史 鄭大容, 慶尙左道

출처 : 正祖 11年 丁未 4月 29日 ; 12-604下~605上

召見大臣有司堂上吏兵判及一提學金鍾秀御史鄭大容 領議政金致仁左議政李在協右議政兪彦鎬吏曹判書尹蓍東兵曹判書金履素有司堂上徐有隣李在簡李秉模

吏曹判書尹蓍東 以慶尙左道暗行御史鄭大容書啓 啓言 (中略) 彦陽縣監李元植 慶山縣監趙鎭明 大丘判官李復燮 仁同府使李漢籌 醴泉郡守林濬浩 咸昌縣監柳秉均 聞慶縣監金履鎬 黃山察訪許暎 省峴察訪鄭最行 幽谷察訪鄭繼忠 延豊縣監鄭涑 忠州牧使李在亨 陰竹縣監韓光傳 龍仁縣令李牧永 廣州府尹李泰永 果川縣監李顯道 幷以三道沿邑 大體皆有褒譽 而別無殊異之績 請幷置之 從之

132.

건명 : 蔚山을 비롯한 慶尙道 각 지역에 대해 饑民을 賑恤한 곡식의 양을 아뢴 내용

발신처 : 蔚山 등

검색어 : 京外進飢口穀數, 分賑, 蔚山, 左兵營, 開雲, 西生

출처 : 正祖 11年 丁未 4月 29日 ; 12-609下~610下

京外進飢口穀數

慶尙道 兩巡分賑 饑民二萬三千七百四十三口 穀一千四百七十九石十四斗四升五合 米四十七石七斗二升九合 醬八十七石八升六合五夕 (中略) 蔚山 饑民二千六百十五口 穀一百六十一石七斗二升五合 米五石三斗四升五合 醬九石八斗八升二合五夕 (中略) 左兵營 饑民一百八十八口 穀十石十三斗二升五合 米五斗六升四合 醬十斗三升四合 (中略) 西生 饑民七十七口 穀四石六斗五升 米二斗三升一合 醬四斗二升三合五夕 (下略)

133.

건명 : 蔚山을 비롯한 慶尙 각 지역의 賑恤한 자의 내용과 명단을 첨부하여 아뢴 내용

발신처 : 慶尙監司

검색어 : 各營邑驛鎭堡分賑文書, 蔚山府使, 沈公藝, 左兵使 姜五成, 開雲前萬戶, 鄭道行, 西生僉使, 徐命基, 蔚山監牧官, 尹光星, 彦陽縣監 李元植, 畢賑

출처 : 正祖 11年 丁未 5月 22日 ; 12-698上~706下

京畿湖南嶺南關東道臣以畢賑馳啓

慶尙監司金尙集狀啓 道內各營邑驛鎭堡分賑文書 今纔了勘 饑民合爲一百八萬八千二百八十七口 而朝家所俵私賑帖價 備荒穀爲二萬九千八百九石 常賑穀四萬石 各邑自備穀二萬五百二十七石零 富民願納穀二千八百十一石合 各穀九萬三千一百四十七石零 分賑穀八萬三千五百三十一石零 賑餘穀九千六百十六石零 守令自備穀數及道內士民中五十石以上願納私賑人 姓名穀數別單馳啓 (中略) 蔚山 歲前救急二次元賑十一巡合 饑民三萬七千二百七十九口 各穀二千八百八十六石三

斗一升二合八夕內 米三十八石十斗七升五合 府使沈公藝 自備租一千九百六石十斗一升一合一夕內 四十一石五斗 帖價一千三百五十九石八斗六升二合一夕 私賑七石六斗二升四合 備荒一百九十石 常賑三百八石五斗二升五合 府使沈公藝 自備年九百四十石十二斗二升六合七夕 常賑 醬十石 鹽十石 藿一百三十 丹七條半 府使沈公藝 自備 (中略) 左兵營 歲前救急二次 元賑十一巡 合饑民二千一百三十六口 各穀一百四十五石九斗四升四合四夕內 米十三石二斗二合內 五斗六升四合 帖價十二石十一斗三升八合太三斗 兵使姜五成 自備租一百三十二石四斗四升二合四夕內 十三石十三斗三升四合三夕 私賑一百十八石六斗八合一夕 兵使姜五成 自備 (中略) 西生 歲前救急一次 元賑十一巡 合饑民一千七十口 各穀八十一石二斗三升六合六夕內 米一石一斗六升六合 私賑租八十石七升六夕內 八石五升一合一夕 帖價五十七石十四斗六升九合五夕 常賑十四石五升 僉使徐命基自備 (中略) 蔚山牧場 歲前救急一次 元賑十巡 合饑民二千八百八十四口 各穀二百十六石十三斗五升六合三夕內 米二石十斗七升四合 私賑租七十二石二斗五升五夕內 一石二斗 帖價三十一石一斗九升六合五夕 私賑二十九石一斗四升四合 常賑十石十二斗一升 監牧官尹光星自備年一百四十二石三升一合八夕內 一石 私賑一百四十一石三斗一合八夕 常賑 醬一石七升二合五夕 鹽三石五斗七升五合七夕 藿六十七丹九條 監牧官尹光星自備 (中略) 彥陽 救急十一巡 合饑民八千九百四十六口 各穀五百六十五石九斗四升三合內 米五石三斗一升八合 縣監李元植自備 租四百六十五石十一斗七升五合內 十九石二斗 帖價九十四石八斗 私賑一石一斗 備荒三十石七升五合 常賑三百十二石 縣監李元植自備年九十四石九斗五升內 九石七斗 私賑八十五石二斗五升 常賑 醬十二斗八升三合 藿六十四丹九條 縣監李元植自備 (後略)

134.

건명 : 慶尙前監司 金尙集이 蔚山府使 沈公藝 등과 개인적으로 賑恤한 자의 명단을 올리고, 상을 주도록 아뢴 내용

발신처 : 慶尙前監司

검색어 : 各道公私賑邑自備守令及願納人別單, 慶尙前監司, 金尙集, 蔚山府

使, 沈公藝, 彦陽縣監, 李元植, 畢賑

출처 : 正祖 11年 丁未 5月 23日 ; 12-717下~718上

吏曹以各道公私賑邑自備守令及願納人別單回啓

該曹啓言 取考京畿監司徐有防畢賑狀啓別單 (中略) 又啓言 取考慶尙前監司金尙集畢賑狀啓別單 以爲長鬐縣監柳煥輔 自備各穀爲一千十三石 元賑專當 其在褒賞之道 似當施以加資之典 咸陽府使李淂駿 自備各穀爲二千一百五十五石 宜寧縣監洪善養 自備各穀爲一千三百六十五石 雖是私賑之邑 穀物若是夥然 李淂駿似當施以璽書表裡之典 洪善養似當施以準職之典 慶州府尹金履容 自備各穀爲九百九十六石 雖是私賑之邑 穀物幾近千數 似當施以表裡之典 晉州牧使金履銈 自備各穀爲四百石 似當施以兒馬賜給之典 多大浦僉使李潤謙 自備各穀爲三百四十六石 元賑專當 蔚山府使沈公藝 自備各穀爲三百四十七石 巨濟府使金爀 自備租爲三百石 東萊前府使洪文泳 自備各穀爲三百石 咸安郡守張濟斗 自備牟爲三百石 似當施以陞敍之典 而其中李潤謙洪文泳張齊斗則堂上官 並置之 大丘判官李復燮 自備各穀爲四百九石 居昌府使趙宅鎭 自備各穀爲四百八石 似當施以兒馬賜給之典 而係是私賑勿論 醴泉郡守林浚浩 自備各穀爲三百四十二石 昌寧縣監李性淳 自備各穀爲三百三十五石 彦陽縣監彦陽縣監李元植 自備各穀爲三百十七石 (後略)

135.

건명 : 嶺南에서 보리 심는 시기를 늦추어 피해를 본 것과 관련하여 湖南과 湖西도 시기를 늦춘 것에 대해 살펴서 거행해 달라는 내용

발신처 : 純祖

검색어 : 嶺南, 麥還分數, 嶠南, 退捧

출처 : 正祖 11年 丁未 6月 7日 ; 12-763下

命嶺南麥還分數退捧兩湖一體退捧

慶尙道假都事 以雨澤農形馳啓 敎 以前月雨水始爲周洽 終未免過多觀於諸道狀辭 嶠南諸邑 似若偏害 今日風氣 頗有放晴之望 因此快狀陰晴 適宜嗣後 禾農除非沙覆處 庶幾食實 而最可慮者 麥事也 藉令秋年已滌場 春年已成熟 在場多漂失已熟 皆消瀜勢之所 必然準數勘糴

何異龜刮及今闆狹民 且息慮嶺南諸邑麥還分數退捧 仍令廟堂區別 行會兩湖 雖不若嶺南 在朝家一視之政 寧或一爲一靳 一體分數退捧事亦令廟堂 知悉擧行

136.

건명 : 金聲沃의 供招에서 아비가 行商을 하며 다녀 어디에 있는지 모른다는 내용

발신처 : 義禁府

검색어 : 彦陽, 石南寺, 趙榮, 推鞫, 旅客主人

출처 : 正祖 11年 丁未 6月 19日 ; 12-797上~下

設推鞫 座目上同

金聲沃供矣 父戊子十月出去 而去後消息漠然不聞 去十一月有一過去兒來言 曰 渠以行貨商與矣 父同伴往來於淸道密陽之間云 其兒姓柳名 則不知居在沃川矣 身與其兒偕往 推尋於密陽淸道彦陽草溪等地到星州因粮乏還歸 其兒以脚瘇落留尙州 今三月念間 又有嶺南一總角稱以柳哥言矣 父曾在全州 今住尙州云 故與之偕往尙州 至山暎場 而還嶺南之柳賣匙及烟竹沃川之柳結網巾爲業矣 (中略) 方在於慶尙道彦陽石南寺 趙榮在京畿陰竹山寺 朴茂引在於黃海道海州衙前尹金乭家 金簡在於平安道平壤魏德河家 金善鳴在於咸鏡道咸興魏德祖家 京中 則朴載燦 再昨年間 曾住新門外崔觀家 今則周流 各道似不在京中矣 崔觀或稱崔敬矣 朴載燦言矣 父自南岳 今四月念間出來 與渠同住於東萊南門外板大門瓦家 主人柳禶 卽旅客主人也

137.

건명 : 울산의 海尺들이 울릉도에 잠입하여 해산물을 채취해 간 죄를 물어 慶尙左兵使 姜五成과 蔚山府使 沈公藝를 罷黜한 처분

발신처 : 原春監司

검색어 : 慶尙左兵使, 姜五成, 蔚山府使, 沈公藝, 鬱陵島, 海尺, 罷黜

출처 : 正祖 11年 丁未 7月 25日 ; 12-888上~下

命慶尙左兵使姜五成蔚山府使沈公藝罷黜所捉物種劃給校卒

備邊司啓言 卽見原春監司金載瓚狀啓 則以爲慶尙道蔚山海尺秋苍乭

崔潛乭等 率格軍十四 名潛入鬱陵島 魚鰒香竹等恣意採斫見捉於本府浦口各人等 嚴問取招後 一並嚴囚 以爲分首從定罪之地 而本島防禁何等至嚴 津漢輩犯禁 若是無難不飭之罪 營邑惟均 三陟營將趙光鉉三陟府使徐琢修 潛採之類 今旣現捉 則宜有參恕之道 本島搜討旣非當限 雖難輕議嚴飭 該鎭邑別定校卒摘奸事 並令廟堂 稟旨分付 所捉物種 姑爲封置以待指揮爲辭矣 不察之罪 有難容貸 當該慶尙左兵使姜五成 蔚山府使沈公藝 爲先罷黜令 該府拿問嚴處搜討之限 雖在明年今已現發 則船隻之去來漁採之 無所忌憚 可知依狀 請校卒入送 如有潛採 一一捉致 嚴加勘斷 在囚蔚民等 亦爲照法勘處 至若所捉物種自本道區處之意 請分付 允之 敎 以今番本道營邑 貽弊不少 狀啓持來該校之勞役亦不少 物種並劃給道臣 分劃亦令優給校卒處事 分付

138.

건명 : 李廷㤥와 李潤禧를 蔚山府使와 慶尙左兵使로 임명함

발신처 : 正祖

검색어 : 蔚山府使, 李廷㤥, 慶尙左兵使, 李潤禧

출처 : 正祖 11年 丁未 7月 25日 ; 12-888下

有政 吏曹判書吳載純參判李秉模兵曹判書李坤進

敎曰 閫帥守令有窠 政官牌招開政 以李鼎運爲承旨 尹師國爲大司憲沈能翼爲校理 洪義浩沈晉賢爲修撰 李廷㤥爲蔚山府使 李潤禧爲慶尙左兵使 李文源爲都總管

139.

건명 : 慶尙前左兵使 姜五成 등이 都試의 실시로 秋操의 중지에 관하여 아뢰는 내용

발신처 : 慶尙前左兵使 姜五成

검색어 : 慶尙前左兵使, 姜五成, 右兵使, 李延弼, 秋習操, 巡點

출처 : 正祖 11年 丁未 7月 26日 ; 12-891上~下

命嶺南北關習操巡點停止都試設行

右議政兪彦鎬啓言 慶尙前左兵使姜五成 右兵使李延弼 北兵使南憲喆狀啓 今秋習操巡點 何以爲之 親騎衛馬兵都試 依例擧行爲辭矣 嶺南

北關習操及巡點 並令停止 官門聚點亦一體停止 至於都試 則依例設行之意 請分付 從之

140.

건명 : 영남 邑鎭의 風落火燒木의 일로 前郎廳 李廷㤥을 蔚山府使로 임명한 처분

발신처 : 禮曹判書 徐有隣

검색어 : 蔚山府使, 李廷㤥, 嶺南, 火燒木, 差送, 仍任

출처 : 正祖 11年 丁未 7月 26日 ; 12-892下~893上

命嶺南火木監斫以惠郎差送郎廳李廷㤥仍任

禮曹判書徐有隣啓言 風落火燒木之 自賑廳請得取用 多有前例 而今番湖西安民島風落松 嶺南四邑鎭火燒木 已有請得於廟堂 而前領相以備郎中 解事人分送監斫爲好云 故敢達 從之 教 以嶺南 則不可付之生手 惠郎中該道所管郎聽差送也 又啓言 該廳郎廳 旣已發遣 則不可付之生手 而前郎廳李廷㤥 昨日移除蔚山府使 今姑仍任 請擧行 從之

141.

건명 : 兪漢緯를 蔚山府使로 임명함

발신처 : 正祖

검색어 : 蔚山府使, 兪漢緯, 口傳差出

출처 : 正祖 11年 丁未 7月 28日 ; 12-897上

以兪漢緯爲蔚山府使 李漢五爲南兵使 口傳也

教曰 閫帥守令未差之代 令該曹 口傳差出

142.

건명 : 문신의 課講에 慶尙兵使 李潤禧와 蔚山府使 兪漢緯를 시험관으로 임명한 처분

발신처 : 正祖

검색어 : 慶尙兵使, 李潤禧, 蔚山府使, 兪漢緯, 課講, 試官

출처 : 正祖 11年 丁未 8月 2日 ; 12-907下~908下

御重熙堂親試抄啓文臣課講仍召見承旨及下直閫師守令試官金鍾秀吳

載純李秉模金憙鄭大容尹行任承旨沈豊之申大謙慶尙兵使李潤禧蔚山府使兪漢緯

予曰 都承旨已爲傳香乎 豊之曰 姑未傳香矣 予曰 退出傳 香後更爲入來仍 敎曰 試官李判府事有頉代 以吳載純爲之卽爲入來事分付 試官以下行禮訖 以擬周群臣賀大司樂掌成均之法 以樂德敎國子 中和祗庸孝友 以樂語敎國子 興道諷誦言語 以樂舞敎國子 雲門大卷大咸 大磬大夏大武 以六律六同 五聲八音 六舞大合樂 以致鬼神 以和邦國 以諧萬民 以安賓客 以悅遠人 以作動物爲表題 予命開講 韓商新等進講訖 予曰 試官姑爲退去捧券後 入來科次潤禧漢緯進伏 予曰 方今嶺南異於他道 爾等下去 毋或騷擾 惕念爲之

143.

건명 : 蔚山府使 沈公藝의 죄명을 없앤 처분

발신처 : 慶尙監司

검색어 : 慶尙監司, 金光默, 蔚山府使, 沈公藝

출처 : 正祖 11年 丁未 8月 3日 ; 12-911下

命沈公藝罪名蕩滌

慶尙監司金光默 以蔚山府使沈公藝身死馳啓 敎 以罪名蕩滌

144.

건명 : 慶尙前左兵使 姜五成이 閫外의 장수였음을 감안하여 형벌을 가하지 말아달라는 처분

발신처 : 義禁府

검색어 : 慶尙前左兵使, 姜五成, 刑推

출처 : 正祖 11年 丁未 8月 29日 ; 12-978上

命時囚姜五成等議處

義禁府啓言 慶尙前左兵使姜五成傳旨內 泛稱遲晩 所當請刑 而曾經閫帥 勿請刑請議處 又啓言 宣傳官鄭宅休傳旨內 泛稱遲晩 所當請刑 而曾經宣傳官 勿請刑請議處 又啓言 泗川前縣監沈能寬傳旨內 泛稱遲晩 所當請刑 而曾經宣傳官 勿請刑請議處 並允之 又啓言 前判校金禧璘 前贊儀洪昌漢等 傳旨內 泛稱遲晩 請刑推得情 又啓言 出身李厚

重 監的官金鼎九 問目內 泛稱遲晩 請刑推得情 並敎 以除刑推

145.

건명 : 都政에서 이원채를 울산부사로 삼음

발신처 : 正祖

검색어 : 李元采, 蔚山, 蔚山府使

출처 : 正祖 11年 丁未 12月 22日 ; 13-151上

御熙政堂行都政

予命文源曰 (中略) ○ 吏批 (中略) ○ 以金憙爲吏曹參判 金獻祚爲眞寶縣監 吳毅常爲楚山府使 李顯福爲慶源府使 金魯岳爲咸陽府使 兪國柱爲高原郡守 吳載純爲禮曹判書 鄭忠達爲鐵原府使 李尙岳爲康翎縣監 鄭湋爲漆谷府使 權𣾷爲金海府使 姜游爲靑松府使 李邦鵬爲平山府使 尹坤爲珍島郡守 吳文常爲郭山郡守 申大偀爲三和府使 權邁爲渭原郡守 許鋻爲巨濟府使 李元采爲蔚山府使 尹壽民爲瑞山郡守 李曾祜爲平昌郡守 尹行履爲執義 金觀欽金宅洙爲掌令 尹光顔尹宗彦爲持平

146.

건명 : 彦陽縣의 庶人 從仕郎 李益采 등에게 加資하고, 婦女의 封爵하도록 한 처분

발신처 : 正祖

검색어 : 彦陽縣, 李益采, 老職加資, 婦女封爵

출처 : 正祖 12年 戊申 1月 2日 ; 13-171下

有政 吏曹判書吳載純進

漢城府 東部朝官嘉善前同知吳遂挺 (中略) 慶尙道 (中略) 彦陽縣 庶人 從仕郎李益采 (中略) 並老職加資 下批婦女封爵

147.

건명 : 경상좌병사가 올린 春習操와 營將巡點에 대한 문의에 대해 秋操는 거행하되 春操는 정지하도록 한 처분

발신처 : 領議政

검색어 : 慶尙左兵使, 李潤禧, 習操, 營將巡點

출처 : 正祖 12年 戊申 1月 5日 ; 13-177下~178上

御熙政堂行常參召見大臣備堂及下直守令

外位已備 而諸臺尙未承牌 教曰 臺諫事 誠萬萬未安 詣闕待牌可也 (中略) 又啓言 此慶尙左兵使李潤禧狀啓 而今春習操營將巡點 請令廟堂 稟旨分付矣 近來春秋兩操 許久不行 軍伍不辨金鼓 昨年嶺農 幸告大登 春操則請使之依例擧行 教 以將臣亦陳所見 御營大將李柱國曰 操鍊之許久不行 誠甚可悶 以赴操軍程逘言之 遠不過百里 其所糜費 不甚大段 此後則雖歉 歲一年一次 必爲擧行 恐合事宜矣 教 以巡點則依爲之 大臣將臣之言 實爲得宜 方農擾民 終涉重難 更觀今秋 依例設行 春操則停止

148.

건명 : 전라병사와 경상우병사가 春習操巡點의 거행을 문의한 것에 대해 얼마 전 경상좌병사에게 巡點은 거행하고, 習操는 가을을 기다리라고 한 예에 의해 거행하도록 한 처분

발신처 : 領議政

검색어 : 慶尙左兵使, 李潤禧, 習操, 巡點

출처 : 正祖 12年 戊申 1月 13日 ; 13-199下

召見大臣備堂于誠正閣

教曰 明日 則晝講課講相値 再明日 則眞殿孟朔大奉審相値 次對進定於今日午後 來會 (中略) ○ 領相金致仁曰 (中略) 又啓言 全羅兵使沈慶尙右兵使李延弼 今春習操巡點 請令廟堂 稟旨分付矣 頃於左兵使李潤禧狀啓 旣命 巡點則設行 習操則待秋 兩南年事 同爲登稔 依此擧行之意 請分付 從之

149.

건명 : 울산부사 李元采 등을 모두 천거하도록 한 처분

발신처 : 吏曹

검색어 : 李元采, 蔚山, 蔚山府使, 薦擧, 推考

출처 : 正祖 12年 戊申 2月 7日 ; 13-250上~下

飭守令邊將應薦不薦人皆令薦擧

吏曹啓言 守令應薦不薦人 察推事命下矣 行副司直李命植金華鎭鄭一祥李性源權道李敬楙李鎭翼李憲默鄭景淳趙尙鎭 同敦寧柳義養 敦寧都正李廷烈 前司諫李思祚 同知辛錫箕 行副護軍朴載洙 金海府使羅忠佐 漆谷府使趙駿逵 巨濟府使許墾 咸從府使金魯岳 長興府使尹守默 鐵原府使鄭忠達 淮陽府使洪秉聖 鍾城府使安廷玹 慶源府使李顯福 慶興府使徐曈 三和府使申大僕 青松府使姜游 蔚山府使李元采 俱爲應薦而不薦曈 請幷推考 教 以限內未赴任守令之混同 請推 難免不察推考分揀 卿等推考 元在鄕外卿宰及二品 應薦不薦事 甚未安 皆令薦擧

150.

건명 : 蔚山 黃山道의 驛吏가 上言한 驛案頉下事를 科治토록 한 처분

발신처 : 禮曹

검색어 : 蔚山, 黃山道, 驛吏, 嚴德三, 驛案

출처 : 正祖 12年 戊申 4月 4日 ; 13-385上

判下上言一百六十六度于各該司

教曰 今下上言 皆令限內回啓 (中略) ○ 禮曹啓言 (中略) 又啓言 蔚山黃山道驛吏嚴德三等上言以爲 故忠臣寧越戶長贈參判嚴興道之後孫驛案頉下事 請令該曹 稟處云矣 呈于營邑 頉免可也 而不此之爲 至於登聞 誠甚猥越 請勿施令 該曹科治 從之

151.

건명 : 영남의 금년 秋操 巡點을 호남의 경우와 같이 실시하도록 한 처분

발신처 : 慶尙左兵使, 左議政

검색어 : 慶尙左兵使, 李潤禧, 習操, 巡點

출처: 正祖 12年 戊申 7月 14日 ; 13-633下~634上

召見大臣備堂于誠正閣

左議政李性源啓言 (中略) 又啓言 統制使李漢豊 慶尙左兵使李潤禧右兵使李延弼 全羅兵使沈墸 狀啓以爲 今秋水陸習操營城將巡點等事何以爲之 請令廟堂 稟旨分付矣 湖南 則纔經癘疫 此時擾民 誠甚可悶水陸操 竝令停止 而至於嶺南 則今年癘疫 不至如湖南 戎政甚重 許久

停操 未免疏虞 請竝令 依例設行 詢于右相 右議政蔡濟恭曰 詰戎有國大政 而停廢已久 事甚可悶 今年嶺農 庶可登稔 如此之年 何可停止乎 教 以武將各陳所見 御營大將李柱國 訓鍊大將徐有大俱曰 詰戎之政國之大政 而年年停操 或至十餘年之久 操鍊之外 軍兵逃老 故闕額充定 多有疏漏 官門聚點 雖似便好 而闕額充定 只自該邑擧行 則亦不無有名無實之患 今年年事 庶有登稔 而如不行操 則明年年事 預未知如何 轉輾停廢 誠可悶矣 教 以嶺南事 非不知戎政之至重 與其擾民而無實效 當此瘡痍 未蘇之時 宜念靜奠之方 特爲一體停操 雖以尋常操鍊言之 司鍊勝於擧一營習操 哨鍊尤勝於司鍊 肄習鍊熟之道 不在於張大與否 今番 則自本司另飭該道 官門聚點 無或如前無效 教其進退坐作之節 俾免民不知兵之歎 令各其帥臣 嚴加申飭 守令擧行之不勤 隨現論責之意 措辭行會

152.

건명 : 경상좌병사 李潤禧를 遞職하도록 한 처분

발신처 : 備邊司

검색어 : 慶尙左兵使, 李潤禧

출처: 正祖 12年 戊申 8月 9日 ; 13-693下

遞慶尙左兵使李潤禧

備邊司 以潤禧親病甚重 請許遞 允之 教 以政官牌招開政 以在京無故人差出

153.

건명 : 柳孝源을 경상좌병사로 임명함

발신처 : 兵曹

검색어 : 金麟瑞, 柳孝源, 慶尙左兵使

출처: 正祖 12年 戊申 8月 9日 ; 13-693下~694上

有政 吏曹判書吳載純參判金憙參議徐鼎修兵曹判書李在簡進

教曰 玉堂前望 外任勿拘擬入 (中略) ○ 兵批 以金麟瑞擬慶尙左兵使望 教曰 年老近地兵使中 待窠調用 文臣猶不可 況武臣乎 近來不擬終涉無意 此望筒以久 未擬望人 勿拘資級高下 一依口傳下教 更爲擬入

○ 再政 以柳孝源爲慶尙左兵使

154.

건명 : 柳孝源을 改差하고 南志默을 경상좌병사로 삼음

발신처 : 兵曹

검색어 : 慶尙左兵使, 柳孝源, 改差, 南志默

출처 : 正祖 12年 戊申 8月 14日 ; 13-703下

有政 吏曹判書吳載純參判李在學參議李時秀兵曹判書李在簡進 以李秉鼎爲大司憲 (中略) ○ 教曰 今聞兵判言 目下情理之外 數遞之弊 不可不念 旣有申大謙已例 慶尙兵使柳孝源改差 其在孝理之政 前帥情理 亦不可不念 近地閫帥中差代 卽令除辭朝赴任 ○ 以李煜爲兼司僕將 崔秙李弘稷爲僉知 竝疏通也 南志默爲慶尙左兵使 李鴻運爲慶尙左水使

155.

건명 : 蔚山 防堰錢 명목으로 사기를 치고, 무고한 사람을 죽음에 이르게 한 鄭泰元 등에 대한 原情의 처분

발신처 : 刑曹

검색어 : 擊錚人, 原情回啓, 蔚山防堰錢, 移劃, 蔚山堰畓, 遠配絶島

출처 : 正祖 12年 戊申 8月 18日 ; 13-736下~737下

秋曹以擊錚人等原情回啓

該曹啓言 (中略) 又啓言 昌原幼學金龍煥 原情以爲 四寸金國臣 今年五月 與京居鄭泰元朴世應 和應陰謀後 一千五百兩錢徵族次來侵 而泰元稱以司圃署防堰監差 而蔚山防堰錢 國臣處換錢 而國臣 則訓局教鍊官李光旭處出債云 語相逕遲 故呈官詰問 則泰元粧撰曰 自訓局司圃署所報錢 以金國臣處給債錢一千五百兩移劃 故推尋次下來云 而旋卽上京 圖出司圃署關文 求得請簡 嗾囑本官 去七月 渠父着枷棍搗定日勒捧 故裸足上京 呼訴刑曹 訓校李光旭 司圃署書員柳福奎 捉來查問 則光旭以爲 梁山築堰之際 鄭泰元與金國臣來言曰 國臣之叔好居 以司圃署錢出用 樣圖出關文 徵錢分食爲好云 故以非理之事退斥 而鄭泰元卽司圃提調人云 福奎以爲 今年六月 鄭泰元嶺營發關文書

着得手決於提調云 故只有謄出關草 元無往復訓局之事 梁山蔚山等堰沓與都監錢移劃 實無此事云 泰元等知渠上京査實之機 不待定日 逐日告官 渠父懸罰鞭朴 仍以致命 國臣之謀殺 季父焉敢逃弑父之律 泰元烏得免殺人之律乎 亟令照法償命 本官徒聽泰元之請囑 濫行命藏之刑 殺此無辜之民 五月二十二日國忌 不爲致齋 五月十一日不行望哭之禮 是豈圖報之意哉 伏乞明査 快正國綱云矣 教 以纔判他供 又見此供 濫殺濫刑委折 令道伯 親執査實狀聞 金國臣所爲 果如其言 如許亂倫悖常之漢 不可不如法痛繩 以償其叔之寃死 一體詳査以聞事 分付所謂鄭泰元 旣稱宰相傔人 則其所犯之若此 明若觀火 捉來査實後 爲先遠配絶島 以懲京中年利輩虐民之習 其餘作倆諸漢 一體痛治 大抵司圃署之名 以圖得庄土 貽弊之端不一 而足以現發於登聞文字觀之不啻屢次 該提調卽作故人 雖不必追勘 而前後以庄土望定之奸弊多端無論宮房營門衙門 若無啓下行會 無得許施 雖於已啓下之事 如有不實 并與陳告人 重治昭在 受教且載通編 外方之只憑該署關文 如是擧行 極爲駭然 自卿曹以此意 謄關八道兩都 仍令各其道伯 申飭列邑後復以非啓下公事 雖啓下公事 明知其不實 不卽報營 如法請勘 則聽理守令 令該府拿來 當以制書 有違之律論 不飭之道伯 難免其責 以此措辭 行會擧行 形止升卽狀聞事 分付

156.

건명 : 蔚山 驛吏 嚴德三의 免役事를 조사하도록 한 처분

발신처 : 禮曹

검색어 : 蔚山驛吏, 嚴德三, 嚴興道, 驛吏之役

출처 : 正祖 12年 戊申 9月 8日 ; 13-799上

判下上言一百三十三度于各該司

西部前虞候白鳳麟 爲其父褒贈事 藍浦幼學任思良 (中略) 蔚山驛吏嚴德三免役事 (中略) ○ 禮曹啓言 (中略) 又啓言 蔚山驛吏嚴德三等上言以爲 渠等以贈參判嚴興道之十代孫 見侵驛吏之役 發關本道 卽爲頉下云矣 果是嚴興道之後裔 則驛吏之役 合有分揀 請令本道 査實頉給 從之

157.

건명 : 부당하게 돈을 거두어 무고한 사람을 죽게 만든 죄인 鄭泰元 등을 우선 가두라는 처분

발신처 : 刑曹

검색어 : 刑曹罪人, 蔚山, 防堰錢, 崔斗河

출처 : 正祖 12年 戊申 9月 27日 ; 13-860下~861上

命刑曹罪人鄭泰元等姑爲仍囚

刑曹啓言 頃因昌原人金龍煥 擊錚原情 鄭泰元等發關捉來擧行後 草記事 蒙允矣 泰元等今纔捉來 嚴加査實 則泰元以爲 司圃署求得田土時 李光旭曰 梁山蔚山等地 自訓局出物防堰 而本局方以本錢推出 移付本署爲好云 故與光旭同往蔚山 則本言于光旭等曰 昌原人金國臣求仕錢置其叔仁大處 若以國臣爲物主後 此錢假托官錢 推出爲好云 渠以該署提調傔人 故乃以國臣貸用防堰錢 卽爲推給之意圖 出關文送本道 因囑本官 仁大處勒捧定日云 朴世應招 則與泰元無異同矣 泰元欲徵不當之錢於仁大處 畢竟仁大致死 以至其子之鳴寃 請依判下巨濟府定配朴世應 杖一百流三千里 朔州府定配 杖則待用刑 令配所官擧行 李光旭曾經僉使 且方在該營拘留中 分付該營待畢捧 移義禁府 崔斗河 令道臣 推覈後 照律重繩 允之 教 以鄭泰元 不可徑配 作奸委折 待用刑嚴 刑推覈次 姑爲仍囚

158.

건명 : 昌原人 金龍煥의 擊錚事에 대한 경상감사의 보고 내용

발신처 : 慶尙監司

검색어 : 擊爭, 債錢, 蔚山防堰, 司圃署差人, 勒捧, 防堰錢, 徵錢

출처 : 正祖 12年 戊申 9月 28日 ; 13-867下

慶尙監司金光默以昌原擊錚人金達宗等査事啓

該監司狀啓 (中略) 又狀啓以爲 昌原良人金龍煥擊爭事 因刑曹關辭會査官 永川郡守具膺 河陽縣監朴吉源眼同推覈 則龍煥供內以爲 京關未到之前 司圃署差人鄭泰元 爲捧債錢來到 渠家侵困無比 故渠不勝其苦 本事査辨次 上京留連之際 得見渠父書 則纔因京關見囚 而定限勒捧之時 多被棍搗 將有死生之慮 渠以此書現納刑曹 過三日後 訃音

來到 仍留擊錚云 良人金慶煥供內以爲 渠父因京關被囚 債錢猝難辦出 故八月二十日內備納云 則官家使羅卒扶抇起立 足趾脛骨等處 無數亂打 仍爲牢囚 杖毒頃刻遍肆 同月二十五日殞命云 座首李邦憲等供內以爲 京關未到之前 所謂鄭泰煥來傳司圃提調書簡 欲徵債於金仁大 則本官還給不許矣 泰煥還爲上京 受出該署關文 而到付 觀其辭意則至有慢忽擧行 草記 論責之措語 果爲捉入仁大 分付定限 則初以十八日爲限 旋以五十日爲限定 日之太急太緩 有若慢弄然 本官痛其頑悍 以棍打三次 以八月初六日定限 則仁大以爲 渠身被囚 無人主張 以子代囚云 故依願許之 以待限日矣 仁大周行各處 拮据債錢 少無杖毒之說 而七月二十五日致死 渠之婢夫來告 請放代囚之人 故卽送鄕所刑吏等摘奸致死虛實後 馳報營門 伊日打三次 因此致命 決無是理云 刑吏黃致五等以爲 渠則依司圃署關文 仁大招入官庭 關文辭緣 詳細曉諭 使之定限 則前後定限俱不的當 殆近慢弄官家痛其頑慢 以棍三打脚跟 從所願代 囚其子 以爲債錢拮据之地矣 其後惱心成疾 兼服暑症 以至致命 渠之婢夫丁寧 來告官前 其死之非杖 又有一言以破之者其子慶煥等 以此京債事 議送於營門 而狀辭中 元無受杖寃死之說云 使令鄭昌是供內以爲 渠則旣承官令 果以棍隅三打脚跟 或慮肆毒 卽以燒酒噀其杖處 此外事實 已有刑吏之招云 出身金國臣供內以爲 今年三月 適往蔚山防堰 所逢著朴世應語及渠三寸叔饒居之意 世應樂聞之 以爲 司圃署防堰錢換錢取用樣書標給我 則自有好樣道理 畢竟徵出於汝叔後 折米分用云云 故以一千五百兩換錢 標文書給 則卽納于其陪 來裨將鄭泰煥處 又言曰 勿爲遠離留住此處 則早晩當有自官捉囚之擧云矣 其後果因京關 有此移徵慫慂 京人侵徵 猶父罪合萬死 無辭發明云 更推龍煥等 則供內以爲 渠父有病之說 不難辨破 旣曰病暑又曰周行 則病人何能如常出入乎 脚跟等處 無數被搗 又有一言可質者 執杖使令渠自沽酒噀之其傷處 則目下所見危急可知 受囑勒限事則差人泰煥 寄食公廚 出入衙中 受其嗾囑事 勢必然 以八月二十日定限矣 受此法外之刑 更定初六日 果非勒政乎 至於議送事言之 渠父死後 一向督債稱寃呈訴於官家 則初不題給以爲龍煥聞方在京上言濫殺之名 欲掩不得與其殺一命而得罪 寧殺此漢之兄弟 多般恐喝恐或寃未及洩身 先被害呈營議送 果如雍容措辭 受出勿侵之題 若其狀中 備陳杖死之由 則難於到付故也 空官時座首謂 有官令 京債折半先納之

意 有所分付 故渠父以定限未及爲言 則捽曳懸罰頭髮脫落矣 本官將爲還衙 故强疾求債投往五里許 卽其日添重致死云 更推邦憲等 則供內以爲 渠等所懷 已悉前招 今無更達之辭 而所謂冒署求債惱心成疾人言皆亦如此云 更推國臣 則供內以爲 渠雖無狀 豈忍謀害猶父 納囑官家 置之橫死之地乎 當初逢著朴哥 瞭然見欺之狀 一如前招云 又爲推問邦憲等 則供內以爲 官家馳進營門時 招謂座首 曰司圃署差人 自官供饋 已過屢日 今則出送仁大家 使之供饋 京債則未還 官前限折半某條捧置云 故招致仁大 曉諭官令 初無捽曳懸罰之事云 大抵當初徵族 既因京關外邑擧行 不是異事 但初不查實 勒令定日 已是過擧 而徵債差人之官廚供饋 難掩受囑之跡 不待定限 而鄕廳督納 可見催捧之酷 又況使卒扶枷 以棍打跟 受傷致斃 不出十日 則固難免酷刑濫殺之罪 而且當藏刑之時 遽施法外之刑 尤萬萬驚駭 座首吏房等招辭 皆云打跟只爲三次 而大凡傷處之肆毒 不在杖數之多寡 使令招內慮其毒發噀以燒酒云 則其在被搗之初 已有致死之慮 推此 可知該府使罪狀 已爲論列於金達宗查啓中 金國臣則符同奸細 假作手標 欲爲徵錢而分利者 已極叵測 而畢竟移禍於其叔 論以倫紀罪在罔赦 宜有別般嚴處之道 請令廟堂稟處 敎曰 所謂金國臣之罪 無異於殺其叔 雖非用意 而手犯由我之律 烏可免乎 國臣生出獄門 所謂風化 何以修明 與京中年利輩 符同作奸 特不過緦功之察 國臣則分付該道 嚴囚營獄 以待用刑時處分 鄭泰元昨因刑曹草記 有牢囚之命 而時値藏刑一味 牢囚徒有獄老生奸之慮 爲先依初下敎 發配 待用刑 捉來嚴刑得情 吏鄕諸招之掩諱無異於俄者 還下送之查啓 此啓本亦爲還下送 仍令前查官 各別窮查 待直招封啓 萬一如前疏漏 查官等當與鄭華淳等同罪 亦爲嚴關申飭 又敎曰 民與國之維持防範 一則風敎 二則典刑 近來爲守令者 不畏朝廷 恣行已私貪虐成習 懲艾無聞 向於賓筵 以三令之意 先發言端 而至於鄭駿采事 觀此嶺伯查啓 駿采所爲 不可但以駭妄言違越三百六十州 揭板受敎非啓下 文書非廟堂行會 而謂以圃署莊土望呈 偏聽囑托賊害平民 此固難赦之大罪 而猶屬第二件事 以其悖姪之訐引築殺無罪之猶父 風化可謂掃地矣 不杖不刑 棒築棍撞 期於斃而後 已此事外 因他條查現 而酷刑致命者 又有之 典憲亦可謂蔑如矣 本府土俗 素稱梗頑尙猛之治 雖似無怪猛 亦有許多般 駿采之年前 湖邑駭擧 已不近於常性今番現發 又如是 其無狀況十一卄一之說 既登於查案 事實之十分信然

方命更查 而渠亦人耳 何以得此 又況曾經近侍之人乎 時値藏刑 姑難拿來 嚴覈其罪狀 道啓旣請攸司稟處何待回啓 昌原府使鄭駿采 爲先卽其地方定配 待用刑 令該府 拿來究問 以懲他守宰 不畏法之類

159.

건명 : 方處坤을 彦陽縣監으로 삼는 등 都政을 거행한 내용

발신처 : 正祖

검색어 : 都政, 方處坤, 彦陽

출처 : 正祖 12年 戊申 12月 21日 ; 14-242下~243下

御熙政堂行都政及日次儒生殿講抄啓文臣十二月朔初再次課講 殿講試官金熤鄭昌順具庠鄭啓淳金翊休韓晚裕尹光顔 ○ 課講試官吳載純李秉模 ○ 吏曹判書李坤參判李在學參議李勉兢兵曹判書李文源參判柳誼參議李亨元參知沈煥之

具翼善冠袞龍袍陞座 殿講試官課講試官 率應講儒生及抄啓文臣 分東西入庭 行禮訖 以次開講 命東西銓官 入侍開政 (中略) ○ 以李周鳳爲咸從府使 李運春爲昆陽郡守 柳文養爲龍岡縣令 李宗爀爲茂長縣監 徐英輔爲谷山縣監 金尙源爲保寧縣監 方處坤爲彦陽縣監 李宅觀爲鎭海縣監 鄭宅慶爲延日縣監 金頤柱爲大司憲 奇彦鼎爲大司諫 李壽咸爲執義 盧廷良爲司諫 宋景煥金寅燮爲掌令 李太亨爲獻納 李聖輪爲持平 高廷憲沈銖爲正言 (下略)

160.

건명 : 蔚山人 金始鳴 등에게 老職을 加資하고, 婦女는 封爵할 것을 명함

발신처 : 吏曹, 兵曹

검색어 : 蔚山, 金始鳴, 老職加資, 婦女封爵

출처 : 正祖 13年 丁未 1月 2日 ; 14-267下

有政 吏曹判書李坤參判李在學參議李洪載兵曹判書李文源進

以李秉模爲弘文提學 (中略) ○ (中略) 慶尙道 (中略) 蔚山 士庶 幼學 金始鳴等三人 (中略) 竝老職加資 下批婦女封爵

161.

건명 : 包伊浦 兵船의 還泊 與否를 상세히 보고하라는 지시

발신처 : 慶尙監司

검색어 : 慶尙監司, 蔚山, 方魚津, 包伊浦, 北關運穀

출처 : 正祖 13年 丁未 2月 29日 ; 14-487上

命包伊浦漂舡還泊與否詳探狀聞

慶尙監司洪檍狀啓以爲 包伊浦兵舡一隻 爲北關運穀 裝載沙格十一名 色吏一人 同騎發送 未及到泊 北關公舡已爲出來 故各浦兵舡 竝令放送 他鎭舡次第空還 本浦舡終不來泊 探問沙格輩 則以爲 到蔚山方魚津 猝遇大風 轉向外洋云 萬萬驚駭 另加探訪之意 嚴飭沿海各邑 教以還泊與否 詳探狀聞事 回諭

162.

건명 : 鄭宅慶을 彦陽縣監으로 삼음

발신처 : 正祖

검색어 : 鄭宅慶, 彦陽縣監, 口傳相換

출처 : 正祖 13年 丁未 3月 15日 ; 14-520上

有政 吏曹判書李坪參議曺允大進

因吏曹參議曺允大 牌不進 罷職傳旨 教曰 逐日違牌 此何道理 況今在京無故 只是單望一人 此後三銓違牌 勿捧傳旨 ○ 以李杜延爲掌令 鄭觀輝爲持平 韓用龜爲副應教 宋翼孝爲修撰 李亨元爲同義禁 鄭宅慶爲彦陽縣監 ○ 教曰 兵曹佐朗徐榮輔 聞與判堂有親嫌 禮曹佐朗 口傳相換事 分付

163.

건명 : 丁載遠을 울산부사로 삼음

발신처 : 吏曹

검색어 : 蔚山, 蔚山府使, 丁載遠

출처 : 正祖 13年 丁未 4月 1日 ; 14-562上

有政 吏曹判書李坪進

以李元采爲忠州牧使 丁載遠爲蔚山府使

164.

건명 : 咸陽前府使 李得駿를 처벌하라고 함

발신처 : 義禁府

검색어 : 咸陽, 李得駿, 蔚山府, 作錢, 兵營主人役價, 加分, 元還耗條, 糴政

출처 : 正祖 13年 丁未 4月 16日 ; 14-618上

義禁府以時囚李書九等原情啓

該府 以時囚李書九申者原情啓 請議處 教以分揀 又啓言 咸陽前府使李得駿原情以爲 渠待罪咸陽時 農形已判大歉 故自六月以後 每朔俸廩 凡諸例用一一鳩聚 及至冬月 自本邑移轉於智世浦蔚山府助羅浦玉浦栗浦加背梁等 邑鎭之租爲五千石 自監營每石租價一兩二錢作錢 以送之意發關 故其中一千石 貿得芝草價三十石 巡兵營主人役價六十五石 氷丁租三十八石零 亦爲貿 取渠於丙午四月赴任後 反閱倉穀 則應分條外加分爲六千三百八十石 故耗條六百三十八石 竝元還耗條三百八十石零 合九百七十六石零 掃庫剩餘租合爲六百五石零 米二百四十七石零 太三十九石零 一竝充入於賑資中 所謂掃庫名色 本邑還穀運出運入之際 自多滲漏 升斗所捧 合以作斛 則又有餘剩 稱以掃庫 屬之官用 或補民役者 自是流來之邑規已上租 簸揚作實 則爲二千八十九石零 自丙午十二月至丁未四月 分賑十二等 幸免一民捐瘠之狀 天日在上 有不敢誣 至於移職時 米太作錢 入於歸裝 未及作錢者 付由吏賣送 一出倉穀云者 則渠若在官 盜弄容或可也 旣蒙陞遷 傳掌穀數 昭在文書 雖一升合 猶恐有欠 以爲日後之大罪 況數千石倉穀 何敢肆然犯手 如有所犯 則爲交承者 必無掩置 自爲其罪之理 至於臨歸 給錢立碑以掩贓汚云者 則苟有一分廉恥 何忍爲此 渠之有罪無罪 唯在贓與不贓 歸後沽碑 便是皮不存之毛云矣 其所納供 專事發明 所當請刑 而曾經都總經歷 請上裁 教 以爰辭與疏辭節節逕庭 雖百問於渠 渠言必不出 此其中掃剩捧剩等兩項名色 雖曰 本邑流來謬規循襲之失 在所難逭 而外此諸條 非行査 則無以知其傳聞之虛實 令道伯 親執詳査 別具意見 論理狀聞 後議處 此囚姑爲保放 大抵穀簿之紊亂 穀品之麤劣 而吏緣爲奸 民受其苦 從以墨守肥己之資 曹係於是 近聞 筵臣迭奏之說可知此弊之本道爲最甚而難矯 如無銳意蘇革之政唉 彼小民得不以朝廷之恝然不之恤向隅茹鬱乎 朝廷設置方伯 所以按察道內之事 事無大

於民隱 民隱亦莫過於糴政 則今日明日來者去者 一味延拖 曾未聞 摘發一箇貪官 是豈非監司之責乎 朝廷近於嶺南事 不欲暫弛于中來頭別般考察之擧 豈待諸臣之陳請 而與其犯而現捉 莫如勿犯之爲 官民俱便 先甲之令意在懸法 先自監司務盡律已之方 仍又另察邑倅犯 與不犯隨現狀聞論勘 使懲貪之典期有實效事 亦令廟堂 拔例措辭 嚴飭行會 又以柔遠前僉使金命淑 元還上居末罪 杖一百收贖 告身盡行 追奪私罪 啓請施行 允之

165.

건명 : 趙嶝의 上疏 중 울산의 경상좌병영을 경주로 옮기자는 주장에 대해 불가하다는 처분

발신처 : 備邊司

검색어 : 慶尙左兵營, 慶州, 永川

출처 : 正祖 13年 丁未 4月 23日 ; 14-650上

判下備局回啓

備邊司啓言 (中略) 又啓言 觀此幼學趙嶝上疏 則其一 毋論邑鎭 與有倉庫處 築堤種木 鑿池貯水 都城西邊 自月巖 西抵慕華館 北循山脊繞萬里峴 抵兩水峴 築堤種樹 鞍峴亦依此 江上居民 與倉庫 皆在空曠之地 無所依庇 一體營度事也 種木爲柵 築堤爲防 以捍盜賊 以固倉厫未知其必 合於待暴之道 而至若都城 則毋論東西南北 參軍分掌 各營主管 禁養培植 皆有節目 不必創出新制 更以節目嚴飭五營 凡係禁松之政 益加申嚴 使都城四標之內 擧有蔚然之效 似合事宜 其一 松都築石城 自松岳左右 下抵新築之間 築堤種樹 金川邑倉 移置青石洞中 有事 則金川率民兵 入保設柵 以長湍豊德受松都節制事也 今以地勢形便 若論西門咽喉 則青石洞可矣 松都未也 毋論土石 過青石而築松都未必得當 至於金川邑倉之移設 利害得失 雖未詳知 轉輸之際 大生民弊 不可輕議 置之 其一 近來官長不善禁養 自雪寒嶺南至鐵嶺 自狄踰嶺西至植松幕嶺之間 徑路日繁 宜一切申禁 楸池嶺亦內外童濯 通川郡守各別擇差事也 自雪寒至鐵嶺 自狄踰至幕嶺之間 控阨形便 雖未詳知 今觀疏辭 旣以地勢絶險爲言 則備禦之策 宜在本地之險阻 不在於樹木之長養 至於楸池嶺 重峯絶壑 可謂一夫當關之地 如欲疑賊 何

患無術 況淮陽一府 介在兩嶺之間 北之鐵嶺 東之楸嶺 無不鎭守 通川擇差 別無緊關 置之 其一 牛峴車嶺等鎭 多在嶺外 無異欲守城而坐城外 各處關防之如此者 一倂移設內邊事也 兩鎭之處在嶺外 果如其言則宜移設內地 以爲把守之道 而當初設置 必有所以 民戶官居 按堵年久 遽議移置 必致騷撓 置之 其一 倭船所由豈獨萊釜 而秋風嶺固是坦道 則防守之策 不可不連講也 賊若從湖南直上兵 使坐於一隅 亦不可不變通 且登萊與畿湖竝峙 能向登萊者 豈不能向畿湖乎 如欲緊守京畿之海門 則當復點船之法 而形便緊要 無過江華 設置統禦中軍於月串 移德浦鎭於豊德 伊浦與月串相對 專掌兩水路 點船 且於杏州設置一鎭事也 倭奴犯境 於水於陸不一 其路平時備禦 豈或疏忽 而觀此疏語 專以點船一事爲長策 至有月串置中軍 德浦移豊德 杏州設新鎭 專管點船之政者 其言似或有見其實 終歸無當 今若毋論公私大小京外船艦一幷聚集 各處點閱 則其間許多弊端 將見船人失業 不出數年 終至無船 不待倭奴之警急 先致我人之繹騷 置之 其一 江華內城 尙有可守之勢 而有鎭堡倉庫處及寺刹與多漁戶處 竝築堤種樹 營壘相望 則賊雖登陸 庶無容措之地 吉城牧場 募民入居 築堤種樹事也 沁都一府自是天塹朝家之設墩築城 前後經理可謂備至 且年年種枳 旣有定式種木築堤 不必更論 至於吉城牧場之馬 不蕃息地 又肥饒曠廢 可惜 果如疏辭 則募民許耕 似爲便當 而此則分付守臣 審察形便 論理狀聞後稟處 其一 移置仁川府於舊濟物鎭基 設立防營官 領安山富平衿川陽川之陸軍 爲旱路防禦 且管永宗花梁舟師 設中營於月尾島 置戰船 兼水路防禦事也 永宗之設置防禦 本爲江都外援 而今忽移置陸地 已失控制之意 且以軍制言之 水陸管轄 各有分掌 而乃以一人兼總 非但有乖官 方勢必相妨 又況移邑移鎭之際 許多窒礙騷擾之端 不可殫擧 置之 其一 花梁不如大阜之緊要 移鎭於大阜 使兼監牧 而永宗花梁俱依邊地例擇差事也 海防形便 旣不目見 移鎭當否 雖未詳知 大阜乃是牧場 本非閑土 移鎭兼牧 作爲邊地 利害得失姑勿論 事係官方 不可輕議置之 其一 慶尙左兵營移設慶州事也 兵營則處海一隅 軍伍則遍在野邑 道里不均 簡轄難便脫 有警急 無以號召 道內之議 間或以移設於慶州 或永川爲便 而設營屢百年之後 遽然移置 終涉重難 置之 (下略)

166.

건명 : 울산인 鄭樂民 등 여러 죄인의 編配와 放送 등을 결정함
발신처 : 刑曹
검색어 : 定配罪人徒流案, 蔚山, 彦陽, 鄭樂民, 崔任大, 許卜萬, 編配, 放送
출처 : 正祖 13年 丁未 閏 5月 13日 ; 14-805下

疏決各道編配

教曰 編配之積滯 此亦貽弊小民之一端 (中略) ○ 刑曹啓言 (中略) 又啓言 慶尙道定配罪人徒流案中 榮川李惠福 固城鄭道郁 靈山孟允濟 陜川廉太儀 晉州李芳孫 丹城金重玉 鎭海朴春友 興海高元昌 大丘李昌水 延日申東洽 長鬐張仁得 山淸李錫梓 安東金聖權 永川崔仁國 高靈鄭允僑 淸河奴允徵 眞寶奴尙乭 靑松石守範 昌原宋宗彦 宜寧李斗震 永川申章漢 丹城安太直 昆陽李得喆 固城沈錫禧 南海長秀 韓濟澤 三嘉姜福仁 放送 金聲玉 一體放送 咸昌李德倫 昌原金景默 河陽鄭枝休 靈山玄思默 令道臣 嚴刑一次放送 榮川宋啓弘 彦陽許卜萬 開寧黃應晴 漆原羅興孫 咸安張得善 善山金禹鼎 蔚山鄭樂敏 熊川李命孫金昌成 靈山安玫 草溪李德煥 聞慶白訓伊 醴泉金繼述 玄風李和燮 淸道崔再三 泗川炭必得 盈德李安南等 令本官嚴刑一次放送 蔚山崔任大 令兵使嚴棍放送 固城朴道成 令本官嚴刑一次徒三年 改錄移配安州 昌原鄭聖甲 令本官嚴刑一次 畿驛奴限己身充定使役 遇赦更稟 金海徐宗郁 徒三年 改錄移配尙州 三嘉田昌禹 移送原籍官 殘驛軍保 待限滿分揀 昆陽金得九 令本官嚴刑一次 其本鄕勿限年充定軍保 遇赦更稟 晉州朴昌極 眞寶黃宗順 梁山金洙 令本官嚴刑一次 移送原籍官 充定軍保 遇赦放送 巨濟張好辰 移送坡州牧 令本道伯 嚴刑一次 永定該牧軍役 遇赦更稟 昆陽任三孫 軍威崔碩興 令本官嚴刑一次 移送原籍官 充定軍役 遇赦更稟 延日李守淡 令本官嚴刑一次 移送原籍官 充定軍役 徒三年施行 慶山安守林 徒三年 改錄僧慶璘問于畿營 非首犯 令本官嚴刑 一次放送加 功造謀 竝放移屬殘寺之類 一體分揀 盈德金允大 常賤之賣妻爲婢 顧何罪乎 爲其口腹之計 安知非厥女之自賣 設有別般奸情 嚴刑後還退足矣 放送自本曹捉來嚴刑一次 義城申介金 義興楊已元 漆原奴乭石 光陽奴汝邑石 相考罪名放仍間判堂指一草記事書下矣 依傳教 李惠福等二十七名放送 而姜福仁同罪金聲玉 則定配

洪原縣 昨夏已爲蒙放 李德倫等四名 令道伯嚴刑一次放送 宋啓弘等十七名 令本官嚴刑一次放送 崔任大 令兵使決棍放送 朴道成嚴刑一次後徒三年 改錄移配於平安道安州牧 鄭聖甲 令本官嚴刑一次後 京畿平丘驛限已身充定 驛奴徐宗郁 徒三年 改錄移配於道內尙州牧 田昌禹 移送原籍官 充定殘驛軍保 金得九 令本官嚴刑一次 其本鄕勿限年充定軍保 朴昌極等三名 令本官嚴刑一次 移送原籍官 充定軍保 張好辰 移送坡州牧 令本道伯嚴刑一次 永定該牧軍役 任三孫等二名 令本官嚴刑一次 移送原籍官 充定軍役 李守淡 令本官嚴刑一次 移送原籍官 充定軍役徒三年施行 而竝卽押送 安守林 減等徒三年 改錄僧慶璘 首犯與否關 問于畿營 則回移內 首犯僧朗奎 定配鐵山 造謀僧至愚定配熙川 加功僧幸文 定配康津 而慶璘亦以加功 定配於金海 同情僧性旲等九名 移屬慶尙道 殘寺僧慶洽等九名 移屬全羅道 殘寺僧洪規等七名 移屬平安道 殘寺云慶璘旣非首犯 令本官一體嚴刑一次 放送本道內移屬 諸僧分揀 其外造謀加功及移屬之類 已蒙處分於該道案中金允大 放送後 自臣曹捉來 嚴刑一次 計料諸罪人等 擧行形止 竝卽狀聞之意分付 道臣申介金等四名 放釋當否 詳閱文案 鱗次啓稟 (下略)

167.

건명 : 예조에서 올린 孝烈別單啓에 대해 심의하여 처리한 내용

발신처 : 禮曹

검색어 : 京外孝烈別單啓, 蔚山, 李三孫妻朴氏, 柳震沃妻蔣氏

출처 : 正祖 13年 丁未 閏5月 22日 ; 14-840下, 844上, 854上

禮曹以京外孝烈別單啓

該曹啓言 丁未戊申兩年京外孝烈別單 前判書李在簡更爲修正以置 而今己酉年京外孝烈報來人及因上言査啓 臣與參判金魯淳 前參議申思運 齊會相議分等 議于大臣如署經之例 與丁未戊申孝烈人 竝爲書入大臣議參差不同者 亦依兩年例 懸註以俟上裁 而慶尙全羅兩道孝烈人抄啓中 蔚山故士人柳震沃 書以孫震沃 光州束伍汝乯金 戊申歲首抄啓中 書以李汝乯金 今年歲首抄啓中 書以金汝乯金 故別單中 以初啓中李汝乯金書入 而入啓文書事體不輕 則姓字互換極涉不察 戊申抄啓姑未回啓 而今年歲首又爲抄啓 朝家處分之前 有此疊啓事體所在 誠

極未安 請該道道臣 竝推考 允之 ○ 烈女旌閭別單 (中略) 蔚山故閑良李三孫妻朴氏 其夫嬰疾沈綿 朴氏絶粒禱天 願以身代及其死也 乃於成服日 飮藥自盡 判書鄭昌順 參判金魯淳議旌閭 申思運議置之 李性源蔡濟恭議旌閭 (中略) ○ 孝子置之別單 西部故折衝金仁聖 北部故學生金百純 南部故別提李旭祥 南部故正言崔道文 大丘故良人黃漢淸 尙州故處士金熙益 星州故學生徐弼元 高城故學生崔致日 洪州故通德郎金敎行 靈光故士人李謐遠 寶城故同知金延年 瑞興故進士李之晢 端川士人金宅基 嘉山故學生金厦柱 鐵山故學生鄭致堯 原州故士人簡萬胄 金川良人李大成 新溪故同知李元素 沃川故進士郭守熀 文義故處士吳尙健子振澤孫鼎基 報恩故學生兪彦億 昌寧故通德郎成大乙 昌寧故士人朴震翰 淳昌故處士金俊賢 潭陽故士人權得誼 同福故士人丁致業 南平故士人徐應祖 井邑故生員柳惺 積城故士人崔相堯 長湍士人沈公濟 北部故學生趙鎰 故徵士宋廷耆 故正郎李玢玢子晩亨 故孝子柳懋 西部出身全大甲 故學生趙正夏 晉州故士人鄭相元 仁同故進士張瑠 咸昌故士人申光厚 醴泉故鄕吏魯周勛 咸安故士人李漢楫 錦山故士人吉昌擧 海州故奉事安處仁 韓山故學生李混 洪州故學生李德益 其弟德敏 忠州故趙東晳 故學生洪致範 故士人鄭碩章 故士人全白雲 公州故處士愼維天 長城閑良洪善昌 潭陽忠義李景祿 靈光故學生李萬成 長水故學生崔應文 高敞故士人金大呂 同福故學生金興兌 延安故學生張性中 安山故學生柳慶種 衿川故學生李晉煥 公州故學生閔彦洙 槐山故水使申命尹 尼城故孝子朴尙文 子壽岡 孫始赫 德山故士人李後發 全義幼學李培吉 龍岡金泰善 江東士人李文奎 殷栗士人金粹慶仲慶美慶三兄弟 長城故處士金羲瑞 孝婦置之別單 韓山士人李益模妻兪氏 木川幼學沈厚鎭祖母朴氏 果川元重煥妻李氏 公州故學生閔彦洙妻朴氏 長鬐故良人鄭斗文妻金召史 烈女置之別單 韓山故學生權援妻朴氏 鳳山故士人李輔殷妻姜氏 蔚山故士人柳震沃妻蔣氏 廣州故處士權復興妻柳氏 西部故通德郎李絅妻柳氏 江華前別將朴尙燁妻田氏 (下略)

168.

건명 : 평안도 죄인 張運昌을 울산부로 移配함

발신처 : 刑曹

검색어 : 徒流案, 蔚山府, 張運昌, 流配罪人, 彦陽縣

출처 : 正祖 13年 丁未 9月 9日 ; 15-119上~121下

酌決關西流配罪人

禁府啓言 平安道徒流案中 龜城府定配罪人崔雲翰 定州牧定配罪人金泰熙等 放 成川府定配罪人李宜耆 移配海西罪人所無邑事 命下矣 崔雲翰金泰熙等 竝卽放送事 分付該道道臣 李宜耆海州牧移配 請依例發遣羅將 押送配所 允之 ○ 刑曹啓言 平安道徒流案中 諸罪人刑放移配 一依判付擧行事 命下矣 (中略) 龍川金二昌咸悅縣 龜城姜泰夢羅州牧 寧遠金致呂礪山府 雲山文贊武任實縣 劉義良昌平縣 孟山盧春喜光州牧 朔州金元孫順天府 寧遠崔昌辰長城府 殷山李衡在臨陂縣 龍川徐道郁和順縣 順川金致玉南原府 德川閔德恒安義縣 孟山兪漢郁慶州府 林聖行草溪郡 寧遠柳光夏義城縣 龜城咸召史聞慶縣 昌城尹起莘星州牧 龍川李鳳敬知禮縣 德川禹聖準淸道郡 寧遠金有才彦陽縣 龜城張運昌蔚山府 寧遠金光洽玄風縣 趙國成盈德縣 德川李東彬庇安縣 朔州姜載文陜川郡 量其原籍官遠近分排 移配於各道 仍又發關於配所 道臣使之次次押送移配秩中 龜城金炅以水原民已爲蒙放 龍川朴致德已爲物故 竝勿論 又啓言 (中略) 允之

169.

건명 : 觀武才 및 別試射에 대한 頒賞에서 慶尙兵營 將校 白致鉉 등에게 不粧弓 1張 등의 상을 내림

발신처 : 正祖

검색어 : 慶尙兵營, 武才, 別試射, 白致鉉, 將校

출처 : 正祖 13年 丁未 11月 5日 ; 15-382下~387上

御春塘臺行觀武才及別試射頒賞仍行九日製大輪次 試官金鍾秀金華鎭徐有隣鄭昌順吳載純沈頤之金尙集趙琠柳贇蔡弘履申畬彬金載瓚徐鼎修申思運洪檍曹允大孟至大李思濂李夔鄭大容姜彝正朴宗來李羲觀金熙朝徐配修徐榮輔金祖淳

具戎服 陞座 各營將臣以下入庭 行軍禮訖 以次頒賞 先是 別試射之設行也 命入格人賞格 待觀武才施賞 同爲頒下 至是命 分八所 承旨宣傳

官各一員 進去 擧行帳殿 兵曹雜色觀武才賞 承旨李晩秀 宣傳官李基成 別試射賞 承旨尹行任宣傳官沈𨮐 不老門禁軍龍虎營軍士觀武才賞 承旨洪仁浩宣傳官權琇 龍虎營軍士別試射賞 承旨李書九宣傳官趙華錫 蓮池邊壯勇營觀武才賞 承旨鄭東浚宣傳官趙恩錫 別試射賞 承旨徐鼎修宣傳官徐有秉 貫革基訓局觀武才賞 承旨申耆宣傳官李商一 別試射賞 承旨李儒敬宣傳官趙雲行 止馬所禁衛營觀武才賞 承旨李益運宣傳官鄭周誠 別試射賞 承旨鄭大容宣傳官柳相亮 丹楓亭貫革御營廳基西邊觀武才賞 承旨金履正宣傳官白東遠 別試射賞 承旨李夔宣傳官閔亨默 丹楓亭貫革基東邊守禦廳觀武才別試射賞 承旨南鶴聞宣傳官洪栒 總戎廳觀武才別試射賞 承旨金載瓚宣傳官趙㞳 進去 (中略) ○兵曹柳葉箭 駕後嘉善姜碩儁 邊五中 差備官金聖起 貫一中 邊二中 竝加資 畿營裨將李孝亨 貫一中 邊二中 直赴殿試 駕後出身鄭元燮 邊三中 熟馬帖一隻 閑良賈大潤 邊三中 直赴殿試 差備官朴盛根 邊三中熟馬帖一隻 駕後金得臣 差備官鄭裕新等二人 貫邊中 各兒馬帖一隻訓鍊大將徐有大 邊二中 鹿皮一令 武兼張東源等二人 長興主簿張鎔駕前林老洽等八人 駕後白文爀等五人 差備官裵俊福等二人 捕盜軍官尹商莘等三人 禁漏官朴萬億 邊二中 各兒馬帖一隻 交河郡守林性運邊二中 蔭官自異陞敍 行副護軍洪仁默 差備官李弘哲 捕盜從事官金最煥 禁漏官金履義 駕後景光瑞等二人 捕盜軍官姜泰俊 貫一中 各上弦弓一張 訓鍊中軍具敍五 宣傳官權琇等四人 捕盜軍官任光杓等八人坡州牧使鄭彦衡 南行部將王道常 駕前咸允熙等十五人 差備官金德采等十四人 扈衛軍官金喜謙 駕後崔道明等十五人 畵員許謨 畿營裨將朴興佐等三人 慶尙兵營將校白致鉉 邊一中 各不粧弓一張 廣州府尹閔台爀 邊一中 文官自異 弓箭一部 忠贊衛片成載 邊二中 弓箭一部李昌奎貫一中 不粧弓一張 李世大等三人 都監員役李道英 邊一中 各箭竹一浮片箭 捕盜軍官朴文會 邊二中 直赴殿試 駕前申聖恒等二人貫一中 各上弦弓一張 別軍職李儒敬等三人 駕後宋濟謙等三人 駕前宋道一 捕益軍官柳台彦等三人 邊一中 各上弦弓一張 騎芻駕前出身崔道明 四中 加資 閑良李亨喆 三中 直赴殿試 韓大鳳等三人 三中 各熟馬帖一隻 咸允熙等八人 駕後尹佐殷等七人 二中 各弓箭一部 金鼎哲等十五人 駕前李仁煥等十一人 以上一中 名不粧弓一張 小布南行部將王道常 二中 直赴殿試 敎鍊官沈誾之 二中 箭竹二百介 河漢圖

一中 箭竹一白箇 砲近仗軍士金海得 貫一中 木四疋 內吹李世根等三名 近仗軍士朴龍大等六名 邊一中 各木四疋 衛將所書員李顯祥等五名 貫一中 各木三疋 內吹申百秋等二十名 近仗軍士金春成等十三名 衛將所書員韓懿興等十名 冶匠金弘弼等六名 邊一中 各木二疋 扈衛廳砲牢子鄭泰英等三名 貫一中 各木三疋 李春福等二十六名 邊一中 各木二疋 武藝廳砲金壽輝 貫邊中 木四疋 曹世祐等七名 邊二中 各木四疋 崔碩彬等三名 貫一中 各木三疋 崔道興等三十六名 邊一中 各木二疋 技宋德煥等七名 上中 各木三疋 張福得等六十名 上下 各木二疋 (下略)

170.

건명 : 將領 출신자를 居首로 하는 근래 都試의 폐단을 조사하고, 將領 출신자로서 居首하였던 전 경상좌병사 金延遇 등 36인에 대한 처분

발신처 : 全羅兵營 등

검색어 : 馬兵都試, 將領, 慶尙左道前兵使, 金延遇, 壬寅癸卯都試

출처 : 正祖 13年 丁未 12月 2日 ; 15-458下~459下

飭諸道帥臣無敢只以將領置之都試居首

全羅兵使李潤彬狀啓以爲 蘆嶺以南二十三邑 今己酉條馬兵都試 以今十一月十七日設行 於臣營 優等金慶文 以馬兵別將 別無他陞差之軍任 之次趙明得 依節目 該邑相當軍任 爲先陞差 而金慶文之直赴殿試與趙明得之直赴會試事 請令該曹稟處 優等一人 右營屬馬兵別將閑良金慶文 居光州 柳葉箭一巡 貫一中邊一中 片箭一巡邊二中 騎蒭一巡二中 之次一人 前營屬右別右哨馬兵趙明得 居長興 柳葉箭一巡貫一中邊一中 片箭一巡邊一中 敎曰 馬兵都試之特爲設置 居首者賜第 出於樂此爭赴之意 而近來諸道居首者 非別將 則把總哨官 所謂馬兵 無一人 決科定式 今近十年 年年如此此 豈非道帥臣不能察筋之致乎 日前 欲於他道狀本 措辭提飭 而未果 今番則拔例 之次馬兵趙明得 特爲直赴殿試 此後又或只以將領置之居首 該帥臣難免其罪 以此令廟堂嚴飭諸道 所謂將領 若以出身中 有地處人差出 則其弊不期祛而自祛 然未知諸道事情之如何 此則亦自廟堂 問其便否 待其指一狀聞 元節目中措語付標 年前都試定式以後 至于今每年 純然以將領置居首者 廟

堂查問兵曹 該帥臣推考 不飭之將領 令道臣嚴棍懲礪事 一體分付 ○ 備局啓言 問于兵曹 則平安前監司鄭一祥乙巳都試 趙瓛丙午都試 金履素戊申都試 前兵使白東俊丙午都試 忠淸前監司沈豊之甲辰都試 李得臣乙巳都試 金光默丙午都試 洪檍丁未都試 時監司權𰀀今年都試 前兵使田文顯壬寅都試 李潤禧癸卯甲辰都試 金永綬乙巳都試 具世勣丙午都試 權𰀀丁未都試 時兵使金麟瑞今年都試 全羅前監司徐龍輔戊申都試 時監司尹行元今年都試 前兵使曺學臣壬寅都試 孫相龍甲辰都試 許沂乙巳都試 李漢五丙午都試 原春前監司蔡弘履癸卯都試 李時秀乙巳都試 李致中丙午都試 金載瓚丁未都試 慶尙左道前兵使金廷遇壬寅癸卯都試 李仁秀甲辰都試 白師誾乙巳都試 姜五成丙午都試 時兵使南志默戊申都試 慶尙右道前兵使南憲喆壬寅都試 申𥌒甲辰都試 時兵使尹得逵今年都試 前守禦使金鍾秀戊申都試 前總戎使徐有大癸卯都試 趙心泰丁未都試 居首者 皆是將領云 以上 帥臣三十六人中 趙瓛金永綬權𰀀李漢五 四人 旣已身故 勿論 其餘一倂推考 敎 以大臣勿論 ○ 兵曹啓言 觀此全羅兵使李潤彬啓本 則馬兵都試時 馬兵別將金慶文居首 馬兵趙明得之次 請令該曹稟處 而趙明得旣有直赴殿試之特敎 金慶文似當依法典直赴殿試 而係于恩賞 請上裁 諸道馬兵都試 居首賜第之命 專出於激勸馬兵之聖意 而每年決科 在於將領 而不在於馬兵者 有非當初特敎定式之本意 請當該帥臣 從重推考 從之

171.

건명 : 褒貶 啓本을 觀察使와 同議로 磨勘하지 않은 慶尙左兵使 南志默과 左水使 李鴻運을 推考하고, 道臣도 함께 推考한 처분

발신처 : 承政院

검색어 : 殿最, 慶尙左兵使, 慶尙左水使, 南志默, 李鴻運, 推考

출처 : 正祖 13年 丁未 12月 18日 ; 15-498下~499上

推嶺南道臣李祖源帥臣南志默李鴻運

政院啓言 各道兵水營殿最 與觀察使同議磨勘 法意甚重 且有定限 而卽見慶尙左兵使南志默褒貶封發狀啓及左水使李鴻運褒貶啓本 則封發日子 俱以今月初十日書塡 原啓本雖已捧入 不待限滿 徑先同議 有違格例 請當該帥臣推考 該道道臣一體推考 允之

172.

건명 : 兵曹 政色書吏 韓大興을 蔚山府에서 充軍하여 畿營에 出付토록 함
발신처 : 兵曹
검색어 : 韓大興, 蔚山府, 充軍
출처 : 正祖 13年 丁未 12月 20日 ; 15-502上~504上

行都政 吏曹判書洪良浩參判閔鍾顯參議李祖承兵曹判書金尙集參判李時秀參議柳烱參知李師濂進

教曰 守令初仕各別擇擬事 申飭兩銓 (中略) ○ 兵曹啓言 依下教 本曹政色書吏韓大興 蔚山府充軍 出付畿營 教以判堂處分 傳教姑不爲之下吏無異過 都政後 更卽出付畿營

173.

건명 : 蔚山 士庶 金始鳴 등 경상도인들에게 老職加資하고 婦女封爵함
발신처 : 吏曹
검색어 : 蔚山, 金始鳴, 彦陽, 李益采, 老職加資, 婦女封爵
출처 : 正祖 14年 庚戌 正月 17日 ; 15-560上~下

有政 吏曹判書洪良浩參判閔鍾顯參議曺允大進

以李周顯爲司諫 洪樂性爲內局都提調 李趾光爲淸州牧使 (中略) ○ 慶尙道 (中略) 蔚山 士庶通政金始鳴等四人 士族婦女淑夫人張氏 (中略) 彦陽 庶人嘉善李益采 (中略) 竝老職加資 下批婦女封爵

174.

건명 : 薦擧單子의 守令 官銜을 잘못 쓴 전 경상좌병사 南志默 등을 警責함
발신처 : 承政院
검색어 : 守令薦擧單子, 慶尙左兵使, 南志默
출처 : 正祖 14年 庚戌 正月 19日 ; 15-570下~571上

推工曹參判兪彦鉉等

政院啓言 卽見守令薦擧單子 工曹參判兪彦鉉 則權知承文院副正字柳師模 書以承文正字 前慶尙左兵使南志默 則以前縣監申暻爲薦 官銜之誤書 侍從之混擧 俱違格例 請竝推考警責 允之 ○ 承旨尹行任啓言奏御文字 自有體裁 而守令邊將薦擧單子 內而各衙門 外而營閫邑 各

自不同 自今作爲一定之規 申明知委俾無參差不齊之弊 至於湖南 則嘉善邊將 例有薦單 而他道則不然 此亦分付各道 依湖南例爲之 爲宜 從之

175.

건명 : 前慶尙左兵使 南志默 등이 금년 春操에 대한 처리를 狀聞한 것에 대하여 모두 정지토록 함

발신처 : 備邊司

검색어 : 春操, 慶尙左兵使, 南志默, 秋操, 水陸操, 巡歷, 巡操, 巡點, 官鎭門聚點

출처 : 正祖 14年 庚戌 正月 26日 ; 15-581下~582上

命諸道春操幷爲停止

備局啓言 卽見守禦使鄭昌順 總戎使金思穆 開城留守李致中 江華留守申大升 統禦使南憲喆 永宗前防禦使曹命楫 黃海兵使尹塾 平安兵使李東曄 南兵使李文德 全羅兵使李潤彬 忠淸兵使金麟瑞 統制使申應周 慶尙前左兵使南志默 狀啓 則以爲 今春水陸操巡操巡歷及營城將巡點官鎭門聚點 何以爲之事 請令廟堂稟旨分付矣 京畿 則昨年秋事 雖曰稍登 見今園行當前 軍民之此時赴操 宜有軫弊之道 西北兩道則賑事方張 初非可論 海西 則雖不設賑 米免失稔 嶺南湖南 則 已經昨秋陸操 今春又復設行 民邑之弊 在所當恤 統營合操 百年內未行之事 有難遽議 諸道水陸操巡歷巡操巡點 幷令停止 官鎭門聚點 則嚴飭擧行 俾有實效 湖西陸操 則如例設行之意 請幷分付 允之 敎以昨年水陸軍民之使用 不下於畿甸 況春操異於秋操 湖西春操 姑停秋操 則年事如得登熟 直以擧行之意 擇吉狀聞事 分付

176.

건명 : 守令 邊將으로서 응당 옮겨야 함에도 불구하고, 옮기지 않은 자를 察推하라는 명에 따라 경상좌병사 李源 등을 推考함

발신처 : 兵曹

검색어 : 守令應薦不薦人, 慶尙左兵使, 李源, 推考

출처 : 正祖 14年 庚戌 2月 13日 ; 15-631上~下

推副司直權導等

吏曹啓言 因政院啓辭 守令應薦不薦人 令該曹察推事 允下矣 行副司直權導尹著東宋載經李敬養鄭景淳趙尙鎭李堉李普溫宋濟魯 敦寧都正趙鎭寬 咸春君李昌運 完川君李明奎 完昌君李彦章 行副司直李敬懋 行副護軍李彦熙 南兵使李文德 尙州牧使吳在文 仁同府使南有寬 昌城府使申鴻周 楚山府使李邦榮 鐵山府使朴光遇 江陵縣監洪檢 應薦不薦 請竝推考 允之 ○ 兵曹啓言 因政院啓辭 邊將應薦不薦人 令該曹察推事 允下矣 行副司直權導宋載經尹著東 咸春君李昌運 行副司直李敬養趙尙鎭李堉李普溫鄭景淳李敬懋 行副護軍李晟李樸徐赫修具明遠金弘濟 同知中樞府事辛錫箕 慶尙左兵使李源 昌城府使申鴻周 楚山府使李邦榮 淮陽府使韓晩裕 淸州牧使李趾光 尙州牧使吳在文 豊德府使南履五 長湍府使李運昌 鐵山府使朴光遇 應薦不薦 請竝推考 允之

177.

건명 : 울산 幼學 金光爀 등이 요청한 父母 등의 孝行旌褒를 자손의 말만으로는 포상할 수 없다고 함

발신처 : 禮曹

검색어 : 蔚山, 金光爀, 孝行旌褒

출처 : 正祖 14年 庚戌 2月 14日 ; 15-641上~672下

判下上言二百七十度于各該司

郭山幼學金尙鳴本郡還邑事 中部前萬戶宋文佐軍器修補事 尙州居民金石宗砲保等役釐弊事 忠淸道左水站漕卒金陪尙捧稅差員永定事 中部計士尹昌殷田結還給事 (中略) 水原幼學李景禹爲其父孝行旌褒事 蔚山幼學金光赫爲其母孝行旌褒事 定山幼學田光福等爲故學生韓逵及其子箕宗孝行旌閭事 鎭川幼學金泗潤爲其祖稱號誤錄處釐正事 南部閑良咸興孫爲其父需祿事 京畿等三道儒生金聲九爲故處士許格旌里事 泰安幼學趙壽海爲同郡李宗馨孝行旌閭事 (中略) 刀子廛市民李潤英等與尙方匠手相訟事 氷契貢人金道潤等氷役還給事 咸悅聖堂倉漕卒權以濟等 漕倉以本官獨管擧行事 (中略) ○ 禮曹啓言 懷仁幼學梁世杜上言以爲 (中略) 又啓言 咸安幼學李師仁上言 爲其父漢楫母盧氏孝

行 請施褒尙之典 橫城幼學鄭師貞上言 爲其母李氏孝行 請旌閭 韓山幼學李魯任上言 爲其母兪氏孝行 請施棹楔之典 水原生員朴師永上言 爲其父晥孝行 請褒揚之典 同福幼學丁孝達上言 爲其祖致業孝行 請令該曹査實稟處 玉果前五衛將朴春錫上言 爲其先祖故士人彦培夫妻忠烈 請旌閭 全州進士陸祉遠上言 爲其父雲機孝行 請旌褒 咸安幼學安龍成上言 爲其母盧氏孝烈 請旌閭 星州幼學徐慶仁上言 爲其父故學生弼元孝行 請旌閭 恩津幼學崔俊喆上言 爲其父故學生達智孝行 請旌閭 扶安幼學兪漢盛上言 爲其祖母羅氏烈行 請棹楔之典 高陽幼學金尙鉉上言 爲其父百純孝行 請旌褒之典 韓山幼學權稱上言 爲其母朴氏烈行 請旌閭之典 水原幼學李景禹上言 爲其父勲孝行 請加旌褒 蔚山幼學金光爀等上言 爲其母金氏孝行 請旌褒云 其孝行節義 雖甚卓然 不可以其子孫之言褒之 且有朝家新頒禁令 則猥徹天聽 極甚猥越 請竝置之 從之 (下略)

178.

건명 : 각 도에서 올린 徒流罪人의 放未放에 대한 回啓

발신처 : 慶尙監司 등

검색어 : 諸道徒流罪人放未放回啓, 蔚山府, 南泰直, 彦陽縣, 鄭來儀, 崔宗爀

출처 : 正祖 14年 庚戌 4月 18日 ; 15-1000下~1009下

判下諸道徒流罪人放未放回啓

教曰 刑曹放未放回啓 令亞堂 擧行事分付 大小回啓公事及判堂擧行曹務出仕間 皆令亞堂爲之 俾無淹滯之弊事 申飭該曹 (中略) ○ 慶尙監司李祖源 狀啓以爲 敬奉敎書 頒布列邑 道內輕囚爲先疏放 定配罪人等放未放秩 竝爲開錄 徒年罪人之遇赦卽放 雖是法典其中減等改錄慶山安守林尙州徐宗郁等 所坐俱係深重 有難遽議 竝置仍秩 孥籍逆賊緣坐及爲奴婢定配之類 依例勿論 妓役充定慶州得伊玄風桂蟾 軍役充定靑松金福禮等 依前判付 分揀放送 長鬐縣石南寺移屬僧再總 雖載流案末端 此與編配有異 今此放未放中 不爲擧論 放秩 刑曹徒年罪人 靑松府金遇光 英陽縣李國才 漆原縣白之 龍宮縣南亨韶 淸河縣李彦明 義興縣權三孫 靑松府金漢龍 尙州牧李擎天 梁山郡元亨道 永川郡金吉元 漆谷府曹明翊 咸安郡徐興爀朴奉世 奉化縣池明元 永川郡

元乭伊 晉州牧承海宗 開寧縣廉實同 密陽府曹顯喆 義城縣申介金 義興縣楊已元 漆原縣私奴乭石 知禮縣劉朔不 清河縣尹光洙 彦陽縣私奴汝邑石 漆原縣尹之五 榮川郡金再集 靈山縣金益鍊 居昌縣洪潤業 新寧縣金宗相 青松府奇耦坤 高靈縣李其乙方 梁山郡李昌源 蔚山府南泰直 慶州府呂凡周 尙州牧梁同伊 清道郡朴石良 慶山縣張弘儀 彦陽縣鄭來儀 固城郡金智 鳴三嘉縣李孟杓 知禮縣鄭載厚 醴泉郡李福點 咸陽府兪弼煥 咸昌縣丁師龍 永川郡閔德祜 居昌府金五壯 宜寧縣郭天儀 ○ 未放秩 (中略) 刑曹所管 (中略) 充軍罪人 蔚山府崔宗爀 (中略) 彦陽縣金配元 (中略) 彦陽縣金壽源 (中略) 流三千里罪人 (中略) 蔚山府邊致績鄭惡金 (中略) 彦陽縣安植 (中略) 蔚山府僧宗密 (中略) 蔚山府劉龍雲 (中略) 蔚山府莊好采 (中略) 蔚山府梁壽岷 (中略) 蔚山府李元恒 (中略) 蔚山府尹義謙 (中略) 減死罪人 (中略) 彦陽縣金有才 (中略) 禁府啓言 本府所管定配罪人未放秩 竝依啓聞施行 他餘罪人等 請令刑曹稟處 從之 敎曰 大丘牧金尙集金光默等 不過申飭卿宰坐竄事體有異 分揀放送 盈德縣辛在復 釜山鎭柳光璧等 一體放送 長鬐縣柳煥輔 熊川縣宋徵一等 減等 刑曹啓言 本曹所管定配罪人 放未放秩 竝依啓聞施行 而未放秩中 慶山安守林 尙州徐宗郁等 當初所坐 雖曰稍重 既因特敎減等 改錄徒年 則其在法意 不可仍置 請一體放送之意 分付 從之 敎曰 英陽李國才以渠罪犯 徒配太輕 卽其地永屬官奴 除非大赦勿揀赦典 以懲院隷假托閣吏羅卒僞印僞札之罪 巨濟李福大與 興陽金得秋放送事 分付各該道臣 晉州咸英得 密陽金乼男 慶州朴尙爀 巨濟有連 蔚山莊好采梁壽岷 晉州安永大 昆陽金濟豐 草溪車以元 金海李彦星 河東鄭光瑞 英陽金得福等 罪犯略有輕重之別 似此情跡如無參恕 烏在其頒赦之意一 竝放送事 分付 延日李綏福與他邑發配趙漢儀權一彦金慶煥金錫範姜翊文及梁山閔挺朝與他邑發配李寅亨洪逸濟等 竝放送 (中略) ○ 敎曰 近來諸道徒流案及放未放啓本 或因編配夥多 而移配他道者 其處分傳敎擧行 草記全本載錄之故 列書沒緊之各人姓名 徒煩披閱 此後移配之類 節該到配月日移配委折書之事 分付各該道 又敎曰 今番放未放啓本 或有罪犯之相似 而一放一否者 令該曹 詳考草記事 分付

179.

건명 : 刑曹 소관 徒流罪人 중 울산인 尹義謙, 梁壽岷 등 미석방자들을 석방도록 한 처분

발신처 : 刑曹

검색어 : 放未放回啓, 蔚山, 尹義謙, 梁壽岷, 徒流罪人

출처 : 正祖 14年 庚戌 4月 26日 ; 15-1070上~1071上

放刑曹徒流中同罪未放人

該曹啓言 今番放未放回啓啓本 或有罪犯之相似 而一放一否者 詳考草記事 有命矣 密陽盧克柱 淸河李有天 盈德盧德成 淸道朴春亨 三嘉李忠得陰孝寬 靈山朴好才靈嚴郭啓雄 咸平李希柱 古阜李光實趙處禧 綾州金致精 長水元處仁 淳昌李永復 求禮羅成大 羅州姜夢泰 長城黃處坤 嘉山李三得 博川尹運復 肅川皇甫稷 牙山李昌郁 溫陽李秀晉 結城李碧壽等 俱是逋欠罪 而年條之久 近錢穀之多寡 與已蒙放 鳳山趙重晉 遂安金應昊 長淵朴處孝 安城李世輝 瑞山廉誦善等 無甚異同 盈德姜渭良 昌原韓夢良 星州尹起莘尹愼亨 順興李者斤老味 永川安聖佖 知禮金東玉 谷城玄栻 井邑金宅龍 茂朱安雲駿 長城李涵 靈光鄭一鈷 宣川姜興日 三和崔允長 咸從洪顯祖李德鉉 泰川玄樞 韓山裵千柱 兎山李景學等 或構捏土主 或侵斥訟官 而與已蒙放 靑山鄭德裕 麟蹄南履爲等 所坐相似 草溪金尙儀 星州金奉來等 俱是田結防納 而與已蒙放 靑陽姜遇文 或一事竝配 或罪犯相同 仁同金鳳瑞 密陽朴才允 俱是非理立訟 而與已蒙放 文義金宗海 罪名相似 蔚山尹義謙 慶州鄭一卜 樂安奴恩金 求禮韓龍瑞 長興趙光元等 俱是刦奸未成 與已蒙放 蔚山梁壽岷等 綾州徐甲福等 甕津黃夢伊等 罪犯相同 竝放送 三嘉金兌文 和順趙明彬等 俱以蔘契貢人 貢蔘不卽進排 與嘉山崔潤泰一事散配 潤泰則月前關西定配罪人移配時 已爲嚴刑三次放送 兌文明彬等不宜罪同罰異 依潤泰例 嚴刑三次放送 瑞興崔昌謙 以東萊別差 邊門把守不嚴 與設門將文成豹 同時定配 成豹則前已減等 今番入於京畿放秩 旣已蒙放 昌謙則尙在不限年之致 日前海西放未放回啓時 雖請減等 而當初兩漢所犯 不但關係一事 亦無輕重之別 當此同罪 疏釋之日 一放一仍 不無斑駮之嫌 一體放送 宣川鄭軍敬 係是侵辱官長 所犯情狀 比他稍重 且況同時定配人 文化魯啓壽 博川李玉才 嘉山宣太才

俱已減等 軍敬亦爲減等 今此同罪草記之命 實出均沾之德意 臣不勝攢頌 而或慮有遺漏之弊 泝考配案 則甕津朴太昌 東萊姜必夏 昌原金大鳴 三和金重爀 洪州崔奎衡 德山金德河 韓山朴絲漢 順天金仁澤 海南奴好男等 俱以攔入場屋 充定水軍 而不但到配年久 所坐相類 甕津鄭尙翕 以同罪 因其子之上言 已爲蒙宥 今此太昌等之在謫 宜有一視之典 請上裁 教 以竝放送事 分付

180.

건명 : 晉州 등 民庫의 폐단을 바로잡도록 嶺伯에게 申飭함

발신처 : 正祖

검색어 : 慶尙監司, 李祖源, 民庫, 釐正, 彦陽

출처 : 正祖 14年 庚戌 5月 26日 ; 16-78下~79下

飭嶺伯釐正晉州等邑民庫之弊

慶尙監司李祖源狀啓以爲 民庫設置與否弊端有無 詳細査報之意 發關於道內列邑 則各邑之報 今纔齊到 晉州尙州巨濟金海昆陽陜川永川南海新寧泗川三嘉安義居昌等十三邑 則有補民雇馬差役等庫 創設久遠 而各樣公用 於斯取辦 故創始之初 或自本官添補 或自民間鳩聚 錢則存本殖利 穀則作錢買屯 而第其財力有限 酬用漸煩 每年加下之數 實無充報之道 目前姑幸 牽補來頭 難保無弊 慶州安東密陽昌原寧海河東仁同咸安興海固城盈德義城彦陽山淸漆原高靈鎭海等十七邑 民庫設置 其來已久 而當初措劃之財 逐年公用之數 成置節目 已成規例 果無民邑爲弊之端 其餘各邑 皆無設庫之事 凡係公下 只有傳關差役等租名色 蓋此諸邑之設置民庫 專爲公下責應之資 而酬用冗煩 奸竇漸闊 易至拖犯還穀 侵徵民間之慮 臣博詢列邑 思所以爲民省弊之道 晉州等邑民庫 應入較其應下 謂有不足之患 或藉此歛民 則亦非軫隱之道 自該邑從便拮據 量入爲出 更成節目 期無後弊之意 更加嚴飭 慶州等邑之民庫 他餘諸邑之傳關差役等租 措劃有方行之年久 俱無弊端 教以晉州等邑民庫之入不當出 觀於邑牒道啓 可以知之 近來守令 瞥不畏法 諸般不正名色 無難犯科 況民庫所用之可東可西者 寧有約己便民之理乎 雖不可誣八路諸倅 而其能小心者 果幾人 凡事不始 則已旣因繡行關問矣 飭諭矣 今於曰以不敷之處 任其不敷而已 則不出數年

將再斂而三斂 西邑此弊 猶令成節目 期於釐正 本道何異 令廟堂 將此傳敎 謄關措辭 嚴飭該道伯 以永久無弊之方 定成一副 事例後形止 使之狀聞 關西 則年前式例 草創多窒礙處云 近果何以擧行乎 湖南 則因大臣筵奏 亦有措語下批者 令新伯 別般講究方便之策 斯速登聞事 竝令分付

181.

건명 : 慶尙道에서 還弊의 釐正을 成冊하여 올린 내용

발신처 : 慶尙監司

검색어 : 慶尙道進還弊釐正成冊, 還弊, 減總, 釐正, 加錄, 彦陽, 元還, 作錢上納, 作錢移貿

출처 : 正祖 14年 庚戌 6月 13日 ; 16-136上~138下

慶尙道進還弊釐正成冊

該監司李祖源狀啓以爲 道內諸邑中 咸陽尙州居昌安義山淸等五邑 已經査正 而其他各邑 亦不無戶穀不均之處 故屢加關飭 博採民情 按閱穀薄 多費商量 偏多邑 則或移轉或作錢 減總 偏少邑 則或移受或移貿加錄 又或以半分盡分之穀 互換加減 以其偏多處 減却之穀 均一移加於偏少之邑 而猶有餘穀 未盡分排 其中小米太木麥 本非沿邑宜土之穀 有難强令移貿 此則依近例從時價 發賣上納地部 恐合便宜 而目今農務 方午民不暇給 此時轉移實多難便 且以作錢處言之 許多穀物之一時發賣 不但價錢之難辦 必致民間之繹騷 故作錢穀 則參量市直 限歲前次次收殺 移轉穀 則待秋成捧 留分派與上納等節 趁明秋擧行 計料釐正邑民戶穀總及移轉移貿作錢上納數爻 則謹依新定式例成冊 兩件修正上送于備邊司 而外此二十餘邑 則戶穀相稱 別無爲弊之端 ○ (前略) 彦陽 元還各穀二萬一千九百四十石內 租五千石 作錢移貿次三千石 移轉出給次在一萬三千九百四十石 當分七千三百七十石 還戶一千二百十八戶 (中略) 已上穀多減總二十二邑一驛 (中略) ○ 都合 各穀十萬三千二十石內 移轉米七千石租八千石 作錢移貿米七千五百石租三萬六千五百石 牟一千六百石 作錢上納米二千石 租五千石 太七千三百石 小米一萬五千六百石 木麥九千二百四十石 粟三千二百八十石

182.

건명 : 6月 殿最에서 慶尙左兵使 등이 邊將들에 下를 주지 않은 것은 殿最의 뜻을 밝히지 못한 것이라 하여 推考하도록 한 처분

발신처 : 承旨

검색어 : 慶尙左兵使, 李源, 褒貶啓本, 京外殿最

출처 : 正祖 14年 庚戌 6月 15日 ; 16-142下~143下

開坼京外殿最于熙政堂

京畿監司金思穆啓本 漣川縣監李樬 欲責方來 奈願速去 下 原春監司尹師國啓本 三陟府使金聖規 所貴純慤 差欠振刷 中 鐵原府使具紞 濫乘壞法 勒徵招怨 下 忠淸監司鄭存中啓本 忠州牧使李元采 請檢旣稽 責備何已 大興郡守金絅采 癒患過愼 手援稍稽 泰安縣監柳誨 境內姻婭 情外疵謗 堤川縣監李良會 修廨可尙 避檢宜警 永春縣監鄭述仁 火稅若蠲 新歸可慰 延豊縣監鄭涑 差任或淆 求治克勤 陰城縣監申大羽 本自疏朗 何太闊略 禮山縣監李東浚 治或無疵 報奈損體 幷中 鎭川縣監李景烈 宜宥十世 奈歌五妄 永同縣監徐有容 黷貨有客 査牒爽實 幷下 黃海監司李時秀啓本 安岳郡守尹弼秉 糴荒非眙 鄕爭盍飭 殷栗縣監李益洙 糴政頗勤 賙巡最略 幷中 平安監司沈頤之啓本 義州府尹李頤祥 廉著活民 病妨刷瘼 定州牧使李潤國 政多務實 糴何不審 鐵山府使李鵬運 未聞政聲 新到之故 楚山府使李邦榮 可喜老鍊 差欠舊刷 郭山郡守申偕 賑政殫誠 剛宜益勉 幷中 慶尙監司李祖源啓本 尙州牧使吳在文 何多作用 姑取鍊熟 榮川郡守沈喜永 治固知要 病或害事 宜寧縣監李敦源 縱欲從願 胡乃違例 河陽縣監洪樂敎 守拙固知 損體何故 鎭海縣監丁好南 自言釣魚 無乃太康 禮安縣監宋耕玉 人固恬約 政多疏闇 幷中 陝川郡守許霆 訟無定見 刑又自斷 高靈縣監金師柱 言不顧嫌 事或招尤 幷下 咸鏡監司李秉模啓本 三水府使韓光近 非不惜歸 病奈廢務 中 茂山府使李晦植 糴旣昧法 賑豈掩疵 下 ○ 敎曰 此時 西北守令 豈可一刻曠官 況邊鎭重地 數遞爲弊乎 無拘常格 貶下之代 令該曹口傳差出 待下批 皆令明日辭朝 灣尹 居中之代 卽令廟堂拔例 各別擇差 定州牧使 決難付之生手 宜取剛廉著稱之人 以期蘇瘼 依江界例往復大臣擬入事 分付該曹 幷待下批 亦令明日辭朝 ○ 承旨李祖承啓言 伏見平安監司沈頤之黃海監司李時秀褒貶啓本 則守令無一人居下

殊無嚴明殿最之意 請幷推考 從之 教 以關西則灣尹定牧 雄邑也大吏也 此而置之中考 足當殘蔭冷武十人下等 箕伯問備一款置之 又啓言伏見禮曹褒貶啓本 則題目書塡 字行不齊 有欠詳謹 請當該磨勘 堂上推考 從之 ○ 承旨尹行任啓言 伏見南兵使李文德 慶尙左兵使李源 右兵使李格 左水使崔東岳 黃海水使尹範行 忠淸兵使金麟瑞 水使柳文植 京畿水使南憲喆 褒貶啓本 則邊將無一人居下 平安監司沈頤之 中軍李孝承等 第致勤點 下 殊非嚴明殿最之意 請幷推考 從之

183.

건명 : 慶尙左兵使의 上番軍 點閱替行을 前例에 따라 詳考하여 草記를 올리도록 명령함

발신처 : 正祖

검색어 : 慶尙左兵使, 李源, 上番軍, 點閱

출처 : 正祖 14年 庚戌 7月 10日 ; 16-259上

命慶尙左兵使上番軍點閱替行前例相考草記

慶尙左兵使李源 以禁衛軍上送時 遣虞候照點馳啓 教 以實病之如何 雖未知之 上番軍點閱 事體自別 則閫帥之稱病替行 果有前例乎 令廟堂 詳考草記

184.

건명 : 蔚山人 金弘漸 등 臭載囚推人을 석방하라 함

발신처 : 正祖

검색어 : 蔚山, 金弘漸, 流竄, 臭載囚推人

출처 : 正祖 14年 庚戌 7月 10日 ; 16-260上~下

放流竄金順奉等及臭載囚推人

教曰 諸道流竄中 未及考還及不入於流案之類 京畿充軍秩 永宗金順奉 靈岩方四鎭 海西發配秩 興陽趙弄 盈德趙雲行 湖西發配秩 寧海朱福三 珍島宋宗彦 興海郭時濟 鎭海李圭天 任實裵件里金伊川李中大 湖南漏案秩 寶城李德祚 興德金快孫吳景雲 萬頃李造音尙 高敞李太孫 茂長田京得 咸悅黃守大 發配秩 忠州李允才 殷栗金大孫 松禾曺甲雄 富寧千業奉 永春金斗應金 竝放送事分付 永屬奴案秩 古阜殷仲吉

權進發殷德燁李昌培殷瑞采殷處福李道興李元燁權懿趙達奎殷夢恒等頃給 嶺南漏案秩 三嘉張益汗 蔚山金弘漸 咸昌黃仁大 寧海裵宗伊 長鬐金光淵 發配秩 珍島權得文 文義金泰亨 瑞山禹召史 海南李三才 北關漏案秩 茂山李維愼等 竝放送事分付 今日內星火行會 配所道及發配道 關西未放秩中 更思鐵山尹心洪 龍川李光益 以常所親密之漢 罪惡未彰之前 往來譎所容 或一分可恕 且其所犯 在於被臺論 發配之時曠蕩之典 豈或獨漏 特竝放送事分付 又敎曰 因嶺南左漕倉 臭載船隻事 思之足爲反隅之端 本事則尤無奸情之可論 在囚各人 特竝放送事該留守處回諭 以今霈澤曠蕩之時 一律重囚猶疏放 況下一等者乎 又況備例囚推之事乎 諸道以臭載事囚推未準限之類 竝放送後 形止數爻後錄狀聞事 令該曹 卽爲分付

185.

건명 : 慶尙左兵使의 點閱替行의 이유를 道臣에게 조사토록 하고, 다시 草記를 올리도록 명함

발신처 : 備邊司

검색어 : 慶尙左兵使, 李源, 上番軍, 點閱

출처 : 正祖 14年 庚戌 7月 11日 ; 16-264下

命慶尙左兵使李源點閱替行委折更爲草記

備邊司啓言 慶尙左兵使李源上番軍點閱替行詳考草記事命下矣 上番軍點閱 或値災年 則以來往之煩弊 營將之替點與否 前期陳聞 待回下擧行 而今此兵使之病勢 雖未知如何 都會點閱事 關師律 則不爲狀請擅令替點 萬萬可駭 該兵使 請罷職拿處 敎以揆以紀綱 不可仍置 而猶未知事例與委折 卽爲査聞該道臣處 待其報來後 更爲指一草記

186.

건명 : 秋水陸操와 巡點 등 戎政을 각 道에서 상황에 맞게 처리하도록 한 처분

발신처 : 備邊司

검색어 : 慶尙左兵使, 李源, 秋操, 巡操, 巡點, 巡歷, 災傷覆審校生考講, 親騎衛馬兵都試, 勸別武武學鄕騎士都試

출처 : 正祖 14年 庚戌 7月 19日 ; 16-283下~284上

備局以諸道戎政稟處

備局啓言 卽見京畿監司金思穆 守禦使鄭昌順 總戎使李漢豊 江華留守申大升 京畿水使南憲喆 永宗防禦使李光燮 黃海兵使元厚鎭 原春監司尹師國 平安兵使李得濟 統制使申應周 慶尙左兵使李源 忠淸兵使金麟瑞 忠淸水使柳文植 全羅兵使李章漢 北兵使李潤慶狀啓 以爲今秋水陸操及巡操巡點巡歷災傷覆審校生考講 何以爲之事 請令廟堂稟處 親騎衛馬兵都試勸別武武學鄕騎士等都試 依例設行爲辭 兩西及北關纔經大賑重 以癘疫瘡痍甫起 此時勞民 實涉重難 京畿原春兩道昨年年事 未可謂登目下 民勢有難責之 以齎糧赴操 今秋京畿牙兵習操 守禦廳合操 總戎廳習操 江華府合操 京畿水營永宗水陸操 黃海道平安道咸鏡道習操及巡點 竝爲停止 至於三南 則屢豊之餘 今年穡事又將登稔 戎政不可久抛 慶尙左兵營忠淸兵營全羅兵營陸操統營及忠淸水營水操與巡點 竝令依例設行 各道馬兵勸別武武學鄕騎士等都試原春道災傷覆審校生考講等節 請竝依狀 請擧行之意分付 允之

187.

건명 : 慶尙左兵使 李源의 論罪를 그만두게 함

발신처 : 備邊司

검색어 : 慶尙左兵使, 李源, 點閱替行, 禁衛軍替點上送, 慶尙監司, 李祖源, 代點

출처 : 正祖 14年 庚戌 8月 4日 ; 16-319下

命慶尙左兵使李源論罪置之

備局啓言 頃因慶尙左兵使李源狀啓 禁衛軍替點上送事論罪草記 査問道臣後 更爲草記事 命下矣 卽見慶尙監司李祖源所報 則以爲 左兵使李源牒呈內 初運之前 關格危篤 强病往來 越添毒痢 死生未分 取考謄錄 則兵使李殷春崔東岳金永綬 皆以病狀 或以虞候 或以營將 代點前人 已例非敢援引 而症形實無可强之勢 故不得躬行 而至於替送與否前期陳聞事 本營元無稟啓之事 而例爲措辭 於點送 狀啓中云 枝擧牒報爲辭矣 點閱替行 雖極未安 疾病之來 有難預料 而先期稟啓 旣無其例 前此代點 亦非一二 則論罪一款 請置之 允之

188.

건명 : 蔚山府 戰船 致敗의 책임이 있는 蔚山府使 丁載遠을 三政이 끝나기를 기다려 잡아오라고 명함

발신처 : 正祖

검색어 : 蔚山府使, 丁載遠, 慶尙監司, 李祖源 戰船致敗, 三政

출처 : 正祖 14年 庚戌 8月 28日 ; 16-462下

命待三政磨勘拿來

慶尙監司李祖源 以蔚山府戰船致敗狀 請該府使丁載遠罪狀 令攸司御處 禁府啓 請依例拿來 允之 教曰 本律如在當遞之科 分付該曹 今日政差代 否則方秋民事 往來瘝曠之弊宜念 待三政磨勘拿來

189.

건명 : 戰船致敗事의 책임에 대한 蔚山府使 丁載遠의 처리 문제

발신처 : 吏曹

검색어 : 蔚山府使, 丁載遠

출처 : 正祖 14年 庚戌 9月 7日 ; 16-481下~482上

行菊製科次于誠正閣

菊製受券訖行科次教曰 (中略) ○ 吏曹判書洪良浩 以菊製試官入侍啓言 道臣狀聞請罪而有考 見本律 如在當遞則出代 不然則待三政磨勘拿來之教矣 問于該府 則本律乃杖八十私罪 而向者 瑞山郡守李觀成以此事被拿 擬律入啓 則以公罪勘放事 下教 蔚山府使丁載遠 臣曹不敢以本律當遞遽出代矣 教 以李觀成 則以許映爲當該之故 觀成以公罪勘放 丁載遠事亦然乎 然則載遠依觀成例 勘以公罪 卿之擧條 似未暢筵退後 以此詳問 以定其出代與否

190.

건명 : 徐琢修를 蔚山府使로 삼음

발신처 : 吏曹

검색어 : 蔚山府使, 徐琢修

출처 : 正祖 14年 庚戌 9月 7日 ; 16-483上

有政 吏曹判書洪良浩參判洪秉纘進

以李喆模爲大司諫 宋銓爲司諫 金熙采爲獻納 李彦祐成種仁爲副校理 朴宗來爲副修撰 吳載純爲判義禁 金相燮爲假監役 徐琢修爲蔚山府使 金憙爲京畿監司 洪樂游單付檢閱

191.

건명 : 實錄과 國朝寶鑑을 奉安할 때 射隊軍은 모두 제거하고, 道의 경계에서 대기하는 것으로 규정을 삼도록 한 처분

발신처 : 兵曹

검색어 : 慶尙左兵使, 奉化史閣, 實錄, 國朝寶鑑, 習操, 挾輦軍, 前後射隊軍

출처 : 正祖 14年 庚戌 9月 9日 ; 16-486上

命實錄國朝寶鑑奉安時除前後射隊境上替代之規

兵曹啓言 慶尙道奉化史閣時 城外前後射隊二哨 挾輦砲手二十名 京畿軍兵 到忠淸道慶尙道境上 前射隊二哨 後射隊一哨 挾輦砲手二十名 各其境上 待候次次替代 而晝停宿所 則射隊軍兵扈衛 到境上 落後時 依例除標信 擧行之意 宣傳官持標信兵符 下往下諭于京畿監司守禦使總戎使忠淸監司兵使慶尙監司左右兵使處事 請令政院稟旨擧行 允之 敎曰 年穀幸値稍稔 習操當前 役民宜念 然禮不可廢所重亦有在焉 挾輦軍則依例擧行 前後射隊軍則一竝除之 只以二十名分 前後陪扈事 卽爲行會各該道 俾無令前等待之弊外 此調用軍丁 竝勿擧論事 嚴飭分付

192.

건명 : 備邊司에서 여러 道의 馬兵과 將領의 擇差 便否를 回啓함

발신처 : 備邊司

검색어 : 慶尙前左兵使, 南志默, 慶尙監司, 李祖源, 都試, 馬兵, 將領, 出身

출처 : 正祖 14年 庚戌 9月 9日 ; 16-486下~488上

備局以諸道馬兵將領擇差便否回啓

備局啓言 前因全羅兵使都試設行事狀啓判付 近來諸道居首者 非別將則把總哨官所謂馬兵無一人 決科將領 若以出身中有地處人差出 則其弊不期祛而自祛 令廟堂 問其便否 指一 狀聞元節目中 措語付標事命下矣 諸道道帥臣狀啓 今纔齊到 而守禦使鄭昌順以爲 馬兵將領 依各

邑所報 勿拘出身與閑良 各別擇差 而此後閑良將領之每年都試 純然居首者 另加察飭 若有貪綠 圖占之事 則隨現以科場 用情律論勘云 前總戎使金思穆以爲 若以出身 盡差馬兵將領 則都試圖占之弊 庶可矯革 而積年勤仕者之 一時竝汰 恐非所以慰悅之道 隨其有窠 使之塡差云 慶尙前右兵使尹得逵以爲 將領所在邑出身 則使之差定將領 有將領無出身之邑 則必以閑良中可合者 使之擇差 依節目赴試 似合便宜云 慶尙前左兵使南志默以爲 有出身邑 則以出身差出將領 無出身邑則以閑良武藝可合者爲之 而赴試一款勿爲許施 似爲杜弊之道云 慶尙監司李祖源以爲 馬兵將領之 竝以出身差出 果不無掣碍之端 而閑良赴試之一許一否 或出遵節目之意 或出防科弊之道 蓋此設科專爲馬兵則閑良將領 雖或見塞於此試 猶可赴試於他科 左兵使不許試之論 庶可除橫占之弊云 全羅前兵使李潤彬以爲 馬兵別將哨官 以出身擇差除初抄直赴都試 取其優等而加資 限準朔仍任後 又優等次次陞資 無出身邑 則自鎭營取其所管列邑中 可合出身移定變通 則可爲均使之道云 全羅前監司尹行元 以爲 毋論蘆嶺南北 以出身有地處之類 差出馬兵別將哨官 恐合使宜云 忠淸兵使金麟瑞 忠淸前監司權𢡟以爲 近來馬兵苟然充數 箇箇疲劣 另飭列邑 申明舊制 擇其遊閑習藝者 次次充額 以出身爲將官 隨闕隨補 使其將官於春秋農隙聚會試射 而都試日馬兵如無參格者 該將官決棍懲礪 永爲定式云 平安前兵使李東曄以爲各邑出身 無以排塡於將領之窠 出身旣不足 則勢當以閑良代之 而馬兵都試 全屬馬兵 所謂將領 毋論出身 與閑良馬兵 畢試之末 許令赴射取其居首者沒技者 施賞或陞差 則亦足爲激勵之地云 平安前監司鄭昌聖以爲 有出身之處 將領之窠 皆以出身塡差 或有不足之慮 依前以閑良充額一例 許試 而差任之際 捨出身取閑良 一切嚴禁 試藝之時 另加糾檢 則將領偏占之弊 自致痛革云 咸鏡前監司李秉模 北兵使李潤慶前南兵使李文德以爲 馬兵則別將哨官 皆以出身差出 武學則別將 以出身差出 而哨官依前以自中差出 永爲定式云 原春監司尹師國以爲馬兵將領 有出身諸邑 以出身差出 無出身諸邑 以馬兵中可合者差出及其都試之時 詳考都案 明知其以馬兵陞付將領者 然後許令赴試 而如有他軍校中臨時冒入者 卽地摘發 以施重律之意 永爲定式云 黃海前兵使尹塾 黃海前監司李洪載以爲 自壬寅創行都試之後 只令馬兵赴試 將官元不參試 則本道馬兵將領 不必以出身更爲擇差云矣 道帥臣

所論 互相參差 有難歸一 而論其大體 則判付內 出身中有地處人差出之教 毋論此道彼道 實爲捄弊之要 別無掣碍之端矣 至若無出身之邑則待其將領作窠 竝以馬兵中可堪者 次次塡差 以寓行伍拔薦之義 則激勸之方 防奸之道 可以兩行不悖 以此分付道帥臣 其中海西 則將官元不赴試云 不必變通 請依前置之 允之

193.

건명 : 臭載事와 관련하여 慶尙左水使 崔東岳에게 飭諭하도록 한 처분

발신처 : 正祖

검색어 : 水操, 臭載, 蔚山, 機張, 蔚山縣監, 造船

출처 : 正祖 14年 庚戌 9月 9日 ; 16-491上~下

飭諭

教曰 諸道水操皆無恙 而獨於本閫 有此兩隻船之臭載 於操前操後 常時不能檢飭之罪 在所難免 況今番差遣 出於更試之意 則治聲漠然 雜說多及聞 方欲別遣御史 考其虛實 而適因狀聞 如是飭諭後 加操心事嚴飭回諭 機張縣監 則與騎船有異 亦與赴操時有異 則蔚山則不請罷機張則請罷 亦可謂斑駁 該縣監如非渠等造船 依他道例勿罷 仍令卽爲改修贖罪事 分付之意 一體回諭

194.

건명 : 嶺南 風樂松 남벌을 조사하고, 해당 守令과 兵使 등을 문책하도록 한 처분

발신처 : 戶曹

검색어 : 風落松, 蔚山, 東萊, 慶尙左水使, 崔東岳,

출처 : 正祖 14年 庚戌 9月 10日 ; 16-492上~496上

召見大臣備堂于誠正閣

教曰 以政府坐起之今日設行 昨夜使之開坐後次對 待下敎來會矣 政院誤傳 以致今日次對之 不爲來會 當該承旨 從重推考 (中略) ○ 民始啓言 年前嶺南風落松 使之一竝 自朽於山中者 蓋出於嚴松禁杜後弊之意 而伏見左水使崔東岳報備局牒辭 則倭館修補材木 將取用於附近風落松 而東萊七百餘株 蔚山五十餘株 無一見存者 故查問該邑 則或

稱奸民偸去 或稱次次闖失云 此非一二人潛自持去之物 則偸去闖失云云 已不成說 爲本官者 寧有不知之理乎 當該兩邑守令 令道臣詳査 指名現告 以爲重勘之地 兩邑如此 則他邑之不然有未可 必申飭統制使左水使 各邑所在風落松 一一摘奸修成冊牒報 而本曹補階板時 無見存例 以風落松請得 措備待成冊上來 餘存者 請自戶曹作板取用 敎曰七百之於五十 雖有多少之逈殊 其爲犯禁 則兩邑一也 年前故相筵奏定式 設令行不得之事 爲外邑擧行 但當遵守勿失 而行會未幾無一株見存云云 大關紀綱奚 特守令而已 道伯帥臣厥罪惟均 其大臣生時 船材所用風落木之在於新節目應用條者 猶請斫給後 遣文備郎摘奸 而摘奸次文郞 至有差出之擧 伊時朝家已慮 有非久解弛之弊 不許摘奸行之發送 今聞卿言 不但前慮之偶中 外邑所爲倍甚於前慮 豈兩邑民人聞大臣之已作 故人無所顧畏 有此偸斫乎 然則愚氓之得見朝報政事誠神奇矣 否則安知非官吏之犯手乎 牢塞固屬 難行蕩然 亦豈不可駭大臣卽朝家之所敬禮 名以大臣筵奏謄關知委 而外邑之視之若是蔑如其在杜後弊之道 不可歇看 守令勘罪 猶屬太輕 當該水使 令道伯 指名現告 以爲重繩之地 道伯亦爲査出越俸五等 至於兩邑外他邑 一竝行査事 非不然矣 一縣一郡之加數 現發適增 貽羞之端 只以見在數爻報來後 稟旨區處 大抵風落松之在民家近處者 爲生民日用炊煖之資 而一切防塞 不敢犯手 則倣用倭國禁造堗之法令 然後庶可議到 而彼中風土古今聞亦異 宜貴賤屋宇在在造堗云爾 則況我國氣稟與習俗乎 風落松一款弛張與否 令廟堂一番指一回啓決處 又啓言 稅穀與各項錢木之上納者 自有期限而拖 至今朔尙多未納之邑 此非民間之未收 乃是中間之幻弄遲滯 而然不但外邑擧行之駭 然道臣若能申飭考還尺文 則寧有如許遲滯之理乎 若又過今朔不納 則當該守令 拿問重勘之意 請出擧條嚴飭 從之

195.

건명 : 蔚山府使 丁載遠의 望筒을 시행하지 말도록 명함

발신처 : 吏曹

검색어 : 蔚山府使, 丁載遠, 原望筒

출처 : 正祖 14年 庚戌 9月 10日 ; 16-497下

命蔚山府使丁載遠望筒勿施

吏曹啓言 蔚山府使丁載遠到任後 戰船無新造與改槊之事 敗船之罪與李觀成 宜無異同 而遽然出代 惶恐待罪 教 以原望筒勿施 卿則勿待罪

196.

건명 : 慶尙左兵使 李源을 추고하도록 한 처분

발신처 : 正祖

검색어 : 慶尙左兵使, 李源

출처 : 正祖 14年 庚戌 11月 10日 ; 16-662上

推慶尙左兵使李源

以狀本頭辭違格 政院請推 有是命

197.

건명 : 李敏亨을 蔚山府使로 삼음

발신처 : 吏曹

검색어 : 李敏亨, 蔚山府使

출처 : 正祖 14年 庚戌 11月 10日 ; 16-662下

有政 吏曹判書吳載純參判金光默參議李洪載進

以李敬一爲大司諫 權㑘爲獻納 成種仁爲校理 朴基正爲副校理 朴奎淳爲修撰 閔鍾顯爲禮曹參判 丁載遠爲晉州牧使 宋載偉爲靑陽縣監 洪述遠爲長鬐縣監 李敏亨爲蔚山府使 黃基玉爲金浦郡守 李敦源爲陽川縣令

198.

건명 : 風樂松 남벌에 대한 책임을 물어 慶尙前左水使, 蔚山前府使, 東萊前府使 등을 罷職 또는 拿問處之함

발신처 : 左議政

검색어 : 慶尙左水使, 李鴻運, 蔚山府使, 李元采, 東萊府使, 李敬一, 金履禧, 慶尙監司, 李祖源, 風落松

출처 : 正祖 14年 庚戌 12月 27日 ; 16-756上~762上

召見大臣備堂于誠正閣命完伯尹蓍東拿問

左議政蔡濟恭曰 (中略) ○ 濟恭啓言 全羅道臣旣已論勘 至若忠淸道臣 初無主管配所之責 則雖與全羅道臣有間 而罪人過去之際 終無一言枚報於朝廷 亦不可無責 請忠淸前監司鄭存中罷職 教以 從重推考 又啓言 頃以東萊蔚山等邑風落松見失株數及兩邑守令指名現告見在數爻修報之意 筵稟行會 卽見慶尙監司李祖源所報 則蔚山風落松五十七株 戊申己酉年間 次次闖失 時存只是三十一株 而亦多腐傷 東萊風落松三百株 戊申九月闖失 四百十三株適値交遞之時 奸民偸食要在九十月間云 請當該前左水使李鴻運蔚山前府使李元采東萊前府使李敬一時府使金履禧 一竝罷職 教 以蔚山東萊犯禁則一也 多寡懸殊 前府使李敬一事 依爲之 蔚山前府使李元采 拿問處之 固有不能檢飭之罪 與守令差有間隔 當該水使李鴻運 越俸三等 又啓言 其時傳教有當該道臣捧現告越俸之教 而今此現告只陳帥臣與守令姓名 不及道臣 事甚未安 請慶尙監司李祖源推考 從之

199.

건명 : 蔚山前府使 丁載遠 등을 蕩滌할 것을 명함

발신처 : 義禁府

검색어 : 蔚山府使, 丁載遠, 戰船致傷

출처 : 正祖 15年 辛亥 1月 2日 ; 16-774上~上

命鄭日煥等蕩滌

義禁府啓言 已拿處未拿囚人 竝蕩滌事命下矣 未拿囚罪人 善山前府使鄭日煥全羅前監司尹蓍東 竝蕩滌 而蔚山前府使丁載遠 以戰船致傷事 因該道臣狀啓 有待三政磨勘後 拿來之命 位羅前萬戶李觀海任明休 以餉穀虧欠事 今該道臣査實徵捧後 拿問嚴勘事 自本府草記 蒙允載遠觀海門休等 請一體蕩滌 允之

200.

건명 : 慶尙左右道 등의 春操巡點을 정지하라고 명함

발신처 : 左議政

검색어 : 慶尙左兵使, 李源, 春水陸操, 巡點, 巡歷, 都試

출처 : 正祖 15年 辛亥 1月 25日 ; 16-843下~844上

命各道今春水陸操巡點巡歷竝停止畿甸外官鎭門聚點各別擧行咸鏡道獨鎭部鍊江原道勸武都試設行

左議政蔡濟恭啓言 守禦使鄭昌順 前總使李邦一 開城留守具庠 江華留守洪秀輔 永宗僉使李光燮 京畿水使申瞰 忠淸前兵使金麟瑞 全羅兵使李章漢 黃海兵使元厚鎭 前統制使申應周 慶尙左兵使李源 右兵使吳載徽 咸鏡監司李文源 江原監司尹師國 平安兵使李得濟 狀啓以爲 今春水陸操巡點巡歷 請令廟堂 稟旨分付 勸別武都試 依定式設行爲辭矣 慶尙左右道忠淸道及統營 昨秋旣已行操 春操又難設行 守禦總戎兩廳纔經園幸 有難更爲操鍊 開城江華兩都及喬桐永宗畿民之當春調發 亦涉重難 平安黃海兩道 慘歉之餘 全羅道 昨秋因奉安之役 勞民已多 江原道 亦是歉荒之餘 今春水陸操巡點巡歷 幷爲停止 畿甸外官鎭門聚點 使之各別擧行 至於咸鏡道之獨鎭部鍊十年停廢 誠爲可悶 江原道之勸武都試 亦係應行 請依所請 設行 從之

201.

건명 : 嶺南 南倉錢 등의 부족분을 모두 채워넣고 備邊司에 보고하도록 함

발신처 : 左議政

검색어 : 公貨, 嶺南南倉, 南倉錢, 虛錄

출처 : 正祖 15年 辛亥 1月 25日 ; 16-844上

命嶺南南倉與該營各庫錢未捧及總戎廳虛錄盡捧後報于備局

左議政蔡濟恭啓言 近來公貨封椿之物到處枵 然雖以嶺南言之 南倉錢元數二十一萬餘兩 都歸烏 有留庫者 只爲八千餘兩 旣已現發之後 不可無大釐正 分付道臣 當充者充之 當捧者捧之 使之修報廟堂 該營他各庫及漕倉所儲錢貨 太半以各年未捧懸錄 此亦一體分付 京中總戎廳亦如此 九萬元數 已爲鬼錄時在四萬餘兩 都是虛錄 前師僅捧萬餘兩其外三萬之數 尙在未收云 其可曰國有法乎 分付新帥臣 盡數收捧後報于備局 發遣郎官 請照數摘奸 從之

202.

건명 : 慶尙右兵使가 청한 御營上番軍替點을 慶尙左兵使의 일로 미루어 論

罪함

발신처 : 正祖

검색어 : 慶尙右兵使, 吳載徽, 慶尙左兵使, 御營上番軍, 替點

출처 : 正祖 15年 辛亥 2月 23日 ; 16-905下

罷慶尙右兵使吳載徽職

載徽 以御營上番軍替點啓 敎 以實病有無 雖未知之 替點之前例 亦或有之 向於左兵使事申飭未久 又敢如是乎 當該兵使罷職 今日政差出

203.

건명 : 慶尙左兵營 船路 疏掘과 軍丁 調發의 請은 그대로 두고 能櫓軍 疊役은 조사하도록 명함

발신처 : 左議政

검색어 : 慶尙左兵營, 船路疏掘, 軍丁調發, 能櫓軍, 疊役

출처 : 正祖 15年 辛亥 3月 15日 ; 16-958下

命慶尙左兵營船路疏掘及軍丁調發之請置之能櫓軍疊役査正

左議政蔡濟恭啓言 慶尙左兵使崔東岳狀啓以爲 臣營船艙積沙塡塞 實無運船之路 今若因其舊基纍石高築 則潮頭成嶼之沙 不待疏掘 自可潰散減 附近邑丁 量入劃給 董役完築 本營能櫓軍之在東萊兼役者 今若使該府査正 則不難矯 捄請令廟堂稟處矣 船艙之積沙 雖甚可悶 沿海此等之弊 今難容易改焉 且三邑軍丁 調發亦甚重難請 姑置之 能櫓軍之疊役 在所矜恤 分付該道道臣 各別査正 請俾無疊役之弊 從之

204.

건명 : 未辨船을 놓친 西生僉使에 대한 論罪를 잘못 처리하여 올린 慶尙左兵使를 重推하고, 邊將의 論罪는 統制使가 指一하여 狀啓하도록 함

발신처 : 正祖

검색어 : 慶尙左兵使, 李源, 未辨船, 邊將論罪, 西生僉使, 韓聖寬, 重推

출처 : 正祖 15年 辛亥 8月 21日 ; 17-293下

命慶尙左兵使李源重推邊將論罪令統制使指一狀啓

慶尙左兵使李源 以未卞船失瞭西生僉使韓聖寬罪狀 令廟堂稟處事馳啓 敎 以苟有失瞭之罪 直當以罷拿爲請 豈可以邊將請罪 請令廟堂稟

處乎 該帥臣從重推考 捧納承旨亦爲推考 該邊將論罪 一款更令統制使指一狀啓 此狀啓還下送

205.

건명 : 慶尙左兵營의 官鎭門 聚點을 정지케 함

발신처 : 左議政

검색어 : 慶尙左兵營, 慶尙左兵使, 李源, 聚點, 水災

출처 : 正祖 15年 辛亥 9月 3日 ; 17-324下

命慶尙左兵營官鎭門聚點停止

左議政蔡濟恭啓言 卽見慶尙左兵使李源報備局者 則官鎭門聚點依例擧行爲辭矣 今年水災嶺南爲最 而聚點亦係擾民 操練旣令權停 則毋寧竝與聚點而停止 庶可爲懷保之政矣 請以此分付 從之

206.

건명 : 鎭海縣監과 彦陽縣監을 論賞하여 營將으로 삼으라고 口傳下批함

발신처 : 慶尙監司

검색어 : 彦陽, 彦陽縣監, 鄭宅慶, 營將, 慶尙監司, 鄭大容

출처 : 正祖 15年 辛亥 10月 1日 ; 17-390下

命鎭海縣監丁好男彦陽縣監鄭宅慶令該曹營將口傳下批

慶尙監司鄭大容 以鎭海縣監丁好男彦陽縣監鄭宅慶論賞 令該曹稟處事馳啓 敎以殘邑守令 能爲此大修繕大營葺 如非誠心 豈有是乎 推此治績 可知兩邑守令 令該曹營將中 準瓜或瓜近人作闕 今日內口傳下批 該縣監之代 以惜身名 有地步人 各別擇差 無若昨日通望窠之屢改 今番則初次直以可堪人差送事 嚴飭銓曹

207.

건명 : 吳應常을 彦陽縣監으로 삼음

발신처 : 正祖

검색어 : 吳應常, 彦陽縣監

출처 : 正祖 15年 辛亥 10月 1日 ; 17-390下

以成道鍾爲鎭海縣監 吳應常爲彦陽縣監 口傳也

208.

건명 : 慶尙監司가 올린 嶺南 還政에 대한 논의와 결정

발신처 : 備邊司

검색어 : 蔚山, 尙州還穀, 作錢, 慶尙左兵營, 華山城, 城役

출처 : 正祖 15年 辛亥 10月 2日 ; 17-391下~392下

備局以慶尙監司鄭大容狀啓覆啓

備邊司啓言 慶尙監司鄭大容狀啓 有稟處之命矣 本道糴糶 或請作錢 或請換色 而糴糶增減事 面不輕 安可不隨其所錄有所論斷乎 尙州則以米五千石太一萬石 趂今秋作錢 以皮年五千石 請待明年麥秋作錢 而道臣則謂以稍過分數 米減千石 太年準施爲 請尙州旣以米還太多 民不堪苦 依所請許施 恐無不可 密陽一戶所受 殆過十石 則租二千五百石 作錢上納 不必靳持 至於稷還 浦氓之偏苦 至此則許以換年 在公爲緊 在民除弊 又不當靳許 寧海木麥數不多 且非土宜 待秋作錢 許施無妨 順興還弊 日前判下 旣除痼瘼 而今又以小米太久爲病 民準許作錢 實爲終始施惠 蔚山還穀 以隣邑穀簿 旣皆均適 如欲準數移劃 不無移疾之慮 如以營下軍餉難於作錢則毋 寧減其分給增其留庫 恐似無弊 商量處之意 分付道臣 固城租作錢軍威龍宮知禮禮安米作錢太準折作租 奉化眞寶聞慶米太木麥作錢 三嘉太準折作租 一竝依狀請許施 以爲減糴 便民之道 恐爲得宜 左兵營華山城穀耗 移用於城役事 但狀本中 只稱城堞 不言其全數改築與否及費了幾年完築 更爲往復該營後稟處 恐爲得宜 右兵營矗石修城時 雇價糧料 以軍餉耗條移充 依此許施之意分付 居昌還穀事 與咸陽爲隣還弊 相與伯仲 今此留庫當捧條與新還不同 當此災年 似難準捧 限四分三 姑令停退 明秋爲窮民息肩之方 請竝分付 允之 敎以 尙州事 予意果如卿意矣 觀此稟處 可謂不謀而同一 依該牧所請 使之許施 堂堂坐擁七十州之道伯 區區於一千包米增減 豈非使人大慚 當該道臣 爲先推考 寧海木麥之弊 一依邑牒石數作錢 以除寧民之困苦 蔚山事 道伯狀啓 太沒量 依草記施行 而減分作錢 間期於夬蘇後形止狀聞事分付 而還穀所以爲民儲糧 而反爲痼瘼 有力者幸漏 無勢者受食其奸竇弊源 道伯至登於狀聞 則此後若不一一厘正 其可曰 道有方伯乎 先自最難給處 俾無如前任他 爲嶺民一分息肩之方事 嚴飭行會也

209.

건명 : 許忯을 慶尙左兵使로 삼는 등 文武官에 대한 人事를 하다

발신처 : 正祖

검색어 : 慶尙左兵使, 許忯, 新資

출처 : 正祖 15年 辛亥 12月 22日 ; 17-568上~569下

御明光門行親政及抄啓文臣進箋應制衣儒生試取吏曹判書吳載純參判李在學參議沈煥之正郎兪鉉章鄭最成佐郎姜文會兵曹判書徐浩修參議李夔參知金履翼正郎李益洙李冕膺安經心佐郎李東植鄭觀輝

自內詣明光門陞座 抄啓文臣應製試官行禮訖 (中略) ○ 以徐有大爲左尹 蔡廷夏爲工曹參判 申昕爲藍浦縣監 李宗憲爲泗川縣監 白泳鎭爲咸從府使 金志和爲康津縣監 鄭弼祚爲興德縣監 李義度爲楊口縣監 趙明師爲新昌縣監 朴趾源爲安義縣監 丁志德爲韓山郡守 林懋遠爲固城縣令 李洪載爲大司憲 金履翼爲大司諫 尹序東爲執義 韓光植金寅燮爲掌令 沈達漢李德鉉爲持平 朴瑞源爲獻納 李明淵金達淳爲正言 成德雨爲校理 李顯默爲副校理 申馥爲修撰 金壽祖爲英陵參奉 高時良爲齊陵參奉 奇學祿爲敬陵參奉 趙榮錫爲禮賓參奉 韓昇裕爲典獄參奉 沈能鎭許𤏡爲假引儀 壽祖以下初仕也 兵批 以黃昇源爲都總管 曺允亨李應爀爲副總管 許忯爲慶尙左兵使 洪龍健爲平安中軍 申光輅爲羅州營將 吳文常爲公州營將 柳相燁爲統虞候 金守基爲北虞候 光輅以下新資也 金㰘爲訓鍊正 朴志泓爲副正 㰘以下新通也 金處升爲多大僉使 履歷也 (下略)

210.

건명 : 老職加資와 婦女封爵에 대한 下批

발신처 : 吏曹

검색어 : 蔚山, 尹輔殷, 朴良玉, 彦陽, 徐仁碧, 老職加資, 婦女封爵

출처 : 正祖 16年 壬子 1月 2日 ; 17-602下~605上

老職人下批

漢城府 中部朝官嘉義林茂昌嘉善李文載中官嘉義趙命和 (中略) ○ 慶尙道 (中略) 蔚山 曾經同樞秩 嘉義尹輔殷等二人 庶民 良人朴良玉 (中略) 彦陽 曾經僉樞秩 折衝徐仁碧 (中略) 竝老職賀資 下批婦女封爵

211.

건명 : 慶尙左兵使가 청한 左兵營 城堞 修築을 그냥 두게 함

발신처 : 左議政

검색어 : 慶尙左兵營, 慶尙左兵使, 李源, 華城, 城役

출처 : 正祖 16年 壬子 1月 16日 ; 17-646下

命慶尙左兵使李源所請城役置之

左議政蔡濟恭啓言 頃以慶尙左兵營城堞全築與否容入物力更爲修啓之意草記 行會 卽見慶尙監司鄭大容狀啓 則校擧該兵使李源牒呈 以爲本營城堞低殘 周回爲一千八百三十六步 此則不可不全數改築 且於南門外有數百戶民家 五六丈大澤環以外城 則大有補於守城之道 尺量基址 亦爲六百二十步 而本營所在華山米耗爲二百八十石零 以此耗米量其容入 則外城可期十餘年 舊城可期二十年 請令廟堂稟旨分付矣 築城之役 期以十年二十年 太涉迂闊 設令以年年略干耗米付之 城役未見其必 有所補狀中所請 請姑置之 從之

212.

건명 : 進上物과 관련하여 책임이 있는 蔚山 겸임 彦陽前縣監 李元植 등을 罷職함

발신처 : 義禁府

검색어 : 蔚山, 彦陽, 李元植, 封進, 海衣, 罷職

출처 : 正祖 16年 壬子 2月 21日 ; 17-773上

罷蔚珍縣令李秉鼎禮安縣監金履珪咸鏡中軍李元植平安中軍洪龍健職

禁府啓言 頃回嶺南封進海衣之糊付湊褋 道臣重推守令指名狀聞 令該府拿勘事命下矣 卽接慶尙監司鄭大容狀啓 則慶州前府尹李秉鼎晉州前牧使金履珪蔚山兼任彦陽前縣監李元植河東前府使洪龍健指名現告矣 李秉鼎時任蔚珍縣令 金履珪時任禮安縣監 李元植時任咸鏡中軍 洪龍健時任平安中軍 俱在任所 請竝拿來 敎以其在信令之意不可 拿處而止 竝罷職 今日政差代拿處勿論

213.

건명 : 金熙采 등을 勘放함

발신처 : 義禁府

검색어 : 金熙釆, 蔚山府, 勘放

출처 : 正祖 16年 壬子 4月 12日 ; 17-950下

勘放時囚韓永逵權道性徒配蔡顯一于平山府金最煥于韓山郡流金熙釆于蔚山府

義禁府啓言 韓永逵 擧措顚錯罪 杖八十收贖 奪告身三等 放送 蔡顯一權道性金最煥等 還穀反作罪 竝告身盡行追奪 五年禁錮 徒三年定配金熙釆 誣告人加三等罪 杖一百收贖 告身盡行追奪 蔚山府流三千里各定配所押送 允之 教以金熙釆外 如有公議 各減一等 該府以永逵最煥功減一等 道性親年七十八歲 定配收贖啓 允之

214.

건명 : 金海 鳴旨島 公塩 1,500石을 특별히 減하라는 처분

발신처 : 左議政

검색어 : 慶尙監司, 鄭大容, 蔚山, 塩田, 公塩

출처 : 正祖 16年 壬子 5月 22日 ; 18-232下~233下

特減金海鳴旨島公塩一千五百石

左議政蔡濟恭啓言 頃因金海塩民上言 爲弊之端矯捄之策 詳查狀聞之意 行會本道矣 卽見慶尙監司鄭大容狀啓則以爲 鳴旨菉豆兩島塩産豊饒 始自乙丑 設倉儲米 每年出給本米一千五百石於塩漢等處 公塩三千石 使之煮納 此外又有什一條稅納於本邑者及龍塘倉 沈醬塩一百六十八石十斗之每石二兩式給價取用者 倭館塩所納不過爲二石七斗 一年應捧合爲三千四百七十石零 而近來柴道極艱 昔之八九兩所貿 今爲三四十兩 以一石本米不能辦二石塩煮出之資 而昌原東萊蔚山等邑塩田 擧皆防築海口 片片設釜 陳起無常 況其屢徑危險米塩運輸不便 移定一款非所議到 而公塩三千石 係是峽邑民食 倭館塩數亦至些別無存減之可論 而公用所需 到今革罷 俱難遽議 目下矯捄之方 惟有添給貿柴之價 還穀應留中 如得萬石米 加分取耗 依詳定發賣 則逐年辦錢 當爲三千兩 以此添給三千包公塩之費 龍塘塩自臣營別爲措劃 每包添給一兩 亦如公塩之例事 請令廟堂稟處矣 道臣之欲添給柴價 實爲捄弊之道 而畢竟經綸 在於加分取耗 近來外方之凡有變通 必請加分 欲以

捄弊者 安知不又生一弊乎 其所添價 未知如何區處當爲得 宜請 下詢諸宰中曾經道臣 敎曰 曾經嶺伯人 各陳所見 左參贊金華鎭曰 此島塩弊其來已久 而當初設置 專爲上流峽民 則固難遽議革罷 至於島民貪殘特甚 其所依賴而資生者 惟此本米之預爲出給 則不可以柴價之踊貴減其給米元數 就其餘利條斟量添給 惟在道臣之從便善處矣 工曹判書鄭昌順曰 嶺南一道產塩之處 只是鳴旨一島 若減公塩 則恐反有弊 雖云柴貴爲弊 亦豈至如上言內所陳乎 此是奸民輩 欲爲減省公塩之計今雖仍舊恐不爲大弊矣 行副司直金尙集曰 公塩所需 乃是婢貢給代之用 而在本營無甚損益 故以參量減數之意 有所酬酢於大臣矣 敎曰 大臣之意何如 濟恭曰 煮塩三千石內 減其一千五百石 則所煮減半 民力必紓 且於本倉曾前所給千五百石本米 亦當有餘 以此量 宜添給柴價則恐爲兩便之政 龍塘塩狀辭中 旣請自本營別爲措劃 此則別無更爲指揮之事矣 從之

215.

건명 : 경상도 일대의 降雨로 인한 피해와 農形에 대한 狀啓

발신처 : 慶尙監司

검색어 : 蔚山, 雨水, 農形

출처 : 正祖 16年 壬子 6月 3日 ; 18-278上~下

嶺南伯鄭大容以道內雨澤農形馳聞

狀啓以爲 大丘等二十二邑 今十六日雨水 及農形纔已馳啓 而連接各邑所報 則密陽金海梁山漆原等四邑 處在洛江之濱 沿浦諸面 擧入水中 各穀痒損 殆無餘地 民家漂頹 亦多有之 其他防築之潰決 田畓之反落 在在慘然云 宜寧咸安昌原晉州泗川三嘉等六邑濱浦之地 無不沈沒近峽之處 率多汰落 纔移之秧 消瀜於濁浪 向茁之禾 漂拔於急湍云 安東醴泉龍宮比安禮安等五邑 川渠漲溢 或瀰入城底 或直射官廨 防築逐處潰決 阡陌到底反落云 善山尙州等二邑 浦面一帶擧被沈沒 渟滀之地 秧苗澒洞腐爛 水落之處田種貼着泥沙 實無穌醒之望云 榮川豊基順興等三邑 川反沙覆 到底狼籍 新築堤防 又多潰決云 金山開寧居昌知禮陜川安義等六邑 防築潰決 田畓掘覆 秧苗漂流 稚禾消瀜 難望有秋云 咸陽丹城山淸咸昌聞慶等五邑 近水田畓間 有沈沒之患 而至

若高燥處 擧得移揷云 蔚山長鬐草溪鎭海固城昆陽河東南海等八邑 濱浦之地 幾皆沈墊 依山之處 亦多潰覆 而可以耕墾處 今方申飭 改播他穀云 英陽奉化靑松眞寶寧海盈德等六邑 川渠盈溢 反落覆沙 率多有之田畓 各穀所損 非細云 機張東萊熊川巨濟等四邑 旱餘霈霔 一境周洽 未移之秧 擧皆移揷云矣 今番雨水 忽地成災 東南沿邑 雖爲差遜 至若洛江一帶 嶺峽諸郡 被災尤酷 而所可幸者 節序不至晼晩 根耕亦可及時 故或令去沙 或令修築 代播他穀之意 另加嚴飭

216.

건명 : 慶尙道 水災民에게 恤典을 베풀도록 명함

발신처 : 慶尙監司

검색어 : 蔚山, 彦陽, 慶尙監司, 鄭大容, 水災, 恤典

출처 : 正祖 16年 壬子 6月 8日 ; 18-291下~293上

命嶺南伯嚴飭邑宰頹漂戶恤典無或遺漏

慶尙監司鄭大容狀啓以爲 昌原等十六邑 水退後形止 大丘等十三邑 去月二十四日 雨後農形 二十五日 臣營下得雨一寸六分 緣由已爲馳啓 而連接各邑所報 則尙州善山蔚山梁山金海漆原草溪等七邑 沿江最下處 濁水久渟 田畓已判全棄 野地峽面 則比諸浦面 災形稍勝 至若不被災畓秧田 種漸次苗茂 而去月二十三日寅時始雨 二十四日戌時乃正 二十五日戌時又雨 上流添漲 浦地復沈云 知禮居昌安義等三邑 壤地本自褊小 四面俱是絶峽 急流之所衝射 防築之所潰決 谷谷崩汰 處處反落 去月二十三日丑時始雨 翌日酉時暫止 二十五日又得驟雨 餘存秧苗稍有沾潤 洗滌之幸云 安東禮安豊基榮川順興咸昌聞慶等七邑 川邊反落 峽裏崩汰在在 皆然極目愁慘 至於被災 稍淺處方令疏築代播矣 去月二十三日辰時始雨 翌日戌時乃正 二十五日戌時又雨 勢若建瓴 無減於十六日之暴漲云 靑松眞寶奉化英陽等四邑 山谷之汰覆 濱溪之掘落 在在孔酷 去卄三卄四 兩日之雨 乍霆乍歇 二十五日戌時 又爲驟注 禾穀之受傷 益復夥然云 山淸丹城三嘉固城等四邑 峽多浦少 汰落甚於沈墊 若其全棄處外 疏拓代播等節 另加申飭 稍高之地畓秧田 種方有苗茂之望 而去卄三日卯時始雨 卄四日戌時乃霽 卄五日戌時又雨 亥時旋止 各穀又多痒損云 長鬐寧海盈德巨濟熊川南海等六邑

去月十六日水災 不至大段矣 去月二十三日始雨 翌日戌時乃正 卄五日戌時又雨霔 勢甚暴 江川漲溢 沿浦依山之地 水沈沙覆之患 比前倍蓰云 東萊地勢最下 沿江諸面 擧皆沈沒 至於峽面被災不甚夥然 而外此畓秧田種 俱有成就之望 去月二十三日之雨 二十四日戌時暫止 二十五日戌時又雨 所得洽滿二犁云 機張 去月二十三日辰時始雨 二十五日亥時乃正 川渠漲溢 隄防潰決 沙覆川反之災 無處無之云 慶州慶山義興迎日淸河興海等六邑 去月二十三日卯時始雨 二十四日酉時乃正 二十五日戌時又爲大霔 川渠無不盈科 率多沈沒 反落之患云 軍威義城比安醴泉龍宮等五邑 自二十三日辰時 二十四日申時至連爲霏霔 二十五日戌時 一陣驟雨 又爲雱霈 川渠之漲溢 防洑之潰決 不下於十六之雨爲害 孔慘云 靈山密陽鎭海宜寧晉州咸安昌原泗川昆陽河東等十邑 二十三四日之雨 殆近二犁 而二十五日戌時又雨 翌日子時乃止 沿浦之地 雖或有再沈之歎 禾穀之貼泥蒙塵者 擧有洗滌 蘇起之望云 金山開寧咸陽陜川等四邑 卄三卄四之雨 殆近二犁 卄五日驟雨 暫霔旋止 所得適中 禾穀沾潤云 大丘星州高靈仁同漆谷玄風昌寧等七邑 二十五日戌時又雨 翌曉乃正 所得洽爲數犁 上流漸漲 沿浦未免復沈云 淸道慈仁河陽永川新寧彦陽等六邑 二十五日戌時始雨 亥時旋正 田畓被傷 間多有之云 以各邑前後所報觀之 十五六兩日之雨 一路擧被災痒 卄三四五日之雨 又復添霔 適中之處 雖不無洗滌之幸 過漲之地 潰者益潰 沈者復沈 秧苗擧多腐爛 實無一粒可收之望 稍可施力處 稷木麥間 待水退 疏築代播 毋致全棄之意 連加申飭 敎曰 頹漂報來之或爲或否 必因邑倅勤怠而然 今番別諭之後 其所擧行 尤當自別 且以此狀觀之 去卄三四五之雨 若是多下 則頹漂尤可知 嚴飭邑宰 無或有一民之獨漏事 回諭

217.

건명 : 경상도 水災 처리에서 道內 守令中 不勤者를 警飭論勘토록 함

발신처 : 慶尙監司

검색어 : 慶尙監司, 鄭大容, 蔚山, 民家漂頹, 人物渰壓

출처 : 正祖 16年 壬子 6月 9日 ; 18-293下~294下

因慶尙監司鄭大容道內民家漂頹狀本飭守令中爲治不勤者警飭論勘

該監司狀啓以爲 道內民家漂頹 人物渰壓之類 連接各邑所報 則靈山民家漂失八十九戶 頹壓一百五十三戶 人物渰死二名 密陽 民家漂失一百九十一戶 頹壓四百五十七戶 人物渰死三名 知禮 民家漂失二十一戶 頹壓十一戶 咸安 民家頹壓九十一戶 河東 民家漂失六十三戶 頹壓一百八戶 善山 民家漂失十六戶 頹壓一百十戶 人物渰死一名 昌原民家漂失二十五戶 頹壓九十六戶 榮川 民家頹壓九戶 昌寧 民家漂失四十二戶 頹壓一百四戶 丹城 民家漂失二戶 頹壓五戶 人物渰死一名三嘉 民家漂失十二戶 人物渰死一名 漆原 人物渰死一名 河陽 民家頹壓二戶 安義 人物渰死二名 奉化 人物渰死一名 永川 民家漂失一戶禮安 民家漂失三戶 醴泉 民家漂失二戶 頹壓二戶 尙州 民家漂失五十七戶 頹壓二十九戶 人物渰死一名 東萊 民家頹壓八戶 蔚山 民家頹壓八十五戶 梁山 民家漂失三十五戶 頹壓二百四十戶 人物渰死一名 漆谷 民家頹壓八戶 安東 民家漂失六十八戶 頹壓二十二戶 人物渰死十一名 壓死五名 通計 漂失爲六百二十七戶 頹壓爲一千五百四十戶 渰死爲二十五名 壓死爲五名 分送褊裨 面面慰諭 恤典依例題給 教曰 以尙州幅員之大 只報數十頹戶者 非睡則醉 非昏則癡 昨年擧行萬萬無形屢入於摘奸 而卿終始顧籍 今之所報 又如此頹漂多寡 固難遙度 推以事理 其不勤可以知之 卿若識朝令之嚴畏 今年嶺南之民 無若昨年之査檢 後時蠲恤無效 而先自道內諸倅中 爲治之操心 邊不足者 趁今秋務未判 小罪警飭 大罪論勘 勿以若慶山河陽等殘倅事 得少爲足 須自大吏雄邑 另行不饒之政 如是之後 嶺南一道 若有不治之吏 當先以卿重勘 以謝胥溺之民情 令廟堂拔例措辭 嚴飭守令等 切勿輕易給暇上送事分付上京人 亦令該曹今日內 下送後草記

218.

건명 : 80세 이상 노인들에게 쌀과 고기를 내리고 徒流罷削 이하의 罪名과 士庶의 徒流輕罪는 모두 蕩滌하라 함

발신처 : 正祖

검색어 : 歲饌, 徒流罷削, 蕩滌, 蔚山府, 李載輝, 金熙采

출처 : 正祖 16年 壬子 6月 18日 ; 18-323下~329下

命百歲及八九十歲老人米肉依歲饌例題給其中百歲老人前知事李如尙

特加一資優給衣資文蔭武徒流罷削以下罪名及士庶徒流輕罪竝蕩滌儒生停擧亦爲分揀

敎曰 今日卽仰祝 純嘏俯祈永命之日也 其在志喜之意 當有同慶之擧 京外百歲以上老人 米肉依歲饌例題給 曾經實職年八九十士庶年九十米斗亦依歲饌例題給 卿宰侍從文蔭武朝官 徒流及罷削以下罪名竝蕩滌 士庶徒流輕罪竝放 儒生停擧分揀事 分付 又敎曰 其中朝官百歲老人前知事李如尙 特加一資 令該曹口傳下批 米肉外優給衣資 仍令郎官存問 以示尊年之意 ○ 戶曹啓言 前知事李如尙 米十斗大口魚六尾鹽六斗 依歲饌例題給 衣資綿細一疋木綿三疋 參考前例優給 仍令郎官存問 ○ 漢城府百歲老人秩西部前知事李如尙年一百一 曾經實職年八十以上秩中部十二人東部十一人西部三十五人南部四十二人北部十人各米五斗 士庶年九十以上秩東部一人北部二人各米五斗 內侍年八十以上秩嘉義崔信恒等六人各米五斗 以上百歲老人一人 曾經實職年八十以上一百十人 士庶年九十以上三人 內侍年八十以上六人 米四十石 (中略) ○ 慶尙道 (中略) 士庶年 九十以上秩 蔚山十人 (中略) 彦陽三人 (中略) 以上 百歲老人 二十一人 曾經實職年八十以上 五人 士庶年九十以上 五百二人 米一百七十六石 猪肉六十三斤 (中略) ○ 禁府啓言 徒配罪人 洪川縣梁塡 原州牧申晤 松禾縣李鴻運 長連縣南海源 平山府蔡顯一 鳳山郡徐潤載 泰安郡禹拓夏 連山縣成致鳳 牙山縣張集紹 庇仁縣韓用鐸 公州牧成鼎柱 唐津縣申光升 韓山郡金最煥 海南縣閔修益 流三千里定配罪人 海南縣蔡顯九 蔚山府金熙采 昌原府具修溫 定配罪人 舒川郡孟至大 投竄罪人 南陽府玄重祚 流竄罪人 南海縣柳詛 康津縣申膺祜 朔州府李錫夏 昌城府洪秉益 鍾城府朴吉源 卽其地方定配罪人 昌原府柳文植 珍山郡申史源 竄配罪人 義興縣李致中 長鬐縣宋徵一 投畀罪人 楊州牧李書九 充軍罪人 宣川府尹進五等竝放送事 分付各該道臣 而罪名蕩滌 逐鄕罪人許錙未 及拿來罪人 白峙僉使高壽翼 慶山前縣監申光祜 河陽前縣監洪樂敎 前守門將鄭夏龜山前僉使李雲澤 赤梁前僉使權應弼 薺浦前萬戶金擎履等 罪名一體蕩滌 ○ 吏曹 罷職以下蕩滌秩 前府使金著耉 前校理成德雨李祉永 前副校理崔獻重 前副修撰沈興永 前縣監申光祜洪樂敎兪靖柱 前都事金奎夏 罷職不敍前右議政朴宗岳 竝敍用 奪告身 前監司朴天衡 前縣監李圾李東植白光澤徐有鍊 禁錮 前縣監李圾李東植白光澤等 罪名竝蕩

滌 居中 綾州牧使尹耆東 前府使柳烱吳載衡申大倎 咸從府使白泳鎭 价川郡守李顯昱 寶城郡守李檍 樂安郡守洪采疇 高城郡守金復根 白川郡守沈禧 高山縣監兪漢輔 興德縣監趙華錫 高敞縣監申百祿 海南縣監李運春 旌義縣監許湜 玄風縣監洪大默 抱川縣監洪若浩 咸鏡都事咸士謙 魚川察訪李果 金泉察訪李東宇 高山察訪李基恒 童蒙教官李城輔 注書李海清 假引儀李鍵 居下 前府使宋益休徐有建 前郡守鄭履玉蔡顯九李邦祜 前縣監趙希鎭李景壽李儒修尹晪洪益烈 前察訪李奭濟洪聖臣 竝蕩滌 ○ 兵曹 罷職以下蕩滌秩 前僉使金熙謙權應弼朴光采 前萬戶金擎厦姜泰俊韓重弼朱泰亨成履福 竝敍用 奪告身 前萬戶權道性 罪名蕩滌 居中 副護軍洪彦喆申禹相趙錫穆李周顯柳匡國鄭德弼曺命業李章五申匡堯金寅燮沈鏗宋景煥姜世綸 副司直閔師宣金樂誠吳泰彦南弼錫高廷憲鄭宲 副司果金熙稷李翊模李義駿李之聃姜世膺趙恒鎭李廷璞尹在明朴杜遇李城輔 宣傳官李惟秀 部將李長鉉皮載祺 壯勇衛朴理漢 總戎哨官柳台興 兎城僉使田起祥 高山里僉使李秉道 神光僉使李時涵 西北僉使安正福 仇寧萬戶金興澤 楊下萬戶黃大元 西平萬戶嚴尙武 呂島萬戶李祥僑 廟坡權管閔百東 廣坪權管金就燮 小坡兒權管李啓發 自作仇非權管金兌鍾 正方別將李宗淵 古突山別將金得臣 格浦別將趙重謙 前僉使朴泰根李信培高廷協李春燮 前萬戶吳顯忠 前權管金應年 前別將尹致畦嚴重武 居下 前中軍金 前虞侯李光浹 前僉使李彦緖林亨遂吳泰旭李烜 前萬戶兪興基姜潤鳳石元杓姜聖周白光郁姜瑞鵬金南瑞李彦藎崔廷郁 前權管鄭元大許潛 前別將金台魯李明祐韓道元金景文 都監哨官洪百游 竝蕩滌 ○ 刑曹 徒流以下放送秩 京畿不限年 廣州府李大喆 楊州牧鄭赫周照訖講爲弟代講安耋照訖講爲姪代講 竹山府朴應燮照訖講戶籍相左 喬桐府金今同魚用謙帶率下人 驪州牧秦春起 砥平縣梁益大 陰竹縣金大興 豊德府李聖甲以羅卒討索貢人 充軍 豊德府韓希豊鍾閣習讀 仁川府黃仁赫 南陽府朴仁浹因傳教充軍 江原道徒年 楊口縣金鶴齡山逃訟匿 平昌郡尹宗莘諫院吏 三陟奴景得偸竊坐板 爲奴 淮陽府崔千福內侍府使令 忠清道徒年 永同縣鄭宅祚招引寡女 稷山縣奴命得被酒作拿 牙山縣吳順興城鑰不能堅鎖 大興郡金聲夏 清州牧李安基惠民署生徒 唐津縣朴民正有主田土陳告官家 沔川郡李光武松木偸斫 木川縣曺龍甲誣官隨從 禮山縣李思玄瞞告發關 庇仁縣朴啓得文書遺失 洪州牧延五源駕前白活 木川

縣趙永采松木偸斫 充軍 舒川郡柳景寬科場以弟代入 保寧縣金始鳴覆試冒入 槐山郡金偵健照訖講爲兄代講 鎭川縣趙鐙照訖講爲弟代講 海美縣金興運誺院吏 爲奴婢 舒川郡婢興愛因傳敎爲婢 黃澗縣李仁基內侍府書員 黃海道徒年 平山府韓成佾城門不能堅鎖 延安郡金重國惠民署生徒 鳳山郡鄭樂修惠民署任官 長淵縣金麗弘刃傷人物 豊川府金萬裕首唱呈訴 長連縣宋智範醉中戲踢 遂安郡朴以錫兩司吏 鳳山郡洪弼輝守僕 谷山府金履德松木犯斫 新溪縣李命大 黃州牧朴先儀永庫瓦子偸竊 鳳山郡奴者斤金攔入闕門 甕津府李春郁拒逆官令 充軍 長連縣金昌淵學禮講以兄借講黃尙樂科場以弟代入 不限年 金川郡李宅中照訖講爲叔代講 平山府南宮棕 文化縣權尙一照訖講爲兄代講 全羅道徒年 康津縣秋得成憲府吏 充軍 谷城府秋興祥憲府吏討索江民 靈巖郡洪日浩 羅州牧李行舟東堂代述 興陽縣柳彭老監試不錄名 康津縣李炡五差備官給冊 沃溝縣金鎭喆壯勇營將校 不限年 扶安縣洪尙圭太僕養馬 康津縣李景輝 靈光郡孫聖福太僕巨達 流三千里 長興府兪璋柱非理上言 爲婢 羅州牧婢終蟾 康津縣婢丹蟾醫女 慶尙道 徒年 熊川縣金宗祿還上錢捧 聞慶縣白龍雨山訟 泗川縣李性文爲奴行賂李仁坤猥濫上言 安東府文德化偸斫松木 昌原府許完 蔚山府李載輝憲隸憲吏討索江民 固城郡金雩龍冒年應講 機張縣金興淵爲弟代講 長鬐縣柳景恒盈德縣黃尙格以兄代入場屋 不限年 河東府趙廷郁府吏弄奸山訟 聞慶縣申錫祚冒錄忠義衛 流三千里 咸陽府鄭順伊火巢內偸斫不爲摘發 平安道 爲奴 渭原郡金麗輝司僕馬醫 充軍 平壤府金希成宮差 不限年 平壤府朴懋 江東縣金尙亨 寧邊府金益秀照訖講爲弟代講 咸鏡道 徒年慶興府朴成起 慶源府李義培禮吏索賂 充軍 端川府李熺與量前軍士弄奸 流三千里 文川郡鄭太乙冒濫擊錚 並放

219.

건명 : 彦陽縣監 임명 등의 都政을 행함

발신처 : 吏曹

검색어 : 都政, 李邦翰, 彦陽縣監

출처 : 正祖 16年 壬子 6月 22日 ; 18-340下~343下

行都政 吏曹判書金思穆參議徐邁修兵曹判書李秉模參判李集斗參議權

恢參知趙武範進

教曰 守令初仕 當所愼揀 如忠臣勳舊廉吏之裔 亦宜收用 (中略) ○ 吏批 以朴祐源爲吏曹參判 (中略) ○ 以黃瑗爲旌善郡守 沈煥之爲左尹 徐配修爲富寧府使 新資也 李煥爲順川郡守 李邦翰爲彦陽縣監 李洪載爲禮曹參判 李城輔爲咸鏡都事 徐潤璞爲孟山縣監 任希問爲安峽縣監 成鎭殷爲端川府使 洪檍爲博川郡守 金翰東爲副應教 鄭萬始李龜雲爲副校理 李榏爲中和府使 李東稷爲掌令 沈煥之爲冬至副使 李尙度爲書狀官 (中略) ○ 教曰 今日政新除授守令察訪初仕邊將 皆令明日待令

220.

건명 : 慶尙前兵使가 올린 移營設防의 請을 들어주지 않음

발신처 : 有司堂上

검색어 : 慶尙左兵使, 李源, 移營, 設防

출처 : 正祖 16年 壬子 6月 26日 ; 18-351上~下

命置慶尙前兵使李源移營設防之請

有司堂上徐有隣鄭昌順趙鼎鎭等啓言 前慶尙左兵使李源狀啓以爲 本營僻處海隅 將卒相遠 故移營之議 或以爲慶州便永川便華山便 歷見三處 則永川 大川在前 群山四擁 東距本營爲二百里 西南北郡縣遠 不過百餘里 此爲嶺左 一道正中之地 三鎭兵馬 一路賊鋒 惟意所令 今此移營 旣是預備之計 則搬移役力 顧何暇論 已有築城穀六萬餘石 可無弊端於民邑 移營之後 本營因爲行營 留置虞候 兼以助防 以爲風高風和之式 則永無失守之慮 且沿東海數千里之地 係本道者爲六邑 而初無一邊將 屬江原者爲九邑 而不過有一營將一邊將 至於關北 旣是肇基神跡之地 而亦無一處助防之備 沿東北列邑之間 就其要害 問置助防 以爲萬全之圖事 請令廟堂稟處矣 其所論列 雖出於重關防之意 而移營一事 非但時屈擧嬴慶州永川華山三處形址 亦未知何處便當 至於嶺南關東關北沿海一路 設置助防等節 大而無當 泛而不覈 亦不可輕議 問于大臣 則置之爲便云 狀啓內辭意 請竝置之 從之

221.

건명 : 嶺南 水災民戶에 대한 恤典을 잘 거행하라고 명함

발신처 : 慶尙監司

검색어 : 蔚山, 彦陽, 漂頹民戶, 恤典

출처 : 正祖 16年 壬子 7月 14日 ; 18-408下~409下

命嶺南漂頹民戶恤典惕念擧行

慶尙監司鄭大容狀啓以爲 去月二十五日風雨 (中略) 蔚山府 民家頹壓二十二戶 (中略) 彦陽縣 民家頹壓十七戶 (中略) 通計 漂失二百四十七戶 頹壓一千七六十二戶 渰死三十名 壓死二十一名 恤典依他例 擧行之意 連加申飭 敎曰 去月卄五風雨 道內各邑頹漂渰沒 若是夥然 極爲矜念 恤典曾有下敎 而若不申加嚴飭 難保其實惠之下究 卿其更加惕念事 回諭

222.

건명 : 嶺南 水災民戶에 대한 恤典을 거행하라고 명함

발신처 : 慶尙監司

검색어 : 蔚山, 彦陽, 漂頹民戶, 恤典

출처 : 正祖 16年 壬子 8月 21日 ; 18-497下~498下

飭嶺南州郡被災民戶道伯邑宰悉心接濟

該道臣鄭大容狀啓以爲 七月卄三日風雨後 各邑漂頹渰壓死之類 次第報來 (中略) 彦陽 民家漂失十五戶 頹壓四十七戶 人物渰死十一名 壓死三名 (中略) 蔚山 民家頹壓四十八戶 靑松 民家漂失二十六戶 人物渰死六名 (中略) 今番風雨後 穡事遽判歉荒 漂頹渰壓 又若是夥然 目下民事 萬萬矜悶 敎曰 以嶺南民事 夙宵關心 而風雨痒稼之外 漂頹渰沒之民戶 若是夥然 蠲恤之典 前有飭諭 稍久則易致解弛 卿其各別嚴飭 俾無一毫不謹 際見狀本巡路 農形之轉到 沿海尤判失稔云 嶺民之得免塡壑 其責專在於道伯 爲先以分等蠲恤 悉心接濟之意 慰諭於遮道民人 仍又關飭面飭於邑倅 期有實效 少紓爲民 耿耿之念事 回諭

223.

건명 : 慶尙監司에게 수재민이 거처할 곳을 정하는 것과 風落松 許給에 관한

일을 狀聞토록 함

발신처 : 正祖

검색어 : 慶尙監司, 鄭大容, 農形, 蔚山, 風落松

출처 : 正祖 16年 壬子 8月 25日 ; 18-505上~506下

飭嶺伯災邑民奠接事宜及風落松許給便否論理狀聞

慶尙監司鄭大容狀啓以爲 巡路農形連續馳啓 而臣自慶州歷蔚山機張東萊梁山金海沿路農形 次第看審 則蔚山 則反落覆沙 到底夥然 而餘存各穀 發穗岳穎之際 酷被二十三日風兩 早中稻之間間黃熟者外 晩稻則粒粒枯 白豆太黍粟及木花只存空莖 歉荒已判 機張 則處在海隅風雨之災 比蔚山尤有甚焉 東萊 則沿路所見 比機張差勝 而若其邑底及東北面 農形無論 畓禾田種 推敗枯萎 如經嚴霜 梁山 則浦地農形屢經沈墊 各穀之僅得成樣者 旣傷於蟲 又損於風 一坪之內 黃熟者 絶無僅有 金海 則沿江一帶 便成赤地 惟是依山遮風之地 稍高免沈之處田畓 各穀煞有餘望 而此不過十居一二 到處失業之民 手擷枯穗 載路呼號 故臣以後當周恤之意 面面慰諭 而目下景色已多遑汲 來頭接濟茫無涯畔 不勝憂悶 予謂承旨李冕膺曰 嶺伯巡路農形狀啓見之乎 予爲嶺民 殆至食不甘 寢不安矣 冕膺曰 南北之設置交濟倉法意甚好 北道交濟穀六萬餘石 雖値歉荒 毋敢代捧 俱是實穀也 就其中斟酌多寡移運嶺南 接濟賑民好矣 予曰 北穀移送 已有料量矣 冕膺曰 故相趙顯命爲嶺伯時 狀請移運 至有記述揭板之事 年前臣父莅藩也 別般精捧蓋以設倉法意甚重故也 伊後道伯亦必遵守 且北關今年穡事豊登 移送嶺南 似無難便矣 敎曰 近以本道穡事 民情日夜耿耿 而前此狀本 雖已領略 巡路所陳 尤覺驚心 慶州以上諸邑之災處 其所慰恤之擧 若不自今留意 則居者散 散者轉而之他 年前關西事 豈非卿之已鑑乎 然此非縶束縶拘 使進不得退不得 以阻其就哺之路之謂也 穡事雖如許民情有特無恐 則何故爲此 保抱攜持 厥父母妻子也哉 其中東萊機張金海梁山等邑農形 觀於狀辭如在 目中殆欲明發 大抵賑饑貸窮 卽開春以後事也 秋而不至流離 冬而得免凍皸 捱到過歲 則在災處民人 可謂踰一生死關 目下之念念憂慮者 在秋冬不在來春 卿莫曰才乏對揚 雖一命之士 苟或存心於人 必有所濟 況坐這裏 耳剽而目擊 豈無別船時 措便當之策乎 先將此敎詳細 慰諭沿邑民人 仍以安其情 奠其土之事 宜參 以已見須卽論理狀聞 毋致有緩不及之歎 以紓南眷之思事回諭 因

此聞筵臣言思之果 然北關與本道 各置交濟倉 互爲賑救法意甚美 道內穀品 本自麤荒 今年痒損 偏在沿邑 則幷與麤穀 而優如未可 必北穀南輸 卽不恒有之事 北民亦荐饑 餘未蘇之流 寧忍輕發 船粟之說 而急於慰撫 有此提及沿邑穀簿 果無不敷之慮乎 聖人富國養民之訓 無出於生財 況濟活之所關乎 欲以今番風落之松 散于民間 煮爲鹽 斲爲船 助其篙罟之用 益其甕甖之需 則是誠因地之利 救民之急 區區禁飭之一時闊狹 顧何足擬議輕重於其間哉 但摘奸之弊 人畏之如豺狼 此所以詢咨於卿 欲知其民願之如何者 以巡路聞見消詳 論理狀聞事 一體回諭

224.

건명 : 각종 上言에 대해 判下함

발신처 : 吏曹 등

검색어 : 蔚山, 尹德源, 追贈

출처 : 正祖 16年 壬子 9月 12日 ; 18-569上~580上

判下上言八十度于各該司

麻田幼學王景麟等上言以爲 臣等俱以崇義殿後孫 (中略) ○ 吏曹啓言 居昌幼學柳宅和等上言以爲 本縣卽 中廟元妃端敬王后愼氏之姓鄕也 坤極正位之後 王妃姓鄕陞爲郡 守而不久還降矣 英廟己未光復 溫陵祔躋 太廟後 邑號陞等 固是次第之法典 而時則本邑經戊申逆變之後 陞爲府使 則別無更陞之事矣 向在戊申回甲之年 還降爲縣 蓋其時廟堂及銓曹只知戊申前縣監而不遑致察於王妃姓鄕之法 不當降 大抵王妃姓鄕之陞爲郡牧府者 湖南之綾州 湖西之清風 關西之咸從 本道之青松仁同 俱以列朝王妃姓鄕陞在牧府之列 而惟此本縣獨未蒙一體之典 尙在末縣之班 依國典陞號事 乞蒙天恩云矣 王妃姓鄕陞號 載在於受教輯錄中 而事係莫重 請令禮曹稟處 從之 又啓言 觀此淳昌幼學金致星裵雲迪梁學聖吳載明 興德幼學金允敎金勝玉 羅州幼學沈道冠鄭仁守 尙州幼學黃德鏞 蔚山幼學尹德源 同福幼學尹三秋 任實幼學金振聲金仁淳 谷城幼學崔命峻 樂安幼學姜應望 南原幼學牟聖泰成福彩申益權徐宗喆 泰仁幼學朴根壽金德昇 長城幼學姜渭孫 求禮幼學朴泰永 潭陽幼學陳宗漢 高敞幼學金仁國 昌平幼學黃千年 玉果幼學趙振

玉等上言 則致星父同知聲遠年一百 允敎父同知世泰年一百 勝玉父同知應秋年一百一 道冠父同知仁績年九十三 德鏞父同知箕範年九十一 德源父同知輔殷年八十三 三秋父同知錫鼎年一百 振聲父同知聖位年八十六 命峻祖同知德章年九十五 應望父同知渭泰年九十五 義明父同知萬弼年一百 聖泰父同知澧起年八十六 仁淳祖同知聖載年一百二 根壽祖同知尙采年一百 渭孫父同知弼碩年一百 泰永父同知億堂年一百 宗漢父同知世英年一百 德昇父應祥年一百一 宗喆父同知重泰年八十四 仁國父同知就善年一百 益權父同知麗輝年一百 仁守父同知再運年一百 雲迪父同知大休年一百一 千年父同知相賢年一百一 福彩父同知萬載年八十六 振玉父同知萬福年一百一 學聖父同知德鳳年一百一 竝願蒙贈職之典矣 單付同知 勿許追贈 曾有定式 請竝置之 敎以七十古來稀 況八十乎 況九十乎 又況百歲乎 禮 天子就百歲以上人所居 往訪之 旌其門 其尊年之意有如此 偏邦之樞啣 何靳俄 於兵曹回啓有措辭判下者 卿其取考 此後依此 申明定式 兵曹一邊付樞銜 卿曹一邊贈追榮 以倣古禮以尊人瑞 又啓言 觀此任實幼學晉泰文 淮陽小民吳且福安峽徐載逸等上言 則泰文父僉知長天年八十五 且福祖同知春男年八十九 載逸父僉知相沃年九十二 竝願蒙加資之典矣 士庶年八十以上者除一階雖在法典 而晉長天吳春男徐相沃等 皆已加資 今無可論 請竝置之 敎以果漏特加 又啓言 觀此寧邊幼學金億權 洪川幼學鄭光宅 潭陽幼學朴尙彦 驪州幼學韓孝晩等上言 則億權父通德郞瀟年八十 光宅祖幼學振熙年八十 尙彦父幼學台彬年八十一 孝晩父通德郞衡佐年八十一 竝願蒙加資之典矣 士庶年八十以上者 除一階載在法典 請依此施行 從之 又啓言 觀此淮陽小民申世泰上言 則其父夢錫今年八十三再昨年別恩典時 以年八十當爲加資 而未免見漏 願蒙加資之典矣 道臣之不爲抄啓 必有委折 請更考京帳籍後 更爲稟處 從之 又啓言 淳昌幼學林益源上言內 以渠父加資事 疊呈兩張 而其中一張 或有挾書處或有墨抹處 其父年一曰八十六歲 一曰八十四歲 居住又爲相左 莫重上言文字 若是駭然 請移送法司 詳査照律 允之 又啓言 觀此南部譯科申命洙等上言 則以爲渠等俱以閭巷小民 受學於金復三粗得成 就登科者 數十餘人 依法典 願蒙加資之典云矣 大典通編勸奬條 私敎官所敎門徒中 及第三人或生進五人以上者 加資事載錄 而至於雜科 則元無可據前例 此與正科有異 則渠輩計出干恩 無難天聽 請移送法司 從重

科治 從之 (下略)

225.

건명 : 嶺南 沿邑 外 他邑의 貢膳은 封進하지 말고 賑需에 보충하도록 함
발신처 : 慶尙監司
검색어 : 慶尙監司, 鄭大容, 貢膳, 蔚山, 賑需
출처 : 正祖 16年 壬子 10月 3日 ; 18-659上~659下

命嶺南沿邑外他各邑貢膳一體勿封以補賑需

慶尙監司鄭大容狀啓以爲 本道尤甚邑及沿海邑 所封朔膳物膳 限麥秋勿封之意 纔因備局啓下 關知委各該邑 而貢膳物種 多在沿邑 慶州昌原晉州蔚山金海寧海密陽東萊順興河東巨濟淸道草溪榮川興海梁山咸安昆陽盈德固城南海宜寧龍宮淸河鎭海知禮玄風長鬐靈山昌寧泗川機張熊川漆原迎日等邑所封 旣令停減之後 元定各種 逐朔存減 則間有全數 闕封之朔 雖是封進之朔 餘數些略 勢將以此分封於各殿 而此係定例 外改磨鍊 有非臣營所敢擅便者 存減數爻 修成冊 上送于禮曹 請令該曹劃卽稟旨 磨鍊下送 教 以何必較絜於存減乎 沿邑所封 自當停免 他各邑應捧者 亦勿封進 以補賑資 莫曰些略 意在投醪 此意知悉事回諭

226.

건명 : 申者를 蔚山府로 귀양보냄
발신처 : 正祖
검색어 : 申者, 蔚山
출처 : 正祖 16年 壬子 10月 8日 ; 18-683下

竄申者于蔚山府

禁府始定者配所于長城府 命改以蔚山府 又命分付畿營之將吏 今夜內越江次次押送

227.

건명 : 慶尙左兵營이 生鰒과 熟鰒을 바치는 것을 하지 말도록 하다
발신처 : 內醫院

검색어 : 慶尙左兵營, 生鰒, 熟鰒, 封進

출처 : 正祖 16年 壬子 10月 15日 ; 18-716下

命慶尙左兵營生鰒熟鰒一體勿封

內醫院官員 以都提調提調意啓言 生鰒熟鰒 係是捉納物種造成等節 又與軟全鰒有異 則不宜同入於朔膳及軟全鰒停封之中矣 慶尙左兵營生鰒熟鰒進上 當趁今月十四日封進 而過期不至統營 則以眩於擧行 自下往復 以封進停當 而本營則併與此無之 仍致闕封之境 事之駭然 莫此爲甚 請當該兵使許佽罷職 教以 統營則無異忠淸水營 故使之封進 至於該閫 異於統營 旣下勿封之教 勿罷勿封可也

228.

건명 : 榮川郡 馬步軍의 減額을 시행하도록 함

발신처 : 右議政

검색어 : 慶尙監司, 鄭大容, 慶尙左兵使, 許佽, 榮川, 馬步軍

출처 : 正祖 16年 壬子 10月 18日 ; 18-732下

命榮川郡馬步軍減額依道狀施行

右議政金履素啓言 頃以榮川馬步軍減額一款 依道臣議施行之意 有所行會矣 卽見慶尙監司鄭大容狀啓 則枚擧左兵使許佽牒呈 以爲 安東鎭左右哨馬軍 俱未滿一哨 就此兩哨中 減十一名 左右別將標下軍亦若減一名 合二十四名 減數步軍爲四十八哨 而別中司屬中哨軍一百二十名內 一百九名減除 其餘十一名 分屬左右哨 則可無換着之弊云 依此釐正 似無掣碍 而中哨步軍一哨內 所減旣多 餘丁 分屬事涉苟簡 餘丁十一名 一竝減省 恐合便宜 請令廟堂稟旨分付矣 道臣旣與帥臣相議有此狀聞 則存減之間 必有料量而然請 依所請施行 從之

229.

건명 : 逆賊 李在簡의 妻孥를 모두 畿邑島中에 유배할 것을 명함

발신처 : 刑曹

검색어 : 李在簡, 彦陽, 流配

출처 : 正祖 16年 壬子 11月 27日 ; 18-884下

命在簡諸子年未滿及出系者勿論 應配之類 竝其妻孥同配於畿邑島中

刑曹啓言 逆賊在簡諸子散配事命下矣 移文京兆 考出帳籍 分付 該部報來成冊 則在簡子樂鉉學鉉庶子齊鉉以上二字抹下遠孫等 時在京畿陰竹縣 子翼鉉時在西部麻浦 而樂鉉富寧府 齊鉉三水府 學鉉昌城府遠孫陽德縣 翼鉉彦陽縣 竝定配所 而樂鉉學鉉齊鉉遠孫等 令京畿道臣押送于各其配所 翼鉉自臣曹待城門開 卽爲捉來發配 敎曰 年未滿及出系者勿論 西北編配之弊 不可不念 以大懲創之意 急於人 其人旣從臺啓 而白翎鎭故事 實爲仰述之一端 應配之類 竝其妻孥同配於畿邑島中事 令政院下諭于畿伯

230.

건명 : 三南 繡啓에서 언급된 不治守令은 道臣이 보리걷이가 끝난 후 다시 實績을 살펴 狀啓를 올리도록 함

발신처 : 吏曹判書

검색어 : 嶺南, 蔚山府使, 李敏亨

출처 : 正祖 16年 壬子 11月 28日 ; 18-886上~891下

召見吏曹判書徐有隣于重熙堂使之覆奏三南繡啓中不治守令仍令行會三道道臣過麥秋後更考實績論理狀聞嶺南沿海邑漁鹽船稅及統營穀固城吏逋臣濟倭供米等諸弊令道帥臣另加釐正鹽盆漁箭船隻之破傷者令句管堂上往復道臣修葺

敎曰 三南潛行繡啓 欲待考績後 使之回啓矣 (中略) ○ 有隣啓言 嶺南繡啓中 尙州牧使李趾采 過於柔善政 或偏失鄕奸 莫察客弊 又甚云 晉州牧使朴宗厚 雖曰老鍊 終欠剸理云 星州牧使李命杰 醉杖宜戒 吏奸莫戢云 河東府使李謙會 愛民之誠 漸不如初云 蔚山府使李敏亨 憑藉統貿 幻弄穀簿 上京負卜之路費 亦從此出 以爲釣沽彌縫之計云 金山郡守李性淳 臺役取怨 倉穀招謗 午醉旣多害事 門孼從而干政云 昆陽郡守宋綸源 新叨畏縮 全昧向方云 三嘉縣令鄭在中 近頗斷飮 庶或寡過云 興海郡守權琇 初政昧事 多聽吏鄕云 玄風縣監洪大默 治事從寬政或委校云 昌寧縣監李義福 倉貿容手 民思舊倅云 漆原縣監成彦霖太無料量云 熊川縣監金輔明 從事彌縫云 咸安郡守沈鎭 臨瓜謗言 專出於固結 巡幕少解 畏戢之致云 鎭海縣監成道鍾 旣昧治規 又事濫刑云 慶州府尹姜彝正 柔懦之政 旣欠剸理 倉廒之間 無難那移云 宜寧縣

監南麟耉 三載居官 尙昧治法 名曰剛猛 實則昏憒云 眞寶縣監金獻祚如斗之邑 旣多瑣謗 穀簿且紊 無意釐改云 固城縣令元永龜 爲治非不誠勤 而奸猾不戢 害及蔀屋云 金海府使李文喆 政令輒多疏忽 宿弊難期蘇捄云 比安縣監趙亨逵 老昏健忘 懶於臨民 獄弊莫察 吏奸不戢云 順興府使許晪 事或輕率 剖決間有錯誤云 草溪郡守尹昇東 春間開賑多委吏手云 朴宗厚李謙會宋綸源鄭在中成彦霖金輔明沈鏔許晪 論列疵政 不至太甚 姑先從重推考 李趾采李命杰李敏亨李性淳權琇洪大默李義福成道鍾姜彝正南麟耉金獻祚元永龜李文喆趙亨逵尹昇東 罪過雖有淺深之不同 繡啓旣如此有難仍置 竝令該府拿問處之 純褒守令一人實績誠如繡啓 則畢賑後 如有道啓之登聞者 其餘守令之別無毁譽者請今姑置之 以觀前頭 敎曰 按節之地 若有誠心 對揚之效 則何故而分送 執斧之人 霖淪冰雪 旣送又送 而又令潛往潛來 以後啓較前啓 必取兩言之無錯 然後回啓乎 到今渠輩 雖欲發明 恐無其路 然許多疵政 只令拈論一段者 亦出於綽示餘地 俾圖自新也 況潛行繡啓 異於出道前此已例多不直勘 今亦不可異同 又或渠輩能悉心刻意 有刮目之效 則豈不愈於徒有迎送之弊以新未必勝於舊乎 由前由後 更觀無妨 以此擧條 嚴飭行會 先自道伯快知從前昧然之罪 仍又遍令諸倅知之限麥秋以其勤慢 依兩湖所下批旨 拔例區別 論理狀聞 仍敎曰 該道弊瘼 仍爲條陳 (下略)

231.

건명 : 太僕寺에서 各道牧場의 留放馬畜의 數爻를 올린 내용
발신처 : 太僕寺
검색어 : 蔚山, 牧場, 留放馬畜
출처 : 正祖 16年 壬子 12月 10日 ; 18-932上~下

太僕進各道牧場今壬子留放馬畜數爻

江華兼監牧官草芝僉使所管三牧場 壯兒雌雄馬幷五百四十三匹 長峯兼監牧官長峯島萬戶所管一牧場 壯兒雌雄馬幷三十七匹 南陽監牧官所管五牧場 壯兒雌雄馬幷三百五十九匹 仁川兼監牧官永宗僉使所管二牧場 壯兒雌雄馬竝一百六十三匹 水原陽城等監牧官所管二牧場 壯兒雌雄馬竝一百三十六匹 瑞山泰安沔川等兼監牧官平薪僉使所管三牧

場 壯兒雌雄馬竝九百三十三匹 興陽監牧官所管九牧場 壯兒雌雄馬竝八百九十匹 順天監牧官所管四牧場 壯兒雌雄馬竝六百二十七匹 羅州監牧官所管三牧場 壯兒雌雄馬竝四百三十五匹 珍島監牧官所管一牧場 壯兒雌雄馬竝一千二百四十八匹 靈光兼監牧官荏子島僉使所管一牧場 壯兒雌雄馬竝一百十三匹 晉州巨濟等監牧官所管二牧場 壯兒雌雄馬竝六百五十三匹 蔚山長鬐等監牧官所管二牧場 壯兒雌雄馬竝六百九十一匹 東萊兼監牧官多大浦僉使所管一牧場 壯兒雌雄馬竝一百八十八匹 長淵兼監牧官白翎僉使所管一牧場 壯兒雌雄馬竝一百二十一匹 海州康翎甕津等兼監牧官登山僉使所管二牧場 壯兒雌雄馬竝一百四十五匹 豊川殷栗等兼監牧官椒島僉使所管二牧場 壯兒雌雄馬竝一百三十八匹 鐵山宣川等兼監牧官宣沙浦僉使所管三牧場 壯兒雌雄馬幷七百九十四匹 咸興洪原文川等監牧官所管三牧場 壯兒雌雄馬竝一百七十九匹 端川兼監牧官端川府使所管一牧場 壯兒雌雄馬竝六十匹 穩城兼監牧官穩城府使所管一牧場 壯兒雌雄馬竝一百六十五匹 已上 今年實留放壯兒雌雄馬 竝八千六百十八匹

232.

건명 : 여러 道의 百歲人에게 加資함

발신처 : 正祖

검색어 : 加資, 慶尚道, 嘉善, 蔚山, 金準萬

출처 : 正祖 17年 癸丑 正月 初1日 ; 19-3下~4下

諸道百歲人加資下批

(前略) 慶尚道慶州嘉善李聖才年一百三 崔尙平年一百 安東正憲裵是禮年一百 嘉義安後種年一百 尙州折衝權末獨年一百 金萬旭年一百 晉州正憲宋殷泰年一百 星州崇政金世良年一百四 白萬才年一百 大丘嘉善兪順三年一百 蔚山折衝金準萬年一百 密陽崇政金正夏年一百四 巨濟崇政金汝點年一百二 草溪崇政崔萬才年一百四 咸陽嘉義朴汝纘年一百 金山嘉善金善傑年一百 南海崇政權承俊年一百六 居昌折衝林善伊年一百 宜寧崇政諸順儀年一百一 嘉善劉貴泰年一百 玄風崇政尹太彬年一百三 禮安崇政林是江年一百二 李德昌年一百六 靈山閑良崔石乭年一百 昌寧崇政金絳白年一百二 廉時載年一百一 泗川崇政孫自

昌年一百三 機張良人房件里男年一百 龍宮折衝李自永年一百 英陽嘉善黃無致年一百 高靈崇政羅八善年一百二 崔天命年一百一 (中略) ○ 咸鏡道安邊嘉義安處三年一百 吉州嘉義李世永年一百 鏡城嘉善金德潤年一百 會寧嘉義崔山乞年一百 以上 竝加資下批

233.

건명 : 守令·邊將 薦單書의 日字·道名을 循襲謬例한 경우에는 推考하지 말고, 人名의 錯書와 職銜의 誤署 등이 格例와 相違하면 推考하고 修正하라는 처분

발신처 : 承旨 李書九 등

검색어 : 守令邊將薦單書, 慶尙監司, 鄭大容, 慶尙左兵使, 許佽, 右兵使, 李健秀, 蔚山府使, 李敏亨, 守令邊將薦單子

출처 : 正祖 17年 癸丑 2月 初2日; 19-95下~97下

命勿推守令邊將薦單書塡日字與道名循襲謬例者仍飭後勿如是錯書人名誤署職銜及堂上官侍從臣混錄於薦中者推考竝使之改修正以入疊呈薦單人兵曹參知成鼎鎭遞差護軍李寬徵重推

承旨李書九啓言 卽伏見平安監司李秉模 忠淸監司李亨元 慶尙監司鄭大容 江華留守鄭好仁 慶尙左兵使許佽 右兵使李健秀 (中略) 蔚山府使李敏亨 (中略) 南村別將姜碩儁 禿用別將崔彭齡等 守令邊將薦擧單子 則或於年月下書塡日子 湖西 則邑鎭短銜上添書道名 俱違格例 請竝推考 敎 以似是謬例 使然在所釐正 勿推勿施 使之改修正 上送後勿如是之意 嚴飭 又啓言 全羅監司權𢿢 守令薦擧單子年月下 只書十字 又空一字日子 書塡 已違格例 空宇不塡 事欠誠實 且不踏印 請從重推考 原單使之改修正上送 從之 ○ 承旨金孝建啓言 司直洪檍金頤杜金尙集金持默 (中略) 蔚山府使李敏亨 (中略) 彌助項僉使池得球等守令邊將薦擧單子 或錯書人名 或誤署職銜 或不踏印信 或以日子塡書 或尊敬處書以平行 或以堂上官及侍從臣 混入於守令薦 俱違格例 請竝推考 原單使之改修正以入 從之

234.

건명 : 囚人 李敬一 등을 議處하여 勘放하도록 한 처분

발신처 : 義禁府

검색어 : 李敬一, 李田秀, 嚴耆罪, 勘放, 蔚山鎭, 逋欠之穀, 兵營, 準捧, 刑推, 兵使

출처 : 正祖 17年 癸丑 2月 22日 ; 19-174下~175上

命時囚李敬一李田秀等議處嚴耆勘放

義禁府啓言 黃海前監司李敬一 原情以爲蔚山鎭逋欠之穀 乃是兵營所管條 而辛亥年磨勘 則自兵營以準捧報來 今年正月壬子條磨勘時 始以未捧報來 故入錄於捧 未捧狀啓中 此雖兵營穀道內穀簿 道臣無不句管 則初不能查櫛 舊逋準數充簿末 乃因兵使之查報 泛然懸錄於狀聞中 該鎭將之掩置 該兵使之緩報 亦不論列 請罪者 都是昏憒溺職之罪 各鎭舊逋 旣未收殺 則宜不敢以無弊之說登聞 而愚迷昏謬慮不及此 但以民少穀多處矯捄一款 以爲無弊者 亦是罔赦之罪云 請議處 允之 又啓言 穆陵參奉李田秀 原情以爲身爲齋官莫重 祭享品式所當十分致愼 而 本陵祭物豆泡 造來於守護軍之家 而矇昧所致 只任謬例失職之罪 萬殞猶輕云 請刑推得情 教 以除刑推議處 又啓言 典祀官嚴耆 原情以爲身爲典祀官 莫重祭享所用豆泡 出付陵軍 自外造來 昏謬不職之罪 萬殞難贖云 請議處 教 以公罪勘放 ○ 該府啓言 嚴耆罪杖一百 請以公罪收贖放送 允之 教 以如有功 議各減一等 又啓言 嚴耆功減一等 杖九十收贖

235.

건명 : 關北·嶺南 각처의 享所는 修改하고, 畢賑을 기다려 擧行한 뒤에 形止하도록 한 처분

발신처 : 慶尙監司 鄭大容

검색어 : 嶺南, 享所, 畢賑, 慶尙監司, 鄭大容, 蔚山, 乭佛山, 祭獻官, 李敏亨

출처 : 正祖 17年 癸丑 3月 15日; 19-222上~222下

命關北嶺南各處享所修改待畢賑卽爲擧行後形止狀聞

(前略) ○ 慶尙監司鄭大容狀啓以爲 慶州新羅始祖殿祭獻官府尹姜彛正 金海首露王陵祭獻官府使李文喆 蔚山乭佛山祭獻官府使李敏亨 梁山伽倻鎭祭獻官郡守成種仁 聞慶主屹山祭獻官縣監朴彛源 差定竝依禮設行 教曰 才令各別申飭 俾有一新之效 而本道各處享所 尤有異於

他道 尋常祀典 廟宇精緻 請具咸備 雖別遣摘奸 果不執頉乎 卿其詳問各邑可以修改 處待畢賑 卽爲修改 而擧行形止 修改緣由 皆卽狀聞事回諭

236.

건명 : 利城縣監 成夏鎭 및 前察訪 李在倫을 施賞하고, 慶尙水虞候 金昊吉을 加資하도록 한 처분

발신처 : 兵曹

검색어 : 慶尙水虞候, 金昊吉, 加資, 慶尙左水使, 姜膺煥, 西生, 豆毛, 包伊, 開雲, 西平, 公廳倉廨, 陞敍

출처 : 正祖 17年 癸丑 5月 初1日 ; 19-320下~321下

命利城縣監成夏鎭陞敍營裨前察訪李在倫相當職調用慶尙水虞候金昊吉加資

兵曹啓言 觀此咸鏡監司金憙狀啓 以爲利城縣監成夏鎭 本縣各處公廨傾圮頹毁處 多般經營鳩聚物力 可以新建者新建 可以修補者修補 至於役軍 則不用民力給價使役 北巡時 使裨將看審 則果如所報 誠爲可嘉 請令該曹考 例稟處矣 參以前例 似當施以陞敍之典 係干恩典 請上裁 又啓言 觀此咸鏡監司金憙狀啓 以爲本營雉堞砲樓 率多頹圮 及今修改 不容少緩使軍官 前察訪李在倫 將校出身李弘植 閑良金宗億等監董修繕 而在倫等鳩聚物力 不煩民力 刻期告訖城堞之改 尋砲樓之改建者 莫不一新論其幹事之功 恐有酬勞之道 請令該曹 考例稟處矣 宜有區別論賞之擧 李弘植施以加資之典 李在倫相當職調用 金宗億自本營施賞似合 事宜係干恩典 請上裁 又啓言 觀此慶尙左水使姜膺煥啓本 以爲連弩弓 般上軍器之第一緊要 故經紀物力 使虞候金昊吉監董製造三百張 具弦機三百坐 矢一萬箇 弓三十張 機三十坐 矢一千箇式分送於所管西生豆毛包伊開雲西平等五鎭 餘弓一百五十張 機一百五十坐 矢五千箇 分置於本營 三隻戰船其外軍器舟什 公廳倉廨自辦修繕 非特軍器監董之勞 以殘營幕下指 廩鳩財以濟士卒 宜有褒奬之典 請令該曹 照例稟處矣 其在激勸之道 似當施以加資之典 係干恩賞請上裁 竝從之

237.

건명 : 統營 所管의 漁條는 前例에 의거하여 本邑에 移屬하고, 進上하는 울산 전복은 湖南·關東에 依據하여 土産에 따라 封進하도록 命함

발신처 : 慶尙監司 鄭大容

검색어 : 漁稅, 統營, 蔚鰒, 湖南, 關東, 土産封進, 慶尙監司, 鄭大容, 蔚山

출처 : 正祖 17年 癸丑 5月 27日 ; 19-440下~443上

命統營所管漁條依前移屬于本邑進上蔚鰒依湖南關東例隨其土産封進 慶尙監司鄭大容狀啓以爲 以統營條簾弊端及渙鹽船風落松事 奉承備邊司 關辭伏不勝惶隕震越更 卽技擧知委於左右沿邑 凡係爲弊之端無論 臣細一一採探 則右沿漁稅移屬統營之後 奸弊歲益層生貽 害無所不至到底 民情莫不怨咨 實有朝久難支之慮 其所矯救不容少緩 而論之者 或以爲還屬地方官 則可以捄得其弊 或以爲仍置統營 而革祛謬套禁遏奸竇 則民可賴安 其說各異 所願不同 而大抵願屬各邑者衆 仍置該營者寡 而細究事情 有所不然者 前此漁稅之屬之統營者 非直爲軍民之沾漑 實出於營樣之漸不如古 而許多償債之 無以區處也 令若還屬各邑 使統營無所干預 則關防重地 實有狼狽沒樣之慮 蓋聞從前各邑句檢之時 責應侵徵 無異於令日之統營 而及其移屬統營之初 民皆爲便矣 (中略) 一 蔚山全鰒之甘軟 稱於國內 而以其體小 每於進上措備之時 必貿於泗川巨濟等地 此是濟州所産之轉貿者也 其體雖大其味不佳 而高峻之元價 去來之雜費 海民例爲策應 進上事體至重 雖不敢輕議 而隨其土産封進 自是貢獻定制 且有關東湖南倣據之例 此宜有變通之道 而本府藿田 最多於他邑 而若其蒙利稍厚之處 該監色從中作奸定 出藿直二名 各捧其稅 未免疊徵 此後毋或操縱加徵之意申明定式 以爲永久禁革之地 教曰 令日酬應甚煩 而係是民事 如是判下 明日諸有司及曾經嶺伯人 會于廟堂 先爲看詳 仍又講確待停 當就議大臣粘連草記

238.

건명 : 進上 蔚鰒은 湖南·關東例에 의거하여 土産에 따라 封進하도록 命함

발신처 : 備邊司

검색어 : 統營, 土産封進, 金華鎭, 鄭昌順, 洪檍, 趙鎭宅, 漁稅劃付, 均廳案,

蔚山, 藿稅, 全鰒, 劃給, 疊徵, 借名冒占

출처 : 正祖 17年 癸丑 5月 27日 ; 19-440下~444下

命統營所管漁條依前移屬于本邑進上蔚鰒依湖南關東例隨其土産封進

(前略) ○ 備邊司啓言 臣等與曾經嶺伯金華鎭鄭昌順洪檍時 嶺伯趙鎭宅齊會廟堂 屢次看閱其狀本 仍與商確其事情 則皆以爲道臣之原啓論列後錄 釐弊雖似纖悉終未見其有豁然蘇捄 使海民淸脫於積痼之弊蓋其源頭 不離於仍屬統營依前收稅 而臣等取見丁酉年若沿漁稅劃付時擧條 則其時大臣諸臣 以均廳事目之至嚴 初則不許 末乃以均廳案付外 可合新設 民力不及處 可惜廢棄者 借此名色 黽勉許之 海稅之劃給 統營每年爲一萬兩 又爲將士沾溉之資 右沿漁稅劃付 則朝家之軫恤統閫 曲盡無餘 而論以均廳事目 則已不無撓毁之歎矣 今者將吏之奸弊滋甚 海民之受困 至此未有兩便之效 久貽朝廷之憂 今於矯革之日 若不打破其本源 規規於末流之弊 則安得不祛弊生弊後 見其傅會穿鑿乎 今以道帥臣所陳救弊諸條觀之 俱是因循姑息 無一永久可行小小諸條 俱無足加損 不必提論 若就其稍大者論之 地貼之代以掌標雖似救弊量入加請之際 安知無將吏欺隱之患 船稅之無得疊徵 雖有定式 入海收捧之時 豈無將吏奸濫之習乎 執籌乃是爲弊之大者 而許以營裨之眼同者 是豈終始無弊條簾之許屬 實爲將吏容奸之資而還給海民 何足爲捄弊之道乎 至於船隻之借名冒占 已難究覈摘發 而新條之査實毁撤 實是行不得之政 均役事目何等詳備 定制設法又何等嚴密而畢竟生弊 莫可收拾 則今以漁稅專屬於統營 京廳不得句管 道臣不得操切 只使睹利之將吏抵死奔走 而今乃擬之以贓律 贓之以刑配 以防其奸者適見 其有損紀綱 無補海弊 若沿漁稅還付本邑 則諸條痼瘼不期去而自去 安用道臣帥臣章皇論啓哉 道啓雖以營樣之不如古 爲却顧之端 而當此海民倒懸之日 此些窒碍有不足恤 臣等之議 以爲右沿漁稅 一依均廳節目 依前還付各邑 統營則更不得營涉 方可爲十分救革之道 至於左右沿邑官用魚物之廉價厚取 蔚山藿稅疊徵等事 道臣旣以存減革罷分成節目云 此則各別嚴飭 使之永久遵行 更毋敢以弊端上聞於朝廷進上全鰒 係是沿邑應貢之物 則所産各邑自當措備 何嘗使之必貿於濟州所産乎 進獻事體至重 而道臣之以此陳聞 事極未安 合施推考之典矣 諸議同然 以此停當後 就議大臣 則若議政金履素以爲右沿漁稅之劃付統閫 專爲該營將士聊賴之資 而渠輩多年作奸積成痼

瘼 以至海民難支之境 今者道帥臣所上捄弊諸條 可知爲弊已痼 下手無路故也 今此會議諸臣 以拔本之道有還屬之 請事面圓正積弊自去 蓋當初劃給非該營經用 卽不過取其剩餘沾漑 將吏則渠輩些少失利 不須較論於通變之日 亦無異議云矣 允之 敎曰 隨其土産封進 而勿拘大小 旣有湖南關東釐弊之近例 蔚鰒事 依狀請施行 道臣勿推

239.

건명 : 嶺南伯 鄭大容이 道內 賑恤을 마쳤다고 馳啓함

발신처 : 嶺南伯 鄭大容

검색어 : 分賑穀簿, 鄭大容, 畢賑, 賑餘穀, 還錄, 私賑, 元賑, 常賑, 左兵營, 兵使, 許伏, 蔚山府使, 李敏亨, 彦陽縣, 李邦幹, 西生鎭, 金兌瑞, 蔚山牧場, 監牧官, 柳始聃

출처 : 正祖 17年 癸丑 6月 初1日 ; 19-468下~489下

嶺南伯鄭大容以道內畢賑馳啓

該監司狀啓 以爲道內各營邑驛鎭堡分賑穀簿 今纔了勘 故無論設賑與救急飢口穀數 修成冊上送于賑恤廳 而賑餘穀則還錄於各其邑 救急二十七處 白給穀一萬八千四百六十一石零 不犯公穀 竝以自備 與各樣作穀從便排用 而若其不足處 自臣營別爲區劃添補 士民之激於義氣願納私賑數 亦不些賑糶兩政賴而就緖幾十萬 濱死之命 幸得全活之樂 各邑自備及士民等五十石以上 願納與私賑人姓名穀數 竝爲列錄 而士民中穀數居多者 拈出附陳 令該廳考例稟處 五十石以下 依定式 自本道施賞 ○ 左兵營 元賑十二巡合 飢口一萬六千七百四十四 分賑各穀一千二百石七斗零 米八十三石零內 八十石零常賑 三石元帖價 租九百八石一斗零內 十一石錢椒作 二十五石元帖價 一百八十石十四斗零私賑 二十一石二斗零空名帖價 三百三十石公貨取剩 三百四十石兵使許伏自備 年一百五十七石三斗零常賑 ○ 粥米三十二石四斗零 ○ 醬太五十二石零 常賑 鹽二十六石零 折租五十二石零 藿七百六十三丹零 折租七十六石五斗零 ○ 歲前六次救急合 飢口二千七百八十六 分給穀五十石十一斗零 ○ 錢椒別巡飢口一千三百九 分給租六十一石一斗零 飯米四石五斗零 藿六十五丹零 醬十三斗零 (中略) 蔚山府 元賑十一巡合 飢口八萬四千六百三十二 分賑各穀七千四百二石六斗零 米

三百二十八石四斗零內 十五石八斗零進上停封價 一百八十石十二斗零常賑 一百三十一石十二斗零 府使李敏亨自備 租四千八百六十五石二斗零內 三十八石錢椒作 三千六百五十六石十斗零常賑 七石元帖價 四十七石私賑 五石備荒 一百三十三石五斗公貨取剩 七十一石一斗零風落松價作 十五石府使李敏亨自備 八百九十二石十斗願納 年一千九百三石零常賑 ○ 粥米一百九十六石六斗零 ○ 醬太三百五石五斗零常賑 鹽一百五十二石十斗零 折年三百五石五斗零 藿四千五百七十五丹零 折年四百五十七石八斗零 ○ 歲前救急二次合 飢口三千二百八十七 分給穀六百四十五石十四斗零 ○ 錢椒別巡 飢口一萬六十四 分給租四百六十九石九斗零 飯米三十三石八斗零 藿五百三丹零 醬六石十斗零 (中略) 彦陽縣 元賑十一巡合 飢口一萬五千三百六十 分賑各穀一千二百七十八石八斗零 米三十三石六斗零內 四斗進上停封價 三十三石二斗零常賑 租一千三十五石九斗零內 二十三石錢椒作 二百十四石十四斗零常賑 四十石備局軍作 七十二石十三斗私賑 二十石元帖價 五十七石公貨取剩 九十五石十一斗零空名帖價 五百十二石縣監李邦幹自備 年一百五十五石七斗常賑 ○ 粥米三十三石六斗零 ○ 醬太五十四石零內 三十九石零常賑 十五石縣監李邦幹自備 鹽二十七石零內 一石十一斗零公貨取剩 十五石縣監李邦幹自備 十石三斗零折租三十石十一斗零 藿七百九十一丹零內 四百二十五丹零公貨取剩 三百六十六丹零 折租六十一石零 ○ 歲前一次救急 飢口八百五十七 分給穀五十七石十斗零 ○ 錢錢椒別巡 飢口一千三百三十二 分給租六十二石二斗零 飯米四石六斗 藿六十六丹零 醬十三斗零 (中略) 西生鎭元賑十一巡合 飢口一千四百九十七 分賑各穀一百六石四斗零 米十四石二斗零內 十一石五斗零常賑 二石十二斗私賑 租八十七石零內 二十二石私賑 二十石元帖價 二十七石一斗零風落松價作 三石十四斗零空名帖價 十三石十四斗零僉使金兌瑞自備 ○ 粥米三石一斗零 ○ 醬太五石一斗零常賑 鹽二石八斗零 折租五石一斗零 藿七十四丹零 折租七石六斗零 ○ 歲前二次救急合 飢口一百三十七 分給穀六石十四斗零 ○ 錢椒別巡 飢口一百二十一 分給租五石九斗零 飯米六斗零 藿六丹零醬一斗零 (中略) 蔚山牧場 元賑十一巡合 飢口七千三百六十八分賑各穀六百二石十斗零 米三十七石一斗零內 三十石七斗常賑 四石八斗風落松價作 二石監牧官柳始聃自備 租三百四十四石九斗零內 六

十四石三斗零常賑 十七石十二斗私賑 五十石司僕寺劃給 一百三十七石八斗零風落松價作 十五石公貨取剩 三十五石空名帖價 二十五石監牧官柳始聃自備年 一百九十五石空名帖價 ○ 粥米十六石八斗零 ○ 醬太二十五石十四斗零內 二十石十四斗零常賑 五石監牧官柳始聃自備 鹽十二石十四斗零 折租二十五石零 藿三百八十六丹零 折租三十八石十斗零 ○ 歲前救急二次合 飢口四百四十一 分給穀二石七斗 ○ 錢椒別巡 飢口八百九 分給租三十七石十一斗零 飯米二石十斗零 藿四十丹零 醬八斗零 (後略)

240.

건명 : 慶尙道 守令의 論列啓本을 還送하고, 願納補賑人 등에 대한 賞典 施行에 差等이 있게 한 慶尙前監司 鄭大容을 嚴重 推考한 처분

발신처 : 慶尙監司 鄭大容

검색어 : 慶尙前監司, 鄭大容, 畢賑狀啓別單, 蔚山, 劉德基, 蔚山前縣監, 徐命國, 左兵使, 許佽, 右兵使, 李健秀, 左水使, 姜膺煥, 推考, 願納人, 加資

출처 : 正祖 17年 癸丑 6月 初1日 ; 19-490上~492上

重推慶尙前監司鄭大容還送該道守令論列啓本施願納補賑人等賞典有差仍命金烏別將陳德履實蹟更令新伯詳考狀聞

(前略) ○ 吏曹判書金文淳啓言 卽見慶尙監司鄭大容畢賑狀啓別單 則纚啓論列中二十邑守令 初無能否優劣之區別 絛陳一例 嘉獎竝置純褒者 旣非特教行查之意有違 道臣按之體已極寒心 而且其善賑守令之八邑 竝褒亦涉太過 其在事體誠極未安 該道臣爲先從重推考 原啓本還下送 使之區別優劣 詳查能否改修正狀聞 願納人中 幼學三人若是士族 則與富民一例施賞 亦涉如何詳探世閥兼問所 願枚報臣曺浚竝爲稟處 而其餘願納人 慶州嘉善金相泂租一千石 似當施以實職除授之典 蔚山折衝劉德基租六百石 密陽折衝金敬膺 閑良朴文淳 大丘折衝金基彥 各租五百石 宜寧出身許權各穀五百石 已上六人 似當施以賞加之典 東萊前參奉金始大租二百五十石 大丘折衝李焓租二百石 東萊前營將金魯範米一百五十三石 (中略) 蔚山前縣監徐命國 東萊嘉善金漢成清道 幼學朴厚載方尙德千逸彥尙州折衝金尙鯉吳熙老 閑良全致一李

民濟金時元 三嘉 閑良李晩伯 幼學金光澤 聞慶閑良成範杜 各租一百石 已上二十八人 似當施以帖加成給之典 而其中前縣監徐命國 前營將金魯範 前參奉全始大 係是朝官竝置之 幼學朴厚載方尙德千逸彦姜錫範金光澤 亦是士人依例 竝施即階帖成給之典 (中略) 敎曰 慶州嘉善金相洞旣過千石 原賞外五衛將 今日內作窠口傳 擬入幼學 三人探問 事俾勿遲滯 願納人中 前縣監徐命國等 三人賞加 金魯範陞敍 昨年嶺南豈比他道 則願納之數比諸道 雖曰差少 其在奬勸之道 不可以曾有朝禁或忽拔例論賞 永川姜尙采等九十石已下 至三嘉申局利五十石以上 特竝即階及帖加成給 而加資下批 皆以口傳擧行 今日內 令政院成送有旨 下送該道 ○ 兵曹判書徐有防啓言 卽見慶尙監司鄭大容畢賑狀啓 則左兵使許伏 前右兵使李健秀 左水使姜膺煥 自備穀數 不過數三百石 且閫帥與守令有間 其餘虞侯及各鎭邊將監牧官 捐出薄廩濟活鎭卒 有足可稱 而自備之數 多不過百石 小僅爲十石 一竝置之 金烏別將陳德履 則自備租雖爲八十石零 而道臣別單中 至以昨冬鎭還之難捧者 自備充數爲二百四十餘包 方春抄飢之數爲百三十餘口 而分俵公穀不用一包 卑微之地 其意可尙云 其在激勸之道 不可無論賞之擧 似當施以兒馬帖賜給之典 從之 敎曰 金烏別將陳德履捐廩補還 豈可與反倉射利同年而語哉 八斗猶可嘉 況八十石及二百四十餘包乎 更令新道伯 詳考實績狀聞 以爲別般論賞之地

241.

건명 : 嶺南에서 繡啓한 論列守令 및 善賑守令은 吏曹의 回啓에 의해 施行하고, 蔚山府使 李敏亨 등의 罷職을 명함

발신처 : 慶尙前監司 鄭大容

검색어 : 嶺南, 畢賑, 守令察訪自備穀別單, 蔚山府使, 李敏亨, 兒馬賜給, 彦陽縣監, 李邦幹, 李敏亨, 機張縣監, 李宗海, 各邑善賑論列狀本

출처 : 正祖 17年 癸丑 6月 13日 ; 19-520上~523上

命嶺南繡啓論列守令及善賑守令依吏曹回啓施行仍命草溪郡守尹昇東勿羅蔚山府使李敏亨罷職星州牧使李命杰改差梁山郡守成種仁特擢通政星州牧使昌原府使李汝節陞敍永川郡守朴明淳口傳收用松羅前察訪李可運上弦弓一張賜給

吏曹 以慶尙前監司鄭大容道內畢賑後 守令察訪自備穀別單 回啓以爲 善山府使朴綏源 自備各穀爲二千四百餘石 似當施以表裏賜給之典 (中略) 彦陽縣監李邦幹 自備各穀爲五百石零 似當施以兒馬賜給之典 (中略) 宜寧縣監南麟耈 順興府使許晪 草溪郡守尹昇東 咸安郡守沈鏔 尙州前牧使李趾采 金海府使李文喆 晉州牧使朴宗厚 漆原前縣監成彦霖 星州牧使李命杰 河東前府使李謙會 固城前縣令元永龜 三嘉縣監鄭在中 慶州前府尹姜彝正 比安前縣監趙亨逵 態川前縣監金輔明 蔚山府使李敏亨 昆陽郡守宋綸源 玄風前縣監洪大默 鎭海縣監成道鍾等 自備穀物 雖有多少之別 而旣入於繡啓論列之中 不可以補賑 一事循例 論賞幷置之 (中略) 從之 ○ 該曹 以慶尙前監司鄭大容繡啓中 守令及畢賑後 各邑善賑論列狀本 回啓以爲 (中略) 蔚山府使李敏亨 以貿販穀物 富民之稱寃 旣多防禁海弊閫屬之取謗 轉甚扶抑或過毁譽相半爲言毋論富民與閫屬 成怨或謗 旣如是藉甚不可以毁譽相半仍 而置之爲先拿問處之 (中略) 機張縣監李宗海 以已自歲前五等 賙救隨其緩急免其顑頷 諸般戶役 一切蠲減安集之方 靡不用極及當公賑 亦自添補簸精厚分抄拔 適宜闔境瀕危之命 皆能穌醒 自備各穀爲八百餘石爲言 以至殘之邑 當六無之歲 諸般官用 一幷蠲減 賙飢分賑 各適其宜 兩邑守令似當施以陞敍之典 梁山郡守成種仁 以昨年風雨之災 左沿之中梁山爲最 而倘非該郡守之積費憂勞 則以彼至殘痼弊之邑 偏困獨凶之民實無以自力延命 而亦能全活斯民 奠居是邑實非始料所及 先自未寒預究賑資峽野迂僻 無不躬審甁罌儲乏 探問救急 跋涉風露 奔走東西移粟繼巡 恪謹治規 不近求譽 而成效可驗於實蹟 奚但闔境之頌惠 最爲一路之稱誦爲言 以最尤甚處積費憂勞 消詳接濟能得全活奠居 其他實蹟雖爲一路之稱頌 而侍從分憂道理則然 (下略)

242.

건명 : 長鬐縣監 李天晟을 罷職함

발신처 : 慶尙左兵使 許佺

검색어 : 長鬐縣監, 李天晟, 慶尙左兵使, 許佺, 慶州營將, 鄭漳, 東萊, 釜山, 火藥, 私賣

출처 : 正祖 17年 癸丑 6月 13日 ; 19-523上~524上

罷長鬐縣監李天晟職

慶尙左兵使許伕 狀啓以爲 本月初一日 慶州營將鄭漳 以東萊地省掃事進往 回路馳到臣營 以爲火藥之痛禁私賣者 京關營飭近益申嚴 故廣加跟探之際 聞慶州東海面居砲手金於仁岳私自買藥之說 卽爲捉來查問 則所告內名不知何許人屢次來賣 故前後買得者 火藥三十七斤鉛丸十三斤云 聞極驚駭 多般跟捕捉得藥丸私賣人張世右朴磨唐金等於東萊釜山地 押來于營將所到處 故先問其藥丸所從來 則偸出於長鬐縣軍器庫中云 而賊漢推覈 一款還鎭後 擧行計料云 故聞極驚駭 徒黨幾人及私買各人捕得盤覈之意 另飭於營將處 卽遣褊稗 馳往長鬐縣摘奸 則火藥欠縮一千二百三十三斤零 鉛丸欠縮一萬九千六十五箇云 該縣監李天晟牒呈內 本縣以最尤甚設賑邑 自歲前至于今日夜 憂慮於賑事 至於庫藏軍器牢鎖無疑 故待畢賑後 點閱計料矣 不見不知之中藥丸見失 至於此多驚惶罔措云 該營將以罪人張世右等及該縣軍器監色 供招牒呈以爲 以該縣軍器監官 所招觀之所失火藥爲二十四布帒而一布帒所盛爲五十斤云 則所失實數當爲一千二百斤 而賊漢各處發賣爲一千一百六十四斤 則不足爲三十五斤 鉛丸則監官招內 所失爲二囊 而一囊所盛或六七千箇 或六九千箇云 而賊漢發賣爲一萬五千五百三十六箇 則比準於該縣所報之數 不足爲三千五百二十九箇 而賊招中有藥丸發賣間 被洒遺失之語 則斤兩箇數之互相矛盾 容或無怪隨從人靈光姜厚邑時 蔚山朴大福永川李哥安義崔哥四漢等 今方跟捕云矣 以罪人張世右供辭觀之 前後偸竊 至於五次 而首尾屢月 該縣監終未覺察 致使賊徒恣意售計 該縣監李天晟爲先罷黜 其罪狀令攸司稟處 至於軍器監色 今方捉致臣營 從重決棍後 仍爲嚴囚以待照勘 罪人張世右 則各人究覈未及了畢 故姑不得請勘 至於釜山多大豆毛三鎭堡及各邑村閭間 私自買取之類 待其推捉究覈 更爲啓聞 計料莫重備虞之物如是見失其所推徵充上之節 不容少緩 故買取各人等處 一一徵出 餘外不足之數 自該縣從速備上之意 嚴關申飭於該鎭及該邑

243.

건명 : 林性運을 蔚山府使에 임명함

발신처 : 正祖

검색어 : 單付, 林性運, 蔚山府使

출처 : 正祖 17年 癸丑 6月 14日 ; 19-643上

以李宷單付善山府使 林性運爲蔚山府使 李秉淳爲知禮縣監 鄭昌耆爲居昌縣令 鄭雲達爲庇仁縣監 竝口傳也

244.

건명 : 蔚山府使 林性運과 豊德府使 鄭東協을 相換하도록 한 처분

발신처 : 正祖

검색어 : 蔚山府使, 林性運, 相換

출처 : 正祖 17年 癸丑 6月 14日 ; 19-643上~643下

蔚山府使林性運豊德府使鄭東協相換

敎曰 年太淺劇邑蘇弊 宜取熟鍊 蔚山府使 他道守令中 素稱剛核人相換

245.

건명 : 여러 道 각 營의 秋水陸操 및 都試·校生考講은 모두 행하고, 三南은 官鎭門聚點만 시행하도록 한 처분

발신처 : 慶尙左兵使 許伕 등

검색어 : 水陸操, 都試, 校生考講, 官鎭門聚點, 慶尙左兵使, 許伕, 秋操, 巡操, 巡歷, 巡點, 親騎衛勸別武, 鄕騎士武學, 習操, 春操

출처 : 正祖 17年 癸丑 7月 18日 ; 19-668下~669上

命諸道各營今秋水陸操及各樣都試校生考講幷依例設行三南只行官鎭門聚點

備局啓言 卽見水禦使李文源 總戎使鄭民始 京畿監司鄭昌順 江華留守尹師國 京畿水使許近水 宗防禦使李普溫 黃海兵使姜五成 平安兵使柳孝源 忠淸兵使李潤國 全羅兵使李壽鵬 慶尙左兵使許伕 右兵使白師誾 統制使申大顯 南兵使許任 北兵使崔景岳 江原監司申耆 秋操取稟狀啓 則以爲 今秋水陸操及巡操巡歷巡點聚點 請令廟堂 稟旨分付 親騎衛勸別武鄕騎士武學等都試及校生考講 依例設行爲辭矣 每年各道 習操停廢居多 其在詰戎之道 未免疏虞 今年年事 方有登熟之望 則固當一幷設行 而第念三南 纔經大賑瘡痍未蘇 驅桊疲民裹糧 赴操其艱難辛苦之勢 在所當恤 今秋水陸操及巡歷巡點 幷姑停正 而在前

停操之時 官鎭門聚點 多有設行之例 此則另飭擧行 俾有實效 至於海西北關春操取稟時 旣有待秋 直爲設行之命 自當依例設行 關西關東京畿三道 昨今兩年穡事稍豊 戎政不可一向廢閣 水陸操幷令設行 各樣都試及校生考講 幷依前擧行之意 請一體分付 允之

246.

건명 : 각 道 軍餉의 還上에서 居末한 守令은 事目에 의거하여 勘處하고, 設賑 여러 읍의 守令은 分揀하도록 한 처분

발신처 : 慶尙前監司 鄭大容 등

검색어 : 軍餉, 還上居末, 慶尙道, 西生前僉使, 韓聖寬

출처 : 正祖 17年 癸丑 7月 26日 ; 19-688上~688下

命各道軍餉還上居末守令幷依事目勘處設賑諸邑守令依例分揀

備邊司啓言 卽見慶尙前監司鄭大容 前統制使李潤慶 忠淸監司李亨元 黃海前監司李敬一 捧未捧狀啓 則慶尙道新軍餉居末 金海府使李文喆居二 多大浦前僉使金處升居三 西生前僉使韓聖寬新還上居末 金海府使李文喆居二 漆原前縣監成彦霖軍布作米居末 金海府使李文喆居二 順興前府使許晪居三 星州前牧使李命杰射軍木作米及別會穀居末 金海府使李文喆統營新餉居末 金海府使李文喆居二 固城前縣令元永龜居三 晉州牧使朴宗厚 昌原府使李汝節 定山縣監鄭亮采 忠淸道新軍餉居末 庇仁前縣監任長源居二 平澤前縣監鄭述仁居三 扶餘前縣監朴齊家新還上居末 稷山縣監金在明居二 栗峯察訪趙秀民 黃海道舊還上未準捧 善積僉使李師春 所已萬戶李弘淵 大峴別將姜弼贊云矣 幷依事目勘處 至於設賑諸邑 自前有分揀之例 金海漆原順興固城庇仁平澤稷山等 邑諸守令 幷爲分揀 其餘還上居三守令 請幷依事目勿論 允之

247.

건명 : 釜山僉使 林栽洙 등을 罷職하여 拿問하고, 火藥 首犯 賊漢은 嚴囚하여 諸賊의 捕獲을 기다리며, 나머지 각 鎭의 監色 및 干犯은 帥臣이 決處하도록 명함

발신처 : 慶尙監司 趙鎭宅 등

검색어 : 釜山僉使, 林栽洙, 慶尙監司, 趙鎭宅, 左兵使, 許佾, 長鬐縣, 月課藥

丸, 私買, 釜山, 豆毛

출처 : 正祖 17年 癸丑 8月 18日 ; 19-750下~751上

命釜山僉使林栽洙豆毛浦萬戶金性一先罷後拿火藥首犯賊漢仍爲嚴囚以待盡捕諸賊其餘各鎭監色及干犯諸人令帥臣決處

兵曹啓言 觀此慶尙監司趙鎭宅狀啓及左兵使許攸狀啓 則長鬐縣火藥鉛丸偸出賊徒 釜山多大豆毛三鎭 月課藥丸私買 監色閭巷私買 各人居在諸處 有難一齊來待 隨其所到 自慶州鎭供招後 各人等所買藥丸推出輸送 該縣不足之數 自本縣準數充上 而啓下關文中 旣往雖不可一一追勘 此後則毋論一斤半斤 閭巷間私自賣買者 依律重勘矣 此亦有令前令後之別 而有不敢自下處斷 待回下區別勘罪次 各人等仍囚慶州鎭 以各鎭監色所供觀之前後 僉使萬戶月課藥丸 私買充補 萬萬可駭 其罪狀 令該曹稟處 多大鎭私買 旣在昨年令前置之勿問 監色合置既往之科 賊漢首犯情節綻露無餘 而在逃諸賊 尙未捕捉鉤覈歸一 然後更當分首從具格 請勘爲辭矣 火藥鉛丸軍器中 緊重之物 欲其去來分明之 故外邑無不受去於京司 而釜山豆毛兩鎭 既曰無此例 則亦必貿去于京司 蓋外邑則無賣買之故也 況且今春毋論火藥之多少 私相賣買者 則依律重勘之意行會 諸道不啻申嚴 而身爲邊將賊徒偸賣 利其價廉冒犯朝令 有此私買論其罪狀 萬萬駭然 釜山僉使林栽洙 豆毛浦萬戶金性一 竝爲罷黜 仍令該府拿問嚴勘 在逃諸賊 姑未跟捕未及盡覈 則首犯有難輕先勘斷 仍爲嚴囚 以待盡捕 其餘各鎭監色及干犯與私買諸人 已皆直招 令道臣 知委帥臣 使之從輕重決處之意 分付何如允之

248.

건명 : 囚人 林載洙·金性一 등을 分揀하고, 慶尙左兵使 許攸을 罷職함

발신처 : 釜山前僉使 林載洙

검색어 : 慶尙左兵使, 許攸, 釜山前僉使, 林載洙, 水營, 豆毛浦, 兵使, 月課, 私買

출처 : 正祖 17年 癸丑 9月 26日 ; 19-877上~877下

分揀時囚林載洙金性一等罷慶尙左兵使許攸職

義禁府啓言 釜山前僉使林載洙原情以爲 待罪本職歲已周矣 凡干擧行

必待營關　而今此火藥私買之禁令　元無發關知委之事　非但本鎭爲然自水營以下七鎭 無一知委處 則新頒禁令 實未聞知 而襲謬貿取矣 道帥臣論列 有若旣聞朝令 徒取價廉 故爲犯禁者 然而火藥一斤之價 不過四五錢 豈有爲其些少之廉直知 而故犯甘自陷於違越禁令之科乎 只緣愚迷未聞朝令　自歸犯禁恭俟重勘云　豆毛浦前萬戶金性一原情以爲火藥私買　新有禁令　而初無營關知委之事　故茫未聞知　只爲月課之及時備上 果有火藥之襲謬 貿取莫非愚迷不察之罪云 林載洙曾經宣傳官議處 金性一刑推得情何如 敎曰 初不知委狀啓 不爲區別者 極爲駭然兩邊將雖曰 水營所關京廳行關於鎭營 則鎭營卽亦兵使管轄也 以此以彼 雖免不飭不察之責 當該帥臣罷職 兩囚分揀放送

249.

건명 : 徐有秉을 慶尙左兵使로 임명함

발신처 : 正祖

검색어 : 徐有秉, 慶尙左兵使, 相換

출처 : 正祖 17年 癸丑 9月 28日 ; 19-883上

有政 吏曹判書金思穆參判沈煥之參議李冕膺兵曹判書鄭好仁進

以林著喆爲大司憲 鄭毅祚爲掌令 安廷善爲持平 洪秀晩爲正言 李在學爲戶曹參判 景慕宮奉事尹潋基 尙衣直長洪樂綏相換 呂善亨康晉三爲同知 徐有秉爲慶尙左兵使

250.

건명 : 慶尙左兵使 徐有秉의 改差를 청원함

발신처 : 兵曹

검색어 : 慶尙左兵使, 徐有秉, 慶尙監司, 趙鎭宅, 改差

출 처 : 正祖 17年 癸丑 10月 上 初1日 ; 19-894上

遞慶尙左兵使徐有秉

兵曹啓言 新除授慶尙左兵使徐有秉 與本道監司趙鎭宅 有親査應避之嫌法 不當赴任呈狀矣 請依法典改差 允之

251.

건명 : 尹範行을 慶尙左兵使로 임명함

발신처 : 正祖

검색어 : 尹範行, 慶尙左兵使

출처 : 正祖 17年 癸丑 10月 初4日 ; 19-899上~899下

有政 吏曹判書金思穆兵曹判書鄭好仁進

(前略) ○ 以李在學爲吏曹參判 鄭大容爲吏曹參議 李祉永爲修撰 林濟遠爲兵曹參判 金履禮爲童蒙敎官 金基厚爲瑞興府使 吳文常爲茂山府使 丁載運爲沃川郡守 任希默爲幷邑縣監 尹範行爲慶尙左兵使

252.

건명 : 嶺南의 災實을 分等하고, 所請한 여러 條는 狀啓에 의거하여 施行하도록 명함

발신처 : 慶尙監司 趙鎭宅

검색어 : 嶺南, 災實, 慶尙監司, 趙鎭宅, 東萊, 機張, 蔚山, 彦陽, 陳頉, 加劃, 停退

출처 : 正祖 17年 癸丑 10月 25日 ; 19-964上~965上

命嶺南災實分等及所請諸條依狀請施行

該監司趙鎭宅狀啓以爲 本道穡事毋論沿峽農早晩穀 一坪二坪間間災頉外 均之爲豊登 故尤甚一名不爲擧論 只以之次稍實分二等 開坐于後 就此豊登中 分而言之 則沿江濱海 稍遜於野邑 漆粟豆太不及於畓穀 而木花則俱未免失稔 使今歲在於屢豊之餘 則事目災二千結 何嘗有太不足之慮 而第念昨年歛荒 殆是挽近所無 所謂近萬結 永頉近萬結 覆沙外面驟看 雖或太涉過 當就中細究 亦非全然失實 然一年減總之若是夥多大關國計 纔因備局關嚴飭列邑 昨年永災中冒濫者 雖把束之微俾各首實 且於各年陳頉十萬七千餘結中 還起隱漏 一一爬櫛 幾盡準京於昨年永頉之數 而惟是覆沙名色 不過當年之災 如此豊稔之歲事 當依法還實 而無奈春夏之際 饑饉之切逼 而不暇於耕耘 以時癘疫之熾盛 而靡賴於鄰里相資 雖其門前之良田美畓 猶有陳棄之歎 況此原野之荒堤廢塍 尤無致力之望 此等處許入於今災中 而不得不俵給之災 爲七千六百三十二結二十員八束 元俵二千結外 不足條五千六百三

十二結二十員八束 特許加劃 則謹當綽約排比平均分俵二三條件之可以上聞者 後錄馳啓 請令廟堂 稟旨分付 稍實四十七邑 大丘星州高靈陝川宜寧三嘉晉州泗川鎭海咸安昌原熊川長鬐迎日興海寧海彦陽永川慈仁慶山河陽新寧義興義城安東禮安眞寶英陽靑松漆谷軍威比安禮泉豊基龍宮咸昌聞慶玄風昌寧靈山開寧金山知禮安義咸陽山淸丹城 之次二十四邑 淸道密陽梁山金海東萊機張蔚山慶州淸河盈德仁同善山尙州居昌草溪河東南海昆陽固城巨濟漆原奉化榮川順興 一居昌縣庚戌舊還釐弊時 各穀二萬五千七百四十三石 分給民間 限三年除耗分捧 而當年條 則已卽收捧 辛亥壬子兩年條 方在停退中壬子條 則當與他舊還一體準捧 而該縣今年穡事 旣不免雨水之害 賑餘民力 亦多有未遑之慮 庚戌舊還停退條 自今年更定三年之限 使之次次備納 以爲收殺之地 一今年田農 頗遜於畓農 昨年田穀之折半代捧者 竝與新還當捧而責納 本色 則恐不無民間難辨之慮 新還 雖不敢擧論舊還中 豆太兩色限折半 仍令代捧待明秋還作本色 以紓一分民力 一推奴徵債 當此瘡痍未穌之餘 又値新舊替還之際 不可以年事之豊登 添一擾民之端 今年亦依前防塞 敎以所請俱甚精約依收 請施行事 回諭

253.

건명 : 京外 老職人에게 加資함

발신처 : 正祖

검색어 : 京外老職人, 加資, 蔚山, 金元奉, 申以悌

출처 : 正祖 18年 甲寅 正月 初1日 ; 20-238下~240下

京外老職人加資下批

東部朝官資憲前同知文世興 西部朝官嘉善前同知李元根 (中略) 蔚山嘉善金元奉 折衝申以悌 寧海折衝申鈺 密陽折衝金命夏等 三人 (中略) ○ 吏曹以朝官年八十 士庶年九十 依例加資下批 望筒啓 敎曰 今日壽職人中 年例加資者 自當更加一資 令吏曹知悉 今日下批諸道壽職老人抄啓時 如此之人勿爲抄啓事分付 仍令政院後錄已資人姓名 竝與官敎同封付敕差使員下送道伯處 各令道伯祗受頒給頒給形止狀聞事一體下諭 諸道百歲老人已資窮外 正憲金俊謙 資憲鄭辰三徐寬 嘉義金時萬金厚發玄世傑金元奉 嘉善鄭次乭金仁福郭七甲金成秋 竝超崇

政階 皆令今日政 下批有旨 一體成送事 分付

254.

건명 : 慶尙左兵使 尹範行을 削職함

발신처 : 慶尙左兵使 尹範行

검색어 : 慶尙左兵使, 尹範行, 城堞圖, 口傳擇差

출처 : 正祖 18年 甲寅 正月 初7日 ; 20-260上

削慶尙左兵使尹範行職

因慶尙左兵使尹範行圖進城堞圖 敎曰 雖以備堂之私書往復 圖來猶不敢 若是無形 因傳敎行會 何等消詳 則觀此圖上之本 此果圖形乎 卽此一節無嚴莫甚 廟堂之默無一言請罪者 亦豈成說乎 該兵使尹範行爲先削職 令該曹 口傳擇差 仍令該府 拿問嚴處 新兵使待下批 今日辭朝 發遣宣傳官 卽爲奪符以來 以懲無嚴之習

255.

건명 : 李禹鉉을 慶尙左兵使에 임명함

발신처 : 正祖

검색어 : 李禹鉉, 慶尙左兵使

출처 : 正祖 18年 甲寅 正月 初7日 ; 20-260上

以李禹鉉爲慶尙左兵使 口傳也

256.

건명 : 각 道의 春水陸操 등은 모두 停止하고, 海西 喬桐의 官門聚點 및 關東의 勸別武都試는 거행하도록 한 처분

발신처 : 慶尙前左兵使 尹範行 등

검색어 : 水陸操, 巡歷, 巡點, 官門聚點, 勸別武都試, 慶尙前左兵使, 尹範行, 習操, 合操, 巡操, 聚點

출처 : 正祖 18年 甲寅 正月 初9日 ; 20-274下~275上

命各道今春水陸操巡歷巡點竝停止海西喬桐外官門聚點及關東勸別武都試依例擧行

左議政金履素啓言 守禦使李文源 總戎使鄭民始 江華留守尹師國 開

城留守李秉鼎 京畿水使許伏 永宗僉使李普溫 慶尙前左兵使尹範行 忠淸兵使李潤國 黃海兵使姜五成 前南兵使許任 江原監司沈晉賢狀啓以爲 今春習操合操及巡點巡歷巡操聚點 請令廟堂 稟旨分付 勸別武都試 依例設行爲辭矣 詰戎之政 雖難每每停廢 三南 則纔經賑癘瘡痍未穌 海西喬桐 則賑事方張外 此諸道 雖云豊熟 大飢之餘 民力實有難支之慮 裹糧赴操 在所當恤 今春水陸操及巡歷巡點 竝姑停止 在前停操之年 官鎭門聚點 自是應行之事 海西喬桐外 皆令着意擧行 俾有實效 而至於關東之勸別武都試 係是慰悅之政 依例設行之意分付 未及狀請之處 一體停止之意 知委何如 從之

257.

건명 : 禁府都事 申翼顯의 重推를 청원함

발신처 : 政院

검색어 : 重推, 禁府都事, 申翼顯, 前慶尙左兵使, 尹範行, 推考

출처 : 正祖 18年 甲寅 正月 初10日 ; 20-283下

重推禁府都事申翼顯

政院啓言 前慶尙左兵使尹範行 拿來草記允下之後 金吾郎事當趁卽下直與奪符 宣傳官同時發行 而乃於留門還閉稍久之後 請入下直單子 金吾擧行 何等嚴急 而如是稽緩 極爲駭然 請當該都事重勘 敎 以從重推考

258.

건명 : 각 道의 徒配된 罪人 가운데 同罪未放者의 放送을 청원함

발신처 : 刑曹

검색어 : 黃海道放未放啓本, 配案, 徒配罪人, 蔚山, 白師道

출처 : 正祖 18年 甲寅 正月 27日 ; 20-359上~360上

疏放各道徒配罪人中同罪未放者

刑曹啓言 依黃海道放未放啓本判 付取考諸道配案 詳細考閱 則長連金邦直 免山李柱寶 三和邊世容 蔚山白師道 光陽金緯鎭 長興李師連 興陽李宗成 俱是武斷鄕曲罪 而與已蒙放 (中略) 以上 諸罪人 請幷爲仍置 允之 敎以光陽吳彦逵等 一體放送

259.

건명 : 再政에서 鄭昌期를 蔚山府使에 임명함

발신처 : 正祖

검색어 : 鄭昌期, 蔚山府使

출처 : 正祖 18年 甲寅 2月 22日 ; 20-435下

再政

以尹師國爲大司憲 洪應辰爲知敦寧 鄭昌期爲蔚山府使

260.

건명 : 李義逸을 蔚山府使에 임명함

발신처 : 正祖

검색어 : 李義逸, 蔚山府使, 黃運祚, 陜川郡守

출처 : 正祖 18年 甲寅 2月 22日 ; 20-435下

以李義逸爲蔚山府使 黃運祚爲陜川郡守 口傳也

261.

건명 : 輪對官을 熙政堂에서 召見함

발신처 : 司僕判官 韓大裕

검색어 : 蔚山, 假牧子, 馬政, 加立

출처 : 正祖 18年 甲寅 4月 21日 ; 20-658上~659上

召見輪對官于熙政堂

(前略) 予謂司僕判官韓大裕曰 近來司僕弊端 何如 爾便爲倉氏庫氏與提擧相議 斯速釐正可也 大裕曰 本寺專爲馬政 而卜馬爲一百二十匹 而巨達本來數少 多有疏忽之弊 若以馬數加立 巨達則甚好 而巨達料布 辦出無路 依蔚山假牧子收布例 諸牧中 有馬匹少而牧子多處 量宜除出收布 上納補用於加立 巨達朔下之資 甚便好矣 予曰 與提擧相議爲之 (後略)

262.

건명 : 慶州 敬順王廟의 移建 후에 祭文은 宗伯이 本廟 參奉에게 撰進하고, 吏曹가 給帖하도록 命함

발신처 : 慶尚監司 趙鎭宅

검색어 : 慶尚監司, 趙鎭宅, 左兵營, 移奉, 敬順王願堂, 會減, 劃給, 復戶, 崇德殿

출처 : 正祖 18年 甲寅 4月 27日 ; 20-684下~685下

命慶州新羅敬順王廟移建後祭文宗伯撰進本廟參奉自吏曹給帖

慶尚監司趙鎭宅狀啓以爲 敬順王廟新卜基址及各樣規模詳細牒報之意發關知委於慶州府尹宋銓 處本廟新卜基址及家舍坐向圖形以報 新建廟宇一依本廟一體圖畵上送 敬順王願堂 在於永川銀海寺之上聳菴 而就其菴中 奉安影幀 菴廢後移奉於本寺 戊戌本廟子孫呈單 本府始爲移安於本廟 (中略) 癸卯因道臣狀聞 新羅始祖廟 崇德殿宣額時東泉廟亦以敬順王殿宣額 而啓下節目 一依崇義殿例 參酌磨鍊 參奉一人 長時守直 朔望焚香 參奉有故 則假官替直 守護軍四十名定給 一祭享 每年立春立秋日設行 參奉爲獻官 諸執事以本廟子孫差定 祭物器數七籩籩七豆 只用豕腥 而自本官措備 會減一廟官本料外 支供之需 本廟四十名 守護軍保等 收斂策應 而參奉及假官守護儒生 每朔料 米合一石十四斗 馬太十斗 會減上下 一設施節目 一如崇德殿 崇德殿劃給復戶二十二結 本廟復戶爲五結 位田元無劃給 自前劃屬之願堂寺刹 卽本府之鍪藏菴 而移屬左兵營之後 本廟事力 極爲凋殘 一廟官差出 當初節目 以本廟子孫差出 而曾經參奉團會一席備三 望報本官報監營 轉報禮曹 則自禮曹差貼 成送崇德殿 則近因朴姓諸人狀訴 監營轉報 該曹參奉帖爲吏曹啓下教旨 而本廟則依前爲禮曹差貼 故事面稍殺於崇德殿 (後略)

263.

건명 : 密陽府使 趙觀鎭을 重推하도록 청원함

발신처 : 慶尚左兵使 李禹鉉

검색어 : 重推, 密陽府使, 趙觀鎭, 慶尚左兵使, 李禹鉉, 推考

출처 : 正祖 18年 甲寅 4月 27日 ; 20-687下

重推密陽府使趙觀鎭

慶尚左兵使李禹鉉狀啓以爲 密陽直赴會試人嚴而寬已爲身 故未及詳細修報 至有査實之境 惶恐待罪 教 以該倅聲績蔑如特以蔭補之意 姑

爲略之 而尋常擧行 有此不謹 烏在其嚴科場奉朝令之義乎 該府使趙觀鎭爲先從重推考 此後隨處小心爲民殫 誠無失戚畹本色事 令道伯拔例嚴飭 當該監兵使從重推考

264.

건명 : 慶尙兵使 李禹鉉과 慶山縣令 趙命喆의 罷職을 청원함

발신처 : 御營廳

검색어 : 軍兵點考, 慶尙兵使, 李禹鉉, 慶山縣令, 趙命喆, 五哨軍, 上番

출처 : 正祖 18年 甲寅 5月 26日 ; 20-763上

罷慶尙兵使李禹鉉慶山縣令趙命喆職

御營廳啓言 今日本廳六七月當五哨軍兵點考時 右哨屬慶山軍金杰方爲名漢鬢髮髡鬝 故脫笠摘奸 則果是僧漢之今始長髮者 而髮未過眼極爲駭痛 嚴問取招 則以爲渠以金杰方之同生 兄今年二月還俗 而渠弟杰方 則主管農業 勢難離家 敢生代渠弟上番之計 兄弟相議行賂監色 本縣點考及中點時 則果使渠弟逢點後 代弟上來的實云 故嚴問領來監色 則所供無異上番正軍之 以僧代點事未前有 萬萬驚駭 兵營監色及本縣監色 與代點僧漢從重決棍後 下送本道 嚴加照律 金杰方依律定罪 代定上送之意 竝各行關分付於道帥臣 而兵使與地方官之不能檢飭 一任其欺蔽於目前 行奸於點後者 揆以軍政 不可尋常處之 請左兵使李禹鉉 慶山縣令趙命喆 竝罷職 允之

265.

건명 : 李海愚를 慶尙左兵使로 삼음

발신처 : 正祖

검색어 : 李海愚, 慶尙左兵使

출처 : 正祖 18年 甲寅 6月 初3日 ; 20-794上

有政 吏曹判書金載瓚參判洪明浩兵曹判書具庠進

以鄭大容爲副提學 與徐龍輔新通也 徐龍輔鄭大容爲奎章閣直提學 崔獻重爲副應教 洪大協爲校理 張至顯爲副校理 嚴耆爲修撰 李致中爲知敦寧 李身晦爲都總管 李海愚爲慶尙左兵使 韓景禹權瓚洪宇經吳遂晃桂德洙尹龍星張貴成金尙烈金致達鄭德昌金始泳李天梯李慶麟爲同

知 具廷弼鄭德徵李廷岳金重五徐行遠金天宰爲僉知 同知六望中 三望 僉知 二望首副 末擬 幷批下

266.

건명 : 再政에서 李潤謙을 慶尙左兵使에 임명함

발신처 : 正祖

검색어 : 李潤謙, 慶尙左兵使

출처 : 正祖 18年 甲寅 6月 初3日 ; 20-794上

再政

以李潤謙爲慶尙左兵使

267.

건명 : 慶尙監司 趙鎭宅을 推考함

발신처 : 慶尙左兵使 李禹鉉 등

검색어 : 慶尙監司, 趙鎭宅, 左兵使, 李禹鉉, 右兵使, 白師誾, 上番軍, 照點, 推考

출처 : 正祖 18年 甲寅 7月 15日 ; 20-875上~875下

推慶尙監司趙鎭宅

因該道左兵使李禹鉉 右兵使白師誾 以禁御兩營上番軍照點上送事離營馳啓 教曰 祈雨祭設行之時 兵使點軍之行爲弊不少 若値農節 營將虞候亦多狀請代行之例 道伯之無一言 不可無責推考 令廟堂枚擧 分付本道及他道

268.

건명 : 여러 道의 水陸操·巡操 및 巡歷·巡點을 정지하도록 명함

발신처 : 慶尙前左兵使 李禹鉉 등

검색어 : 水陸操, 巡操, 巡歷, 巡點, 慶尙前左兵使, 李禹鉉, 秋操, 聚點, 親騎衛馬兵勸別武, 鄕騎士武學都試, 校生考講, 官鎭門聚點

출처 : 正祖 18年 甲寅 7月 22日 ; 20-924上~下

命停諸道水陸操巡操及巡歷巡點

備邊司啓言 卽見總戎使鄭民始 京畿監司徐龍輔 江華留守曺允大 京畿水使許任 永宗防禦使李普溫 統制使申大顯 平安兵使申應周 江原

前監司沈晉賢 北兵使崔景岳 南兵使李格 忠淸兵使李潤國 水使尹範敍 黃海兵使姜五成 全羅兵使李周爀 慶尙前左兵使李禹鉉 右兵使白師誾 秋操取稟狀啓 則以爲今秋水陸操及巡操巡歷巡點聚點 何以爲之事 請令廟堂 稟旨分付 親騎衛馬兵勸別武鄕騎士武學等都試及校生考講 依例設行爲辭矣 詰戎之政 許久停廢 雖甚可悶 而目今亢旱如此 秋事登稔 有未可必 此時擾民 在所當念 諸道水陸操巡操及巡歷巡點 幷令停止 各樣都試及校生考講 使之依例設行 而至於官鎭門聚點 則另加嚴飭 着意擧行 俾有實效事分付 何如 允之

269.

건명 : 慶尙左兵使 李潤謙을 拿處尋放하도록 한 처분

발신처 : 備邊司

검색어 : 慶尙左兵使, 李潤謙, 拿問

출처 : 正祖 18年 甲寅 8月 初2日 ; 20-969上~969下

命慶尙左兵使李潤謙拿處尋放仍飭未下直道臣閫帥守令皆令明日辭朝

備局啓言 慶尙左兵使李潤謙 除拜已久 不卽赴任 屢加催促 尙不辭朝 其在事體 極爲可駭 請令該府 拿問處之 允之 ○ 因潤謙囚單 命放

270.

건명 : 慶尙監司 趙鎭宅이 雨澤 때문에 上番軍의 停止 여부를 啓聞함

발신처 : 慶尙監司 趙鎭宅

검색어 : 慶尙監司, 趙鎭宅, 機張, 彦陽, 蔚山, 上番, 點考

출처 : 正祖 18年 甲寅 8月 26日 ; 20-1053上~1054下

慶尙監司趙鎭宅以道內雨澤農形馳啓飭尤甚處巡到時曉告安堵退番軍仍停與否詳量啓聞

狀啓以爲 營下今十七日 驟雨形止 纔已馳啓矣 連接各邑所報 雨澤則十四日 迎日盈德寧海等三邑得一鋤 東萊僅爲浥塵十七日 安東禮安宜寧聞慶晉州泗川陜川山淸奉化榮川醴泉尙州英陽等十三邑得一鋤 龍宮善山義興等三邑未滿一鋤 大丘慈仁河陽高靈昌寧咸安金山知禮河陽居昌安義草溪昆陽鎭海南海等十五邑僅爲浥塵云 農形 則慈仁昌寧咸安宜寧東萊昌原玄風鎭海固城巨濟漆原機張金海熊川昆陽等十五邑免災

之 早稻次第向熟中 稻間有發穗直立不垂土厚處 黍粟雖或入實 而晩稻舍胎不吐 豆太木花零殘 特甚已判慘歛 各穀蟲蝕 終未止息云 (中略) 咸昌漆谷軍威比安龍宮善山草溪星州新寧彦陽蔚山密陽靈山尙州等十四邑 高燥處全棄外汚下田畓 各穀頗有食實之望 而晩稻及豆太木花終未免慘歛 其中咸昌龍宮蔚山密陽等邑 蟲災一向蔓延 軍威善山尙州靈山等邑亦爲熾發云 安東義興金山知禮居昌安義咸陽山淸聞慶醴泉榮川奉化禮安英陽盈德寧海等十六邑 前後得雨之後 卑濕處 各穀一倍蘇醒 早稻間 或刈取中 稻入實晩稻發穗 豆太黍粟結殼垂穎 木花所摘零星 木麥雖或開花 難期成實 其中義興間 有蟲蝕之災云 開寧丹城義城淸道順興豊基直寶靑松梁山河東等十邑 有水根 早稻幾盡黃熟 間間刈穫中晩稻 今始發穗 田種各穀亦有西成之望 而至於豆太結顆稀疏木麥 今纔立苗無望成就 其中 丹城淸道等邑 蟲災姑未消滅云 言念民事誠甚憂悶 教以嶺南之事夙宵不能弛心 而旬後雨澤 旣未浹洽間 發蟲災痒 稼非細 言念嶺民寢食 奚安卿之行部 當在何間俵災之際 務從審愼才有飭諭 而催科當前 徵賦不遠尤甚處 豈無隨聞濟活之策乎 切勿預加畏怯轉而之他續 當別遣按廉之行先從 民間安堵與否 知其勤慢以此爲道伯守宰之黜陟 各自着念毋或從 忽卿於巡到也 將此回諭停轡曉告 仍又書揭坊里 俾有恃無恐之實效 昨夜適因上番騎兵點考 草記思之 兵曹騎兵及禁御兩營上番軍 本道則來頭一當爲先 與他道換番其後各當之仍停與否 卿於年分狀啓 詳量論理啓聞事 回諭

271.

건명 : 領府事 蔡濟恭 등을 誠正閣에서 召見함

발신처 : 領府事 蔡濟恭

검색어 : 蔚山兵使

출처 : 正祖 18年 甲寅 9月 17日 ; 21-68下~70上

召見領府事蔡濟恭右議政李秉模有司堂上沈頤之尹行恁濟州牧使李禹鉉于誠正閣

(前略) 予曰 其爲金海倅及蔚山兵使善治云矣 濟恭曰 島中之民 當癸巳大無仰哺 朝廷得以生活 至今仰頌先朝 爲民之聖德矣 (後略)

272.

건명 : 羅州牧場이 所關하는 慈恩·長山의 押海牧民은 蔚山 假牧子例에 따라 半疋로 身布하도록 한 처분

발신처 : 司僕提調 徐有防

검색어 : 釐正, 羅州牧場, 蔚山, 假牧子, 司僕提調, 徐有防, 牧場, 疊徵, 馬政

출처 : 正祖 18年 甲寅 9月 29日 ; 21-106上~106下

命羅州牧場所關慈恩長山押海牧民依蔚山假牧子例以半疋定其身布平薪牧馬四百五十匹待明春移送南陽江華兩牧場

司僕提調徐有防啓言 牧民積困於營邑鎭之許多痼弊 難以毛擧若不及今矯捄畢竟無牧而後已 故昨年因平薪事筵稟後 自本寺一體知委諸道巡兵水營 先自各其營次及邑鎭 仍舊者仍舊 釐正者釐正 已爲修成冊報來 牧民輩 庶可息肩而服役矣 月前伏見羅州牧官所報 則本牧所關慈恩長山押海三島 卽牧場最緊之地 馬匹之數殆過四百 其所馴養之責專在牧民 而自右水營稱以作隊軍名色 每年充定至於五百十九名之多雖無收布之擧其所侵虐百倍於收布 今番自右水營 竝皆釐正云 今若一番釐正而止 則來頭營邑鎭間 又安知無軍保橫侵之弊乎 若依蔚山假牧子例 每名半疋式 從其最輕 定其身布 則渠輩無他役疊徵之弊 馬政 有專意馴養之效云 以此定式施行 實爲公私兩便之方 如是之後 若或有營邑鎭如前擅充之患 則竝隨現嚴勘之意 措辭分付 非特本牧爲然 他牧場亦有似此之類 則倣此爲例 以爲牧民一半分支保之道 恐合事宜矣從之 又啓言 平薪罷牧之後 牧馬五百五十匹內 一百匹留置本鎭 其餘四百五十匹 移送南陽江華兩處 而移送等節三牧場 當竝力爲之矣 第今十月已届來往之際 易致隆寒 請以待明春 擧行之意分付 從之

273.

건명 : 嶺南의 保布·軍布·身貢布의 停代는 湖南例에 의거하여 하도록 한 처분

발신처 : 慶尙監司 趙鎭宅

검색어 : 保布, 軍布, 身貢布, 停代, 慶尙監司, 趙鎭宅, 蔚山, 機張, 稍實

출처 : 正祖 18年 甲寅 10月 17日 ; 21-205下~206下

命嶺南保布軍布身貢布停代依湖南例施行止

慶尙監司趙鎭宅狀啓 以爲臣於右巡行部之後 田畓穀災傷看審外 綿農

成就益加 探察木花之早摘晩 收幾盡閱歷 而迂面深僻處分 遣褊裨一一探來 某邑登斂之 如何 某場市直之高下 皆已領略於目擊耳聞 而斂邑窮民藉手生錢之路 捨綿花無他 故自致稍歇然 則市直亦不可一槪論 謹就一道內 優劣得失 無論沿邑山郡 參互見聞層節分數稱實二十二邑 安東尙州昌原大丘順興善山仁同參谷豊基榮川醴泉靈山淸道永川義城禮安龍宮或昌軍威義興宜寧昌寧 之次二十四邑 慶州晉州星州靑松陜川草溪咸安金山慶山河陽新寧慈仁眞寶英陽玄風比安奉化丹城三嘉柒原高靈聞慶開寧知禮 尤甚二十一邑 密陽金海蔚山東萊寧海巨濟河東興海梁山昆陽盈德固城南海淸河迎日長鬐機張熊川鎭海泗川密陽 分三等 先定邑名 所謂稍實 亦不必通一境 稍實自當 有尤甚之次之別 故又於一邑之中 更分三等之面里而之次 尤甚邑則亦倣此例 然後可無虛實相蒙之患 故尤甚邑尤甚面 則訓局保布 兵曹禁御營軍布 各衙門身貢布 竝純錢尤甚邑之次面里之次邑 尤甚面里 則訓局保布參半 兵曹禁御營軍布各衙門身貢布 竝純錢 尤甚邑稍實 面里之次邑之次面里 稍實邑尤甚面里 則訓局保布參半 兵曹禁御營軍布各衙門身貢布木邊中錢木參半 稍實邑稍實面里稍實邑之次面里之次邑稍實面里 則訓局保布純木 兵曹禁御營軍布 各衙門身貢布木邊中 錢木參半 而面里分等及錢木數爻 則逐邑列錄修成冊 上送備邊司計料 而安義居昌咸陽山淸等四邑 依近年定式 竝許代錢事 請令廟堂稟處 教 以已有停代之命 依湖南例 不必回啓處置 嚴飭該道俾於擧行之際 一一遍及 而尾陳四邑代錢事 依狀請施行事 分付

274.

건명 : 湖西·嶺南의 邑罪謫人 등은 移配하고, 尹光心 등의 放送은 湖南例에 의거하여 本道에서 擧行하도록 명함

발신처 : 義禁府

검색어 : 移配, 嶺南, 邑罪謫人, 鄭必秀, 蔚山府, 李義肅, 彦陽縣, 元弼新

출처 : 正祖 18年 甲寅 10月 21日 ; 21-223上~223下

移配湖西嶺南尤甚邑罪謫人等放尹光心柳殷鉉仍命依湖南例自本道擧行

(前略) ○ 義禁府啓言 洪亮猷河東府 鄭必秀蔚山府 李義肅彦陽縣 元弼新朔寧郡 移配 竝依例發遣 府書吏羅將押送于新定配所 教以依湖

南例 令本道擧行

275.

건명 : 兩南暗行御史 徐有聞의 別單書啓 가운데 冬背串 민들의 부담 내용

발신처 : 兩南暗行御史 徐有聞

검색어 : 兩南暗行御史, 別單書啓, 冬背串, 蔚山牧, 進上, 牧場, 牧子

출처 : 正祖 18年 甲寅 11月 27日 ; 21-398下~404上

召見大臣備堂及兩南暗行御史徐有聞于春塘臺兩南暗行御史徐有聞以別單書啓

書啓以爲 (前略) 一 延日長鬐之間 有蔚山牧所屬牧場一處 卽冬背串也 牧子民人之雜處場內者 不下千餘戶 而進上魚物及其他鹽藿諸種皆出於此 第距本牧爲二百餘里 故冬背串 凡事一任牧吏 居民積被侵困 穀價之毋論豊 三斂四倍徵出也 稱以限己身頉役四五十兩之種種徵出也 路卜吏廳之收斂也 牧官衣資之年徵也 衿記債物之戶徵也 牧官去來之饌物錢也 場內船隻之捧賂操縱也 雉雞蔬菜之每戶徵捧也 柴炭價錢之每統徵捧也 加耕火稅之科外濫徵也 貿易各種之歇價勒徵也 種種弊端 有難毛擧訴於巡營 則諉之僕寺 訴於僕寺 則諉之巡營 此不亟加矯釐 則冬背串千餘戶 將無奠居之日 嚴飭僕寺及道臣 別定剛明解事 守令一一釐正 別爲定式 狀聞施行

276.

건명 : 蔚山牧 소속 牧場의 民弊를 太僕이 牧官을 嚴飭하여 釐正하도록 한 처분

발신처 : 兩南暗行御史 徐有聞

검색어 : 蔚山牧, 冬背串牧場, 牧官, 兩南暗行御史, 徐有聞

출처 : 正祖 18年 甲寅 11月 27日 ; 21-406下

命蔚山牧所屬冬背串牧場民弊令太僕嚴飭牧官查出釐正

左議政金履素啓言 卽見兩南暗行御史徐有聞書啓 其一 蔚山牧所屬冬背串牧場民弊事也 距本牧爲二百里 而一任牧吏之侵虐 則居民之受困可知 此則令司僕寺嚴飭牧官 一一查出釐正宜矣 從之

277.

건명 : 京外 殿最를 開坼하고, 壯勇營의 試射를 시행함

발신처 : 慶尙監司

검색어 : 慶尙監司, 趙鎭宅, 蔚山府使, 李義逸

출　처 : 正祖 18年 甲寅 12月 15日 ; 21-490上~490下

御春塘臺開坼京外殿最仍行壯勇營試射

(前略) 慶尙監司趙鎭宅啓本以爲 蔚山府使李義逸 恢乎游刃勉哉節觴 丹城縣監李榮祚 治已成規約可鮮失 熊川縣監金忠國 固難責備 第觀營賑 安奇察訪金思尙 且觀來效 幽谷察訪李彙 事或偏聽 竝中 (後略)

278.

건명 : 備局에서 嶺南 慰諭使 李益運이 陳達한 民瘼 九條에 대하여 回啓함

발신처 : 慶尙道慰諭使 李益運

검색어 : 嶺南慰諭使, 民邑弊九條, 左兵營, 慶州倉, 巡營別會穀, 屯倉, 移貿

출처 : 正祖 18年 甲寅 12月 30日 ; 21-545上~547上

備局以嶺南慰諭使李益運所陳民邑弊九條回啓

備局啓言 觀此慶尙道慰諭使李益運書啓 則所陳嶺南民邑之弊爲九條 (中略) 其一 統倉五處 穀多民少 還弊積痼 營監色惟意操縱 一石之納殆近卄斗 巡營之龍塘倉 左兵營之慶州倉 俱有是弊 而七倉附近面里既食邑還 又受營糶兩路被督統營 與巡營左兵營屯倉 一齊革罷 移轉穀物 仍付各該邑 依巡營別會穀例 自明年捧留本邑 只以耗條輸送 各該營門事也 統倉之爲弊 不在穀多民少 而在於監色之操縱 沿邑民情誠爲難支 而七倉之一時革罷 在所難愼無論統倉 與巡兵營倉 勿送營裨營校 但令該邑差出 監色仍自該邑 依他衙門例糶糴 其中穀簿最多處 或移貿或轉運 量宜移送於穀少之邑 雖無革罷之名 自有祛瘼之效令道臣往復統兵營 另加消詳從長善處 俾除沿邑呼寃之弊 (中略) 請分付帥臣與該府 爛商便否 論理報來後 稟處 允之

279.

건명 : 老職人에게 加資함

발신처 : 正祖

검색어 : 老職, 慶尙道, 蔚山, 彦陽, 加資, 婦女封爵

출처 : 正祖 19年 乙卯 正月 初2日 ; 21-552下~554下

老職人下批

漢城府中部 朝官秩資憲前同知金德三 (中略) 慶尙道 (中略) 蔚山 士庶秩 嘉善尹益敷等二人 百歲秩崇政金元奉 金海 庶人秩 嘉善韓萬才 寧海 庶人秩 嘉善金莊分 密陽士庶秩 嘉善朴宗綱等三人 (中略) 密陽 庶人秩 嘉善曹德齡 (中略) 以上 竝加資 婦女封爵如例

280.

건명 : 慶尙左兵使 李潤謙을 重推함

발신처 : 慶尙左兵使 李潤謙

검색어 : 重推, 慶尙左兵使, 李潤謙, 春操

출처 : 正祖 19年 乙卯 正月 初9日 ; 21-570下

重推慶尙左兵使李潤謙

政院 以該兵使春操取稟狀啓中 詮次二字落漏 請推 從之

281.

건명 : 吏兵曹의 赦典을 判下함

발신처 : 正祖

검색어 : 赦典, 蔚山府使, 李義逸, 蕩滌, 減一等

출처 : 正祖 19年 乙卯 正月 18日; 21-599上~600下

判下赦典于吏兵曹

敎曰 前牧使趙宅鎭 前縣監李潤瑞林最遠 (中略) 蔚山府使李義逸 宗廟令柳讜 居中竝蕩滌 前佐郎蔡弘直 前郡守朴聖集 前縣監成夏鎭韓興裕 前府使尹範敍徐有龍 前都事鄭有淳 則典祀官李運行 前兼春秋安經心金錫泰 前郡守李命瑀 竝蕩滌敍用 前參奉鄭運耆 前府使金履容 前郡守田佐顯 竝減一等 (後略)

282.

건명 : 八路의 徒流를 赦함

발신처 : 慶尙監司 趙鎭宅

검색어 : 徒流, 放秩, 慶尙監司, 趙鎭宅, 彦陽, 李義肅, 蔚山, 鄭必秀, 崔景大
출처 : 正祖 19年 乙卯 2月 13日 ; 21-702上~707上

赦八路徒流

(前略) ○ 慶尙監司趙鎭宅啓本 放秩 興海金得晩 巨濟宋大裕 禮安具太世 榮川柳已同 聞慶高三老 味刑曹所管 義禁府啓言 慶尙道啓目 未放秩中 彦陽李義肅 同罪之人 旣蒙宥還合 有參恕之道 而臣府不敢擅便 請上裁 他餘罪人等 令刑曹稟處 允之 教以彦陽李義肅 當此大霈 姑先減等 蔚山鄭必秀 畿邑同罪先已見宥 不可一爲一否 亦爲放送事 分付 刑曹啓言 慶尙道啓目稟秩中 彦陽崔景大 逼人而致死 咸陽車鳳祚 誣人以竊盜 蔚山池應彩 官穀逋欠 (中略) 教以彦陽崔景大 咸陽車鳳祚 逼與誣雖可駭 當此大霈 容有可恕 放送 開寧韓宗周 英陽高秀岱 青松李熙泰 昨年赦典旣勿論 又何必仍置 機張洪時喆 盈德金仁采 知禮趙常本 義興李集勳 彦陽林東彬 咸昌李亮徽 義城韓判老味 禮安金悌得 盈德李鏳源 安義車慶百 永川金奉三等 亦爲放送事 分付 (後略)

283.

건명 : 兵曹에서 學禮時 代講한 자들을 水軍에 充定한 일로 알림
발신처 : 兵曹
검색어 : 學禮, 代講罪人, 監試, 覆試, 蔚山府, 水軍充定
출처 : 正祖 19年 乙卯 2月 29日 ; 21-757上~757下

兵曹以學禮代講人等充定水軍啓

該曹啓言 今番監試覆試學禮講時 代講罪人靈光居金德一 蔚山府水軍充定 永興居朱重雲 三和府水軍充定 教誘罪人崔寔 寧海府水軍充定 申百顯 載寧郡水軍充定 李定 樂安郡水軍充定 幷定驛子 押送配所

284.

건명 : 河陽에 있는 匙山烽燧의 철폐에 대하여 논의하도록 命함
발신처 : 兩南御史 徐有聞 등
검색어 : 河陽, 匙山烽燧, 兩南御史, 慶尙左兵使, 李潤謙, 匙山烽臺, 仍置
출처 : 正祖 19年 乙卯 閏2月 19日 ; 21-814

命置河陽匙山烽燧撤廢之議

左議政兪彦鎬啓言 頃因兩南御史徐有聞書啓 河陽匙山烽燧設置委折令帥臣査實狀聞後 稟處之意 覆奏行會矣 卽見慶尙左兵使李潤謙狀啓以爲 匙山烽臺若謂之無關於有無 而仍爲棄置 只以城山城隍兩烽傳應則終不如匙山烽之瞭然相望 且若無匙山烽 則自金海烽一路至于慶山而不無中斷之慮 故古人之必以此匙山爲兩間接續之階 而設此一烽臺也 設置委折 雖無考據 而緊歇便否 如是較然爲辭矣 城山城隍之間 相去爲五十里之遠 故雖於日氣淸明之時 瞭望遠而照應難 況天陰雨暗斷絶必矣 賴有匙山烽之接續兩間實甚緊切 兵使狀聞與圖形 旣如是詳盡 匙山烽之謂有些少邑弊 而遽議撤廢 事體不然 請依前仍置 從之

285.

건명 : 整理穀을 八道·三都에 分俵함

발신처 : 正祖

검색어 : 整理穀, 作租, 慶尙道, 蔚山, 東萊, 彦陽

출처 : 正祖 19年 乙卯 3月 24日 ; 21-980上~982上

以整理穀分俵于八道三都

(前略) 慶尙道頒下錢四千兩 作租四千石 分俵各邑 慶州安東大兵尙州星州晉州密陽 各租八十石 昌原寧海靑松仁同順興參谷善山金海蔚山東萊河東巨濟 各租七十石 咸陽永川興海醴泉榮川豊基淸道金山陜川昆陽咸安草溪梁山盈德慶山南海固城義城居昌迎日長彦機張淸河彦陽奉化眞寶軍威比安禮安龍宮新寧河陽玄風義興靈山開寧昌寧知禮高靈聞慶咸昌泗川三嘉宜寧山淸鎭海安義丹城慈仁熊川柒原英陽 各租五十石 (後略)

286.

건명 : 奉朝賀 金鍾秀에게 乙巳年에 恩賜한 田畓 중 望呈하지 못한 60結에 대해 査實하여 劃送하고, 狀聞하도록 함

발신처 : 奉朝賀 金鍾秀 戶奴

검색어 : 奉朝賀, 金鍾秀, 恩賜田畓, 戶奴, 慶尙道, 蔚山, 官屯, 折受, 賜與

출처 : 正祖 19年 乙卯 4月 初5日 ; 22-11上~11下

飭奉朝賀金鍾秀乙巳恩賜田畓中未望呈六十結査實劃送後令該道臣狀聞

戶曹啓言 奉朝賀金鍾秀戶奴呈狀內 以爲乙巳年恩賜田畓九十結內 三十結 前已受出 六十結 姑未望定矣 金羅道全州 慶尙道尙州蔚山寧海陜川等地 數外官屯 順興眞寶等地 加耕處 限六十結 今方受出 尺量計料 出給公文之意 入啓發關 該道云 折受之規望呈 該道關問虛實 待成冊上來後 入啓折給 而無論宮府營門衙門及朝士 別賜與以土地爲名者 若無啓下文書 則不得行會 曾有定式 臣曺不敢擅便 而事係大臣賜與何以爲之 敎以卽爲査實劃送後 狀聞事分付

287.

건명 : 慶尙監司 趙鎭宅의 畢賑馳啓를 토대로 願納人의 명단을 올리고, 잘못한 수령은 推考하도록 명함

발신처 : 慶尙監司 趙鎭宅

검색어 : 慶尙監司, 趙鎭宅, 畢賑, 分賑穀簿, 蔚山監牧官, 還錄, 自備,, 別備, 元賑, 賑恤廳, 願納人, 推考

출처 : 正祖 19年 乙卯 5月 8日 ; 22-119上 ~ 133下

慶尙監司趙鎭宅以畢賑馳啓命昌原府使李汝節待査啓後稟處淸河縣監趙有善郡守待窠陞差鎭海縣監呂宅祖加資新寧前縣監洪益烈待関服直甄外職願納人金相炯等穀物計數還給

該監司狀啓以爲 各營邑鎭堡分賑穀簿 今纔了勘合 各穀十五萬二千四百五十一石零內 分賑爲十萬五千四百七石零 補縮七千二十七石零 餘數四萬十六石零 還錄各其名色 成冊上送 願納人慶州前五衛將金相炯穀數居多 請令該廳 考例稟處 (中略) 蔚山監牧官 許容自備 九十三石二斗八升零鹽藿價 監營別備 一百四十一石帖價 三百三十三石三斗私賑 九石備荒 七十二石八斗五升常賑 牟五十八石備局軍作 三十七石十斗五升常賑 (中略) ○ 賑恤廳啓言 觀此慶尙監司趙鎭宅畢賑狀啓則以爲 道內賑簿今纔了勘 各穀十五萬二千四百五十一石零 而分賑爲十萬五千四百七石零 補縮七千二十七石零 餘數四萬十六石零 還錄各其名色守令察訪邊將 只就其殫竭誠力 實績可稱者 別單登聞 願納五十石以上 私賑人姓名石數 修成冊上送 其中 慶州前五衛將金相炯穀數居多 竝令該廳 考例稟處云 別單中 四邑守令成冊中 公私賑自備守令及願納人等 從其石數多寡 不可無施賞激勸之道 竝令該曹考例稟處

穀物之會減會錄 依狀請許施賑 邑之彼此優劣 願納之穀數 幾何例論於別單中 而四守令之治績 金相炯之所納外 無所擧論守令之公私賑穀數 亦當區別 而只於成冊以上中 曰公賑 曰私賑而已 體段淆混事例乖欠 請該道臣推考 允之 (後略)

288.

건명 : 여러 道에서 舊還 蕩減穀의 數爻를 아룀

발신처 : 慶尙道 馳啓 등

검색어 : 舊還蕩減穀, 慶尙道, 彦陽, 辛亥條舊還, 左兵營, 辛丑條舊還, 左水營, 開雲鎭, 辛丑條舊餉

출처 : 正祖 19年 乙卯 6月 29日 ; 22-403上~409下

諸道以舊還蕩減穀數馳啓

(前略) ○ 慶尙道安東辛亥條舊還 各穀一千二百四石六斗七升八合零 (中略) 彦陽辛亥條舊還 各穀二百六十石二斗八升二合零 (中略) 左兵營辛丑條舊還 米二百五十一石十二斗二升五合 右兵營辛亥條舊還 各穀八千七十三石十四斗五升三合零 左水營辛丑條舊還 各穀四百十一石十四斗五升三合零 釜山鎭辛丑條舊還 米七十五石五斗七升一合 開雲鎭辛丑條舊餉 米二十石六斗四升四合零 豆毛鎭辛丑條舊還 各穀六十七石八升七合零 包伊鎭辛丑條舊還 米十一石四斗七升八合零 西平鎭辛丑條舊還 米六十九石六斗三升八合零 (中略) 已上 舊還蕩減 各穀九萬九千二百五十六石十斗六升三合零 (後略)

289.

건명 : 鄭昌期를 蔚山府使로 삼음

발신처 : 慶尙監司 李泰永

검색어 : 鄭昌期, 蔚山府使, 慶尙監司, 李泰永, 蔚山府使, 李義逸, 差出

출처 : 正祖 19年 乙卯 7月 初7日 ; 22-446上

以鄭昌期爲蔚山府使徐謙淳爲宗廟令竝口傳也

慶尙監司李泰永 以蔚山府使李義逸身死馳啓 敎 以蔚山府使之代 令該曹 口傳差出 待下批 催促下送

290.

건명 : 蔚山府使 鄭昌期에게 선정하도록 하고, 御史 分送 때 먼저 보내겠다고 약속함

발신처 : 正祖

검색어 : 蔚山府使, 鄭昌期, 蔚山

출처 : 正祖 19年 乙卯 7月 11日 ; 22-470上

召見藥院提調諸承旨及宣川府使趙㬚蔚山府使鄭昌期于熙政堂

(前略) 予謂昌期曰 蔚山近多弊瘼 下去後善爲之 勿復如前 任淸道時 可也 此後御史分送時 當先送蔚山矣

291.

건명 : 慶尙左右兵營 등의 秋操를 停止하고, 北關 都試 및 官鎭門聚點만을 施行하도록 命함

발신처 : 備邊司

검색어 : 慶尙左右兵營, 秋操, 都試, 官鎭門聚點, 慶尙左兵使, 李潤謙, 右兵使, 李鴻運, 水陸操, 巡操, 巡歷, 巡點, 聚點

출처 : 正祖 19年 乙卯 7月 17日 ; 22-494上~494下

停統營全羅兵營南北兵營慶尙左右兵營秋操命只行北關都試及官鎭門聚點

備局啓言 卽見統制使李得濟 全羅兵使朴基豊 北兵使李源 南兵使李格 慶尙左兵使李潤謙 右兵使李鴻運狀啓 則以爲今秋水陸操巡操巡歷巡點聚點 何以爲之事 請令廟堂 稟旨分付矣 連年停操非不可悶 而以昨年各道穡事之俱未免歉 畿湖兩西及關東 今秋習操旣已停止 則兩南關北宜無異同 今秋水陸操巡操巡歷巡點及營城將節制使巡點 亦竝停止 至於北關各樣都試及甲寅條退行都試 一體設行 而官鎭門聚點 亦依定式擧行 俾有實效之意 請竝爲分付 允之

292.

건명 : 皇朝人 및 本朝 忠臣別單 중 忠壯公 閔球의 행적

발신처 : 吏曹

검색어 : 皇朝人, 許完, 慶尙左兵使

출처 : 正祖 19年 乙卯 7月 21日 ; 22-500上~501下

京兆以皇朝人及本朝忠臣別單書入以具書年月之違式命前判尹申思運越俸等罷前承旨洪仁浩職

別單 (中略) 忠莊公許完 丁丑 以慶尙左兵使 提兵到雙嶺 力戰自刎 忠壯公李義培 丁丑 以忠淸兵使 提兵到雙嶺 力戰死 忠壯公閔栐 丁丑 以慶尙右兵使 提兵到雙嶺 力戰死 贈判書金弘翼 丙子 以連山縣監 提兵到廣州 戰亡 (中略) 敎曰 今日適因公事酬應 見之去二月以望拜禮參班諸家之漸無界限 使之釐正書入別單 今始啓下 而當只書年月處有此具書者 大是不察 不可諉之下吏之所爲 當該漢城府堂上越俸一等出納之地 若能照察 豈有是乎 其時 捧納承旨罷職

293.

건명 : 東萊府使 尹長烈이 差倭가 長興과 康津 두 邑의 漂民을 데리고 왔음을 아룀

발신처 : 東萊府使 尹長烈

검색어 : 東萊府使, 尹長烈, 長興, 康津, 漂民, 釜山僉使, 洪龍健, 蔚山, 日本國, 對馬島府, 西生浦, 漂還沙格, 差倭接待, 接慰官, 別幅回禮, 宴禮單

출처 : 正祖 19年 乙卯 7月 22日 ; 22-507下~508下

東萊府使尹長烈以差倭領來長興康津兩邑漂民馳啓

該府使狀啓以爲 卽接釜山僉使洪龍健馳通內 差倭藤氏榮平定行 領來我國漂民到機張縣武知浦 問其漂風緣由 則康津薪智島漂民所告以爲渠等八名 以貿魚出海 到蔚山魴魚津前洋 遇風漂蕩 到日本國長門州瀨戶崎浦 其處之人 朝夕供饋 率入本州府中 則靑木綿貼長衣具帶 各一領油衫 各一件蓑笠 各一立烟竹 各一箇襪木 各三尺贈給杉板 亦爲改給 到長崎島府中 則濟州漂民六名 德源漂民五名 先在其處食桶 水桶各一坐 食鼎二坐 小盤沙貼匙各一立 沙中鉢草席各二立萊刀一柄南草匣烟竹各一箇 白木七疋 贈給 同爲留連 兩帆竹及鐵蛭釘一百二十箇 草芚五十番 風席十八立 篁竹十四箇 木碇一坐 竝備給 濟州德源漂民先爲離發 又逢長興漂民九名 倭人領護 到對馬島府中 則白木綿單長衣具帶各一領 丹木各二斤 小匣草各十箇 蛭釘十五箇 草芚二十番 稿碇索一張 贈給云 長興平日島漂民所告以爲 渠等九名 貿米發船

到蔚山西生浦牛洋 漂到日本長門州 則靑木綿貼長衣具帶各一領油衫簑 笠烟竹草席各一贈給 倭人領到長崎島 則食鼎二坐 大小水桶食桶各一坐 小盤沙貼匙草席各一立 沙中鉢各二立 菜刀一柄 襪木四十尺贈給 所傷帆竹及鐵蛭釘六十箇 草芚三十番 篁竹三十箇 稿碇索二張木碇一坐 亦爲備給與 康津漂民 隨領護倭人 到對馬島府中 則白木綿單長衣具帶各一領 丹木各二斤 小匣草各十箇 贈給云 兩處漂民旣入深處 差倭領來事 當依例接待 接慰官 則以近邑守令中 差定之意 報于道臣 差倭所贈宴禮單雜物 令該曹 照例磨鍊下送 ○ 禮曹啓言 差倭接待 已有前例 別幅回禮及宴禮單雜物 依例各爲磨鍊以入而 漂還沙格等 請依新頒事目 擧行之意回移 允之

294.

건명 : 前宣傳官 鄭必秀의 罪名을 蕩滌하고, 金吾 該堂은 現告를 받들어 重推하며, 兵判 沈煥之를 推考할 것을 命함

발신처 : 刑曹

검색어 : 前宣傳官, 鄭必秀, 金吾, 蔚山府, 充軍, 推考

출처 : 正祖 19年 乙卯 7月 25日; 22-525上~525下

命前宣傳官鄭必秀罪名蕩滌金吾該堂捧現告重推兵判沈煥之推考

該曹啓言 前宣傳官鄭必秀 以蔚山府充軍今年二月初六日因赦放送 而金吾移文昨日來到 故鄭必秀罪目依傳教書入 教以該府之昨始移文 極爲駭然 其時堂上 何不論責 該堂捧現告爲先從重推考 武臣之事 本曹豈待府移而知之乎 初旣遺漏 更又不察卿亦推考 鄭必秀依他例蕩滌

295.

건명 : 鄭晩錫과 鄭觀輝로 하여금 영남 穀簿의 허실을 摘奸하여 賑政에 대비하도록 한 처분

발신처 : 正祖

검색어 : 三南, 嶺南, 蔚山, 賑政, 虛簿, 鄭晩錫, 鄭觀輝

출처 : 正祖 19年 乙卯 8月 18日 ; 22-623上~624下

召見大臣備堂及江華府別遣御史李始源諸道留庫摘奸文備郎鄭觀輝鄭晩錫李敬心柳畊于誠正閣

(前略) 予曰 有國所重民事 是已遣備郞摘奸列邑 非但欲踐前言 卽是先朝故事 備郞之發送 適在今日 故兼召卿等矣 斂荒之餘 穀物之虛簿想在在皆然 三南中 當以何邑爲栍 而嶺南 則當分送左右道耶 彦鎬等曰 三南何擇而栍邑 則隨其穀簿 最多處摘奸似好矣 予曰 湖西 則前年賑政 幾皆傾庫 何必送之乎 濟恭曰 西路穀簿 近甚虛疏 同爲發遣 摘奸好矣 予曰 當送海西 而海西中海州安岳最 是穀多邑也 仍敎諸備郞曰 鄭晩錫原隰之勞 近年御史中爲最 鄭觀輝多年騎郞知其擧職 李敬心亦知其勤幹 柳畊屢經字牧 故特爲差送債事與不債事 在於爾輩之盡心與不盡心矣 仍敎曰 觀輝往慶州蔚山晩錫往晉州固城 留庫諸穀 一一摘奸以來可也 (後略)

296.

건명 : 일본에 표류하여 갔다 돌아온 康津의 어부들을 위무하고, 湖南 道帥臣에게 外洋에 항해하는 것을 嚴飭하게 함

발신처 : 全羅監司 徐鼎修

검색어 : 全羅監司, 徐鼎修, 蔚山府, 福島浦, 方牙津, 日本, 長門州, 蘆戶機浦, 長機島, 通事官

출처 : 正祖 19年 乙卯 8月 21日 ; 22-641上~642上

嚴飭湖南道帥臣申外洋行船之禁

全羅監司徐鼎修狀啓 以爲康津船主李太云等八人 甲寅十二月十四日自蔚山府福島浦離發 到方牙津前洋 疾風大作制船無路 逐浪漂盪 莫知所向 浮海四日後 始到日本長門州所屬蘆戶機浦 過三日離發 馳往長門州安接公廨 同年十二月二十七日 又定假通事官 領率渠等次次替送 今年正月初六日 馳到長機島 通事官曰 汝等今不可護送 待解凍順風 當爲護送于對馬島云云 船隻則自長門州蘆戶機浦別定格 卒今年三月 領騎回泊于渠等所泊長機島 船隻破傷處 以鐵釘一一修補 四月二十四日 自長機島 別定訓導二人及指路沙工一名 同騎渠等船 又定護送船一隻 而渠等船漢中 崔有白謂 以質人同騎渠船隻 一時放船 次次前進 五月初十日 止泊于對馬島 七月初一日 到東萊中洋 泊於機張縣云 太云等八名 漂流異國 經歲生還 誠極奇幸 分付地方官 使之慰撫安接 敎以漂到異國 無事生還 雖甚可幸 前此飭禁何如 而外洋任其行止

以致漂風之相續者 豈成說乎 更爲嚴飭道帥臣 又狀啓以爲 長興船主姜次東等八人 今年二月十八日發船 到機張縣前洋 猝遇大風 帆折鵃傷漂盪洋中 同月二十三日酉時 漂到日本國長門州 始爲下陸 而安接人家 先以米飮救之 次以飯饋之 翌日長門州都護官監司問情後 保授我國漂人 例接之館舍 留七日 發程九日 到長機島 渠等騎來船隻彼人自水路領運 以四月初四日 到泊于南開索村咫尺浦口 二十四日發船滯兩於時羅島留八日 阻風於日岐島留四日 以五月初十日 來泊於對馬島前洋 二十三日 到同島 掌內斜時浦前洋 七月初三日 到泊於東萊府八月初二日 還泊本府平日島云 次東等八名漂流異域 俱得生還 誠極奇幸 分付地方官 慰撫安接 敎以依康津漂民狀啓 判下嚴飭道帥臣

297.

건명 : 慶尙左道 分留穀을 摘奸한 鄭觀輝를 召見함

발신처 : 文備邊郎 鄭觀輝

검색어 : 慶尙左道, 分留穀, 鄭觀輝, 留庫穀, 西生鎭僉使, 還穀, 停退, 準捧

출처 : 正祖 19年 乙卯 9月 21日 ; 22-768下

召見慶尙左道分留穀摘奸文備邊郎鄭觀輝于重熙堂

予謂觀輝曰 今番摘奸之行 有何執頉耶 觀輝曰 本府留庫穀數甚尠少故別無大段執頉者 而惟西生鎭前前僉使 私自發賣者 爲一百二十餘石矣 予曰 以今年穡事觀之 則昨年還穀停退條 可以無慮準捧耶 觀輝曰今年穡事 未免穴農 一齊準捧 則似不容易矣

298.

건명 : 蔚山과 慶州의 虛留 守令의 폐단을 밝혀 벌하고, 嶺南 摘奸備郎 鄭觀輝을 보내어 조사하게 함

발신처 : 備郎 鄭觀輝

검색어 : 西生前僉使, 金兌瑞, 李元榮, 蔚山, 虛留, 還穀, 鄭觀輝, 慶尙左道, 虛留米, 西蔚山, 西生鎭, 吏逋, 還弊, 定配

출처 : 正祖 19年 乙卯 9月 24日 ; 22-782上~782下

命西生前僉使金兌瑞李元榮拿來重繩蔚山慶州及海西還穀犯科守令問名於兩道摘奸備郎拿勘仍命嶺南摘奸備郎鄭觀輝更爲下送

備局啓言 卽見慶尙左道留庫摘奸本司郎廳鄭觀輝手本 則蔚山虛留 米爲二十二石 太爲五十九石零 慶州府虛留 租爲十三石零 皮年爲六百二十二石零 而生鎭虛留 米爲一百九十四石 太單代租爲三十六石 而蔚山 則米色麤劣石子不完 慶州則虛留皮年 乃是吏逋時 在各穀太半虛穀 西生鎭米之虛留 卽前後鎭將輩 發賣或私分云 兩邑虛留多寡 雖殊犯科 則均吏逋之慢不査徵穀品之一任麤荒 俱極可駭 至於鎭將輩之不畏法意 狼藉偸弄尤萬萬痛惡 今旣現發之後 不可不嚴査痛懲 請蔚山慶州兩邑當駭虛留守令 令道臣指名狀聞 依海西例拿問重勘 西生鎭則摘奸備郎 旣已捧招於該鎭庫色 請當該前僉使金兌瑞李元榮 令該府卽爲拿來依法重繩 三邑鎭虛留或單代穀物 刻期準數充上麤劣之穀品不完之石子 嚴飭該邑劃卽釐正 允之 敎以指名乙卯九月現告 用於未出道之繡衣 則可也 摘奸公行之備郎溯閱文簿 則其所現告 何必關問該道自海西關問 有違格例 關問一款 竝置之問于兩道 該郎卽爲草記嶺南進去郎廳 鄭觀輝意 謂有氣力差送矣 及其登筵詢問也 言言輒稱無頉無頉 擧措之駭悖姑無論 況於還弊最有名諸邑 亦云無弊如許備郎將 焉用之所當嚴勘 而姑爲分揀 今日內 蔚山慶州及左右道各一邑 抽栍更爲下送 若或遲滯 又或疏漏 當該郎廳 卽其地定配

299.

건명 : 嶺南과 海西의 還穀 犯科 守令을 조사하여 殷栗前縣監 鄭晩錫을 公罪로 勘處하도록 命함

발신처 : 備邊司

검색어 : 嶺南, 還穀犯科守令, 蔚山, 鄭觀輝, 蔚山府使, 李義逸, 舊逋, 虛留

출처 : 正祖 19年 乙卯 9月 25日 ; 22-784上~784下

備局以嶺南海西還穀犯科守令現告啓命殷栗前縣監鄭晩錫以公罪勘處

備局啓言 蔚山慶州兩邑守令問于嶺南摘奸郎廳鄭觀輝 則以爲蔚山則前府使李義逸 慶州則前府尹宋銓爲當該云 海州安岳殷栗三邑守令問于海西摘奸郎廳李敬心 則以爲海州則前判官趙厚鎭 安岳則前郡守李文會 時郡守林著喆爲當該 殷栗則穀物虛留前縣監張至冕爲當該 不爲摘發報營時 縣監趙祥逵爲當該 而至於流來舊逋 始自戊申 其後守令宋啓來 李殷模李益洙鄭晩錫金致光張至冕爲當該云矣 李義逸旣已身

故 勿論其餘守令 請竝令該府 拿問處之 允之 教 以各有當律其代後日政 竝爲差出 其中鄭晩錫原隰之勞 近來初見 今番擧條亦爲得體 此等之人 須加勸奬 可爲激礪之方 以公罪勘處事 分代該府

300.

건명 : 金吾 時囚 鄭晩錫을 勘放하고, 李志容을 放送하며, 西生前僉使는 首犯만 勘罪하도록 명함

발신처 : 義禁府

검색어 : 勘放, 金吾時囚, 鄭晩錫, 李志容, 還穀, 虛錄, 西生前僉使, 金兌瑞, 三年定配, 虛留, 刑推, 告身, 禁錮

출처 : 正祖 19年 乙卯 9月 25日 ; 22-785下~786上

勘放金吾時囚鄭晩錫放李志容命西生前僉使只以首犯勘罪

義禁府啓言 承文博士李志容原情以爲 今月十五日政 以渠姓名單付承文博士故不敢屢日遲滞 果於十七日入肅矣 二十日政 又以渠單付右職 則十五日所付 蓋下吏之錯書所傳 而矇未覺察云 請刑推得情 教以付過放送 又啓言 殷栗前縣監鄭晩錫 旣有以公罪勘放之命 請以還穀虛錄掩置 律徒三年定配 公罪收贖放送 允之 又啓言 西生前僉使金兌瑞 今方拿囚 而李元榮時在水原地云 請依例拿來 教 以何足責公揀放送 又啓言 西生前僉使金兌瑞原情以爲 渠之在任時 初無一石私分發賣之事 流來虛留 米爲一百九十四石 租爲三十六石 而適當大無之歲 民情遑急 指徵無處 果不得摘發查徵襲謬掩覆之罪 萬死無情云 請刑推得情 教 以考律勘放後草記 又啓 請金兌瑞告身盡行追奪 豊川府徒三年定配 又五年禁錮 教 以何足責 如非首犯則分揀 只以首犯勘罪

301.

건명 : 左兵虞候 宋綸源는 禁將으로 하여금 嚴棍하고, 左兵使 李潤謙을 憲府에서 緘問하게 함

발신처 : 禁衛營

검색어 : 左兵虞候, 宋綸源, 代送卜馬, 左兵使, 李潤謙, 慶尙左道, 軍兵點考, 推考, 代立, 代點, 番上軍馬

출처 : 正祖 19年 乙卯 9月 26日; 22-788上~788下

罷大丘判官鄭昌耆職令該府拿來嚴問漆谷府使尹宇大拿處左兵虞候宋綸源令禁將嚴棍左兵使李潤謙令憲府緘問

禁衛營啓言 本營新番慶尙左道軍兵點考 則其中 大丘軍一名冒年代送卜馬 又以疲劣者 苟充上送一匹 中路致傷 漆谷卜馬 皆是駑駘不合軍馬之中 一匹亦爲中路致傷 今若還下送 則往來有弊 故姑令代立 而莫重宿衛上番之軍馬 若是疏虞揆以事理萬萬驚駭 請當該守令 指名現告拿問處之 代點虞候宋綸源 番上軍馬不善照檢 苟充上送 俱涉駭然 拿問勘處 兵使李潤謙亦難免 不能檢飭之失 從重推考 代送軍還爲下送使之 卽速代定上送之意分付 允之 教 以近來紀綱雖懈弛 師律所關尤何等自別 且況宿衛番上之軍乎 大丘判官所爲萬萬無嚴 人與馬俱爲執頉事未前聞 豈可拿處 而止爲先罷其職 令該府拿來嚴問 捧口招 虞候何足責卿 其嚴棍草記 該帥臣罷拿適足爲占便 渠以帥臣 不知宿衛之重 其委折 令憲府 發緘取招

302.

건명 : 嶺南 災結 8,275結을 加劃하고, 災實 分等邑을 청한 대로 시행하며, 山倉還穀은 折半을 仍留하고, 稍實邑은 3分의 1을 豆太로 代捧하는 등의 처분

발신처 : 慶尙監司 李泰永

검색어 : 加劃, 嶺南災結, 災實, 分等邑, 山倉還穀, 平倉還穀, 稍實邑, 上納綿布, 推奴徵債, 彦陽, 蔚山, 還穀代捧, 新還, 停退, 純錢代納

출처 : 正祖 19年 乙卯 10月 11日 ; 22-860下~861下

加劃嶺南災八千二百七十五結零災實分等邑依請施行山倉還穀折半仍留平倉還穀之次邑限折半稍實邑限三分一以豆太代捧各衙門上納綿布限歲前緩督推奴徵債限明秋防塞

(前略) ○ 稍實三十八邑 巨濟慶山英陽迎日寧海淸道南海知禮長鬐草溪昆陽居昌三嘉咸昌聞慶咸陽陜川開寧山淸金山宜寧丹城熊川漆谷盈德奉化義興仁同安義義城彦陽新寧河東興海泗川鎭海眞寶禮安 之次三十三邑 慶州安東昌原晉州星州大丘蔚山金海密陽尙州昌寧善山豊基比安靑松東萊順興永川醴泉榮川梁山固城慈仁河陽龍宮淸河機張玄風軍威漆原高靈咸安靈山 一 山倉還穀事 體雖重 賑餘民力之 當寒遠輸 爲

弊甚多 非但在所當念 雖在大豊之歲 亦無一時還納之例 今年則置各山城 當捧之數 限折半 依前輸納山倉 其餘折半 亦爲依前仍留平倉 以爲待明秋次次運納之地 恐合事宜 一 還穀代捧 決非常歲議到之事 而第念斂後 民勢雖値稍登 當此新舊幷督之時 必有艱乏難辦之患 而至於上道各邑 田種居多 畓穀絶少 若以本色盡數責納 則推貸換貿爲弊不少 田穀中豆太 比他大勝 而穀品異於皮穀 勿論當年新還及昨年停退條 之次邑限折半 稍實邑限三分一許 令以豆太代捧 待明秋還作 本色何如 一 今年綿農大違始料目 下民情實多可悶 故臣營所管各邑鎭射軍木下納布及他餘應捧名色 已令純錢代納 至於各衙門上納條所關甚重 年年請代軍國經用 亦宜仰念 故以依定式備納之意已爲發令 今方收捧而細量目下 民勢若使限以歲前 緩其督而紓其力 則在公別無少損 而於民實有大惠 而事係上納 不敢擅便 第此附陳 一 推奴徵債乃是擾民之事 則不可以年事之免歛 或忽其禁今年 則依前防塞 恐合事宜教 以所請諸條 竝依狀辭 許施事分付

303.

건명 : 副校理 鄭來百이 올린 6條 중 左兵營의 試藝 합격자를 西北의 例에 따라 軍校로 근무하도록 하는 것을 收用하도록 한 처분

발신처 : 副校理 鄭來百

검색어 : 副校理, 鄭來百, 左兵營, 親騎衛, 試藝

출처 : 正祖 19年 乙卯 10月 21日 ; 22-957上~958下

副校理鄭來百疏陳六條尾附辭職仍請積鐸弘澤等事亟允群請收還承宣遞差之命賜批命可以稟處者稟處

疏略曰 噫 目今致災之端 固非一二 而若其最關係而尤緊重者 有不可掩者 以言乎 隄防 則積鐸之負犯斷案 旣成國是已定到今 百年之後 凶孼之肆 然呼籲已 是變怪亦關紀綱 則固當嚴賜處分 杜絶希覬 而乃反特復官爵 蕩滌罪名 有若尋常罪過之年久疏釋者 然刑政之乖當庸有極哉 (中略) 抑臣於月前奉命萊府 竊有愚見敢此尾陳本府形便 比諸西北邊邑尤有重焉 備禦之策 警急之方 固宜與他自別 而軍校奬勸之道 實多疏虞 雖以西北邊邑與畿內獨鎭諸處言之 或有付料軍官 或有久勤邊將 而至於萊府 則獨無此規 中年自朝家設置別騎衛 倣西北親騎衛之

制 每年自左兵營試藝 取其優等狀聞 直赴本府出身不爲不多 而旣無求仕之路 又無拔身之階 一番出身 任其乾沒 至於閑散軍校 則本府雖有逐朔賞射之規 初無別般激勸之方 故其中不無身手之俊秀 才藝之嫺熟者 而一任抛置 無意鍊習 射藝漸疏 弓手無多 邊上尙武之法疏忽 莫甚細究弊源 參以聞見 則實由於勸賞之失其方也 是以前後府使 或以末副薦實職 或以邊將窠久勤變通之意 屢呈籌司與巡營 而因循至此迄未採施 臣謂 自今以後 每朔試藝 取其優等 竝與軍校久勤 而依西北例次次收用 許以邊將一窠末薦一窠 則實爲激勸武士慰悅邊民之要 令廟堂 從長稟處 恐合事宜矣 臣於治疏將上之除 伏見小報 則有積鐸弘澤等處分 依前擧行之教 乍允臺 請旋令擧行 尤是非常之過 擧出納之地爭執覆難 固是職分之當然 而反加推折譴遞相 仍不意聖明之世 有此乖當之擧措也 伏願亟允 諸臣之請 承宣遞差之命 亦竝收還 批以勿煩可以稟處者 稟處爾 其勿辭察職

304.

건명 : 慶尙道 留庫穀을 摘奸한 鄭觀輝 手本에 나타난 虛留穀의 내용과 해당 수령에 대한 조처 및 願納人 등에 대한 처분

발신처 : 備邊司

검색어 : 慶尙道, 留庫穀, 鄭觀輝, 蔚山府, 虛留穀, 加分, 蔚山前府使, 李義逸, 吏逋, 捧糴, 穀案

출처 : 正祖 19年 乙卯 11月 初1日 ; 23-2上 ~ 3上

命尙州前牧使兪漢敦慶州前府尹宋銓拿勘尙州牧使李恒演榮川郡守金命淳待畢糴使之自現囚慶州富民願納租見留及以錢準授與否詳査以聞

備局啓言 卽見慶尙道留庫穀摘奸本司郎廳鄭觀輝手本 則尙州牧 虛留各穀六千一百八十八石零內 五千一百十六石零 前牧使加分 九百八十二石零 時牧使加分除 吏奴色落條實加分爲九百六石 吏逋爲一百六十七石 榮川郡 虛留各穀一千八百八十一石零內 七百五十七石加分 一千五石零那移 一百十九石吏逋 蔚山府 虛留各穀三百八十一石內 三百石那移 二十二石計石時欠縮 五十九石吏逋 又於分給條中 有發賣立本三百石 吏逋六百七十餘石 慶州府 虛留各穀一千二百十六石零內十三石計石時欠縮 六百二十二石虛留 方自本道行査 五百八十一石零

那移 又有願納租一千石代點云矣 加分那移 旣無報營之題 則難免虛留之罪 許多吏逋 不卽査徵 固已可駭 而蔚山一邑發賣立本事 及吏逋之混入於分給條者 尤極無狀 近來以穀簿事 朝家申飭 何等至嚴 而諸邑虛欠之現發者 至於此多若不如法重繩無以懲 他四邑犯科守令 更爲招問於摘奸備郞 則以尙州前牧使兪漢敦 時牧使李恒演 榮川郡守金命淳 蔚山前府使李義逸 慶州前府尹宋銓 現告矣 李義逸身故勿論 兪漢敦李恒演金命淳宋銓 竝令該府 拿問勘罪 加分各穀 今當捧糴之時 自當如數準捧 而那移立本等名色嚴飭 道臣更加査實劃卽釐正 尙州榮川蔚山三邑吏逋 各別嚴督準數充捧後 各該逋吏分輕重照律嚴勘 至於慶州府願納租一千石代點事 前道臣旣以本錢還給於願納人 則該邑留庫之租 自當歸於賑餘會付之中 備郞摘奸時 似或未詳 事實有難混置於換名代點之科 自本道各別詳査分明 懸錄於穀案 俾無相混之弊 何如久之 敎 以其中 李恒演金命淳捧糴方張待畢捧使之 自現囚慶州富民租事 錢果準受租 則見留與否 令道臣 拔例詳査狀聞事 分付該郞 手本猶甚駭然 從當更送栍邑 俾圖贖罪之方事嚴飭

305.

건명 : 京外 殿最에서 慶尙監司 李泰永이 울산부사 등의 업적을 알린 내용

발신처 : 慶尙監司 李泰永

검색어 : 殿最, 慶尙監司, 李泰永, 蔚山府使, 鄭昌期

출처 : 正祖 19年 乙卯 12月 15日 ; 23-180上 ~ 181上

御熙政堂行抄啓文臣八月朔親試及日次儒生十月十二月朔殿講上齋生應製開拆京外殿最

(前略) 慶尙監司李泰永啓本 淸道郡守魚在沼 已勤求蒭益勉束薪 醴泉郡守權偺咸 謂老鍊佇看嚴戢 興海郡守李敏植 宜恤迎送姑恕生疏 長鬐縣監趙惠鎭 政固無疵謗豈盡信 機張縣監李賢運 簽丁旣善糴報何晩 幽谷察訪李彙祇 在節觴 沙斤察訪李命心 客謗宜警竝中 蔚山府使鄭昌期 務繁治繩祇忽引觴下 (後略)

306.

건명 : 여러 道의 褒貶啓本에서 慶尙監司 李泰永 등을 推考나 罷黜하고, 古

皐郡守 安廷瓛 등을 中考, 輸城察訪 洪元喆을 下考로 매긴 내용

발신처 : 吏曹

검색어 : 諸道褒貶啓本, 慶尙監司, 李泰永, 彦陽縣監, 李邦幹, 殿最, 推考, 中考, 下考

출처 : 正祖 19年 乙卯 12月 16日 ; 23-187下 ~ 188上

推忠淸監司柳烱全羅監司徐鼎修慶尙監司李泰永江原監司李秉鼎平安監司金載瓚咸鏡監司趙宗鉉吉州牧使金樂淳等罷黜古阜郡守安廷瓛等施中考輸城察訪洪元喆施下考

吏曹啓言 考見諸道褒貶啓本 則吉州牧使金樂淳以鄕宜汰濫爲目 龍川府使兪碩柱以其初也勤爲目 古阜郡守安廷瓛以杖豈得已爲目 原州判官李協聖以糴何獨後爲目 尼城縣監李顯默以謗固難信爲目 彦陽縣監李邦幹以益懋振刷爲目 漆原縣監趙永祥以且恕生手爲目 光陽縣監韓師鎭以差任宜簡爲目 金化縣監李聖龜以是以曲恕爲目 則竝置中考而置諸上考 和陵參奉金先學以曠直宜警爲目 長鬐縣監趙惠鎭以謗豈盡信爲目 沙斤察訪李命心以客謗宜警爲目 則竝宜置下考而置諸中考 輸城察訪洪元喆以徵闕或濫爲目 則宜置下考而置諸中考 致勤黜下 殊無嚴明殿最之意 請六道道臣竝推考 金樂淳兪碩柱金光學趙惠鎭李命心竝罷黜 安廷瓛李協聖李顯默李邦幹趙永祥韓師鎭李聖龜 竝中考施行 洪元喆依定式下考施行 允之

307.

건명 : 각 道 牧場에서 放牧하는 馬의 數爻를 올린 別單

발신처 : 司僕寺

검색어 : 各道牧場所放馬畜産多寡牧養數爻別單, 甲寅籍付馬, 加現馬, 封進馬, 分養捉給馬, 故失馬, 慶尙道, 監牧官, 申大復, 蔚山

출처 : 正祖 19年 乙卯 12月 16日 ; 23-188上 ~ 191上

司僕寺以各道牧場所放馬畜産多寡牧養數爻別單啓

別單 (中略) ○ 慶尙道晋州巨濟等 監牧官申大復所管二牧場 甲寅籍付馬七百十一匹 加現馬二匹 今生馬一百五十三匹 合八百六十六匹內 封進馬二匹 各邑分養捉給馬三十五匹 故失馬七十六匹 除今年實留放壯兒雌雄馬 竝七百五十三匹內 壯雌馬三百八十匹 一年應孶産馬一百

十四匹 今生馬一百五十三匹 加報三十九匹 蔚山長鬐等監牧官許容所管二牧場 甲寅籍付馬七百十二匹 加現馬十五匹 今生馬一百三十七匹 合八百六十四匹內 封進馬二匹 各邑分養捉給馬二十九匹 故失馬八十四匹 除今年實留放壯兒雌雄馬竝七百四十九匹內 壯雌馬四百三十九匹 一年應孳産馬一百三十二匹 今生馬一百三十七匹 加報五匹 東萊兼監牧官多大浦僉使尹壽民所管一牧場 甲寅籍付馬一百四匹 今生馬二十匹 合一百二十四匹內 封進馬二匹 各邑分養捉給馬二匹 故失馬二十匹 除今年實留放壯兒雌雄馬 竝一百匹內 壯雌馬五十九匹 一年應孳産馬十八匹 今生馬二十匹 加報二匹 (後略)

308.

건명 : 都政에서 李性重을 蔚山府使로 삼음

발신처 : 吏曹

검색어 : 都政, 李性重, 蔚山府使

출처 : 正祖 19年 乙卯 12月 20日 ; 23-204下 ~ 206上

行都政于春塘臺 吏曹判書沈煥之參判黃昇源參議朴宗甲正郎李運行權晙洪秉臣佐郎宋知濂申絢李海清兵曹判書李得臣參判徐有大參議金祖淳參知梁周翊正郎南達孫鄭宬成李翊模呂駿永佐郎崔履亨李重蓮李敬心李爋進

吏批 以李性重爲蔚山府使 沈逵爲連山縣監 徐謙淳爲洪川縣監 徐有臣爲大司憲 李尙度爲大司諫 韓光近尹長烈新通也 崔烜爲司諫 沈鉥金孝眞陞品也 韓興裕爲掌令 權恩浩爲松禾縣監 (後略)

309.

건명 : 守總使 등을 重推하고, 慶尙左兵使 李潤謙의 査報가 遲滯된 죄를 査問 草記하도록 한 처분

발신처 : 兵曹

검색어 : 査問草記, 行操, 停操, 慶尙左兵使, 李潤謙, 官鎭門聚點, 慶尙左兵營, 推考

출처 : 正祖 19年 乙卯 12月 29日 ; 23-255下 ~ 256上

重推守總使廣州留守關東道臣京畿三南帥臣北兵使永宗僉使仍命慶尙

左兵使李潤謙查報稽滯之罪查問草記

兵曹啓言 依傳教 官鎭門聚點尙不狀聞 委折發關查問於各道 道帥臣處則移牒內 以爲行操時 試射放例爲狀聞 而停操時 則軍兵官鎭門聚點 形止只報備邊司 自是前例 故今秋停操時 依此擧行云矣 軍兵之官門聚點 係是團束之意 而一道之狀聞 諸道之不爲狀聞 雖緣前例之各異 而其在重戎政之道 終涉疏虞 其不爲狀聞之各該道帥臣 竝從重推考 此後雖於官門聚點之時 一體狀聞之意 令廟堂 稟旨分付 各道查報齊到 而慶尙左兵營尙不報來 特教查問之下 如是稽滯 誠極駭然 請該帥臣李潤謙 施以罷職之典 允之 教 以李潤謙稽滯之罪爲先查問草記

310.

건명 : 京畿와 三南 등의 水陸操 등은 임시 停止하고, 北關의 合操·巡操와 南關의 習操·聚點, 關東의 合操·勸別武都試는 設行하고, 각 道의 官鎭門聚點은 形止를 狀聞하도록 함

발신처 : 慶尙左兵使 李潤謙 등

검색어 : 三南, 春操, 水陸操, 合操, 巡操, 巡歷, 巡點, 勸別武都試, 官鎭門聚點, 勅行, 慶尙左兵使, 李潤謙,

출처 : 正祖 20年 丙辰 正月 初10日 ; 23-311上 ~ 311下

命京畿及三南兩西水陸操合操巡操巡歷巡點竝姑停止北關之合操巡操南關之習操聚點關東之合操勸別武都試依例設行仍飭各道官鎭門聚點形止亦爲狀聞

右議政尹蓍東啓言 總戎使徐龍輔 水原留守趙心泰 江華留守金履翼 開城留守李冕膺 廣州留守徐有隣 前統禦使鄭昌順 永宗防禦使吳載衡 慶尙左兵使李潤謙 忠淸兵使金明遇 黃海兵使李海愚 平安兵使申應周 江原監司李秉鼎 前南兵使李格 前北兵使李源 春操取稟狀啓以爲 今春水陸操合操巡操及巡歷巡點聚點 何以爲之事 請令廟堂 稟旨分付 勸別武都試 依例設行爲辭矣 詰戎重政 停廢可悶 而昨年京畿嶺南湖南諸道年事 未免穴農 湖西 則又當荐歉 民勢姑未穌完 兩西 則勅行又當前此時 軍兵裹糧遠赴之弊 在所當念 今春水陸操合操巡操及巡歷巡點 竝姑停止 停操之年 官鎭門聚點 自是應行之事 各別申飭擧行 俾有實效 至於東北兩道 則昨秋穡事俱爲豐登 北關之合操巡操 南關之

習操及不行操處聚點 關東之合操勸別武都試 依例設行 行操處巡點 不必疊行 已有年前特教 此則停止事 竝爲分付 未及狀請之處 一體停操之意知委 而卽見兵曹草記 則以爲此後諸道官鎭門聚點時 形止一體狀聞事 請令廟堂 稟旨分付矣 聚點 卽詰戎之一政 而戎政所關 事體甚重 此後則官鎭門聚點形止 一體狀聞之意 請定式分付 從之

311.

건명 : 進上하는 生熟鰒의 封進이 늦어진 이유를 慶尙左兵使 李潤謙에게 關問하도록 命함

발신처 : 內醫院

검색어 : 進上, 生熟鰒, 慶尙左兵使, 李潤謙

출처 : 正祖 20年 丙辰 正月 18日 ; 23-344上

命內局進上生熟鰒封進愆期委折關問于慶尙左兵使李潤謙

內醫院啓言 進獻事體 何等嚴重 而慶尙左兵營進上生熟鰒 當趁今月十四日封進 而無端愆期 以致闕封之境 事之駭然 莫此爲甚 請當該兵使李潤謙罷職 敎 以其委折爲先關問草記

312.

건명 : 慶尙左兵使 李潤謙이 官門聚點을 狀聞하지 않은 것을 査問 草記하도록 請願함

발신처 : 兵曹

검색어 : 停操, 慶尙左兵使, 李潤謙, 官門聚點, 査問草記, 蔚山邸吏, 慶尙監司, 李泰永, 兵營

출처 : 正祖 20年 丙辰 正月 26日 ; 23-400下

兵曹以慶尙左兵使李潤謙官門聚點不爲狀聞委折査問草記

該曹啓言 因昨年停操時 官門聚點形止 不爲狀聞事 有査問慶尙左兵使李潤謙之命矣 査問於該道 則慶尙監司李泰永回移內 李潤謙以爲停操時 不爲狀聞規例也 故枚擧事實 去月初九日付牒於朔軍點 義城都色吏便傳給 蔚山邸吏處 同月二十一日 受私通來到云矣 此雖與兵營之稽緩 擧行有異 而其不爲專人上送以致稽滯 則等耳揆以事體亦甚疏忽 該帥臣曾已請勘以俟處分 而淹置之該吏 請令攸司 照法重勘 允之

313.

건명 : 生熟鰒의 封進이 늦어진 이유를 慶尙左兵使 李潤謙이 査問 草記하도록 請願함

발신처 : 內醫院

검색어 : 生熟鰒, 封進, 査問草記, 慶尙左兵使, 李潤謙, 慶尙左兵營, 頉報, 雇人代送

출처 : 正祖 20年 丙辰 2月 初2日 ; 23-441下 ~ 442上

內局以生熟鰒封進愆期委折査問于慶尙左兵使李潤謙草記

內局啓言 慶尙左兵營進上生熟鰒封進愆期 委折關問草記事命下矣 査問于該兵使李潤謙處 則以爲東萊府使頉報正月初八日來到 故生熟鰒進上 不得封進緣由 卽刻修啓期於十四日呈納矣 該持者 到鳥嶺値酷寒兩足皴折 萬無作行之望 故不得已 雇人代送 以致日子之稽滯云矣.

314.

건명 : 義禁府가 司僕僉正 沈原之 등을 散配하라는 啓에 대하여 趙祥逵을 拔去하라고 命함

발신처 : 義禁府

검색어 : 司僕僉正, 沈原之, 散配, 趙祥逵, 蔚山府牧場

출처 : 正祖 20年 丙辰 2月 11日 ; 23-487下

義禁府以司僕僉正沈原之等散配啓命趙祥逵拔去

義禁府 以司僕僉正沈原之穩城府收場前僉正趙祥逵蔚山府牧場散配啓 允之 敎 以趙祥逵之捐廩欲爲救弊 曾所稔知 則混同現告 此亦該提擧伎倆重臣 此習若不痛改 雖欲事事曲保得乎 昨欲下敎 而姑爲含忍更思 刑政所關終難昧 祥逵拔之重臣 若知朝家念 先曲貸之意 俾卽思所以矯質改習 可也

315.

건명 : 尹師國을 蔚山府에 安置하도록 한 처분

발신처 : 義禁府

검색어 : 尹師國, 邊遠安置之律, 義禁府, 蔚山府

출처 : 正祖 20年 丙辰 3月 上 初6日 ; 23-618上 ~ 618下

命前金吾堂上尹師國宋鏶李鼎運施以邊遠安置之律
(前略) ○ 義禁府啓言 尹師國蔚山府安置 宋鏶吉州牧安置 李鼎運康津縣安置啓 允之 ○ 教曰 此時 錦伯 豈可一刻曠官 今日政擇差 仍令當日辭朝 前伯奪符後 押付事 分付該府

316.

건명 : 慶尙道에 定配된 罪人의 放未放回啓에 따라 忠清監司 林濟遠을 重推하고, 刑曹判書 李祖源을 推考하도록 한 처분

발신처 : 慶尙監司 李泰永

검색어 : 慶尙道, 徒年罪人, 定配罪人, 放未放回啓, 重推, 慶尙監司, 李泰永, 蔚山, 池應彩, 彦陽, 李義肅, 放秩, 推考, 鄭東周

출처 : 正祖 20年 丙辰 3月 24日 ; 23-708下 ~ 709下

判下慶尙道定配罪人放未放回啓重推忠清監司林濟遠推刑曹判書李祖源
慶尙監司李泰永狀啓 以爲道內定配罪人等 參量其罪名輕重 放稟與未放秩 謹依新頒定式 區別開錄上送 徒年罪人之遇赦 卽放係是法典 而山淸徐命大 則不但到配屬耳 所坐罪名 亦爲不輕 依前關辭 仍其本律置之 稟秩待限滿 更爲狀聞 計料 放秩 長鬐梁自一 興海李仲伊 居昌宋慶福 順興金奉伊 永川柳七抑 稟秩 山淸徐命大 機張全世國 蔚山池應彩 寧海李孝才 晋州黃聖漢 醴川韓錫舜 梁山辛以億 未放秩 英陽洪卓然 巨濟朴宗集 彦陽李義肅 河東洪亮猷 南海趙時淳 金海權中憲 泗川張景泓 鎭海申在德 高靈金命淳 巨濟李周奭 蛇梁鎭金貴福 榮川朴昌彬 寧海崔寔 機張李泰萬 三嘉李鈺 長鬐宋貴孫 永川金啓中 豊基鄭嘉錫 山淸金聖奉 青松鄭以能 梁山崔奎衡 昆陽洪在裕 梁山徐龍甲 昆陽崔成崙 河東李大興 昆陽李翼身 丹陽朴長淵 安義全得中 義興金正彦 居昌姜詢岳 義城金百信 順興尹錫祚 金山鄭時綱 居昌裵光信 彦陽羅正濬 盈德白光佑 蔚山李根得 宜寧鄭德厚 蔚山鄭東周 機張趙明弼 善山皇甫濂 興海林起大 淸道金嵒 星州崔海寬 長鬐吳北述 梁山宋昌奎 知禮李忠謙 盈德朴貞孝 淸道權掄 義禁府啓言 本府所管罪人未放秩 竝依啓聞施行 其中 彦陽李義肅身爲陵官風落松五百餘株內 只報百餘株 其餘皆歸於帖 下賞施之用 極爲無狀 高靈金命淳 穀簿申飭 前後何如 而虛欠現發數 旣夥然徒配之遇赦卽放 雖載法典不可 遽議放

釋 竝仍他餘罪人等 請令刑曹稟處 允之 敎 以泗川張景泓放送 刑曹啓言 慶尙道放未放修啓中 本曹所管定配罪人放未放秩 竝依啓聞施行而未放秩中 梁山宋昌奎入於江原道 未至配所 秩已爲蒙宥 今無可論而放秩中 順興金奉伊罪名稍輕 依道臣所請放送 長鬐梁自一 興海李仲伊 居昌宋慶福 永川千七抑等 律雖徒年 罪係不輕稟秩中 山淸徐命大 機張金世國 蔚山池應彩 寧海李孝才 晉州黃聖漢 醴泉韓錫舜 梁山辛以億等 所坐亦爲深重 有難遽議疏釋 請竝仍配之意分付 道臣久之敎 以機張李泰萬 居昌徐完世 義興朴重顯等 放送 龍宮吳哲與 韓山韓宅裕 罪無異同 欲待放未放 一體疏放 而觀此啓本 不爲擧論 雖曰 該邑充軍 旣有載之 流案之命 則該道之初不擧論 卿曹之無所皀白 俱未免不審哲放 其委折草記 亦卽關問該道 又啓言 吳哲之當初充軍 在於龍岳 故載錄於平安道 放未放修啓冊子 而忠淸道放未放修啓冊子 韓宅裕罪目中 吳哲配所以龍宮書錄 奏御文字 何等審愼 而有此誤書者極爲疏忽 請該道臣 從重推考 臣亦有回啓時 未能照檢之失 惶恐待罪而吳哲 則分付平安道臣 使之依判付放送 允之 敎以卿等推考

317.

건명 : 兵曹에서 嶺南 武士抄報가 不實하므로 영남에 關問하도록 啓함

발신처 : 兵曹

검색어 : 嶺南, 抄報武士, 別試, 慶尙監司, 李泰永, 左兵使, 李潤謙

출처 : 正祖 20年 丙辰 3月 27日 ; 23-739上 ~ 739下

兵曹以嶺南抄報武士事關問該道啓

兵曹啓言 以嶺南別試武士抄報之不實 依下敎 關問該道矣 慶尙監司李泰永回移內 以爲措辭 關問於左兵使李潤謙 右兵使洪仁默處 則嶺俗異於西北 毋論士族平民 擧皆不閑弓馬 故其所勸課肄習之方 有不敢一毫放忽 或關飭列邑 或面諭武士 而因昨年抄試武士 才藝不合 至承委折查問之關 惶悚俟勘云矣

318.

건명 : 慶尙監司 李泰永이 戰防船 개조시 富民 差出하는 일 및 內司 奴婢의 釐弊 일에 대하여 보고함

발신처 : 慶尙監司 李泰永

검색어 : 慶尙監司, 李泰永, 戰防船, 橫侵, 改造價, 劃給, 橫斂, 內司奴婢, 釐弊, 左水營, 左水虞候, 蔚山, 還耗, 給代, 西生, 開雲, 封山, 許劃, 漕稅錢

출처 : 正祖 20年 丙辰 5月 25日 ; 23-883下 ~ 885上

慶尙監司李泰永以戰防船及內司奴婢釐弊事馳啓

狀啓 以爲因忠淸道御史鄭晩錫所啓 各邑戰防船改造時 以富民差出代將事及內司各司奴婢逃老 故不卽頉下事 有諸道船弊 嚴飭釐正 各邑橫侵 卽爲頉給之命矣 戰兵船改造價之 當初劃給 非不從優 第緣董役之勤慢 各異用下之精濫不齊 終致奸弊 轉滋糜費漸繁 而造船有限鎭將 或捐薄廩生財沒策 軍民多被橫斂 各鎭公穀公貨之虛欠 未必不由於此 而海陬殘氓 竟至難保之境 營邑鎭堡合爲四十五處 其中 左水營昌原晉州金海固城南海泗川巨濟昆陽河東鎭海熊川加德等十三處旣不斂 民別無捄弊之可論 左水虞候營蔚山機張漆原彌助項唐浦平山加背梁蛇梁永登天城西生釜山多大開雲豆毛包伊西平晴川舊所非新門長木南村知世助羅龜山安骨薺浦三千票浦赤梁玉浦等三十二處 不可不及今釐正 而至於風落木之發賣設庫 取殖添補 非不便利治海 封山設禁甚嚴 戰船修改 亦有定式 則今不可稱以賣買 許其取用還耗體重 有非自下仰請者 留布公貨之京外 排用每患不贍 則就中許劃 亦難擬議舊退船價 雖無大段窒碍 殆同車薪杯水 則斂民之弊 復恐如前 惟各營鎭所在留結錢 本是防卒給代餘剩之留 作不時需者也 目今實留合爲六千六百兩零 戰兵船改造 旣有左道八十朔 右道百朔之限 則以此六千緡錢劃付三十二處 假令各給百兩 六年八年之間 什二利條要不下二百三百之數 以若所劃較彼所費 雖不十分稱停 竝與舊退船價 而沒數劃給 則庶可無冷鎭損廩之弊 殘卒冤徵之怨 而若其分俵之道 則較量邑鎭之優劣 參互雜費之多寡等 殺分排使之存本取殖 逐年會錄 一如南北漕稅錢之 加錄減下例 則本錢自在利條漸滋 請令廟堂稟處 內司奴婢事 則今又當改案之時 益宜軫蘇弊之道 嚴飭列邑 臣親目查櫛期於釐正

319.

건명 : 李殷福을 慶尙左兵使로 삼음

발신처 : 正祖
검색어 : 李殷福, 慶尙左兵使
출처 : 正祖 20年 丙辰 5月 27日 ; 23-888上
有政 兵曹參判徐有大進
以李萬吾爲全羅兵虞候 朴鍾淳爲文兼 申鴻周爲忠淸水使 李殷福爲慶尙左兵使

320.

건명 : 慶尙左兵使 李殷福을 誠正閣에서 召見함
발신처 : 正祖
검색어 : 慶尙左兵使, 李殷福
출처 : 正祖 20年 丙辰 6月 4日 ; 23-909下
召見諸承旨及慶尙左兵使李殷福于誠正閣
承旨持公事入侍也 殷福辭陛也

321.

건명 : 慶尙道 左右兵營과 南北兵營의 秋操는 設行하고, 統營이 行操하기 어려우면 停止의 뜻을 狀聞하라는 처분
발신처 : 慶尙左兵使 李殷福 등
검색어 : 慶尙道, 左右兵營, 秋操, 慶尙左兵使, 李殷福, 右兵使, 洪仁默, 秋操, 水操, 習操, 合操, 巡操, 巡點, 未行操處官鎭門聚點, 親騎衛馬兵都試
출처 : 正祖 20年 丙辰 7月 27日 ; 23-1068上 ~ 1068下
命統營及慶尙道左右兵營南北兵營秋操依例設行其中可以稟旨處卽爲狀聞仍飭統營如難行操直以停止之意狀聞
備邊司啓言 卽見前統制使李得濟 慶尙左兵使李殷福 右兵使洪仁默 北兵使鄭觀采 南兵使李壽鵬 秋操取稟狀啓 則以爲今秋水操習操合操巡操巡點及未行操處官鎭門聚點 竝請令廟堂 稟旨分付 親騎衛馬兵都試 依例設行爲辭矣 今年年事 庶有八路均熟之望 詰戎之政 有不可一向停廢 統營左右兵營南北兵營 今秋水操習操合操巡操巡點及官鎭門聚點親騎衛馬兵都試 竝依例設行 而巡點則行操處不必疊行 行操時軍營節制各別申明 收斂誅求之弊 另加嚴飭 無敢有一毫犯科之意 依

他道例 更加嚴飭分付 秋事尙未登場 更爲詳察民情 事勢或有不得不爲弊之端 則勿以已經稟定爲拘 卽速具意見論理狀聞事 一體分付何如 允之 教 以星大知委兩道道臣處 足以設行處 設行可以稟旨處 狀聞俾無後時之弊 至於統營所管諸水營操 期在來月旬後 勢難其前往復 本司停當 量其事勢 如難爲之 則直以停操之意 知委各該營後 形止狀聞事 統制使處 三懸鈴行會 可也

322.

건명 : 華城 城役의 부족한 財力을 嶺南 南倉錢 1萬 兩 등으로 貸用하고, 關西木은 錢으로 代納하도록 하라는 처분

발신처 : 右議政 尹蓍東

검색어 : 華城城役, 關西木, 嶺南南倉錢, 海西監營記簿別備錢, 貸取, 代納

출처 : 正祖 20年 丙辰 8月 3日 ; 24-7下 ~ 8上

命華城城役不足財力貸用關西木一百五十同嶺南南倉錢一萬兩 海西監營記簿別備錢五千兩 關西木則以錢代納

右議政尹蓍東啓言 華城城役九月內 當告竣仍行落成之宴矣 聞留守趙心泰言 則目下財力 不無不足之慮云 關西木四百同 卽今年二月 自備局行關使之措備以待者 一百五十同 姑先取用 嶺南監營南倉錢一萬兩 海西監營記簿別備錢五千兩 竝爲貸取 而關西木 則數爻旣多升尺未必皆準聞其事情 願以錢代云 役處用下錢 又勝於木 此則從其願 以錢代納之意分付 南倉錢 則與惠廳貿米條相換取用 事 甚便當 請以此知委施行 從之

323.

건명 : 御定한 奎章全韻을 中外에 頒賜함

발신처 : 正祖

검색어 : 奎章全韻, 蔚山, 鷗江書院

출처 : 正祖 20年 丙辰 8月 11日 ; 24-33下 ~ 38下

頒賜御定奎章全韻于中外命公私押韻準此義例仍禁御諱諱稱字音中間竝諱之習

教曰 御定奎全韻 (中略) ○ 蔚山鷗江書院 (後略)

324.

건명 : 西平萬戶 金德行이 戰船을 침몰로 蔚山戰船을 이용하여 훈련을 하고, 기한이 지난 전선을 右道 對山의 나무로 고칠 수 있도록 해달라는 청원

발신처 : 慶尙左水使 沈鏴

검색어 : 慶尙左水使, 沈鏴, 西平萬戶, 限滿, 金德行, 水操, 從重決棍, 蔚山戰船, 對山, 許斫

출처 : 正祖 20年 丙辰 8月 22日; 24-69下 ~ 70上

慶尙左水使沈鏴以西平萬戶金德行參操戰船致敗馳啓

該水使狀啓 以爲多大僉使尹壽民牒呈內 卽到西平萬戶金德行馳報內 參操次本浦戰船 以九月限滿之船 險海渡涉之際 爲風濤所觸 左右杉板俱爲動退 前後上粧一時毁落 仍爲沈沒 而載船什物軍兵器械幾盡沈失 萬戶印信亦失水中 數多人命 則以領來諸船 僅僅卸下偸生 其中 多大里射夫金淸明 砲手秋八十等二名 觸落渰死屍身 卽爲拯出云 而往在丁卯年水操時西平戰船及庚戌年水操時蔚山戰船 阻風致敗 有兵船代行之例 故今番亦依兩年例 以兵船代行之意傳令 申飭渰死人 自臣營助給錢布 申飭厚埋 沈失什物與印信 則多定沈水軍期於盡數 搜拯之意 另加嚴飭計料 而西平戰船旣是限滿 則當初發船 船不善修 又不相時致有此全體致敗 軍器之許多沈失 已極驚駭 二名軍卒之淹死 尤萬萬慘然 當該監色都沙工及兵房軍官首鎭吏等 從重決棍 該萬戶爲先罷黜 令攸司 稟處操期迫頭 故姑爲仍假將差定使之參操 莫重戰器有難一時曠闕 不可不趁今改造 而臣營所管封山松木 擧皆體小 姑無戰船材堪用者 依新頒事目 以右道對山 依例許斫 令廟堂 稟旨分付

325.

건명 : 울산 앞바다에서의 전선 침몰사고 당시 西生僉使 朴道寬 등의 행동을 문책하고, 조처를 잘 취한 李泰永은 越俸하도록 한 처분

발신처 : 慶尙前左水使 沈鏴

검색어 : 蔚山府使, 李性重, 西生僉使, 朴道寬, 開雲萬戶, 李泰永, 水陸行操, 蔚山府, 停操, 越俸

출처 : 正祖 20年 丙辰 8月 30日 ; 24-96下 ~ 98上

命蔚山府使李性重金山僉使安宗厚多大僉使尹壽民西生僉使朴道寬豆

毛萬戶李源培開雲萬戶千起一西平假將金德行等令統帥就操場前洋嚴棍充軍不善造船者査出發配統制左營將沈鐔亦令拿致決棍後依初下教勘律統制使李得濟該道臣李泰永竝越俸

備局啓言 卽見慶尙前左水使沈鐔 本月十二日十五日封上狀啓 則以爲蔚山府使李性重以參操事 初八日騎船發行 阻風止泊于本府外城隍堂前洋 初九日風雨大作 不得前進 十一日更爲發船 行到本府 下山前洋大風振作海濤湧所 騎戰船出沒 波間一船軍卒百船救護之際 鴟木中折仍爲沈沒 而數多人命軍器舟楫幸賴兵伺候船之相救 竝卽卸下 而無一物渰死漂失之患 戰船則勢未及竝救 仍爲擔水側沈 而全體姑無毁破風浪接天目 今所見猝難曳出無及期赴操之望 該府戰船 旣有乙丑庚戌年兵船代行之例 故今番軍兵軍器舟楫等物 使之移載兵船 及期領到於私正操之意 各別申飭 而府使李性重 當其風浪之翻空 雖非人力之可救 而旣不能堅捧船食 又不善申飭沙格 有此戰船之中路沈沒 不愼之責 在所難免云 其一停操關辭 卽爲曉諭於各該將領軍兵等處 申飭放還 而未停操之前 則當初約束乃是赴陣 而有此期會不參之擧 其在重師律懲後 弊之道不可置 而不論蔚山府使李性重 釜山僉使安宗厚多大僉使尹壽民 西生僉使朴道寬 豆毛萬戶李源培 開雲萬戶千起一西平假將金德行等 罪狀 竝請令廟堂稟處矣 水陸行操約日聚軍 其師律何等嚴重 而今此左水使所管邑鎭事 節節無謂始有西平鎭戰艦軍器之沈失處分 纔下至爲嚴截 則又以蔚山府之沈船登聞者 尤萬萬驚駭至於六鎭將淹滯於十里三十里之間 不得趂期赴陣 又是前所未有之事若使帥臣預爲嚴飭 戰器俱得十分完備 則何有沈沒之擧乎 鎭將之中路逗遛 雖緣風浪之不息號令 若能嚴明 六鎭 何敢一齊違期乎 苟究其本責在何人 且停操之啓 封上於十五日 而一望之後 始爲上徹稽滯委折雖未及査究帥臣之事 事漫忽可謂罪上添罪 不可以已蒙勘處 有所參恕慶尙前左水使沈鐔令 該府拿來 更爲加等嚴勘 以嚴軍法以懲後弊 蔚山府使李性重爲先罷黜 釜山僉使安宗厚 多大僉使尹壽民 西生僉使朴道寬 豆毛萬戶李源培 開雲萬戶千起一 西平假將金德行等 亦爲罷黜竝與李性重 令該府 拿問考律重勘 允之 教曰 紀律雖掃地 往古來今名之曰 赴操船隻 稱以不能制船逗遛洋中 若使正操行於十八日 仍爲不進 則平時雖異於不虞之時 師律至嚴 渠輩 烏可免梟首警衆之律乎 一邑六鎭守令邊將等 令統帥大張威儀於操場前洋 嚴棍充軍 船不堅利渠

輩 固有其罪造船者 亦焉敢逭乎 亦令統帥査出指名 亦皆嚴棍後發配 大抵違制失律 責在該帥 況其犯科 可謂兩罪俱發統制左營將沈鑄 亦令統帥拿致決棍後 依初下敎 勘律溯本 則常時不能檢飭 難免其責 統制使李得濟越俸五等 狀請之駭然 雖已問備 旣知其各鎭之發船 則不有仍行之朝令 公然知委以致邊土瞻聆爲貽笑之端 道伯如是也 故戰器朽鈍 頹惰成習 該道臣李泰永 所當拿問處之 而戰船新造之政 難付生手 姑先越俸十等 守令邊將之代 今日政差出 待開門下送事 分付

326.

건명 : 李廷仁을 蔚山府使로 삼음

발신처 : 正祖

검색어 : 李廷仁, 蔚山府使

출처 : 正祖 20年 丙辰 8月 30日 ; 24-98上

有政 吏曹判書金載瓚兵曹判書鄭好仁進

以朴載淳爲校理 李廷仁爲蔚山府使 林蓍喆爲都總管 朴宗和爲釜山僉使.

327.

건명 : 李性重을 蔚山府에 充軍하도록 한 처분

발신처 : 義禁府

검색어 : 蔚山府, 沈鑄, 開雲萬戶, 千起一, 充軍, 定配

출처 : 正祖 20年 丙辰 9月 初4日 ; 24-103下

命充軍安宗厚尹壽民李源培千起一金德行于東萊府李性重于蔚山府配沈鑄于遂安郡

義禁府啓言 釜山僉使安宗厚 多大僉使尹壽民 豆毛萬戶李源培 開雲萬戶千起一 西平假將金德行 東萊府充軍 蔚山府使李性重 蔚山府充軍 統制左營將沈鑄押送 統營決棍後 因前配所 遂安郡定配 允之

328.

건명 : 華城 城役에 참여한 자들의 賞典을 差等 있게 행함

발신처 : 正祖

검색어 : 華城城役, 賞典, 外職調用秩, 邊地窠, 西生僉使, 豆毛浦, 開雲浦, 邊

將承傳

출처 : 正祖 20年 丙辰 9月 初10日 ; 24-133上 ~ 147上

施華城城役賞典有差

(前略) ○ 外職調用秩 前監董禿城中軍金熤閫帥 今日政調用 全羅左水使前府使曺翰振防禦使 今日政調用 永宗僉使 前五衛將李泰協黃基正 以上 邊地窠 今日政調用 泰協白翎僉使 基正群出僉 使前五衛將朴廷吉相當窠 今日政調用 全羅中軍前縣監丁遇泰守令調用 稷山縣監裨將監董前府使金樂淳防禦使 今日政調用 吉州牧使京監官 前別將嘉義李元榮 嘉義權致明 折衝崔潤益 以上 邊將今日政調用元榮 西生僉使致明 荏子島僉使潤益 清城僉使策應兼監官前僉使折衝張泳 各所京牌將 嘉善李彦植吉命福 以上 邊將承傳 嘉善金祥鯉北道邊將 今日政調用 潼關僉使副司果李義載 出身金啓宅白相甲 閑良金震㾘 以上 邊將承傳 府牌將嘉義金之澤 已酉年別看役承傳 三人中獨漏邊將 今日政調用 晴川別將閑良尹爀周邊將 今日政調用 助泥萬戶嘉義李渭 嘉善趙寬玉李廷殷 出身羅太乙 以上 邊將承傳 (中略) ○ 外職調用秩雜物策應 都廳本府中軍金熤差待立規陞授兵閫監董 前僉使丁好南外職甄用長湍府使 前營將金箕昇遂安郡守龍仁縣令丁過泰平海郡守前府使金爀 永宗僉使趙雲祥 惠山僉使前五衛將尹芮基 城津僉使 以上 陞敍裨將監董前五衛將 嘉善李宗範 西林僉使前郡守徐宅聖 江原中軍前縣監折衝金輔明 江華中軍 以上各道中軍 雜物策應 監官別武士 嘉義李渭昨年承傳 尙不收用 勤勞最著 實仕近千日善地 邊將今日政 差送加里浦僉使 都所外監知穀官前僉使 嘉善黃致郁 功勞無異於李渭 邊將今日政差送西生僉使 京牌將別看役 折衝金啓重兵曹堂上軍官 嘉善朴宗秀月串僉使 以上 邊將待窠除授 伐木牌將禁軍嘉善金重麗 係是次勞邊將 追後收用 雜役 牌將訓鍊都監別武士 嘉善申龍瑞 雖是次勞園幸立塘 亦有效勞 邊將追後調用 出身盧福尙邊將待窠多調用 府牌將中營軍官 嘉善李廷殷 昨年承傳尙不收用 勤勞最著實仕近千日 邊將今日政差送寧城僉使 旗牌官嘉義朴震晃 豆毛浦萬戶別武士 折衝吳興大開雲浦萬戶親軍衛正 嘉善李光賢許沙僉使 以上 邊將今日政差送 折衝李敬培勞役仕 日合置一等 邊將今日政差送善積僉使 折衝崔琥彬勤勞亦著 邊將今日政差送安義僉使 (後略)

329.

건명 : 慶尙監司 李泰永이 아뢴 道內 守令의 久任 및 相換의 일에 대해 淸道郡守는 推考하고, 魚在沼를 改差하라고 命함

발신처 : 慶尙監司 李泰永

검색어 : 慶尙監司, 李泰永, 相換, 推考, 蔚山, 還餉文簿, 倉糴, 蔚山府使, 李廷仁, 改差

출처 : 正祖 20年 丙辰 12月 14日 ; 24-498下 ~ 499上

慶尙監司李泰永以道內守令久任及相換事馳啓命泰永推考淸道郡守魚在沼改差

泰永狀啓以爲 諸道守令數遞邑不堪任及可合相換於閒邑者 令廟堂嚴關道臣論理狀聞事 命下矣 守令中 衰病之難强聲績之無著者 適値殿最之時 故不爲竝論 至於數遞邑 則無論十年內外 總計七十州縣幾二之一 逐邑論列 亦甚煩瀆而就 其中 蔚山昌原兩邑數遞之最甚處也 積弊層出 民生困瘁一道之內 素稱難治 而蔚山府使李廷仁 昌原府使趙宅鎭 才足劑理志切矯捄莅任之後 政有可觀 若許久任 則庶可收效 淸道郡 則非但戶口寔繁蔱糴素紊重 以左右道還餉文簿 都會官穀總甚夥吏奸易售 每當査勘之時 不無舞弄之習流來 痼弊不可不及時釐正 咸安郡 則幸蒙朝家之軫恤倉糴之積年謬習 今已矯祛 目下實無難治之患 該郡守沈厚之 淸道郡守魚在沼相換 漆原縣 則海峽相半災荒偏及土瘠民貧弊 隨而生兼以遞易甚頻事多委屬 實爲可悶 該縣監趙永祥 河陽縣監朴命燮相換 三嘉縣則雖非數遞之邑 處於兩營之間 無異孔路 素稱弊局邑事之修 擧民瘼之釐革 最爲急務 該縣監洪樂敎 禮安縣監朴獻源相換 沈厚之朴命燮朴獻源 亦令久任責成 則迎送無弊 整頓可期 請令該曹 稟旨施行 而昨年下敎 寔出於軫念 民邑之至意事 係審愼不敢率爾 陳聞稽滯至此 致有特敎 關飭之擧 溺職之罪 無所自逃 惶恐俟勘 敎 以咸安近革蘇弊云 而其爲難治 則今猶古不能於淸道者 其可能於咸安乎 道臣推考 淸道郡守 魚在沼 改差差代

330.

건명 : 蔚山府使 李廷仁을 久任하도록 하고, 漆原縣監 趙永祥 등을 相換하도록 한 처분

발신처 : 吏曹

검색어 : 蔚山府使, 李廷仁, 慶尙監司, 李泰永, 蔚山, 久任, 相換

출처 : 正祖 20年 丙辰 12月 上 15日; 24-505上~505下

命蔚山府使李廷仁昌原府使趙宅鎭久任漆原縣監趙永祥河陽縣監朴命燮相換三嘉縣令洪樂敎禮安縣監朴獻源相換命燮獻源久任仍命樂敎永祥勝任與否令道臣更爲陳聞

吏曹啓言 慶尙監司李泰永狀啓 以爲道內數遞邑中 蔚山昌原兩邑數遞最甚 積弊層生 民生困瘁 素稱難治 而蔚山府使李廷仁 昌原府使趙宅鎭 才足剸利 志切矯捄莅任之後 政有可觀 若許久任 則庶可收效 漆原縣 則海峽相半災荒偏及兼以遞易甚頻事多委屬 該縣監趙永祥 河陽縣監朴命燮相換 三嘉縣 則雖非數遞之邑 處於兩營之間 素稱弊局邑事修擧民瘼釐革 最爲急務 該縣監洪樂敎 禮安縣監朴獻源相換 朴命燮朴獻源亦令久任 則整頓可期 請令該曹 稟旨施行云矣 請竝依狀 請施行 而淸道咸安相換事 別有處分 謹當依聖敎擧行 而至於洪樂敎之不能治三嘉者 何以治禮安 趙永祥之不能任漆原者 何以任河陽 道臣亦有所酌量 有此相換之請 則姑令觀其勝任與否 更爲陳聞之意 請嚴飭該道臣李泰永處 允之 敎 以陳聞之限 依回啓例爲之事 分付

331.

건명 : 각 道 牧場의 所養馬數爻別單의 내용

발신처 : 司僕寺

검색어 : 各道牧場所養馬數爻別單, 慶尙道, 乙卯籍付馬, 封進馬, 分養捉給馬, 故失馬, 壯雌馬, 蔚山, 宋堯熙, 監牧官, 馬政

출처 : 正祖 20年 丙辰 12月 17日 ; 24-519上~522上

命各道牧場所養馬數爻別單此後以啓目爲之賞罰亦爲區別以聞著爲式

司僕寺別單 (中略) 慶尙道晉州巨濟等 監牧官前任申大復時任安載述所管二牧場 乙卯籍付馬七百五十三匹 今生馬三百五十二匹 合馬一千一百五匹內 封進馬二匹 各邑分養捉給馬三十三匹 故失馬一百四十九匹 除今年實留放壯兒雌雄馬竝九百二十一匹內 壯雌馬三百九十六匹一年應孳產馬一百十九匹 今生馬三百五十二匹 加報二百三十三匹 蔚山長鬐等監牧官宋堯熙所管二牧場 乙卯籍付馬七百四十九匹 今生馬

一百四十四匹 合馬八百九十三匹內 封進馬二匹 各邑分養捉給馬二十八匹 故失馬一百十九匹 除今年實留放壯兒雌雄馬竝七百四十四匹內 壯雌馬四百六十匹 一年應孶産馬一百三十八匹 今生馬一百四十四匹 加報六匹 東萊兼監牧官多大浦僉使前任尹壽民時任鄭爀所管一牧場 乙卯籍付馬一百匹 今生馬二十二匹 合馬一百二十二匹內 封進馬二匹 各邑分養捉給馬二匹 故失馬十一匹 除今年實留放壯兒雌雄馬竝一百七匹內 壯雌馬五十六匹 一年應孶産馬十七匹 今生馬二十二匹 加報五匹 (中略) 教 以馬政有國所重 近來飭禁申嚴之時 勸懲宜有拔例 況常例在於法典者乎 晉州前監牧官申大復賞典 自本寺考例草記 其中慢忽者 亦自本寺草記 此後 則每歲牧養數爻別單 以啓目爲之賞罰區別 以聞定以爲式

332.

건명 : 慶尙左水營 戰船의 改造材木을 右道 封山에서 許斫하도록 한 처분

발신처 : 右議政 尹蓍東

검색어 : 慶尙左水營, 戰船, 限滿, 右道封山, 慶尙左水使, 李得駿, 虞候戰船, 開雲浦戰船, 左道封山

출처 : 正祖 20年 丙辰 12月 27日 ; 24-577上 ~ 577下

命慶尙左水營戰船二隻改造材木許斫於右道封山

右議政尹蓍東啓言 慶尙左水使李得駿狀啓以爲 虞候戰船開雲浦戰船合二隻 限滿摘奸 則腐傷動退 難以駕海 不可不趁今改造 而左道封山松木擧皆體小 姑無戰船材堪用者 右道封山 依例許斫事 請令廟堂稟處矣 左道封山 如無可合船材 則請得於右道封山 自是已例 二隻戰船改造材木 依狀請許斫之意 請分付 從之

333.

건명 : 忠臣贈職別單 중 興陽故府使 宋德馹의 戰功 내역

발신처 : 禮曹

검색어 : 忠孝烈別單, 孝烈別單, 忠臣贈職別單, 壬辰之亂, 慶尙左兵使, 李舜臣, 露梁之捷

출처 : 正祖 20年 丙辰 12月 29日 ; 24-604下 ~ 623上

命卿宰侍從堂上堂下罷散人幷敍用口傳付軍職禮曹以忠孝烈別單改付標啓

禮曹啓言 孝烈別單更爲就議大臣陞降區別 以啓事命下矣 依聖敎就議大臣別單中 付標以入矣 (中略) 忠臣贈職別單 (中略) 興陽故府使宋德馹 壬辰之亂 與忠武公李舜臣戮力合謀 大獲露梁之捷 又火攻倭船於唐浦 斬獲無數 甲寅以擒守希之功陞拜慶尙左兵使 未及離府守 希餘黨夜襲府城 德馹與手下數十人 持弓矢登牙城 彎弓弦絶者三 賊兵焚牙城大呼曰 美髥亦面者 宋某也 射矢如雨 德馹手持長劍 擊殺數十 竟爲賊矢所中死 (後略)

334.

건명 : 京外 老職人에게 加資하고, 婦女에게는 封爵함

발신처 : 正祖

검색어 : 京外老職人, 加資, 蔚山, 白成健, 林鳳齡, 彦陽, 吳尙禮, 婦女封爵

출처 : 正祖 21年 丁巳 正月 初2日 ; 24-631下 ~ 634上

京外老職人加資下批

(前略) 慶尙道 慶州 士庶 嘉善金世龍等二人 (中略) 蔚山 士庶 嘉善白成健等二人 通政 林鳳齡 (中略) 彦陽 士庶 嘉善吳尙禮 熊川 士庶 通政李萬林等二人 長鬐 士庶 嘉善李泰成 (中略) 以上 竝超崇政 婦女封爵

335.

건명 : 三南의 習操 및 海西의 陸操는 임시로 停止하며, 邑鎭官門의 聚點은 正操例에 따라 거행하도록 한 처분

발신처 : 右議政 尹蓍東

검색어 : 春操, 水操, 三南, 習操, 陸操, 巡點, 未行操處宮鎭門聚點, 慶尙左兵使, 李殷福, 右兵使, 洪仁默, 水陸操, 合操, 城操, 巡操, 巡歷, 勸別武都試

출처 : 正祖 21年 丁巳 正月 22日 ; 24-692上 ~ 692下

命北關關西春操及海西水操依例設行三南關東習操及海西陸操姑停總戎廳廣州府巡點及松營習操亦爲停止仍飭邑鎭官門聚點一依正操例擧行其勤慢令各該道帥臣狀聞仍令備局抽栍考察

右議政尹蓍東啓言 此總戎使徐有大 廣州留守徐有隣 開城留守趙鎭寬 江原監司徐有防 北兵使鄭觀采 南兵使李壽鵬 平安兵使任嵂 黃海兵使李儒敬 統制使尹得逵 忠清兵使金明遇 全羅兵使申鴻周 慶尙左兵使李殷福 右兵使洪仁默 春操取稟狀啓也 今春水陸操合操城操巡操巡歷巡點及未行操處宮鎭門聚點 何以爲之 竝請令廟堂 稟旨分付 勸別武都試 依例設行爲辭矣 昨秋年事 旣皆均豊 如此之年 詰戎重事 有不可一向停廢 諸道今春諸操巡點聚點都試 竝令依例設行 而統營海西兵營 則昨秋已爲行操 今姑停止 統營外三南水操 竝於各其前洋設行 至於總戎廳及廣州府 昨秋有今春習操停止之命 而習操旣已停止 前巡點之有弊與習操無異 一體停止 畿內今春習操與巡點 竝令停免 則松營習操有難獨行 此亦停止 聚點則另飭擧行 俾有實效 諸道行操處巡點亦不必疊行 此則安徐之意 請竝爲分付役之 敎 以詰戎之政 何事不緊重 而習操尤爲自別 許久曠廢 極不成說 卿之所奏果是然 三南則東作差早 亦與西此邊門有間 今年春操 此關關西及海西水操 依例設行 其餘 三南關東習操及海西 陸操姑停 嚴飭邑鎭 各其官鎭門一依正操例明習 坐作之節 以其擧行勤慢 令各該道帥臣狀聞 卿亦留意於抽柱考察之道 俾有實效

336.

건명 : 月課 鳥銃 등을 華城府에 늦게 移送한 慶尙左兵使 李殷福 등을 推考하도록 한 처분

발신처 : 右議政 尹蓍東

검색어 : 月課, 慶尙左兵使, 李殷福, 左水使, 李得駿, 慶尙右兵使, 洪仁默, 推考

출처 : 正祖 21年 丁巳 正月 22日 ; 24-692下 ~ 693上

推統制使尹得逵慶尙左兵使李殷福左水使李得駿全羅兵使申鴻周左水使李運昌右水使金處漢忠清兵使金明遇水使安橚黃海兵使李儒敬水使徐英輔

右議政尹蓍東啓言 諸路月課鳥銃火藥鐵丸之移送華城府者 已滿三年之限 各該兵水諸閫 自今年 竝令依例受去 則當卽開坐數爻狀聞加錄 而慶尙右兵使洪仁默外 皆無狀聞之事 謹依判付辭意 已爲發關申飭 而其擧行慢忽 不可無警責 請各該帥臣 竝推考 從之

337.

건명 : 左兵營 소관 華山城築城米를 華山城에 移劃할 때 가을을 기다려 公用에 補充하고, 民瘼을 구하도록 命함

발신처 : 前慶尙監司 李泰永

검색어 : 華山城, 慶尙監司, 李泰永, 左兵營, 華山城築城米, 加耗, 蔚山, 移劃, 防債穀, 原糴

출처 : 正祖 21年 丁巳 3月 17日 ; 24-875下 ~ 876上

命華山城築城穀待秋區處補公用捄民瘼事令廟堂稟處

前慶尙監司李泰永啓言 左兵營所管華山城築城米名色 卽年前經紀 移營於華山城 而請得者也 移營之議 旣已中止 而此穀 則耗上加耗 厥數夥然間 因備局行會 移劃於防債穀 而餘穀之見在者 猶爲五千餘石矣 蔚山新寧等邑 原糴甚多 而又添此穀 公無所賴 民受其弊 臣意 則旣係築城之所需 待秋盡數區處 以補公用 永捄民瘼 恐合事宜矣 教 以令廟堂 草記稟處

338.

건명 : 蔚山 華山城築城米는 가을을 기다려 數爻를 살펴서 다른 곳의 公用에 補充하도록 命함

발신처 : 左議政 蔡濟恭

검색어 : 蔚山, 華山城築城米, 華山

출처 : 正祖 21年 丁巳 4月 初1日 ; 24-915下

命蔚山華山城築城米待秋區處後登聞數爻以補他處公用

左議政蔡濟恭啓言 華山城築城米 令廟堂稟處事 命下矣 所謂築城米 卽準備華山移營之用 而移營則停止 穀物則漸敷 以致傍近邑莫大之民弊 此甚可悶 山城既有餉穀 則築城米之有無 無甚關係 待秋盡數區處 以除民弊 實合事宜 請以此分付道臣區處後 待狀聞來到 知其數爻然後 以補某處公用之意 更爲稟處 從之

339.

건명 : 兵曹에서 京外의 褒貶等第啓本을 開拆하여 아뢴 내용 중 等第가 일치하지 않은 것을 고쳐 시행하도록 한 처분

발신처 : 兵曹

검색어 : 京外褒貶等第開拆啓, 諸道褒貶啓本, 還弊, 中考, 上考, 下考, 慶尙左兵使, 李殷福, 推考

출처 : 正祖 21年 丁巳 6月 15日 ; 25-212上~213上

吏兵曺以京外褒貶等第開拆啓

(中略) ○ 兵曹啓言 拆見諸道褒貶啓本 則統制使尹得逵啓本中 薺浦萬戶魚春淵 以還弊宜單爲目 則宜置中考而置諸上考 知世浦萬戶朴致燁 以事或疏忽姑觀來頭爲目 則宜置下考而置諸中考 北兵使鄭觀采啓本中 豊山萬戶金受鍊 以微謗宜愼爲目 則宜置下考而置諸中考 南兵使李壽鵬啓本中 南虞候元啓弘 以得失何有爲目 舊莎波知權管洪浩淵以倘能有終爲目 則竝宜置中考而置諸上考 平安兵使任嵂啓本中 碧團僉使黃宗大 以胡爲擅離爲目 則宜置中考而置諸上考 廣坪權管李完培以躬犯潛魚民卒莫禁爲目 則宜置下考而置諸中考 慶尙左兵使李殷福啓本中 慶州營將具椒 以柔練反尤戢束宜勉爲目 則宜置中考而置諸上考 請各該帥臣推考 薺浦萬戶魚春淵 南虞候元啓弘 舊莎波知權管洪浩淵 碧團僉使黃宗大 慶州營將具椒 竝中考施行 知世浦萬戶朴致燁 豊山萬戶金受鍊 廣坪權管李完培 竝下考施行 統制使尹得逵啓本中 知世浦萬戶朴致燁 等第肆然刀擦 至登啓聞 萬萬駭然 請重推 允之

340.

건명 : 安岳郡의 稷還과 常平會錄 등을 華城에 劃給하여 華城 守城의 도구로 삼도록 한 처분

발신처 : 左議政 蔡濟恭

검색어 : 嶺南華山築城還米, 左兵營, 南倉錢, 自備錢, 漕倉錢, 兩箕營別備錢, 御營禁衛兩營會外錢, 劃給, 公貨

출처 : 正祖 21年 丁巳 6月 18日 ; 25-220上~下

以安岳郡稷還常平會錄及留庫條一萬八千三百八十六石嶺南華山築城還米左兵營所在五千餘石南倉錢二萬兩前道臣李泰永自備錢一萬兩漕倉錢二萬兩箕營別備錢一萬兩御營禁衛兩營會外錢各五千兩劃給華城以爲修城之具

左議政蔡濟恭啓言 華城城池今已告完 但念有城而無修城之具 則與無

城同 必得公貨準十萬之數 然後庶可有隨時方便之道 俄者 右相 以安岳稷還作錢擧條 勿施之意陳達蒙允 廟堂之論誠爲得體 而稷還之爲安岳之弊 臣亦知之 畢竟旣不可不變通 則以常平會錄及留庫條 合一萬八千三百八十六石 竝付華城 嶺南之華山築城條還米一萬一千七百餘石內 各邑所在條廣留 纔已請得左兵營所在五千餘石 前道臣旣以待秋區處陳達出擧條 其所區處歸之華城 則在嶺民可以除弊 於華城可以有補 此外嶺南 南倉錢二萬兩 及前道臣自備錢一萬兩 漕倉錢二萬兩 箕營別備錢一萬兩 御營禁衛兩營會外錢各五千兩 劃給華城 使之從便區處 則大城府庶無日後疏虞之慮 此是爲國家長遠之謀 不可以翫愒 以度故名目 雖似煩屑 不得不仰陳矣 從之

341.

건명 : 瑞興府使 林性遠의 官歷과 湖南 南平縣 등의 還弊에 대한 처분

발신처 : 瑞興府使 林性遠

검색어 : 蔚山, 還弊, 盡分穀, 還弊, 還穀, 加分

출처 : 正祖 21年 丁巳 閏6月 25日 ; 25-393下

召見諸承旨及瑞興府使林性遠于誠正閣

承旨持公事入侍 性遠肅謝入來也 ○ 予謂性遠曰 曾經幾處守令乎 性遠曰 甲辰冬除和順縣監 己酉移交河 壬子除蔚山換豊德 甲寅除南平 凡五處矣 予曰 南平之與和順 邑之大小 治之難易 果何如耶 性遠曰 南平大於和順 故治亦較難矣 予曰 甲寅年年事 果何如 而比再昨兩年農形又孰爲優 性遠曰 甲寅年 則可謂大歉 而猶勝沿海之邑 乙卯丙辰俱獲豊登 而兩年年事 大抵相等矣 予曰 今年 則又何如 而卄日之雨能爲周足乎 性遠曰 以今所見可謂豊登 而雨澤所得多少不均 頗有穴農之慮矣 臣於全州 遇卄日之雨 而驟注之餘 優得二鋤矣 予曰 湖南一道 本多還弊 而小民受弊 專在盡分一條 南平則何如 而盡分穀爲幾何 性遠曰 本邑還穀別無他弊 而請得加分外 亦無盡分名色矣 予曰 異於沿邑 故無此弊矣

342.

건명 : 三南 등의 秋操와 海西의 水操 정지 및 나머지 道의 行操 여부의 문의

에 대한 처분

발신처 : 備邊司

검색어 : 慶尙左兵使, 李殷福, 秋水陸操, 合操, 巡歷, 巡點, 官鎭門聚點, 校生考講, 鄕騎士勸別武武學都試, 疊行, 停操

출처 : 正祖 21年 丁巳 7月 16日 ; 25-456下~457下

命三南及關西關北秋操海西水操幷停止其外諸道依例擧行仍命諸道春秋請操必以孟朔初旬修啓總廳廣州江華行操便否問于帥臣草記

備局啓言 卽見總戎使金持默 水原留守趙心泰 廣州留守徐有隣 江華留守申光履 京畿水使吳載徽 永宗防禦使金爀 江原監司徐有防 平安監司朴宗甲 兵使任葎 黃海兵使李儒敬 忠淸兵使金明遇 統制使尹得逵 慶尙左水使李得駿 全羅左水使趙岱 忠淸水使安櫄 慶尙左兵使李殷福 右兵使洪仁默 全羅兵使申鴻周 南兵使曺允精 秋操取稟狀啓 則以爲 今秋水陸操合操城操巡操面操巡歷巡點及未行操處官鎭門聚點請令廟堂稟旨分付 校生考講鄕騎士勸別武武學都試 依例設行爲辭矣三南年事 間多被旱恐難均登 今秋水陸操及巡歷巡點巡操 竝停止 其外諸道習操合操城操面操巡歷巡操 依例設行 巡點不必疊行置之 海西水操 今春旣已設行 姑爲停止 各樣都試及校生考講 依前擧行之意分付 未行操處官鎭門聚點 近因飭敎 頗有實效 更加嚴飭 俾各惕念考勤慢 依例狀聞 亦自本司時或抽栍考察 而行操停操有國大政 必使軍民早知行與停 然後行操處 可無資裝窘速之弊 停操處 亦免丐貸空費之歎 而諸道請操之啓 皆無定限 或早或晩 以致稟旨之遲滯 又若行操稟處之後 道臣欲以民情仰請停操 則宜思預爲之所 而或發巡而忙迫登聞或臨期而顚例號令 行操而旣不得整暇 停操而又不被實惠 此實軍民休戚之大端 此後則無論遠近道 春秋習操狀啓 必令孟朔初十日內齊到過限者 自本司論勘事 永爲定式 行操命下之後 參量民事 不得不請停之處 自該道卽爲馳啓請停 以爲隨卽稟處之地 除非不時意外之災 則毋得玩愒度日 臨時忙錯之意 一體分付 全羅右水使金處漢狀啓 雖未來到 旣無可以別爲稟處者 直以停操辭意行會 何如 允之 敎 以關西及北道春操 旣行秋操 則不必疊行 竝停止 總廳廣州江華 則便否問于帥臣更爲草記

343.

건명 : 武科 東堂初試榜目 중 首位를 차지한 閑良 李志淵의 木箭과 鐵箭 성적

발신처 : 慶尙左兵使 李殷福

검색어 : 慶尙左兵使, 李殷福, 武科東堂初試榜目, 李志淵, 木箭, 鐵箭

출처 : 正祖 21年 丁巳 9月 20日 ; 25-702上

慶尙左兵使李殷福以武科東堂初試榜目馳啓

居首閑良李志淵 木箭 一矢二百八十七步 二矢二百八十步 三矢三百九步 鐵箭 一矢一百十九步 二矢一百二十四步 三矢一百三十步

344.

건명 : 兵曹에서 여러 道의 殿最를 降考하여 慶尙左兵使 李殷福 등을 推考하도록 아뢴 데 대한 처분

발신처 : 兵曹

검색어 : 殿最, 降考, 慶尙左兵使, 李殷福, 諸道褒貶啓本, 徵布, 下考, 中考, 上考, 推考

출처 : 正祖 21年 丁巳 12月 16日 ; 25-971上~下

兵曹以諸道殿最降考啓推平安兵使任嵂南兵使曹允精慶尙左兵使李殷福全羅兵使申鴻周等

兵曹啓言 拆見諸道褒貶啓本 則平安兵使任嵂啓本中 昌洲僉使張烶以校吏作用何不禁飭爲目 南兵使曹允精啓本中 雲寵萬戶李衡民 以蓋察徵布爲目 仁遮外萬戶李喆洙 以宜飭江釣爲目 則竝宜置下考而置諸中考 慶尙左兵使李殷福啓本中 慶州營將黃顯基 以戢盜當嚴益勉來效爲目 全羅兵使申鴻周啓本中 金城別將丁思敬 以民言濫杖寔由禁松爲目 則竝宜置中考而置諸上考 殊無嚴明殿最之意 請各該帥臣推考警責昌洲僉使張烶 雲寵萬戶李衡民 仁遮外萬戶李喆洙 竝下考施行 慶州營將黃顯基 金城別將丁思敬 竝中考施行 殿最事體何等嚴重 而南兵使曹允精啓本中 雲寵萬戶李衡民 梨洞萬戶李興祐等 俱有刀擦之跡事未前有 萬萬駭然 南兵使曹允精從重推考 允之 又啓言 草芝僉使李興大 文山萬戶朴繼光 方山萬戶韓時喆 二等褒貶 居中其不職可知 請竝依例罷黜 允之

342.

건명 : 嶺南武士에 합격했으나 內禁衛 取才에서 불합격한 閑良 李志淵 등에게 다시 試取하도록 한 처분

발신처 : 慶尙監司 李亨元

검색어 : 更試, 春秋抄試, 試藝, 左兵營, 合試, 蔚山, 殷遇亨, 柳葉箭, 更試草記, 嶺南別試武士, 試取, 內禁衛取才, 推考, 試記

출처 : 正祖 21年 丁巳 12月 17日 ; 25-974上~下

命嶺南武士明日更試

慶尙監司李亨元狀啓 以爲道內武士等春秋抄試事 已有定式 故夏秋等試藝 自監兵營 依定式課試 臣營所管邑 所抄三十六人 左兵營所管邑所抄二十一人 右兵營所管邑 所抄九人 合六十六人 合試於大丘府 臣與參試官中軍韓祏增 大丘營將金處純 眼同試取 各技優等六人 起送兵曹 姓名矢數講畫居住開坐于後 閑良李志淵 鐵箭 一矢一百五十步二矢一百五十二步 三矢一百五十六步 居蔚山殷遇亨 柳葉箭 邊五中居慶山前縣令權就一 騎蒭四中 居漆谷閑良金潚 片箭 貫一中 邊一中居慶山辛思翼 講 李衛公通 孫武子通 居慶州徐時玉 講 三略通 孫武子通 居大丘 兵曹啓言 嶺南武士李志淵等六人 今已上來矣 在前別試武士上來者 依本道入格技藝 自臣曹有更試草記之例 請依此例試取允之 又啓言 嶺南別試武士 今日宣薦 內禁衛取才時 以其該道取才入格技藝試取 則蔚山閑良李志淵 鐵箭不爲入格 慶山閑良殷遇亨 柳葉箭邊一中 漆谷前縣令權就一 騎蒭一中 慶山閑良金潚 片箭邊一中 大丘閑良徐時玉 三略略 孫武子粗 慶州閑良辛思翼 李衛公通 孫武子通矣 講則雖有通二書者 而鐵箭既不入格 柳片蒭只一中 講只粗略 則俱不可以入格 論常時不能勸課之道帥臣 請竝推考 教 以一日之得失 何可知也 總使御將中 與明日試所進去之壯帥眼同 以柳葉箭片箭騎蒭及講更爲試取 使之修正試記 入啓

346.

건명 : 각 道의 牧場이 방목할 말의 畜産 多寡와 收養 數爻에 대한 啓目과 孳息의 증감 여부를 살펴 조처하도록 한 처분

발신처 : 司僕寺

검색어 : 各道牧場所放馬畜産多寡牧養數爻啓目, 孳息, 丙辰籍付, 蔚山, 牧馬元數, 殿最, 監牧官, 今生馬, 封進馬, 各邑分養捉給馬, 移放, 壯雌馬, 故失馬, 今年實留放壯兒雌雄馬, 一年應孳馬, 加報, 加現馬, 代徵馬, 別闕捉出馬

출처 : 正祖 21年 丁巳 12月 19日 ; 25-980下~983下

司僕寺以各道牧場馬留放數爻啓

該寺啓言 各道牧場所放馬畜産多寡牧養數爻啓目後錄 孳息 或準式或稍加於元式之數 而既不超異 則莫重賞典不可輕議 故失則較諸牧馬元數 蔚山長淵水原爲最多 而姑先視警於殿最 更觀來頭另加論罰之意請各別申飭 ○ (前略) 慶尙道晉州巨濟等 監牧官安載述 所管二牧場丙辰籍付馬九百二十一匹 今生馬一百三十八匹 合馬一千五十九匹內封進馬二匹 各邑分養捉給馬三十二匹 箭串牧場移放次別闕捉出 壯雌馬五十匹 故失馬一百十二匹 除今年實留放壯兒雌雄馬竝八百六十三匹內 壯雌馬三百五十七匹 一年應孳馬一百七匹 今生馬一百三十八匹加報三十一匹 蔚山長鬐等 監牧官宋堯熙 所管二牧場 丙辰籍付 馬七百四十四匹 今生馬一百四十二匹 合馬八百八十六匹內 封進馬二匹故失馬一百五十匹除 今年實留放壯兒雌雄馬 竝七百三十四匹內 壯雌馬四百四十九匹 一年應孳馬一百三十五匹 今生馬一百四十二匹 加報七匹 東萊兼監牧官多大浦僉使鄭爀 所管一牧場 丙辰籍付 馬一百七匹 今生馬二十四匹 合馬一百三十一匹內 封進馬二匹 故失馬八匹 除今年實留放壯兒雌雄馬 竝一百二十一匹內 壯雌馬五十七匹 一年應孳馬十七匹 今生馬二十四匹 加報七匹 (中略) 已上 丙辰籍付 馬六千八百八十五匹 加現馬二十六匹 代徵馬一百五匹 今生馬一千一百五十六匹 合馬八千一百七十二匹內 封進馬二十八匹 別闕捉出馬一百五十五匹 各邑分養捉給馬一百十九匹 故失馬九百二十一匹 合馬一千二百二十三匹 除今年實留放壯兒雌雄馬 竝六千九百四十九匹 又啓言 箭串牧場所放馬畜産多寡牧養數爻啓目後錄 而孳息既未準數 故失至於此多 臣等惶恐俟勘 當該郎廳朴宗厚韓大裕所當 請以重勘 而設始未久難責生手 請姑令戴罪供職 期有成效

347.

건명 : 老職人에 있는 朝官士庶에게는 加一資하고, 婦女에게는 封爵한 처분
발신처 : 正祖
검색어 : 老職人, 慶尙道, 蔚山, 李顯鳳, 高大德, 金玉相, 加一資, 封爵
출처 : 正祖 22年 戊午 正月 2日 ; 26-5上~7下

老職人下批

(前略) 慶尙道 (中略) 蔚山 士庶 嘉善李顯鳳等二人 折衝高大德 通政金玉相 (中略) 以上 朝官士庶 各加一資 婦女封爵

348.

건명 : 慶尙監司 李亨元이 올린 新還餉捧停成冊 중 新還餉의 邑秩 구분과 停退한 후의 實捧 내역
발신처 : 慶尙監司 李亨元
검색어 : 還餉, 義僧番錢, 寺奴身貢, 停退, 新還餉捧停成冊, 邑秩, 蔚山, 左兵營, 蔚山牧場, 稍實邑秩, 當捧, 彦陽, 停退, 西生, 流來反逋, 實捧
출처 : 正祖 22年 戊午 正月 13日 ; 26-67上~68上

慶尙監司李亨元以道內還餉及義僧番錢寺奴身貢停退數爻馳啓

(前略) ○ 新還餉捧停成冊 最尤甚邑秩 淸河玄風昌寧靈山興海大丘松羅 尤甚邑秩 仁同河陽漆谷慶山密陽咸安機張熊川慈仁龍宮延日長鬐漆原加德薺浦安骨天城新門晴川龜山浦項之 次邑秩 慶州淸道禮安義城永川高靈固城咸昌晉州昆陽靑松梁山蔚山眞寶寧海盈德善山東萊金海昌原星州草溪軍威泗川尙州宜寧英陽比安南海左兵營右兵營左水營右水營虞候營省峴黃山召村自如唐浦蛇梁三千南村舊所非赤梁釜山多大西生包伊豆毛開雲西平彌助項平山晉州牧場蔚山牧場金烏禿用 稍實邑秩 開寧安東三嘉陜川義興金山新寧醴泉河東彦陽鎭海幽谷長水金泉 已上 當捧 各穀一百十九萬九千八百八石二斗二升零內 停退 十五萬八百七十六石五斗九升零 流來反逋 一萬二千六百九十八石五斗七升零 前已査啓 實捧 一百三萬六千二百三十三石五斗六升零

349.

건명 : 京畿와 三南 등의 春操는 정지하고, 北道의 春操와 關西의 操鍊 등의

시행은 淸北의 官鎭門聚點의 예에 따르도록 한 처분

발신처 : 右議政 李秉模

검색어 : 勸別武都試, 官鎭門聚點, 慶尙左兵使, 李殷福, 春水陸操, 巡歷, 巡點, 停操, 行營合操, 各衛軍兵巡操

출처 : 正祖 22年 戊午 正月 15日 ; 26-81上~下

命京畿三南海西春操一竝停止勸別武都試依例設行北道春操待秋設行關西操鍊設於淸北官鎭門聚點依前嚴飭

右議政李秉模啓 總戎使趙心泰 廣州留守洪檍 開城留守黃昇源 江華留守申光履 統禦使吳載徽 永宗前防禦使金爀 江原監司徐有防 慶尙左兵使李殷福 右兵使安樞 統制使尹得逵 忠淸兵使李文爀 水使具明遠 全羅兵使申鴻周 平安兵使任嵂 黃海兵使李儒敬 北兵使鄭觀來 前南兵使曹允精 春操取稟狀啓以爲 今春水陸操合操城操巡操及巡歷巡點未行操處官鎭門聚點 何以爲之事 請令廟堂 稟旨分付 勸別武都試依例設行爲辭矣 京畿三南海西昨秋 或以年事之違料 或以災邑之互錯 旣命停操 況當東作 恐非可論 今春水陸操合操城操巡操巡歷巡點 一竝停止 關東 則昨年已行 秋操一體停止 勸別武都試 依例設行 南兵營三甲左右營習操 北兵營之行營合操 及茂山以北各衛軍兵巡操 竝依例設行 關西操鍊之 春南秋北 自是定式 而帥臣以淸南各邑 則昨春已設行 今春巡操 設行於淸北 爲請春南秋北 雖是定式 春北秋南亦有已例 請依所請 淸北設行之意分付 未行操處官鎭門聚點 依前嚴飭 俾無令久漸弛之弊 從之 敎 以南北兵營所管 昨年未行操處 當爲行操 而兩閫皆當迎送之時 詰戎雖重 民弊宜顧 北道 則竝待秋設行事 分付

350.

건명 : 慶尙左水營의 戰船 改造를 위해 右道 연안 封山의 松材를 許斫하도록 한 처분

발신처 : 右議政 李秉模

검색어 : 慶尙左水營, 許斫, 封山, 慶尙左水使, 李得駿, 西生鎭, 限滿

출처 : 正祖 22年 戊午 正月 15日 ; 26-82上

命慶尙左水營戰船改造之材許斫右沿封山

右議政李秉模啓言 慶尙左水使李得駿狀啓以爲 豆毛浦西生鎭 戰船二

隻 限滿摘奸 則腐傷動退 難以駕海待變 戰船不可不趁今改造 而左沿封山 松木擧皆體小 姑無戰船村木堪用者 右道封山 依例許斫事 請令廟堂 稟旨分付矣 左沿松材 近無可用 右沿取用 便成已例 依狀請許斫之意 請分付統制使及右水使處 從之

351.

건명 : 嶺南 각 邑鎭의 官鎭門聚點時 蔚山 등 軍兵이 老弱하고, 戰馬가 피척한 守令 등을 重推하도록 한 처분

발신처 : 兵曹

검색어 : 官鎭門聚點, 蔚山, 執頉, 慶尙左兵使, 李殷福, 束伍軍兵, 欠頉, 行點, 監賑, 聚點, 守城中軍, 從重推考

출처 : 正祖 22年 戊午 4月 初8日 ; 26-353上~下

命嶺南各邑鎭官門聚點時蔚山等十邑倅執頉者竝重推

兵曹啓言 卽見慶尙左兵使李殷福右兵使安橚狀啓 則道內各邑鎭束伍軍兵 今春官鎭門聚點時 發遣裨校探察 則左道 慶州等三十一邑 無所執頉 蔚山醴泉榮川永川義城慶山義興長鬐軍威等九邑 軍兵老弱 戰馬疲瘠 間或有之 器械裝服 亦有欠頉 右道 陜川等五邑 行點節次器裝服色 比他懸勝 善山以監賑相値 聚點退行 晉州等二十一邑 別無勤慢之可論 聞慶縣軍兵不赴夥多 本縣代行守城中軍 鳥嶺別將韓得祚 該縣座首 從重科治云矣 官鎭門聚點 係是詰戎之政 則軍兵老弱 戰馬疲瘠 俱極疏忽 請蔚山等九邑 當該守令 竝從重推考 聞慶該縣監 亦一體從重推考 允之

352.

건명 : 慶尙左兵使 李普漢의 辭陛

발신처 : 正祖

검색어 : 慶尙左兵使, 李普漢, 辭陛

출처 : 正祖 22年 戊午 4月 27日 ; 26-418上

召見有司堂上李時秀趙鎭寬慶尙左兵使李普漢于誠正閣

普漢辭陛也

353.

건명 : 경상도 각 邑驛鎭堡의 分賑穀簿 중 救急秩의 通計 내용

발신처 : 慶尙監司 李亨元

검색어 : 邑驛鎭堡畢賑馳啓, 分賑穀簿, 私賑帖價備荒穀, 救急邑, 賑餘穀, 還錄, 公私賑, 分秩, 還穀, 許減, 常賑穀, 會減, 賑案, 元賑穀, 救急秩, 左兵營, 蔚山府, 分賑米, 李殷福, 彦陽縣, 韓景禹, 西生鎭, 蔚山收場, 宋堯熙

출처 : 正祖 戊午 22年 5月 7日 ; 26-469上~477上

慶尙監司李亨元以道內邑驛鎭堡畢賑馳啓

該監司狀啓 以爲道內各邑驛鎭堡分賑穀簿 今纔了勘 自歲前救急至終等通計 飢民爲五十六萬四千八百三十三口 朝家所俵私賑帖價備荒穀八千石 常賑米太牟租五萬五千石合六萬三千石 及各官自備穀一萬三千六百三十石二升零 臣營別備穀三千七百三十三石十一斗五升零 都合爲八萬三百六十三石十一斗八升零 分賑各穀 則公賑邑爲二萬七千一百九十一石二斗九升零 私賑邑爲六千三百六十一石零 救急邑爲六千七百六十二石八斗二升零 合分賑穀爲四萬三百十四石十一斗三升零 賑穀補縮 則公賑處及救急若 而邑鎭依已例 每石以一斗磨鍊 合一千八百八十九石十四斗三升零 築堰赴役飢民等役糧三石五斗七升零 行乞兒料米二十五石十二斗九升零 竝爲計減 則賑餘穀數爲三萬八千一百二十九石十二斗四升零 還錄於各其名色 公私賑救急區別 分秩飢口穀數 都成冊修正 賑穀用遣在成冊 竝上送于備局及賑廳 至若賑績之能否 不無彼此之差殊 而公賑二十九處外 皆是私賑及救急 則與通一道大賑有異 故不爲論列富民等 願納私賑 因朝令一切防塞 公私賑救急邑自備穀數 則區別修成冊 上送于賑廳 而守令邊將之私賑便是格外公賑邑自備數爻 依定式別單登聞 令該廳考例稟處 右兵營聞慶丹城則初以救急報來 而切急之類數本無多 連以還穀從便接濟 間或自備略略救恤 別無飢口穀數之可報云 成冊中不爲擧論 救急邑鎭中飢口夥多 俸廪殘薄不能全數 自備處 則依例以公穀參量許減 行乞兒料米 則例以常賑穀會減 而今年則旣入賑案 請得之穀 又是常賑 故元賑穀中一體減給 自備邑 則亦爲區別懸錄 (中略) ○ 救急秩 左兵營 救急十一等 飢民四百口 分賑 米九石五斗 醬一石九斗 兵使李殷福自備 (中略)

彦陽縣 救急十一等 飢民四百六十三口 分賑 米一石八斗一升零 租三十石十三斗 醬四斗六升零 藿十一丹三條 縣監韓景禹自備 (中略) 西生鎭 救急七等 飢民一百十一口 分賑 米二石十一斗 醬三斗一升 鹽三斗零 僉使黃致郁自備 (中略) 蔚山收場 救急三等 飢民二百三十四口 分賑 租四石六斗米四石八升 牧官宋堯熙自備 (中略) 已上 歲前救急飢民一萬八千八百四十一口 各穀一千一百四十五石六斗九升零 公私賑救急飢民五十四萬五千九百九十二口 各穀三萬九千一百六十九石四斗三升零 行乞兒九十八口料米三十三石三升零 築堰三處赴役飢民二百三口 糧米三石五斗七升零 教 以賑事之告訖 非道伯之別 有才幹無中生有者 亦非守令之別 有勤勵回饑爲飽也 優劃穀物 使之分饋受食則有何可紀之勞 且況所謂自備 無不擅犯於庫中之穀物 至發於繡啓其視勤勸富民助力 何異於朝三暮四乎 回啓一款 勿論

354.

건명 : 官鎭門聚點時 軍馬 조련을 잘못한 蔚山府使 李廷仁에 대한 처벌

발신처 : 兵曹

검색어 : 蔚山府使, 李廷仁, 官鎭門聚點, 收贖公罪, 減一等

출처 : 正祖 22年 戊午 5月 12日 ; 26-495上~下

兵曹以蔚山府使李廷仁等照律啓

該曹啓言 今春官鎭門聚點時 蔚山府使李廷仁 醴川郡守洪益烈 榮川郡守趙鎭大 永川前郡守沈公著 義城縣令金喆淳 慶山縣令金仁柱 義興縣令李鎭熙 長鬐縣監林淵浩 軍威縣監李羲雲 聞慶縣監宋倫載等軍兵老弱 戰馬瘦瘠 俱極疏忽 九邑守令 各杖八十 收贖公罪施行 允之 教 以沈公著金仁柱宋倫載等功 議各減一等 李廷仁洪益烈李鎭熙林淵浩等功 減一等

355.

건명 : 慶尙左兵使 李普漢이 交承하고서 前兵使를 論罪한 狀啓에 대한 처분

발신처 : 承旨 李肇源

검색어 : 慶尙左兵使, 李普漢, 前兵使, 重勘

출처 : 正祖 22年 戊午 6月 初1日 ; 26-599上

命慶尙左兵使李普漢狀本令廟堂稟處

承旨李肇源啓言 卽見慶尙左兵使李普漢狀啓 則係是査啓 雖不得不捧入 而無傳敎而曰 以傳敎亦無行査之命 而稱以査啓者 已極未安 以交承論罪前兵使 亦甚駭然 且其狀啓 辭語猥屑之端不一 而足所當重勘 而閫帥體重 事異常規 請令廟堂稟處 從之

356.

건명 : 嶺南抄上 武士 12인의 訓鍊院 更試 후 入格에 따른 처분

발신처 : 兵曹

검색어 : 儒生製述處所, 嶺南抄上武士, 試取技藝, 更試, 試藝, 入格試記, 蔚山, 李志淵, 直赴殿試, 司馬法略, 直赴會試

출처 : 正祖 22年 6月 17日 ; 26-644下

命明日儒生製述處所及試官竝依近例爲之

(前略) ○ 兵曹啓言 嶺南抄上武士十二人 依下敎 以該道試取技藝 更試於訓鍊院 試記修整以入而取考 本道試藝時 矢數枓劃 則俱未入格敎 以依入格試記 判下擧行 ○ 別單 蔚山將仕郞李志淵 鐵箭 一矢一百四十九步 二矢一百五十一步 三矢一百四十五步 東萊前守門將朴道謙 鐵箭 一矢二矢俱一百四十九步 三矢一百四十五步 直赴殿試 若出身則初仕調用 參下則出六 若參上則復職 尙州閑良金光俊 片箭 邊一中 星州閑良崔柱榮 司馬法略三略粗 安東通德郞李遠裕 司馬法粗 三營哨官 加設差下 待窠陞實 其中閑良 直赴會試 慶州出身崔璥 寧海前部將金宗鉉 慶州閑良李奎成 高靈閑良鄭錫良 寧海出身李佳洪 玄風閑良金五運 尙州閑良洪胃榮 以上 片箭不給 糧下送

357.

건명 : 慶尙左兵使 李普漢의 推考

발신처 : 承旨 鄭尙愚

검색어 : 重推, 慶尙左兵使, 李普漢

출처 : 正祖 22年 戊午 7月 11日 ; 26-695下

重推慶尙左兵使李普漢

承旨鄭尙愚啓言 慶尙左兵使李普漢狀本 署畵麁大 有欠敬謹 請重推

從之

358.

건명 : 京畿와 三南 등의 秋操는 정지하고, 南北兵營 등의 秋操는 設行하고, 각 都試는 전례에 따라 거행하고, 操鍊을 하지 않은 곳은 官鎭門聚點을 시행하도록 한 처분

발신처 : 右議政 李秉模

검색어 : 秋操, 都試, 災傷覆審校生考講, 官鎭門聚點, 慶尙左兵使, 李普漢, 秋水陸操, 合操, 巡歷, 鄕騎士勸別武武學都試, 北操

출처 : 正祖 22年 戊午 7月 12日 ; 26-696上~下

停京畿及三南關東海西秋操南北兵營及淸北秋操竝爲設行各樣都試及災傷覆審校生考講等事依前例擧行各該道未行操處官鎭門聚點各別嚴飭

右議政李秉模啓言 總戎使申大顯 水原留守徐有隣 廣州留守洪檍 江華留守申光履 京畿水使吳載徽 永宗防禦使李晢 平安監司閔鍾顯 兵使李儒敬 黃海兵使李格 江原監司金履翼 統制使尹得逵 慶尙左兵使李普漢 右兵使安櫶 忠淸兵使李文爀 水使具明遠 全羅前兵使申鴻周 左水使趙岱 右水使金處漢 北兵使李潤謙 南兵使徐有秉 秋操取稟狀啓 以爲今秋水陸操合操城操巡操面操巡歷巡點及未行操處官鎭門聚點竝請令廟堂 稟旨分付 災傷覆審校生考講 鄕騎士勸別武武學都試 依例設行爲辭矣 今年農形 東西北諸道 可占豊登 其餘諸道 不無優劣 而其爲均稔 有未可必 京畿三南水陸操合操城操巡操面操及巡歷巡點 竝停止 關東 則昨秋行操 平海蔚珍等邑 亦不無如干被災處 海西 則向來水災 雖不大段 昨年被水 各邑祛沙墾土之餘 民力未蘇 一體停止 北兵營之春操於茂山以北 秋操於富寧以南 南兵營之春行於三甲 秋行於端川以南 自是定式 而北之茂山以北 南之三甲 年前一經春操 則今秋之設行於富寧及端川以南 自是當次年又荐登 竝爲設行之意分付 關西則例以春南秋北 而南則近雖一行 北操久廢 淸北諸邑間 被漂頹之災而大體論之 可謂連豊 巡操城操 依例設行之意分付 各樣都試及災傷覆審校生考講等事 依前例擧行之意知委 各該道未行操處官鎭門聚點依近例各別嚴飭 從之

359.

건명 : 蔚山府使 李廷仁 등 13인에 대해 中을 매긴 嶺南의 殿最 내용

발신처 : 正祖

검색어 : 嶺南, 殿最, 蔚山府使, 李廷仁, 漕錢, 竝中

출처 : 正祖 22年 戊午 8月 初1日 ; 26-753下

開拆嶺南殿最

蔚山府使李廷仁 治固鍊達檢何遲滯 河東府使柳和源 小惠難繼實政宜勉 咸陽郡守宋煥章 事或顚例治則勤勵 咸安郡守全守淵 何必沽譽宜加懋實 龍宮縣監金獻祚 鷄弊旣革農報奚忽 軍威縣監李羲雲 治旣寬厚戒在觴政 新寧縣監南正和 政固恬雅報何疏忽 長鬐縣監林淵浩 愷悌其政惜乎稽檢 泗川縣監權思浩 老益誠勤蓋察漕錢 比安縣監鄭時養所喜雍容差欠振刷 慈仁縣監姜彙鈺 政旣綜察檢胡違法 安奇察訪李奎延 句弛束下 幽谷察訪朴鼎元 葺廨招謗 竝中

360.

건명 : 漂越해 일본으로 갔다 生還해 온 趙必𪾊 등을 慰諭해달라는 濟州牧使 曹命楫의 啓

발신처 : 濟州牧使 曹命楫

검색어 : 漂越, 移文, 推問, 卜物, 改給, 日本, 飛傳島, 長崎島, 傳語官, 蔚山, 供饋, 別定差官, 別訓導, 沙時川, 糧饌 禾小浦, 別加慰諭

출처 : 正祖 22年 戊午 8月 初1日 ; 26-757上~758下

濟州牧使曹命楫以本州居民趙必𪾊等漂越生還馳啓

該牧使狀啓以爲 卽到付東萊府使移文內 貴牧居民李元甲等八名 漂越倭國 今始生還 發送原籍官云 故依例推問其漂流委折 則以爲渠等 俱以本州居民 爲其興販措備物種約會 于趙必赫李元甲家 貰得小船 裝載卜物 去年九月二十一日 自潛水浦 抵泊于朝天浦候風所 十月初六日 始遇順風 放船出陸 其翌日 僅到楸子餘鼠兩島前洋 西北風忽地竝作猝難制船 波濤接天勢無奈何 所載卜物盡役水中 隨風漂盪任其所之矣 同月十一日 止泊於一處 則水盡連陸 庶幾生出 而但六日饑困 動作無路下碇經宿 翌日平明 身著黑周衣腰佩二環刀 頭無所著者一人 來見渠等 初無一言而還去矣 居無何佩劍者六人又來 欲語未語 其中一

人急取渠等船中所在木桶汲水以來 指腹指口縷縷勸飮 故各飮一器水 擧頭視之 則小船二十餘隻 一齊來到於渠船所泊處 而稱曰 上官一人 正坐船上分立鎗劍一雙 且有騶率數人所著服色上下一般 而只上官所佩二劍 稍長於下人 使其諸船 前導渠船官員所騎船在於渠後 轉至三里許 則有一港口 人家櫛比 船隻多繫 而官長之所居衙舍 亦在其處 比諸我國殆同營鎭 而到泊後 先以飯羹面饋渠等 又以淸酒各勸一盃 又以南草分給後 以書問之曰 爾等以朝鮮何道何州人 緣何事致此漂流云 故渠等 亦以書答之 而曾聞濟州人 或漂到異國 則每諱濟州 輒稱他處 故亦用此語書 以康津縣人 興販出海 爲逆風所驅 到於此處云 則官員坐于船上 使執筆一人 詳問漂流顚末後 官員下船前 立長鎗劍一雙 只率佩劍下隷數人 徒步入衙 放其護來諸船 更定六隻船 圍立渠船 晝夜守直 使渠等長處船中 暫不得下陸 夜則六船擊柝達曙 朝夕備饋饌飯以示勤厚 船具中所傷鴟木帆竹駕木帆篙鴟柄木等物 皆無遺改給 仍留十五日 一向款接 問其地名與官員爵號 則答以日本飛傳島安川平山小津浦官員 則只稱上官 又造白木綿周衣 各給一件 同月二十六日 以小船八隻 指路出海 二十八日 薄暮至一處 水路量爲二千餘里 此地乃長崎島也 比小津浦 極其雄壯 彼中所謂傳語官一人 來問漂流委折 率致衙舍三門肅嚴 使渠等立於階下 三次拜禮 故一從其言 則傳語官問 爾等在本國 業以何事云 故答以凡民或農或商 又使三拜而退去 仍與傳語官出往三里許 則有一館舍 即我國人留接之所也 蔚山人八名 亦爲漂到 先留此館 他國相逢 喜不可勝 朝夕供饋 則每名白米各三合 饌則兩時 爾致魚三四箇 鹽醬二兩 軋物上下其三合 即我國七合也 受其米饌 自炊食之 自彼中別定二人守直 使不得出門 歲暮異域 頻請速歸 則傳語官每言 明年正月初六日 則汝等始可得還云矣 果於是日 傳語官乘船前導 二月初二日 與蔚山漂人 偕到對馬島 水路爲二千六百里 本島傳語官亦問漂流顚末 率往上官所 使之三拜 如長崎島時 不問一言 渠等隨傳語官出來館舍 此亦我國人接待所也 朝夕供饋 亦如長崎島例 蔚山人先爲出送 獨留渠等 至于四月十七日 白木綿周衣各一件 雨傘各二柄 南草各十匣 靑采甫兒各二箇 沙接匙各一箇 分給別定差官 十八日發船 十九日到沙時川 水路爲三百五十里 亦有官長號 曰別訓導也 人與物箇箇搜驗後發船 風勢不利 還泊沙時川 近一望候風 自訓導所 糧饌凡百隨乏繼給 五月初四日發船 初五日到泊於釜山鎭 自東萊

府水營統營 三十日到泊于康津縣 六月二十日入泊于本州禾小浦 今此趙必赫等 萬里冒險 漂到異域 一無見傷全船生還 誠爲奇幸 別加慰諭各屬其役 俾得安接

361.

건명 : 面里分等, 沿江海邑 未捧米太의 徵捧, 還餉의 停退 등을 요청한 慶尙監司 李義綱의 狀啓에 대한 처분

발신처 : 慶尙監司 李義綱

검색어 : 面里分等, 未捧未拯米太, 徵捧, 還穀, 停退, 山城餉還分給條, 捧留, 定配所, 推奴, 徵債, 捧還餉, 殘民戶, 設賑, 彦陽, 蔚山, 區別分等, 新還, 準捧, 舊還, 分捧條

출처 : 正祖 22年 戊午 9月 15日 ; 26-901上~902上

命慶尙監司李義綱狀請面里分等及沿江海邑各年未捧未拯米太拯劣米太勿爲徵捧事及居昌等四邑還穀中限年分捧條停退事及山城餉還分給條中三分一輸納山倉三分二捧留平倉事及徒流之類限明秋勿定配所於尤甚之次邑事及推奴徵債限明秋防塞等諸條竝施行仍命本道尤甚處頗歇處當捧還餉三分或四分一特許停退事令廟堂知委道臣

該監司狀啓以爲 今秋災形 專在晩秧 故上田膏沃之地 皆屬富戶 而能免失農高燥奉天之畓 多歸貧民 而獨被其害 得者偏得 失者偏失 通計田畓 被災處少 免災處多 而畓穀遜於田穀 田穀之中 黍粟唐稷最登 豆太木麥次之 木綿到底 登稔幾皆善摘 若論一道優劣 則左遜於右 沿勝於峽 反復商確 消詳分析 就其中晩移夥多 田種差劣者置之 尤甚早稻居半 田穀較勝者置之 之次畓禾最優 田農均熟者置之 稍實荒年 民事之可合凍聞者 一體條列 請令廟堂 稟旨分付 而勿論之次尤甚邑 精抄其最歉 面里至殘民戶 隨其緩急 量宜賙恤 在所不已 臣方與各該邑倅爛漫講究 其中不得不設賑處 追後陳聞計料 尤甚十四邑 慈仁河陽淸河大丘永川龍宮慶山玄風興海迎日慶州尙州居昌奉化 之次三十六邑 禮安榮川順興昌寧漆谷靈山漆原草溪三嘉安義長鬐義城高靈山淸咸陽善山仁同新寧比安金山星州知禮密陽淸道梁山金海昌原機張東萊固城丹城直寶陜川咸昌醴泉安東 稍實二十一邑 晉州巨濟南海泗川昆陽咸安鎭海彦陽蔚山義興軍威豊基聞慶靑松英陽寧海盈德宜寧河東熊川開

寧 一面里分等 雖是禁條 而今年穡事 旣成穴農 一面之內 得失判異 一坪之中 災實相懸 必須逐面逐里 區別分等 然後可無虛實相蒙之弊 而旣多已行之例 故另飭各邑 使之從實修報 一昨年停退條之新還 一體準捧 新有定式 而各年舊還之災歲仍停 雖有已例 亦係特恩 今不敢直請 而沿江海邑 各年未捧未拯米太及拯劣米太 今若如例徵捧 則大關災民 繹騷之端 其在恤隱之道 宜有闊狹之擧 恭竢處分 一 居昌比安固城高靈等 四邑還穀中 限年分捧條與新還有異 而遇災停退 旣有已例 恭竢處分 一 山城餉還 事體自別 而災歲遠輸 大係民弊 且山城所屬 多是災邑 今年分給條中 三分一輸納山倉 三分二捧留平倉 俾爲一分紓力之道 一 京外徒流之類 限明秋 勿定配所於尤甚之次邑 一 推奴徵債 限明秋 依前防塞 教曰 所請諸條 何待回啓 竝依狀請施行事 卽爲分付 又教曰 緩其心紓其力 卽不但爲荒年之實政 大抵不欲撓民 凡事預爲之所 使衆民咸覩 如象魏之懸法 然後奸庶不售惠或下究 況今年民情民勢乎 本道尤甚處頗歇處 當捧還餉三分或四分之一 特許停退 須令道臣 登卽知委 俾有實效三懸鈴行會事 招致備郞分付

362.

건명 : 慶州府尹 吳鼎源의 上疏 중 楸嶺 등 封山의 船材는 거리가 멀고, 摘奸하러 온 營屬에 의한 폐단이 있음을 청원한 내용

발신처 : 慶州府尹 吳鼎源

검색어 : 代捧, 錢還, 代納, 停退, 比總, 鰲罷, 民庫, 輒斂, 移貿, 封進, 義峴火稅, 減定, 東南三面, 兵營, 封山, 當捧, 還穀, 準納, 未捧, 代捧, 下納臭載拯米, 蔚山, 結斂, 戶斂, 義峴濫稅

출처 : 正祖 22年 戊午 10月 11日 ; 26-989上~996上

慶州府尹吳鼎源上疏請本府錢還及下納臭載以錢代納者限年停退寺奴婢役計口比總以良民換定鰲罷民庫等不正名色民間有事輒斂之弊嚴立科條進獻全鰒依前移貿封進於義峴火稅更許減定東南三面所納兵營冰丁米柴炭等物以錢代納境內寺刹各營所納竝爲半減仍及楸嶺等三處封山難支之弊賜批竝令廟堂稟處

疏略曰 本州之各穀當捧爲九萬九千七百石之多 而土瘠民貧 還穀之不能準納 倍於他邑 及當歲暮未捧夥多 則迫於收捧 急於便民 不得不以

一石租以一兩錢代捧 且下納臭載拯米每石 亦許三兩錢代納 及其開倉仍以分給 便若邑例之 (中略) 沿海封山之設 專爲取用船材 係是國家陰雨之備 則是誠不輕而重 若臣州封山有三 曰楸嶺也 柿嶺也 竹嶺也 東有長鬐 南有蔚山 雖有沿海之名 實距海門三十里有餘 石路崚嶒 艱於運輸 從前造船也 治倭館也 未嘗取材於此山 已酉之館役 始乃伐取動一邑之民 僅致十餘株於海門 而石角所磨太半毁損 竟棄不用設置封山之意 果安在哉 此山據在三邑之間 橫亘八十餘里 地廣土腴 可容數千戶耕鑿 而深林邃壑 惡獸群據 猛虎殺人 或相望於數月之內 封豕食禾 輒如掃於一夜之間 此已爲害於民生也 不細而每一摘奸之來 營屬之侵求旣甚 山監之供億難辦 一過騷然 如經亂離 一年衆費動逾千金畢竟難支 逐歲耗損 環封山四面數十里之地 灌莽蒼然 又或有裨校之酷者 禁在籬薪搜及野殯治屋者 瞿瞿於樊圃 葬親者 遑遑於用棺 惟彼山氓 亦可哀也 梁山之封三 而曾革其一 蔚山之封五 而嘗罷其二 流民還接 戶口歲增 反無害於國用 此已事可驗 不避猥越 竝此附陳 伏願亟下 臣所上諸條於廟堂 竝賜處分 批以卿疏所陳內 寺奴婢之弊益聞 其所不聞 無辜齎怨 尙云 切務并不知生人之理者 尤豈不爲干和之一大端 而矯捄之擧稽 至于今 非出於悠泛 誠以磨礪 須如百鍊 可能行之永久卿之論列 捄弊諸件 令籌坐諸堂 各陳意見 仍具大臣意見 使之稟處 結斂戶斂各項弊端及於義峴濫稅事 附陳邑弊 封山之弊 亦令一體稟處

363.

건명 : 還弊에 대한 慶州府尹 吳鼎源의 언급 중 全鰒 封進과 封山 등에서 생기는 폐해에 대해 내린 처분

발신처 : 備邊司

검색어 : 錢還, 換作, 輒斂, 釐正, 進上, 左兵營, 海弊, 火稅, 營納, 封山, 還穀, 結戶斂, 封進, 移貿, 土貢, 兵營, 許納, 點退, 折定

출처 : 正祖 22年 戊午 10月 12日 ; 26-1006上~1008下

備局以慶州府尹吳鼎源疏辭回啓命該邑錢還首犯及掩置守令令該道捧現告拿問處之今年許捧錢還待明秋換作本穀內寺院奴婢事就戶判獻議中庚辰年矯弊條件令道臣相考營上文簿仍又遍探慶州外諸邑不得不矯

改處消詳論理措劃狀聞無定例邑隨事輒斂之弊待該倅釐正嚴立防禁進上全鰒依前下敎擧行而民邑有弊與否令道臣報來後草記嚴飭左兵營裨卒逗留海村之弊該兵使嚴處近年海村行惡之類査出嚴棍回示充軍仍以永爲除弊之道詳究狀聞海弊申禁後首先毁晝之該倅令道臣摘發報來施以違制之律於義峴火稅減半事置之該府三面兵營納代錢事令道臣往復該閫定式施行境內寺剎各營納半減事令道臣矯捄封山事關問道臣具意見狀聞

備邊司啓言 因慶州府尹吳鼎源上疏 有令廟堂稟處之命矣 取見疏本則其一本州還穀事也 (中略) 其一 民間收斂 每在於無定例之邑 嚴立科條事 結戶斂嚴飭之命 政在於隨事 輒斂之弊 待其畢釐 正嚴立防禁其一 封進全鰒 依前移貿事 土貢之義 惟當以土產之最佳者封進 依前移貿之說 未知其可別 無可以覆奏者 萬一此後 又以海弊及聞於朝廷則當自時倅 難免重勘之意嚴飭 其一 本邑於義峴火稅減半事 火田陳起虛實難辨 而旣以宮納之冤納 至登章奏 則其在仰體之道 宜請許施而取考本宮文書 則恒定三十結 而因屯民呈狀 癸未判下 極爲嚴截 今於減爲二十結之後 又請減半 實涉未安置之 其一 本州三面之兵營所納 以錢許納事 無論氷米與柴炭稿草 當其收捧之際 營屬輩點退誅求之弊 不言可想 以錢折定 似不至於窒碍難行 令道臣往復 該閫定式施行後 報本司 其一 本州境內三寺之兵營納 空寺之各營所納 竝蒙半減事 寺剎之凋弊 在在如此 誠亦憫然 無論兵營納各營納 亦令道臣量 宜矯捄後 形止狀聞 其一 本州三封山事 左沿松田之有名無實 誠如所陳而封山體重 不可以一疏遽罷 關問道臣 使之具意見狀聞後稟處 允之敎 以內寺院奴婢事 戶判獻議中 庚辰年間矯弊條件 令道臣相考 謄上文簿 仍又遍探 慶州外諸邑 不得不一同矯改處 消詳論理措劃狀聞 進上全鰒 近果依前下飭敎擧行 而民邑有弊與否 使之報來後草記 而左兵營封進生鰒 下輩無於前之誅求 爲小民難支之端 裨卒逗遛海村 一鰒之費 恰爲一緡 該兵使嚴處 亦令時兵使査出 近年行惡之類 該裨海邊嚴棍 回示充軍 仍以永爲除弊之道 詳究狀聞 萬一不謹擧行 又或不即査究 該帥臣當別樣重勘 而外此海弊申禁 今才三年爲弊依舊云 寧有如許紀綱 亦令道臣摘發 首先毁晝之 該倅以其姓名報來 仍令該曹施以違制之律

364.

건명 : 迎日縣監 鄭晩錫이 嶺南의 役弊 등 6 가지 폐해를 언급한 것 중 均役法 실시 이후에도 계속되는 海弊를 지적한 내용

발신처 : 迎日縣監 鄭晩錫

검색어 : 海弊, 海稅, 荒政, 民庫, 漁戶, 隣族, 橫侵, 族徵, 洞徵, 徵代, 均廳節目, 濫頉, 勘債, 改案, 許頉, 査頉, 冒法徵債, 疊徵, 朔膳, 魚物封進, 防納情債, 濫捧, 分徵, 民結, 毁劃, 箕斂, 換定, 作貢, 蔚山, 橫斂, 節使, 求請, 荒租, 擇捧, 厚價防納, 塞責, 供獻, 侵徵

출처 : 正祖 22年 戊午 10月 13日 ; 26-1013上~1021上

迎日縣監鄭晩錫上疏陳役弊賦弊糴弊海弊山弊蔘弊仍及荒政諸條民庫捄弊之方賜批

疏略曰 嶺南素稱衣食之鄕 而近年以來其弊 有六曰 役弊也 賦弊也 糴弊也 海弊也 山弊也 蔘弊也 (中略) 其海弊 則一自均役之後 海稅繁重 近來魚産漸縮 而其利也甚耗 漁戶漸散 而其稅也無減 洋中去處移 輒有徵海口防簾廢 亦無頉年久破碎之船 多有隣族之橫侵 以迎日縣言之 人與船俱已 或過十年 或過三四年 或爲族徵 或爲洞徵者 至於十九隻之多 以是之故 往年百人之所納 前年責辦于十人 前年十人之所納 今年責辦于一人 必將至於一人亦盡而後已 夫廢簾破船之未得免稅者 蓋由均廳之徵代 亦因營屬之索情 而取見均廳節目云 苟無章標 不得往來 自當無濫頉見漏之慮 凡破者造者 勿爲磨勘 只令付標 以除勘債之弊 今於破廢懸頉及間年改案之際 營屬之違越法式 濫索情債 究厥罪犯 已無可言 而且均廳旣知其無章標不得往來 則必疑其不破不可也 若明知破亡 而患其稅縮 難於許頉 則是尤不可也 宜皆査頉 而嚴禁營屬之冒法徵債 至於洋中去處之疊徵者 此不過該邑收稅 校吏之作奸 尤宜痛禁 使海民支保也 朔膳魚物封進時 營屬之防納 情債之濫捧 尤爲巨瘼 故年前以情債事 自備局行會本道 酌量存減 著爲冊子 纔三年廢却 不遵其爲弊 反有甚焉 本縣封進數爻不多 而其營情 則全鰒一貼五兩 文魚一尾五兩 廣魚大口粉藿一尾一舢 各爲一兩 而又有他餘雜費統計 邑情 則合爲八百八十兩 而分徵於海戶及民結 海沿諸邑 亦皆同然云 民安得不困乎 奉朝令成節目者 事體不輕 而無難毁劃 惟意誅求 事之寒心 莫甚於此 宜嚴懲其習 俾遵成式 朔膳物種之遠貿他邑者

果亦有弊 頃因前東萊府使歸奏 特軫海民之受困 至下反隅之飭 教 沿邑窮戶 聞此教者 莫不蹈舞感泣 夫土宜有遷移 物產有盛衰 昔之有者或無 無者或有 以迎日縣言之 所封物膳 有乾廣魚乾大口半乾大口全鰒乾文魚貫目青魚粉藿等種 而惟全鰒本縣所產 體小色鹿 故必貿濟州所產 計其本價與路費 每貼所入爲三十三兩 頭會箕斂 民情甚若 左沿諸邑 莫不皆然 若就左右沿各邑封進之物種 隨其所產互相換定 則實爲任土作貢之義 而如又有窒碍之端 左沿之邑 以蔚山所產 擇其品好者封進 則其高價遠費 可以少省 且沿邑浦民之若弊 在於廉價貿易 大典曰 各營邑鎭 稱以貿易廉價勒取者 與橫斂律同然 而巡營之節扇所用之鯨鬚 節使求請之大口魚等屬 初給若干荒租 而必以好品擇捧 末乃厚價防納上營 如是也 故諸邑及牧官 莫不效尤 與反或有益甚者 國有懸法 下不知畏 今日紀綱 可謂末如之何矣 (中略) 又著其各項 放下之式例 作爲刊冊 分置列邑 則其橫斂之弊 似或可祛 伏願聖明澄省焉批 以三南文侍從守令諸人中 敷陳之質實詳密 不近於塞責者 惟爾疏爲然 不負特畀之意 甚可嘉也 賦役之爲弊 糶糴之爲病 浦氓峽民之困苦 以至供獻之諸般侵徵 爾之萬言條列 在嶺民 可謂一貼回生 散爾既言之矣 朝廷若不矯得其瘼 是責在朝廷 所以獨留 爾疏於案間 屢回商量 過三夜 始下廟堂者也 況軍民切骨之怨 無路登徹者 從爾間知法 從補郡之效 乃如許矣 營閫邑鎭不法之事 待爾還朝 當詳問 須以耳剽目擊者 無或悠泛 莫隱於前席也

365.

건명 : 狀啓에 靑松府使의 이름을 誤書한 慶尙左兵使 李普漢 등을 推考하도록 한 처분

발신처 : 政院

검색어 : 慶尙左兵使, 李普漢, 官鎭門聚點, 從重推考

출처 : 正祖 22年 戊午 10月 15日 ; 26-1025上

推慶尙左兵使李普漢順興府使姜忱重推靈光郡守朴聖泰

政院啓言 慶尙左兵使李普漢 官鎭門聚點狀啓 靑松府使兪漢謨之謨字以模字誤書 順興府使姜忱上疏 單銜不書 邑名連幅不爲着銜 所當還下送 而係是戎政民事 雖不得不捧入 不可無警 請竝推考 允之 又啓言

靈光郡守朴聖泰上疏 職銜之竝擧道名 姓名之細字傍書 俱違格例 請從重推考 允之

366.

건명 : 慶尙左兵營의 東萊 都試入格人에 대한 施賞을 차별 있게 하도록 한 처분

발신처 : 兵曹

검색어 : 慶尙左兵營, 都試入格人, 片箭沒技, 直赴殿試, 直赴會試

출처 : 正祖 22年 戊午 11月 初3日 ; 27-7上

命慶尙左兵營都試入格人施賞有差

兵曹啓言 慶尙左兵營 東萊別騎衛及馬兵都試時 別騎衛閑良金相垕居首 別騎衛閑良尹得莘 片箭沒技 別騎衛閑良趙德儉 之次 馬兵崔正元 居首 相垕得莘正元 似當依法典 直赴殿試 德儉亦當直赴會試 請上裁 從之

367.

건명 : 御營廳 上番軍의 兵使 照點을 嶺南左兵虞候로 하여금 代行하도록 한 처분

발신처 : 備邊司

검색어 : 上番軍, 照點, 嶺南左兵虞候, 左兵使, 李晉漢, 點送

출처 : 正祖 22年 戊午 11月 24日 ; 27-64下~65上

命來歲正二月應立御營廳上番軍照點令嶺南左兵虞候代行

備局啓言 卽見慶尙監司李義綱狀啓 則以爲來已未正二月 應立御營廳上番軍 左兵使李晉漢 醴泉郡都會照點次 當爲發行 而本道荐遭歉荒民勢艱乏 列邑廚傳之弊 不可不念 上番軍點送 一款限畢運 以該營虞候 使之替行 請令廟堂 稟旨分付矣 上番軍之兵使照點 法意固嚴 而歉歲已例 每多替行 請依所請 虞候代行之意分付 允之

368.

건명 : 機張과 熊川의 戶結의 弊와 嶺左兵營의 採鰒의 弊를 바로잡도록 한 처분

발신처 : 正祖

검색어 : 戶結之弊, 嶺左兵營, 採鰒之弊, 煮鹽, 分養馬, 故失

출처 : 正祖 22年 戊午 11月 29日 ; 27-86下~88上

行次對于誠正閣

○ (前略) 予謂嶺南句管堂上李時秀曰 機張熊川戶結之弊 以其十室殘邑 難以支保 竝與嶺左兵營採鰒之弊 卿須往復于道 帥臣從長蘇弊之地 可也 至若鳴旨島煮鹽事 非但島民有失哺之患 在官亦有權利之嫌 不可不拔例措處矣 分養馬事 疏中所陳 誠得宜矣 旣罷喂養 而反責其所飼之需 又求其故失之贖者 果不成說 此亦自該寺 從長回啓 可也 秉模曰 誠如聖教 而此亦有係於本寺之需用 猝難變通 第當從便講究矣 予曰 近日列邑 文倅導之使言者 蓋道伯 則各邑之小小弊瘼 有難毛擧 而邑倅 則各陳所見之際 自有廣聞民瘼之道 故毋論其言之當否 輒賜溫批者 此也

369.

건명 : 梁山郡守 尹魯東의 上疏에 언급된 현안 중에서 九浦의 採鰒 비용과 南倉의 債利에 대한 처분

발신처 : 梁山郡守 尹魯東

검색어 : 戶結之弊, 九浦, 採鰒, 海邑, 南倉利錢, 債利, 進獻, 徵索, 浦戶, 利錢, 虛錄, 釐正, 左兵營, 蘇捄草記

출처 : 正祖 22年 戊午 11月 29日 ; 27-93上~98上

梁山郡守尹魯東上疏陳本郡流來未付永頉事島中被害面軍布退限代錢事道內各樣陳頉降等限三年免稅事密陽漕倉移設事機張戶結之弊九浦採鰒之費鳴旨島鹽弊分養馬罷後反責贖木事錢還事下納大同米木事驛屬願納事南倉債利事諸條賜批

疏略曰 (中略) 本縣亦是進獻之邑 故自前兵營之採鰒 水營之捉魚 初無越境而來侵矣 近者 歲以爲常採鰒之軍一到 則九浦之費 或至傾家一鰒之價 殆踰百文 捉魚之所 本在熊川縣境 而機浦之民 橫被徵索 一船之納 將近五緡 若此不已 非但浦戶之空 將至朝夕 竊恐海邑殘民 必不免渙散之患矣 (中略) 各邑所在南倉利錢 最久條年 前幸蒙蕩滅之特恩矣 營需利條 獨未蠲減 每年所捧 無非虛錄 亦望考其久 近可減者

減之 未可減者 利條災歲姑停 則非獨一邑之幸而已 (中略) 以其概略狀聞事 下論道臣 而九浦之民 困於昔 無今有之採鰒云者 尤合釐正 仍令句管堂上與左兵營 狀聞判下條件 往復道帥臣 從長蘇捄草記 (中略) 南倉債利之弊 特從爾請 爾其申諗 今批之效 益與否差 得內移時 一一條陳

370.

건명 : 慶尙左兵使 李普漢을 推考하고, 海弊와 機張 九浦의 일을 정지시키도록 한 처분

발신처 : 慶尙左兵使 李普漢

검색어 : 慶尙左兵使, 李普漢, 海弊, 九浦, 預採, 私採, 封進, 加採, 監採, 採鰒監官, 徵斂, 橫斂, 嚴棍充軍, 半乾生熟鰒, 除弊錢, 海役防給, 推考

출처 : 正祖 22年 戊午 11月 29日 ; 27-98上~99上

推慶尙兵使李普漢仍命句管堂上以該營海弊及機張九浦事往復停當論理草記

慶尙左兵使李普漢狀啓以爲 備邊司關據本營海弊 詳査狀聞事命下矣 今此海弊 一則預採 一則私採 一則誅求 凡此三弊中預採 則海邊風日調順與否 有難逆料預 使採取出於愼重 而在前則 近或爲一望 遠不過一念矣 前兵使在任時 或前 一月預採 或封進後加採 大抵監採校卒 前期出送 在所不已旬望 進退大關海氓之利害 臣待罪以後 依舊規 前一望定送 至於不屬誅求之弊 採鰒監官 例以土校中定送 而稱以例費 各以兩兩錢錢收捧 各里者 便成流來之謬習未知創 自何年 而癸丑海弊釐正時 雖令革罷 潛自討索 依舊徵斂 統計一年內 每里所費 多爲三十餘兩 少不下十餘兩 則東南兩江二十七浦 橫斂之數 合爲五百十四兩之多 近年行惡最甚者 所謂別軍官梁喆臣張儀良 喆臣則今已身故 儀良則前後出去 恣行誅求 貽弊海民 該裨梁鍾永 指揮加採 旣登各供 而時在京中 今方文移 待其捉來回示 嚴棍充軍計料 張儀良 則浦民所見處 布諭回示 嚴棍充軍 竊念嗣後 矯革之道 惟在於痛禁 此三件之弊 此後 則毋論半乾生熟鰒每等封進時 量其緩急 酌定日子 不敢違越 監採之際 一校足矣 卒隷除之嚴立科條 則供億雜費 可以隨減 前例之稱以補費者 今旣革罷 而無他措劃 則日後誅求 不無復踵之慮 臣營有除

弊錢名色 爲此海役防給而設置者也 從今以後 限幾百兩 移付各里海戶 以補其供億之費 數雖不敷 足可爲一半分 救弊之道應行 凡例竝革罷 條件成出節目 各頒一件於海浦各里 以爲永久遵行之地 而別成冊子 追後上送備邊司計料 教 以此狀啓 可謂禦眠之盾 凍足之溺 旣曰蘇弊如是草草 豈不駭然之甚乎 該帥臣推考 句管堂上旣承筵教 與機張九浦事 以書以關 往復停當 然後具由論理 粘尾草記

371.

건명 : 戶曹納匠額名色에 대한 慶尙監司 李義綱의 狀啓 중 蔚山會錄米와 彦陽上納錢의 조처 내용

발신처 : 慶尙監司 李義綱

검색어 : 戶曹納匠額名色, 匠稅, 匠邑, 良丁塡代, 分徵, 會錄, 上納, 邑報, 米木錢, 分秩, 開錄, 蔚山會錄米, 彦陽上納錢, 民納, 替徵, 分納

출처 : 正祖 22年 戊午 12月 3日 ; 27-118上~120上

命戶曹納匠額名色關問諸道使之狀聞嶺伯狀啓先爲回啓

慶尙監司李義綱狀啓以爲 道內匠稅米木數爻及久遠可據文蹟 條列牒報之意 發關分付於道內各邑矣 列邑所報 今纔齊到 而案付匠名 或有或無 邑各不同 若其無匠邑 則以良丁塡代 或分徵洞里 其規不一米 則會錄於元會 錢木則上納於戶曹 創始年條 無可據文蹟 故一從邑報 米木錢收捧數爻及匠名良丁區別分秩 開錄上送備邊司 (中略) ○ 蔚山會錄米十斗 今無匠人 自官擔當 ○ 彦陽上納 錢二兩三錢 匠人一名 名存實無 自官擔堂 (中略) 教 以所謂民納弊端之形形色色 百孔千瘡 益聞不聞 愈聞愈奇聞 亦難堪民 何支吾乎 戶曹納匠額名色 無論水鐵甕冶磁磨移徵於他匠 尙可矜 況替徵於不干之洞里乎 又況代定於良人乎 外此守令之替 當良與匠之分納 俱無意義 今番諸侍從守令上疏之後 名以民弊者 何嘗有一事半事之有實效乎 嶺南外此弊 又未知幾道 亦然詳問該曹 如有可問之 他道一體關問 使之狀聞 此狀啓 先以草記回啓

372.

건명 : 京外 殿最 중 慶州와 尙州營將의 처분 내용

발신처 : 正祖

검색어 : 京外殿最, 慶尙左兵使, 李普漢

출처 : 正祖 22年 戊午 12月 15日 ; 27-178上~179上

開坼京外殿最

京畿監司李在學啓本 (中略) ○ 慶尙左兵使李普漢啓本 慶州營將趙㖨議捕雖勤 戢治頗柔中 ○ 慶尙右 兵使安檍啓本 尙州營將李厚在 事多疏率 難責詗戢中

373.

건명 : 京外褒貶啓本 중에서 慶尙左兵使 李普漢과 慶尙左水使 金爀의 啓本 중에서 잘못된 부분을 바로잡도록 한 처분

발신처 : 兵曹判書 李時秀

검색어 : 守令邊將降考啓, 京外褒貶啓本, 慶尙左兵使, 李普漢, 西生僉使, 殿最, 推考警責, 三年窠邊將, 推考

출처 : 正祖 22年 戊午 12月 15日 ; 27-180上~181上

吏兵批以守令邊將降考啓

(前略) ○ 兵曹判書李時秀啓言 卽見京外褒貶啓本 (中略) 慶尙左兵使李普漢啓本中 安東營將金翰周 以事或生疏爲目 則宜置中考而置諸上考 京畿水使柳孝源啓本中 注文島僉使金得源 以觴或不節爲目 則宜置中考而置諸上考 忠淸水使具明遠啓本中 所斤僉使李文燮 以詒勉給代爲目 則宜置中考而置諸上考 慶尙左水使金爀啓本中 西生僉使黃致郁 以浮謗奚信爲目 則宜置中考而置諸上考 殊無嚴明 殿最之意 請當該守臣及各該帥臣 推考警責 安東營將金翰周 彌串僉使李道煥 西林僉使金虎臣 注文島僉使金得源 所斤僉使李文燮 西生僉使黃致郁 竝中考施行 寅火堡萬戶鄭興源 方山萬戶姜大允 長串堡別將李源爀 㲀洞權管韓毅得 大坡兒權管權德恒 於汀灘權管李東蕃 乾平權管金宗觀 竝下考施行 阿吾地萬戶康鵬來 安原權管吳一元 以三年窠邊將兩次居中 其不職可知 依例罷黜 山羊會萬戶金正大 以撫劍飭邊奸氓斂跡爲目 雖無貶語 可知其有駭聽聞 該兵使李儒敬從重推考 山羊會萬戶金正大 一體罷黜 從之

374.

건명 : 司僕寺의 각 道 牧場馬留放數爻 중 울산 부분

발신처 : 司僕寺

검색어 : 各道牧場馬留放數爻啓, 丁巳籍付馬, 今生馬, 封進馬, 故失馬, 放壯兒, 雌雄馬, 壯雌馬, 一年應孳産馬, 加報, 蔚山, 分養捉給馬

출처 : 正祖 22年 戊午 12月 17日 ; 27-196上~200上

司僕寺以箭串及各道牧場馬留放數爻啓命白翎僉使李星會汰去晉州監牧官安載述賞典依前牧官例施行群頭賞加推忠清水使具明遠

(前略) 慶尙道晉州巨濟等 監牧官安載述所管 二牧場 丁巳籍付馬八百六十三匹 今生馬二百六十六匹 合馬一千二百二十九匹內 封進馬五匹 故失馬一百六十匹 除今年實留放壯兒雌雄馬 竝一千六十四匹內 壯雌馬三百七十匹 一年應孳産馬一百十一匹 今生馬三百六十六匹 加報二百五十五匹 蔚山長鬐等 監牧官前任宋堯熙 時任權抑所管 二牧場 丁巳籍付 馬七百三十四匹 今生馬一百四十四匹 合馬八百七十八匹內 封進馬六匹 各邑分養捉給馬七匹 故失馬七十七匹 除今年實留放壯兒雌雄馬 竝七百八十八匹內 壯雌馬四百六十三匹 一年應孳産馬一百三十九匹 今生馬一百四十四匹 加報五匹 東萊兼監牧官 多大浦僉使前任鄭爀 時任趙蒙錫所管 一牧場 丁巳籍付 馬一百二十一匹 今生馬二十五匹 合馬一百四十六匹內 封進馬五匹 故失馬七匹 除今年實留放壯兒雌雄馬 竝一百三十四匹內 壯雌馬六十二匹 一年應孳産馬十八匹 今生馬二十五匹 加報七匹 (下略)

375.

건명 : 都政에서 兵曹에 내린 批答 중 慶尙左兵虞候 부분

발신처 : 正祖

검색어 : 都政, 新資, 李榮大, 慶尙左兵虞候

출처 : 正祖 22年 戊午 12月 18日 ; 27-204上~205下

都政下批

吏批 (中略) ○ 兵批 以權裕爲知事 金碗爲城津僉使 曹命集爲惠山僉使 李商寀爲順天營將 李琦鉉爲慶州營將 元毅鎭爲晉州營將 柳可源爲南虞候 尹孝儉爲統虞候 琦鉉以下 竝新資也 李榮大爲慶尙左兵虞

候 申思益爲釜山僉使 鄭宅慶爲滿浦僉使 金履準爲白翎僉使 韓應儉爲京畿中軍 具絎爲尙州營將 尹相爲忠淸兵虞候 李鵬運爲羅州營將 李烷爲公州營將 李尙謙爲訓戎僉使 初以尹順東批下 因壯勇營草記仍任善騎右將 李石求爲訓鍊正 (下略)

376.

건명 : 老職人의 批答 중 慶尙道 부분

발신처 : 正祖

검색어 : 老職人, 慶尙道, 蔚山, 李同巳, 彦陽, 黃泰成, 朝官士庶, 加一資, 婦女封爵

출처 : 正祖 23年 己未 正月 初2日 ; 27-282上~285上

老職人下批

漢城府東部 (中略) ○ 慶尙道 (中略) 蔚山 士庶 通政李同巳等二人 (中略) 彦陽 士庶 嘉義黃泰成 (中略) 以上 朝官士庶 各加一資 婦女封爵

377.

건명 : 여러 道의 水陸 春操 등을 정지하였는데, 늦게 狀啓를 올린 慶尙左兵使 李普漢을 推考하도록 한 처분

발신처 : 備邊司

검색어 : 水陸春操, 巡歷, 慶尙左兵使, 李普漢, 未行操處官鎭門聚點, 勸別武都試, 聚點, 從重推考

출처 : 正祖 23年 己未 正月 16日 ; 27-313下~314上

命停諸道水陸春操及巡歷巡點輪症熾盛處官點付之道臣從便闊狹重推慶尙左兵使李普漢

備邊司啓言 卽見總戎使金持默 水原留守徐有隣 江華留守洪明浩 開城留守趙宗鉉 廣州留守洪檍 統禦使柳孝源 永宗防禦使李周爀 江原前監司洪仁浩 統制使任律 慶尙右兵使安欞 全羅前兵使徐英輔 忠淸兵使鄭忠達 水使具明遠 平安兵使李儒敬 黃海兵使鄭學晀 前南兵使徐有秉 北兵使李潤謙 春操取稟狀啓 則以爲今春水陸操合操城操巡操面操及巡歷巡點未行操處官鎭門聚點 何以爲之事請令廟堂 稟旨分付勸別武都試 依例設行爲辭矣 今年諸道中 惟北關富寧以北 合行春操

而近來輪行之症 雖有遠近之不同 先後之各異 此所行操 實多可悶 戎政非不嚴重 而民事宜先顧恤 諸道今春水陸諸操及巡歷巡點 併停止 雖以官鎭門聚點言之 遠面之民動費 三四日去來所當 一體請停 以爲邇早專意於農作之地 而併與聚點而廢却 亦甚未安 此則依前着意擧行之意分付 稟操狀啓之 以春秋孟朔初旬爲定限者 蓋欲使許多軍民無致等 待借貸之弊 慶尙左兵使李普漢狀啓 尙不來到 極爲可駭 請爲先從重推考 允之 敎 以諸道中輪症熾盛處官點 付之道臣 從便闊狹

378.

건명 : 八道와 四都 牧場의 輪疾死亡 數爻 중 慶尙道 부분
발신처 : 正祖
검색어 : 疾死亡數爻馳啓, 慶尙道, 蔚山府, 彦陽縣
출처 : 正祖 23年 己未 3月 30日 ; 27-611上~613下

八道四都以輪疾死亡數爻馳啓

京畿楊卅牧 (中略) ○ 慶尙道 晉州牧 三百六十九口 星州牧 三十十七口 尙州牧 一千一百五十八口 大丘府 二百七十四口 慶州府 一千九十五口 安東府 八十五十八口 寧海府 二百十八口 青松府 二百三十一口 金海府 五十五口 巨濟府 十口 順興府 二百八十三口 咸陽府 一百三十三口 善山府 三百三十四口 仁同府 一百一口 漆谷府 二十七口 蔚山府 五百十二口 河東府 四百一口 密陽府 一百五十六口 東萊府 二百八十五口 昌原府 二百一口 醴泉郡 五百四十九口 豊基郡 一百五十二口 陜川郡 一百三十七口 永川郡 三十九口 金山郡 一百三十口 昆陽郡 六十一口 清道郡 二百九十九口 草溪郡 二百口 興海郡 一百四十三口 梁山郡 一百十九口 榮川郡 二百十二口 咸安郡 一百七十九口 固城縣 二百七十九口 居昌縣 三百三十一口 眞寶縣 一百三十六口 昌寧縣 一百四十八口 丹城縣 八十八口 靈山縣 五十六口 比安縣 一百九十一口 鎭海縣 六口 玄風縣 二十一口 奉化縣 六十六口 咸昌縣 二百一口 慈仁縣 一百三十二口 三嘉縣 五十二口 慶山縣 七十八口 盈德縣 二百二十九口 義城縣 七百九十四口 聞慶縣 三百二十三口 開寧縣 五十四口 龍宮縣 六十五口 義興縣 一百一口 山淸縣 一百六十九口 新寧縣 二百八十二口 高靈縣 一百三十九口 河陽縣 一百四十一口

軍威縣 九十一口 知禮縣 一百五十八口 禮安縣 一百三十九口 淸河縣 五十三口 延日縣 三百三十二口 宜寧縣 一百二十八口 南海縣 一百六十三口 安義縣 三百八十九口 熊川縣 七十口 長鬐縣 五十八口 泗川縣 一百三十一口 機張縣 一百三口 彦陽縣 一百五十七口 英陽縣 一百四十四口 漆原縣 九十三口 已上一萬五千五百三十二口 (中略) ○ 八道四都 都以上 死亡十二萬三千二百七十六口

379.

건명 : 여러 道의 監兵水使와 守令邊將의 兼銜을 시행하도록 한 처분

발신처 : 正祖

검색어 : 兼銜, 蔚山府使, 慶州鎭管兵馬, 僉節制使, 彦陽縣監, 慶州鎭管兵馬, 節制都尉, 慶尙左兵使, 慶尙左道兵馬節度使, 慶尙左兵虞侯, 慶尙左道兵馬虞候, 西生浦僉使, 西生浦水軍同僉節制使, 官案, 銓考

출처 : 正祖 23年 己未 4月 9日 ; 27-643下~650上

命諸道監兵水使及守令邊將兼銜依別單施行

兵曹啓言 諸道監兵水使及守令邊將 有兼銜者 使之一一報來 一通謄書別單啓下後 仍爲添書於望單及敎旨事 前已筵稟定式 關問諸道矣 今纔齊到 故別單書入 而自今以後職銜 以此施行之意 請分付諸道 (中略) ○ 蔚山府使兼慶州鎭管兵馬 同僉節制使 (中略) ○ 彦陽縣監兼慶州鎭管兵馬 節制都尉 (中略) ○ 慶尙左兵使 慶尙左道兵馬節度使 ○ 慶尙左兵虞侯 慶尙左道兵馬虞候 (中略) ○ 西生浦僉使 釜山浦鎭管西生浦水軍同僉節制使 (中略) 允之 敎 以御賢官案及兩銓考 政院兵房 使賢亦爲載錄

380.

건명 : 嶺南 進獻의 物種을 換定하는 일과 慶州 등 7邑의 全鰒을 土産 封進하는 폐단을 바로잡도록 한 처분

발신처 : 慶尙監司 申耆

검색어 : 進獻, 物種換定, 土産封進, 轉貿之弊, 釐正, 換定, 代劃, 移貿, 蔚山

출처 : 正祖 23年 己未 4月 19日 ; 27-682下~683下

命嶺南各邑進獻物種換定事及慶州等七邑全鰒以土産封進巨濟等三邑

柚子屬晉州封進事竝依狀請施行仍飭諸道進獻視此爲例各以土宜推移分定

慶尙監司申耆狀啓 以爲昌原府使李尙度上疏 批旨內 土宜之貢 轉貿之弊 令道臣通同釐正 求其可行永久無弊之方 別具冊子 以進事命下矣 竊伏念 進獻物種貴歇 各自不同 多寡亦有定例 今若只憑土産 有添送而無減給 則實有偏重不均之歎 永久俱便之策 惟在於相代換定 故先從海邑 區別土産與轉貿 以此邑轉貿之物 移送於彼邑 以彼邑非産之種 代劃於此邑 或再轉三轉 次次互換 至若有受來而無可移 則雖係彼此邑俱産之物量 宜釐正期於稱當 而其中接境貿取隣邑移採之相距百里內外者 其所措備 比之土産 無甚難易 故此等邑 則竝令依前封進陸邑則封進諸需 多是果品 幾皆土産 而或有三四邑 互相移貿之擧 故亦爲釐正後 移送受來之 各邑各種 別具冊子 上送備邊司 而至於全鰒一種 道內封進處 合爲十七邑 而擧皆移貿於濟州 商賈來賣泗川者矣近者 蔚山東萊 則因道臣鄭大容狀啓及前府使鄭尙愚筵奏 俱以土産封進餘外 十六邑依前移貿 而慶州所採色品體樣 與蔚鰒無異 故自今端午物膳封 以土産計料 機張長鬐迎日與萊蔚慶三邑海水相接 必不難得巨濟晉州泗川 素稱産鰒之地 似無難便之端 當俟該邑措處 以土産封進 而其前則姑以貿鰒封進 昌原金海河東固城南海熊川鎭海漆原等八邑 則元無所産 或有所産 而體小味醎 不合於進御之需 今若爲此八邑之釐正 以其所封移送他邑 則不但邑民之受弊 三邑封進之鰒 極爲稀貴 各其元封 猶難充備 則數外加定 初非可論勢 不得不依前貿封 而概此添價 上下旣有流來措畫 別無因此一種爲弊 滋甚之慮 柚子 則丙辰大風之經應封之 巨濟固城南海等三邑柚木 擧皆凍死 獨於晉州境內昌善島赤梁鎭 有十餘株生全者 上三邑竝爲移貿於此 故三邑所封之柚子 專屬晉州後 該州移採物種量 宜換送於三邑 而三邑柚木 間或有叢生者 差待成實 各還本邑 恐合事宜 而大抵晉州柚木數 旣零星 結顆亦有豐歉 萬一不之於元封之數 則臨時代封之意 狀聞計料 請竝令廟堂稟旨分付

381.

건명 : 上京한 守令들 가운데 병이 있는 자들을 下送하게 한 후 내린 처분

발신처 : 吏曹

검색어 : 上京守令, 下送, 改差, 蔚山府使, 李廷仁

출처 : 正祖 23年 己未 5月 初8日 ; 27-782下~783下

命上京守令有親病身病者俟少間下送後草記咸興判官金履裕改差

吏曹啓言 上京守令下送後 草記事命下矣 安州牧使金孝建 蔚山府使李廷仁 茂朱府使徐弘輔 沔川郡守朴趾源 聞慶縣監宋倫載 泰仁縣監趙恒鎭 同福縣監嚴思勉 俱已下去 三陟府使趙岐 時在楊州地 中和府使徐敎修 時在廣州地云 故今方發關催促 而咸興判官金履裕 以爲身病苦劇萬無還任之勢云 居昌縣令金鍒 以爲親病沈重不得頃刻離側萬無時日內下去之勢云 結城縣監徐應輔 以爲身病猝重不得下去云 雖未知其親病與身病之果如何 而特敎催促之下 不卽下去者 事體未安 所當重勘 而本曹請推外無他罰 何以爲之乎 敎以有親病身病者 俟少間下去後草記 咸興判官金履裕 狀罷未決未者 改差差代

382.

건명 : 嶺南의 進上 生鰒 採取時 弊端을 어긴 수령 및 半乾鰒生熟鰒 封進을 잘못 처리한 前兵使 李殷福을 拿問 勘罪하도록 한 처분

발신처 : 備邊司

검색어 : 進上生鰒, 禁錮, 合封, 封進, 慶尙左兵使, 李普漢, 加採, 預採, 除減, 除弊, 元進上價米, 橫斂, 永減, 越採, 朔膳, 分封, 私採, 侵責, 除弊錢利條, 元會減價米, 蔚山十八浦, 徵責

출처 : 正祖 23年 己未 5月 初8日 ; 27-896下~898上

備局以嶺南進上生鰒採取時革弊事啓命如有違越該帥臣施以禁錮三年之律半乾鰒春秋定限各分兩次合封與當朔生熟鰒同爲封進前兵使李殷福令該府拿問勘罪

備局啓言 頃因梁山郡守尹魯東上疏批旨及慶尙左兵使李普漢狀啓 判付內辭意關問 嶺南道帥臣處矣 卽見慶尙前監司李義綱報本司辭緣 則枚擧左兵使李普漢牒呈 以爲生鰒加採預採之弊 一切革罷 採鰒時帶去卒隷及勸農首作者等 名色亦爲除減 出浦之期 定以一旬或一望 助役軍一款 亦爲革罷 東南八浦 減其營府烟戶雜役沈水軍 供饋輪回擔當供饋之費 以除弊錢利條及元進上價米磨鍊後 每年橫斂之五百餘兩 盡

數永減 機張越採一體禁斷 而至於合封 便否生熟鰒之間 一朔封進 係是朔膳 不可變改 半乾鰒 則春秋各封七等 而春等則元無定日 故待關文封進 秋等則例於九月初等 封進其餘六等 逐月封進 而諸般弊端 今既盡革 則合封分封 別無損益於海民 依前封進 實合便宜 而但春等 依秋等九月封進例 以三月內定日封進 則諸弊可祛 而機張越採事 在久遠無路查出 而討索之弊 始自癸卯 左水營封進 青魚大口機張船民處三百八十餘兩之 每年收斂 極爲不當 自今青魚進上 專責於東萊所在免就條漁條漁簾 機張船民處 收斂一款 永爲革罷事 嚴立科條爲辭 而成節目上送矣 觀此報辭與節目 則前之先期一朔預採者 稍近其限半乾鰒 則限以一望生熟鰒 則限以一旬 加採私採等 許多襲謬之習 亦爲革罷 則採取之數 既減於前 侵責之弊 亦當頓祛 勸農作者 諸般名色 竝皆除減 只令一軍官定送 亦不帶去 卒隷則供億之費 幾乎全減 況水軍自有定數 助役名色 既令革祛烟戶雜役 又爲減給 以除弊錢利條及元會減價米 從優磨錬 輪回供饋 蔚山十八浦 機張九浦 橫斂之五百餘兩更勿徵責 連海處越採一款 亦爲嚴防云 果依節目 嚴立科條 則朝家德意 可以遍 及沿海窮民 庶得息肩 而飭禁稍允 則便易解弛 以此節目一通謄置於營閫邑諸處 以爲永久遵行之地 至於次數合封 既曰 無損益於浦民 則進獻事體甚重 不當遽變前規 而春等半乾鰒封進 無元定期限 曠日採取等 待爲弊云 誠如其言 則其弊在於元限之不定 不在於期日之早晚 取考內醫院謄錄 則半乾鰒 每於正月內發關 自二月初三日 爲始限 七次封進矣 以此作爲元定日子 俾除預待之弊事 分付內醫院及該道 道帥臣左水營 機張船民處 三百八十餘兩收斂 亦既永罷 一體嚴飭 俾無更犯之弊 前兵使李殷福 加採預採之不足 至於無時私採不恤海民之狀 今既登聞不可無懲 請令該府 拿問勘罪 允之 教以若是定式之後 絲毫違越 則該帥臣 施以禁錮三年之律事載之 受教事分付禁府 亦令該閫揭板 而半乾鰒 以其所封貼數 春秋定限各分兩次 合封而與當朔 生熟鰒同爲封進之意 分付該閫及統營

383.

건명 : 嶺南 釐弊 중 南倉 利錢에 대한 처분

발신처 : 備邊司

검색어 : 嶺南, 釐弊, 南倉利錢事, 甲午年間別備錢, 分俵, 取殖, 錢還, 南倉, 收捧移給

출처 : 正祖 23年 己未 6月 初3日 ; 28-31上~32下

備邊司以嶺南釐弊諸條回啓

備局啓言 頃因梁山郡守尹魯東上疏 諸般弊瘼矯革狀聞事 因批旨行會矣 即見慶尙臣司申耆狀啓 (中略) 南倉利錢事 甲午年間別備錢一萬兩 分俵於道內 四十八邑 升二取殖 以補公用 而以輕邊之 故一番取用 不肯沒納年 復年來仍存本錢 以此貽弊 其中最甚之尙州等六邑 收合本錢還 送南倉 星州等五邑之分授村民者 待麥秋收捧移給 吏校各廳每歲末督納之意嚴飭 此外三十七邑 別無爲弊之事 仍前擧行云矣 錢之末弊 何處不然 而道啓旣以有弊處 則各爲區處 無弊處 則仍前施行爲言 別無可以稟處 (中略) 請以此意 使之添入節目 永久遵行 允之

384.

건명 : 軍威縣의 軍丁을 巡兵營에 塡代하고, 각 色軍을 다른 읍에 分送하도록 하는 등 현안에 대한 처분

발신처 : 備邊司

검색어 : 反逋, 虛勘, 分捧年限, 諸色軍總, 計除偏伍, 良保, 左兵營, 收布支放之軍, 戶總, 虛名之應頁者, 還穀, 排定, 當捧, 虛留, 反作穀, 守令現告成冊, 準額, 都案, 虛名奴婢, 比總, 充逋, 畢捧, 舊還, 塞責, 民逋, 吏逋

출처 : 正祖 23年 己未 6月 初4日 ; 28-37下~38下

命軍威縣軍丁塡代巡兵營各色軍分送他邑事及反逋限年分捧依道臣狀請施行寺奴婢廣加搜覓反逋査正後現告守令令該府拿勘

備局啓言 頃因軍威縣監具得魯上疏回啓 該縣反逋査正後 虛勘之守令現告 分捧年限 參量事情 竝與軍丁奴婢 矯革之方 論理狀聞之意 分付該道矣 即見慶尙監司申耆狀啓 則以爲該縣諸色軍總三千六百四十五名內 計除偏伍之卒 正兵良保合爲二千四百五十八名 臣營及左兵營所管收布支放之軍又爲二百十一名 偏伍軍之例 爲兼役者姑捨 勿論正兵良保之數 較挈戶總 不甚相懸 此則仍置該縣 使之方便塡代巡兵營 各色軍二百十一名 比之疏請數亦過半 以此分送于尙州等九邑 則與受之

地 庶幾有效無怨 寺奴婢事 換定都案 末流之弊 不可勝言 移定一款 初非可論 而目不虛名之應貢者 奴爲三十一口 婢爲六十六口 從實許頉之說 元無概及於陳疏中 今始發端於面商之時 而道內他邑 旣無有餘補不足之處 姑以廣加搜括 某條充數之意 關飭該縣後 磨勘情債量宜減給 還穀限年事 反逋各穀八千七百八十三石零 排定三年 則每年當捧 不過爲二千九百二十七石零 依此分捧反逋查正後虛留 癸丑以前則文簿已歸 烏有只就癸丑後 見在穀簿 各年反作穀數及當該守令現告成冊上送 竝請令廟堂稟處矣 軍丁事 例爲兼役軍之姑捨 無論正兵良保之仍置塡代 道啓所論 誠爲得宜 巡兵營各色軍二百十一名之分送尙州等九邑 較諸該倅疏請四百名分送之數 雖未準額 當此閑丁 苟簡之時 二百十一名之一時移送他邑 可謂前所罕聞之實惠實政 且於道啓中謂 以庶幾有效而無怨 此非懸空遙度之說 必與九邑守宰 往復講確 而然在軍威民邑之 幸不啻出溝壑而奠衽席 依此施行之意 卽爲分付 寺奴婢事 都案之換定 固非可論 而虛名奴婢之從實許頉 卽是比總之本意 則直歸之無可奈何事涉如何 一邊令該邑廣加搜覓 亦自巡營另思移彼補此之道 無失比總之本意 還穀限年事 充逋之法或有一年事充者 或有拖過當年而可充者 而惟以必充乃已爲期 道臣則責其畢捧於該邑 邑倅則恐其被勘於日後 互相維持嚴畏國典 自是不易之經法 而一自限年之例出 而便同舊還 豊年則如干塞責 歉歲則直請仍停 民逋則尙可屬之寧失 而所謂吏逋未嘗不托以民名 許多奸猾見此利竇之後 能不邑邑慕效作爲妙方乎 此所以屢陳於前後覆啓 而今此該縣 幸値文倅偏蒙恩 批拯捄之德意 逈出尋常道啓 論列亦出對揚 則有不敢膠守常規 依所請 限三年分捧之意分付 癸丑以後反作守令 請依現告 令該府 拿問勘處 允之

385.

건명 : 八道의 秋操와 巡點 등을 정지하고, 三南의 官鎭門聚點時 堤堰役丁은 役處에서 聚點하도록 한 처분

발신처 : 備邊司

검색어 : 秋操, 聚點, 慶尙左兵使, 李普漢, 秋水陸操, 巡歷, 未行操處官鎭門聚點, 災傷覆審校生考講, 鄕騎士勸別武武學都試, 停操

출처 : 正祖 23年 己未 7月 15日 ; 28-162下~163上

停南北漢華城沁都八道秋操及巡點仍命三南官鎭門聚點時堤堰役丁各於役處聚點

備局啓言 卽見總戎使李邦一 水原留守徐有隣 廣州留守金思穆 江華留守洪明浩 京畿水使柳孝源 永宗防禦使李周爀 平安監司韓用龜 兵使李儒敬 黃海兵使鄭學畊 江原監司南公轍 統制使任嵂 慶尙左兵使李普漢 右兵使李栢然 忠淸兵使鄭忠達 全羅兵使沈鐔 南兵使崔景岳 北兵使李潤謙 吉州防禦使李澄萬 秋操取稟狀啓 則以爲今秋水陸操合操城操巡操面操巡歷巡點及未行操處官鎭門聚點 竝請令廟堂 稟旨分付 災傷覆審校生考講 鄕騎士勸別武武學都試 依例設行爲辭矣 今年穡事 雖未出場 此後雨暘調適 則庶有登稔之望 而三南纔經荐賑 畿甸兩西連經客使與別使行 雖當農隙 宜念紓力之道 今秋水陸操合操城操巡操面操巡歷巡點 竝姑停止 關東則再昨年行秋操 北關則南之端川以南 北之富寧以南 昨年行秋操 而諸路之竝請停操 有關戎政 東北兩道使之設行 災傷覆審校生考講 鄕騎士勸別武武學都試 竝依例爲之之意分付 未行操處官鎭門聚點 依近例申飭擧行 而三南各邑堤洑堰疏築之政 多以更待農歇用功爲言 若其多用役丁之處 則旣行聚點 又責赴役易煩勞費 因其役處聚點附近軍民 除其坐作專意役事 而近來聚點 皆有定期似此等處 勿拘其期 參量役之早晩民之便否 擧行之意 請一體分付 允之 敎以北道則昨年旣爲之 關東亦於再昨年爲之 今番秋操 一體停止

386.

건명 : 蔚山 거주의 沙工 兩漢이 鬱陵島에 잠입하여 採鰒發賣하는 사정을 조사하려 갔다 법을 어긴 越松萬戶 盧仁素拿과 譯學 등을 推考한 처분

발신처 : 備邊司

검색어 : 慶尙左兵使, 李普漢, 蔚山府使, 李廷仁, 鬱陵島, 搜討譯學, 蔚山, 採鰒發賣, 掌標, 東萊倭學, 搜討差員, 刑訊嚴覈, 搜討官, 漁採, 推考

출처 : 正祖 23年 己未 10月 初2日 ; 28-461上~461下

罷前江原監司尹弼秉職推慶尙左兵使李普漢重推蔚山府使李廷仁仍命越松萬戶盧仁素拿勘鬱陵島潛入人及搜討譯學更查嚴勘

備局啓言 慶尙監司申耆狀啓 有草記回啓之命矣 取見其狀本 則枚擧左兵使李普漢牒呈 以爲蔚山居沙工兩漢 潛入鬱陵島 採鰒發賣 故捉來査問 則渠輩呈公文受掌標 擬往濟州採鰒 逢風漂到鬱陵島 而越松萬戶東萊倭學適以搜討差員 先到島中 詳考公文 明知風漂之狀 而留住三日 猝遇風浪 渠之船隻破碎 搜討騎卜船 亦爲致敗 以破材合造一隻 而帖給如干糧米多少 餘材使渠造船出來 先爲發船 故留住之間 拾取島邊生鰒 僅僅連命 而食餘之數 爲二百五十餘貼 此外一把長青竹八箇及半尺香木五塊 自搜討行中棄置 故拾得以歸云 以此卽爲關問於搜討同行倭學處 則所報亦如浦民供辭 故關飭地方官 刑訊嚴覈 則潛入之跡 終未現捉 漂風之證 略有所據 而鰒魚香竹 莫非禁物 無難採取不可無懲 越松萬戶 則奸民冒入 適在搜討之時 而視若尋常 又從以給糧 造船稱以糧盡 先爲回來 名以搜討官 顯有符同掩匿之跡 越松萬戶盧仁素 爲先罷黜 其罪狀令攸司稟處 沙工等自臣營照法勘處爲辭矣鬱島搜討法意甚嚴 旣見奸民之攔入 匪惟掩匿不報 反令留連刈竹採鰒而先自出來者 論其罪犯 萬萬痛駭 當該邊將爲先令該府拿來嚴覈 考律重勘 海防之解弛 責在道臣 況管下邊將 有此犯科 而不能趂時摘發尤非重邊禁之道 當該道臣捧現告 施以罷職之典 外洋漁採 本有法禁而始旣成給公文終 又致此冒犯邑倅閫帥俱難免不飭之罪 事旣現發之後 只爲循例報營 又不具格狀聞者 極涉駭然 慶尙左兵使李普漢 爲先推考 地方官蔚山府使李廷仁 亦爲從重推考 所犯各人更令嚴査 得情照法處置 搜討時同船之譯學 請亦令該道 一體査問嚴治 允之

387.

건명 : 義禁府에서 三陟前營將 張宅基가 蔚山船人이 鬱島에 漂到하여 伐竹採鰒한 죄상을 조사하려 갔다 法禁을 어긴 것 등에 대한 처분

발신처 : 義禁府

검색어 : 時囚, 原情, 津民, 漁採, 日本, 囚案, 流三千里罪人, 逢點, 差保授主人, 虛還, 配囚, 蔚山船人, 鬱島, 伐竹採鰒

출처 : 正祖 23年 己未 10月 初10日 ; 28-482下~483下

命時囚閔師宣等議處

義禁府啓言 寧海前府使閔師宣 原情以爲渠在官時 今三月十二日 本

邑磨屹津洞民手本內 津民林任太等八人 同日漁採次出浦之際 猝遇惡風 全船覆沒云 故面任等招致査問 則以爲近洋之地 風浪大作渰沒之狀 津民皆見的實無疑云 聞極驚慘卽爲馳報於巡營與水營 又爲文移於沿海各邑 以爲屍身拯出之地 而竝與船板 而竟未推尋何 幸上項八人漂到日本 擧皆生還 身爲地方官 境內漂民死生 未能査實徑 先報營 至於登聞渠疏率之罪死無所逃云 曾經侍從 請議處 允之 又啓言 平康縣監趙鎭宣 原情以爲渠今正月赴任 本縣考閱囚案 則昆陽郡流三千里罪人黃龍雨 前已受由還鄕不爲逢點 故卽差保授主人使之捉來矣 經月虛還稱以方痛輪疾 其子宗根來訴其父病危 萬無作行之望云 前後送人督促者 至再至三矣 拖至七月仍爲物故 自昆陽郡檢驗移文來到 莫重配囚之受由者 渠赴官多月未能督還竟至物故 於本土渠不職之罪 實合萬殞云 請議處 允之 又啓言 三陟前營將張宅基 原情以爲渠猥叨營將之任 濫帶本府兼任今五月間 蔚山船人漂到鬱島之畔 不知法禁之重 伐竹採鰒極其狼藉 而身爲兼官茫然 不知不能檢飭 渠溺職之罪 死無所辭云 請議處 允之

388.

건명 : 嶺南의 夏秋 試藝에서 優等한 武士 8인의 姓名 등을 兵曹에 起送하도록 한 처분

발신처 : 慶尙監司 申耆

검색어 : 試藝優等, 定式課試, 左兵營, 合試, 中軍, 試取, 起送, 蔚山, 斗滿, 林遇榮

출처 : 正祖 23年 己未 10月 28日 ; 28-540下~541下

命嶺南夏秋等試藝優等武士待上來草記

慶尙監司申耆狀啓 以爲道內武士夏秋等試藝 自監兵營 依定式課試臣營所抄二百十三人 左兵營所管邑所抄十五人 右兵營所管邑所抄七人 合二百三十五人 今月十一日合試於大丘府 與參試官中軍白宗海大丘營將趙恩錫眼同試取 各技優等八人 起送兵曹 姓名矢數年歲居住父名顯祖 開坐于後 出身趙台鉉 鐵箭 一矢一百五十二步 二矢一百五十八步 三矢一百五十步 年三十二 本咸安 居咸安 父幼學德基 十一代祖進士贈吏曹判書旅 折衝崔榮祖 鐵箭 一矢一百五十步 二矢一百五

十七步 三矢一百五十步 年三十六 本鐵原 居金山 父學生顯重 十四代祖昌城府院君瑩 閑良趙相赫 鐵箭 一矢一百五十步 二矢一百五十二步 三矢一百五十步 年二十五 本咸安 居咸安 父幼學鐸珍 十代祖進士贈吏曹判書旅 閑良權龍達 片箭 邊二中年二十 本安東 居蔚山 父幼學斗滿 閑良林遇榮 片箭 邊二中 年三十 本平澤 居善山 父幼學栽和 七代祖龜城府使俊業 閑良金光俊 片箭 邊二中 年三十七 本善山 居尙州 父幼學聖海 十五代祖知平海郡事濟 閑良洪胄榮 片箭 邊二中 年二十九 本豊山 居尙州 父幼學樂禧 八代祖大司憲贈領議政履祥 閑良金啓商 片箭 邊二中 年二十五 本商山 居尙州 父幼學廣胤 敎以待其上來草記事 分付兵曹

389.

건명 : 慶尙監營과 左兵營의 都試에 入格한 자에 대해 分等施賞하고, 慶尙監司 申耆를 推考한 처분

발신처 : 兵曹

검색어 : 左兵營, 都試入格人, 分等施賞, 秋等騎芻沒技, 直赴殿試, 柳葉箭沒技, 鳥銃沒技, 推考, 慶尙左兵使, 李普漢, 直赴會試

출처 : 正祖 23年 己未 11月 初5日 ; 28-565上~566上

命咸鏡監營慶尙監營左兵營都試入格人等分等施賞仍推慶尙監司申耆
兵曹啓言 觀此咸鏡監司具㢞啓本 則本營屬親騎衛 今己未條四等都試時 閑良車百輪 左別居首 閑良鄭厚德 右別居首 左別閑良申志翰 秋等騎芻沒技 閑良金經燧金宗珠林興喆 夏等騎芻沒技 閑良李宗蕃 冬等騎芻沒技 右別出身崔宗悅 閑良金光瑄林先光 冬等騎芻沒技 閑良朴聖宗李辰英 秋等騎芻沒技 閑良金振聲徐采尙 秋等片箭沒技 閑良金聲振 夏等片箭沒技 令該曹稟處云 今此車百輪鄭厚德申志翰金經燧金宗珠林興喆李宗蕃金光瑄林先光朴聖宗李辰英金振聲徐采尙金聲振 似當依法典 直赴殿試崔宗悅 亦依定式 邊將除授 請上裁 從之 又啓言 觀此慶尙監司申耆啓本及別單 則本營左右列別武士 今己未條四等都試時 出身吉命來 左列居首 閑良朴仁麒 右列居首 閑良李東協 柳葉箭沒技 閑良林遇榮 片箭沒技 閑良金基守 鳥銃沒技 令該曹稟處云 今此朴仁麒 似當依法典 直赴殿試 閑良李東協林遇榮金基守 亦依定式 直

赴殿試 請上裁 吉命來禁御兩營哨官窠備擬 而啓本後錄中 鐵箭步數之不擧元步數 而只以退步開錄者 雖或襲謬 而然未免有違例之失 該道臣推考 此後則鐵箭元步數及退步數 具書修啓 事請知委 從之 又啓言 觀此慶尙左兵使李普漢啓本 則東萊別騎衛及馬兵 今己未條都試時 別騎衛 閑良權大琯居首 閑良金海胄之次 馬兵 金鎰居首 竝令該曹稟處云 今此權大琯金鎰 似當依法典 直赴殿試 金海胄亦當直赴會試 從之

390.

건명 : 時囚 假注書 李允謙과 盧仁素에 대한 처분

발신처 : 義禁府

검색어 : 時囚, 勘放, 原情, 籤錄, 點閱, 還受符, 刑推議處, 鬱島, 採鰒, 漂到, 掌標, 蔚山浦民, 考律勘放, 杖一百, 收贖告身, 追奪放送

출처 : 正祖 23年 己未 11月 11日 ; 28-584下~585上

命時囚李允謙議處盧仁素勘放

義禁府啓言 假注書李允謙 原情以爲密符所關 至重且嚴當 其頒輯之際 卽爲付籤懸錄於冊子 以爲日後完與頒憑考之地 故日前符單子書入時 只憑置簿冊籤錄之 有無逐行點閱而書之 書後考準不啻屢回 而第十八符斷然認之 以完符至於去月二十八日夜 京畿監司還受符 則矇未覺察 至有已頒者之錯書完秩律以邦憲 萬殞猶輕云 請刑推得情 敎 以除刑推議處 又啓言 越松前萬戶盧仁素 口招以爲渠率江陵三陟船隻 五月十三日發船 十四日入鬱島 仍卽乘船摘奸矣 伊日午後 格軍輩以爲西南海中 有船隻浮來云 故渠於岸上等 待及暮果有一船來 泊搜驗船中 一竝捉致査問 則卽是蔚山城隍堂浦民 而採鰒次往濟州 遇風漂到 此境云 詳考掌標 則明是蔚山浦民船中人名 爲二十人船中什物果是採鰒之器械 故繫舟同在矣 十八日夜 風雨大作 彼此俱爲破碎 故收拾兩船 葺造一船 而許多人名 無以竝載 渠先爲出來 而略給糧米 使之修葺破船 卽爲出來之意分付 待其出來欲爲論報營門矣 厥漢等直往本土 至於現發於他道者 莫非渠罪 而渠雖無狀 名以搜討官 豈敢有符同之理乎云 請刑推得情 敎以考律勘放後草記 又啓言 盧仁素杖一百 收贖告身 盡行追奪放送

391.

건명 : 嶺南 武士試射의 入格한 자에 대한 施賞

발신처 : 正祖

검색어 : 武士試射入格人, 嶺南抄上武士, 試取, 堂下試射, 兵判更試, 蔚山, 權龍達, 直赴會試, 都試入格, 半熟馬

출처 : 正祖 23年 己未 12月 初10日 ; 28-661下

命嶺南武士試射入格人施賞有差

教曰 嶺南抄上武士 今日試取 咸安出身 趙台鉉 鐵箭 僅過百三十步 先付禁旅 每朔武臣 堂下試射時 兵判更試 三矢俱過四五十步 則草記 尙州閑良金啓商 騎蒭一中 閑良洪冑榮 柳葉箭一中 蔚山閑良權龍達 片箭一中 善山閑良林遇榮 講略 竝直赴會試 其中林遇榮抄上後 都試入格直赴殿試云 半熟馬帖一隻 賜給下去之類 與未入格者 令該曹給回糧

392.

건명 : 京外 殿最 중 慶尙道 부분

발신처 : 司僕寺

검색어 : 京外殿最, 責馬, 彦陽縣監, 韓景禹, 賣莃租, 慶尙左兵使, 李普漢, 獄鐶

출처 : 正祖 23年 己未 12月 15日 ; 28-688上~689上

開拆京外殿最

司僕寺啓本中 判官韓大裕 前旣屢評上 以莫踰今政 上改書下 禮賓寺啓本中 參奉鄭尙勳 屢闕貶坐中 以西川之家 上改書下 (中略) ○ 慶尙監司申耆啓本 長鬐縣監黃勉基 政固無闕報不揣分 安奇察訪李圭延責馬盍察 竝中都事許策到處 生弊或恐復來 梁山郡守李文道 立本雖少犯科則大 彦陽縣監韓景禹云 賣莃租更何立本竝下 (中略) ○ 慶尙左兵使李普漢 三鎭營將治績啓本 以爲慶州營將李琦鉉 譏洞戢治 俱爲詳明 而奸校居中出納贓物 敎 以獄鐶 豈近手之物乎 該鎭營將事登聞久矣 欲待貶目而處之 觀此狀啓 猶不全諱 則考績書上何也 該帥臣事當嚴勘爲念 當歲迎送姑 爲參酌無敢願藉據實狀聞事 各別嚴飭行會俾圖贖罪之方 (下略)

393.

건명 : 兵曹의 守令邊將降考가 잘못된 것을 바로잡도록 한 처분

발신처 : 兵曹

검색어 : 守令邊將降考啓, 諸道褒貶啓本, 慶尙左兵使, 李普漢, 上考, 下考, 中考, 殿最, 推考, 三年窠邊將

출처 : 正祖 23年 己未 12月 16日 ; 28-692下~693下

吏兵曹以守令邊將降考啓

吏曹啓言 (中略) ○ 兵曹啓言 拆見諸道褒貶啓本 則京畿水使李文爀啓本中 注文僉使康道興 以小失宜略爲目 慶尙監司申耆啓本中 中軍白宗海 以姑恕小失爲目 統制使任㢞啓本中 赤梁僉使金鰲福 以謗豈盡信爲目 玉浦萬戶金大一 以邊報或疏爲目 慶尙左兵使李普漢啓本中 慶州營將李琦鉉 以察奸或疏爲目 平安兵使李儒敬啓本中 車嶺僉使李有豊 以瑣謗奚信爲目 方山萬戶金楚光 以焉得盡善爲目 則竝宜置中考而置諸上考 伐登萬戶成壽昌 以未察鎭務爲目 山羊會萬戶康喜老 以倉飭胡弛爲目 則竝宜置下考而置諸中考 黃海兵使鄭學咁啓本中 首陽別將朴道崙 以浮謗奚信爲目 長壽別將李濟豊 以避事何爲爲目 南兵使崔景岳啓本中 仁遮外萬戶崔聖甲 以報失何責爲目 則竝宜置中考而置諸上考 神方萬戶南耆喆 以雖有民毁盍勉體例爲目 廟坡權管朴文永以有欠公體爲目 江華留守洪明浩啓本中 龍津萬戶權宅衡 以報牒何忽爲目 則竝宜置下考而置諸中考 殊無嚴明殿最之意 各該道帥臣及守臣竝推考警責 注文僉使康道興 慶尙中軍白宗海 赤梁僉使金鰲福 玉浦萬戶金大一 慶州營將李琦鉉 車嶺僉使李有豊 方山萬戶金楚光 首陽別將朴道崙 長壽別將李濟豊 仁遮外萬戶崔聖甲 竝中考施行 伐登萬戶成壽昌 山羊會萬戶康喜老 神方萬戶南耆喆 廟坡權管朴文永 龍津萬戶權宅衡 請竝下考施行 允之 又啓言 德津萬戶鄭泰宗 長木浦別將李宗根 以三年窠邊將兩次居中 其不職可知 請依例罷黜 允之

394.

건명 : 각 道의 牧場에서 방목한 馬의 畜産多寡牧養數爻와 잘못에 대한 처분

발신처 : 司僕寺

검색어 : 各道牧場所放馬畜産多寡牧養數爻啓目, 孳息, 戊午籍付馬, 今生馬,

封進馬, 各邑分養捉給馬, 故失馬, 除今年實, 留放壯兒, 雌雄馬, 一年應孳産馬, 加報, 蔚山, 加現馬, 從重推考, 稅總

출처 : 正祖 23年 己未 12月 19日 ; 28-704上~707上

命長淵前監牧官梁㺿李星會晉州前監牧官安載述拿問珍島監牧官黃井彦重推

司僕寺啓言 各道牧場所放馬畜産多寡牧養數爻啓目後錄 而孳息 則或加元式而旣不超異 或減元式而數不爲多 賞罰一款 不必擧論 (中略) 慶尙道晉州巨濟等監牧官 前任安載述時任白東鈺 所管二牧場 戊午籍付馬一千六十四匹 今生馬一百四十二匹 合馬一千二百六匹內 封進馬五匹 各邑分養捉給馬十匹 故失馬三百二十一匹 除今年實留放壯兒雌雄馬竝八百七十匹內 壯雌馬三百九十四匹 一年應孳産馬一百十八匹 今生馬一百四十二匹 加報二十四匹 蔚山長鬐等監牧官權抑 所管二牧場戊午籍付馬七百八十八匹 今生馬一百四十二匹 加現馬十三匹 合馬九百四十三匹內 進封馬六匹 故失馬八十九匹 除今年實留放壯兒雌雄馬竝八百四十八匹內 壯雌馬四百四十五匹 一年應孳産馬一百三十三匹 今生馬一百四十二匹 加報九匹 東萊兼監牧官多大浦僉使趙蒙錫 所管一牧場戊午籍付馬一百三十四匹 今生馬二十一匹 合馬一百五十五匹內 封進馬二匹 故失馬十一匹 除今年實留放壯兒雌雄馬竝一百四十二匹內 壯雌馬六十一匹 一年應孳産馬十八匹 今生馬二十一匹 加報三匹 (中略) 教以竝依允 而在任者 待其上來拿囚事 分付該府 其中黃井彦到任屬耳 匹數差少 爲先從重推考 更責來頭勤慢 稅總之多寡所關只係寺用畜總之嬴縮 所報未必實然惟約已惜 身不罹於浚民之科者 是爲眞箇可獎 此後等第之高下 必從治績之能否 則牧民亦民 其效亦大 卿等以此着意

395.

건명 : 都政에서 吏曹의 지방관 인사 부분과 蔚山 수령의 滿限에 대한 처분

발신처 : 吏曹

검색어 : 都政, 彦陽縣監, 蔚山, 十年七遞之邑, 準瓜, 滿限, 蔚山前府使, 李廷仁, 仍任, 望筒

출처 : 正祖 23年 己未 12月 20日 ; 28-710上~712上

行都政 吏曹判書徐龍輔參判李書九參議尹光普正郎李東煥李東萬佐郎尹在陽李基慶兵曹判書李在學參判金履翼參議申獻朝參知兪岳柱正郎李敬裕金秀臣柳畊佐郎金珍恪趙夢璟李惟采鄭時善進

吏批 以嚴思勉爲永平縣令 李最源爲公州判官 李英胄爲信川郡守 安弘迪爲麻田郡守 李昌培爲富寧府使 金處純爲三水府使 林樂喆爲昌平縣令 趙厚鎭爲利川府使 李海範爲通津府使 金敬身爲雲峯縣監 閔修顯爲彦陽縣監 徐美修爲江界府使 (中略) ○ 教曰 爲民莫如擇守令 而得人則尤當久任 羅州蔚山 俱以十年七遞之邑 時倅適 皆準瓜或滿限而問于政廳 則羅州新倅年過六十云 蔚山亦因特教久任之邑 莫若仍舊責成 蔚山前府使李廷仁 仍任依前下教 勿遞於特教前 仍用牧使履歷其外 因此遷轉者 亦皆仍任 望筒亦皆勿施 (下略)

396.

건명 : 老職人으로 있는 士庶秩과 朝官秩에 행한 조처 가운데 경상도 부분

발신처 : 正祖

검색어 : 老職人, 士庶秩, 蔚山府, 韓有淡, 朝官秩, 彦陽縣, 金益彬, 加一資, 婦女封爵

출처 : 正祖 23年 庚申 正月 初2日 ; 28-760下~762下

老職人下批

漢城府東部 (中略) ○ 慶尙道 (中略) 蔚山府 士庶秩 嘉義韓有淡 (中略) 彦陽縣 士庶秩 折衝金益彬等三人 (中略) 以上 朝官士庶 各加一資 婦女封爵 (下略)

397.

건명 : 여러 道의 春操 등의 군사훈련 시행 문의에 대한 처분

발신처 : 備邊司

검색어 : 慶尙左兵使, 李普漢, 春水陸操, 長樂衛合操, 未行操處官鎭門聚點, 勸別武都試, 停操, 三南堤洑修築, 聚點

출처 : 正祖 23年 庚申 正月 20日 ; 28-819下

停諸道春操

備邊司啓言 卽見總戎使申大謙 水原留守徐有隣 江華留守洪明浩 開

城留守金勉柱 廣州留守金思穆 統禦使李文爀 永宗防禦使李周爀 江原監司南公轍 統制使任葎 慶尙左兵使李普漢 右兵使李栢然 全羅兵使沈鐔 忠淸兵使鄭忠達 平安兵使李儒敬 黃海兵使鄭學咁 南兵使崔景岳 北兵使李潤謙 春操取稟狀啓 則以爲今春水陸操合操巡操城操面操長樂衛合操及巡歷巡點未行操處官鎭門聚點 何以爲之事 請令廟堂稟旨分付 勸別武都試 依例設行爲辭矣 昨年年事 雖曰稍登 三南 則民力未蘇 京畿兩西 則勅行及使行連續 水陸操合操巡操城操面操及巡歷巡點 竝停止 關東北關兩道 使之設行 勸別武都試 亦令擧行 而京畿兩西 官鎭門聚點 亦妨民事 一體置之 其他停操及未行操處官鎭門聚點依例擧行 三南堤洑修築處之 除其坐作 仍行聚點於役處 不害爲簡便之道 請依昨秋例 爲之之意分付 允之 敎 以北關關東 亦爲停操

398.

건명 : 嶺南 定配罪人 등 각 종류의 죄인에 대한 放免 처분

발신처 : 慶尙監司 申耆

검색어 : 定配罪人, 未放秩, 未至配所罪人, 徒年罪人, 緣坐罪人, 不限年定配罪人, 放秩, 刑曹所管徒三年罪人, 充軍罪人, 不限年罪人, 蔚山, 李膺福, 流三千里罪人, 義禁府所管罪人, 刑曹所管徒三年罪人, 彦陽, 羅正澹, 減死罪人, 竝放, 未放秩刑曹所管充軍罪人, 未至配所罪人秩

출처 : 正祖 23年 庚申 2月 24日 ; 28-950下~953上

放嶺南湖南定配罪人等命黑山島定配罪人度謙移配金甲島

慶尙監司申耆狀啓 以爲臣敬奉敎書 頒布列邑 道內輕囚 卽爲疏放 定配罪人等 參量其罪名輕重 放稟與未放秩 竝未至配所罪人 謹依新頒定式別成冊子 秩秩開錄 而禮安閔亨彬 以配限準滿 纔已馳啓 姑未承回下 故一體入錄 徒年罪人之遇赦 卽放係是法典 而慈仁僧性沾 咸陽林云伊 晉州任思行等 所坐不輕 故竝置之稟秩拏籍 緣坐罪人爲奴婢定配罪人 關係劇逆 不限年 定配罪人等 幷不擧論 ○ 放秩 刑曹所管徒三年罪人 禮安閔亨彬 奉化鄭明哲 陜川李銓 寧海金大三 豊基崔甫乙介金 英陽金商鉉 軍威李三用 咸安延東標 盈德朴昇福 仁同金千萬日鄭德裕 充軍罪人 禮安鄭義俊 不限年罪人 醴泉奉崙 泗川鄭光益 寧海柳坤 熊川金漢三 巨濟趙雲宅 開寧金光信 蔚山李膺福 丹城金栻

泗川朴枝蒨 鎭海朴履錫 丹城洪彦忠 晉州趙命敦 昌原李春得 巨濟全春興 河東孫守雄 陜川孫仲伊 草溪李近民 星州李命脩 河東金麗益 流三千里罪人 永川金啓中 青松鄭以能 昆陽崔成崙 河東李大興 昆陽李翼身 義城金百信 蔚山池應彩 盈德白光佑 晉州黃聖漢 醴泉韓錫舜 蔚山鄭東周 梁山辛以億 機張趙明弼 興海林起大 清道金嵒 鎭海朱碩奉 泗川盧喆之 咸陽朴宇貞 迎日河光奎 昆陽朴仁培 玄風李澧 靈山金儀良 梁山朴文原 機張奴者斤山 靈山李宗式 寧海羅慶朝 軍威吳贊一 奉化李奉國 泗川曺道守 固城僧致憲 興海孔翊周 三嘉尹邦彦河再清 開寧楊漢祚 金山愼義濟 宜寧尹碩秋 昆陽李德富金光出 咸安奴還伊 晉州金光慶 泗川高臥土里 安義文應百 流二千里罪人 安義全得中 星州崔海寬 機張裵仁錫 蔚山元德道 稟秩義禁府所管罪人 金海權中憲 安東金鎭鼎 新寧南正和 刑曹所管徒三年罪人 慈仁僧性沾 咸陽林云伊 晉州任思行 充軍罪人 榮川朴昌彬 長鬐宋貴孫 熊川金昌修邊聖湜 金海羅應圭 不限年罪人 機張全先伯 開寧房連得 知禮諸癸孫 機張李東漸 流三千里罪人 山清金聖奉 昆陽洪在裕 梁山徐龍甲 義興金正彦 居昌姜詗岳 順興尹錫祚 金山鄭時綱 居昌裵光信 彦陽羅正澹 寧海李孝才 蔚山李根得 善山皇甫濂 盈德張必曄 蔚山趙德行 熊川李忠白 醴泉尹吉贊 咸安全加邑彭 河東方光明 泗川全宗義 河東金商潤 泗川權處衡 河東朱道喆 固城閔梓 蔚山申光尹 梁山李光稷 機張朴昌白 流二千五百里罪人 軍威馬炫斗 減死罪人 清道權掄 彦陽黃義宅 竝放 未放秩 刑曹所管充軍罪人 三嘉李鈺姑放 清河姜興瑞 鎭海朴琦 不限年罪人 長鬐梁海大 流三千里罪人 丹城李得春 咸安尹商國 減死罪人 知禮李忠謙 昌原李時坤 長鬐黃必順 未至配所罪人秩 慶州金郁萬明川白以玉 龍宫鄭光忠 大邱金世甲方長文 居昌宋允玉 竝放 (下略)

399.

건명 : 政事에서 李喆運을 慶尙左兵使로 삼도록 한 처분

발신처 : 正祖

검색어 : 李喆運, 慶尙左兵使, 加設老職

출처 : 正祖 24年 庚申 3月 初7日 ; 29-15下

有政 吏曹參議洪樂游兵曹判書趙鎭寬進

以閔命爀爲修撰 金祖淳爲副總管 李喆運爲慶尙左兵使 高重泰等四十二人爲僉知 加設老職也

400.

건명 : 彦陽縣의 民家失火로 불탄 燒戶에 대해 顧助奠接하도록 한 처분

발신처 : 正祖

검색어 : 彦陽縣, 燒戶, 慶尙監司, 申耆, 民家失火

출처 : 正祖 24年 庚申 3月 初8日 ; 29-18上

飭彦陽縣燒戶顧助奠接

慶尙監司申耆 以彦陽縣民家失火二十戶被燒馳啓 敎 以殘邑卄餘戶之被燒 甚爲矜惻 分付道臣 拔例顧助 斯速奠接後 使之報本司 言送該房

401.

건명 : 慶尙左兵使 李喆運의 辭陛 처분

발신처 : 正祖

검색어 : 慶尙左兵使, 李喆運, 辭陛

출처 : 正祖 24年 庚申 4月 初2日 ; 29-130上

召見慶尙左兵使李喆運于帳殿

喆運辭陛也

402.

건명 : 慶州囚 孫命震이 尹莫金을 구타하여 致死시킨 사건의 정확한 원인을 조사하도록 한 처분

발신처 : 正祖

검색어 : 慶州囚, 孫命震, 原獄案, 尹莫金, 初檢官, 蔚山府使, 李廷仁, 檢狀, 白心, 招辭, 孫戒元, 宋萬三, 灌水, 上坪, 李奎世

출처 : 正祖 24年 庚申 4月 12日 ; 29-158上~160下

命慶州囚孫命震酌勘

慶尙監司申耆收啓 (中略) ○ 慶州囚孫命震原獄案 孫命震毆打尹莫金致死事 初檢官蔚山府使李廷仁 覆檢官長鬐前縣監林淵浩 檢狀實因以被打致死懸錄 正犯以命震懸錄 屍親私婢白心招辭 以爲家夫莫金

除草次出 往畓處 日暮不還 故往見 則委臥邱塍曲身叫痛 故以牛馱來臥置房內 則病勢日漸危重 下泄血水 問其所由 則手叩胸項 而不能形言 招來相關 各人等面質 則手指孫戒元宋萬三等曰 彼等打我之聲 微在喉間 仍爲致死云 看證孫戒元招辭 以爲與雇主孫命震 灌水次往于上坪 則尹莫金居間偸水 暗灌其畓 命震叱責 則莫金慘辱不已 命震不勝忿憤 手執莫金之頭髻 揮於畓仆 以膝撞築後 背及腰脇等處 李奎世亦憤其辱 以足急踢三次 則莫金一仆于地 氣息奄奄云 正犯孫命震招辭 以爲伊日乘夜出野 則宋萬三之雇主李奎世謂渠曰 尹莫金居間偸漑故吾果作擧措禁塞 而厥漢尙臥其處 毆打莫金 皆是李奎世之所爲渠則實爲曖昧云 (後略)

403.

건명 : 嶺南의 公貨 2萬 3千여 兩을 推移劃送하여 支勅의 수용으로 삼도록 한 처분

발신처 : 領議政

검색어 : 嶺南, 公貨, 推移劃送, 支勅, 耗條作錢, 還報, 勅需, 南倉留庫錢, 一年利條, 管理穀耗作錢, 推移共濟

출처 : 正祖 24年 庚申 閏4月 24日 ; 29-288下

命關西勅需錢六萬兩海西勅需錢四萬兩姑先劃付松都限年流償仍以本錢永作該府勅需

領議政李秉模啓言 頃因開城留守金勉柱所報 嶺南某樣公貨中 二萬三千餘兩 推移劃送 以爲支勅之需事 筵稟行會矣 卽見該留守更報 則以爲今此嶺南所在管理穀 每年耗條作錢還報 則畢報之期 將費多年 本府勅需 亦無以存 本需用 若以南倉留庫錢 限八九萬兩許貸 則一年利條 恰爲萬餘兩 就其中計除開市所入 以其餘數及管理穀耗作錢 每年次次計報爲辭矣 嶺南南倉錢 見今餘儲 無多八九萬兩 推移非所可論竝與前擧條置之 兩西勅需 以今留在雖 除二三勅所需 足可以推移共濟 關西勅需錢六萬兩 海西勅需錢四萬兩 合十萬兩劃付松都 限年定數 次次流償 仍以本錢 永作該府勅需 而準報年限 可以坐計 請令守臣指的報本司 亦令兩道道臣 每年備報形止 一一馳報 從之

404.

건명 : 義禁府에서 金履載을 彦陽縣에 귀양 보내도록 한 처분

발신처 : 義禁府

검색어 : 金履載, 義禁府, 彦陽縣, 投畀啓

출처 : 正祖 24年 庚申 5月 29日 ; 29-428下~429下

命修撰金履載施以投畀之典

疏略曰 (中略) ○ 義禁府 以金履載 彦陽縣投畀啓

405.

건명 : 嶺南의 別試武士를 다시 試取하도록 한 처분

발신처 : 兵曹

검색어 : 抄上武士, 下送, 嶺南別試武士, 試取, 彦陽出身, 權光稱, 入格技藝, 入格抄上, 上送, 推考

출처 : 正祖 24年 庚申 6月 17日 ; 29-482上

推慶尙監司申耆命該道抄上武士還下送

兵曹啓言 本曹草記 嶺南別試武士 自臣曺 更爲試取事 允下矣 彦陽出身權光稱 以該道試取 入格技藝 更爲試取 則鐵箭 三矢俱不得 入格抄上 法意何等申嚴 而本道之初 不得廣取精選 只以此一人 苟充上送 而及其更試之時 所謂本技全不成樣 揆以事體 誠甚未安 請道臣推考 當該武士 還爲下送 允之

406.

건명 : 慶尙道 각 고을의 代播와 邱壟阡陌陳棄處의 播種 수를 아뢴 내용

발신처 : 慶尙監司 李義綱

검색어 : 代播, 邱壟阡陌陳棄處, 播種, 蔚山, 彦陽

출처 : 別編 正祖 22年 戊午 7月 15日 ; 29-565上~567下

慶尙監司李義綱狀啓

○ 成冊 (中略) 蔚山 代播 十六結六負八束 邱壟阡陌陳棄處播種 十八石八斗一升落 (中略) 彦陽 代播 一結七十九負三束 邱壟阡陌陳棄處播種 九石三斗八升落 (中略) 已上 代播 九千八百五十八結六十五負九束 邱壟阡陌陳棄處播種 五百九十四石九斗八升九合落

407.

건명 : 朔膳의 魚物封進 중 全鰒은 左沿의 邑에서는 蔚山에서 생산되는 것으로 封進하도록 한 처분

발신처 : 備邊司

검색어 : 情債, 朔膳物種, 蔚山, 朔膳封進, 進獻物種, 土宜, 換貿, 作貢, 貿封

출처 : 別編 正祖 22年 戊午 11月 29日 ; 29-576下~584上

備局啓言因迎日縣監鄭晩錫上疏傳教內

(前略) 其一 朔膳魚物封進時情債事 自備局行會 本道酌量存減 著爲冊子行 纔三年廢却 不遵其爲弊 反有甚焉 奉朝令成節目者 無難毁劃 惟意誅求嚴懲 其習俾遵成式 朔膳物種 土宜有遷移 物産有盛衰者 或無者或有 本縣所封物膳中全鰒 本縣所産 體小色麤 故必貿濟州所産 左沿諸邑 莫不皆然 若就左右沿各邑 封進之物種 隨其所産 互相換定 而如又有窒碍之端 左沿之邑 以蔚山所産 擇其品好者 封進事也 朔膳封進時 營下雜費 自本道 量宜存減 成出節目 卽是因朝令擧行之事 則行之未久 誅求之弊 反甚於前日 云者 極爲驚駭 莫重貢獻 正是外蕃盡誠之地 而不能嚴束下屬 使小民因此而受弊 烏在其爲承宣之意乎 伊後道臣不可置 而勿論爲先 關飭該道 使之首實報來後 分等論勘 仍令更加操束 一遵節目 進獻物種 一從土宜 無令換貿之意 向來特教 不啻丁寧 此寔出於任土作貢 恤民除弊之聖意 今此全鰒一種之 必以濟州所産貿封云者 有違成命 此後 則無論左右沿邑 謹遵聖教 必以土産精擇 封進之意 更爲申飭分付 (中略) 該道使之 卽速擧行

408.

건명 : 慶尙道 각 고을의 堤와 洑의 수를 보고한 내용

발신처 : 慶尙監司 申耆

검색어 : 慶尙監司, 申耆, 彦陽, 堤, 洑

출처 : 別編 正祖 23年 己未 3月 初5日 ; 29-585下

慶尙監司申耆狀以爲因洪州幼學申在亨上疏

(中略) ○ 晉州 堤三十七庫 洑十八庫 星州 堤十二庫 靑松 堤九庫 洑二十一庫 河東 堤三庫 堰二庫 洑十四庫 咸陽 堤一庫 醴泉 堤十庫 梁山 堤一庫 洑十一庫 咸安 堤九庫 陜川 堤六庫 洑九庫 盈德 堤一庫

義城 堤十三庫 洑十庫 南海 堤八庫 開寧 堤十七庫 洑十一庫 宜寧 洑五庫 河陽 堤二十四庫 洑十庫 淸河 洑三庫 彦陽 堤一庫 山淸 堤二庫 洑一庫 丹城 堤一庫 熊川 堤四庫 洑六庫 慈仁 堤三十二庫 洑八庫 漆原 堤三庫 洑十四庫 聞慶 堤二庫 洑三十一庫 安義 堤一庫 已上 堤一百八十七庫 堰二庫 洑一百八十庫

409.

건명 : 慶尙道 각 고을의 舊堤와 新堤 및 舊洑과 新洑의 수를 아뢴 내용

발신처 : 慶尙監司 申耆

검색어 : 慶尙監司, 申耆, 舊堤, 新堤, 舊堰, 舊洑, 新洑, 蔚山

출처 : 別編 正祖 23年 已未 4月 13日 ; 29-586上~下

慶尙監司申耆狀啓以爲慶州等四十四邑今始齊

(前略) ○ (中略) 蔚山 舊堤四庫 新堤五庫 舊堰十庫 舊洑三庫 新洑七庫 (中略) 已上 舊堤七百三十二庫 新堤十六庫 舊堰十一庫 舊洑六百六十二庫 新洑二十八庫

410.

건명 : 慶尙道 定配罪人인 彦陽 金履載을 仍秩하고, 나머지 죄인들을 刑曹에서 稟處하도록 한 처분

발신처 : 義禁府

검색어 : 放秩, 仍秩, 定配罪人, 彦陽, 金履載, 稟秩, 仍秩

출처 : 純祖 卽位年 庚申 8月 11日 ; 29-692上~下

判下金吾各道放未放覆啓

義禁府啓月 忠淸道放秩 稷山尹夔欽 海美鄭觀采 靑山李石求等段 旣因先朝特敎 則道臣之直置 放秩 難免不審之失 當該道臣重推 尹夔欽等 竝置仍秩 他餘罪人 請令刑曹稟處 又啓目 京畿定配罪人 南陽安廷鐸 旣因先朝特敎 則不敢輕議 宥釋置之 他與罪人 請令刑曹稟處 又啓目 咸鏡道定配罪人未放秩 竝依啓施行 他餘罪人 請令刑曹稟處 又啓目 慶尙道定配罪人 彦陽金履載段 先朝處分 何等截嚴 而遽置稟秩 極爲駭然 該道臣 已有處分 而金履載 置之仍秩 他餘罪人 請令刑曹稟處 又啓目 全羅道定配罪人 靈光韓與裕 旣因先朝特敎 不敢輕議 宥釋置

之 仍秩 他餘罪人 請令刑曹稟處 竝允之

411.

건명 : 嶺獄時의 囚罪人 胤宗과 萬億 등을 鞠問하고, 左兵使 李喆運 등에게 譴罷하도록 한 처분

발신처 : 獻納 李東埴

검색어 : 嶺獄罪人, 胤宗, 萬億, 拿鞫, 左兵使, 李喆運, 譴罷

출처 : 純祖 卽位年 庚申 11月 20日 ; 29-893下~895上

獻納李東埴上疏陳勉仍請拘囚罪人李瑾嚴覈得情前咸鏡監司具庠前甲山府使宋翼孝加屛裔之典嶺獄罪人胤宗萬億拿鞫得情該道左兵使李喆運右兵使閔光升施譴罷之典賜批

疏略曰 臺端一步 卽臣天塹暫膺 雖緣事會 仍冒有關廉防 乞亟命鐫 遞以安私分 嗚呼 纔經人神之震盪 宗社之安危 在此方 當民庶之嚮向 世道之升降 在此 我殿下 苟於此時 不加意着力於精一 上工夫擇善 固執自彊不息 則諒闇恭默之中 又安知無斯 須間斷寒曝 交至之慮 嚴威之地 忠直難於盡言哀毁之際 便佞易於投隙 伏願念 玆在玆審 小大來往之機柄 邪正進退之漸 毋恃群龍之夭矯 深慮羸豕之蹢躅 使我 大行大王三十年 精察固守之大規模 大義理嚴 而又嚴明而益明焉 若夫修身典學之方 誠民勵俗之道 大僚十條之箚 閣臣三司之奏 已悉其綱領 如臣膚淺 無容加勉 而目今一陽 初生泰運 將回此 正君子道長小人道消之時也 肆我殿下 以天地之心爲心 亦不遠而復向者 銓官之處分也 霜雪雨露不逾 時日繼寢 洪樂佐除郡之命 如日之更 四方咸覩 凡今臣庶孰不欣欣然 相告擧仰大 聖人施措之明正光大 可以有辭於天下 後世我東方 億萬年無疆之休 其基於斯 而噫 彼一種背馳之類 抑獨何心曲護 逆孼遽擬政注 必欲漫漶我義理 毁壞我隄防也 且以李漶事言之乘國家不幸之會 售渠輩無嚴之習 跳出配所直入京城 惟意偃便晏 若平人而身爲道臣邑守 褎然坐視 恬不爲怪 是可忍也 孰不可忍也 言念國綱不勝吾懍然寒心 而私書又行 眞贓自露 此豈如漶家蟣蝨之屬 所可自辨者也 自北而來也 守土之臣 旣無不知之理 設其不知 不知亦罪也平時若嚴其防守 當此擧國 哀遑之日 寧有是耶 重關複防 任其去來 而莫之譏焉 是果孰使之然也 況其私書 亦非無中 自生脈絡 所通必有暗

地 指揮者在 而向來一臺章 旣出於明義理嚴隄防之意 則殿下何不特賜允可 使公議獲伸細輩知懼也 事係變異不可仍置 臣謂拘囚罪人李𢢜嚴覈得情 施以當律 前咸鏡監司具㢊 前甲山府使宋翼孝 更加屛裔之典 以嚴法紀 斷不可已也 噫 今番嶺獄 何其疏虞之甚也 藉弘遠陳疏之說 假王敦稱兵之謀 卜夜擧事 嘯聚狼藉 指日犯都 排布爛漫 其禍心之醞釀 凶圖之糾結 決非一朝一夕之故 而王章太寬盤覈未竟亂根 自在網漏尙多其爲國家深遠慮 當復如何 至若胤宗 則以劇賊親叔 目見凶悖之擧 少無驚動之意陽 若禁止陰懷觀望 此可謂在家不知乎 僅免隨坐之律 旋出萬億之招 其平日綢繆之跡 伊夜倡和之狀 已不可掩 而況彼萬億 亦一凶逆之奴屬 參聽豕突之謀 助成鴟張之勢 甘與永太同作前茅 而及其發捕肆然 逃躱其爲景昱之心腹 玄慶之倀鬼 尤灼灼明矣 此等凶醜之徒 豈可付之道臣 遽然酌處 有若尋常 罪囚之草草勘斷者然哉 金吾諸臣之執藝覆難亦出公憤 而批旨不下懲討 莫行此 尤輿情之萬萬抑鬱者也 且玄慶卽不過 籠禽甕鼈 而督捕數月 尙未詗得如 彼鎭閫又將焉 用國綱所關 亦不可無飭 臣謂嶺獄時囚罪人胤宗萬億等竝令王府 拿來設鞫 得情快正典刑 該道左兵使李喆運 右兵使閔光升先施譴罷之典 以警諸路宜矣 批以首陳事當留意 前北伯等 事已經勘處 嶺囚設鞫事 不允 左右兵使事 姑觀來頭爲可爾 其勿辭察職

412.

건명 : 兩司에서 彦陽縣 投畀罪人 金履載의 鞫問을 열어 정황을 살피도록 한 청원에 대하여 허락하지 않은 처분

발신처 : 兩司

검색어 : 彦陽縣, 投畀罪人, 金履載, 金履翼, 設鞫, 慶興府遠竄罪人

출처 : 純祖 卽位年 庚申 12月 26日 ; 29-971下~972上

兩司合啓請金履翼等設鞫得情李濟萬等竝施屛裔之典賜批不允 大司憲李敬一執義高宅謙司諫朴瑞源掌令姜文會閔慶世持平安廷善趙恒存獻納金孝秀正言李象謙

合啓以爲 噫嘻痛矣 金履翼之罪 可勝誅哉 金履載闖呈一疏計 在嘗試使 莫重莫嚴之義理 欲歸漫漶毁劃 則其所慫慂指嗾一 則履翼二 則履翼噫彼 履翼本以陰譎之性 常懷不滿之心 必欲歧貳淸議 戕害善類 而

粧出履載之疏 昏夜往復之眞贓 自有綻露者 則其窮凶情節 不可不究覈 請金甲島安置罪人履翼 亟令王府 設鞫嚴問 快正典刑 噫 從古權奸之壞 亂世道禍人家 國者何限 而豈有如徐有隣哉 惟彼凶徒之干犯於某年大義理者 一轉再轉 至于六七轉 脈絡貫通 腸肚結連 而噫 彼有隣乃於乙未冬 故相臣徐命善 陳疏之時 以宗厦復出之說 與象厚爛熳酬酢 潛指徒黨 俾不參於聽政陳賀 則其於代聽之慶 顯有不滿之意 而及夫庚子以後 操國權柄 惟意所欲 爲賊淵藪 寔繁其徒 義理則期於背馳善類則期於構陷 逮夫壬子之間以 典禮間事 作爲欛柄 或倡說而扇動之或誘衆 而威脅之矯 誣之說 肆行于其間 苟究厥由 非渠而誰 請慶興府遠竄罪人 有隣設鞫 得情快正典刑 噫 彼金履載 潛受履翼之指嗾 闖呈一疏 指意閃忽 而今於履翼 情節綻露之後 履載不可置而勿論 請彦陽縣投畀罪人金履載 設鞫得情 批以不允

413.

건명 : 大王大妃殿에서 彦陽縣 投畀罪人 金履載을 絶島安置하도록 한 처분

발신처 : 大王大妃殿

검색어 : 金履喬, 定配, 金履載, 絶島安置, 彦陽縣, 投畀罪人

출처 : 純祖 卽位年 庚申 12月 28日 ; 29-980下

大王大妃殿命金履喬定配金履載絶島安置

大王大妃殿 敎曰 金履喬 豈不知渠弟履載上疏之事 施以定配之典 又敎曰 彦陽縣 投畀罪人 金履載 絶島安置

414.

건명 : 여러 道의 春操 등의 군사훈련, 勸別武都試, 未行操處 官鎭門聚點 등의 시행을 사정에 따라 시행하도록 한 처분

발신처 : 備邊司

검색어 : 慶尙左兵使, 李喆運, 水陸操, 合操, 長樂衛合操, 巡歷, 巡點, 勸別武都試, 官鎭門聚點

출처 : 純祖 元年 辛酉 正月 12日 ; 30-29下~30上

備局以諸道春操狀啓覆啓

備邊司啓言 卽見總戎使申大謙 水原留守李晩秀 江華留守黃昇源 開

城留守金勉柱 廣州留守金思穆 統禦使柳文植 永宗防禦使金守基 江原監司李魯春 統制使李仁秀 慶尙左兵使李喆運 右兵使閔光昇 全羅前兵使沈鐔 忠淸兵使金益彬 平安兵使尹得逵 黃海兵使安櫶 南兵使李栢然 北兵使李基豊 春操取稟狀啓 以爲今春水陸操合操巡操城操面操長樂衛合操及巡歷巡點未行操處官鎭門所點 何以爲之事 請令廟堂稟旨分付 勸別武都試 依例設行爲辭矣 戎政其在克詰之方不可久曠依例設行事 分付諸道 京畿兩西 則纔經大役 宜有闊狹 與四都總廳喬木永宗 諸操及巡歷巡點 竝爲停止 行操處巡點 不必疊行置之 勸別武都試及未行操處官鎭門聚點 使之擧行事 請一體分付 允之

415.

건명 : 漁採貿柴하다 對馬島에서 죽은 蔚山漂民의 渰死屍身 문제를 해결하기 위해 差倭가 許接하여 다시 約條를 맺도록 한 처분

발신처 : 備邊司

검색어 : 漁採貿柴, 對馬島, 渰死, 差倭, 乾隆, 己未約條, 蔚山漂民, 任譯

출처 : 純祖 元年 辛酉 正月 27日 ; 30-54下

命差倭許接更擧約條曉諭

備邊司啓言 卽見東萊府使韓致應狀啓 則以爲本府民人十七名 以漁採貿柴次 乘船遭風漂 到對馬島 而一名渰死 洋中不得拯出 只十六名 差倭領來 而乾隆己未約條以後 我國人漂入馬島 只破船 則順付出送 有渰死 則差倭領來 而去乙未蔚山漂民 渰死屍身 雖未拯得領來 差倭依例許接矣 無屍之 差倭旣有許接之例 則彼人之以此援例 不可看作 常例每每遵用接待 當否 請令廟堂 稟旨分付矣 嚴飭任譯 以此後 若無渰死人 拯得之事 而出送差倭 則決不許接之意 更擧約條 申明曉諭事 請一體分付 允之

416.

건명 : 蔚山府의 民家失火에 대해 恤典을 베풀도록 한 처분

발신처 : 純祖

검색어 : 蔚山府, 燒戶, 恤典, 民家失火

출처 : 純祖 元年 辛酉 正月 28日 ; 30-57上

給蔚山府燒戶恤典

慶尙監司金履永 以蔚山府民家失火馳啓 教 以嚴飭地方官 斯速結構 俾卽奠接事 回諭

417.

건명 : 罪人 姜彛文을 彦陽縣에 定配하도록 한 처분

발신처 : 義禁府

검색어 : 流三千里, 定配, 姜彛文, 彦陽縣, 減死定配

출처 : 純祖 元年 辛酉 4月 20日 ; 30-221上~下

配金宗億等

義禁府啓言 罪人金宗億 寧遠郡 流三千里定配 罪人姜彛文 彦陽縣 金廷臣 北靑府 幷定配 罪人金鑪 鎭海縣 金鎔 楚山府 幷減死定配 請幷押送 允之

418.

건명 : 都政에서 洪秉周를 蔚山府使로 삼음

발신처 : 純祖

검색어 : 都政, 洪秉周, 蔚山府使

출처 : 純祖 元年 辛酉 7月 22日 ; 30-376~380上

行次對及都政于熙政堂 吏曹判書金祖淳參判李翊模參議朴宗來兵曹判書趙鎭寬參議朴長卨進

教曰 今日都政 (中略) ○ 吏批 以李恒演爲綾州牧使 張錫胤爲掌令 鄭景祚爲執義 李周憲爲淸州牧使 沈能弼爲定州牧使 趙恪爲慈山府使 洪秉周爲蔚山府使 朴命燮爲副校理 李英秀爲善山府使 李亨謙爲德源府使 趙蒙錫爲昌城府使

419.

건명 : 慶尙道의 放未放修啓冊子에서 定配罪人의 放秩과 仍秩을 살펴 시행하도록 한 처분

발신처 : 刑曹

검색어 : 放未放修啓冊子, 定配罪人, 放秩, 仍秩, 稟秩, 蔚山, 玄正福, 仍配

출처 : 純祖 元年 辛酉 正月 16日 ; 30-675下~677下

判下秋曹諸道放未放回啓

刑曹啓言 (中略) 又啓言粘連 慶尙道放未放修啓冊子中 定配罪人放秩仍秩 幷依啓聞施行 而稟秩中 咸昌安連得 仁同李仁鼎 機張金宗有等放送 寧海林宗甲 密陽李元穆 奉化全以禧 豊基金今昌 固城奴於叱福漆谷金樂曾 靈山鄭尙勛 仁同鄭寬興 延日金秀永 慶州宋希圭 新寧朴東稷 醴泉朴成乞 興海宋重一 熊川朴必贊崔春澤葛之得 昌原尹徹 豊基李介助之 醴泉林鳳瑞 大邱盧先福 蔚山玄正福 興海僧洪仁 幷仍放之意 請分付道臣 從之 教 以延日金秀永 漆谷金樂曾 靈山鄭尙勛 仁同鄭寬興 機張李世曄 淸道太命老 幷放 又啓目粘連 咸鏡道放未放修啓冊子中 定配罪人放秩仍秩 幷依啓聞施行 而稟秩中 德源趙運承 富寧李介不 放送 德源鄭光儀咸孟甲 洪原金元車光斗 明川安熙仁 幷仍配之意 請分付道臣 從之 教 以文川河再弘 仍配 德源鄭光儀 孟山廉義直 旣以同入於放秩 光儀之置之仍秩 大是不審不察 判堂推考 光儀段一體 放送

420.

건명 : 慶尙左兵使 李喆運이 上番軍總을 上送하면서 外褁는 있고, 原啓가 없도록 만든 잘못에 대한 처분

발신처 : 政院

검색어 : 慶尙左兵使, 李喆運, 上番軍總, 拿問

출처 : 純祖 2年 壬戌 2月 初7日 ; 30-708下

命慶尙左兵使李喆運拿處

政院啓言 慶尙左兵使李喆運上番軍總上送事 狀啓到院 而及當開柝只有外褁乃無原啓事 未前有 萬萬驚駭 該帥臣當重勘 而本院請推外無他罰 何以爲之 教 以極爲駭然 令該府 拿問處之

421.

건명 : 再政에서 金處漢을 慶尙左兵使로 삼음

발신처 : 純祖

검색어 : 再政, 金處漢, 慶尙左兵使

출처 : 純祖 2年 壬戌 2月 10日 ; 30-714下

有政 吏曹參議李肇源兵曹判書李秉鼎進

教曰 政官牌招 開政 (中略) ○ 再政 以李廷顯爲春川府使 金思穆爲都總管 金處漢爲慶尚左兵使

422.

건명 : 金時弼을 彦陽縣監으로 삼음

발신처 : 純祖

검색어 : 金時弼, 彦陽縣監

출처 : 純祖 2年 壬戌 5月 11日 ; 30-850下

有政 吏曹判書李書九兵曹判書李秉鼎進

以尹光顔爲吏曹參議 尹悌東爲司諫 李翊模爲副提學 閔命爀爲副應教 金時弼爲彦陽縣監 鄭學晔爲南兵使

423.

건명 : 慶尚左道暗行御史 權晙의 보고를 토대로 安東前營將 金致晙 등을 파직하고, 慶尚左兵使 金處漢 등을 弁置하도록 한 처분

발신처 : 兵曹

검색어 : 慶尚左道暗行御史, 權晙, 勒捧, 横斂, 慶尚左兵使, 金處漢, 左兵營虞候, 金樂海, 西生僉使, 鄭東仁, 蔚山監牧官, 李旭秀, 弁置

출처 : 純祖 2年 壬戌 6月 22日 ; 30-934下~936上

吏兵曹以慶尚左道御史權晙書啓覆啓

吏曹啓言 (中略) ○ 兵曹啓言 觀此慶尚左道暗行御史權晙書啓 則安東前營將金致晙 不見其濫直 是昧事方其歸時 兵校差帖之勒及富民者十一張 而所捧之錢 至於四百八十八兩之多 賣校勒捧 事係不法 令該府本罪之外 以此所犯添 問目詳覈稟處 大邱前營將蔡顯五 則奸校横斂 胡未禁察 不戢奸校 誠極駭然 不可以已遞而置之 施以罷職之典 慶尚左兵使金處漢 監營中軍金永勉 左兵營虞候金樂海 慶州營將李光進 安東營將李彦春 西生僉使鄭東仁 鳥嶺別將劉洪疇 蔚山監牧官李旭秀 忠州營將申晤等 則雖無顯著之疵 亦乏優異之蹟 請弁置之 允之

424.

건명 : 慶尙左道暗行御史 權晙의 別單 중 架山餉還의 조달과 左兵營의 軍總元額 외의 守城軍 비용 조달 방안에 대한 처분

발신처 : 備邊司

검색어 : 慶尙左道暗行御史, 權晙, 架山餉還, 山倉穀, 減耗, 左兵營, 軍總元額, 募入, 守城軍, 官布

출처 : 純祖 2年 壬戌 7月 12日 ; 30-974下~977下

備局以慶尙左道暗行御史別單覆啓

備邊司啓言 伏見慶尙左道暗行御史權晙別單 (中略) 其一 慈仁 民小還多 此是難支之端 最是架山餉還 實爲痼瘼 本邑之距 山倉百有餘里中 有兩嶺三川 冬月運納 牛馬致死 殘民散亡 職由於此 仁同等四邑相距雖近 以非屬邑 次第矯革 本縣則相距旣遠 而非屬邑則等也 尙未變通 豈無民寃乎 漆谷有牛巖八旗兩倉 兩倉受還之民 距山倉不過一二十里 該邑之距 兩倉稍近 使兩倉受還之民 屬之山倉 兩倉中一 依山倉穀數 屬之本邑 似爲兩便山倉還 依大丘例 減耗五升換受之民 當無捨近取遠之勞 令廟堂行會 本道俾爲互換事也 穀品不同民情 紛爭不如仍舊之爲便 繡啓旣如此 令道臣 更爲論理狀聞稟處 一近來戎器之疏虞 列邑通患 令廟堂嚴飭 一新修改 別遣摘奸 以考勤慢事也 各處營邑修補 請賞踵相接也 考其實 則列邑軍器 誠如繡啓 紀綱之解弛可知矣 爲先另飭 隨時摘奸 警飭之地焉 一外邑軍總刊額之外 毋得有剩 自是法意 左兵營軍總元額外 有守城軍官四百餘名 金永綬爲兵使時 以城底居民狀 請募入伊後 又自本營 募得遊民 謂之守城軍 官布在列邑 歲收畓布 以爲營用事之 無義莫此爲甚 幷令罷去 問委折於道帥臣 從後稟處 (中略) 令該曹 請稟處 允之

425.

건명 : 여러 道의 秋水陸操 등의 군사훈련과 災傷覆審校生考講, 未行操處官鎭門聚點의 시행 문의에 대한 처분

발신처 : 備邊司

검색어 : 水陸操, 合操, 城操, 面操, 巡歷, 巡點, 未行操處官鎭門聚點, 災傷覆審校生考講, 鄕騎士勸別武武學都試, 慶尙左兵使, 金處漢, 停操

출처 : 純祖 2年 壬戌 7月 12日 ; 30-977下~978上

命諸道都試及未行操處官鎭門聚點擧行

備邊司啓言 卽見總戎使徐有大 水原留守鄭大容 廣州留守金觀柱 江華留守韓用鐸 京畿水使崔東岳 永宗防禦使金守基 平安監司金勉柱 前兵使尹得逵 黃海兵使李堯憲 江原監司申獻朝 統制使李潤謙 慶尙左兵使金處漢 前右兵使趙㦍 忠淸兵使金爀 全羅丘使曹命楫 前南兵使李栢然 北兵使白師誾 水操取稟狀啓 則今秋水陸操合操城操面操巡歷巡點 未行操處官鎭門聚點 竝請令廟堂 稟旨分付 災傷覆審校生考講 鄕騎士勸別武武學都試 依例設行爲辭矣 戎政抛置 莫若近日 而一時幷擧於收穫之節 不無掣礙之端 喬桐永宗海西三南 只行水操 總廳廣州江華關西及東北兩道 幷行諸般陸操 至於水原軍制變通未及釐正 姑爲停操 武學各樣都試 未行操處官鎭門聚點 使之擧行 請一體分付 允之

426.

건명 : 嶺南 左兵營 屬邑의 守城軍官으로 千總과 執事 등을 창설하고, 春秋로 收捧하는 番錢을 將士 給代로 사용하도록 한 처분

발신처 : 備邊司

검색어 : 嶺南御史別單, 左兵營, 守城軍官, 左兵使, 金處漢, 千總, 執事, 番錢, 給代, 私募

출처 : 純祖 2年 壬戌 9月 初4日 ; 31-6下

命嶺南左兵營屬邑守城軍官仍舊施行

備邊司啓言 頃因嶺南御史別單 左兵營屬邑守軍罷去當否 令道帥臣報來後 稟處之意 覆啓分付矣 卽見慶尙監司南公轍 左兵使金處漢報本 則以爲守城軍官 丙申金永綬狀 請創設千總執事等 各項名色料米衣資不可不有 故限百里 各邑所在將校子支願屬者 論報監營後 始有軍官及都訓導教授等名目 春秋收捧番錢 以爲該廳軍校及入番 訓導給代之需 而一自守城廳設置後 校卒之依賴 備禦之改 觀不啻懸殊 且番錢收捧 旣是排朔公用於將士給代 則與私募營用 不可同日 而語數十年成聚 一朝革罷 必有狼狽難處之端 不如仍舊之爲便爲辭矣 該營城丁之當初設施 旣稟朝廷伊後 施措關由道臣 則此與擅設私募 果有間焉 道臣仍舊之請 誠有意見 請依報施行 允之

427.

건명 : 左兵營 소속 각 倉 年例作錢條의 査簿時 計除抄出을 정확히 해서 다른 供物 納付시 폐해가 없도록 해달라는 獻納 鄭晩錫 上疏

발신처 : 獻納 鄭晩錫

검색어 : 左兵營, 牟還私分, 排斂, 年例作錢條, 各營作錢條, 監色色落代錢條, 作錢

출처 : 純祖 2年 壬戌 10月 初1日 ; 53下-54上

獻納鄭晩錫上疏乞遞仍陳諸條賜批

疏略曰 天心未豫 而霜降太早 雷作不時 民力已竭 而父子不保 隣族受困 此政 君臣上下汲汲皇皇 所以格天保民 然而紀綱頹而莫振 廉恥壞而莫勵 于斯之時 宜揀公忠達理 置諸諫官 使之繩糾愆謬 豈可以如臣下劣 苟然充位任其尸素 且況今夏之奉命之任 果著債事之罪 固當杜門訟愆 不敢開喙 而第敢略陳其梗槪 惟聖明垂察焉 尙州咸陽之諸般犯科 旣被勘律 不必細論 而至若晉州牧牟還私分倉簿 班班可考 而對臣酬酢 無辭服罪 又書勸隣倅 同歸不法 及其納供 虛辭粧撰 身爲官長若是誣飾 何以杜其奸而戢其猾乎 固城則書役所之斂錢 自官成給 其勸善文 分排收斂 合數爲一千八百七十餘兩 而只擧其先捧者 一百七十兩論列矣 該倅之供 謂以各廳 則勸分出物 鄕民 則隨宜添補 初無自官排斂之事云 苟如是勸善文 打着印署 果誰主之 分排多少 果誰定之而數間屋子之重修 奚至近二千金之斂乎 且其供謂以牟還私分之分留勘簿中 如例懸錄云者 效尤晉倅 何足道哉 左兵營所屬各倉 皆有年例作錢條 各營作錢條 監色色落代錢條 臣於査簿時 右項一一計除抄出其加數作錢者 而有所論列矣 臣之潛行時 遍觀城堞 而村民營屬之招皆謂不易一磚矣 今其供石灰檢汁之多入 材瓦鐵物之措備云者 若諉之秋等修葺 可也 春等後至六月 不爲營始者 何也 百雉粉堞周遭江上 其修葺與不修 萬目所覩 猶尙如此 其他穀物 暗地幻弄 何辭之不可飾乎況其右兵營泗川縣之道 査尙未究竟 則臣方俟勘之 不暇分義 雖重廉防甚嚴 伏乞察諒亟削 臣職批以上款所陳 方當警懼之時 見爾疏許多說弊 何無一言 繩糾下款事 任爍疏 廟堂回啓 見可悉矣 爾其勿辭察職

428.

건명 : 각 道의 放秩과 未放秩의 죄인에 대한 처분 내용

발신처 : 刑曹

검색어 : 慶尙監司, 南公轍, 各道放未放回啓, 放秩, 未放秩, 稟秩, 蔚山, 李召史, 幷放

출처 : 純祖 3年 癸亥 2月 18日 ; 31-278下~280下

判下秋曹各道放未放回啓

該曹啓言 慶尙監司南公轍 放未放修啓冊子 據放未放秩 竝依啓聞施行 稟秩 宜寧姜玉江等 當初所坐 俱不深重合 有疏釋之典 未放秩中豊基金今昌等 同罪入於本道及他道放秩 不可異同 竝請放送 允之 教以蛇梁金貴福 延日尹行熙 固城金召史 興海金彦國 蔚山李召史 泗川奴有宗 順興宋石乫 草溪丁太明 昆陽金仁乞 永川金星玉 泗川李昌獜 機張金處信等 幷放 (下略)

429.

건명 : 각 道의 忠臣과 孝烈者의 행적과 포상 내용 중 蔚山 民人 姜旻의 妻 金召史에 대한 처분

발신처 : 京畿暗行御史 金銑

검색어 : 慶尙左道御史, 權晙, 各道御史忠孝烈別單, 蔚山民人, 姜旻, 金召史, 食物之典, 贈職之典

출처 : 純祖 3年 癸亥 5月 26日 ; 31-450上~下

禮曹以各道御史忠孝烈別單覆啓

該曹啓言 因京畿暗行御史金銑書啓 竹山士人李重植妻 吳氏烈行 令道臣 詳探事蹟 以爲稟處事 啓下矣 邑報繡啓 少無差爽 宜施旌閭之典 請上裁 從之 又啓言 觀此慶尙左道御史權晙 右道御史鄭晩錫 全羅左道御史張錫胤 忠淸御史申龜朝別單 則慶州民人黃啓東 誠孝根天 安東士人鄭漢濟 事親至孝 其妻趙氏 其夫葬日 飮藥自盡 大丘士人 都必海妻崔氏 其夫訃至方有身 反其生女飮藥而死 慶州民人 崔元泰妻朴召史 其夫病死 矢心從夫 蔚山民人 姜旻妻金召史 其夫病死 反葬自裁 淸道士人 裵尙維妻崔氏 夫及屬纊 仍以繼殞 晉州故縣監柳世章 當仁顯聖母遜位時 聞御供不繼日備 精米三升 封緘投之墻內 咸陽故士人

河晉龍 其父病醫云 當用鵂鶹土猪 則號泣禱天 鵂鶹至土猪 出用之得甦 固城故士人崔錫權 其父病醫云 當用白羊肝書夜號泣 有白羊自來 河東故士人鄭之瑞妻金氏 夫死自縊而死 安義崔聖文 事親至誠 晉州良人金爛發 父病割股食之 以延數月之生 南原士人尹致孝 孝奉二親 長興故士人 丁志學妻文氏 其夫死終祥月自裁 淸州民人金仁鼎妻朴女事舅姑至孝仁鼎疾割髀注血于口者 再竟至不救 則躬檢殯殮乘間自裁云 朴女施以旌閭之典 晉州故縣監柳世章 施以贈職之典 安東士人鄭漢濟及其妻趙氏 大丘士人都必海妻崔氏 慶州民人崔元泰妻朴召史 蔚山民人姜旻妻金召史 淸道故士人裵尙維妻崔氏 河東故士人鄭之瑞妻金氏 安義崔聖文 南原士人尹致孝 長興故士人丁志學妻文氏 并施以食物之典 有合奬節之政 而臣曹不敢擅便恭俟上裁 至於咸陽故士人河晉龍 固城故士人崔錫權 兩人孝感之蹟 或近傅會 此等句語 一切嚴禁事 曾有定式 請今姑置之 從之

430.

건명 : 鄭雲翰을 蔚山縣令으로 임명함

발신처 : 吏曹

검색어 : 都政, 鄭雲翰, 蔚山縣令, 初仕

출처 : 純祖 3年 癸亥 6月 24日 ; 31-481下~482上

都政下批 吏曹判書李書九參判李勉兢參議金履永兵曹判書趙尙鎭參判吳載紹參議尹光顔進

(前略) ○ 吏批 (中略) 鄭雲翰爲蔚山縣令 (中略) 致榮以下 竝初仕也

431.

건명 : 李長喆을 慶尙左兵使로 임명함

발신처 : 吏曹

검색어 : 都政, 差出, 李長喆, 慶尙左兵使, 初仕

출처 : 純祖 4年 甲子 2月 13日 ; 31-852下~853下

都政下批 吏曹判書徐邁修參判金勉柱參議朴宗來兵曹判書金達淳參判尹東晩參議朴奎淳參知朴崙壽進

(前略) ○ 敎曰 在外吏曹參議許遞 今日政差出 ○ (中略) 李長喆爲慶

尙左兵使　崔禹鉉爲上王僉使　元永麟爲多大僉使　李運春爲滿浦僉使
李海範爲惠山僉使 尹後東爲訓戎僉使 禹鉉以下履歷也 (下略)

432.

건명 : 慶尙左兵使 李長喆을 推考토록 한 처분

발신처 : 左承旨 洪義浩

검색어 : 慶尙左兵使, 李長喆, 推考

출처 : 純祖 4年 甲子 2月 14日 ; 31-854下~855上

重推慶尙左兵使李長喆推兵曹判書金達淳

左承旨洪義浩啓言 慶尙左兵使李長喆 留待命下之後 徑自出去不卽待令事 極駭然 請從重推考 從之 又啓言 慶尙左兵使李長喆 職姓名奏對未免顚錯 請從重推考 又啓言 阿吾地萬戶宋明眞 名守誤書入啓 請當該銓官推考 竝從之

433.

건명 : 慶尙左兵使 李長喆의 職姓名을 進奏함

발신처 : 都承旨 南公轍

검색어 : 侍從守令, 慶尙左兵使, 李長喆, 署經

출처 : 純祖 4年 甲子 2月 16日 ; 31-857下

召見吏兵房承旨下直閫帥守令于重熙堂

都承旨南公轍曰 雖侍從守令 若有持敎 則七事幷爲之 今番 則何以爲之乎 予曰 一幷爲之 而守令以次進 前各奏職姓名履歷 公轍曰 木川縣監南巖老 方自光陵直所入來謝恩 而伏聞前已署經云 使之當日辭朝似好 故敢達矣 予曰 注書出去 使之仍爲下直 而卽爲入侍 慶尙左兵使李長喆 進奏職姓名 予曰 下去善爲之

434.

건명 : 筵退時 잘못한 慶尙左兵使 李長喆을 推考하도록 한 처분

발신처 : 左承旨 洪義浩

검색어 : 慶尙左兵使, 李長喆, 推考

출처 : 純祖 4年 甲子 2月 16日 ; 31-858下

拿處陽德縣監白恒鎭重推安東府使閔命爀等推慶尙左兵使李長喆
敎曰 (中略) ○ 又啓言 慶尙左兵使李長喆 筵退之際 擧措顚錯 請推考
從之

435.

건명 : 湖西 材船 臭載의 일로 내린 敎旨에 監司의 職銜姓이 잘못 기재되어 左兵使가 空啓의 罪를 입은 이후 題送書目을 고쳐 보냈었다는 내용
발신처 : 純祖
검색어 : 左兵使, 嶺伯, 湖西, 材船臭載, 義浩
출처 : 純祖 4年 甲子 2月 21日 ; 31-866下~867下

召見輪對官于重熙堂

予命同副承旨李溏曰 建陽東邊東山頹缺處 補土植木 令日官擇吉 使別軍職吳應常看役 而土則以闕內土用之 木則含春苑木移植 平市主簿金華柱 進奏職姓名 命奏各廛廛名 華柱曰 米廛東牀廛立廛魚物廛矣 予曰 各廛之數 豈止於此乎 此後則勿復如是 南學訓導李宗心 進奏職姓名 予曰 能訓導儒生乎 宗心曰 臣本蔑識不能稱其職矣 予曰 居齋者幾人乎 宗心曰 五人矣 中學訓導朴升用 進奏職姓名 予曰 能訓導乎升用曰 非所能也 予曰 然則烏在其盡職之義乎 升用曰 入直時 或與之講習矣 予曰 何以講習乎 升用曰 相與勸勉 而或讀或看矣 予曰 長在番所乎 升用曰 晝夜直矣 予曰 果無出入乎 升用曰 或有晝出夜入時矣 予曰 年爲幾許升用 曰五十一矣 予曰 所居何地 升用曰 成川矣 命奏所懷 升用曰 職本閒歇 故無所懷矣 予曰 雖云閒職 豈無所懷乎 升用曰 異於錢穀衙門 故實無可陳之事矣 戶曹正郞趙厚鎭 進奏職姓名 職掌版籍司別庫遺在 版籍司錢支三十九萬五千八十兩 木二千一百四同十四疋 布三百四十三同 別庫米一萬九千五百五十石 田米一百九十三石 太三千三百二十石 司圃別提白宗澤 進奏職姓名 命奏所懷 宗澤曰 固有所懷 而鄕曲之人 不敢猥陳於咫尺嚴威之下矣 予曰 奏之 宗澤曰 本署供上中 加供新供貢價 不爲磨鍊 故不得出給 貢人等號訴 不一其端 採問其事實 則去壬子年 本署供上 西瓜眞瓜兩供上日字 以九十日減爲十五日 筵稟定奪蒙允矣 供上日字減日 剩餘錢 每年五百兩式 封不動於宣惠廳 而若有用處 則草記取用 自是定式 而自壬子至今年 封

不動 錢合爲六千五百兩 而兩貢價無一分上下 前提調李秉鼎多所取用時 提調聞甚驚駭 方欲査實云 而臣旣承所懷之下問 故敢達矣 予曰 退出以所懷書納 義浩曰 昨日朴師赫事 分付吏曹 使之善爲回啓矣 伏聞吏曹 無長堂次堂例 不得回啓 且師赫有所關係 不可遽議疏釋者云矣 予曰 何事云乎 義浩曰 聞師赫 爲厚謙妾甥 而罪謫蒙放云矣 義浩曰 俄者 嶺伯狀啓 一度到院中 而有萬萬驚駭之事矣 各道狀啓 例到於院中 則吏隷眼同坼封 而今此嶺啓 乃是日前 因湖西材船臭載事 因特教自備局行會 各道而擧行形止馳啓者也 其皮封則無頉 而啓本中 監司職銜姓署之行及原啓措語中 合四行 以濃墨塗抹傍書發路事 三字於初貼空處 事之驚愕 莫此爲甚 大抵年前 左兵使之空啓被罪以後 昨年冬前嶺伯在任時 亦有一度啓本刀鑿驚駭之事 自院中題送書目 使之改修上送云矣 曾未幾何 又有此駭異之變怪 此不事尋 常處之方欲題送書目 兼付私書 又以此言于廟堂 期於到底窮覈 而不可不經稟後擧行 故敢達矣 予曰 聞甚驚怪 原狀啓入之在敲持入 予曰 此事從當 有下教矣

436.

건명 : 狀啓의 내용에 잘못이 있는 道帥臣을 推考하도록 한 처분

발신처 : 都承旨 南公轍

검색어 : 慶尙左兵使, 金處漢, 推考

출처 : 純祖 4年 甲子 2月 27日 ; 31-884上~下

推咸鏡監司李翊模慶尙左兵使金處漢

都承旨南公轍啓言 咸鏡監司李翊模 慶尙左兵使金處漢狀啓 紙尾太窄以致踏啓之苟艱 判付之背書 事甚未安 當該道帥臣 請推考 從之

437.

건명 : 각 죄인에 대한 처분 내용

발신처 : 義禁府

검색어 : 鞫廳罪人, 郭憲儀, 彦陽縣, 遠配, 刑推, 放送, 島配, 遠配

출처 : 純祖 4年 甲子 9月 11日 ; 32-117下~118上

配李宗國等

義禁府啓言 鞫廳罪人崔光彦 依下教放送 以相當任使之收用 李漢源

押送海營 刑推一次懲礪放送 白鳳圭分揀放送 李宗國扶安縣蝟島島配 郭憲儀彦陽縣遠配 請依例 押送于各其配所 允之

438.

건명 : 林性運을 蔚山府使로 임명함

발신처 : 純祖

검색어 : 守令多窠, 政官牌招, 開政差出, 初仕, 林性運, 蔚山府使

출처 : 純祖 4年 甲子 12月 11日 ; 32-269下

有政 吏曹判書黃昇源參判朴宗來進

敎曰 守令多窠 政官牌招 開政差出 ○ 以任峻常爲持平 李惟命爲校理 趙晉和爲副修撰 金履永爲吏曹參議 金濟運朴惟儉爲假引儀 初仕也 林性運爲蔚山府使 李漢鼎爲實城郡守 沈養之爲海州判官 南度中爲保寧縣監 李象鼎爲延安府使 徐有膺爲全州判官

439.

건명 : 慶尙左水營의 戰船 改造를 위한 材木를 右道 封山에서 뺄 수 있도록 한 처분

발신처 : 慶尙左水使 李郁延

검색어 : 慶尙左水營, 戰船改造, 封山, 西生, 豆毛浦

출처 : 純祖 4年 甲子 12月 24日 ; 32-284下~285上

命慶尙左水營戰船改造材木右道封山許斫

左議政徐邁修啓言 慶尙左水使李郁延狀啓 以爲本營所屬西生豆毛浦戰船各一隻 俱爲限滿傷退難以駕海 改造材木 右道封山依例許斫事請令廟堂 稟旨分付矣 此有已例 請依狀請施行 從之

440.

건명 : 老職人에 대한 처분 중 경상도 부분

발신처 : 純祖

검색어 : 老職人, 蔚山, 通政, 李以太, 加一資, 婦女封爵

출처 : 純祖 5年 乙丑 正月 初2日 ; 32-296下~299上

老職人下批

○ 慶尙道 (中略) 蔚山 通政李以太等二人 (中略) 以上 朝官士庶 各加一資 婦女封爵 (下略)

441.

건명 : 각 道의 각종의 군사훈련 시행 문의에 대해 형편에 따라 시행하도록 한 처분

발신처 : 備邊司

검색어 : 慶尙左兵使, 李長喆, 水陸操, 合操, 巡操, 城操, 面操, 巡歷, 巡點, 未行操處官鎭門聚點, 水操, 合操

출처 : 純祖 5年 乙丑 正月 初9日 ; 32-310上

命諸道今春陸操與巡歷巡點以官鎭門聚點代行水操各該營前洋設行統營合操停止以兼管右水營水操擧行

備局啓言 卽見總戎使李仁秀 水原留守金文淳 江華留守吳載紹 開城留守兪漢謨 廣州留守李晩秀 統禦使李海愚 永宗防禦使柳相燁 江原監司申絢統 制使柳孝源 慶尙左兵使李長喆 右兵使趙文彦 全羅兵使李近胄 公忠兵使李元植 平安兵使吳毅常 黃海兵使曹命楫 南兵使沈鐸 北兵使申鴻周 春操取稟狀啓 則以爲今春水陸操合操巡操城操面操及巡歷巡點未行操處官鎭門聚點 何以爲之事 請令廟堂 稟旨分付 勸別武都試 依例設行爲辭矣 詰戎之政莫大 於水陸諸操 連年抛置極爲疏虞 固當如例設行 而一時竝行 軍民之弊 不可不念 陸操 則竝與巡歷巡點 姑爲停止 以官鎭門聚點 着意代行 水操 則迨此風和之時 使各該營 各其前洋 依秋操例設行 統營合操停止 以兼管右水營水操擧行事 請一體分付 允之

442.

건명 : 彦陽의 民家 失火를 당한 사람들에게 恤典을 내리도록 한 처분

발신처 : 慶尙監司 金羲淳

검색어 : 彦陽縣, 民家失火, 恤典, 身還布

출처 : 純祖 5年 乙丑 2月 初3日 ; 32-357下

給彦陽寧海燒戶致死人恤典

慶尙監司金羲淳 以彦陽縣民家失火 二十九戶被燒 寧海府民家失火

一百五十七戶被燒 四人燒死 馳啓 教 以聞甚驚惻 元恤典外 各別顧助 燒死人 如有生前身還布 竝卽蕩減事 自廟堂措辭 區劃分付

443.

건명 : 山陵都監의 소용 비용과 여러 道의 木布를 錢으로 代納하도록 한 액수와 처분

발신처 : 山陵都監

검색어 : 山陵都監別單, 內下, 銀子, 除減, 木布, 代納, 左兵營

출처 : 純祖 5年 乙丑 2月 初6日 ; 32-362上~363上

命三都監所用京司各道米布以內下銀子分排計減關西海西全數除減諸道木布以錢代納

山陵都監啓言 今番三都監所用米錢木布 參互各年謄錄 依丁丑年數爻酌量磨鍊 別單書入而 內下銀子三千兩 換錢取用於戶曹京司各道 米布分定元數中 分排計減 而目今關西財匱 海西昨年告歉 不可無體諒之道 兩道監兵營分定木布 全數除減 且諸道木布運輸之際 爲弊多端 各所匠募分給之資錢條 爲便以錢代納之意 請竝分付 允之 ○ 山陵都監別單 內下 銀子三千兩 代錢八千六百十四兩四錢 (中略) 慶尙監營 木十三同十疋內 減二同二十二疋 實十同二十八疋 左兵營 木二同二十疋內 減二十疋 實二同 右兵營 木三同十疋內 減三十二疋 實二同二十八疋 左水營 木二同二十疋內 減二十疋 實二同 統營 木六同三十疋內 減一同十六疋 實五同十四疋 (中略) 以上 米二千九百四十石 木一百十六同四十疋 錢一萬六千九百三十四兩四錢正 布八同

444.

건명 : 각 道 定配罪人의 放秩과 未放秩의 처분 내용 중 경상도 부분

발신처 : 刑曹

검색어 : 各道定配罪人放未放冊子回啓, 定配罪人, 放秩, 未放秩, 蔚山, 朴京彬, 放送, 仍配

출처 : 純祖 5年 乙丑 4月 11日 ; 32-470上~472下

秋曹以各道定配罪人放未放冊子回啓

該曹啓言 因慶尙監司金羲淳放未放修啓冊子 本曹所管定配罪人 放秩

未放秩 竝依啓聞施行 稟秩中 奉化奴得成 丹城安聖華 未放秩中 尙州李再興 昌原金益彬 永川禹大三 尙州李志華 蔚山朴京彬 居昌方四安 金海石有岑 昌原朴宗信 梁山李日恒 興海金有乭 高靈廉樂淸等 罪犯旣不深重 竝放送 稟秩中 興海鄭學純 已爲物故置之 放秩中 泗川宋終萬 稟秩 丹城金佾 龍宮金國柱 三嘉吳胤未至配所秩 新溪金濟洪 松禾李國哲等 所坐不輕 竝仍配之意 請分付道臣 從之 敎 以泗川宋終萬 固城黃處中 草溪奴得尙 寧海崔緯 巨濟尹明勳 泗川婢福連 機張金兌彥 漆原延東藎 機張邊松大 英陽鄭喜福 梁山李方雲 泗川金正曾 南海僧獅馹 河東金法九金 慈仁李明哲 梁山白孝才 聞慶吳卜乭 宜寧崔尙顥 奉化金鎔 靑松柳輝常 泗川朴德福 安義朴文彪 尙州張震華 寧海金周大 鎭海黃泰貞 熊川崔東進 慶州婢福禮 晉州成彥甫 巨濟金仁瑞 昌原孫光逸 金海朴夫得𡊵龍伊等 竝放送 (下略)

445.

건명 : 西生僉使 張錫孝을 差代하도록 한 처분

발신처 : 兵曹判書 金思穆

검색어 : 西生僉使, 張錫孝, 除拜月, 瓜滿, 赴任月, 筵稟差代

출처 : 純祖 5年 乙丑 閏6月 20日 ; 32-668下

命西生僉使張錫孝差代

兵曹判書金思穆啓言 西生僉使張錫孝 以除拜月計之 則今爲瓜滿 而赴任月計之 不足一朔 在前如此之人 有筵稟差代之例 故敢達 從之

446.

건명 : 각 道의 定配罪人에 대한 放秩과 未放秩의 처분 내용

발신처 : 刑曹

검색어 : 諸道放未放回啓, 仍秩, 定配罪人, 放秩, 未放秩, 彥陽, 金所尙, 放送, 蔚山, 金尙局, 官奴, 波浪金, 柳汝一, 仍配, 金尙元

출처 : 純祖 5年 乙丑 8月 初10日 ; 32-770下~773下

判下秋曹諸道放未放回啓

刑曹啓言 各道放未放修啓冊子中 本曹所管京畿定配罪人 仍秩依啓聞施行 未至配所秩 海南趙炯 機張閔尙中等 入於各該道修啓冊子 已爲

請放 此則請置之 允之 (中略) 黃海道定配罪人 放秩未放秩 竝依啓聞施行 稟秩中 長淵張成烈 遂安林世得 松禾鄭德才 殷栗蔡興永 文化鄭昌允 遂安金載億 長連秋性運 遂安廉爀 谷山金鼎三 松禾權必大 兎山具斗重 未放秩中 兎山李殷秀 長連白龍宅等 當初所犯 俱不深重 竝放送稟秩 信川羅喆得 松禾金禹績 白翎李基榮 椒島金元鍾 未至配所秩 彦陽金所尙等 所坐不輕 竝仍配之意 請分付各該道臣 從之 教 以信川羅喆得 松禾金禹績 長連金萬龍 殷栗徐成臣 長淵金貴太 甕津僧右先 松禾金登三 安岳李龍福 新溪僧持一 文化金彭東金興孫 遂安石陽春 新溪金召史 平山金平信 殷栗金先得 長淵金順興 谷山崔宗烈 安岳陳挺臣 載寧宋春太 信川孫龍乭 新溪金濟洪 文化康濟民 松禾玄學只 遂安奉福得 長連張範籌 文化朴春郁 豊川文春光 遂安朴夏元金日才 新溪姜龍煥 文化申月奉 未至配所 彦陽金所尙 竝放送 (中略) ○ 慶尙道定配罪人 放秩未放秩 竝依啓聞施行 稟秩中 聞慶李完培 熊川車龜轍 漆原朴守中 三嘉吳胤 鎭海吳宅齊 順興李恒瑞 知禮洪紀浩 寧海吳孫伊 昌原鄭惟憲 固城崔光孫 丹城池善龜 未放秩中 蔚山金尙局 固城朴應奎 丹城尹殷錫 機張閔尙中等 當初所坐俱不深重 竝放送 稟秩 咸安白汶鴻 蔚山官奴波浪金 咸陽鄭鐸 盈德金相運 迎日洪昌郁 昆陽金履元 蔚山柳汝一 豊基安景敏 本道發配未至配所秩 會寧金元有 江東李命甲 結城奴丁巖等 所坐俱係不輕 竝仍配之意 請分付各該道臣 從之教 以咸陽鄭鐸 盈德金相運 迎日洪昌郁 昆陽金履元 蔚山柳汝一 豊基安景敏 玄風趙運亨 居昌鄭宗河 陜川鄭召史 奉化崔鴻喆 河東鄭發龍 熊川朴福伊 巨濟李義用朴夏源 南海金萬吉 機張朴履錫 慈仁安性淳 丹城李宗和 機張孫昌仁尹碩秋 金海朴六月金 熊川僧德眞 蔚山南載義 河東高極伊 彦陽金尙元 晉州崔獻倫 密陽朴陽元 竝放送 (下略)

447.

건명 : 朴興得 등을 蔚山에 定配보내도록 한 처분

발신처 : 刑曹

검색어 : 朴興得, 蔚山, 定配

출처 : 純祖 5年 乙丑 9月 初10日 ; 32-832上

刑曹以羅將嚴千得等定配啓

嚴千得端川 河成龍寧邊 吳繼孫東萊 李孟福洪原 朴興得蔚山 金仁成長興 宋師哲嘉山 申昌仁价川 徐必方泰川 洪喜大靈巖 朴聖煥昌原 李景得慶州 鄭福大寶城 李昌仁淳昌 李龍得安州 朴昌燁順天 池福仁熊川 朴仁春宜寧 朴聖仁羅州 李枝成興陽 鄭德秀金海 林致文咸安 文命孫孟山 金鎭列靈山 朱弘哲靈光 文龍雲長城 林大春光州 姜應尙樂安定配

448.

건명 : 閔心爀을 彦陽縣監에 임명함

발신처 : 純祖

검색어 : 閔心爀, 彦陽縣監, 單付, 初仕

출처 : 純祖 5年 乙丑 10月 24日 ; 32-909上

有政 吏曹判書李翊模參議李好敏兵曹判書金思穆進

以申光軾爲掌令 金相休爲獻納 金履度爲大司成 趙德潤爲禮曹參判 韓用鐸爲右尹 金啓洛爲同義禁 崔朝岳爲長湍府使 趙鎭球爲信川郡守 閔心爀爲彦陽縣監 李時秀領府事 單付 ○ 再政 以徐有棨爲莊陵參奉初仕也

449.

건명 : 여러 道 定配罪人의 放秩과 未放秩에 대한 각각의 처분 내용

발신처 : 刑曹

검색어 : 諸道放未放回啓, 定配罪人, 仍秩, 配所秩, 放秩, 未放秩, 蔚山, 官奴, 波浪金

출처 : 純祖 5年 乙丑 11月 29日 ; 32-970上~971上

判下秋曹諸道放未放回啓

刑曹啓言 (中略) 又啓言 慶尙道定配罪人 未放秩 竝依啓聞施行 稟秩中 蔚山官奴波浪金 未放秩中 熊川金啓念 則同罪之蘇漢述等 已皆蒙宥 竝放送 稟秩 巨濟沈永之 奉化全日祥 未至配所秩 順安郭萬永茂山僧漢柱 慶源僧法一 碧潼李思德 僧誠贍 安邊宋以泰 渭原朴興孫 吉州金仁洵 明川魚遇鱗 高原姜乭伊 長淵李萬水等 罪俱不輕 竝仍配之意請分付 允之 (下略)

450.

건명 : 封山 失火로 죄를 청한 慶尙左水使 李郁延에게 죄를 묻지 않겠다고 한 처분

발신처 : 慶尙左水使

검색어 : 機張, 蔚山, 封山失火

출처 : 純祖 5年 乙丑 12月 初5日 ; 32-979下

慶尙左水使李郁延以封山失火馳啓

該水使狀啓 以爲機張蔚山封山失火 兩處被燒中 松合一百六株 小松合一千六十株 小小松合一千四百六十七株 不善檢飭 有此失火之擧 惶恐待罪 教 以爾其勿待罪事 回諭

451.

건명 : 吳載光을 慶尙左兵使로 임명함

발신처 : 純祖

검색어 : 吳載光, 慶尙左兵使, 單付

출처 : 純祖 5年 乙丑 12月 初6日 ; 32-981上

有政 吏曹判書李翊模兵曹判書金思穆進

以柳文植爲南兵使 吳載光爲慶尙左兵使 李敬一鰲恩君 單付

452.

건명 : 각 道의 牧場馬畜數爻啓 가운데 경상도 부분

발신처 : 司僕寺

검색어 : 各道牧場馬畜數爻啓, 孳息, 封進馬, 故失馬, 加現馬, 甲子籍付, 蔚山, 監牧官, 李寅英

출처 : 純祖 5年 乙丑 12月 19日 ; 32-1020下~1023上

太僕以各道牧場馬畜數爻啓

司僕寺啓言 今年牧政 孳息 則比諸元式 或加或減 故失 則較其元總 或多或少 而總以論之 其數不多 賞罰一款 今姑置之 請更觀來頭勤慢處之 允之 (中略) 慶尙道 (中略) 蔚山長鬐等 監牧官李寅英所管二牧場 甲子籍付馬一千八十一匹 今生馬一百六十九匹 加現馬十四匹 合馬一千二百六十四匹內 封進馬三 匹故失馬九十三匹 除今年實留放

壯兒雌雄馬 竝一千一百六十八匹內 壯雌馬五百四十二匹 一年應孶産馬一百六十二匹 今生馬一百六十九匹 加報七匹 (下略) 已上 今年實留放壯兒雌雄馬 並八千三百三十七匹

453.

건명 : 老職人에게 加資한 내용

발신처 : 純祖

검색어 : 慶尙道, 蔚山, 朴光世, 加一資, 婦女封爵

출처 : 純祖 6年 丙寅 正月 初2日 ; 33-2下~5下

老職人下批

(前略) ○ 慶尙道 (中略) 蔚山 通政朴光世等二人 (中略) 以上 朝官士庶 各加一資 婦女封爵

454.

건명 : 각 道의 군사훈련을 형편을 고려하여 시행하도록 한 처분

발신처 : 備邊司

검색어 : 慶尙前左兵使, 李長喆, 春水陸操, 合操, 巡操, 城操, 面操, 巡歷, 巡點, 未行操處官鎭門聚點, 勸別武都試, 推考

출처 : 純祖 6年 丙寅 正月 13日 ; 33-30下~31上

命諸道陸操代以官鎭門聚點水操各該營前洋設行重推黃海前兵使曹命楫 備局啓言 卽見總戎使李仁秀 水原留守趙鎭寬 江華留守吳載紹 開城留守兪漢謨 廣州留守李晩秀 統禦使金㙾 永宗防禦使權逵 江原監司林漢浩 統制使柳孝源 慶尙前左兵使李長喆 右兵使趙文彦 全羅兵使李近胄 公忠兵使李元植 平安前兵使吳毅常 前南兵使沈鐸 北兵使申鴻周 春操取稟狀啓 則以爲今春水陸操合操巡操城操面操及巡歷巡點未行操處官鎭門聚點 何以爲之 請令廟堂 稟旨分付 勸別武都試 依例設行爲辭矣 如此樂歲 不可全廢 而多年停操之餘 水陸操一時幷行 亦有軍民貽弊之端 陸操 則竝與巡歷巡點 姑爲停止 以官鎭門聚點代行水操 則使各該營 各其前洋 依秋操例設行 統營合操停止 以兼管右水營水操擧行事 一體分付 至於湖南右沿 則旣多被災設賑之邑 今春水操 竝令停免 而官門聚點及行操諸處 援例嚴飭 卒伍之虛頉者 隨闕塡

充 器械之朽鈍者 幷卽修繕 俾有實效 而蓋此習操 係是軍務 雖在待勘中 固當依例狀請 而黃海前兵使曹命楫 只令虞候 替報本司 不爲修啓 該帥臣從重推考 官鎭門聚點 則請依他例 一體擧行之意分付 允之

455.

건명 : 慶尙左兵使 吳載光 등을 推考함

발신처 : 吏兵曹

검색어 : 慶尙左兵使, 吳載光, 推考

출처 : 純祖 6年 丙寅 2月 初5日 ; 33-95下

推上護軍尹師國等

吏兵曹啓言 守令邊將應薦不薦人 上護軍尹師國 知事韓晩裕 平安監司李勉兢 禮曹判書徐榮輔 大護軍吳載熙 同知尹弼秉 行護軍李鼎揆 姜彛正李尙度申獻朝金履永申大羽金銑李健秀 慶尙左兵使吳載光 工曹參議李壽咸 請竝推考 允之

456.

건명 : 慶尙左水營 軍卒의 役과 身布를 감하도록 한 처분

발신처 : 備邊司

검색어 : 左兵營, 慶尙左水營, 軍役, 兼役納布, 身布, 身役

출처 : 純祖 6年 丙寅 2月 27日 ; 33-162下~163上

命慶尙左水營軍卒蠲身布事依狀請施行

備局啓言 卽見慶尙左水使李郁延狀啓 則以爲本營射夫砲手櫓軍敎師旗手之屬 以身仰役於舟師 以布責納於本官 軍卒之役重 莫甚於此地 故他境之人 無意來接 原居之民 流亡相續 戶口歲縮 前之兩役 今兼三役 老弱編伍 村落蕭條 其在實邊之道 不勝悚悶 營下居舟卒之兼役納布者 二百六十六名 一依統營義州左兵營例 蠲其身布 分排於道內各邑 此後有身役 而自他境來接營下者役 止其身 所生子男 專屬舟師之意 定式遵行 請令廟堂 稟處矣 軍役之移排 他邑非不重難 而邊門之如彼踈虞 不容恝親 請依狀請 施行之意 分付道臣 他境來接者役 止其身 一體許施 允之

457.

건명 : 각 군사훈련시 執頉한 邑鎭의 守令을 推考하도록 한 처분

발신처 : 兵曹

검색어 : 慶尙左兵使, 吳載光, 蔚山, 水操, 官鎭門聚點, 執頉, 試射

출처 : 純祖 6年 丙寅 4月 26日 ; 33-306下~307上

命今春水操官鎭門聚點時各該道執頉邑鎭守令邊將及試射無分武臣推考
兵曹啓言 考見諸道今春水操及官鎭門聚點狀啓 則京畿水使金㦤啓本 水操時 各鎭軍器 或有執頉 邊將試射無分云 公忠前兵使李元植狀啓 聚點時 永同等三邑 服色渝傷器械朽破云 水使尹頤東啓本 水操時 守令邊將試射無分云 黃海兵使李光益狀啓 聚點時 豊川等十邑鎭 戰馬瘦弱器械服色麤劣云 全羅兵使李近胄狀啓 聚點時 長興等八邑 器械服色渝弊鍊習之節生疏云 左水使申大坤啓本 水操時 守令邊將試射無分云 慶尙左兵使吳載光狀啓 聚點時 慶州等二邑 旗幟服色差欠鮮明 奉化等二邑 坐作進退有欠程式 蔚山等二邑 軍兵一二名有欠云 右兵使李身敬狀啓 聚點時 晉州等二十五邑 裝服渝弊 居昌等三邑 闕伍爲二三名云 前左水使李郁延啓本 水操時 邊將試射無分云矣 各該道執頉邑鎭守令邊將及試射無分 武臣守令邊將 請竝推考 允之

458.

건명 : 實錄 奉安의 일을 잘 처리한 慶尙左兵使 吳載光에게 越俸 二等의 처분을 내림

발신처 : 承旨 洪奭周

검색어 : 實錄奉安, 慶尙左兵使, 吳載光, 嶺南, 左右兵營, 射隊軍, 拿問, 越俸 二等

출처 : 純祖 6年 丙寅 5月 初2日 ; 33-316下

命宣傳官閔哲孫應虎拿處慶尙左兵使吳載光右兵使李身敬越俸二等
承旨洪奭周啓言 實錄奉安之行 嶺南左右兵營射隊軍 初不調發以致扈衛之全闕 當該標信 宣傳官遲滯之罪 不可不別般懲勵 而雖以該兵使言之 旣未及於出待之時 則所當具由啓聞 恭竢勘罪 而因仍掩置 亦甚駭然 本院請推外無他罰 何以爲之 敎 以宣傳官拿問處之 兵使越俸二等

459.

건명 : 時囚 閔晳 등의 罪目과 처분 내용

발신처 : 義禁府

검색어 : 時囚, 慶尙左兵營, 軍兵調發, 閔晳, 孫應虎, 原情, 李檍

출처 : 純祖 6年 丙寅 6月 14日 ; 33-429下~430上

命時囚閔晳等議處李檍照律

義禁府啓言 宣傳官閔晳原情以爲 渠奉標信兵符發行 而中路得病 不能馳進云 孫應虎原情以爲 渠到慶尙左兵營軍兵調發之意知委 而未及齊待 未知其何由云 宣傳官勿爲請刑 請議處 允之 又啓言 前府使李檍糴法至嚴 而有此未捧之數 請以此照律 允之

460.

건명 : 實錄 陪進時 左兵營 扈衛軍兵이 잘못한 죄와 문책 내용

발신처 : 慶尙監司 尹光顔

검색어 : 慶尙監司, 尹光顔, 實錄陪進, 左兵使, 左兵營, 吳載光

출처 : 純祖 6年 丙寅 6月 14日 ; 33-429下~430上

慶尙監司尹光顔以安東營將金宅基罷黜馳啓

狀啓以爲 因宣傳官孫應虎原情 實錄陪進時 左兵營扈衛軍兵 全闕委折 詳査狀聞事 命下矣 定參覈官推覈 則兵營秖受標信後 卽爲發關 而擧行之勤慢 專在該鎭 故該鎭校吏等究詰 則以爲程途稍遠往復知委之間 軍兵之未及到站者 太半云 安東鎭營將金宅基 罷黜其罪狀 令攸司稟處 左兵使吳載光 常時不勤 檢束勘罪一款 令廟堂稟處 臣亦惶恐待罪 敎 以卿其勿待罪事 回諭

461.

건명 : 實錄 奉安時 慶尙左道 扈衛이 全闕한 이유를 찾아 처벌토록한 처분

발신처 : 領議政 李秉模

검색어 : 慶尙左道, 實錄奉安, 慶尙左兵使, 吳載光, 罷黜, 營將, 兵營

출처 : 純祖 6年 丙寅 6月 15日 ; 33-438上~下

命慶尙左兵使吳載光勘罪置之

領議政李秉模啓言 今番實錄奉安之行 慶尙左道扈衛 全闕委折 令道

臣 詳査狀聞後 稟處之意 自禁府啓下行會矣 卽見慶尙監司尹光顔査啓 則以爲實錄陪扈 事體莫重 而不但隊伍之或疏 服色之欠精而已 安東軍兵太半未到 至於他邑軍仍把之境 則不可以軍衛之不至全闕 有所曲恕 安東鎭營將金宅基爲先罷黜 其罪狀 令攸司稟處 左兵使吳載光發兵關文 初八日到付於該營將 則有不可以擧行稽滯論 而常時不勤檢束之責 在所難免 勘罪一款 請令廟堂稟處矣 營將事 當自該府稟處 而兵營關文旣已趂期 到付於鎭營 則別無可罪之端 聖敎亦以迎送爲悶請置之 從之

462.

건명 : 都政에서 兪殷柱를 蔚山府使로 삼음

발신처 : 純祖

검색어 : 都政, 兪殷柱, 蔚山府使, 初仕

출처 : 純祖 6年 丙寅 6月 22日 ; 33-449上~450上

都政下批 吏曹判書朴宗來參判李肇源參議吳淵常兵曹判書趙得永參判韓致應參議朴鍾淳參知鄭景祚進

(前略) ○ 吏批 以兪殷柱爲蔚山府使 尹光厚爲昌寧縣監 徐有齡爲大興郡守 李馨秀爲竹山府使 朴應浩爲礪山府使 李燁爲漆谷府使 張鉉宅爲豐德府使 李德彬爲開寧縣監 洪龍健爲昌原府使 徐耕輔爲平康縣監 任弘常爲龍潭縣令 申純爲雲峯縣監 金基允爲陽城縣監 李仁達爲草溪郡守 韓大洪爲海美縣監 權師億爲寶城郡守 沈能完爲珍島郡守 李思秀爲德源府使 韓永逵爲鍾城府使 曺允遂爲定州牧使 鄭文容爲兎山縣監 許涗爲陽德縣監 安宅仁爲萬頃縣令 金最行爲高敞縣監 金龍淳爲羅州牧使 丁海翼爲高原郡守 朴旨鳳爲利原縣監 朴獻源爲金山郡守 金載瓚爲冬至兼謝恩正使 李冕膺爲副使 李永老爲書狀官 吳載紹爲判尹 吳載紹爲同經筵 趙尙鎭爲判義禁 李之珩爲獻納 之珩及崔履亨金星甲 幷新通 鄭文始爲持平 文始及李章 幷新通 金愚享爲修撰 朴大圭爲副修撰 趙鍾永爲注書 柳哰爲寧陵參奉 趙泰永爲泰陵參奉 金初淳爲顯隆園參奉 任岳周爲假引義 哰以下 竝初仕也 陽城縣監金基允 兎山縣監鄭文容 相換

463.

건명 : 각 道의 군사훈련을 형편을 고려하여 시행하도록 한 처분과 문책 내용
발신처 : 備邊司
검색어 : 慶尙左兵使, 吳載光, 秋水陸操, 合操, 城操, 巡操, 面操, 巡歷, 巡點, 未行操處官鎭門聚點, 災傷覆審校生考講, 鄕騎士勸別武武學都試, 推考
출처 : 純祖 6年 丙寅 7月 13日 ; 33-508下~509上

命今秋諸三都水陸操竝停止官鎭門聚點等事依例擧行推前北兵使申鴻周
備局啓言 總戎使李仁秀 水原留守趙鎭寬 廣州留守李羲弼 江華留守尹序東 京畿監司金履度 水使金燨永 宗防禦使權逵 平安監司李勉兢 兵使鄭觀采 黃海兵使李光益 江原監司林漢浩 統制使李溏 慶尙左兵使吳載光 右兵使李身敬 公忠兵使林秣洙 全羅兵使李近胄 南兵使崔東岳 前北兵使申鴻周 秋操取稟狀啓 以爲今秋水陸操合操城操巡操面操巡歷巡點及未行操處官鎭門聚點 竝請令廟堂 稟旨分付 災傷覆審校生考講鄕騎士勸別武武學都試依例設行爲辭矣 今年稽事豊歉未判 大比諸科責應亦多 今秋諸道三都水陸操合操城操巡操面操及巡歷巡點 竝令停止 至於官鎭門聚點 惕念擧行之意 申明嚴飭 災傷覆審校生考講鄕騎士勸別武武學等 各樣都試 依例擧行之意 一體分付 前北兵使申鴻周秋操狀啓 過限登徹 請推考 允之

464.

건명 : 慶尙左水營 船艙 移設의 일을 신중하게 처리하도록 한 처분
발신처 : 左議政 李時秀
검색어 : 慶尙左水營, 船艙移設, 蔚山, 長生浦
출처 : 純祖 6年 丙寅 10月 初5日 ; 33-664下~665上

命慶尙左水營船艙移設事令道臣論理狀聞後稟處
左議政李時秀啓言 慶尙左水使李用逵狀啓 以爲本營船艙 海水漸縮大小船隻 置在沙岸 蔚山之長生浦 程途百三十里 機張之武知浦 港口虛闊 臣營下多大浦 遍審形止 則戰兵船十餘隻 足以容泊 而其外咫尺浦古木 前洋兩處 可藏屢十戰艦 且陸陳敎場 則有南林一處水操 則羅浦前洋 數三十戰艦 亦合設寨 而釜山多大開雲豆毛 民戶爲數千 其在

邊圉 實無疏虞 依甕津之蘇江例 設爲行營 風和六朔水使留焉 風高六朔虞候居之事 請令廟堂 稟處矣 東萊水營 船艙變通之議 其來已久 前後帥臣 皆有一番狀聞 明知其爲萬全之地 然後可許其移設 請分付道臣 詳探物情 形便深量 彼此事勢 論理狀聞後 更爲稟處 從之

465.

건명 : 각 道 牧場의 馬畜數爻의 내용 중 경상도 부분

발신처 : 司僕寺

검색어 : 各道牧場馬畜數爻啓, 慶尙道, 蔚山, 乙丑籍付馬, 今生馬, 封進馬, 故失馬, 除今年實留放壯兒, 雌雄馬, 一年應孳産馬

출처 : 純祖 6年 丙寅 10月 初5日 ; 33-780上~783上

太僕以各道牧場馬畜數爻啓

司僕寺啓言 各道牧場 今年孶産 或加元式 而旣不超異故失 或減元總而數不爲多 賞罰一款 幷姑置之 更觀來頭 勤慢處之 允之 ○ (前略) 慶尙道 (中略) 蔚山長鬐等 監牧官金亨遠 所管二牧場 乙丑籍付馬一千一百六十八匹 今生馬一百八十三匹 合馬一千三百五十一匹內 封進馬三匹 故失馬一百一匹 除今年實留放壯兒雌雄馬 幷一千二百四十七匹內 壯雌馬五百九十匹 一應孶馬一百七十七匹 今生馬一百八十三匹加報六匹 東萊兼監牧官 (中略) 已上 今生實留放壯兒雌雄馬 竝八千四百三十八匹

466.

건명 : 老職人에 대한 加資 내용 중 경상도 부분

발신처 : 純祖

검색어 : 老職人, 慶尙道, 蔚山, 朴祥周, 加一資, 婦女封爵

출처 : 純祖 7年 丁卯 正月 初3日 ; 33-798下~801下

老職人下批

(前略) ○ 慶尙道 (中略) 蔚山 通政朴祥周等三人 (中略) 以上 朝官士庶 各加一資 婦女封爵

467.

건명 : 慶尙左兵營의 移設에 대한 의견을 들어 보고하도록 한 처분

발신처 : 左議政 李時秀

검색어 : 慶尙左兵營, 移營, 慶尙左兵使, 吳載光, 慶州, 永川, 新寧, 華山, 關防

출처 : 純祖 7年 丁卯 正月 初5日 ; 33-805上~下

命慶尙左兵營移設事博詢將臣令道伯論理狀聞

左議政李時秀啓言 此慶尙左兵使吳載光狀啓也 以爲臣營迫處 海口地理不合 形便失宜 而城內泉井 小旱輒乾 且所管兵馬 則三鎭與四十州皆在背後 遠或四五百里 近爲二三百里 猝有警急 萬無時日可集之路若論可合移營之處 則前後諸議 或以爲慶州便 或以爲永川便 或以爲新寧華山便 而至於慶州 則距海邊爲一日程 舟師後援 不近不遠 且以地勢言之 本以羅代舊都 山川周遭 民物殷盛 儼然有關防規模 各項公廨營府兩衙 足可容接一號令之間 屢千軍校 可以立辦於府中 請令廟堂 稟處矣 帥臣陳請不無意見 前人所論亦有可據 而營閫移設 事體甚重 關防之緊歇 兵民之利害 俱難遙度 請博詢於時原任將臣 亦爲分付於該道道臣 廣探物情 詳察形便 論理狀聞後 更爲稟處 從之

468.

건명 : 여러 道의 군사훈련을 형편에 따라 시행하도록 한 처분

발신처 : 備邊司

검색어 : 慶尙左兵使, 吳載光, 嶺南, 水操, 陸操, 巡歷, 巡點, 統營合操, 春操, 未行操處官鎭門聚點, 勸別武都試

출처 : 純祖 7年 丁卯 正月 初10日 ; 33-810上~下

命嶺南湖南湖西水操各其前洋設行陸操及巡歷巡點停止統營合操只以兼管右水營水操擧行關西關北春操依例設行畿甸海西關東水陸操巡歷巡點幷停止未行操處官鎭門聚點

備局啓言 卽見總戎使李仁秀 水原留守趙鎭寬 廣州留守李義弼 開城留守洪義謨 江華留守尹序東 統禦使金𤏡 永宗前防禦使權逵 江原監司金履喬 統制使李溏 慶尙左兵使吳載光 右兵使李身敬 全羅兵使李東善 公忠兵使林栽洙 平安兵使鄭觀采 黃海兵使李光益 南兵使崔東岳 北兵使柳文植 春操取稟狀啓 則以爲今春水陸操合操巡操城操面操

及巡歷巡點未行操處官鎭門聚點 何以爲之事 請令廟堂 稟旨分付 勸別武都試 依例設行爲辭矣 詰戎重務 有不容一向曠廢 參量農形 探察民情 或春行而秋停 或陸停而水行 今春嶺南湖南湖西水操 各其前洋設行 統營合操 姑爲停止 只以兼管右水營水操 擧行三道陸操 幷與巡歷巡點 姑令停止 關西關北兩道春操 幷依例設行 畿甸海西關東三道水陸操及巡歷巡點 幷姑停止 行操處巡點 不必疊行置之 未行操處官鎭門聚點 依前嚴飭擧行 都試依例設行 請竝分付 允之

469.

건명 : 蔚山 등 4곳 封山의 松田 失火의 근본 원인을 摘奸하여 보고하게 하고, 해당 수령들에 대한 문책은 하지 말도록 한 처분

발신처 : 慶尙左水使 李用逵

검색어 : 慶尙左水使, 李用逵, 松田失火, 梁山, 密陽, 機張, 封山, 蔚山府, 大雲山, 蔚山兼任彦陽縣監, 閔心爀

출처 : 純祖 7年 丁卯 3月 初7日 ; 33-944下~946下

慶尙左水使李用逵以蔚山等地松田失火形止馳啓

狀啓以爲 卽因蔚山梁山密陽機張四邑封山 標內標外失火牒報 發遣營裨摘奸 則蔚山府大雲山 二月初九日所被燒 長九十步 廣八十步 小松三十三株 稚毛松 不可勝記 梁山地十一日 被燒處內 浦山烏田登 則長九十七步 廣一百十步 稚松難以盡記 麻堂登 則長一百十三步 廣二百十一步 小松四十三株 稚松亦甚夥然 密陽府古曳山 十六日所被燒 長九里 廣七里 大松五株 中松二百五十三株 小松三百十一株 風落松十一株 稚松無餘存 而拱抱之松 依前稀立 機張縣長安山 十三日所被燒長五百五十把 廣三百三十把 中松六株 小松二十九株 稚毛松不能殫記云 旬日之內 四邑封山之被燒 若是夥然 蔚山兼任彦陽縣監閔心爀 機張縣監柳英喆 失火之處 枯黃之木 炳然其禁標之松 而該邑所報 謂以標外私山 而只焚間田茅草云者 與營摘奸 大爲爽實亦極疏忽 梁山郡守李龜雲所報中 被燒長廣及火枯松木 亦與摘奸 有所相左殊涉駭然 密陽府使金載華所報 被燒處 雖與摘奸無異 而其所燒燼與他尤甚 誠極駭惋 其在懲後之道 火出本因 期於查得之意 各該地方官處 發關嚴飭 而新頒事目中 松田失火守令勿罷 故該守令論罪一款 令廟堂稟處

職在掌松 不善檢飭 惶恐待罪 敎 以勿待罪 根因斯得事回諭 又狀啓以爲 卽因慶州府尹朴宗京 封山標內失火 牒報發遣 營裨摘奸 則二月初五日 被燒柿嶺山柿洞登 則長六百二十步 廣四百二十步 中松四十株 小松五十八株 稚毛松沒數 被枯朴嶺登 則長四百步 廣一百九步 小松四十株 稚毛松間間被燒 十八日大風 所被燒枝竹山窟巖登 則長三百六十步 廣二百步 中松五株 小松六株 稚毛松沒數 被枯南菴登 則長一千八百步 廣一百八十步 中松十七株 小松二十株 楸嶺山草幕登 則長八百十步 廣三百十三步 中松七株 小松二十六株 稚毛松無餘存云 封山之連次失大 旣非尋常之事 則固當十分詳審 從實修報 而該府尹朴宗京 非但常時不善禁護 所報長廣株數 與營摘奸大爲相 左誠甚疏忽火出本因 期於査得之意嚴飭 而新頒事目中 松田失火守令勿罷 故該府尹論罪一款 令廟堂稟處 封山失火 纔已狀聞 而又有此慶州封山 再次被燒 惶恐待罪 敎 以連失火於封山事 涉訝矣 其何以如此 斯得登聞爾則待罪 則勿爲事回諭

470.

건명 : 蔚山 등 封山의 松田 失火가 있었던 지역의 監官과 山直의 죄를 묻도록 한 처분

발신처 : 左議政 李時秀

검색어 : 密陽, 松田失火, 蔚山, 梁山, 機張, 慶州, 封山, 山直

출처 : 純祖 7年 丁卯 3月 20日 ; 33-992下~993上

命密陽等邑松田失火守令論罪置之

左議政李時秀啓言 卽見統制使李溏 慶尙左水使李用逵狀啓 則以爲密陽蔚山梁山機張慶州巨濟南村等 邑鎭松田失火 而松田失火守令勿罷有新頒事目 論罪一款 請令廟堂稟處矣 諸處封山之連續失火 誠極驚怪 被燒株數 雖不夥然 若能謹愼於未燒之前 撲滅於始燒之際 則豈有如是延及之理乎 監官及山直輩 各別嚴繩 以懲日後 而守令勿爲論罪旣有事目 請竝置之 從之

471.

건명 : 慶尙道 定配罪人의 放秩과 未放秩의 실상을 살펴 放送과 仍配하도록

한 처분

발신처 : 刑曹

검색어 : 慶尙道, 定配罪人 放秩, 未放秩, 彦陽, 柳光祿, 稟秩, 放送, 仍配

출처 : 純祖 7年 丁卯 4月 12日 ; 34-23下~25下

判下秋曹該道放未放回啓

刑曹啓言 (中略) 又啓言 慶尙道定配罪人 放秩未放秩 竝依啓聞施行 而稟秩中 機張金學民 興海崔晉宅 熊川金龜謨 漆原朴有元 昌原金起宗 長鬐邊鎭淮 星州李用命 玄風張準獻 奉化金石彬 興海李應杰 金海韓春山 昆陽徐宜福 未放秩中 咸安白文鴻 鎭海梁鎭民 義城金碩河 河東洪元九 晉州柳夏挺 昌原韓光穆 長鬐姜漢澤 金海曺雲起 河東咸命澤 泗川李養呂 咸陽金德贊等 當初所犯 不至深重 竝放送 放秩 昌原梁晉煥 稟秩 尙州李祥 永川金元文 奉化金日祥 長鬐丁達元等 罪犯俱爲不輕 請竝仍配 允之 敎 以長鬐丁達元 密陽李春燁 高靈洪處大 安義朴元實南秉德 慈仁金成寶 英陽沈成信 金海張石山 聞慶文永弘 榮川周學元 東萊朴啓大 泗川田時大 鎭海李長松 奉化李明坤 金海李守淵 永川林壽達 延日崔漢 宜寧金相才 咸陽申己大朴蒯夫 昌原李江 晉州金鍊行 宜寧朴日甲 庇安李香東 晉州韓柄運 彦陽柳光祿 醴泉張世分 泗川權致範 竝放送 (後略)

472.

건명 : 慶尙道의 放未放 定配罪人의 放秩과 未放秩의 실상을 살펴 放送과 仍配하도록 한 처분

발신처 : 刑曹

검색어 : 慶尙道, 放未放定配罪人, 放秩, 未放秩, 稟秩, 蔚山, 金太叔, 朴興得, 放送, 仍配, 韓孝曾

출처 : 純祖 7年 丁卯 5月 17日 ; 34-92下~93上

判下秋曹放未放回啓

刑曹啓言 (中略) 又啓言 慶尙道 放未放定配罪人 放秩未放秩 竝依啓聞施行 而稟秩 尙州李祥 蔚山金太叔 陜川吳太命 永川全元文 昌原金應聲 熊川孟昌悅 丹城婢正月 昆陽梁惠信 奉化李百起 仁同崔明采 昌原朴士洪 迎日金聲來 昌寧金益蕃 淸道河宗允 鎭海金健裕 咸昌尹

宗民 安義金凡山 豊基蔡弘烈 寧海金達容 長鬐金載郁 未放秩中 金海朴興得 榮川金哲安 機張玄道明 山淸文召史 梁山李殷甫 河東徐仁得 熊川鄭述晉 昌原李秀曄 鎭海白慶需等 罪犯不至深重 竝放送 未放秩中 靈山金鎭烈 蔚山朴興得 咸安林致文 東萊吳繼孫 宜寧朴仁春 昌原朴聖煥 永川李景得 熊川池福仁等 同罪之長城文龍雲等 旣蒙恩宥 則不可異同 一體放送 放秩中 醴川李延熙 稟秩中 寧海金才特黃於應雪古 機張奴得名 玄風金成大 新寧黃龍伊 星州朴億男 丹城宋方允 聞慶朴五福 機張郭貴宗 眞寶李甲孫 高靈宋淡伊 丹城朴興瑞 蔚山韓孝曾 英陽金以喆 安義全乭伊 咸安李共鎭 居昌尹夫同伊 軍威劉五宅 靑松鮮于赫 咸安朱者斤男 靑松趙命得等 罪犯不輕 請竝仍配 允之 敎 以英陽金以喆 安義全乭伊 咸安李共鎭 居昌尹夫同伊 軍威劉五宅 咸安朱者斤男 靑松趙命得 熊川楊在哲 禮安鄭應大 巨濟奴一得 高靈崔鎭奎 竝放送

473.

건명 : 慶尙道 각 고을의 飢民八巡通計 및 救急과 設粥에 따른 곡식 수의 마련 방안 중 蔚山과 蔚山牧場 부분

발신처 : 慶尙監司 尹光顔

검색어 : 蔚山, 飢民八巡通計, 救急及設粥各穀, 監營別備各穀, 醬, 藿, 兪殷柱, 自備, 蔚山牧場

출처 : 純祖 7年 丁卯 5月 20日 ; 34-97下~99上

慶尙監司尹光顔以畢賑形止馳啓

該監司狀啓以爲 麥事登場 賑政次第告畢 而慶州等二十邑 隨其緩急或三月賙賑 或一月一給 左水營等邑驛鎭 一體賙救 而通計救急 合爲二十七處 歲前後 都合飢民爲八萬九千三十口 救急各穀爲八千三百六十石零內 臣營別備爲二千三百八十五石零 各營邑驛鎭自備爲三千九百七十五石零 竝飢口穀數 依近例修成冊 上送于備邊司 ○ (前略) 蔚山 飢民八巡通計 六千三百六十五口 救急及設粥各穀 二百五十三石零 租六十石 監營別備 各穀一百九十三石零 醬六斗零 藿六丹 府使兪殷柱自備 (中略) 蔚山牧場 飢民五巡通計 七百六十五口 救急租 三十七石零 二十石 監營別備 十七石零 監牧官 金亨遠自備 (下略)

474.

건명 : 殿最에서 慶尙左兵使 吳載光의 啓本에 나타난 大邱營將 李遇盍의 성적

발신처 : 純祖

검색어 : 殿最, 慶尙左兵使, 吳載光, 大邱營將, 李遇盍

출처 : 純祖 7年 丁卯 6月 15日 ; 34-139下~140下

王大妃殿進御加味六和湯命依前方五貼製入開拆京外殿最

教曰 吏兵房承旨 持褒貶啓本入侍 (中略) ○ 慶尙左兵使吳載光啓本

大邱營將李遇盍 勉察飭 所貴純愨 中

475.

건명 : 守令의 人事考課에서 하등급을 주지 않은 慶尙左兵使 李用逵 등을 推考하도록 한 처분

발신처 : 純祖

검색어 : 慶尙左兵使, 李用逵, 慶尙監司, 尹光顔

출처 : 純祖 7年 丁卯 6月 15日 ; 34-140下

推京畿監司金履度平安監司李勉兢公忠監司趙德潤慶尙監司尹光顔開城留守洪義謨京畿水使鄭學畊公忠兵使林栽洙水使安宗厚黃海兵使李光益全羅右水使尹芮圭慶尙左兵使李用逵南兵使崔東岳江華留守尹序東全羅左水使柳相亮平安兵使鄭觀采統制使李溏

履度等守令 無中下 德潤等守令 無下 義謨等邊將 無中下 序東等邊將無下　承旨 請推也

476.

건명 : 각 道의 군사훈련을 형편을 고려하여 시행하도록 한 처분

발신처 : 備邊司

검색어 : 慶尙左兵使, 吳載光, 秋操, 輪操, 合操, 三南, 水操, 春操, 未行操處官鎭門聚點, 災傷覆審, 校生考講, 鄕騎士勸別武武學都試

출처 : 純祖 7年 丁卯 7月 初10日 ; 34-193上~194上

命諸道三都秋操竝依例設行其中廣州以輪操代合操三南停水操關西北關春操已行處外竝行操

備局啓言 卽見摠戎使李堯憲 水原留守洪明浩 廣州留守朴宗來 江華

留守尹序東 京畿監司金履度 水使鄭學曄 永宗防禦使趙岐 平安監司趙得永 兵使鄭觀采 黃海兵使李光益 江原監司金履喬 統制使李溏 慶尙左兵使吳載光 右兵使李身敬 公忠兵使林栽洙 全羅兵使李東善 南兵使崔東岳 北兵使柳文植 秋操取稟狀啓 則以爲今秋水陸操合操城操巡操面操巡歷巡點及未行操處官鎭門聚點 竝請令廟堂 稟旨分付 災傷覆審校生考講鄕騎士勸別武武學都試 依例設行爲辭矣 今春諸道 水陸操取稟時 以參量農形 探察民情 或春行而秋停 或陸停而水行 次第輪回之意 已爲仰請矣 春間海溢不過 若而沿邑初夏 雖或惜乾 諸道亦旣普洽 來頭穡事 有可以綽略料量 今秋水陸操合操城操巡操面操及巡歷巡點 竝依例設行 而三南水軍春旣行操 有異全停 又皆海沿亦宜軫慮三南水操 特令停止 關西春南秋北 北關春北秋南 係是定式 今春已行處外 使之一體設行 至若廣州合操 則該營事力實 有不贍之慮 以輪操代行事分付 行操處巡點 不必疊行置之 未行操處官鎭門聚點 另飭擧行 災傷覆審校生考講鄕騎士勸別武武學等各樣都試 依例擧行事 竝爲分付 戎政所關 果何如 而人情狃於姑息停廢便認恒例 事誠寒心 若其兵民煩擾之弊 則反由於因循久停之致 謹稽英廟朝丙寅下敎 若曰 春秋之操道臣 則每以請其停操 爲高致意似爲民 而詰戎之政 亦非所以耀武也 卽爲民也 又若曰 此後 則非大歉之歲 不獲 已停操者外 其勿以今春雖不行 亦有來秋云 而必也行之 使戎政 俾不至於放忽大哉 聖訓深軫 遠謨欽誦 恪遵久益宜然 諸道道帥臣 須悉此意無敢 更以停行爲請 行操之際 必務嚴申約束 卒伍關額幻冒之擧 校吏舞手侵漁之習別加操飭 俾有實效聚點 各邑簽丁修械等節 十分致力 無敢玩愒之意請一體嚴飭 允之

477.

건명 : 慶尙道에서 忠孝와 孝烈에 행적이 뛰어난 자들에 대한 儒林들의 上言 중 蔚山 幼學 朴春澤의 妻 金氏의 孝行과 처분 내용

발신처 : 備邊司

검색어 : 慶尙道, 山淸, 金萬鎰, 褒贈之典, 蔚山, 朴春澤, 旌褒之典

출처 : 純祖 7年 丁卯 9月 初6日 ; 34-341下~351下

判下幸行時京外上言

(前略) 又啓言 慶尙道 幼學李忠翊等上言 以爲山淸故士人金萬鎰忠孝請施旌贈云 金萬鎰 至誠事親 倡義討賊 前後文蹟 已著營邑之狀 多士之請 可見公議之 不泯合施褒贈之典 請上裁 從之 又啓言 慶尙道 幼學宋之洙等上言以爲 蔚山幼學朴春澤妻金氏孝行 請旌褒之典云 請自臣曹 關飭該道實蹟 式年抄啓 使之擧行 教 以孝行若是顯著 聯籲陳請道臣稟處 又啓言 慶尙道 幼學河錫九等上言 以爲故府使曺繼明忠節請褒美之典云 請令道臣 詳探其實蹟報來後 更爲稟處 教 以忠節殊甚嘉尙 多士聯訴的實 議于大臣稟處 又啓言 問議大臣 則左議政李時秀以爲忠雖嘉賞事 旣久遠 更令道臣 詳探以啓云 請上裁 從之 (下略)

478.

건명 : 前慶尙左兵虞候 金憲柱와 折衝 盧仁兢의 공을 인정하여 加資하도록 한 처분

발신처 : 兵曹

검색어 : 前慶尙左兵虞候, 金憲柱, 折衝, 盧仁兢, 加資, 慶尙左兵使, 吳載光

출처 : 純祖 7年 丁卯 9月 16日 ; 34-363下~364上

命前慶尙左兵虞候金憲柱折衝盧仁兢加資

兵曹啓言 慶尙左兵使吳載光啓本以爲 虞候金憲柱 軍器修葺 廨宇改建 捐廩自備 有足可尙 令該曹 照例稟處云 前虞候金憲柱 當施加資之典 請上裁 從之 又啓言 黃海監司李好敏狀啓以爲 本營城譙軍器 頹圮傷毁 將臺門樓 雉閣庫舍 疏虞莫甚 以帶率軍官 折衝盧仁兢 將校出身朴敏軾 差定看役 各項軍物 新備改補 門樓城譙 重建葺舊 令該曹 考例稟處云 監董官盧仁兢 當施加資之典 請上裁 朴敏軾 請令本道 從厚施賞 從之

479.

건명 : 東萊 金井山城의 수축, 甘同·蒜山倉의 移設, 彦陽 등 4邑 束伍軍을 東萊府에 합치는 일에 대한 東萊府使 吳翰源의 청원

발신처 : 左議政 李時秀

검색어 : 東萊府使, 吳翰源, 金井山城, 甘同, 蒜山, 梁機彦密, 彦陽, 左兵使, 吳載光, 束伍, 闕額, 別會穀, 糶糴

출처 : 純祖 7年 丁卯 9月 16日 ; 34-376下~378上

命東萊金井山城修築及甘同蒜山兩倉移設事依狀請施行梁機兩邑束伍幷付本府主管操鍊

左議政李時秀啓言 頃因東萊府使吳翰源上疏 金井山城之修築 甘同蒜山兩倉之移設 梁機彥密束伍之幷付萊府 便否論理狀聞事 覆啓行會矣卽見慶尙監司尹光顔狀啓 則以爲金井山城 山勢險阻 有萬夫莫開之形今若募民減其身役 屬之城丁 則不出二十年 戶口必當滋殖及今營築恐合事宜 而城堞修築及東門改建之役 本府自以爲擔當經始 梁山機張本是該府所屬束伍移付 更無可疑 至於密陽 屬於大丘 彥陽屬於慶州兩邑束伍 移此屬彼 則勢將充此闕額 不可移屬 甘同蒜山兩倉 設置已久 所關甚緊 永爲撤罷 有難遽議 而山城今若復設 則不可不重建 倉庫本營別會穀 一千八百餘石 曾所糶糴於城倉者 自當還屬 又以甘蒜兩倉所在還穀 無論會內外 竝送山城 分糶於梁金兩邑 東萊還穀中 限折半移捧於山倉 幷與甘蒜移來穀 同作軍餉 則穀簿恰過萬包 半分取耗則足爲廣儲之道 而倉舍及北西南門營建物財 自本營 今年爲始 每年以二千兩 限二十年別備 劃送萊府 以爲完築之資 以其用餘 恒留城倉則亦可爲養兵之需 請令廟堂稟處 左兵使吳載光 狀啓辭意 亦無異同矣 金井山城之關防形便 固爲南路第一緊要之處 當初設築亶 爲保障控扼之地 而惜其廢棄之論厥惟久矣 該府使旣已陳 請道帥臣 又此論理爛漫 停當無復異議 趁今許施 使之設始經紀 而此不過因舊修築 則計其工役 不啻半減於癸未新築之時 以癸未五朔訖功者 今若可以不日成之 而事貴完固 不必急速 該府使上疏中 磨以歲月 今年築一隅 明年築一面云者 不擾不亟誠爲得之 且其城堞修築東門改建之役 旣請自當則委 而任之責其成效 自監營 每年以二千兩 限二十年 別備劃送者 亦可以漸次需用於北西南門及倉廨營建之資 而以其贏餘留作城倉儲貨亦甚便好 山城今旣復設 則不可不設倉儲穀 以爲兵食 而城倉兩役 似難於同時幷擧 次第經紀 實爲穩便 監營別會穀 曾所糶糴於城倉者之準元數還屬 甘同蒜山兩倉還穀之 一幷移送山城分糶 梁金兩邑 只仍舊貫 且無難便 則幷依狀 請施行 萊府還穀元數中 移捧於山倉 不必以折半爲限 令道臣 更考衙門穀名 就其可以移作軍餉者 量宜施行 彥密兩邑束伍之移屬 誠如道帥臣所論 實多掣碍 有難遽議 而至於梁機兩邑 本是該府所屬 則幷付山城 使本府主管操鍊外 此民丁募集之道

惟在營邑方便施措之 如何 請以此幷爲分付 從之

480.

건명 : 慶尙道 定配罪人의 放秩과 未放秩의 죄수들을 放送과 仍配에 처하도록 한 처분

발신처 : 刑曹

검색어 : 各道放未放修啓冊子, 慶尙道, 定配罪人, 蔚山, 韓孝曾, 放秩, 放送, 仍配, 稟秩

출처 : 純祖 7年 丁卯 9月 18日 ; 34-384下~386上

判下秋曹諸道放未放回啓

刑曹啓言 各道放未放修啓冊子中 (中略) 慶尙道定配罪人 放秩未放秩 竝依啓聞施行 稟秩中 寧海金才特 機張奴得名 丹城宋方允 昆陽金敬仁 熊川張天儉 未放秩中 昆陽金昌殷等 罪犯或不深重 或同罪 而入於他道放秩 竝放送 稟秩 固城崔汝泰因其妻 擊錚已蒙恩宥置之放秩 鎭海任百慶 昆陽林鳳翮 稟秩 熊川金再翼 晉州趙鎭邦 泗川高擎天 昆陽閔奉德 金海李仁華 固城洪敏浩 河東趙千一 慶州朴億松 寧海黃於應雪古 淸道禹黃雲 密陽朴建伊 玄風金大成 新寧黃龍伊 星州朴億男 聞慶朴五福 機張郭貴宗 眞寶李甲孫 高靈宋淡伊 昆陽金台昇 蔚山韓孝曾 靈山趙大春 咸安朴春實朴六弘 昆陽吳德履 固城申命一 未至配所秩 通川朴雲一 古阜李萬實 鳳山李耆衡等 罪或不輕到配屬耳 竝仍配之意 請分付道臣 (下略)

481.

건명 : 朴宗柱을 慶尙左兵使로 삼음

발신처 : 純祖

검색어 : 朴宗柱, 慶尙左兵使

출처 : 純祖 7年 丁卯 11月 24日 ; 34-534下

有政 吏曹參判閔耆顯兵曹判書金履翼進

以朴孝成爲執義 姜文會爲司諫 鄭時善爲掌令 具明源爲正言 李錫祜爲校理 李永老爲修撰 吳泰賢金在昌爲同經筵 李魯在爲善山府使 李益運爲知事 金益彬爲南兵使 朴宗柱爲慶尙左兵使

482.

건명 : 慶尙左兵使 朴宗柱을 불러서 만남

발신처 : 純祖

검색어 : 慶尙左兵使, 朴宗柱, 辭陛

출처 : 純祖 7年 丁卯 12月 17日 ; 34-565上

召見慶尙左兵使朴宗柱于誠正閣
辭陛也

483.

건명 : 각 道 牧場의 馬畜數爻 가운데 경상도 부분

발신처 : 司僕寺

검색어 : 各道牧場馬畜數爻啓, 蔚山, 監牧官, 金亨遠, 牧場, 丙寅籍付馬, 今生馬, 封進馬, 故失馬, 除今年實留放壯兒雌雄馬, 壯雌馬, 孶産馬, 東萊, 多大浦僉使, 代徵馬, 取種馬, 各邑分養捉給馬

출처 : 純祖 7年 丁卯 12月 22日 ; 34-575下~578上

太僕以各道牧場馬畜數爻啓

司僕寺啓言 各道牧場 今年 孶産或加元式 而旣不超異 故失或減元總而數不爲多 賞罰一款 幷姑置之 允之 ○ 後錄 (中略) 蔚山長鬐等 監牧官金亨遠 所管二牧場 丙寅籍付馬 一千二百四十七匹 今生馬一百八十七匹 合馬一千四百三十四匹內 封進馬三匹 故失馬一百一匹 除今年實留放壯兒雌雄馬 幷一千三百三十匹內 壯雌馬五百九十九匹 一年應孶産馬一百八十匹 今生馬一百八十七匹 加報七匹 (中略) 已上丙寅籍付馬 八千四百三十八匹 代徵馬十五匹 取種馬 二匹 今生馬 一千三百十二匹 合馬九千七百六十七匹內 封進馬四十九匹 各邑分養捉給馬十匹 故失馬一千二匹 合馬一千六十一匹 除今年實留放壯兒雌雄馬 竝八千七百六匹

484.

건명 : 洪格을 彦陽縣監으로 삼음

발신처 : 純祖

검색어 : 洪格, 彦陽縣監, 初仕

출처 : 純祖 7年 丁卯 12月 30日 ; 34-585上~下

御熙政堂行都政 吏曹判書李始源參判朴崙壽正郎南遠孫權佖金用默佐郎李英埴李德升李永純兵曹判書金履翼參知吳鼎源正郎鄭宗顯洪祐燮趙民和佐郎孫錫祉朴師晉金秉淵進

○ 吏批 以金箕應爲黃州牧使 朴瑞源爲金海府使 朴宗正爲江陵府使 李普天爲兵曹參判 宋倫載爲仁川府使 洪邁源爲禮安縣監 李民秀爲富寧府使 閔亨默爲朔州府使 許溭爲渭原郡守 申啓文爲龜城府使 南宮坤爲肅川府使 權佖爲孟山縣監 趙達洙爲明川府使 洪格爲彦陽縣監 李時晦爲靈巖郡守 李光憲爲淳昌郡守 李東煥爲長連縣監 鄭周誠爲昌原府使 白翼鎭爲熙川郡守 崔啓鉉爲陽德縣監 吳顯忠爲郭山郡守 李普榮爲樂安郡守 梁垸爲長淵縣監 金履完爲南平縣監 趙運永爲平海郡守 王道常爲鎭海縣監 金光浩爲求禮縣監 曺命楫爲江界府使 李彬爲長湍府使 金基厚爲豊川府使 基厚書下也 沈有祖爲河東府使 李玉鉉爲順川郡守 宋啓洙爲永禧殿參奉 金永受爲明陵參奉 朴弘源爲崇陵參奉 南履愚爲翼陵參奉 尹亨植爲弘陵參奉 金履豊爲假引儀 啓洙以下竝初仕也 (下略)

485.

건명 : 老職人에게 朝官의 士庶에게는 加一資하고, 婦女에게는 封爵하도록 한 처분

발신처 : 純祖

검색어 : 老職人, 蔚山, 韓仲三, 彦陽, 金明玉, 加一資, 婦女封爵, 朴就文, 百歲老人秩

출처 : 純祖 8年 戊辰 1月 初2日 ; 34-591上~593下

老職人下批

(前略) ○ 慶尙道 (中略) 蔚山 通政韓仲三 (中略) 彦陽 折衝金明玉 (中略) 以上 朝官士庶 各加一資 婦女封爵 ○ 百歲老人秩 永平 嘉善葛以柱 鎭川 嘉善林樹 安東 嘉義金乙先 晉州 嘉義朴海三 星州 嘉義愼必三 蔚山 嘉義朴就文 金海 嘉義孔德才 密陽 嘉善李任大 善山 嘉善裵尙泰 陜川 嘉善朴天進田聖己 固城 嘉善朴奉才 熊川 嘉善梁貴乭 羅州 嘉善廉宗澤 長興 通政金時若 嘉義金德麟 折衝姜泰重 順天 嘉

善金光玉 靈光 嘉善金先才趙昌位 昌平 嘉善蔡碩祿 谷城 通政姜厚信 海州 嘉善宋光垕崔守奉 谷山 嘉善金順贊 載寧 通政鄭圖河 三陟 嘉義金寬仲 金寬仲妻貞夫人李氏 伊川 資憲李膺伯 吉州 嘉義朴泰文 寧邊 資憲全萬興 肅川 嘉善金光日 泰川 嘉善吳萬位 竝超崇政 婦女從夫職封爵

486.

건명 : 각 道의 군사훈련을 형편에 따라 시행하도록 한 처분

발신처 : 備邊司

검색어 : 三南, 春水操, 陸操, 統營合操, 水陸操, 未行操處官鎭門聚點, 慶尙前左兵使, 吳載光, 勸別武都試, 嶺南

출처 : 純祖 8年 戊辰 正月 初2日 ; 34-613上~下

命三南今春水操各設於前洋三南陸操統營合操及京畿關東海西三道水原廣州江華總廳統禦營水陸操幷停止未行操處官鎭門聚點另飭擧行

備局啓言 即見兼察總戎使李海愚 水原留守李集斗 江華留守尹序東 開城留守洪義謨 廣州留守朴宗來 統禦使鄭學晪 永宗防禦使趙岐 江原監司金履喬 統制使申大偀 慶尙前左兵使吳載光 右兵使李身敬 全羅兵使李東善 公忠兵使林栽洙 平安兵使李光益 黃海兵使朴基豊 前南兵使崔東岳 北兵使柳文植狀啓 則以爲今春水陸操合操巡操城操面操及巡歷巡點未行操處官鎭門聚點 請令廟堂 稟旨分付 勸別武都試依例設行爲辭矣 昨年秋事 旣未均稔 即今民勢通患益紲 今春嶺南湖南湖西三道水操依秋操例 各其前洋設行 統營合操停止 只兼管右水營水操擧行 湖西之舟師邑中 沔川以海溢被災 入於昨年尤甚 湖南之山北六邑鎭中 黔毛浦古群山蝟島 三鎭以漁農爲業 勿參春操 曾有定式 法聖臨淄回祿四鎭 旣如此外 此一邑一鎭之獨爲設操 不成營制 竝爲停止 陸操 則昨秋旣皆設行 又難與水操一時竝擧 與巡歷巡操姑令停止關西關北春操 竝依例設行 而關西 則春操之行於淸南 雖是定式 昨秋淸北行操 因道臣狀請退行於今春事 覆奏許施 依此施行 京畿關東及總廳水原廣州統禦營 昨年旣行秋操 海西歉餘春窮 亦宜軫念 江華以後營 延白之昨秋被災 旣許停操 三道水陸操及巡歷巡點 竝姑停止 松都 則只有春操 而曠廢許久 今年則使之設行 而行操處巡點 不必疊

行置之 未行操處官鎭門聚點 另飭擧行 都試依例設行 而水陸設操之處 嚴申約束 俾有軍伍操鍊之效痛斷校吏侵漁之習聚點 各邑闕額 黃白之査簽 朽劣器裝之繕修 亦誠致力 毋敢玩愒 而不有先事之飭甘歸故犯之科 則當該守令邊將道帥臣 這這摘發論勘 或漫不致察 現發於來頭摘奸之時 則道帥臣 亦難免重勘 請以此竝爲分付 允之

487.

건명 : 慶尙左兵營을 華山으로 移設할 비용으로 右兵營 軍餉米을 이용하도록 한 처분과 조처 내용

발신처 : 左議政 李時秀

검색어 : 慶尙前左兵使, 吳載光, 慶尙左兵營, 左道, 移營, 慶州, 永川, 新寧, 華山, 行營, 虞候, 右兵營軍餉米, 劃付, 加分, 會錄

출처 : 純祖 8年 戊辰 2月 30日 ; 34-679下~680上

命慶尙左兵營移設事置之

左議政李時秀啓言 頃因慶尙前左兵使吳載光狀啓 該營移設便否 令道臣 論理狀聞後 更爲稟處之意 覆啓分付矣 卽見前監司尹光顔狀啓 則以爲左兵營移設處 以慶州永川邑治及新寧華山等三處 相爲甲乙 而昨年巡審之路 次第歷觀 則惟永川郡治處 左道中央 爲賊路要衝 三鎭之程途頗均 列邑之節制甚便 而距華山 不過爲四十餘里 足可互相控制 今若移營於永川營 築華山爲行營 使虞候居之 則形便可謂兩得戰守俱可如意 而築城構廨 事役甚鉅 本道錢穀 今無着手處 惟右兵營軍餉米 稍爲裕足 限一萬石劃付華山 每年加分 耗之當爲會錄者 隨其多少限畢役 亦爲劃付於左兵營 俾爲移營築城之資事 請令廟堂稟處矣 本道兵水營 移設之議 其來已久 而水營比兵營 尤緊且重 兵營則姑無時急難處之慮 請今姑置之 從之

488.

건명 : 慶尙左水營의 船艙 移設 논의 중 東萊 多大浦의 장점과 비용 마련 방안

발신처 : 左議政 李時秀

검색어 : 慶尙左水營, 船艙移設, 蔚山, 長生浦, 機張, 武知項串, 倭館, 東萊, 多大浦, 別餉, 劃付, 取耗, 船艙

출처 : 純祖 8年 戊辰 2月 30日 ; 34-680上~下

命慶尙左水營船艙移設處令道臣看審後更爲登聞

左議政李時秀啓言 頃因慶尙左水使李用逵狀啓 該營船艙移設便否 令道臣 論理狀聞後 更爲稟處之意 覆啓分付矣 卽見前監司尹光顔狀啓則以爲該營船艙 沙泥堆積移設之擧 不容少緩 前後帥臣 以蔚山長生浦 機張武知項串等浦 互爲甲乙 今爲東萊多大浦 有所論啓 而昨春行部 遍察形便 則多大浦船艙基址 果爲恰好 而移設水營 則所管諸鎭 皆在上游 雖平時赴操 必過倭館前洋 以疲殘之甲兵器械閱盡狡虜之眼目已不免爲失計 項串浦 距機張邑治 爲七里 水勢深闊 可藏四五十戰船岸陸平衍待變 樓臺庫舍等 許多排置 綽綽有餘 若設營於邑治 泊船於項串 則距東萊不滿一舍 候望節制 大勝於多大 石築北隅 則風濤不能直衝 而石築所需財錢 可値數三萬兩外 此城堞公廨修築之費 亦爲不些就該營別餉中 劃付二萬石 限畢役 每年取耗 俾作船艙石築之資事請令廟堂稟處矣 水營待變之具 莫近於戰艦 而船艙沙積 戰艦無使用之勢 則從便移設 在所不已 機張移設之論 不但道啓如此 其來已久 而事係大更張 有難造次決定 請令新道臣 行部時親爲看審 博採物議 更爲登聞 從之

489.

건명 : 端川 吏民의 作變에 관련된 죄인들을 죄질에 따라 梟首하거나 定配하도록 한 처분

발신처 : 刑曹

검색어 : 端川, 作變, 全凡奎, 彦陽縣, 慶尙道, 流二千里定配, 流三千里定配

출처 : 純祖 8年 戊辰 3月 30日 ; 34-765上~767上

命北靑前府使沈厚鎭端川前府使金錫衡拿處兩邑吏鄕首惡人等各於作變處梟首示衆次犯諸囚令攸司及該道分等勘律

(前略) ○ 刑曹啓言 取考該道啓本 則端北吏民事 誠是一大變怪 端川鄕人革持輩 豕突逐出 官長梃刃 無異逐殺 同科首犯四漢 旣置大辟 則金履郁沈維漢 特以先爲被枷之 故縱免上堂手犯之罪 究其情節 難逭重律 北靑吏民輩 吏案公籍也 而恣意削名 座首亞官也 而毆縛投火 主倅命吏也 而聚黨凌犯 三大罪案打成 一片元犯 旣傳一律 不必論列 而

金啓澤李慶玄趙雲協趙明呂咸德齊等 俱以首任之吏 不能禁止削案者 可知其連肚接腸 雄唱雌和 爛漫和應之跡 難掩於諸囚之供 李慶希金宅芳全五成等 先旣自削於吏案 又復犯手於座首 或先把其袖 或擊服出睛 或打腦灰面 火燒之前 幾至毆死 則論其情節 殆無間於首犯金仲學金巖回全凡奎等 渠以邑民受嗾吏輩 搶入官庭 面發悖說 幾致端川之變 金順彦玄宗白等道啓 雖不置次犯 金順彦之追縛逃走之座首 必欲燒火者 極爲兇獰 玄宗白之顯 有和同之跡 與趙明呂輩無異 大槪諸囚情犯 俱極兇悖 初無輕重之可分 竝擬次律 斷不可已 竝依律文照勘 李慶希全羅道興陽縣 金宅芳寶城郡 全五成慶尙道眞寶縣 金順彦盈德縣 竝減死定配 金啓澤全羅道谷城縣 李慶玄求禮縣 咸德齊光陽縣 金仲學順天府 趙雲協慶尙道河陽縣 趙明呂慶山縣 金巖回漆原縣 全凡奎彦陽縣 玄宗白泗川縣 竝流三千里定配 金履郁全羅道雲峯縣 沈維漢長水縣 竝流二千里定配 令道臣 各決杖後押送 其餘在囚罪人等 亦令道臣 分輕重勘處之意 請分付 允之

490.

건명 : 北靑府 火燒時 座首를 凌辱한 官長 罪人을 구분하여 梟示나 減死 定配하도록 한 처분

발신처 : 前咸鏡監司 李晩秀

검색어 : 彦陽縣, 玄宗白, 減死定配, 流三千里, 流二千里, 定配

출처 : 純祖 8年 戊辰 4月 23日 ; 34-826上~上

前咸鏡監司李晩秀以北靑府罪人全致貞等梟示李慶希等減死定配馳啓 狀啓以爲 北靑府火燒座首凌辱官長罪人 全致貞全益瑞千一鈺千一顯等 押送南兵使金益彬處 今月十七日 大會民人 一竝梟示警衆 李慶希興陽縣 金宅芳寶城郡 全五成眞寶縣 金順彦盈德縣 竝減死定配 金啓澤谷城縣 李慶玄求禮縣 咸德齊光陽縣 金仲學順天府 趙雲協河陽縣 趙明呂慶山縣 金巖回漆原縣 全凡奎彦陽縣 玄宗白泗川縣 竝流三千里 金履郁雲峯縣 沈維漢長水縣 竝流二千里定配

491.

건명 : 慶尙左道暗行御史 李愚在의 書啓 가운데 開雲浦萬戶 金愼默을 평한

부분과 別單 중 金井山城 復設 및 釜山鎭 운용에 대한 언급

발신처 : 慶尙左道暗行御史 李愚在

검색어 : 慶尙左道暗行御史, 李愚在, 開雲浦萬戶, 金愼默, 東萊府 金井山城 復設, 束伍, 關防, 兵營, 梁山, 機張, 彦陽, 密陽, 釜山鎭, 開雲, 倭館

출처 : 純祖 8年 戊辰 6月 30日 ; 34-1060上~1068下

慶尙左道暗行御史李愚在進書啓別單

書啓 (中略) 昌樂道察訪鄭義命 奉職惟勤 殘郵賴安 安奇道察訪鄭在愼 以勤實之姿 無曠職之歎 松羅道察訪韓鍰 新到姑無毁譽 省峴道察訪金秀鍾 以若詳明 且勤圖治 黃山道察訪李南圭 捐廩防役 是有譽處 自如道察訪洪祐燮 謹雅之治 優於殘郵 或捐薄廩 隨弊防給 召村道察訪沈鋁 攻駒不懈 而推刷之際 不無瑣謗 晉州監牧官金晉榮 馴牧之政 可貴勤幹 釜山僉使具綘邊 飭頗嚴治 亦綜核繕舍之役 雖用民力 事多從便 多大浦僉使閔宗爀 鎭卒無怨 邊禁不懈 開雲浦萬戶金愼默 詳明之姿 可繼蘇弊之後 豆毛浦萬戶趙信培 瞭望頗勤 別無顯疵 西平萬戶黃潤銓 誠心撫摩 鎭屬多賴 包伊萬戶景完復 人固淳實 而還米立本 有難寬恕 鳥嶺山城別將朴再禎 守倉巡堞 能有勤幹之譽 以上本道沿路 (下略) ○ 別單 (中略) 一 東萊府 金井山城復設之擧 一邑軍民 莫不爲憑恃之幸臣 始入其境 先往遍察 則東南北三面 石路巉巖 而西門一路 控帶三江 直通密陽金海等邑 爲運糧之要路 見今城堞樓廨 俱極堅壯 第其守禦之難易 在於軍卒之多寡 故向來邊臣 疏以梁山機張彦陽密陽四邑束伍之全屬山城爲請 而梁機自來 本府所管 移屬與否 無容更議 而至於彦密 則道臣論啓 以爲兩邑束伍 合爲一千三百餘名 分屬於大邱及慶州 今若移此屬彼 勢將更得他軍充數 然後可無哨司 不成之患云 惟此金井之更築 專爲他日之藩蔽 則束伍之添屬 係是不可已之事 何可拘於不成哨 不念關防之疏虞耶 至於兵營統領管下 初無恒定之哨司雖減 此兩邑之軍 亦不必更括他丁也 臣意 則以彦密兩邑束伍 全屬於金井山城 恐合事宜 令廟堂 關問本道道臣 以爲量宜移屬之地 一 釜山鎭 處於南邊地盡之頭 爲左沿王鎭 而開雲豆毛兩鎭 同一局內也 倭館在十里之近 馬島隔一望之外 凡係倭情 晝夜伺察 比諸他鎭 最爲緊重 而三鎭水卒 又納陸軍之布 一身疊役 昨年開豆兩鎭 蠲減陸軍之布 而至於釜山獨漏一視之恩一鎭老少臣之出道萊府之日滿庭呼訴取考疊役之數 則合爲三百八十六名矣 分排於道內各邑 則每邑不過 爲五

六添丁 而在本鎭爲永賴奠居之惠 臣意 則一依開雲豆毛兩鎭 已施之例 恐無斑駁之歎 令廟堂稟處 (下略)

492.

건명 : 彦陽과 密陽의 束伍軍을 金井山城에 移屬하는 문제와 釜山鎭의 군사가 陸軍布를 바치고 수군의 疊役을 지는 폐단을 시정해 달라는 嶺南左道御史 李愚在의 보고 내용

발신처 : 備邊司

검색어 : 嶺南左道御史, 李愚在, 彦陽, 密陽, 束伍, 金井山城, 充代, 開雲, 豆毛, 疊役, 陸軍布

출처 : 純祖 8年 戊辰 7月 初3日 ; 35-5下~7上

備局以嶺南左道御史李愚在別單覆啓

備局啓言 卽見慶尙左道暗行御史李愚在別單 (中略) 其一 彦陽密陽兩邑 束伍移屬於金井山城事也 兩邑束伍之移屬於金井山城 自是倅臣之疏請而道啓之執 以爲難者也 山城旣是必守之地 而到今復設 則凡係城守之節 固當靡不用極 而今若以大邱慶州之難於充代 不許移屬 則有非設施山城之意 而軍制變通 有難遙度 令道臣 詳察利害便否 具意見論啓 其一 釜山鎭卒 旣係水軍之名 又納陸軍之布 疊役之數 合爲三百八十六名 依開雲豆毛已例 特減陸軍布事也 水陸軍之疊 定一身 竝督兩役者 論以軍政 眞所謂不可使聞者也 況釜山水軍 視他邑自別 而今以開豆兩鎭之所已許者 獨靳於釜山 實未知其得宜 依繡啓 竝蠲陸軍之役 其代令道臣 詳考道內諸邑軍民多寡之實總 一一散俵之意分付 (下略)

493.

건명 : 각 道의 군사훈련을 형편에 따라 시행하도록 한 처분

발신처 : 備邊司

검색어 : 慶尙左兵使, 朴宗柱, 秋水陸操, 合操, 城操, 巡操, 面操, 巡歷, 巡點, 未行操處官鎭門聚點, 災傷覆審, 校生考講, 鄕騎士勸別武武學都試

출처 : 純祖 8年 戊辰 7月 初10日 ; 35-26下~27上

命停諸道三都行操仍飭官鎭門聚點

備局啓言 即見總戎使李仁秀 水原留守李集斗 廣州留守朴宗來 江華留守金銑 京畿水使李近胄 永宗防禦使李石求 平安監司趙得永 兵使趙㬀 黃海兵使朴基豊 江原監司鄭尙愚 統制使申大偀 慶尙左兵使朴宗柱 右兵使柳相亮 公忠兵使張鉉宅 全羅兵使吳載重 南兵使金益彬 北兵使李元植 吉州前防禦使尹壽民 秋操取稟狀啓 則以今秋水陸操合操城操巡操面操巡歷巡點及未行操處官鎭門聚點 請令廟堂 稟旨分付 災傷覆審校生考講鄕騎士勸別武武學都試 依例設行爲辭矣 分春秋水陸行操 若無民邑大煞 難便之故 則有難停廢 而但昨年海西一路外 旣皆行操 今年旱災 三南尤甚 此外諸道 觀於前後所報 難必其純登 若使逐年設行 軍民之弊 亦屬可悶 今秋諸道三都水陸操合操城操巡操面操及巡歷巡點 幷令停止 而若使官鎭門聚點 着意擧行 則詰戎之效 無異於行操 嚴飭道帥臣 無循例套 各自董飭軍伍 則必皆塡充器械 則必皆修鍊 諸般演閱之節 務合規度 期有實效 災傷覆審校生考講 鄕騎士勸別武武學各樣都試 依例擧行事 請一體分付 允之

494.

건명 : 각 죄인들의 原情을 살펴서 죄질에 따라 功減一等 등을 시행하도록 한 처분

발신처 : 義禁府

검색어 : 彦陽縣, 杖八十, 收贖告身, 流三千里, 定配, 私罪, 杖一百, 功減一等, 減一等, 功議, 番朔試射, 原情

출처 : 純祖 8年 戊辰 11月 23日 ; 35-429下~430上

流趙榮慶于肅川府李晗于彦陽縣勘放申純等

義禁府啓言 錦山前郡守趙榮慶 照律杖八十 收贖告身 盡行追奪 流三千里定配 私罪施行 允之 敎 以繡啓論列 可謂明白 道啓査實 不至相反 況至於倉斛之大捧小分 亦是致民怨而違法 憲身爲字牧之官 未體朝家之意 專事襲謬 如是無嚴 萬萬痛駭 以此律施行 上項諸般 貽弊之事 令廟堂關飭 該道一切嚴禁 以爲矯蘇之地 又啓言 興陽前縣監李晗照律杖一百 收贖告身 盡行追奪 流三千里定配 私罪施行 允之 敎 以許多不法之事 繡啓道査 節節沕合 身爲牧民之官 雖不能對揚朝家之意 豈可至登於繡啓 至於招民 怨貽羞朝廷哉 不可以囚供發明 有所曲

恕 依右律施行 又啓言 趙榮慶肅川府 李晤彦陽縣 流三千里定配 幷押送配所 允之 又啓言 雲峯前縣監申純 照律杖八十 收贖奪告身 三等私罪施行 允之 教 以功減一等 又啓言 光州前牧使尹命烈 照律杖八十 收贖奪告身 三等私罪施行 允之 教 以功議 各減一等 又啓言 兵曹佐郎姜學濬 照律笞四十 收贖附過還職 私罪施行 允之 教 以功減一等 又啓言 副司果柳季麟金洛龍 權知承文副正字朴宗璜李永昆李遠翊李潞南秉寬原情 俱以爲適値 在外柳訸沈鈁崔秀俊安尙默李紀淵原情 俱以爲身病 沈綿安光直金載明金載成原情 俱以爲母病添劇 今番朔試射不得進參云 季麟等 各杖八十 收贖奪告身 三等私罪施行 允之 教 以柳季麟金洛龍柳訸朴宗璜安尙默李永昆李遠翊李紀淵安光直崔秀俊金載明金載成南秉寬等 幷功減一等 沈鈁李潞等 竝功議 各減一等

495.

건명 : 각 道 牧場의 馬畜數爻를 올린 내용 가운데 경상도 부분

발신처 : 司僕寺

검색어 : 各道牧場馬畜數爻啓, 司僕寺, 孳息, 元式, 元總, 蔚山, 長鬐, 監牧官, 李英繪, 丁卯籍付馬, 今生馬, 加現馬, 封進馬, 故失馬, 壯雌馬, 一年應孳産馬, 加報

출처 : 純祖 8年 戊辰 12月 19日 ; 35-507上~510上

太僕以各道牧場馬畜數爻啓

司僕寺啓言 各道牧場 今年孳息比元式 或加或減 故失較元總 或多或少 而數不爲多 當罰一款 姑置之 允之 ○ 後錄 (中略) 蔚山長鬐等 監牧官李英繪 所管二牧場 丁卯籍付馬一千三百三十匹 今生馬一百八十八匹 加現馬十三匹 合馬一千五百三十一匹內 封進馬三匹 故失馬二百十三匹 除今年實留放壯兒雌雄馬竝一千三百十五匹內 壯雌馬六百匹 一年應孳産馬一百八十匹 今生馬一百八十八匹 加報八匹 (中略) 已上 丁卯籍付馬八千七百六匹 代徵馬十匹 取種馬二匹 加現馬十七匹 今生馬二千二百三匹 合馬九千九百三十八匹內 封進馬四十九匹 各邑分養捉給馬十匹 故失馬一千一百六十四匹 合馬一千二百二十三匹 除今年實留放壯兒雌雄馬竝八千七百十五匹

496.

건명 : 자주 교체하는 폐단 때문에 慶尙左兵使 白東運을 前職에 仍任하도록 한 처분

발신처 : 純祖

검색어 : 仍任, 前慶尙左兵使, 白東運

출처 : 純祖 8年 戊辰 12月 22日 ; 35-515上

仍任前慶尙左兵使白東運

敎曰 數遞爲弊可悶 慶尙右兵使白東運 仍任前職

497.

건명 : 慶尙左兵營의 曲城 증축에 소용되는 비용을 山城米의 米耗를 劃給하여 이용하도록 처분

발신처 : 左議政 金載瓚

검색어 : 慶尙左兵營, 曲城, 劃給, 慶尙左兵使, 朴宗柱, 山城米, 米耗, 井泉

출처 : 純祖 8年 戊辰 12月 25日 ; 35-520上

命慶尙左兵營增築曲城物力劃給更爲稟處

左議政金載瓚啓言 卽見慶尙左兵使朴宗柱狀啓 則以爲本營基址 偏寄短麓 泉井鮮少 居民艱水之歎 甚於無糧 東城外 數十步之地 有一泉水湧出 近千戶城內之民 朝夕炊飯 專靠此泉 而處在城外 萬一有不虞之警 水道斷絶 若築曲城於東門之外 控置此井於圉圍之內 則可無軍民涸轍之慮 量其役處 則左右周回 爲五百餘把 所入物資 本營穀簿中山城米 都數爲一萬一千餘石 以此米耗 限五年劃給事 請令廟堂 稟旨分付矣 本城旣乏井泉緩急之備 誠爲疏虞 今此曲城增築之論 果有意見 但本道穀簿 近甚不敷 此難遽令劃給 更加商量 必得從便生財之方 請更爲稟處 從之

498.

건명 : 老職人에 있는 자들에게 加一資하도록 한 처분

발신처 : 純祖

검색어 : 慶尙道, 蔚山, 彦陽, 金聖大, 楚銀奉, 許命章, 老職人, 加一資

출처 : 純祖 9年 己巳 正月 初2日 ; 35-542上~545下

老職人下批
(前略) 慶尙道 (中略) 蔚山 折衝金聖大等二人 通政楚銀奉 (中略) 彦陽 幼學許命章 (中略) 朝官士庶 各加一資 (下略)

499.

건명 : 각 道의 흉년을 고려하여 형편에 따라 水陸操는 停止하고, 官鎭聚點은 시행하도록 한 처분

발신처 : 備邊司

검색어 : 慶尙左兵使, 朴宗柱, 春水陸操, 合操, 巡操, 城操, 面操, 巡歷, 巡點, 未行操處官鎭門聚點, 點閱, 廣操

출처 : 純祖 9年 己巳 正月 12日 ; 35-574下~575上

命各道水陸諸操並停止官鎭聚點另加嚴飭

備局啓言 卽見總戎使李仁秀 水原留守金履翼 廣州留守朴宗來 開城留守韓致應 江華留守金銑 統禦使李近胄 永宗防禦使李石求 江原監司鄭尙愚 統制使申大偀 慶尙左兵使朴宗柱 右兵使白東運 全羅兵使吳載重 公忠兵使金㦤 平安兵使趙㦒 黃海兵使朴基豊 南兵使金益彬 北兵使李元植 春操取稟狀啓 則以爲今春水陸操合操巡操城操面操及巡歷巡點未行操處官鎭門聚點 何以爲之事 請令廟堂 稟旨分付矣 諸路春秋各操 再昨年幾皆設行 而昨年 則經操纔過一年 秋事間多全歉 參以軍情民憂 有難逐年行操 故不得已 並令停止 而今則民事較前無異 春窮比秋尤甚 而若又設行 則有非昨秋特停之意 各道水陸諸操及巡歷巡點 一依昨秋 並令停止 至於官鎭聚點與諸條 雖有大小之別 而苟使器裝必精 隊伍必整 進退組練之節 一遵定制 則是亦操耳 然而名以聚點 則擧懷惰慢戎具 無頉之報 都是例語軍簿無闕之啓 卽歸虛文 若論壞隳 戎政之罪 操與點 誠無所異 今春 則另加嚴飭 凡於聚點之時 一循操例 各自先期整齊臨事 惕謹點閱 必務從實 而無或小疏 肄習必思明練 而無或應文使 頓然改觀之效 一如通水陸廣操之時 無底重勘之意 請別般嚴飭於各道道帥臣四都留守處 允之

500.

건명 : 東萊 水營의 船艙 掘浦와 移設 문제를 의견을 들어 신중하게 처리하도

록 한 처분

발신처 : 左議政 金載瓚

검색어 : 東萊, 水營, 移設, 蔚山, 長生浦, 船艙, 機張, 港串浦, 兵營, 密陽

출처 : 純祖 9年 己巳 正月 25日 ; 35-616下~617上

命東萊水營船艙掘浦與移設便否關問道帥臣稟處

左議政金載瓚啓言 東萊水營移設之議 其來已久 而近則船艙湮塞 比前漸甚 許多戰船 掛在平陸 若當水操 則動一境之民 近一朔掘塹 然後始得行船 移營之擧 實是不可已者 帥臣狀請 道臣狀啓 皆以爲機張港串浦 果合移設云 而但聞港串形址 增築五六十把 石墩然後 可以移設 而所謂增築之處 卽是海水渟滙之地 而水深或爲數三尋云 今於海濤成滙之處 投石塡塹 其勢必不可成設 或築成 而一遇風波 則勢當土崩 此則有不宜遽議 然而自來設艙之議 其說有三 一則 仍舊艙掘浦也 二則 蔚山長生浦也 三則 卽機張港串浦 而臣所謂有難遽議者也 蓋舊艙必是天作 古旣設艙 而間因沙潰 以致湮塞 今若浚其湮 而開其塞 則豈無復舊之道也 至於蔚山 則艙址冠於諸處 衆論殆無異辭 水營移於蔚山 兵營移於密陽 則爲一擧兩得之策云 今若仍置 則掘浦爲急移設則蔚山爲勝 而此乃莫大之役 事 當另加審愼 勢難遙度便否 請以此三條 更爲關問於道臣及兵水營帥臣 使之博採物議 詳審機宜 具意見論啓後 指一稟處 從之

501.

건명 : 蔚山 등 邑의 燒戶와 被燒人에게 恤典하도록 한 처분

발신처 : 慶尙監司 鄭東觀

검색어 : 慶尙監司, 鄭東觀, 蔚山府, 府內面, 民家失火, 燒戶, 被燒人, 會付穀, 恤典, 身還布, 蠲役

출처 : 純祖 9年 己巳 3月 初4日 ; 35-699上

給蔚山等邑燒戶及被燒人恤典

慶尙監司鄭東觀 以蔚山府府內面 民家失火 五百七戶 一時被燒 人物燒死 至爲十六口 馳啓 教 以春務方殷 農節將至 民戶之失所 至於五百 人物之被燒 亦爲十六 極爲驚惻且慘 不可不拔例顧助 使我樓遑之民 無或至於顚連 依丁巳年北道民家失火恤典時例 會付穀各一石 原

恤典外 別加顧恤 限一年蠲役 被燒人 如有生前身還布 並卽蕩減 加給恤典 仍使道伯 各別慰諭 務盡安接事 自廟堂 措辭分付 (後略)

502.

건명 : 蔚山의 民戶 失火에 대해 文備邊郎을 파견하여 慰諭토록 한 처분
발신처 : 純祖
검색어 : 蔚山, 民戶失火, 文備邊郎, 差出, 嶺南分留穀, 差送, 左道
출처 : 純祖 9年 己巳 3月 初5日 ; 35-700上

命文備郎韓用儀與道臣慰諭失火民戶

教曰 蔚山民戶失火 更遣文備邊郎與道臣 眼同慰諭以來 ○ 備局啓言 文備邊郎 當爲差出 使之馳往慰諭 而以嶺南分留穀 摘奸別爲差送之文備郎二員 方在本道 姑未復路 仍以此文郎 使之擧行 則似爲迅速之道 亦省廚傳之弊 蔚山係是左道地方 左道摘奸 郎廳副司果韓用儀處 請以此意分付 允之

503.

건명 : 蔚山의 民家 失火에 대해 北關 失火의 예에 따라 慰諭토록 한 처분
발신처 : 藥院提調 李晩秀
검색어 : 蔚山, 民家失火, 恤典
출처 : 純祖 9年 己巳 3月 初6日 ; 35-700下~701上

行次對于熙政堂

(前略) 予曰 蔚山民家失火 人物被燒 聞極驚慘矣 載瓚曰 日前北關失火 已極驚慘 而蔚山失火 適又同時 不勝慘然矣 予曰 今番恤典下者 足爲資惠之道乎 有司堂上沈象奎曰 今此恤典 逈出常格 將使焦爛之民 洽受優渥之恩矣 載瓚曰 日前有文備郎眼同 道臣慰諭之下敎 而第伏念道臣 適値行部之時 則可矣 而不然 則道伯之行 雖或簡其騶率 廚傳之際 民邑之弊 想亦不些 恐非朝家祛弊 優恤之本意也 予曰 然則只使文備郎慰諭 可也 (下略)

504.

건명 : 蔚山의 燒戶에 慰諭하도록 한 처분

발신처 : 左議政 金載瓚

검색어 : 蔚山, 慰諭御史, 燒戶

출처 : 純祖 9年 己巳 3月 初6日 ; 35-701上

命文備郎韓用儀以慰諭御史啓下

左議政金載瓚啓言 蔚山燒戶 道臣眼同慰諭 以其爲日 必曠廚傳 宜念纔承姑寢之教 今將以此行會 而文備郎旣爲奉命慰諭 請以慰諭御史啓下 使之馳往擧行 從之

505.

건명 : 堤川縣의 被燒民人 등에게 蔚山府의 예에 따라 題給하도록 한 처분

발신처 : 公忠監司 鄭晩錫

검색어 : 被燒民人, 題給, 燒戶, 恤典, 蔚山, 新舊還, 會付穀, 還穀, 結錢許貸, 文蔭, 口傳差出

출처 : 純祖 9年 己巳 3月 初8日 ; 35-706上~下

遣宣傳官慰諭堤川縣被燒民人仍命本倅擇差當日發送又給綾州等邑燒戶恤典

公忠監司鄭晩錫 狀啓以爲 堤川縣監尹守晩牒呈內 去月二十六日 邑底失火 民家二百三十二戶 客舍左右翼廊十間中 門三間 門樓十二間 司倉別庫十六間 東一庫十八間 東二庫十四間 地字庫十四間 鄉廳十二間 將校廳八間 訓鍊廳十一間 作廳十九間 還上各穀 八千四百七石十一斗零 被燒云 民戶顧恤安接之道 嚴飭於該縣監處 俾無一民失所之歎 倉還各穀之 許多被燒 監色輩難逭其罪 故今方別定査官 到底査覈追後 陳聞計料 本道營邑 元無儲貨之 推移副急者 言念民情萬萬罔措 請該縣附近邑 戊辰條上納結錢中 限八百兩 特令限明春許貸 以爲逐戶助給之地 令廟堂稟旨分付 教 以民家失火 前後相繼如斗 至殘之邑 穀物之燒燼 民戶之失火 未有若此之甚 不可不拔例顧助被燒人 新舊還 幷特爲蕩減八百兩 結錢許貸事 亦依狀請施行 還穀燒燼數爻 民戶奠接形止 陸續詳細登聞 又依蔚山例 會付穀 每戶各一石題給 今聞本倅 年已衰老 難責振刷 遞付京職 以剛明綜核 人文蔭中 勿拘常格 令該曹 各別備擬 口傳差出 使之當日下直 給馬發送 遣宣傳官民人處慰諭以來

506.

건명 : 蔚山府의 民家 被燒戶 등에 慰諭하도록 한 처분

발신처 : 慶尙監司 鄭東觀

검색어 : 慶尙監司, 鄭東觀, 慶州府, 恤典, 蔚山府, 民家失火, 民家被燒戶, 公廨

출처 : 純祖 9年 己巳 3月 11日 ; 35-715上

給慶州等邑燒戶恤典

慶尙監司鄭東觀 以慶州府民家失火二十三戶 被燒馳啓 教 以聞甚矜惻 元恤典外 別加顧恤事 廟堂措辭分付 又以蔚山府民家被燒戶 更爲摘奸 則比前報加爲二十二戶 公廨六十九間 亦爲全燒 馳啓 教 以依前下 判付一體擧行

507.

건명 : 연해 殘邑의 면모를 일신시킨 長鬐縣監 權遂에게 加資하도록 한 처분

발신처 : 兵曹

검색어 : 慶尙左兵使, 朴宗柱, 加資之典, 長鬐縣監, 權遂, 公廨

출처 : 純祖 9年 己巳 3月 16日 ; 35-734下

命長鬐縣監權遂加資

兵曹啓言 慶尙左兵使朴宗柱 狀啓以爲 長鬐縣監權遂 以濱海殘邑 捐出薄俸 修補新舊軍器 公廨城郭 亦皆一新 有足可尙 令該曹 照例稟處云 其在激勸之道 當施加資之典 請上裁 從之

508.

건명 : 官鎭門聚點狀啓 가운데 誤書가 있는 慶尙左兵使 朴宗柱를 추고함

발신처 : 純祖

검색어 : 慶尙左兵使, 朴宗柱, 官鎭門聚點狀啓, 請推

출처 : 純祖 9年 己巳 3月 18日 ; 35-736下

推京畿監司金在昌慶尙左兵使朴宗柱

在昌 則安聖奭等上言 判付 不卽擧行 京兆請推 宗柱 則官鎭門聚點狀啓中 有誤書者 承旨請推也

509.

건명 : 蔚山府의 被燒民家에 대해 慰諭하도록 한 처분

발신처 : 蔚山府 慰諭御史 韓用儀

검색어 : 蔚山府, 慰諭御史, 韓用儀, 府內面, 被燒民家, 人命燒死, 恤典, 會付米

출처 : 純祖 9年 己巳 3月 21日 ; 35-745上~下

蔚山府慰諭御史韓用儀以燒戶慰諭馳啓

狀啓以爲 本月十四日 馳到該府 逐戶摘奸 則府內面七里 被燒民家 爲五百二十九戶 人命燒死 爲十六口 顧助懷保之策 道帥臣及該府使 殫心經紀 稍有頭緖 燒死各人 已卽厚埋 燒戶中 方將結構 爲一百二十五戶 輸運材木者 爲二百六十一戶 餘外一百四十三戶 則幾皆鳩材招集被燒民人及燒死人親屬 謹將三月初四日所 下判付內 辭意詳細宣布又以俾各安接之意 面面慰諭 別恤典 則以會付米 各一石 擇精準斛 一一分給 臣則復路

510.

건명 : 재해를 당한 咸興府 등에 漁鹽船稅 劃給하여 복구하도록 한 처분

발신처 : 備邊司

검색어 : 劃給, 漁鹽船稅, 軫恤之典, 蔚山, 蔚民, 慰諭使, 別恤, 許貸, 劃付, 加施之典

출처 : 純祖 9年 己巳 3月 23日 ; 35-747下~748上

劃給漁鹽船稅於咸興府俾作築堤移民之資

備局啓言 今於咸民之遇災 朝家軫恤之典 固可謂靡不用 極而伏見慰諭使 回奏批旨下者 又以漁鹽船三稅給代及銀折錢蔘布價 合之爲萬兩依所奏 許令劃給 第伏念財用 各有節制 恩典亦定等 限財若無節則窮恩 或踰限則竭陸贄 所謂恩竭 則繼之以怨者 實有所以 而今此加施之典 以財則窮矣 以恩則竭矣 若或不幸 有大於此者 則未知朝家 將何以處之也 況蔚山半城之火 堤川全邑之燒 驚心慘目 與咸興何異 而蔚民則不過一石米 別恤 堤民 則纔令八百緡 許貸 而獨於咸民 若是偏厚不但有乖於一視 亦當懷怨於後我 而如欲使遍及而均沾 則博施病諸古今無異 惟是築堤種樹 卽所以衛護城邑 捍禦風水之意 而昔人之設施可見深遠之計 則間因荒廢全抛前功者 誠甚慨惜 道臣之必欲修擧 實

爲長策　但堤上見居之戶　不可不給價移撤　此則以慰諭使所請諸條中漁鹽船稅 三千九百五十兩 特爲劃付 使之移奠 民居復修 堤址種之 以灌木豊林 俾有防火防水之實效 而區劃疆界 嚴設科條 更無得如前侵占 以爲永久蒙利之地 以其用餘之數 添補於公廨營建之役 實合事宜 請以此分付 允之

511.

건명 : 蔚山의 燒戶에 대해 慰撫하도록 한 처분

발신처 : 純祖

검색어 : 蔚山府, 慰諭御史, 韓用儀, 燒戶, 彦陽, 別典, 公廨, 還穀, 嶺南, 吏逋, 春糴, 虛留穀, 慶州

출처 : 純祖 9年 己巳 3月 26日 ; 35-751下~752上

召見蔚山府慰諭御史韓用儀于誠正閣

予曰 蔚山燒戶 善爲慰諭 而民情果 如何 用儀曰 臣向於狀啓中 已爲詳陳 而目見被燒形止 老少男女 號呼奔走 光景極慘 然而間或有渙散之他者 聞臣慰諭之行 擧皆還入 環聽恩諭 過蒙別典 懽天喜地 往往有感激流涕者矣 予曰 今則至於奠接之境 而無流離之慮乎 用儀曰 臣以傳敎辭旨 面面曉諭 果無一民渙散之意 而區劃有方 結構方張 過此月則庶可了役 而奠居矣 予曰 公廨不至被燒否 用儀曰 被燒者 爲六十九間 而民戶奠接爲急 且材木功役稍浩多 姑未暇念 及於此矣 予曰 還穀摘奸 爲幾邑耶 用儀曰 義城慶州彦陽淸道大邱仁同 六邑爲栍邑矣 予曰 果皆詳審爲之 而無奸僞之摘發者乎 用儀曰 近來嶺南屢豊 自去年朝家飭敎申嚴 穀品旣精 吏逋亦無 而臣行才到 春糴已始 故必先閱文簿 次審穀包 則分留別無 差爽之端 而但仁同一邑 略有虛留穀色 稍劣矣

512.

건명 : 화재를 입은 蔚山府 各衙門錢布의 기한 늦추도록 한 처분

발신처 : 左議政 金載瓚

검색어 : 蔚山府, 上納, 各衙門上納錢布, 三朔寬限, 燒民戶

출처 : 純祖 9年 己巳 4月 17日 ; 35-785上

命蔚山府上納各衙門錢布限三朔寬限

左議政金載瓚啓言 蔚山被燒民戶 今雖次第奠接 而燒戶之火 餘蕩柝已 無可言 雖是免災之戶 合力相救之餘 其所受病 亦所當念 該邑各衙門上納錢布 限三朔 寬限之意 請分付 從之

513.

건명 : 慶州의 죄수 李時成을 그대로 推考하도록 한 처분

발신처 : 慶尙監司 鄭東觀

검색어 : 慶尙監司, 鄭東觀, 慶州囚, 李時成, 檢驗, 初檢官, 慶州府尹, 李尙度, 懸錄, 覆檢官, 蔚山府使, 李廷仁, 獄事

출처 : 純祖 9年 己巳 6月 17日 ; 35-962上~下

命慶州囚李時成晉州囚鄭以得仍推

慶尙監司鄭東觀 狀啓以爲 慶州罪人 李時成 足踢金再孫 翌日致死 庚申十月十一日 依例檢驗 初檢官 慶州府尹李尙度 報辭實因 以被踢致死懸錄 正犯以李時成懸錄 覆檢官 蔚山府使李廷仁 報辭實因 正犯與初檢同 李時成 加訊取服 斷不可已 晉州罪人 鄭以得 誣過河必弘女自溺致死 辛酉四月二十日 依例檢驗 初查官 晉州牧使韓大裕 報辭實因 以自溺致死懸錄 正犯以鄭以得懸錄 覆查官 宜寧縣監趙鎭順 報辭實因 正犯與初查同 鄭以得 請嚴訊輸款 刑曹啓言 李時成事 就議大臣則左議政金載瓚 以爲三踢之證衆招 旣備兩檢之執諸傷 畢露邑牒道啓俱無異辭 今無可疑云 臣等以爲 胸膛胷肋被傷 殆無餘地 手毆足踢致命 曾不旋日 實因別無可疑 仍前訊推 鄭以得事 就議大臣 則左議政金載瓚 以爲强逼未嫁之女 而終令自戕 僞喪已甦之母 而欲掩眞贓罪 干强暴跡 犯倫常亟 用當律云 臣等以爲 河女徹天之寃 投水而難洗 入地而不昧 事之可愕 節之可敬 不可但以至慘言 又況以其生存之母 假作死屍之柩 計在脫身 本罪之外 添一死案 卽速償命 以洩幽寃之意 請分付道臣 敎 以慶州李時成獄事 則情跡旣露矣 檢痕旣明矣 嚴訊得情然後獄體 乃正刑訊取服 晉州鄭以得 則致使烈河之女 遂有投水之寃其在勵頹綱懲頑俗之道 宜有各別警勵之政 罪人 則各別嚴刑 期於取服 以爲依法勘斷之地

514.

건명 : 大興前郡守 兪殷柱을 拿囚하도록 한 처분

발신처 : 公忠監司 金著根

검색어 : 大興前郡守, 兪殷柱, 拿囚, 還穀都數, 官屬逋欠, 未捧反作, 兪殷柱, 完逋, 蔚山

출처 : 純祖 9年 己巳 7月 初1日 ; 35-993下

命大興前郡守兪殷柱待待命拿囚

公忠監司金著根 狀啓以爲 大興郡各倉穀物反閱 則還穀都數 一萬一千三百二十五石零內 官屬逋欠 爲二千五百六十八石 未捧反作 爲一千一百九十石零 當該郡守兪殷柱 初不留意於完逋 惟事姑息違法 虛勘其罪狀 令攸司稟處 ○ 義禁府 以殷柱時在蔚山任所 啓請拿來 敎以待待命拿囚

515.

건명 : 嶺南의 殿最에서 彦陽縣監 洪格 등의 평가 부분

발신처 : 慶尙監司 鄭晩錫

검색어 : 嶺南, 殿最, 慶尙監司, 鄭晩錫, 彦陽縣監, 洪格, 竝中, 竝下

출처 : 純祖 9年 己巳 7月 初4日 ; 35-996上~下

開坼嶺南殿最

慶尙監司鄭晩錫啓本 順興府使權漢緯 頗欠聽斷所襀寬裕 咸安郡守李重鉉 治本慈諒事或疏忽 開寧縣監李德彬 好是安詳勉在剛果 彦陽縣監洪格 欺蔽盍察良善可尙 鎭海縣監權聖彦 如欲恤窮宜先束濕 宜寧縣監李勉膺 求治雖勤察奸 則疏竝中 密陽府使成肯柱 已欲其肥人必有瘠 迎日縣監張翼吏 如彼横官若無長 竝下

516.

건명 : 褒貶啓本을 제출하지 않은 右兵使 白東運 등을 推考하도록 한 처분

발신처 : 承政院

검색어 : 限滿, 慶尙監司, 褒貶啓本, 慶尙左兵使, 朴宗柱, 推考

출처 : 純祖 9年 己巳 7月 初5日 ; 35-999下~1000上

重推慶尙左兵使朴宗柱右兵使白東運左水使元永胄

政院啓言 監司到任限滿後 兵水營褒貶之 同議封發 同時入啓例也 慶尙監司褒貶啓本 則昨已入來啓下 而左兵使朴宗柱啓本 今始來到 右兵使白東運 左水使元永冑啓本 尙未到院 請當該帥臣 竝從重推考 允之

517.

건명 : 여러 道의 守令 降考를 바로잡은 처분

발신처 : 吏曹

검색어 : 諸道守令降考啓, 彦陽縣監, 洪格, 下考, 中考, 上考, 殿最, 三道, 推考, 罷黜

출처 : 純祖 9年 己巳 7月 初5日 ; 35-1000上

吏曹以諸道守令降考啓

該曹啓言 考見諸道褒貶啓本 則藍浦縣監李儒烈 以娶近有言爲目 彦陽縣監洪格 以欺蔽孟察爲目 則俱宜置下考 置諸中考 金山郡守南正和 以未見優績爲目 新寧縣監洪秉宋 以病或妨務爲目 興德縣監成元柱 以短不掩長爲目 則俱宜置中考 置諸上考 殊無嚴明殿最之意 請三道道臣推考 儒烈格竝罷黜 正和秉宋元柱 竝中考施行 允之 又啓言 順興府使權漢緯 以六年窠守令 三次居中 請罷黜 允之

518.

건명 : 李得鉉을 彦陽縣監으로 삼음

발신처 : 純祖

검색어 : 李得鉉, 彦陽縣監, 差出, 許遞前望單子

출처 : 純祖 9年 己巳 7月 11日 ; 35-1005上~1007上

都政下批 吏曹判書南公轍參判林漢浩兵曹判書金羲淳參判李文會參議吳翰源參知韓始裕進

教曰 在外及未肅拜臺諫 竝許遞 今日政差出 (中略) ○ 教曰 未上來在外承旨許遞前望單子 入之待下批 牌招察任 以柳相祚批下 ○ 以朴光錫爲藍浦縣監 李得鉉爲彦陽縣監 具錫夏爲長鬐縣監 權思漢爲機張縣監 李殷會爲光陽縣監 金星翼爲迎日縣監 尹鼎烈爲谷山府使 柳相祚爲同義禁 朴宗來爲大司憲 安策爲大司諫 尹尙圭爲司諫 姜文會爲執義 鄭元容爲獻納 (下略)

519.

건명 : 彦陽縣監 李得鉉 등의 署經을 제외하도록 처분

발신처 : 承政院

검색어 : 彦陽縣監, 李得鉉, 一司, 署經

출처 : 純祖 9年 己巳 7月 12日 ; 35-1008上

命盈德縣監林長浩彦陽縣監李得鉉延日縣監金星翼一司除署經

政院 以諫院傳旨 未下守令 不得署經 啓稟 敎 以一司 除署經

520.

건명 : 下直守令의 처소에 傳敎를 내림

발신처 : 純祖

검색어 : 彦陽縣監, 李得鉉, 下直守令

출처 : 純祖 9年 己巳 7月 12日 ; 35-1008上~下

召見閫帥守令邊將察訪初仕人及下直守令于涵仁亭 下直守令盈德縣監林長浩延日縣監金星翼彦陽縣監李得鉉

予曰 承旨 以昨日下直守令處 申飭之 敎 詳諭 可也 承旨洪秀晩 承命傳諭

521.

건명 : 趙鎭宣을 蔚山府使로 삼음

발신처 : 純祖

검색어 : 趙鎭宣, 蔚山府使

출처 : 純祖 9年 己巳 7月 26日 ; 35-1025下

有政 吏曹判書金羲淳參議徐有聞兵曹判書朴宗來進

以金魯應爲應敎 李勉昇爲副應敎 趙鎭宣爲蔚山府使 尹憲圭爲新寧縣監 徐有素爲洪原縣監 柳相祚爲副總管 徐有鳳爲全羅右水使

522.

건명 : 嶺南의 放秩과 未放秩의 죄수들을 정상을 참작하여 放送 등에 처하도록 한 처분

발신처 : 義禁府

검색어 : 慶尙道, 稟秩, 未放秩, 彦陽, 郭憲儀, 放送, 量移, 李晧, 張大吉, 朴山儀, 劉宅祚, 韓達允, 南義鈺

출처 : 純祖 9年 己巳 9月 23日 ; 36-144上~146上

判下湖南嶺南放未放

義禁府啓言 (中略) 又啓言 慶尙道 稟秩 龍得珠李漢鼎李運植 未放秩 張齊賢沈鋁等罪 各不至深重 竝放 李渭達權師億李汝節等 當初所坐 雖極駭痛 値此大霈 合有疏放之道 請上裁 外此未放秩 竝依啓聞施行 從之 敎 以未放秩中 巨濟李魯春量移 彦陽郭憲儀 昌原尹濟弘 彦陽李晧 昌原閔修益等 竝放送 刑曹所管罪人 放秩 金信得等 稟秩 趙鎭邦等 未至配所秩 任啓白等 竝放送 未放秩中 巨濟張東命 南海金大成 晉州李錫珍 機張文昌遠 漆原李彦聖 丹城柳光珣 漆原李錫良 機張李時得 陜川李光一 草溪朴昌穆 巨濟順慶 機張洪相祖 彦陽張大吉 長鬐洪大得 咸陽權以度 比安李宅麟 草溪曺渭漢 永川金五星 昆陽金台昇 鎭海林枝福 南海任召史 青松鮮于赫 河東金重進 比安丁志亨 榮川具希祿 密陽金尙云 眞寶鞠曰孫 泗川金己卜 盈德李泰厚 昌原申在奉 熊川崔雲弼 泗川金奉彩 彦陽朴山儀 熊川張麟彦 善山林先男 河陽崔石晃 新寧李克彦 晉州張三得 鎭海崔奉孫 彦陽劉宅祚 熊川李甲彭 順興朴成芳 尙州南履大 河陽延奉伊 晉州玉得孫 漆原任和日 永川鄭有善 淸道呂光履 豊基蘇賢老 星州邢昌學 晉州張成初 豊基吳光采 軍威崔起三 熊川朴學之 靈山嚴廉尙 三嘉李豊德 彦陽韓達允 星州咸貞蒙 比安曺成元 彦陽南義鈺 新寧趙以核 榮川鄭喆行 盈德趙圭漢 咸安鄭光濟 眞寶文太玄 密陽高斗連 永川全乭伊 咸昌金介不 宜寧李宗運 慈仁張得喜 奉化崔京三 安義金亨健 聞慶安成孫 尙州金致玉 龍宮張中國 開寧劉光璧 淸道尹東彬 咸昌金就乭 青松金致祿 義城成五大 盈德金大巖回 河陽金洎沙里 永川鄭夫石金 開寧李顯一 迎日鄭義寬 龍宮周千興 淸道鄭彭彦 豊基李大孫 寧海洪驗尙 尙州奴福同 淸道金虎得 盈德官奴東得 山淸金亨喆 居昌趙漢起 盈德車亨道 丹城白啓東 居昌李光日 尙州劉宗國 興海李行文 知禮金相允 義城金允晶 尙州崔致逸 開寧卞時漢 咸昌趙永哲 山淸韓重彦 醴泉高成長 安義吳桂奉 安東李成祿 奉化宋柱天 咸昌崔得孫 居昌池仁文 豊基金麒澤 永川金作達 尙州延洛文 咸陽盧敂 陜川韓光龍 新寧李載善 寧海金興福 長鬐盧融 新寧鄭信輪 迎日李卜彬 尙州崔時一 山淸林陽直 咸昌林處一 機張片奉

泰等 竝放送

523.

건명 : 李晢을 慶尙左兵使로 삼음

발신처 : 純祖

검색어 : 李晢, 慶尙左兵使

출처 : 純祖 9年 己巳 10月 初3日 ; 36-169下

有政 吏曹判書金義淳兵曹判書朴宗慶進

以金星甲爲執義 韓耆裕爲修撰 韓兢履爲副修撰 金明淳爲禮曹參判 吳泰賢爲右尹 魏米喆爲眞寶縣監 任希存爲副總管 金㼁爲南兵使 李晢爲慶尙左兵使 崔朝岳爲公忠兵使

524.

건명 : 나이 80이 된 慶尙左兵使 李晢을 改差하도록 한 처분

발신처 : 純祖

검색어 : 改差, 李晢, 慶尙左兵使

출처 : 純祖 9年 己巳 10月 初6日 ; 36-177下

改差慶尙左兵使李晢

晢以親年八十 呈狀乞遞 兵曹啓請 改差也

525.

건명 : 趙岐를 慶尙左兵使로 삼음

발신처 : 純祖

검색어 : 慶尙左兵使, 趙岐

출처 : 純祖 9年 己巳 10月 初7日 ; 36-178上

有政 吏曹參議曺允遂兵曹判書朴宗慶進

以徐鼎輔爲應教 閔耆顯爲副總管 趙岐爲慶尙左兵使

526.

건명 : 慶尙左兵使 趙岐를 追榮하도록 한 처분

발신처 : 左議政 金載瓚

검색어 : 慶尙左兵使, 趙岐, 追榮, 移贈, 生家

출처 : 純祖 9年 己巳 10月 初10日 ; 36-183上

命慶尙左兵使趙岐追榮移贈於本生家

左議政金載瓚啓言 慶尙左兵使趙岐 當爲追榮 而聞其所後家 無受贈之人云 請依他例 許令移贈於本生家 從之

527.

건명 : 慶尙左兵使 趙岐를 誠正閣에서 만남

발신처 : 純祖

검색어 : 慶尙左兵使, 趙岐, 辭陛

출처 : 純祖 9年 己巳 10月 17日 ; 36-209下

召見慶尙左兵使趙岐左水使李馨秀于誠正閣

辭陛也

528.

건명 : 慶尙左兵使 元永冑을 追榮하도록 한 처분

발신처 : 左議政 金載瓚

검색어 : 慶尙左兵使, 元永冑, 追榮, 移贈, 生家

출처 : 純祖 9年 己巳 10月 24日 ; 36-226下

命慶尙左兵使元永冑追榮以其所生家許施

左議政金載瓚啓言 慶尙左兵使元永冑 今當追榮 而聞其所後家 無受贈之人云 請從近例 許令移贈其所生家 從之

529.

건명 : 三南 災邑에 定配된 罪人들을 移配하도록 한 처분

발신처 : 刑曹

검색어 : 三南, 定配罪人, 移配, 稍實邑, 蔚山, 李宅周, 韓孝曾, 彦陽縣, 朴春一, 疊配

출처 : 純祖 9年 己巳 12月 17日 ; 36-326下~327上

秋曹以定配罪人移配稍實邑啓

刑曹啓言 三南災邑 定配罪人等移配 稍實邑事 臣旣承筵教矣 淳昌鄭

益煥茂朱府 昌平崔右宅龍潭縣 興陽鄭茂甲珍山郡 海南孫命震錦山郡 順天奴千金茂朱府 金仲學珍山郡 羅州任天郁龍潭縣 昌平韓京海歙谷縣 靈巖奴臥乭杆城郡 求禮崔宗興旌善郡 雲峰李陽成安峽縣 金履郁平昌郡 康津李春興遂安郡 光陽柳福鑽谷山府 金昌太康翎縣 興陽李士楫文化縣 寶城金宅芳金川郡 和順崔允誠价川郡 求禮金宗活龍川府 李慶玄宣川府 谷城李七得定平府 慶山金幸坤軍威縣 泗川全趦福梁山郡 南海趙中烈 彦陽縣朴春一鎭海縣 固城婢福德機張縣 草溪朴春得漆原縣 巨濟朴世用安東府 韓用善聞慶縣 長鬐鄭東義興縣 孫益和義城縣 昆陽崔德來英陽縣 金海徐宗智靑松府 蔚山李宅周 盈德縣韓孝曾寧海府 竝移定配所 令各該道臣 次次押送 俾無繹騷之弊事 分付 至於公忠道 則災邑編配 數不夥多 且無疊配 不必擧論 請置之 允之

530.

건명 : 각 道 牧場의 馬畜數爻 가운데 蔚山牧場의 수효

발신처 : 司僕寺

검색어 : 司僕寺, 元式, 元總, 蔚山, 長鬐, 監牧官, 李英繪, 牧場, 戊辰籍付馬, 今生馬, 封進馬, 故失馬, 除今年實留放壯兒雌雄馬, 壯雌馬, 一年應孳産馬, 加報

출처 : 純祖 9年 己巳 12月 22日 ; 36-335上~337下

太僕以各道牧場馬畜數爻啓

司僕寺啓言 各道牧場 今年孳産 或加元式 而旣不超異 故失或減元總 而數不爲多 賞罰一款 請竝姑置之 允之 ○ 後錄 (中略) 蔚山長鬐等監牧官李英繪 所管二牧場 戊辰籍付馬一千三百十五匹 今生馬一百八十七匹 合馬一千五百二匹內 封進馬三匹 故失馬二百十四匹 除今年實留放壯兒雌雄馬 竝一千二百八十五匹內 壯雌馬五百八十六匹 一年應孳産馬一百七十六匹 今生馬一百八十七匹 加報十一匹 (中略) 已上 合馬九千九百四十五匹內 封進馬四十九匹 各邑分養捉給馬十匹 故失馬一千一百五十七匹 合馬一千二百十六匹 除今年實留放壯兒雌雄馬 竝八千七百二十九匹

531.

건명 : 嶺南穀을 湖南으로 이전하라는 명령에 대해 영남의 재해를 고려하여 北關穀을 호남으로 이전함으로써 줄이도록 한 처분

발신처 : 慶尙監司 鄭晩錫

검색어 : 慶尙監司, 鄭晩錫, 原總, 水田, 旱田, 蔚山, 代播, 還布, 結錢, 科試籍案, 公賑, 私賑, 停退, 代捧, 嶺左, 穀總, 稍實, 還總, 飢口, 賙賑, 還戶, 種糧, 設賑, 糴政, 移給, 歉荒, 移粟, 嶺穀, 北穀

출처 : 純祖 9年 己巳 12月 24日 ; 36-341上~342下

慶尙監司鄭晩錫疏陳湖南移粟難便之狀批令廟堂稟處

疏略曰 伏見籌司行會 有本道穀五萬斛 移轉湖南 而以北關穀 給代之命 本道之災形民情 略已附陳於前後啓奏 而廟堂之 有此陳達分撥者 意或以災形 有遜於彼 民情有勝於彼 而然耶 大抵今年 水田之俵災 較原總 雖不過十分之四 而其餘分之名 爲食實者 斗種所收 大率三四斗 則論以常年 皆可歸之於全災 且其旱田 旣不執災 故不辨其災實分數之 幾何 而參以耳目之所聞見 與水田無異 則乃是全一道大無也 故代播之全免 還布之停代 結錢之防給 科試籍案之退限停勘 聖澤旣甚不貲 而民力終未少紓 鳥形鵠面 皆濱溝壑松皮菜根 苟延朝夕 其售閣外餘數 終是收徵不行 賣田析屋無處 可售離井棄墳 在路相望 歲色將終 倉實未半 未知末梢勘簿之爲如何 而有停退焉 有代捧焉 又終必有多少未捧 而其他反逋之虧欠 麤穀之陳腐者 從前多有 雖多虛張之簿數 槪少實用之斗斛 本道之飢口賙賑還戶種糧 方且兌那 而互濟尙難塗抹 而分排 復何他道之暇及乎 人或謂嶺左諸邑穀總 皆優年事稍實云 此未悉本道事情而然也 寧海盈德淸河興海迎日長鬐慶州蔚山機張東萊等十邑 謂之左沿 而其年事 雖曰 差勝於右沿 然其公賑者 爲三邑 私賑者 爲五邑而已 自前月先行捄急 惟寧盈兩邑 雖不設賑 其民產之匱乏 糴政之艱辛 與他邑將無同焉 則以此而其可謂年事稍實乎 十邑還總二十二萬五千四百餘石 雖傾庫盡分 較量於五萬四千七百餘戶 每戶僅受四石 而尙患不敷 況又除却今年之停退代捧 則實數不過爲十二萬餘石 而賙賑種糧排比 不得以此 而其可謂穀總有優乎 年歉旣若是 穀匱又如彼 而搜括五萬斛 穀物便同 龜毛兎角 其必費了一道之力 動了一道之穀而後 庶或可以塡補其數 哀彼饑餓困窮之類 雖使安頓無擾 加

意撫綏 惟恐其不及拯濟 況其移給於百餘里 或八九十里之地 則所受若干斗斛 已罄於往來 留連之費 而徒增顚仆奔走之苦 其貽害受病 反有甚於歉荒之災矣 北關穀之移授給代 當此穀貴如玉之日 雖升龠之微得之爲幸 而況七萬斛之多乎 然而輸來之後 不可專倭於沿邑 亦且分糶於內地 其入之之難如其出焉 弊有不可勝言者 且其小米唐稷之屬俱非土宜 難於收糴 昔年移粟 流弊無窮 民到于今 莫不疾首 是亦反又害之 而未足爲幸也 左右思量 只有一事之可以方便者 今此五萬斛區劃中 折皮二萬斛 則臣當就左右沿諸邑 或以三五百斛 或以七八百斛量宜分撥 盡力搜括 而其餘三萬斛之數 更令知會於北關 取其移嶺之穀 而直轉湖南 則湖民之取食 固無擇乎 嶺穀北穀 而均之爲救饑矣 且果以北穀轉于嶺 嶺穀轉于湖 其轉轉互移之際 煩費必多 繹騷必倍 曷若自北直達于湖之 爲公私省弊乎 然則湖民得食之 不失元數 此一便也 嶺人受害之 減其一半 亦一便也 北關移粟之 七分除四 亦一便也一擧而三便 備交濟而全活多 伏乞亟降處分 批以疏辭 令廟堂稟處

532.

건명 : 老職人에 있는 자들에게 차등 있게 官等을 올리도록 한 처분

발신처 : 純祖

검색어 : 老職人, 慶尙道, 蔚山, 金正守, 姜世元, 加一資, 未受資秩者, 直超通政

출처 : 純祖 10年 戊午 1月 初2日 ; 36-361下~365下

老職人下批

慶尙道 蔚山 折衝金正守 通政姜世元 (中略) 以上 朝官年八十 士庶年九十人 各加一資 參下官及士庶 未受資秩者 直超通政 (後略)

533.

건명 : 蔚山 西生鎭 앞바다에서 바람으로 빠져죽은 東萊 거주의 張秋宅 등에게 恤典을 내리도록 한 처분

발신처 : 慶尙監司 鄭晩錫

검색어 : 東萊府, 渰死人, 恤典, 蔚山, 西生鎭, 身還布

출처 : 純祖 10年 庚午 2月 初4日 ; 36-429下~430上

給東萊府渰死人恤典

慶尙監司鄭晩錫 以東萊居張秋宅等八名 同騎一船捉魚次 到蔚山西生鎭前洋 逢風渰死 馳啓 敎 以聞甚矜惻 原恤典外 別加顧恤 如有生前身還布 幷蕩減事 廟堂區劃分付

534.

건명 : 東萊 水營의 移營과 掘浦의 일에 따라 帥臣과 道臣을 推考하도록 한 처분

발신처 : 左議政 金載瓚

검색어 : 左兵使, 趙岐, 蔚山, 推考, 東萊, 水營, 移營, 掘浦, 移職, 瓜遞

출처 : 純祖 10年 庚午 3月 15日 ; 36-504下~505上

命慶尙監司鄭晩錫推考左兵使趙岐左水使李馨秀緘辭重推

左議政金載瓚啓言 昨年以東萊水營 移營與掘浦間 形止便否 廣詢于道帥臣 待啓聞 更爲稟定之意 筵稟行關矣 今至周年 仍無聲息 而帥臣則或有移職者 或有瓜遞者 道臣 則未及巡到 且當災政 尙此因循 容或無怪 而帥臣 則居在怎地事係當職 而朝令若置忘 域司關仍作休 紙終一年 竟無一言者 豈有如許事體乎 當該帥臣 姑先緘辭 從重推考 道臣亦難免稽忽之失 推考 更待秋巡 詳爲躬審後 指陳可否 論理登聞之意請分付 從之

535.

건명 : 湖南 康津船이 興海郡 移轉穀을 싣고 가다 蔚山 日山津 大洋巖 앞에서 풍랑을 만나 바다에 穀物을 빠뜨린 康津船主 姜厚成 등의 죄를 묻도록 한 처분

발신처 : 慶尙監司 鄭晩錫

검색어 : 慶尙監司, 鄭晩錫, 長鬐, 甫川浦, 移轉穀, 蔚山府使, 趙鎭宣, 日山津, 大洋巖, 康津, 豆毛浦, 領運差使員, 興海郡移轉米, 領運監色, 沙格, 未拯米, 官徵捧法, 準徵, 從重科治

출처 : 純祖 10年 庚午 4月 初6日 ; 36-547上~下

慶尙監司鄭晩錫以湖南移轉穀致敗馳啓

狀啓以爲 長鬐縣監具錫夏所牒報 湖南康津船四隻 載興海郡移轉穀今月初八日 來泊甫川浦口 而日暮風起 其中 先發船一隻 瞥眼之間 未

辨去處云 蔚山府使趙鎭宣所牒報 湖南移轉穀載 持船一隻 漂到本府日山津大洋巖前洋云 故馳往摘奸 則船隻 只有下杉數板 而架釘皆脫什物幾盡 漂失餘穀布 在船底 皮牟 爲十四石 租爲四十四石 査問委折則康津船主姜厚成等 供招移轉 載運船四隻 今月初三日 到興海豆毛浦 湖南領運差使員 以興海郡移轉米租皮牟 改斛分載於四隻 而領運監色 則分騎他船 渠等船所載 則米十六石 皮牟二十五石 租一百六十石 合爲二百一石 初七日發船 而此船先到 長鬐甫川浦口 日暮風作 鴟木摧折 爲其圖生 穀物散投 洋中把持 杉板漂到 大洋巖前洋 則日山津瞭望 民救護得生云云 不能占風行船 終又散投穀物 旣非全船之敗覆且無監色之同舟 則安知無故敗之奸情 屢加盤問 終不吐實云 人命免溺 船板尙完 則莫重穀物 無難散擲者 跡涉可疑 不可不準徵於沙格 致敗地方 雖在本道穀物 旣已傳授於湖南差員 且其沙格 皆是康津之民則移送原籍官徵捧法例 卽然上項船主 姜厚成等七人 移送康津縣 亦以未拯米十六石 皮牟十一石 租一百十六石 準徵之意 文移于全羅監營 而長鬐蔚山護送監色 則竝自臣營 從重科治

536.

건명 : 慶尙左兵使 趙岐 등에게 移營의 일을 지체한 죄를 물어 杖一百 등에 처하도록 한 처분

발신처 : 刑曹

검색어 : 慶尙左兵使, 趙岐, 左水使, 李馨秀, 莅任, 移營, 杖一百, 收贖公罪, 減一等

출처 : 純祖 10年 庚午 4月 13日 ; 36-559下~560上

秋曹以慶尙左兵使趙岐左水使李馨秀緘推啓

岐緘答 以爲閫營移設 事係重大 豈敢或忽 而渠莅任不久 未及與道臣水使講確修啓差遲 馨秀緘答 以爲移營之擧 事係重大 掘浦之役 亦涉難愼 不可率爾決定 故積費思慮之間 拖至屢月 ○ 刑曹啓言 趙岐李馨秀 所當照律 而係是二品 請上裁 教 以竝照律 又啓言 趙岐李馨秀 照律各杖一百 收贖公罪施行 允之 教以 竝功減一等

537.

건명 : 慶尙監司 鄭晩錫의 畢賑狀啓에 나타난 饑民과 公私賑秩의 수효에 따라 褒賞하도록 한 처분

발신처 : 純祖

검색어 : 畢賑, 慶尙監司, 鄭晩錫, 元賑秩, 西生浦, 開雲浦, 飢民, 救急秩, 左兵營, 蔚山府, 彦陽, 蔚山牧場, 賑廳, 賑穀, 會錄, 會減

출처 : 純祖 10年 庚午 5月 27日 ; 36-631下~649下

兩都留守四道道臣以畢賑馳啓

○ 慶尙監司鄭晩錫 狀啓以爲 道內各營邑驛鎭堡牧場 畢賑形止 已爲馳啓 而公私賑救急處 自歲前至歲後 終等通計 飢民爲一百七十二萬九千六百六十口 穀物 則朝家所劃下 私賑帖價備荒軍作各穀二萬石 常賑各穀十萬石 空名帖發賣價穀一萬二千一百石 士民願納各穀二萬一千五十五石四斗零 各官年例備各穀一千三百九十八石 各官自備各穀二萬二千八百八石十二斗零 臣營別備穀一萬石 司僕寺穀五十石 都合十八萬七千四百十二石一斗零 分賑所用 則公賑七十一處 爲十萬九千一百四十六石八斗零 私賑九處 爲九千一百八十八石十四斗零 救急二十六處 爲一萬三千七百九十三石九斗零 合一百六處 分賑實入爲十三萬二千一百二十九石三斗零 私賑及救急處 則不犯公穀 竝以營邑別備與士民願納穀 從便排用 行乞與料米三石三斗零 則以賑資劃下常賑穀中 依例上下補縮條 則只就公賑處磨鍊 而鹽藿價不爲擧論 粥米醬太及白給各穀 依已例 每石以一斗 計除合縮穀四千六百七十六石十四斗零 都合各穀十三萬六千八百九石六斗零 竝減下 則劃下穀中餘數爲五萬六百二石十斗零 故還錄於各其衙門公賑私賑救急處 飢口穀數分秩 都成冊 各營邑驛鎭堡牧場自備穀物列錄成冊 士民願納人姓名穀數成冊 修正上送 凡厥有位不計廩俸之豊薄辦得穀物 或添補公賑 或繼給私恤 其誠力勤勵 有足觀者 就其中數爻 稍多處別單 登聞士民之願納 爲三二千石 實是挽近之所罕 有其在勸善之道 宜有殊賞 故五百石以上人 亦爲論列於別單 竝令該廳 考例稟處 願納及私賑五十石以下人 依法典 自本道施賞 ○ 元賑秩 (中略) 西生浦 歲前救急 二巡飢民一百五十口 租七石四斗零 ○ 元賑十二巡飢民 一千二百二十八口 各穀九十八石三斗零 (中略) ○ 救急秩 左兵營 救急十二巡飢民 二千

九百二十八口 各穀一百六十一石一斗零 (中略) 蔚山府 救急十一巡 飢民一萬二千一百八十三口 各穀五百九十八石十四斗零 (中略) 彦陽縣 救急十一巡 飢民六千六百十二口 各穀四百二十八石十三斗零 (中略) 蔚山牧場 救急十一巡飢民 一千一百二十二口 各穀四十九石一斗零 (中略) 賑廳啓言 觀此慶尙監司鄭晩錫畢賑狀啓 則救急設賑 雖爲守令分憂者之職分 朝家褒賞 旣有已例 別單中 守令之自備 士民之願納及願納五十石以上 載於成冊者 竝令該曹 依事目 考例稟處 賑穀之會錄會減 請依狀請施行 允之

538.

건명 : 開雲 등 4鎭의 疊役의 弊를 道臣으로 하여금 바로잡도록 한 처분

발신처 : 左議政 金載瓚

검색어 : 慶尙前左水使, 元永胄, 西生, 開雲, 東萊, 釜山, 豆毛, 疊役, 蒙頉, 蠲免, 除減, 身布, 責應, 會減

출처 : 純祖 10年 庚午 6月 15日 ; 36-667上~下

命多大等四鎭民疊役之弊令道臣從便釐捄

左議政金載瓚啓言 卽見慶尙前左水使元永胄 報備局辭緣 則以爲本營所屬 多大西生包伊西平等四鎭 列在倭路要衝之地 責應煩苦 鎭民流亡 若不及今 矯捄必致 罷鎭之境 而本營及東萊釜山開雲豆毛 曾有軍民疊役之弊矣 本營 則前水使狀請蒙頉 東萊 則前府使陳疏蠲免 釜山則御史書啓除減 開雲豆毛 則前監司枚報廟堂 果蒙筵稟 身布則移送責應則會減 而今此四鎭 獨未蒙一視之澤 四鎭疊役軍 四百六十八名依他例 移送於道內七十一州 包伊西平之 責應於倭館者 亦依開雲豆毛例 會減儲置 則可無邊民渙散之慮爲辭矣 東萊及釜山豆毛開雲等一邑三鎭 軍民疊役之弊 前因道帥臣狀 請及繡啓 今已蠲免 而惟此多大西生包伊西平四鎭 爲敵路要衝 與三鎭無異 爲軍民痼弊 與三鎭無異 而至於蠲役釐弊之惠 則及於三鎭 而不及於四鎭 宜有向隅之歎 且非均施之政 一依東萊三鎭 已施之例 凡移送與會減之節 從便釐捄 無殘鎭偏苦之弊 請分付該道道臣 從之

539.

건명 : 殿最에서 彦陽縣監 李得鉉과 西生浦僉使 李文燮에 대한 평과 인사 성적

발신처 : 純祖

검색어 : 殿最, 慶尙監司, 鄭晩錫, 褒貶啓本, 彦陽縣監, 李得鉉, 慶尙左水使, 李馨秀, 西生浦僉使, 李文燮

출처 : 純祖 10年 庚午 6月 15日 ; 36-698上~下

開折京外殿最

敎曰 吏兵房承旨 持褒貶啓本 入侍 (中略) ○ 慶尙監司鄭晩錫啓本 晉州牧使尹光垂 褎如賑餉 饕及漕放下 仁同府使李朋錫 初手未熟 來頭且觀 巨濟府使沈公俊 求治雖切 做事或疏 南海縣令鄭履權 心力雖勞 奸欺或售 彦陽縣監李得鉉 小疵宜略 大體固好 玄風縣監金用默 賑政固可 餘事且置 軍威縣監金宗源 誠非不切 識或未透 竝中 (中略) ○ 慶尙左水使李馨秀啓本 西生浦僉使李文燮 不顧怨讟 專事肥己下 (下略)

540.

건명 : 慶尙監司 鄭晩錫의 畢賑狀啓別單에 따라 私賑 救急을 해결한 左兵使 趙岐 이외의 사람들에게 論賞하도록 한 처분

발신처 : 兵曹

검색어 : 三南, 慶尙監司, 鄭晩錫, 畢賑狀啓別單, 驛吏, 左兵使, 趙岐, 私賑, 陞敍之典, 免役, 監牧官, 公賑

출처 : 純祖 10年 庚午 6月 25日 ; 36-725下~726上

兵曹以三南道臣畢賑狀中鎭將差員及驛吏等論賞事覆啓

該曹啓言 觀此公忠監司金著根畢賑狀啓別單 則前水使李石求 安興前僉使韓根馨外 此帥臣邊將 自備救濟 係是職分內 事數亦不多 請竝置之 允之 又啓言觀此全羅前監司李冕膺畢賑狀啓別單 則前兵使吳載重 前左水使安橚 右水使徐有鳳 法聖僉使趙惠鎭 興陽監牧官韓象洪 古群山僉使李仁默 荏子島僉使金鎭恒 蝟島僉使韓益秀 加里浦僉使崔秉敎 古今島前僉使柳偀 蛇渡前僉使崔彦耉 防踏僉使朴聖鎬 會寧浦萬戶廉德運 其外鎭將之 捐出廪餘 救濟軍民 俱係職分內事 自備之數 亦甚不多 竝置之 群山僉使李禹道 濟州差員右水虞候 尹相泰嶺南差員左水虞候鄭宅升 竝施陞敍之典 恐合事宜 請上裁 從之 又啓言 觀此慶

尙監司鄭晩錫畢賑狀啓別單 則右兵使元永胄 左水使李馨秀 左兵使趙岐 釜山僉使李源龍 私賑救急 係是職分內事 其餘邊將監牧官 自備之數 俱甚不多 竝置之 多大浦僉使李乘運 私賑雖與公賑有異 自辦千餘包 救濟軍民 合施陞敍之典 請上裁 永川驛吏李成春 慶山驛吏全鳳歧全東秀兄弟 淸道驛吏李尙元 竝令免役之意 分付道臣 從之

541.

건명 : 開雲浦萬戶 金愼默 등의 褒貶降考를 잘못 매긴 道帥臣을 推考하고, 褒貶을 바로잡도록 한 처분

발신처 : 兵曹

검색어 : 各道褒貶降考啓, 慶尙左水使, 李馨秀, 開雲浦萬戶, 金愼默, 中考, 上考, 推考, 上考

출처 : 純祖 10年 庚午 7月 初1日 ; 36-732上

兵曹以各道褒貶降考啓

該曹啓言 拆見諸道褒貶 則公忠監司金著根啓本中 中軍鄭魯誠 以姑無事爲毁譽莫聞爲目 慶尙左水使李馨秀啓本中 西平萬戶韓錫昌 以鎭殘校猾戒在周察爲目 開雲浦萬戶金愼默 今已報瓜 何必苛評爲目 則竝宜置中考 而置諸上考 各該道帥臣推考 鄭魯誠韓錫昌 竝中考施行金愼默前已居中 請依例罷黜 允之

542.

건명 : 通信使의 護行大差倭가 護行講定 전에 온 문제에 대한 처리와 倭船이 南川浦에 移泊했을 때 잘못 대응한 開雲浦萬戶 金愼默에 대한 처분

발신처 : 東萊府使 尹魯東

검색어 : 東萊府使, 尹魯東, 通信使, 護行大差倭, 開雲浦萬戶, 金愼默, 禮曹書契, 書契別幅, 東萊, 釜山, 護行差使, 倭船哨探將, 南川浦

출처 : 純祖 10年 庚午 7月 16日 ; 36-762上~763上

東萊府使尹魯東以通信使護行大差倭出來馳啓

狀啓以爲 倭大船二隻 止泊於南川浦 故問情 而第一隻 則信使護行大差倭船 故責諭曰 公幹姑未了事 則稱以護行講定前 遽然來到 此何道理耶 答以在前信行時 有前期出來之例 今番信行與前有異 公幹與講

定等事 俺擔當了定次 前期出來 都船主倭言 內俺出來時 留館渡海 護還裁判 藤功喬仍定 信使護行裁判事 禮曹書契別幅 各一度 東萊釜山書契一度 別幅二度 持來責諭曰 護行大差倭之講定前 來到已極徑先而藤功喬仍定 護行裁判 書契持來云者 尤極不當云 則答以在前護行大差倭出來時 亦有裁判同來之例 而渡海護還裁判 既在館中 則仍定無妨大差倭平功志言 內俺之出來事情 已悉於問情時 京接慰官及差備譯官依例趂卽下來 接待責諭曰 通信節目 姑未講定 信使行期 亦未料定 而護行差使 何爲預先來到耶 答以信行時 前期出來 不無其例 今番通信與前自別 講定一款 俺擔當出來 而都在從後說話中 惟願趂速竣事云 講定之前 差倭之出來 裁判之移定 事涉徑先 而公幹講定 渠既擔當 前期出來云 則亦不可斥退 禮曹書契 兩度別爲謄本 上送于備邊司差倭許接當否 令廟堂 稟旨分付 開雲浦萬戶金愼默 以倭船哨探將 倭船之移泊 南川浦也 謂有身病 任自由陸 追到守護 在於初六日辰時 而以初五日戌時 領護樣報來者 俱極可駭 其罪狀 令廟堂稟處 (下略)

543.

건명 : 東萊 水營의 掘浦 및 長生浦와 項串으로의 移設에 대해 財力과 부담을 고려하여 신중하게 처리하도록 한 처분

발신처 : 左議政 金載瓚

검색어 : 東萊, 水營, 掘浦, 船艙, 蔚山, 左兵使, 長生浦, 項串浦, 趙岐, 移營, 秋操

출처 : 純祖 10年 庚午 7月 30日 ; 36-782上~783上

命東萊水營掘浦財力令道帥臣詳議啓聞

左議政金載瓚啓言 東萊水營仍舊艙掘浦 與長生項串 兩浦移設便否令道帥臣 具意見論啓後稟處事 曾有所筵稟行會矣 卽見其狀本 則道臣鄭晩錫 以爲項串浦 則港口淺露 海門虛闊 戰船實難藏泊 長生浦 則山麓拱抱 洋水渟滙 而萊海隔邊 莫施保障之功 鎭保散處 不便管轄之道 時在本浦 則最是賊路之咽喉 邊圉之要衝 而但船艙所設處 乃在於川流入海之口 歲久年深 川道變遷 有分派橫決流沙堆積之患 今若築石成堤防 其橫決 以合水勢 以驅沙堆 則港自浚 而水自厚 爲今之計莫如仍留 本浦不失其形便 稍減其勞費爲辭 左水使李馨秀 以爲頃串

浦 則雖欲築石 不可容易成就 長生浦 則船艙基地 實是天作 而兵水兩營之 一時竝移 不敢率爾 請陳本艙 則乃是川流入海之處 上流橫決 分派海口 積沙成嶼 三去庚戌 築石潮入之處 以爲助水勢疏貯沙之計 而本營之 必設於東萊地方 爲其據於要衝 今因船艙之不便遽議之 他揆以邊政 萬萬疏虞 若高築傍堤 以防流下之沙 深掘內浦 以貯渟滀之水 則舊艙 似有可復之道 而躬審上下役處 則海口成嶼處 新築爲一百八十步 舊築修補處 爲二百十步 上流橫決處 石築爲五百四十步 容入軍丁 當以六萬名 一日赴役 而以臣營屬 各鎭邑舟師軍卒 三千四百四十三名 兵船伺候船 四十八隻 除秋操 使之五日赴役 則船爲二百四十隻 軍爲一萬七千二百十五名 其餘四萬餘丁 從他區劃 然後庶可完役爲辭 左兵使趙岐 以爲項串浦築石 恐無成就之望 長生浦漢港 雖勝於諸處 而今若移營於蔚山 則列鎭相離 管轄失宜 且兩營竝移 大關更張 不敢遽議 至於本艙基址 乃在兩川 合湊之海港 苟能掘沙築堤 則川水不失其道 漢港能就 其深措處之方 當自該閫 論列爲辭 而竝請令廟堂 稟處矣 蓋移艙與掘浦之議爲見 各異持論不同 尙不得指一決定 而今見道帥臣所陳 則皆以移艙爲難便 掘浦爲得宜 而道臣 則曾任萊府 必當慣見熟量 而今其爲言 若是勤據 尤足以取信矣 博採之道 從多爲上 今則姑捨移艙之策 特從掘浦之論 然後方可爲折衷做事之道 然而容入財力 雖勝於兩營 竝移之擧 而亦不可容易措辦 更令道帥臣 詳議生財之道 而容入亦當爲幾何 請爛加料度 枚擧啓聞後 稟定 從之

544.

건명 : 蔚山府의 民家 頹壓戶와 渰死人에게 恤典과 身還布를 탕감하도록 한 처분

발신처 : 純祖

검색어 : 蔚山府, 李馨秀, 恤典, 渰死人, 身還布, 慶尙左兵使, 李馨秀

출처 : 純祖 10年 庚午 8月 17日 ; 36-820上~821上

給公州等邑漂頹戶渰死人恤典

○ 慶尙監司鄭晩錫 狀啓以爲 去月二十九日之風雨 蔚山府 民家十二戶頹壓 河東府 七戶頹壓 人命一名壓死 昆陽郡 三戶頹壓 泗川縣 十一戶頹壓 熊川縣 一戶頹壓 人命一名壓死 教 以許多民戶之頹 人物之

傷 極爲矜惻 原恤典外 別加顧助 渰死人 如有生前身還布 竝蕩減事 分付 ○ 慶尙左兵使李馨秀 以東萊府無役韓福亮等十五名 去月二十七日 捉魚次出 往金海府鳴旨島 前洋遇風 覆船 俱爲渰死馳啓 敎 以許多人物渰 殊爲矜然 加給恤典 蕩減身還事 分付

545.

건명 : 巨濟의 渰死人과 蔚山의 頹戶에 恤典하도록 한 처분

발신처 : 純祖

검색어 : 巨濟, 渰死人, 頹戶, 恤典, 晩稻, 代播, 民家頹壓, 蔚山, 身還布

출처 : 純祖 10年 庚午 9月 15日 ; 36-898上~下

給巨濟等府渰死人及頹戶恤典

慶尙假都事鄭冕綏 以昌原梁性和 漆原朴東塔等十四名 乘船出海 遇風渰死于巨濟乫串備前洋 馳啓 敎 以聞甚矜惻 原恤典外 別加顧恤 如有生前身還布 竝蕩減事 廟堂區劃分付 又狀啓以爲 去月二十六七日之風雨 田畓各穀 靡偃摧折 晩稻木麥及代播 各穀間多全棄 其中蔚山則民家頹壓 爲二十一戶 敎 以許多民戶 若是頹壓矜惻矣 恤典加給事 分付

546.

건명 : 慶尙左兵使 趙岐의 改差를 명함

발신처 : 純祖

검색어 : 改差, 慶尙左兵使, 趙岐

출처 : 純祖 10年 庚午 11月 29日 ; 37-60下

改差慶尙左兵使趙岐

左議政金載瓚啓言 卽見慶尙左兵使趙岐辭狀 則其本生兄趙參 方在罪謫 不敢晏然 在職 呈狀乞遞 請改差 從之

547.

건명 : 申大坤을 慶尙左兵使에 임명함

발신처 : 純祖

검색어 : 申大坤, 慶尙左兵使, 初仕

출처 : 純祖 10年 庚午 12月 初1日 ; 37-66下

有政 吏曹參判李好敏兵曹判書李勉兢進

以李基崇爲司諫 洪儀泳爲掌令 洪奭周爲副提學 李勉求爲副應教 林景鎮尹尚圭爲校理 鄭魯榮爲副校理 吳載紹爲右參贊 宋祥濂爲右尹 鄭尚愚爲同經筵 李薰徵爲交河郡守 李晉淵爲江東縣監 金魯甲爲孟山縣監 朴宗來爲知事 韓致應爲都總管 尹長烈爲同知 元椝吳致聖爲宣傳官 椝致聖初仕也 申大坤爲慶尚左兵使

548.

건명 : 蔚山府 소속 牧場의 馬畜을 遺失한 監牧官을 처벌하도록 한 처분

발신처 : 司僕寺

검색어 : 各道牧場馬畜數爻, 牧政, 蔚山, 前監牧官, 李寅英, 金亨遠, 李英繪, 遺失馬, 牧官, 元總, 徵價上納, 拿問重勘, 長鬐, 監牧官, 籍付馬, 今生馬, 兪憲柱, 封進馬, 故失馬, 雌雄馬, 壯雌馬, 己巳籍付馬

출처 : 純祖 10年 庚午 12月 25日 ; 37-114上~117下

太僕以各道牧場馬畜數爻啓

司僕寺啓言 今年牧政 既無超等處 則論賞一款 不必擧論 其所論勘當以元牧之實總 較諸今年留放之數額 至於蔚山 則遺失爲四百四十八匹內 前監牧官李寅英在任時 遺失爲一百四十八匹 金亨遠在任時 遺失爲一百九十四匹 李英繪在任時 遺失爲一百六匹 該牧牧馬元總 爲一千二百八十五匹內 虧欠之數乃至四百四十八匹之多 遺失馬 則雖令依法文 徵價上納 各年牧官等居職時 畏罪掩置 今因時牧官之論報 有此現發 當該前監牧官李寅英金亨遠李英繪等 請竝令該府 拿問重勘 允之 ○ 後錄 (中略) 蔚山長鬐等監牧官 前任李英繪 時任兪憲柱 所管二牧場 己巳籍付馬一千二百八十五匹 前任李英繪所報 今生馬一百八十一匹 時任兪憲柱所報 今生馬五匹 合馬一千四百七十一匹內 封進馬三匹 前任李英繪所報 故失馬一百五匹 時任兪憲柱所報 故失馬一百五匹 遺失馬四百四十八匹 除今年實留放壯兒雌雄馬 竝八百十匹內 壯雌馬五百八十二匹 一年應孶產馬一百七十四匹 今生馬一百八十六匹 加報十二匹 (下略)

549.

건명 : 牧馬의 故失이 定式을 超過한 蔚山 前監牧官 金亨遠 등을 벌하도록 한 처분

발신처 : 義禁府

검색어 : 金亨遠, 蔚山, 監牧官, 中官, 許銀, 徵價, 牧馬, 故失, 李英繪, 杖一百, 私罪, 減一等

출처 : 純祖 10年 庚午 12月 27日 ; 37-122上~下

命金吾囚金亨遠等議處中官許銀照律

義禁府啓言 蔚山前監牧官金亨遠 原情以爲 本牧牧馬一年故失者 不下於數百匹 而春秋等故失之枚 報於本寺者 無得過百匹 自有定式 故渠在任三年之內 報司外故失之數 自至一百九十四匹 報司徵價 法例當然 而牧民率多貧窮 末由準徵 自歸於掩置之科 溺職之罪 實無所逃云 李英繪原情以爲 該牧牧馬一年故失 與羸老齒弱者 不下數百匹 而春秋等故失之報本寺者 無得過百匹 自有定式 渠在任三年之內 報司外故失之數 自至一百六匹 則其所追徵法理 當然適値荐歉 民力不敷未卽論報 準徵自歸於掩置之科 莫非渠溺職之罪云 時値停刑 請議處允之 又啓言 中官許銀照律 杖一百收贖 告身盡行追奪 私罪施行 允之教 以功減一等

550.

건명 : 蔚山 前監牧官 金亨遠 등을 법에 따라 處理하도록 명함

발신처 : 義禁府

검색어 : 金亨遠, 蔚山監牧官, 李英繪, 牧馬

출처 : 純祖 10年 庚午 12月 28日; 37-123上

命時囚金亨遠等照律

義禁府啓言 蔚山前監牧官金亨遠李英繪等 身爲牧官 牧馬虧欠之數若是夥然 而掩置不報者 雖緣難徵於殘民之致 揆以法意 罪難寬恕 請竝以此照律 允之

551.

건명 : 蔚山 前監牧官 金亨遠 등의 勘放을 명함

발신처 : 義禁府

검색어 : 安國衡, 金亨遠, 勘放, 蔚山監牧官, 金亨遠, 李英繪, 杖一百, 收贖, 告身, 私罪, 功減一等

출처 : 純祖 10年 庚午 12月 29日 ; 37-126上

命時囚安國衡議處金亨遠等勘放

義禁府啓言 蔚珍前縣令安國衡原情以爲 渠在官之日來辛未正朝 箋文差使員預差差定 故卽日發程馳到營下 則實差平康縣監金永受 已爲陪箋登程矣 渠未能趁期馳進 致有道啓之論勘 稽緩之罪 實無所逃云 曾經都總都事 請議處 允之 又啓言 蔚山前監牧官金亨遠李英繪等照律各杖一百收贖 告身盡行追奪 私罪施行 允之 教 以竝功減一等

552.

건명 : 牧馬의 故失이 定式을 超過한 蔚山 前監牧官 李寅英을 처벌하도록 請願함

발신처 : 義禁府

검색어 : 蔚山監牧官, 李寅英, 上納, 添載, 停退大同船, 停刑, 牧馬, 故失, 杖八十收贖, 告身, 三等私罪, 減一等

출처 : 純祖 11年 辛未 正月 初7日 ; 37-139上~下

命金吾囚權烒等議處兪碩柱勘放

義禁府啓言 春帖子製述官權烒原情以爲 春帖子製進何等謹嚴 而昏謬顚錯 遂至違式之科 渠罪狀 萬殞猶輕云 曾經侍從 請議處 允之 又啓言 魯城縣監尹稙原情以爲 本邑纔經大歉田稅 僅僅收捧 趁限上納餘數六十石 去七月添載於公州船 致敗於瑞山郡前洋 故曾因道啓論勘 伏蒙特恩分揀 而六十石更爲措備 十月初 添載於停退大同船 而七月所裝 旣已致敗 故措備再納 自至十月 實非無端延拖 莫非渠緣於事勢不善督飭云 時値停刑 請議處 允之 又啓言 前蔚山監牧官李寅英原情以爲 該牧牧馬一年故失 少不下數百匹 而春秋等故失之報本寺者 無過百匹 自有定式 渠在任三年之內 報寺外故失之數 一百四十匹 則其所追徵法理 當然適値歉荒 未卽準徵 自歸掩置 莫非渠溺職之罪云 時値停刑 請議處 允之 又啓言 前礪山府使兪碩柱照律 杖八十收贖 奪告身 三等私罪施行 允之 教 以功議各減一等

553.

건명 : 牧馬를 虧欠한 前蔚山監牧官 李寅英을 처벌하도록 한 처분

발신처 : 義禁府

검색어 : 放送, 蔚山, 監牧官, 李寅英, 牧馬, 準捧

출처 : 純祖 11年 辛未 正月 初8日 ; 37-143上

命金吾囚尹穡等照律權烒放送

義禁府啓言 魯城縣監尹穡 歉歲穀物 雖難急捧 拖至十月 又復臭載 雖與晩裝有間 難免違例之罪 請以此照律 允之 又啓言 前蔚山監牧官李寅英 牧馬虧欠 若是夥然 而掩置不報 雖稱歲歉民窮 未卽準捧 極爲可駭 請以此照律 允之 又啓言 春帖子製述官權烒 春帖子製進時 有此違式 殊涉駭然 請以此照律 教 以微過也 分揀放送

554.

건명 : 前蔚山監牧官 李寅英을 처벌하도록 한 처분

발신처 : 義禁府

검색어 : 前蔚山監牧官, 李寅英, 笞五十收贖, 杖一百收贖, 告身, 私罪, 減一等

출처 : 純祖 11年 辛未 正月 初9日 ; 37-144上~下

命金吾囚尹穡等照律

義禁府啓言 魯城縣監尹穡照律 笞五十收贖 解見任別敍 私罪施行 允之 教 以功議各減一等 又啓言 前蔚山監牧官李寅英照律 杖一百收贖 告身盡行追奪 私罪施行 允之

555.

건명 : 慶尙左兵使의 軍點을 虞候가 替行하도록 한 처분

발신처 : 慶尙監司 金會淵

검색어 : 慶尙左兵使, 軍點, 虞候, 當番, 應立, 四哨軍兵, 上番軍, 中點, 畢運, 替行, 慶尙監司, 金會淵, 逢點, 左右兵使, 鄭晩錫

출처 : 純祖 11年 辛未 正月 19日; 37-171上

命慶尙左兵使軍點以該營虞候替行

慶尙監司金會淵 狀啓以爲 本道右兵營所管 來三月當番合四哨 及來三月閏三月應立四哨軍兵 二月二十五日 京中逢點事 知委於左右兵使

處 而上番軍中點之 兵使躬行 雖是定式 而所經各邑 治道廚傳之弊 不可不念 故去七月日 右道軍兵上番時 以該營虞候 限畢運代行之意 前道臣鄭晩錫狀 請蒙允 今此左兵使軍點 亦以該營虞候 限畢運替行 恐未知如何 令廟堂 稟旨分付 教 以大臣旣已待命　何待回啓 卽爲許施事 分付

556.

건명 : 罪人 金樂哲을 彦陽縣에 定配하도록 한 처분

발신처 : 刑曹

검색어 : 金樂哲, 定配, 彦陽縣

출처 : 純祖 11年 辛未 正月 19日 ; 37-172上

秋曹以罪人金樂哲定配啓

該曹啓言 依下教 罪人金樂哲 嚴刑一次後 彦陽縣定配所押送

557.

건명 : 慶山縣令의 괘신을 口傳差出하도록 명함

발신처 : 慶尙監司 金會淵

검색어 : 口傳差出, 慶尙監司, 金會淵, 朴宗恕, 左兵使, 申大坤, 信使

출처 : 純祖 11年 辛未 正月 24日; 37-178下

命慶山縣令之代口傳差出

慶尙監司金會淵 以慶山縣令朴宗恕 與左兵使申大坤 有外親三寸叔母夫 應避之嫌狀 請令該曹稟處 教 以方當信使往來 其代口傳差出

558.

건명 : 彦陽縣에 定配된 罪人을 防守하지 못한 彦陽縣監 李得鉉을 처벌하도록 한 처분

발신처 : 慶尙監司 金會淵

검색어 : 慶尙監司, 金會淵, 彦陽縣監, 定配罪人, 宋昌得, 李得鉉, 彦陽縣

출처 : 純祖 11年 辛未 2月 初7日 ; 37-198下

慶尙監司金會淵狀論彦陽縣監李得鉉罪狀

狀啓以爲 彦陽縣定配罪人 宋昌得逃躱 未捉已過百日之限 該縣監李

得鉉 不善防守之罪 令攸司稟處 ○ 義禁府啓 請得鉉拿來 敎 以待待命拿囚

559.

건명 : 각 道의 放·未放에 대한 刑曹의 回啓

발신처 : 慶尙監司 金會淵

검색어 : 慶尙監司, 金會淵, 各道放未放修啓冊子, 定配罪人, 放秩, 未放秩, 彦陽, 稟秩, 疏釋之典, 崔壤重, 金才胥, 仍配

출처 : 純祖 11年 辛未 3月 初7日 ; 37-253下~256下

刑曹以各道放未放回啓

(前略) 又啓言 慶尙監司金會淵 放未放修啓冊子 本曹所管定配罪人放秩未放秩 竝依啓聞施行 稟秩中 巨濟金應漢 當初所犯 雖爲不輕 潛釀發賣之 諸罪人旣入於諸道放秩 梁山尹東喜罪犯 亦不深重 且當大霈 合有疏釋之典 竝放送 放秩中 彦陽崔壤重金才胥 (中略) 稟秩中 義興李宗臣鄭東李陽培 (中略) 彦陽獨孤弘 (中略) 青陽李海彦等罪犯 俱爲不輕 竝仍配 (中略) 請分付道臣 竝允之

560.

건명 : 彦陽縣에 定配된 南原府 殺獄干連罪人을 逃走케 한 彦陽縣監 李得鉉을 처벌하도로 한 처분

발신처 : 義禁府

검색어 : 彦陽縣監, 李得鉉, 南原府殺獄干連罪人, 宋昌得, 察干之罪, 刑推, 譏詗

출처 : 純祖 11年 辛未 3月 11日 ; 37-262上~263下

命時囚朴宗臣等議處崔光泰勘放

又啓言 彦陽縣監李得鉉原情以爲 昨年二月 南原府殺獄干連罪人宋昌得 來配本縣矣 同年十月 自本道監營 因全羅監營移文昌得捉付南原校卒之意有所行關 卽地推捉 則昌得已爲逃走 到配屢朔無弊 逢點之罪人 及此關到之日 忽地逃躲 事極怪駭 多歧廉探 則南原校卒直往自南原 移居本縣朴萬興家 仍與萬興婢子順今偕往昌得所住處 先泄事機 致令逃走後 始付關文於本縣 該校與順今捉來頭質 則校卒卽與昌

得 同鄕同役之人 而漏洩事情 生怯逃躱之狀 無辭發明 箇箇自服 以此由報于監營 該校與順今 押送于南原府 而昌得散四譏詗 尙未捉得 莫非渠不能察干之罪云 請刑推得情 教 以除刑推議處 (下略)

561.

건명 : 罪人을 遠走케 한 彦陽縣監 李得鉉을 처벌하도록 한 처분

발신처 : 義禁府

검색어 : 彦陽縣監, 李得鉉, 逃躱, 中官, 金允光

출처 : 純祖 11年 辛未 3月 15日 ; 37-293下~294上

命時囚李埅等議處閔致愼等照律

又啓言 彦陽縣監李得鉉 罪人之逃躱 實由於該縣將差之先泄事情 致令遠走 則雖不可直歸之於防守之疏忽 而其在懲後之道 難恕見欺之罪 請以此照律 允之 教 以見欺反甚於溺職 而此亦溺職 以此照律 又啓言 中官金允光 不能審愼 莫重公事 擧行顚錯 事極可駭 請以此照律 允之

562.

건명 : 彦陽縣監 李得鉉의 勘放을 청원함

발신처 : 義禁府

검색어 : 杖一百, 收贖, 告身, 私罪, 減一等, 彦陽縣監, 李得鉉, 告身一等, 金允光

출처 : 純祖 11年 辛未 3月 17日 ; 37-303下~304上

勘放金吾囚閔致愼等

義禁府啓言 竹山前府使閔致愼照律 杖一百收贖 告身盡行追奪 私罪施行 允之 教 以功減一等 又啓言 彦陽縣監李得鉉照律 杖六十收贖奪告身一等 私罪施行 允之 教 以功議各減一等 又啓言 中官金允光照律 杖八十收贖 奪告身三等 私罪施行 允之 教 以擅自啓下 失措甚重 杖八十 奪告身五等 功減一等 (下略)

563.

건명 : 借射逃躱罪人 등을 잡아서 充軍하도록 명함

발신처 : 刑曹

검색어 : 借射逃躱罪人, 捕捉, 充軍定配, 武科, 蔚山府, 水軍

출처 : 純祖 11年 辛未 3月 22日 ; 37-332上

命借射逃躱罪人等捕捉充軍

刑曹啓言 武科借射逃躱罪人 李顯翊徐承新李英秀李敏哲劉啓辰等 刻期跟捕事 前已草記 而李英秀李敏哲劉啓辰 今已就捕 英秀長興府 敏哲寧遠郡 啓辰蔚山府 充軍定配 各嚴刑一次後押送 李顯翊徐承新等尙不就捕 尤極痛駭 今方另加糾察 期於捉得 教 以卽爲捕捉嚴刑一次後 永充水軍

564.

건명 : 蔚山府에 朴宗臣을 竄配하도록 한 처분

발신처 : 義禁府

검색어 : 勘放, 蔚山府, 遠竄, 杖八十, 收贖, 告身, 竄配罪人

출처 : 純祖 11年 辛未 閏3月 17日 ; 37-419下

勘放時囚朴齊一等竄朴宗臣于蔚山府

義禁府啓言 朴齊一吳準常等照律 各杖八十收贖 奪告身三等 允之 教以竝分等減之 又啓言 茂朱府竄配罪人朴宗臣 加施邊遠竄配事 啓下矣 蔚山府遠竄 遣府吏執捉 仍令押送

565.

건명 : 谷山府 亂民 韓成一 등을 차등 있게 定配하도록 한 처분

발신처 : 刑曹

검색어 : 谷山府亂民, 金守京, 蔚山府, 徐武應致, 彦陽縣, 機張縣, 減死定配, 刑推定配, 極邊定配

출처 : 純祖 11年 辛未 閏3月 20日 ; 37-430上~下

秋曹以谷山府亂民韓成一等定配啓

刑曹啓言 谷山府亂民次犯諸罪人 令攸司 稟處事命下矣 韓成一穩城府 韓命弘慶興府 金得煥甲山府 金尙麟會寧府 韓奉兼鏡城府 金中良明川府 李奉良吉州牧 文致白三水府 林奉有北靑府 龍時輝機張縣 千興九泗川縣 金宗元昆陽郡 金啓喆河東府 李宗濟固城縣 金必成興陽縣 吳初漸海南縣 金辰世和順縣 金才云樂安郡 李士碧鍾城府 竝減死

定配 徐福禧長津府 孫弘守熊川縣 朴弘履梁山郡 李千順丹城縣 徐宗玄晉州牧 金守京蔚山府 韓觀三鎭海縣 林光世昌原府 李辰守長鬐縣 全德明淸河縣 徐武應致彦陽縣 崔同伊延日縣 孫太三長興府 徐宗輝同福縣 竝刑推定配 朴文道富寧府 盧成茂茂山府 李慶範順天府 奴雲龍康津縣 朴千根興海郡 奴得仁漆原縣 竝極邊定配 而減死定配及極邊定配罪人等之情犯 有浮於徐福禧等十四名 令按使道臣 竝一體嚴刑押送配所 其餘罪人 令本道請勘處 允之

566.

건명 : 實錄 移奉 때 建明門에 祗迎하고, 賓廳에서 次對함

발신처 : 左議政 金載瓚

검색어 : 建明門, 實錄移奉, 祗迎, 蔚山, 邊遠定配

출처 : 純祖 11年 辛未 4月 初7日 ; 37-458下~460上

實錄移奉時祗迎于建明門仍行次對于賓廳

敎曰 今日實錄移安時 當詣建明門祗迎 該房知悉侍衛 略略八十人員磨鍊 ○ 敎曰 今日祗迎後 仍詣賓廳 行次對 該房知悉 (中略) ○ 左議政金載瓚曰 圭璧新將 冥應尙遲 實不勝渴悶 近聞 嶺湖兩南間 得雨水田野均適 是則可幸 而最可悶者 京畿海西矣 予曰 今日 則稍有雨意乎 載瓚曰 風雲之氣 頗有霈然之望矣 載瓚曰 臣等伏見 俄所下悶旱之敎 旣減常膳 又以五事責躬 實孚殷湯之六責 臣等不勝感祝 殿下果以五事 誠心做去 則足以爲轉災爲祥之機 而但以如臣鹵莽備數具瞻上 以無補袞闕下 以不救民困 有相如此 而豈無上天之告警乎 今若斥退 臣等 則其應必如影響矣 予曰 所奏過矣 次對爲之 禮曹判書金履翼曰 今日賓對盛擧也 臣有所懷 豈敢不陳乎 自在先朝 巫女禁令 何等截嚴 而近聞 巫女或有出入闕內者云 臣固知其必無是理 而傳聞之說 遍於閭閻 未敢知緣 何故 而致此外間說話耶 臣不勝驚怪憂歎之至 且以掖隸事言之 或曰 自初有上敎云云 而處分 初則嚴重 末乃從輕 付之生路者 謂必有蹊逕苗脈云 此說雖不足信 然其言傳播於至愚如神之民 則非但無知之庶民聞而信之 藉藉之言 及於士夫 則士夫亦豈無信之者乎 此臣所以欲痛哭而流涕者也 予曰 巫女本不入城內 何況宮中乎 無或內人婢子輩中 有混入者耶 然此非自上一一照察者也 履翼曰 掖隸事

或以爲自上初 則任其所爲末 乃嚴治有若諺所謂升木而搖之者云 此言狼藉民之聞者 安知不信之也 予曰 紀綱雖墮掖隷 豈敢如是藉重乎 必是民間之訛言也 履翼曰 今日下問外 此等處亦加嚴處 則天心之悅豫必在於此矣 且以谷山事言之 谷民之變怪 無異於擧兵者也 其凶悖之習 固所痛惡 而其所以致之者 卽朴宗臣也 宗臣之罪 亦不可止於薄竄 而近聞西來者言 則谷山之民 以往殺朴宗臣 發通道內鄕品官輩 無不着名 將欲觀其末梢云 來頭事 亦未知止於何境 且按使治罪時 罪囚之有侵逼 道臣及按使者 甚多云 所誅者 三十餘人外 該倅之濫殺及緣其事死者 近百名云 人心之洶洶 氣像之愁慘 已無可言 大抵近來風習上以言及袞闕 則固無難 而官師相規之義 可謂全無矣 不言道臣與本倅之事 而只勘亂民 此莫非護黨之習 護黨 則豈不歸於欺君乎 伏願此等處 着念乾斷 則足以爲慰民之道矣 挽近之貪官汚吏 掩而不發 至於朴宗臣之事出矣 道臣事 亦可謂非矣 予曰 所奏是擧條乎 履翼曰 非擧條矣 上曰 然則何以爲之乎 履翼曰 朴宗臣加罪 及道臣不可無處分矣 予曰 大臣之意 何如 載瓚曰 亂民之所以致此者 卽守令之過也 臣之兩度仰奏 雖至邊遠定配 而不送遠惡之地 乃送蔚山之善地 該府事不善爲矣 谷山民人之拂菀 乃所以至於此也 若竄於遠惡之地 則人心豈如是乎 不雨之故 亦安知不由於此乎 履翼曰 三十七人外 自斃者 又二十餘人 合爲六七十名 而先聲 則百餘名也 別般慰諭於谷民 而自上更加處分好矣 載瓚曰 禮判所奏 甚好谷民 則慰諭 而該倅加罪 亦有自上處分 則似好矣 予曰 玉堂無所奏乎 校理洪儀泳曰 俄者 大臣所奏 誠之一字 其義甚好 蓋近日自上悶旱之念 夙宵憧憧 上可以感格天心 而一霈尙臣 未敢知燕間之中 或有誠意未盡之時 而然歟 臣跡忝近密 故不避猥越 敢此仰達 伏願殿下 益加勉焉

567.

건명 : 安州 등 邑의 燒戶에 구휼하도록 한 처분

발신처 : 左議政 金載瓚

검색어 : 安州, 燒戶, 旱憂, 民家失火, 蔚山, 恤典, 還布, 會付穀

출처 : 純祖 11年 辛未 4月 初10日 ; 37-472上~下

飭安州等邑燒戶奠接之方

左議政金載瓚啓言 安州收民家失火事 廟堂詳審稟處事 命下矣 本邑纔經歉歲 又逢旱憂 目下民情已切悶急 而今此近四百戶 延燒之報 萬萬驚慘火餘 奠民之方 卽是急務 而別施恤典 特減還布 已有判下成命 今方星火行會 而更依己巳蔚山已例 無論大中小 每戶各以會付穀一石題給 以爲及時聊賴之資嗣後 奠接之道令道臣 爛加商量 從長措處形止 隨卽狀聞之意 請分付 從之 又啓言 瑞興府民家失火 至於二百餘戶公廨延燒 亦爲數三處之多 其爲驚慘 與安州無異道 啓先以形止 從邑報馳聞 而至於燒戶分等 公廨間數 姑未及消詳以啓矣 災民 則必自營邑備給 目下依庇之需 而凡係奠接之方 營建之槩 必爲一一商量 隨卽登聞之意 請姑先行會於該道臣 從之

568.

건명 : 定配된 罪人 李恩植 등을 放送하도록 한 처분

발신처 : 刑曹

검색어 : 定配罪人, 徒流案, 機張, 慶尙道, 彦陽, 金才胥, 不限年秩, 流配, 放送, 配案, 流配秩, 徒年秩, 疏釋之典

출처 : 純祖 11年 辛未 4月 29日 ; 37-543上~534上

放定配罪人李恩植等

義禁府啓言 取考徒流案 則長興李恩植 和奸村婢 以致其舅之自裁罪 機張閔喜哲 宣薦內禁衛取才時 代射罪 丹城金承業 宮奴擊鼓 常有不飭罪 軍威金鋝 陳疏投畀罪 載寧曺錫龜 科擧外場罪 別無關係 竝爲放送事 請分付各該道臣 允之 ○ 刑曹啓言 取考諸道配案 則江原道 徒年秩中 通川金志商等二十一人 流配 秩中歙谷李遇濟 慶尙道 徒年秩中 彦陽金才胥等四人 不限年秩中 居昌金致璧 流配秩中 眞寶趙德吉等二人 咸鏡道 徒年秩中 德源金德茂等三人 流配秩中 洪原姜卜才等二人 減死秩中 洪原金應三 全羅道 徒年秩中 龍潭李命甲等五人 不限年秩中 谷城李柱夏 流配秩中 求禮申得伊等二人 平安道 徒年秩中 宣川洪三億等二人 流配秩中 定州黃道希等七人 減死秩中 价川沈光國等二人 公忠道 徒年秩中 青山千丁雲等十人 流配秩中 丹陽吳汝瑞等二人 黃海道 徒年秩中 瑞興李敬維等九人 流配秩中 松禾金宅弘等 罪犯不甚緊重 合有疏釋之典 竝卽放送事 請分付各該道臣 允之

569.

건명 : 禁御 兩營의 上番軍 가운데 渰死 및 被災된 사람에 대해 恤典을 지급하도록 한 처분

발신처 : 慶尙左兵使 申大坤

검색어 : 上番軍, 渰死, 被災人, 恤典, 慶尙左兵使, 申大坤, 禁御軍兵, 市貢人, 閑民, 身還布

출처 : 純祖 11年 辛未 5月 22日 ; 37-602下

給禁御兩營上番軍渰死及被災人恤典

慶尙左兵使申大坤 狀啓以爲 今月十三日午時 量各邑上番禁御軍兵等到醴泉郡三灘津 五六十名 同騎一船 雨餘江漲暴流 所激中渡覆船 而生出者 僅爲十二名 教曰 軍亦民也 輦下親兵 猶與市貢人及閑民 知以一示之民 則況鄕居資生之窮民 傾産跋涉上來 逢不意之水患 言念情狀極實憐惻 宿衛雖重 貽弊豈忘哉 令各該營 發本營米穀二十許石下送該道使之 一一分給於被災軍人處 死者優給 生者減給 以別生死之分死者身還布 須從一併蕩減事 分付 又令該道 加給別恤典事 亦爲分付此雖異於鄕民 不可無示意之擧 令道伯 作文以祭於海邊事 別爲關諭

570.

건명 : 渰合한 上番軍에게 別恤典 지급을 잘못 처리한 慶尙左兵使 申大坤 등을 推考하도록 한 처분

발신처 : 禁御營

검색어 : 禁御營, 渰死, 上番軍, 恤典, 重推, 慶尙左兵使, 申大坤, 哨旗隊, 彦陽軍, 梁山軍, 推考

출처 : 純祖 11年 辛未 5月 23日 ; 37-604上~下

命禁御營渰死上番軍只給該道別恤典重推慶尙左兵使申大坤龍宮縣監韓百源

禁營啓言 本營上番軍 渰死恤典草記 才已允之矣 各哨旗隊等 今旣齊到 故詳細査問 則奉化軍十二名 梁山軍六名 共騎一船 同時渰溺 而奉化軍四名 梁山軍一名 合五名仍爲致死 其餘十三名 只失器 幸得全活渰死五名恤典 以本道所在本營上納條量 宜取用恐合便好 該帥臣 只憑邑報生死名數 初不區別 遽爾登聞者 殊欠詳審 且以地方官言之 津

船渡涉 不善察 飭慶尙左兵使申大坤 地方官龍宮縣監韓百源罪狀 請令廟堂稟處 允之 敎 以該帥臣及當該地方官 幷從重推考 當初設祭及營門別恤典 數旣零星 此則置之 只給該道別恤典及元恤典 與身還蕩減 幷給前下敎 加爲擧行 ○ 御營啓言 本廳上番軍 渰死恤典草記 才已允下矣 各哨騎隊長 今日來現 故詳問 則慶州軍十名 機張軍三名 靈山軍二名 慈仁軍二名 梁山軍二名 彦陽軍一名 合二十名 同騎一船渰溺 而其中 慶州軍一名渰死 其餘十九名 或失資裝器械 而生出上來云 所下恤典中 渰死一名 分付本道 以本廳上納 推移上下 事甚便好 而當該帥臣 只憑邑報憑 然封啓之罪狀 請令廟堂稟處 允之 敎 以依禁營草記 批答施行

571.

건명 : 慶州府의 渰死한 上番軍에게 恤典하도록 명함

발신처 : 慶尙左兵使 申大坤

검색어 : 慶州府, 渰死, 上番軍, 恤典, 慶尙左兵使, 申大坤

출처 : 純祖 11年 辛未 6月 11日 ; 37-643上

給慶州府渰死上番軍恤典

慶尙左兵使申大坤 以慶州府上番渰死軍姜卜守 屍身拯得馳啓 敎 以身還與前日死軍 一體蕩減事 分付

572.

건명 : 殿最에서 彦陽縣監 李得鉉에게 中을 매김

발신처 : 純祖

검색어 : 殿最, 慶尙監司, 金會淵, 彦陽縣監, 李得鉉

출처 : 純祖 11年 辛未 6月 15日 ; 37-650下~652上

開坼京外殿最

(前略) ○ 慶尙監司金會淵啓本 星州牧使徐有升 克念怠成 無替前譽 善山府使李在沆 治自手熟 倘念衰戒 仁同府使李朋錫 志在圖報 政或近懦 奉化縣監尹東壽 本色坦騷 加勉剛察 彦陽縣監李得鉉 旣還益勵 倘能改觀 山淸縣監金載春 惟貴愿慤 老至何傷 軍威縣監鄭河宗 觴引稍節 刃游可恢 新寧縣監尹憲圭 政績維舊 檢頎宜警 漆原縣監白東衡

人固純善 事或欠商 召村察訪成海默 妄杖宜戒 松羅察訪徐寯修 節飮則善 竝中 熊川縣監鄭宅恒 一邑三醉 餘事奚論下 (下略)

573.

건명 : 李顯宅을 慶尙右兵使, 李㦙를 蔚山府使에 임명함

발신처 : 純祖

검색어 : 都政, 李顯宅, 慶尙右兵使, 慶尙左水使, 李㦙, 蔚山府使

출처 : 純祖 11年 辛未 8月 初8日 ; 37-769上~下

御暎花堂行都政吏曹判書李勉兢參判金履永參議宋冕載正郎金秉淵孔澈恒佐郎柳鎭澤姜學濬兵曹判書朴宗來參判閔命爀參議韓鼎運正郎李仁迪李奎鎭洪羲瑾佐郎金文澤權㤨李在嵩進

具翼善冠袞龍袍 乘輿出協陽門 由靑陽門 詣暎花堂 降輿陞座 敎曰 今番都政 各別對揚 另有實效事 分付兩銓 又敎曰 入侍注書尙瑞院官員依例陞六 又敎曰 今日都政 斯速擧行 日暮前爲之事 分付兩銓 (中略)

○ 以趙鎭宣爲星州牧使 沈能岳爲白川郡守 趙文彦爲公忠兵使 李顯宅爲慶尙右兵使 李勉植爲慶尙左水使 沈公權爲谷城縣監 李魯喆爲順安縣令 朴宗大爲全州判官 洪時濟爲副修撰 韓兢履爲校理 李憲琦爲副校理 宋翼淵爲修撰 趙雲祥爲安興僉使 李㦙爲蔚山府使 (下略)

574.

건명 : 宮女를 蔚山府 등에 定配함

발신처 : 刑曹

검색어 : 定配, 夜音全, 蔚山府

출처 : 純祖 11年 辛未 10月 29日 ; 37-892下

刑曹以宮女點梅等定配啓

該曹啓言 依下敎 宮女點梅求禮縣 夜音全蔚山府 竝定配 所待城門開卽爲押送

575.

건명 : 각 道 牧場의 馬畜數爻에 대한 太僕寺의 보고 중 울산 부분

발신처 : 司僕寺

검색어 : 各道牧場馬畜數爻啓, 牧政, 元總, 蔚山, 長鬐, 監牧官, 兪憲柱, 庚午籍付馬, 今生馬, 封進馬, 故失馬, 雌雄馬, 壯雌馬, 孳產馬

출처 : 純祖 11年 辛未 12月 20日 ; 37-953上~956上

太僕以各道牧場馬畜數爻啓

司僕寺啓言 今年牧政 孳產或加元式 而旣不超倫 論賞一款 不必擧論 故失 則羅州爲最多 而本牧牧馬 元總七百七十九匹內 故失爲二百二匹 欠縮爲一百十三匹 身爲掌牧之官 不能盡心攻駒 虧欠故失之數 若是夥多 欠縮雖令分年徵立 不可以已遞 而勿論當 該前監牧官李重晉 請令該府 拿問重勘 允之 ○ 後錄 (中略) 蔚山長鬐等 監牧官兪憲柱 所管二牧場 庚午籍付馬八百十匹 今生馬一百三十三匹 合馬九百四十三匹內 封進馬三匹 故失馬一百一二十六匹 除今年實留放壯兒雌雄馬 竝八百十四匹內 壯雌馬四百二十六匹 一年應孳產馬一百二十八匹 今生馬一百三十四匹 加報五匹 (下略)

576.

건명 : 각 道 定配罪人의 放·未放에 대한 回啓

발신처 : 刑曹

검색어 : 慶尙道, 各道放未放回啓, 放未放修啓冊子, 定配罪人, 放秩, 未放秩, 彦陽, 獨孤弘, 崔壤重, 朴魯淳, 蔚山, 金守京, 徐武應致, 放送, 機張, 稟秩, 黃貴金, 夜音全, 仍配, 未至配所秩

출처 : 純祖 12年 壬申 2月 12日 ; 38-124上~128下

判下秋曹各道放未放回啓

刑曹啓言 (中略) 又啓言 慶尙道放未放修啓冊子 本曹所管定配罪人 放秩未放秩 依啓聞施行 稟秩中 英陽梁孝得 知禮卞巽鎭 鎭海尹興坤 全竹伊金廷三僧體察 梁山高八先 彦陽獨孤弘 安義金樂哲 尙州白興孫 開寧李潤協 咸陽安裕福 義城尹昌遠 聞慶金德世李順乭 豊基許同伊 咸陽張大益 淸道安鎭宇 河陽金樂演 星州金陽訥 慶山趙宗伯 龍宮郭鎭逵 密陽李元普 醴泉白光福 河陽李相銀 未放秩中 彦陽崔壤重朴魯淳 龍宮崔昌同千延興 機張黃原愛 慈仁金宅守金尙寶 慶州奇鶴坤 比安劉次方宋殷龜 宜寧朴曾元 梁山全龍福 山淸韓金男 義興鄭東李河豊 靑松任巖外 禮安沈昌鎰 盈德文國成 榮川朴東說許謙 居昌金養

五權明性 長鬐鄭益齊 軍威朴哲寬官奴中大 晉州金大壽鄭有寬 奉化權以中 義城鄭毅存 尙州林光得鄭可信 淸河金枝成 昆陽奴春得 新寧李靖國 善山金著必 眞寶崔亨五 星州朴宗默 熊川金道謙 淸道朴仁默 丹城崔道信 密陽蘇命昊 昌原張大麟 草溪金太伊 靈山崔起煥 咸昌朴璣 昌寧鄭三中等 所犯俱不深重 稟秩中 義城姜洙永 星州梁元哲 新寧金弘遠 蔚山金守京 彦陽徐武應致 迎日崔同伊 昌原林光世 晉州徐宗玄 漆原奴得仁 興海朴千根 鎭海韓觀三趙巨萬 淸河全德明 丹城李千順 熊川孫弘守 山淸朴弘履 昆陽李辰守 機張金啓興 南海金好點金有信 知禮崔谷山 寧海全東守 巨濟吳慶默 靈山金元亮 未放秩中 南海李興秀 漆原金巖回 宜寧玄宗白等 同罪諸漢 全羅道修啓冊子中 旣已請放 不可異同 竝放送 放秩中 善山朴得哲 豊基朴大春 靈山崔廷一 淸河韓文遇金震光 長鬐金宗仁崔堯民徐承新 金山崔鍾玉林之彦 軍威金尙民玄銀尙 義興吳泰亨 禮安崔珣錫柳東煥 安東梁普運 機張文孝達 昌寧金瑞桓金甲仁 蔚山黃貴金 草溪馬達宗 稟秩中 南海高德信金千興金道三 巨濟金漢弼姜英武 迎日浪處吉 蔚山夜音全 奉化金尙文 禮安崔巡太 義城韓重郁 義興李陽培 盈德崔斗仁 機張龍時輝金元喜 居昌趙義大 陜川崔光直 慶州魚致龜 金海李福明 河東金啓喆 昆陽金宗元 泗川千興九 固城李宗濟等 所犯俱係深重 不可遽然放釋 竝仍配 未至配所秩中 報恩金千一八 於該道修啓冊子中 放秩魯城趙基默 堤川陳祖舜玉果尹德秋 鎭川金驗龍等所坐不輕 或未及到配 竝置之之意請分付道臣 放秩中 草溪張得中物故 請勿論 允之 (下略)

577.

건명 : 緣坐罪人 昌錫을 蔚山府의 奴로 삼도록 한 처분

발신처 : 義禁府

검색어 : 緣坐罪人, 昌錫, 蔚山府, 謀反大逆罪人, 縣獄, 免絞, 配所

출처 : 純祖 12年 壬申 3月 初4日 ; 38-177下

命緣坐罪人昌錫蔚山府爲奴

義禁府啓言 卽接高敞縣監洪義書牒報 則謀反大逆罪人 敬行庶子昌錫年今六歲 而在於本縣嚴囚縣獄云矣 昌錫年未滿免絞 請蔚山府緣坐爲奴 而依例令刑曹 押送配所 允之

578.

건명 : 罪人 昌錫을 慶尙道의 配所에 押送토록 한 처분

발신처 : 刑曹

검색어 : 謀叛大逆罪人, 蔚山府, 緣坐, 配所, 高敞縣獄

출처 : 純祖 12年 壬申 3月 5日 ; 38-179下~180上

秋曹以罪人昌錫令本道押送配所啓

該曹啓言 謀叛大逆罪人 敬行庶子昌錫 蔚山府緣坐爲奴事 允下矣 罪人昌錫 方囚在高敞縣獄 請令本道 押送配所 允

579.

건명 : 蔚山 등의 漂民이 差倭를 接待하도록 한 처분

발신처 : 東萊府使 尹魯東

검색어 : 漂民, 差倭, 東萊府使, 尹魯東, 蔚山, 接慰官, 別幅, 回禮, 宴禮單, 漂還, 沙格

출처 : 純祖 12年 壬申 4月 初2日 ; 38-231上~下

命漂民領來差倭依例接待

禮曹啓言 觀此東萊府使尹魯東狀啓 則蔚山固城漂民等 旣入深處 差倭領來例當接待 故接慰官 則近邑守令中 差定之意 報于道臣 而兩差倭等 所贈宴禮雜物 令該曹 磨鍊下送矣 差倭接待 已有前例 別幅回禮及宴禮單雜物 依例磨鍊以入 而漂還沙格等論罪 依新頒事目 擧行之意 請回移 允之

580.

건명 : 罪人 榮基와 振采의 應坐諸人에 대해 査出定配하도록 한 처분

발신처 : 義禁府

검색어 : 應坐諸人, 定配, 蔚山府, 免坐, 尙哲, 流三千里, 安置, 配所, 大逆不道罪人

출처 : 純祖 12年 壬申 4月 15日 ; 38-275上

金吾以罪人榮基振采應坐諸人査出定配啓

義禁府啓言 卽接宣川縣監金爔牒呈及成冊 則附賊罪人榮基 應坐諸人査出以來矣 其母有荷暹 年八十二 妻琴得 年六十二 竝依律文免坐 妾

花色 羅州牧 女者斤阿只 晉州牧 竝爲婢 子尙右河東府 尙巖光陽縣 尙哲蔚山府 竝爲奴 孫女大阿孩義城縣 江玉靑松府 弟榮暉光州牧 榮烈靈巖郡 竝流三千里安置 而右罪人等 方囚宣川縣獄 請依例令刑曹押送于各其配所 允之 又啓言 卽接洪陽縣監柳畊牒報及成冊 則大逆不道罪人 振采應坐諸人 査出以來矣 振采妻順伊南海縣 女堂伊珍島郡 竝爲婢 弟箕采光陽縣爲奴 叔命敷昆陽郡 侄六伊文川郡 七伊北靑府者 斤老味潭陽府 竝流三千里安置 而右罪人等 方囚洪陽縣獄 請依例令刑曹 押送于各其配所 允之

581.

건명 : 蔚山府에 定配된 罪人 朴宗臣을 放送하도록 한 처분

발신처 : 義禁府

검색어 : 蔚山府, 定配罪人, 朴宗臣, 赦單

출처 : 純祖 12年 壬申 4月 19日 ; 38-283上

放蔚山府定配罪人朴宗臣

因義禁府赦單 教 以放

582.

건명 : 慶尙道의 放未放修啓冊子에 대한 刑曹의 回啓

발신처 : 刑曹

검색어 : 慶尙道, 放未放修啓冊子, 定配罪人, 放秩, 未放秩, 稟秩, 彦陽, 趙中烈, 疏釋之典, 放送, 未至配所秩, 仍配

출처 : 純祖 12年 壬申 5月 20日 ; 38-363上

秋曹以慶尙道放未放修啓冊子回啓

刑曹啓言 慶尙道放未放修啓冊子中 本曹所管定配罪人 放秩未放秩依啓聞施行 稟秩中 盈德李宅周 義城孫益和 陜川洪挺喜 仁同金繼宗豊基公永祿 未放秩中 淸道李明賢 彦陽趙中烈 慶山趙明呂 河陽趙雲協 義興金元培 聞慶盧梓 山淸李慶玄等罪犯 不至深重 且當大霈 合有疏釋之典 竝放送 稟秩中 寧海張太先 英陽全性貞 開寧金宗活 榮川金鼎玉 梁山金汝中等 未至配所秩 長城趙宜臣 鎭川朴順才 淸安尹常國等 所坐俱爲不輕 請竝仍配 允之

583.

건명 : 謀反罪人 時緯와 文濟 등 應坐諸人의 發配에 대한 처분 狀啓

발신처 : 安北縣監 趙鍾永

검색어 : 謀反大逆罪人, 應坐諸人, 彦陽縣, 縣獄, 流三千里, 安置, 配所

출처 : 純祖 12年 壬申 6月 初1日 ; 38-384上~下

金吾以謀反罪人時緯文濟等應坐諸人發配啓

義禁府啓言 卽接安北縣監趙鍾永牒呈及成冊 則謀反大逆罪人時緯 應坐諸人查出以來 而時緯 弟秀澄 侄權林 捉囚縣獄 兄秀漸 前已逃躱 故發關捕捉之意 論報本道監營云矣 秀漸以劇逆應坐 有此逃躱之擧者 萬萬凶獰 另加譏詗捕捉事 嚴飭道臣 弟秀澄 彦陽縣爲奴 侄權林 咸平縣流三千里安置 請依例令刑曹 押送配所 允之 又啓言 卽接宣川縣監金爔牒呈及成冊 則謀反大逆罪人文濟 應坐諸人查出以來矣 文濟子婦者 斤阿只長水縣 女流色咸安郡 竝爲婢 叔鳳祚泗川縣 侄致權樂安郡 致秉固城縣 竝流三千里安置 請依例令刑曹 押送配所 允之

584.

건명 : 擧兵逆魁 君則 등 應坐諸人의 査出定配에 대한 義禁府의 狀啓

발신처 : 嘉山縣監 鄭周誠 등

검색어 : 定配, 謀反大逆罪人, 彦陽縣, 原獄, 未年滿免絞, 配所

출처 : 純祖 12年 壬申 6月 初6日 ; 38-392下~393上

金吾以擧兵逆魁君則等應坐諸人査出定配啓

義禁府啓言 卽接嘉山縣監鄭周誠 郭山縣監朴孝晉牒呈及成冊 則擧兵逆魁君則 謀反大逆罪人希著彦涉昌始總角等 應坐諸人查出以來矣 君則妻鄭女方囚定原獄 依例發遣府都事 與地方官眼同 依律文處斬 子相洛 年九年 未滿免絞 珍島郡金甲島爲奴 希著妻元女南海縣 子婦李女長興府 妾金色熊川縣 女阿只彦陽縣 竝爲婢 子夫得年十一 謁土里年十 石武年四 竝未年滿免絞 夫得機張縣 謁土里泗川縣 石武咸安郡竝爲奴 彦涉妻石女光陽縣 妾李花靈巖郡 子婦金女務安縣 竝爲婢 昌始母阿只求禮縣 妻方女康津縣 子婦卓女寶城郡 女阿只連海南縣 竝爲婢 總角母玉女興陽縣 呂島爲婢 而右罪人方囚嘉山定原郭山等獄 依例令刑曹 押送于各其配所 昌始弟昌載子希祚 尙未捕捉云 各別詗

捕事 請嚴飭該道道臣 允之

585.

건명 : 徐有鳳을 慶尙左兵使에 임명함
발신처 : 純祖
검색어 : 徐有鳳, 慶尙左兵使, 新通
출처 : 純祖 12年 壬申 10月 初1日 ; 38-588下

有政 吏曹判書曺允大參判林漢浩參議宋冕載兵曹判書南公轍進以韓兢裕爲正言 兢裕金鎭趙秀仁 竝新通 李相璜爲知經筵 金魯敬爲同經筵 李羲甲朴宗京 竝新通 鄭東幹爲同春秋 金啓洛尹尙圭爲都總管 李長喆爲副總管 李羲斗爲翊衛 徐有鳳爲慶尙左兵使 ○ 再政 以李錫夏爲伊川府使

586.

건명 : 伊川府使 徐有鳳을 慶尙左兵使로 移拜함
발신처 : 備邊司
검색어 : 仍任, 徐有鳳, 移拜, 慶尙左兵使, 賙賑
출처 : 純祖 12年 壬申 10月 初1日 ; 38-589上

仍任伊川府使徐有鳳

備局啓言 伊川府使徐有鳳 移拜慶尙左兵使矣 伊川以連二年尤甚邑目下奠接來後 賙賑不可論 以尋常災邑 本倅遞易 則民邑事實無可言該曹之遽然 移擬果係不審 請該府使仍任 允之

587.

건명 : 李春英을 慶尙左兵使에 임명함
발신처 : 純祖
검색어 : 李春英, 慶尙左兵使, 口傳
출처 : 純祖 12年 壬申 10月 初2日 ; 38-589下

以李春英爲慶尙左兵使 口傳也

588.

건명 : 謀叛大逆罪人 大勛 등의 緣坐에 대한 狀啓
발신처 : 安北縣監 趙鐘永 등
검색어 : 謀叛大逆罪人, 緣坐, 彦陽縣, 玉仁, 流三千里, 安置, 年未滿免絞, 配所
출처 : 純祖 12年 壬申 11月 初5日 ; 38-673下

金吾以謀叛大逆罪人大勛等緣坐啓

義禁府啓言 卽接安北縣監趙鐘永 郭山縣監孫應虎牒呈 則謀叛大逆罪人大勛弘益浩益爾恒等 應坐諸人查出以來矣 爾恒子正宇 年十六 捉囚平安兵營 弘益子以濟 年十九 捉囚郭山獄 發遣府都事二員 與各其地方官眼同 竝依律文 緣坐處絞 弘益妻大阿只咸安郡 子婦金女寶城郡爲婢 弟明益梁山郡爲奴 姪石圭泗川縣流三千里安置 大勛女大阿只光陽縣爲婢 浩益妻宣川阿只宜寧縣 女大阿只丹城縣爲婢 子石柱年九玉仁年四 竝以年未滿免絞 石柱昌寧縣 玉仁彦陽縣爲奴 而右罪人等方囚安北郭山縣獄 請令刑曹 押送于各其配所 允之 ○ 刑曹啓言 謀叛大逆罪人大勛弘益浩益爾恒等 應坐罪人等 囚在安北郭山縣獄 令本道押送于各其配所之意 請分付道臣 允之

589.

건명 : 蔚山府 燒戶에 恤典하도록 한 처분
발신처 : 慶尙監司 金魯應
검색어 : 蔚山府, 燒戶, 恤典, 慶尙監司, 金魯應, 民家失火
출처 : 純祖 12年 壬申 11月 18日 ; 38-720下

給蔚山府燒戶恤典

慶尙監司金魯應 以蔚山府民家失火五十一戶 延燒馳啓 教 以聞甚矜惻 被燒人等處 別加慰撫事 分付

590.

건명 : 蔚山縣 良人 金岑春의 妻 白召史가 一胎生三男한 일에 대한 狀啓
발신처 : 慶尙監司 金魯應
검색어 : 慶尙監司, 金魯應, 蔚山縣, 金岑春, 白召史, 一胎生三男
출처 : 純祖 12年 壬申 11月 19日; 38-726下

慶尙監司金魯應 以蔚山縣良人金岑春妻白召史 一胎生三男 馳啓

591.

건명 : 大逆謀叛罪人 正用의 父 益武에게 應坐諸人의 流配를 명함

발신처 : 成川府使 金履載

검색어 : 大逆謀叛罪人, 流配, 蔚山府, 鼎武, 免坐, 年未滿免絞, 流三千里, 安置, 配所

출처 : 純祖 12年 壬申 11月 27日 ; 38-748上~下

命大逆謀叛罪人正用父益武處絞應坐諸人流配

義禁府啓言 卽接成川府使金履載牒報及成冊 則謀叛大逆罪人正用 應坐諸人査出以來矣 正用父益武 年七十二 方囚成川獄 發遣府都事 與地方官眼同 依律文 緣坐處絞 母金召史 年七十二 以盲人懸錄 依律文免坐 子同伊年三 次子同伊年一 俱以年未滿免絞 子同伊寶城郡 次子同伊光陽縣 弟基用昌原府 竝爲奴 妻金召史順天府 女朴女漆原縣 竝爲婢 叔承武寧海郡 臣武海南縣 鼎武蔚山府 竝流三千里安置 而罪人等 方囚成川府獄云 請依例令刑曹 押送各其配所 允之

592.

건명 : 蔚山府 燒戶에 대해 恤典하도록 한 처분

발신처 : 慶尙監司 金魯應

검색어 : 蔚山府, 燒戶, 恤典, 慶尙監司, 金魯應, 民家失火

출처 : 純祖 12年 壬申 12月 14日 ; 38-774上

給蔚山府燒戶恤典

慶尙監司金魯應 以蔚山府民家失火 三十六戶被燒 馳啓 教 以聞甚矜惻 別爲慰撫事廟堂 分付

593.

건명 : 각 道 牧場의 馬畜數爻에 대한 太僕寺의 보고

발신처 : 太僕寺

검색어 : 各道牧場馬畜數爻, 牧政, 蔚山, 長鬐, 監牧官, 兪憲柱, 洪秉義, 辛未籍付馬, 今生馬, 封進馬, 故失馬, 雌雄馬, 壯雌馬, 一年應孳産馬

출처 : 純祖 12年 壬申 12月 26日 ; 38-798上~801下
太僕以各道牧場馬畜數爻啓
司僕寺啓言 今年牧政 旣無超等處 則論賞一款 不必擧論 其所論勘 當以元牧之實總 較其孳產與故失之多少 (中略) ○ 後錄 (中略) 蔚山長鬐等監牧官 前任兪憲柱 時任洪秉義 所管二牧場 辛未籍付馬八百十四匹 前任兪憲柱所報 今生馬一百三十八匹 合馬九百五十二匹內 封進馬三匹 前任兪憲柱所報 故失馬一百二十八匹 除今年實留放壯兒雌雄馬 竝八百二十一匹內 壯雌馬四百三十七匹 一年應孳產馬一百三十一匹 今生馬一百三十八匹 加報七匹 (下略)

594.

건명 : 老職에 대해 加資함
발신처 : 純祖
검색어 : 老職, 百歲老人秩, 蔚山, 金於屯
출처 : 純祖 13年 癸酉 正月 初3日 ; 38-811下~814下
老職人下批
○ 百歲老人秩 (中略) 蔚山通政金於屯 金海資憲金尙右 (下略)

595.

건명 : 각 道 定配罪人의 放未放에 대한 回啓
발신처 : 刑曹
검색어 : 各道放未放回啓, 彦陽, 未放秩, 金魯章, 仍配
출처 : 純祖 13年 庚午 2月 初10日 ; 38-853下~855上
判下秋曹各道放未放回啓
刑曹 (中略) 又啓言 黃海道放未放修啓冊子 未放秩 依啓聞施行 未至配所秩 欒安方辰太 茂朱千大鳴等 入於該道修啓冊子 已爲蒙放置之 梁山趙萬玉 彦陽金魯章等 罪俱不輕 請竝仍配 允之

596.

건명 : 徐洛修를 蔚山府使에 임명함
발신처 : 純祖

검색어 : 徐洛修, 蔚山府使, 初仕

출처 : 純祖 13年 庚午 2月 18日 ; 38-864上

有政 吏曹判書金羲淳進

以金啓洛爲禮曹判書 尹久東爲兼文學 金魯敬爲左尹 李晩秀爲判義禁 趙萬永爲顯隆園參奉 初仕也 徐洛修爲蔚山府使

597.

건명 : 蔚山府使 李檥를 重推하고, 封山 失火의 根因을 詳覈更報하도록 한 처분

발신처 : 慶尙前左水使 李勉植

검색어 : 蔚山府使, 李檥, 重推, 封山失火, 慶尙前左水使, 李勉植, 蔚山, 大雲封山, 茅田, 松田失火, 推考

출처 : 純祖 13年 癸酉 2月 25日 ; 38-872上~下

命蔚山府使李檥重推封山失火根因詳覈更報

領議政金載瓚啓言 卽見慶尙前左水使李勉植狀啓 則以爲蔚山大雲封山 火起茅田 延及標內燃燒處 長三百五十步 廣二百四十步 火枯 中松爲一百二十七株 小松爲二百五十四株 稚毛松 則數甚夥然 該府使所報中 稱以行人遺落之火 事涉疏忽 始火根因 期於覈得之意 地方官處發關嚴飭 而新頒事目中 松田失火 守令勿罪 故該府使論罪 一款不敢擧論 令廟堂稟處爲辭矣 松田失火 勿罷地方官 旣是事目 當該守令 姑先從重推考 失火根因 請令詳覈更報 從之

598.

건명 : 漂風으로 渰死한 蔚山府 船人 등에게 恤典을 지급하도록 한 처분

발신처 : 慶尙左水使 金養和

검색어 : 燒戶, 渰死, 恤典, 慶尙左水使, 金養和, 蔚山府, 金尙乞, 身還布

출처 : 純祖 13年 癸酉 5月 14日 ; 39-31下

給稷山等邑燒戶及渰死人恤典

忠淸監司元在明 以稷山縣民家失火 三十六戶被燒馳啓 教 以聞甚矜惻 元恤典外 別加顧助事 分付 ○ 慶尙左水使金養和狀啓以爲 蔚山府船人金尙乞等六名 載鹽向盈德地 因爲漂風杳無形跡 東萊府船人崔大

福等五名 海菜次出 往絶影島 遇風渰死馳啓 教 以聞甚矜惻 元恤典外 別加顧助 如有生前身還布 竝蕩減事 分付

599.

건명 : 蔚山囚 金五龍 등을 嚴訊하도록 명함

발신처 : 慶尙監司 金會淵

검색어 : 蔚山, 慶尙監司, 金會淵, 金五龍, 李昌右, 初檢官, 蔚山前府使, 兪殷柱, 覆檢官, 彦陽前縣監, 洪格, 蔚山府, 懸錄, 檢狀, 面任, 檢驗, 獄情, 殺獄罪人, 剩錢, 移徵

출처 : 純祖 13年 癸酉 5月 20日 ; 39-50下~53下

命蔚山囚金五龍等連加嚴訊期於得情

先是 慶尙監司金會淵 狀啓以爲 蔚山金五龍 膝築李昌右第 十九日致死 己巳五月二十一日 囚初檢官蔚山前府使兪殷柱 檢狀實因 以被築致死懸錄 正犯以金五龍懸錄 覆檢官彦陽前縣監洪格 檢狀實因 正犯與初檢同 此獄要害 則胸膛脇肋也 傷痕則 血廕堅硬也 以若要害以若傷痕 安得不致命於辜限之內乎 醉裏鬪鬨 雖緣微細之事 緊處撞踢 終成必死之案 臨歿復讐之托 其言切悲 問病得生之說 眞贓綻露 面任之文報 刑吏之摘奸 符合於檢驗 妻母之勸諭 學龍之解紛 俱由於危急 三退復進 一直獰毒 故其妻在傍 極力挽解曰 汝若不止 吾寧先死 以渠粧撰之言 猶不得全然掩諱 乃曰 拳以撞頰 膝以壓胸 獄情到此 毫無可疑 更加嚴訊 期於得情 (中略) ○ 刑曹啓言 蔚山府殺獄罪人金五龍 觀其屍狀 諸般痕損 無非深重之形症 而心坎之血廕周匝 脇肋之紫黯堅硬 尤係必死之地 五龍之於昌右居在隣境 素無嫌怨 而乘市酒之餘醉 攫貿布之剩錢 彼謂妻娚之債 不可移徵 此以獰悍之性 必欲横奪 遂至言詰 轉成鬪毆 捽曳於沙石之場毒 打其眉眼之稜末 乃三壓其胸 七築其肋 竟使强壯之漢 遽殞辜限之內 誰爲我報怨之說 情亦悲矣 散髻流血 李學龍之目睹 丁寧左肋浮青 蔣德謙之口招的實 而以眼謂頰 以築謂壓者 尤可見欲巧反拙之計 究其情節 三尺難貰 連加嚴訊 期於得情 (中略) 竝允之

600.

건명 : 嶺南暗行御史 金學淳의 別單 가운데 蔚山府의 환곡 운영의 모순 등 현안을 보고한 내용

발신처 : 嶺南暗行御史 金學淳

검색어 : 嶺南暗行御史, 金學淳, 慶尙道暗行御史, 金魯應, 蔚山府使, 徐洛修, 分糶, 李巘, 彦陽縣監, 李得鉉, 左兵使, 李春英, 民隱, 瓜遞, 申大坤, 還餉, 捧納, 耗代錢, 穀品, 左兵虞候, 沈學祖, 蔚山監牧官, 洪秉義, 釐弊, 左道, 蔚山, 機張, 巡歷, 兵營, 左兵營, 倭船, 許賣, 契房, 驛弊, 加錄, 左漂, 白徵, 機蔚, 牧場, 邑結, 牧官, 貢人, 移設, 通信使, 支供, 東萊, 華山, 移營, 項串浦

출처 : 純祖 13年 癸酉 6月 17日 ; 39-112下~145上

嶺南暗行御史金學淳進書啓別單

蔚山府使徐洛修 莅任不久 事爲未著 而濟賑旣均 分糶亦精 前府使李巘 自是綜詳 秉以勤敏 捧糴旣精 戶無潛拔之弊 聽理亦明 門無滯訟之患 恤倉民失火之災 米穀之分給旣多 罷海監大會之例 酒食之濫費全減 慈諒旣足 以懷民 誠勤自優於恤窮 (中略) 彦陽縣監李得鉉 自是安詳 亦頗勤幹 春柴夏雞之減捧減貿 費少而惠多 城廨軍械之隨毁隨補 事巨 而役完志在修 擧政多可尙 而信行支站 時支應軍把定之際 該吏輩捧錢存拔之弊 惜不覺察而禁止 (中略) 左兵使李春英 剛嚴雖不足於彈壓 誠勤亦自優於撫恤 精捧倉糴 窮戶頒惠 頻行賞射 武士知勸 事屬公務 則士切圖報 弊關民隱 則思欲矯革 益加振刷 庶期終譽 前兵使申大坤 醉或妨務吏奸 未戢杖不當罪 民怨亦多 蓋其瓜遞 在於去年十月交龜 在於十一月初四日 而還餉開倉 自十月初四日爲始 當捧各穀 爲二萬四千餘石 而爲其耗條與色條之取用 刻日督捧 侵夜擧火 二萬二千餘石之穀 捧納於未滿一朔之內 已捧耗代錢五百餘兩 盡數責納於都倉色 而例是畢捧報勘後取用者 故該吏只以二百四十二兩四錢九分 先爲備納 則餘錢二百五十兩 則兵庫記付錢中 開庫出用後 以由吏處負債之意言及 而歸捧還時 校卒之騷擾村閭 穀物之散雜於倉庭 已無可言 而穀品 則不計精麤來輒捧納 故米 則租粒相半虛 殼居多餉還 何等嚴重 而若是麤劣 已極寒心 而所謂耗代錢果是應用之物 則只當責之於該色而已 至於擅犯公貨 委之於由吏者 亦極駭然 不可以已遞置而

勿論 (中略) 左兵虞候沈學祖 點伍姑無軍弊 徵債多招民謗 右兵虞候吳相龜 佐幕閒局無事 可評昨冬捧糴 頗有民頌 左水虞候金命嶷 雖欠赳赳 可貴多質 以此佐幕 庶無曠職 (中略) 蔚山監牧官洪秉義 馴駒之政 可貴勤實捧稅 襲謬勉在釐弊 (中略) ○ (前略) 以臣所見言 如左道之慶州蔚山機張 右道之固城巨濟河東南海等地 山崖絶壑 風枯朽腐在在相望歸之等棄 極爲可惜 今若依壬子年例 許賣於船 民俾爲造船資業之地 以其發賣價 劃付於統水營 而統營 則添付於贍餉屯土 水營則需用於濬川之費 以此等棄之物補 彼要用之需 恐合兩便 請令廟堂稟處 此是一時權宜之政 則不可每年爲例 一番許賣之後 更爲如前禁護 各別申飭 斷不可已 一馹路凋殘 莫今日若 而濫騎之弊 最爲痼瘼道內營將中 軍虞候及履歷邊將往來時 所謂兵校陪吏 通引無不責騎營將 則本有戰馬料太之公穀朔下者 而甚至游觀之行 責立驛馬頒赦差員之 自監營替送者 例有驛卜馬大同會減之米 而科外乘馹 啓下節目外 各營營屬 托以契房 自下濫把 且以各該驛言之稱 以上京卜馬虛張色目 必以二三匹輪定 屬驛捧貰私用 驛丞子侄之去來 無難私把 凡此諸條俱 是難堪之驛弊 違法之謬例 至於監兵水使巡歷交遞之行額外加把之弊 亦難保其必無 請令廟堂 關飭痛禁 更若有冒犯者 隨現論勘而先從各該察訪拿問正罪 恐不可已 一軍器之朽鈍無處不然 間或有官民之修繕 而未免草草了 當終歸無用 況是羽毛皮筋之飾 不過數年 易致蠹傷 陰雨之備 萬萬疏虞 臣意 則無論營邑鎭 元數之外 必以銃幾柄藥丸幾許 弓矢槍劍幾許 約綽定數 著爲加備之恒式 必於到任一年之內 留心精造 每令看品于兵營 自兵營待歲末 都聚修啓次 次加錄 則當任之所備 雖少軍國之爲用實大 亦可無虛張沽譽之端 且統營之甲冑右兵營之槍劍 左兵營之弓矢 左水營之火箭 俱以善造見稱 而各營邑鎭例 有軍器修繕措置之物財 則隨其勢力之殘盛 採其土產 宜否磨鍊各件定式造成外 此出意氣 別樣修補者 無論官民 如前論賞事 請令廟堂稟處 (中略) 一倭船之左漂機張蔚山也 右漂熊川巨濟也 糧料例以儲置入給 而儲置不足之代 以還米分民改鑿 改鑿之際 每每有縮 其爲民弊無異 白徵熊巨兩邑 則漂倭頻數 故儲置之京廳區劃 非不優數 而猶患不足 機蔚 則初無若干石留儲 故無以措手上項 四邑儲留 須於收租磨鍊時 量宜優劃 俾除沿邑改鑿之弊事 請令該廳區處 一統營支放穀準折之租 爲三萬石 分排列邑鎭 或直輸營底 或輸納屬倉 而分排之邑

或以倉穀分民改色 或以倉儲簸揚取精 而及其輸也 一石之納 必費兩石零 其加費之數 又徵民間邑斛 豈盡狹少而營斛豈盡闊大乎 弊之所由 卽此可知 時帥臣見方另飭營屬 凡係捧上之節 別加操束 無或濫雜 而弊痼已深 猝難永革 自今捧納之時 勿使該營屬干涉 必令倉在邑守令 永定差員 一從烙斛監捧出給 至若統營直納之穀 令地方官固城縣令 永定監捧 恐合事宜 請令廟堂稟處 (中略) 一道內牧場 卽蔚山晉州兩邑 各有牧官 東萊府沙下面及南面中三里 則付之多大牧場 該僉使主管 而牧稅作錢之價 極其過濫 牧結徭役之侵又重 故牧子田土賣買路絶 雖優歉歲諱災不告 或恐其因災 而增其稅穀之價 事係牧民者 監營本官 初不管轄 爲一無告之民 從今以後 稅穀定價與地方停 當一報司僕寺 一報監營 待決定發關行會 知委於牧子輩 則倍價之弊 似可少除徭役 則一依邑結例收捧 而科外名色 一切防禁之意 請令該寺稟處 (中略) 左道兵水營移設之議 甲乙未定 機張之於東萊 華山之於蔚山 地勢之優劣 移營之便否 細加審察 事載在事目 係是關飭大變通之擧 臣於今行山川之險夷 城址之形便 亦爲歷覽 蓋論其地勢 則兵營之爲城也 處於原野之中 殘山低 旣無恃固之險 大海迫近 初非用武之地 三鎭軍卒 則皆在於三四百里之外 無以招集於倉卒之際 而城內泉井 本無水源 雖當少旱 輒致乾涸 故常時居民 取汲於城外 脫有緩急 不無疏勒之慮 名雖關防 其實 則別無據險 而可守者至若華山外 而山勢險峻 可藏百萬甲兵內 而地形平夷 足容屢千民 戶中有十二井 源泉滔滔不竭 又有龍潭 而深不可測 道內軍兵 雖令多年咸聚 必無水不足之患 而東南北三門 虹霓宛然 見存聞是己丑年間 故兵使尹淑 設始築城 旋値歲災 仍爲撤役 果是列邑居中之地 而戰守俱便之處也 以臣膚淺之見 華山之優於蔚山 不啻天淵 以其移營之便否論之 則當初兵營之置於沿海 必有所據 若非大係防害 則不可輕議 從前移設之論 其來已久 而迄玆未定者 在於陸軍舟師 相依共濟之意 且以華山地形言之 則絶峽高峯 開荒拓址 築城構廨 移民峙粟之際 所需財力 許多事役 未易營辦 而且華山之下四面 田場之可農處 皆在十許里之外 又甚瘠薄 營屬之居生於城底者 實無資活之路 地勢 則雖甚可合 而移營 則最是難便 水營移設之議 非以城址不便也 船艙年年湮塞 大小戰艦掛在乾港 每當操鍊之時 前期掘塹 多用民力 然後始乃行船 於是乎 有移營之論 皆以機張之項串浦 爲便 蓋項串浦 則地形非不可合 而以其海水渟洄之

處必也 補築石墩 而後方可以成艙 而爲穩泊之所 到今塡石於海水成匯之中 以圖完築 其役甚巨 雖或完築一觸風濤 亦易崩壞 今此水營設置處 卽是邊門之要衝 海寇之初程 而其所跨距也 控壓也 自有平時之節制 則鎭堡之管轄 斥候之守望 固不可猝地 相離以失捍 衛維持之良策 第其舊艙 本是天作 而特以在於兩川合湊之海港 故潮落而潰其沙雨壓而流其土 歲月愈久 水道漸淺 以致今日之納潮未漲動 船不得前後 論之者 今若半 入移營之費 廣加握鑿 別般防築 使流下之游沙 直瀉于浦外 進退之海水 貯停於艙內 到底力役歲以爲課 川水不失其道港洋能就其深 則庶或復舊 而可以運船 以此所論 較量事勢 則到今變通 莫過於此 目下之容入財物 前頭之預備需用 亦宜有別般措辦 然後可以斷定 而當此公貨 罄竭之時 其所着手亶 在於該營 別餉米賣用一款 則非但元數之無以支繼 亦繼軍餉傾倒之歎其所生財 臣不得遽議方便 請令廟堂 爛商稟處 (下略)

601.

건명 : 前左兵使 申大坤 등의 행적을 보고한 嶺南 繡啓

발신처 : 慶尙道暗行御史 金學淳

검색어 : 慶尙道暗行御史, 金學淳, 左兵使, 申大坤, 捧還, 負債, 虛穀, 左兵虞候, 沈學祖, 徵債, 營將, 中軍虞候, 監牧官

출처: 純祖 13年 癸酉 7月 27日; 39-198下~200下

吏兵曹以嶺南繡啓覆啓

○ 兵曹啓言 觀此慶尙道暗行御史金學淳書啓 則前左兵使申大坤 醉或妨務吏奸 未戢杖不當罪 民怨亦多 捧還各穀 爲二萬四千餘石 爲其耗條與色條之取用 刻日督捧 侵夜擧火 捧納於未滿一朔之內 已捧耗代錢五百餘兩 盡數責納於都倉色 而例是畢捧報勘後取用者 故該吏只以二百四十餘兩 先爲備納 則餘錢兵庫記付錢中 開庫出用 以由吏處負債之意言及 而歸捧還之來 則租粒相半 租則虛穀居多 擅犯公貨委之由吏者 亦極駭然 不可以已遞 勿論令該府 拿問處之 左兵虞候沈學祖 徵債多招 民謗虞候 以佐幕之官徵債 本非其職 而旣多招謗 則不可仍置罷黜 (中略) 統制使徐英輔 謹厚嚴明 誠意奉公 美績述先 已有新譽列邑 擧憚於威令 一營自底於整暇 統帥事體 與他有異 勿論其

他閫帥營將中軍虞候邊將監牧官等 別無優異之績 亦無顯著之疵 請竝置之 從之

602.

건명 : 前慶尙左兵使 申大坤 등이 捧還에서 저지른 잘못에 따라 처리하도록 한 처분

발신처 : 義禁府

검색어 : 申大坤, 原情, 慶尙左兵使, 捧還, 點退, 瓜限, 還上勘簿, 假使, 還穀, 刑推, 取耗, 兵庫記付錢

출처 : 純祖 13年 癸酉 7月 30日 ; 39-206下~212下

命時囚申大坤等議處

義禁府啓言 前慶尙左兵使申大坤原情以爲 捧還麤劣事 一自開倉逐日親監一一點退 期於精捧 而災歲穀品 或不無麤劣之弊 至於爲其耗條之取用 刻期督捧云云 未知其何據而言也 渠瓜限在於十月 還上勘簿例在十二月 則假使還穀畢捧於十月之內 勘簿之前 元無取耗之法 則此非可論於十月 遞歸之渠 而渠離營之前 旣已開倉 則不過例飭捧納而已 校卒何故督擾於村閭 鞭撻何故取怨於民人 耗條旣屬於新使 則二百餘兩之取用 該吏二百餘兩之擅犯 公貨便是皮不存之毛 且況兵庫記付錢九百六十二兩零 則渠遞來時 照數傳掌 昭在重記 今不必再有煩辨 至若侵夜擧火云者 民還遠輸 未及盡捧於當日之內 則經夜留置民弊 不少間或擧火而捧云 曾經閫帥 請議處 (中略) 敎 以除刑推議處

603.

건명 : 前慶尙左兵使 申大坤이 還耗를 取用하면서 저지른 잘못에 따른 처분

발신처 : 義禁府

검색어 : 申大坤, 慶尙左兵使, 還耗, 納供

출처 : 純祖 13年 癸酉 8月 初6日 ; 39-221下~223上

命時囚申大坤等照律具絳等査啓兪應煥議處

義禁府啓言 前慶尙左兵使申大坤 還耗之取用 庫錢之出用 逐條發明至以照數 傳掌昭在 重記納供 則其所爲說 不無所據 而捧還之不精 吏奸之未戢 旣登繡啓 其矇不覺察之罪 在所難免 請以此照律 (中略) 竝

允之

604.

건명 : 慶尙道暗行御史 金學淳의 別單 가운데 還弊 등을 아뢴 내용

발신처 : 慶尙道暗行御史 金學淳

검색어 : 慶尙道暗行御史, 金學淳, 左道, 還弊, 還摠, 劃付, 蔚山, 機張, 許賣, 馹路濫騎之弊, 兵營, 兩營修成冊, 漂倭糧料, 白徵, 儲置, 還米, 左道, 移設, 華山, 項串浦

출처 : 純祖 13年 癸酉 8月 初10日 ; 39-230上~246上

備局以各道繡衣別單覆啓

備邊司 (中略) 又啓言 卽見慶尙道暗行御史金學淳別單 則其一 還弊中 沿枒峽峙 最爲痼瘼 還摠最多處 不拘詳定減價 許作移補經費 如已酉 (中略) 左道之慶州蔚山機張 右道之固城巨濟河東南海等地 山崖絶壑 風枯朽腐 等棄可惜 依壬子年例許賣船 民以其價劃付統水營 而統營 則添付於贍餉屯 水營 則需用於濬川之費事也 封內若多風落營中且有公用 則必不待自京司先劃 而各自請得需用 今姑置之 其一 馹路濫騎之弊 最爲痼瘼 關飭痛禁 若有冒犯者 隨現論勘而先從 各該察訪拿問定罪事也 已自廟堂 筵奏申禁矣 後若有犯與受同罪之意 更爲關飭 其一 軍器之朽鈍 無處不然 無論營邑鎭銃藥弓矢槍劍定數加備 而到任一年之內 留心精造 看品于兵營 自兵營歲末修啓 而各營邑鎭例有軍器修繕之物財 則隨力磨鍊 定式造成外 此出意氣別樣修補者 毋論官民 如前論賞事也 軍物公廨城池之捐財修補者 本道據實修啓 則該曹自當論賞 而至於年例 修補之邑 每多名存實無之歎 必於年終 枚報巡兵營 又自兩營修成冊報備司 以爲憑考之地仍爲定式 竝飭諸道 (中略) 其一 漂倭糧料例 以儲置入給 而儲置不足 以還米分民改鑿 其爲民弊 無異白徵 機張蔚山熊川巨濟等四邑 儲留收租磨鍊時 量宜優劃 俾除改鑿之弊事也 儲置與還米 精麤不同 若以還米改春代給 則必有徵民補縮之弊 此後 則量宜區劃之意分付 (中略) 其一 左道兵水營移設之議 甲乙未定 而兵營之爲城 處於原野 三鎭軍卒 皆在三四百里之外 城內泉井 本無水源 別無據驗而可守者 華山 則山勢險峻 可藏百萬甲兵 中有十二井泉 其優於蔚山 不啻天淵 而築城構廨 移民治粟 許

多事役 未易營辦 地勢則雖甚可合 移營 則最是難便 水營 則船艙湮塞 戰艦掛在乾港 移營之論 皆以機張項串浦爲便 而項串 則海水渟洄處也 補築石墩後 方可成艙 舊艙本是天作 今若半入移營之費 廣加掘鑿 別般防築 則庶可復舊船 而目下容入前頭需用 宜有措辦 然後可以斷定事也 移艙與掘浦之議 衆論多歧待年豊 更加爛議後 稟定擧行 (下略)

605.

건명 : 京外의 殿最에서 蔚山府使 徐洛修에게 中을 매김

발신처 : 慶尙監司 金魯應

검색어 : 殿最, 慶尙監司, 金魯應, 蔚山府使, 徐洛修

출처 : 純祖 13年 癸酉 12月 15日 ; 39-441下~442下

開折京外殿最

教曰 吏兵房承旨 持褒貶啓本入侍 (中略) ○ 慶尙監司金魯應啓本 蔚山府使徐洛修 所貴眞率 宜勉振刷 中 幽谷察訪金文澤 馬政太疏 下 (下略)

606.

건명 : 각 牧場의 馬畜數爻에 대한 太僕寺의 보고

발신처 : 太僕寺

검색어 : 各牧場馬畜數爻啓, 牧政, 蔚山, 長鬐, 監牧官, 洪秉義, 壬申籍付馬, 今生馬, 封進馬, 故失馬, 雌雄馬, 壯雌馬, 一年應孶産馬

출처 : 純祖 13年 癸酉 12月 25日 ; 39-463下~466上

太僕以各牧場馬畜數爻啓

司僕寺啓言 今年牧政 旣無超等處 論賞一款 不必擧論 而其所論勸 以昨年元牧之實總 較諸當年留放之數額 (中略) 蔚山長鬐等 監牧官洪秉義 所管二牧場 壬申籍付馬八百二十一匹 今生馬一百三十七匹內 封進馬三匹 故失馬一百三十匹 除今年實留放壯兒雌雄馬 竝八百二十五匹內 壯雌馬四百二十七匹 孶産馬一百二十八匹 今生馬一百三十七匹 加報九匹 (下略)

607.

건명 : 吏曹의 守令降考啓 가운데 蔚山府使 徐洛修 부분

발신처 : 吏曹

검색어 : 守令降考啓, 褒貶啓本, 蔚山府使, 徐洛修, 推考, 中考

출처 : 純祖 13年 癸酉 12月 27日 ; 39-468上~下

吏曹以守令降考啓

該曹啓言 今日本曹開折坐起時 考見諸道褒貶啓本 則蔚山府使徐洛修以所貴眞率 宜勉振刷爲目 (中略) 六道道臣 推考警責 徐洛修柳文儉康達秀柳崠李薰徽 竝罷黜 金益耜金致龍 請中考施行 允之 又啓言慶安察訪黃萬齡 兩次居中 請依例罷黜 允之

608.

건명 : 朴宗民을 蔚山府使에 임명함

발신처 : 吏曹

검색어 : 朴宗民, 蔚山府使

출처 : 純祖 14年 甲戌 正月 初7日 ; 39-485上~486上

都政下批 吏曹判書李肇源參議金履載兵曹判書沈象奎參判朴宗正參知鄭景祚進

○ 吏批 以朴宗民爲蔚山府使 吳澈常爲大興郡守 洪百淳爲益山郡守 (下略)

609.

건명 : 嶺南의 放·未放 成冊을 判下함

발신처 : 義禁府

검색어 : 嶺南, 放未放成冊, 慶尙道, 定配罪人 放秩, 彦陽, 李東元, 盧信卜, 咸履熙, 未放秩, 徐興家, 申得伊, 慶尙道放未放修啓冊子, 稟秩

출처 : 純祖 14年 甲戌 正月 23日 ; 39-502下~503下

判下嶺南放未放成冊

慶尙道定配罪人 放秩 (中略) 彦陽李東元 (中略) 稟秩 (中略) 彦陽盧信卜咸履熙 (中略) 未放秩 (中略) 彦陽徐興家申得伊 (中略) 彦陽吳道秋 晉州禹天擧 榮川趙孫伊 聞慶張欽 彦陽金魯章 (中略) 竝放 ○ 義

禁府啓言 慶尙道放未放修啓冊子中 本府所管定配罪人未放秩 依啓聞施行 他餘罪人等 請令刑曹稟處 允之

610.

건명 : 曺慶夏를 彦陽縣監에 임명함

발신처 : 純祖

검색어 : 曺慶夏, 彦陽縣監, 新通

출처 : 純祖 14年 甲戌 4月 初2日 ; 39-634下

有政 吏曹判書李肇源參議金履載進

以李儒慶權常愼爲承旨 李好敏爲吏曹參判 李羲甲趙弘鎭吳淵常 竝新通 朴時源爲持平 柳鼎養爲應敎 李鍾穆爲弼善 金逌根爲兼弼善 曺慶夏爲彦陽縣監

611.

건명 : 慶尙監司 李存秀의 列邑 水災에 대한 보고

발신처 : 慶尙監司 李存秀

검색어 : 慶尙監司, 李存秀, 水災, 金魯應, 蔚山府, 下府內面, 大島, 新坪, 大內面, 新里, 三山中里

출처 : 純祖 14年 甲戌 7月 28日 ; 39-834下~837上

慶尙監司李存秀以列邑水災馳啓

狀啓以爲 今月十六七日之雨 營下近地田畓水沈之 由前道臣金魯應已爲馳啓 臣之赴任所過者 卽聞慶咸昌尙州善山仁同大邱等七邑 而十六日 自聞慶到咸昌雨勢不止 平地之水 幾至尺餘 伊日之雨 遂至達夜十七日一直霔下 道路不通 故留住咸昌 (中略) 蔚山府 平陸成江 邑底人家 亦多墊溺 至於下府內面城隍 大島新坪 大內面蔚山府新里 三山中里等處 本以沿江之處 盡入懷裏 寧海府川渠 莫不漲溢墊沒 多日禾穀盡偃 木綿薥穀 無不受傷 稻花盡落 成實無望 (下略)

612.

건명 : 慶尙監司 李存秀의 安東 등 39邑 水災 보고

발신처 : 慶尙監司 李存秀

검색어 : 慶尙監司, 李存秀, 水災, 彦陽縣, 李存秀

출처 : 純祖 14年 甲戌 8月 初2日 ; 39-844上~845上

慶尙監司李存秀以安東等三十九邑水災馳啓

狀啓以爲 七月十六七日之雨 安東府 大小江川 漲溢潰決 (中略) 彦陽縣 田畓各穀 不無被損之慮 (中略) 敎 以今觀慶尙監司李存秀狀啓 尤極驚慘 一體慰諭事 分付

613.

건명 : 申絅을 慶尙左兵使에 임명함

발신처 : 純祖

검색어 : 申絅, 慶尙左兵使, 初仕

출처 : 純祖 14年 甲戌 8月 初9日 ; 39-858下

有政 吏曹參議徐有聞兵曹判書朴宗來進

以尹羽烈爲大司諫 洪義浩爲刑曹判書 尹益烈爲右尹 南公轍爲分內局提調 韓用鐸爲知事 趙德潤爲都摠管 徐能輔李錫奎李羲甲李惟命任聖說爲副摠管 鄭久容爲洗馬久容 初仕也 申絅爲慶尙左兵使 (下略)

614.

건명 : 蔚山 등 邑의 漂頹戶에 대해 恤典하도록 한 처분

발신처 : 慶尙監司 李存秀

검색어 : 漂頹戶, 恤典, 慶尙監司, 李存秀, 漂壓戶, 蔚山, 民家頹壓, 人物壓死, 民家漂失, 身還布, 常賑廳

출처 : 純祖 14年 甲戌 8月 13日 ; 39-868上~869上

給密陽等邑漂頹戶恤典

慶尙監司李存秀 狀啓以爲 道內各邑漂壓戶 連接所報 則密陽 民家漂失三百十一戶 頹壓一千二戶 人物渰死十八名內 五名未拯 壓死一名 (中略) 蔚山 民家頹壓二百二戶 人物壓死一名 (中略) 通計 民家漂失一千九戶 頹壓四千五百九十戶 人物渰死五十一名 壓死四十三名 今番水災 振古所無田畓之汰落 到處同然 沿川傍浦之處 盡入懷襄 言念民事 萬萬罔措 而民家之漂頹 人物之渰壓 如是數多 誠不勝驚慘 分遣裨將 一一慰撫後 恤典依例題給 自臣營 亦爲助給役糧 申飭邑倅 使之

結構奠接 渰死人已拯者 各給恤典 使之厚埋 未拯者 嚴飭搜拯 恤典題給成冊 待各邑齊到追後 修正上送于常賑廳計料 教 以今觀狀啓 聞甚矜惻元恤典外 別加顧恤 渰壓死人 如有生前身還布 竝蕩減事 分付

615.

건명 : 각 道 牧場의 馬畜數爻에 대한 司僕寺의 狀啓

발신처 : 司僕寺

검색어 : 各道牧場馬畜數爻啓, 牧政, 蔚山, 長鬐, 監牧官, 洪秉義, 癸酉籍付馬, 今生馬, 封進馬, 故失馬, 雌雄馬, 壯雌馬, 一年應孳産馬

출처 : 純祖 14年 甲戌 12月 22日 ; 39-1067下~1070下

太僕以各道牧場馬畜數爻啓

司僕寺啓言 各道牧場 所放馬畜多寡牧養數爻啓目 後錄 而今年牧政既無超等處 論賞一款 不必擧論 而其所論勘 以昨年元放之實總 較諸當年留放之數額 則豊川欠縮 爲二百五十二匹 興陽欠縮 爲四十八匹 (中略) ○ 後錄 (中略) 蔚山長鬐等 監牧官洪秉義 所管二牧場 癸酉籍付馬八百二十四匹 今生馬一百三十九匹內 封進馬三匹 故失馬一百三十五匹 除今年實留放壯兒雌雄馬 幷八百二十五匹內 壯雌馬四百三十四匹 一年應孳産馬一百三十匹 今生馬一百三十九匹 加報九匹 (下略)

616.

건명 : 慶尙前左兵使 申絅에게 加資하고, 前職을 仍任하도록 한 처분

발신처 : 備邊司

검색어 : 慶尙前左兵使, 申絅, 加資, 仍任, 迎送之弊, 新資

출처 : 純祖 14年 甲戌 12月 27日 ; 39-1079下~1080上

命慶尙前左兵使申絅加資仍任前職

備局啓言 慶尙左兵使申絅 移拜會寧府使矣 該閫數遞 已屬可悶 而本道大賑 方張迎送之弊 尤所當念 前兵使申絅 許以新資 請仍任前職 允之

617.

건명 : 慶尙左兵使 申絅을 追榮하여 生家에 移施하도록 한 처분

발신처 : 領議政 金載瓚

검색어 : 前兵使, 朴孝晉, 慶尙左兵使, 申絅, 追榮, 移施

출처 : 純祖 15年 乙亥 正月 15日 ; 40-23下

命前兵使朴孝晉慶尙左兵使申絅追榮移施其本生家

領議政金載瓚啓言 前兵使朴孝晉 慶尙左兵使申絅 法當追榮推恩 而所後家無可施處云 請依近例 許令移施其本生家 從之

618.

건명 : 彦陽 등 邑의 燒戶에게 恤典하도록 한 처분

발신처: 慶尙監司 李存秀

검색어: 燒戶, 恤典, 慶尙監司, 李存秀, 民家失火, 彦陽縣

출처 : 純祖 15年 乙亥 正月 23日 ; 40-37上

給聞慶等邑燒戶恤典

慶尙監司李存秀 以聞慶縣民家失火 二十四戶被燒 彦陽縣民家失火 二十二戶 被燒馳啓 敎 以聞甚矜惻 元恤典外 別加顧助事 分付

619.

건명 : 興陽 漂民을 領來한 差倭에 대하여 任譯으로 하여금 嚴辭로 責하고, 入送의 기일을 曉諭하도록 명함

발신처 : 東萊府使 洪秀晩

검색어 : 漂民, 差倭, 任譯, 東萊府使, 洪秀晩, 蔚山, 馬島, 渰死, 書契別幅

출처 : 純祖 15年 乙亥 2月 20日 ; 40-73上~下

命興陽漂民領來差倭令任譯嚴辭責諭期於入送

禮曹啓言 觀此東萊府使洪秀晩狀啓 則我國之人 漂止馬島 則順付出送 自是前例 (中略) 而乾隆乙未 蔚山居民 漂抵馬島 一名渰死 洋中屍身 則不知去處 而差倭領來 許其接待 (中略) 則因備邊司回啓 今番 則姑爲許接 此後若無 渰死人拯得之事 而出送差价 則決不許接之意 更擧約條 使任譯 申明曉諭 今此漂民 亦無屍體 則宜不敢專价 出來而强援 乙未年無屍 差倭許接之例 又送差价者 狡倭情狀 極爲可痛 傳令任譯嚴辭責 諭期使還送 差倭齎來 書契關係 漂民事情 故別爲謄本 本府與平海漂民 順付書契別幅 竝監封上送順付 回答書契 令該曹 照例撰出下送 東萊多大浦 平海兩處漂民 順付齎來 別幅回禮 依前例 各爲磨

錬以入 而漂還人論罪 依新頒事目擧行 至於興陽漂民 則其中二名渰死於馬島 而屍身旣未拯得 則只援乙未年 無屍差倭許接之例 出送事价者 有違於辛酉年 更擧之約條 其在重邊情杜 後弊之道 不可許接 更令任譯 嚴辭責諭 期於入送事 請分付 允之

620.

건명 : 李勉植을 慶尙左兵使에 임명함

발신처 : 純祖

검색어 : 嶺南, 賑邑, 差出, 李勉植, 慶尙左兵使

출처 : 純祖 15年 乙亥 3月 初1日 ; 40-91上

有政 吏曹判書朴崙壽參判金魯敬兵曹判書趙德潤進

備局啓言 嶺南賑邑 守令未差之代 請政官牌招 開政差出 允之 ○ 以尹應大趙秀仁爲校理 (中略) 李勉植爲慶尙左兵使 李民秀爲全羅右水使 ○ 再政 以李好敏爲判尹 朴綺壽爲應敎 趙命喆爲翊衛

621.

건명 : 慶尙左兵使 李勉植을 遞送함

발신처 : 純祖

검색어 : 慶尙左兵使, 李勉植

출처 : 純祖 15年 乙亥 3月 初2日 ; 40-92下

遞慶尙左兵使李勉植

622.

건명 : 金煐을 慶尙左兵使에 임명함

발신처 : 純祖

검색어 : 金煐, 慶尙左兵使

출처 : 純祖 15年 乙亥 3月 初3日 ; 40-94下~95上

有政 吏曹判書朴崙壽兵曹判書趙德潤進

以李肇源爲大司憲 (中略) 金煐爲慶尙左兵使

623.

건명 : 蔚山 등 邑의 渰死人에게 恤典하도록 한 처분
발신처 : 慶尙左水使 梁垸
검색어 : 蔚山, 崔聖宅, 渰死人, 恤典, 大王巖, 慶尙左水使, 梁垸, 身還布
출처 : 純祖 15年 乙亥 4月 初10日 ; 40-138上

給蔚山等邑渰死人恤典

慶尙左水使梁垸 以蔚山府崔聖宅等四名 同騎一船捉魚次 到慶州府大王巖前洋 遇風覆船 俱爲渰死 東萊府權得先等五名 同騎一船捉魚次 到補德浦前洋 遇風覆船 俱爲渰死 機張縣秋移田等五名 同騎一船捉魚次 到慶州乭川津口 遇風覆船 俱爲渰死馳啓 教 以人物渰死 聞甚矜惻 元恤典外 別加顧助 渰死人 如有生前身還布 竝蕩減事 廟堂分付

624.

건명 : 湖南·嶺南의 畢賑에 대한 보고
발신처 : 慶尙監司 李存秀
검색어 : 嶺南, 畢賑, 慶尙監司, 李存秀, 公賑邑, 蔚山府使, 朴宗民, 自備穀
출처 : 純祖 15年 乙亥 7月 28日 ; 40-276上~279下

吏曹以湖南嶺南畢賑狀啓覆啓

該曹 (中略) 又啓言 觀此慶尙監司李存秀畢賑狀啓 則公賑邑 (中略) 蔚山府使朴宗民 爲民紓力 靡不庸極 自備穀七百餘石 (中略) 請令兵曹稟處 從之

625.

건명 : 湖南·嶺南의 畢賑에 대한 보고
발신처 : 慶尙監司 李存秀
검색어 : 嶺南, 畢賑, 慶尙監司, 李存秀, 畢賑別單, 公賑, 前左兵使, 申綱, 自備穀, 前左水使, 梁垸, 監牧官
출처 : 純祖 15年 乙亥 8月 初1日; 40-283下~284上

兵曹以湖南嶺南畢賑狀啓覆啓

該曹 (中略) 又啓言 取見慶尙監司李存秀 畢賑別單及成冊 則公賑中 前左兵使申綱 自備各穀爲三百八石零 前左水使梁垸 自備各穀爲一百

四十一石零 前右兵使朴基豊 自備各穀爲一百三石零 當此歉荒 捐廩濟活 俱極可嘉 而閫帥事體與邊將有異置之 邊將監牧官等 自備各穀多者 不過爲五十石以下 少者 僅爲十石內外 以此數少之穀 不可論賞竝置之 願納中 (中略) 該道道臣 美思昌金化白 則請令本道 施賞之意一體分付 允之

626.

건명 : 蔚山郡 등 漂頹戶에게 恤典하도록 한 처분
발신처 : 慶尙監司 李存秀
검색어 : 漂頹戶, 恤典, 慶尙監司, 李存秀, 蔚山, 人家漂頹, 渰死, 身還布
출처 : 純祖 15年 乙亥 8月 19日 ; 40-310上~311上

給咸安等郡漂頹戶恤典

慶尙監司李存秀狀啓以爲 去月二十四日 五日之雨 水深五寸二分 形止已爲馳啓 而連接各邑所報 (中略) 蔚山 則堤洑潰缺 平陸成江 人家太半 墊溺汚下 田畓盡入水中 各面人家漂頹 爲三百二十一戶 渰死爲二名云 (中略) 敎 以聞甚矜惻 元恤典外 別加顧助 壓死人 如有身還布竝蕩滅事 分付

627.

건명 : 嶺南의 8邑 守令을 狀請에 따라 相換하도록 한 처분
발신처 : 慶尙監司 李存秀
검색어 : 嶺南, 相換, 慶尙監司, 李存秀, 彦陽縣監, 曺慶夏
출처 : 純祖 15年 乙亥 8月 23日; 40-315上

命嶺南八邑守令依狀請相換

吏曹啓言 觀此慶尙監司李存秀狀啓 則居昌府使尹彛鉉 差欠綜細 榮川郡守尹稙 治績足堪 相換 昌寧縣監尹弘圭 終欠振刷 盈德縣監李魯俊 可堪蘇捄 相換 山淸縣監黃潗 謹拙之規 猝難釐正 禮安縣監南履愚精詳之治 優於矯捄 相換 彦陽縣監曺慶夏 做事或欠振勵 機張縣監李夔秀 殫誠民事 克有實績 相換 竝令該曹稟處 八邑守令 相換之請 道臣必有商量 請竝依狀請施行 允之

628.

건명 : 慶州府 封山의 革罷를 청원한 判敦寧 李彦植의 上疏

발신처 : 判敦寧 李彦植

검색어 : 嶺南, 慶州府, 東海面, 封山, 鄭晩錫, 梁山, 蔚山

출처 : 純祖 15年 乙亥 9月 20日 ; 40-344上~下

判敦寧李彦植上疏請罷慶州三封山付本寺補用仍陳病狀乞遞內贍提擧之任賜批

疏略曰 (中略) 嶺南慶州府東海面 有三封山養松之所 而山不宜松 有名無實 前後民訴 邑報道啓 一辭同然 無不言其當罷 又自備局 因民訴關問本道 則道臣鄭晩錫 歷陳其當罷 而尙未有回啓之當否 蓋念封山雖難輕罷 旣係無益而有弊 則亦不必膠守 在前梁山蔚山等邑 封山之革罷 許耕 豈非可徵之已例乎 伏願殿下 體先朝舊寺之不革軫 嶺民痼弊之剌骨 亟循輿論 卽爲革罷 以其曠土許民耕墾 仍付本寺 收稅補用 則可以除民邑之大害 可以捄本寺之將罷 豈非一擧而兩利之耶 仍伏念臣年衰 病痼尤 何望弊局之能蘇乎 更乞特賜亟遞 臣本寺提擧之職 批以疏辭 令廟堂稟處 卿其勿辭行公

629.

건명 : 각 道 牧場의 馬畜數爻에 대한 司僕寺의 보고

발신처 : 司僕寺

검색어 : 各道牧場馬畜數爻啓, 牧政, 元總, 蔚山, 長鬐, 監牧官, 洪秉義, 沈憲永, 甲戌籍付馬, 今生馬, 封進馬, 故失馬, 雌雄馬, 壯雌馬, 一年應孳産馬

출처 : 純祖 15年 乙亥 12月 29日; 40-508下~511下

太僕以各道牧場馬畜數爻啓

司僕寺啓言 各道牧場 所放馬畜産多寡牧養數爻啓目 後錄 而今年牧政 孳息 則比諸元式 或加或減 故失 則較其元總 或多或少 賞罰一款 今姑置之 請更觀來頭 勤慢處之 允之 ○ 後錄 (中略) 蔚山長鬐等 監牧官 前任洪秉義 時任沈憲永 所管二牧場 甲戌籍付馬八百二十五匹 前任洪秉義所報 今生馬一百三十匹 時任沈憲永所報 今生馬五匹 合馬九百六十匹內 封進馬三匹 前任洪秉義所報 故失馬一百四匹 時任

沈憲永所報 故失馬六十二匹 除今年實留放壯兒雌雄馬 竝七百九十一匹內 壯雌馬四百十四匹 一年應孳產馬一百二十四匹 今生馬一百三十五匹 加報十一匹 (下略)

630.

건명 : 蔚山府의 燒戶에 대해 恤典하도록 한 처분

발신처 : 慶尙監司 李存秀

검색어 : 蔚山府, 燒戶, 恤典, 慶尙監司, 李存秀, 民家失火

출처 : 純祖 16年 丙子 正月 27日 ; 40-575下

給蔚山府燒戶恤典

慶尙監司李存秀 以蔚山府民家失火 二十八戶被燒 馳啓 教 以聞甚矜惻 元恤典外 別加顧助事 分付

631.

건명 : 李周彦을 彦陽縣監에 임명함

발신처 : 純祖

검색어 : 李周彦, 彦陽縣監, 邊地

출처 : 純祖 16年 丙子 2月 19日 ; 40-604上~605上

都政下批 吏曹判書朴宗慶參議趙貞喆兵曹判書南公轍參判朴命燮參議鄭景祚進

(前略) ○ 吏批 以洪集圭爲長城府使 (中略) 李周彦爲彦陽縣監 (中略) 東玉以下 竝邊地也 (下略)

632.

건명 : 兪漢寔을 蔚山府使에 임명함

발신처 : 純祖

검색어 : 兪漢寔, 蔚山府使, 口傳差出

출처 : 純祖 16年 丙子 3月 初1日 ; 40-621下

以兪漢寔爲蔚山府使

教曰 蔚山府使 未差之代 令該曹 口傳差出 催促下送

633.

건명 : 蔚山府使 兪漢寔의 善政 등을 보고한 嶺南暗行御史 李墶의 別單

발신처 : 嶺南暗行御史 李墶

검색어 : 嶺南暗行御史, 李墶, 蔚山府使, 兪漢寔, 朴宗民, 救荒契, 養士齋, 嶺南, 彦陽縣監, 李周彦, 彦陽, 相換, 彦民, 左兵使, 金煐周, 左兵虞候, 沈能壽, 點伍, 左道, 兵水兩營, 移設, 華山, 機張, 項串浦

출처 : 純祖 16年 丙子 6月 12日 ; 40-799下~829下

嶺南暗行御史李墶關北暗行御史鄭基善進書啓別單

墶書啓以爲 (中略) 蔚山府使兪漢寔 才堪處劇 志在蘇弊 已自到任之初 先見束下之政 前府使朴宗民 政固鍊熟 事欠綜明 賑飢之實惠 官捧縱捐 還穀之偸弄 倉奸莫察 若其救荒契之創始 養士齋之設置 是有譽處 不必苛論 (中略) 彦陽縣監李周彦承 善治後爲多民望 樸實之政 一遵前規 勤幹之力 隨處不懈 大體可觀 少邑何有 (中略) 機張縣監曺慶夏 自彦陽而移機張 方其相換之初 彦民反喜機民如失 可知平日之爲政 旣移之後 姑無可摘之疵 吏鄕是聽 難免過實之謗 (中略) 左兵使金煐周 通旣克濟以沈重勤勵 亦自優於撫恤餉糴均分 民有公平之稱 營弊詳察 校無恣橫之習 右兵使吳文常 素是雅飭 謹守規度 列邑咸稱其恬簡 一營自底於整暇 左水使李寅植 持重之地 不念體貌理財之事 頗聞瑣屑綜細 反爲害政 威明難以御下 倉弊之未察 病務之多端 有不暇論 監營中軍鄭必秀 新到未聞毀譽 不以家近 或妨幕務 (中略) 左兵虞候沈能壽 佐幕何有點伍無弊 右兵虞候洪格 人旣老矣 病又乘之 幕務本自閒歇 冊客或有言說 左水虞候林致浩 浮謗奚信 閒幕無事 以上本道監司統制使兵使水使中軍營將虞候 幽谷察訪朴在冀 質實無華 謹愼可濟 孔路殘驛 庶幾蘇弊 (中略) 左道兵水兩營移設之議 其來久矣 以臣愚見 新寧華山形便之勝 機張項串浦船港之宜 已備於本道 該帥臣之前後論啓 其在重關 隘備陰雨之政 雖合移設 若念古人時詘擧贏之言 恐非目下急務 事係戎政之大者 不敢不槪論 (下略)

634.

건명 : 慶尙道 지방관들의 업무에 대한 평가를 한 吏曹와 兵曹의 繡啓·覆啓

발신처 : 慶尙道暗行御史 李墶

검색어 : 慶尙道暗行御史, 李𡑞, 彦陽, 彦民, 蔚山前府使, 朴宗民, 還穀, 中軍, 營將, 虞候, 邊將, 監牧官, 推考

출처 : 純祖 16年 丙子 6月 15日 ; 40-837下~841上

吏兵曹以諸道繡啓覆啓

吏曹啓言 觀此慶尙道暗行御史李𡑞書啓 (中略) 機張縣監曺慶夏 自彦陽而移機張 彦民反喜 機民如失 可知平日之爲政 吏鄕是聽 難免過實之謗云 兩邑守令竝罷黜 蔚山前府使朴宗民 還穀之偸弄倉奸莫察 梁山前郡守愼性眞 倉奸不能盡察訟牒 亦或有滯 (中略) 其外閫帥 中軍營將虞候邊將監牧官 令兵曹稟處 今此書啓中 不書御史職銜 有違格例 請御史李𡑞 從重推考 (中略) 今此書啓中 御史職名 只書單銜 有違格例 請御史鄭基善 從重推考 竝從之 (下略)

635.

건명 : 嶺南 지방관의 평가에 대한 兵曹의 繡啓·覆啓

발신처 : 慶尙道暗行御史 李𡑞

검색어 : 嶺南, 慶尙道暗行御史, 李𡑞, 左水使, 李寅植, 左兵使, 金煐, 營將, 中軍, 虞候, 邊將, 監牧官, 分糴

출처 : 純祖 16年 丙子 6月 17日 ; 40-844上~845上

兵曹以嶺南北關繡啓覆啓

該曹啓言 觀此慶尙道暗行御史李𡑞書啓 則左水使李寅植持重之地 不念體貌理財之事 頗聞瑣屑倉弊 未察病務多滯 右兵虞候洪格人旣老矣 病又乘之 或有冊客之言說 架山別將徐德敏 自是校屬新到有弊云 身爲閫任名登繡啓 而諸條論列有貶無褒 虞候旣老 且病客又招謗 城將旣曰 有弊 則不可仍置 左水使李寅植 右兵虞候洪格 架山別將徐德敏竝罷黜 多大僉使吳致壽 處事詳明 撫卒勤厚 悉心濟飢 餘暇課農 城廨之修葺 武士之激勸 蔚然聲譽云 似當施以陞敍調用之典 而係千恩賞不敢擅便上裁 統制使申鴻周 威重自持 節制有方 厲松禁 而釐海弊 左兵使金煐 沈重勤勵 優於撫恤 分糴 則有公平之稱 察弊而無恣橫之習 閫帥事體與守令邊將有異 竝姑勿論 其外閫帥 營將中軍虞候邊將監牧官 旣無優異之績 亦無顯著之疵 請竝置之 從之 (下略)

636.

건명 : 慶州 封山을 革罷하고, 內贍寺에 부속시켜 달라는 청원

발신처 : 判敦寧 李彦植

검색어 : 慶州, 封山, 內贍寺, 蔚山, 梁山

출처 : 純祖 16年 丙子 閏6月 13日 ; 40-891上~下

判敦寧李彦植陳疏請罷慶州封山付之內贍寺賜批

疏略曰 臣猥忝內贍寺 提擧之任 而御供衙門 漸就凋殘 莫可支 吾乃於昨冬 以慶州封山 依蔚山梁山罷封之例 屬之本寺 收稅補公之意 敢陳一言 特蒙聖批 至承廟堂之稟處 而此山雖曰 封山無可用之材 多爲弊之端 故道啓邑報之 前後請罷 寔循民情 其後嶺民 又以此弊來訴廟堂次訴本寺 廟堂又行關本道 質問其委折 凡幾遭矣 而尙不修啓 不但臣之訝惑 廟堂亦必以爲怪矣 以臣愚見 竊有所不然者 前後道臣倅 臣請罷之疏報 非一非再 則爲民痼瘼 不待更問而可知 旣知其如此 則朝家之因此 而處分未有損於事面 伏乞亟賜處分 俾本寺得爲矯捄之地 批以疏辭 令廟堂稟處

637.

건명 : 東萊前府使 洪秀晩에 대한 詳査를 명함

발신처 : 義禁府

검색어 : 道查, 代納, 公作米, 差倭, 倭情, 任譯, 蔚山, 還木, 作錢, 倭米, 儲置米, 本色米

출처 : 純祖 16年 丙子 閏6月 13日 ; 40-891下~894上

命金吾囚李沆議處洪秀晩道查

義禁府 (中略) 又啓言 東萊前府使洪秀晩 原情以爲 渠旣當再供 願畢暴事 實焉 當甲戌大無之年 道內無穀下納 萬無捧納之望 邊情罔涯下納 列邑皆願 以錢代納 而若自我先 請於彼人 則倭情甚狡 實有以時直準索之慮 故亦不得先發矣 伊時公作米 年限請退之 差倭適出來 故使任譯 設言於彼人 以爲公作米之每五 年輒許退限 雖是柔遠之意 而今則道內無穀 以米入給 非所可論當還 以公木入給之意 屢次飭諭於彼人 蓋還木 則在渠大失利也 以此之故 彼人懼其退限之見阻 乃請曰 雖以錢代給 退限之請願 勿見阻云云 代錢之請 自其口先發 然後又屢次

操縱減價 三十兩市直 果以十一兩五錢定約 若非然也 彼人細知我國市直 豈肯受此未半之價乎 賴有還木之說 嚴加操束 得以減價 乃以公作米及本府各項米 合一萬石零 皆以十一兩五錢定價 分作於列邑 得免邊情生梗 亦爲列邑紓力 其外又有給 倭米及本府儲置米中 不得不以本色米當捧者 又爲九千餘石 此則慶州蔚山等五六邑 以元作錢及本色米 參半分定矣 此邑等作錢 則雖甚爲幸 而本色米 則萬無準納之望日事告急 雖以時直 願以錢代納 而本府更無作錢之米 皆不得施矣 最後任譯玄義洵來告曰 公作米二千五百石 幸以前價加得 作錢於彼人而時直今過三十兩 故本色米當納邑 皆願以二十五兩代納 其懇甚切今此二千五百石 依該邑所願 代捧取其剩用於賑資及監董 爲兩便云云(中略) 請令道臣 詳査狀聞 後稟處 允之

638.

건명 : 左兵營 移設 논의와 封山에 대한 嶺南暗行御史의 繡衣別單 覆啓

발신처 : 慶尙道御史 李墷

검색어 : 嶺南, 慶尙道御史, 李墷, 左道, 兵水營移設之議, 華山, 項串, 關防, 蔚密, 封山

출처 : 純祖 16年 丙子 閏6月 20日 ; 40-911下~914下

備局以嶺南繡衣別單覆啓

備邊司啓言 卽見慶尙道御史李墷別單 (中略) 其一 左道兵水營移設之議 其來久矣 華山形便之勝 項串船港之宜 已備於帥臣之前後論啓 其在重關防之道 雖合移設 而時詘擧贏 恐非急務 而事係戎政 不敢不概論事也 事非時急 今姑置之 其一 黃腸封山 凡爲七邑 而固城鎭海梁山若 而處外在在童濯 申飭各該邑鎭 播種長養 別般護松事也 關飭各該邑鎭 使之別般禁護 且令隨時栽植 俾有長養蔚密之效 (中略) 請竝令該曹稟處 允之

639.

건명 : 蔚山 등 漂頹戶에 대해 恤典하도록 한 처분

발신처 : 慶尙監司 李存秀

검색어 : 漂頹戶, 恤典, 慶尙監司, 李存秀, 蔚山, 壓死, 渰死, 漂頹, 漂壓, 身

還布, 會外穀

출처 : 純祖 16年 丙子 8月 30日 ; 40-1037上

給密陽等邑漂頹戶恤典

慶尙監司李存秀 狀啓以爲 (中略) 蔚山爲一百六十四戶 靑松爲二十五戶 壓死爲五名 興海漂壓爲六十四戶 盈德爲五十五戶 渰死爲一名 淸河漂壓爲二十八戶 眞寶爲十四戶 渰死爲二名 英陽漂頹爲十六戶 渰死爲一名 長鬐頹壓爲十七戶 永川爲十五戶 迎日爲一百四十四戶 敎以聞甚矜惻 元恤典外 別加顧恤 壓死人 如有生前身還布 竝蕩減 其中 蔚山迎日 戶數夥多 會外穀 各一石 加給事 廟堂分付

640.

건명 : 각 牧場 馬畜數爻에 대한 司僕寺의 보고 중 울산 부분

발신처 : 司僕寺

검색어 : 各牧場馬畜數爻啓, 蔚山, 監牧官, 沈憲永, 籍付馬, 今生馬, 封進馬, 故失馬, 壯雌馬, 一年孶產馬

출처 : 純祖 16年 丙子 12月 22日; 41-147下~149上

太僕以各牧場馬畜數爻啓

司僕寺啓言 (中略) 蔚山長鬐等 監牧官沈憲永 所管二牧場 籍付馬七百九十一匹 今生馬一百三十一匹 封進馬三匹 故失馬一百二十四匹 壯雌馬三百九十九匹一年應孶產馬一百二十匹 今生馬一百三十一匹 加報十一匹 (下略)

641.

건명 : 蔚山府使 兪漢寔 등을 重推하고, 松田 失火의 根因을 보고하도록 한 처분

발신처 : 慶尙左水使 李觀植

검색어 : 重推, 蔚山府使, 兪漢寔, 松田失火, 慶尙左水使, 李觀植, 蔚山, 大雲封山, 機張, 長安封山, 推考

출처 : 純祖 17年 丁丑 4月 25日 ; 41-360上~下

重推蔚山府使兪漢寔機張縣監權必度仍飭松田失火根因詳覈更報

右議政金思穆啓言 卽見慶尙左水使李觀植狀啓 則蔚山大雲封山 機張

長安封山失火 大小松木多被燒燼 守令勿罷 載在新頒事目 罷黜一款 請令廟堂稟處矣 松田失火 勿罷地方官 既是事目 當該守令 姑先從重 推考 失火根因 詳覈更報之意 請分付 從之

642.

건명 : 慶尙左水使 李觀植에게 待罪하지 말도록 명함

발신처 : 慶尙左水使 李觀植

검색어 : 慶尙左水使, 李觀植, 蔚山, 大雲封山, 山監直, 里任, 機張, 長安封山, 失火, 蔚山府使, 兪漢寔, 機張縣監, 權必度

출처 : 純祖 17年 丁丑 6月 22日 ; 41-445下

命慶尙左水使李觀植勿待罪

該水使狀啓以爲 蔚山大雲封山 機張長安封山 失火根因 詳覈更報 事謹以啓下內 辭意發關於各該地方官處 則蔚山府使兪漢寔 機張縣監權必度牒呈內 當該封山監直里任等 捉致嚴覈 則長安與大雲封山地界接仍若有失火之擧 則互相蔓延之患 比前有之 以今番失火事言之 兩界之間 有一捷路 步行之人 晝宵不絶 必是行人 偶落之火 實非有人 故放之跡云 行人落火 無或爲怪 而臣職在掌松 不能檢飭 失火根因 終未查得 惶恐待罪 敎 以勿待罪事 回諭

643.

건명 : 蔚山 등 37邑의 漂頹戶 및 渰壓死人에 대해 恤典하도록 한 처분

발신처 : 慶尙監司 金魯敬

검색어 : 漂頹戶, 渰壓死, 恤典, 慶尙監司, 金魯敬, 民家頹壓, 壓死, 蔚山, 頹壓, 恤典, 身還布

출처 : 純祖 17年 丁丑 7月 20日 ; 41-481上~下

給昌原等三十七邑漂頹戶及渰壓死人恤典

慶尙監司金魯敬 狀啓以爲 昌原民家頹壓三十二戶 人命壓死二名 蔚山頹壓五十四戶 渰死一名 (中略) 今番水災 挽近所無 各穀之沈墊消瀜 田畓之浦落汰覆 已極愁歎 而民家漂頹人命渰壓 又如是不少 誠不勝驚慘 敎 以聞甚矜惻 原恤典外 別加顧助 壓死渰死人處 如有生前身還布 竝蕩減事 分付

644.

건명 : 蔚山 등 漂頹戶 및 渰壓死人에 대해 恤典하도록 한 처분

발신처 : 慶尙監司 金魯敬

검색어 : 蔚山, 漂頹戶, 渰壓死, 恤典, 慶尙監司, 金魯敬, 蔚山府, 民家漂頹, 身還布

출처: 純祖 17年 丁丑 8月 13日 ; 41-514下~515上

給蔚山等邑漂頹戶及渰壓死人恤典

慶尙監司金魯敬 以蔚山府民家漂頹一百六十二戶 壓死三名 咸安十八戶 渰死二名 榮川三戶 馳啓 敎 以聞甚矜惻 元恤典外 別加顧助 渰壓死人處 如有生前身還布 竝蕩減事 分付

645.

건명 : 蔚山 등 渰死人에 대해 恤典하도록 한 처분

발신처 : 慶尙左水使 李觀植

검색어 : 渰死人, 恤典, 慶尙左水使, 李觀植, 船隻破碎, 蔚山, 長鬐, 身還布

출처 : 純祖 17年 丁丑 9月 初3日 ; 41-542下

給盈德等邑渰死人恤典

慶尙左水使李觀植 以七月十一日風雨 船隻破碎 人物渰死 盈德三名 蔚山五名 長鬐三名 馳啓 敎 以聞甚矜惻 元恤典外 別加顧助 如有生前身還布 竝蕩減事 分付

646.

건명 : 武科借射人 全箕福 등의 充軍을 청원함

발신처 : 刑曹

검색어 : 武科借射人, 代射人, 充軍, 武科初試, 降定水軍, 蔚山府, 邊遠充軍, 杖一百, 定配所

출처 : 純祖 17年 丁丑 9月 25日 ; 41-575上

秋曹以武科借射人全箕福等充軍啓

刑曹啓言 武科初試時 借射人全箕福 代射人李道亨 自備邊司捉送臣曹矣 依律文 道亨海南縣邊遠充軍 箕福杖一百後 降定水軍 令兵曹 定配所押送 又啓言 借射人申在翯 代射人柳權喆 自一所捉送臣曹矣 依

律文 權喆蔚山府邊遠充軍 在謫杖一百後 降定水軍 令兵曹 定配所押送 ○ 兵曹啓言 借射罪人 全箕福結城縣 申在謫平澤縣 水軍充定

647.

건명 : 統營의 貿麰를 혁파한 뒤 支放不足條는 山別餉 등 穀耗條로 劃付하고, 贍餉屯稅의 減縮分은 錢軍米 가운데 3천 石으로 貸用하도록 한 처분

발신처 : 備邊司

검색어 : 統營, 支放不足條, 山別餉, 穀耗條, 屯稅, 錢軍米, 給代, 慶尙前監司, 李存秀, 屯租, 慶尙監司, 金魯敬, 贍餉屯租, 營穀, 支放耗, 山邑別餉米, 別會米, 賑餘帖價米, 貿租, 錢耗條, 左兵營山城米, 折租, 還穀, 劃付, 作錢

출처 : 純祖 17年 丁丑 12月 14日 ; 37-3下~4下

命統營罷貿麰後支放不足條以山別餉別會帖價等穀耗條劃付贍餉屯稅所減縮以本營所管錢軍米中三千石特許貸用

備局啓言 頃因慶尙前監司李存秀所啓 統營貿麰 永爲革罷 贍屯租準萬石 前支放不足條 量宜給代之意 筵奏行會矣 卽見慶尙監司金魯敬狀啓 則以爲 統營每年應用折皮爲三萬石 而較其應入 則不足爲三千一百八十二石零 贍餉屯租 則旣以五千五百石 定總不可更責 滿萬就該營穀中 支放耗外 山邑別餉米七千三百十一石零 別會米五千三百石零 賑餘帖價米五百八十九石零 租二千六百八十三石零 合米穀一萬五千八百八十三石零 取耗折皮 則爲三千五百六十八石零 竝以此劃付 而穀在山邑 無以轉輸三千一百八十二石零 每年以詳定價作錢 自該營貿租 而詳定價 無以準沿租時 直作錢耗條外 餘數三百八十六石零 盡數作錢 又以道內左兵營山城米二千石 特許劃付 折租五千石 盡分取耗 竝與山耗作錢 餘數 就此 除出幾百石 以補沿穀 不足之價 若値還穀停減屯租大縮之歲 則該營有貿麰時 作錢代報之數 就中拮据 可以相補 竝請令廟堂稟處 (中略) 請一體分付 允之

648.

건명 : 각 道 牧場의 馬畜數爻에 대한 司僕寺의 보고

발신처 : 司僕寺

검색어 : 各道牧場馬畜數爻啓, 放馬畜産, 牧政, 蔚山, 長鬐, 監牧官, 沈憲永, 丙子籍付馬, 今生馬, 封進馬, 故失馬, 雌雄馬, 壯雌馬, 孳産馬

출처 : 純祖 17年 丁丑 12月 22日; 41-706下~709下

司僕寺以各道牧場馬畜數爻啓

該寺啓言 各道牧場所放馬畜産多寡收養數爻啓目後錄 而今年牧政 孳息 則比諸元式 或加或減 故失 則較其元總 或多或少 賞罰一款 請今姑置之 更觀來頭勤慢處之 允之 ○ 後錄 (中略) 蔚山長鬐等 監牧官沈憲永 所管二牧場 丙子籍付馬七百九十五匹 今生馬一百三十匹 合馬九百二十五匹內 封進馬三匹 故失馬九十三匹 除今年實留放壯兒雌雄馬 竝八百二十九匹內 壯雌馬四百十二匹 一年應孳産馬一百二十三匹 今生馬一百三十匹 加報七匹 (下略)

649.

건명 : 徐有倆을 蔚山府使에 임명함

발신처 : 純祖

검색어 : 徐有倆, 蔚山府使

출처 : 純祖 17年 丁丑 12月 27日 ; 41-713下~714下

都政下批 吏曹判書李好敏參判趙萬元參議權丕應兵曹判書李肇源參議韓義運參知朴孝成進

○ 吏批 以鄭尙愚爲內醫提調 (中略) 徐有倆爲蔚山府使 (下略)

650.

건명 : 慶安宮 紙庫의 偸竊罪人 朴重植의 처벌을 청원함

발신처 : 捕廳

검색어 : 慶安宮紙庫, 偸竊罪人, 決杖一百, 蔚山府, 流二千里, 定配

출처 : 純祖 18年 戊寅 正月 27日 ; 41-758上

秋曹以慶安宮紙庫偸竊罪人朴重植照律啓

該曹啓言 因捕廳啓辭 慶安宮紙庫所儲白紙偸竊罪人朴重植 照律勘處事 命下矣 決杖一百後 蔚山府流二千里定配 卽爲押送

651.

건명 : 僞造印信罪人 朱思白을 絶島에 定配하여 奴로 삼도록 한 청원

발신처 : 刑曹

검색어 : 僞造印信罪人, 絶島, 蔚山, 姜太玉, 左兵營, 印信, 僞印篆畫, 印文, 流配, 仍配

출처 : 純祖 18年 戊寅 6月 初9日 ; 41-962上~下

僞造印信罪人朱思白絶島爲奴

刑曹啓言 謹按律文 凡係印信僞造者 以一律論 而罪以朱思白 旣以僞造自服 亟用當律 無容他議 而謹稽英廟朝受敎 若曰 無印文 而成案者 京外法官 其宜審愼先朝 因蔚山人姜太玉等 翻刻左兵營印信 本曹回啓判付 若曰 所謂僞印篆畫不明 印文未詳 旣有先朝受敎 仰體欽恤之盛德 惟首惟從分輕重決配 今此思白 所犯摺紙依樣 初無刻畫篆文比諸太玉等 所犯有間焉 其在審克之政 合有參商之道 而今若施次律流配 則反輕於當初 勘定之絶島爲奴 令道臣 嚴刑準三次後 罪目添書依初定律仍配 隨從金宅淳 依道啓施行 請分付 允之

652.

건명 : 嶺南殺獄罪人 黃五龍 등의 嚴訊輸款을 명함

발신처 : 慶尙監司 金魯敬

검색어 : 嶺南, 殺獄罪人, 嚴訊, 輸款, 慶尙監司, 金魯敬, 獄案, 蔚山府使, 兪漢寔, 檢驗

출처 : 純祖 18年 戊寅 6月 24日 ; 41-991下~992下

命嶺南殺獄罪人黃五龍等嚴訊輸款

慶尙監司金魯敬 狀啓以爲 道內獄案 以大邱判官鄭是容 蔚山府使兪漢寔 靑松府使張瀚 善山府使洪世周 咸昌縣監金熙臣 差定査官究覈則晉州囚黃五龍獄事 則屍身已埋 檢驗無路 一獄肯綮 專在於詞證 而參互諸人等 前後所供 則所謂黃仲元 以五龍之至親 五龍毒踢啓 孫之狀 丁寧納招 李孫伊 同舟之火掌也 而莫掩其惡 鄭得尙 隣船之同泊也而目見光景 皆曰 初批其頰 再踢胸膛 又踢腎岸仆倒窒塞之狀 一一納招 則此獄看證 莫此爲緊 而金五成之斂屍也 胸膛腎岸血癊堅硬云者亦自脗合於法文 則參以衆供便成一部屍帳 可謂不檢而自檢 雖以好生

之心欲傳生 而末由成獄償命 無容更議 而獄必行檢 然後成案 成案然後 始可用律 而此獄 則衆招的確 無異行檢 獄旣未具 則有不敢遽斷恭俟 裁處 (下略)

653.

건명 : 蔚山前府使 兪漢寔의 罪狀에 대한 慶尙左水使 白海鎭의 보고

발신처 : 慶尙左水使 白海鎭

검색어 : 慶尙左水使, 白海鎭, 蔚山前府使, 兪漢寔, 蔚山府, 戰船, 造船, 監色, 耳匠

출처 : 純祖 18年 戊寅 6月 29日 ; 41-996上

慶尙左水使白海鎭以蔚山前府使兪漢寔罪狀馳啓

狀啓以爲 卽聞蔚山府 戰船不完 有難駕海云 故發遣臣營軍官摘奸 則當初製造時 板板相錯 罅隙浪籍 所謂回樑本板中 最是緊要者 而連同一處 亦爲動錯 板底之水 無隙不漏 加板修補 有難支撑勢 將改造之外無他策 府使回報內 不善製造 情節推問於造船 監色及耳匠等處 則丙子十月始役 丁丑正月望前畢造 十五日下海之時 意外滲漏水滿船中故一邊汲水 一邊船食 而仍爲下海十八日 到泊于船艙矣 同年七月日滲漏之說又出 故舊官時出送監色 以爲摘奸 則船中水漏 比前較重 監色不善董役之罪 耳匠不善製造之罪 在所難逭云 前府使兪漢寔 監色耳匠 初不擇定造船 凡節不善察飭 下海之初致 此動錯滲漏之患 旣出於在任之時 而掩置不報者 極涉可駭 其罪狀 令攸司稟處

654.

건명 : 蔚山前府使 兪漢寔 등의 議處를 명함

발신처 : 義禁府

검색어 : 勘放, 兪漢寔, 蔚山前府使, 兪漢寔, 前水使, 李觀植, 停操, 刑推

출처 : 純祖 18年 戊寅 7月 初1日; 41-999上~1000上

命時囚安亨鎭等勘放兪漢寔等議處

義禁府 (中略) 又啓言 蔚山前府使兪漢寔 原情以爲 造船在於丙子十月 而昨年七月 水操令下之後 前水使李觀植 使親裨三次摘奸 無一執頉 故軍物器械 盡數裝載 中流方發之際 因道啓停操還 爲運置於船所

則以滲漏之船 何以載軍物往來 於七十里 大洋之中 而過幾朔拖 至今年五月 而謂以自初不善製造 而致此滲漏云者 未知事理當然 果是不善製造云爾 則何不於交替時執頉 而今始發覺 每朔兩次點火船食等事如例爲之善爲看護 而自今年正月 以後滲漏 則在渠移職後 事實所不知 至於製造初 滲漏之說 以愚迷之見 終未覺得云 請刑推得情 (中略) 教 以幷除刑推議處

655.

건명 : 蔚山前府使 兪漢寔 등의 勘放을 청원함

발신처 : 義禁府

검색어 : 勘放, 兪漢寔, 定配, 蔚山前府使, 杖一百, 收贖, 告身, 笞五十, 私罪

출처 : 純祖 18年 戊寅 8月 11日; 42-16上~下

勘放時囚兪漢寔等定配洪義書等

義禁府啓言 蔚山前府使兪漢寔 杖一百收贖 告身盡行追奪 私罪施行 善積前僉使李有亨 笞五十收贖 解見任別敍 私罪施行 竝允之 教 以兪漢寔功議 各減一等 (下略)

656.

건명 : 각 牧場 馬畜數爻에 대한 司僕寺의 보고 중 울산 부분

발신처 : 司僕寺

검색어 : 各牧場馬畜數爻啓, 蔚山, 長鬐, 監牧官, 崔得寬, 籍付馬, 今生馬, 封進馬, 故失馬, 壯雌馬, 孳產馬

출처 : 純祖 18年 戊寅 12月 21日 ; 42-195下~197上

太僕以各牧場馬畜數爻啓

司僕寺啓言 (中略) 蔚山長鬐等 監牧官崔得寬 所管二牧場 籍付馬八百二十九匹 今生馬一百二十九匹 封進馬三匹 故失馬一百五十七匹 壯雌馬三百九十匹 一年應孳產馬一百十七匹 今生馬一百二十九匹 加報十二匹 (下略)

657.

건명 : 趙恩錫을 慶尙左兵使에 임명함

발신처 : 純祖

검색어 : 趙恩錫, 慶尙左兵使

출처 : 純祖 19年 己卯 正月 11日; 42-217上

有政 吏曹參判金魯敬兵曹判書金履陽進

以趙琮鎭爲執義 金用默爲司諫 許熩爲掌令 趙冀永爲校理 洪羲臣爲兵曹參判 李勉植爲副總管 趙恩錫爲慶尙左兵使 柳漢源爲黃海水使 蔡翼永爲加里浦僉使

658.

건명 : 蔚山 등 渰死人에 대해 恤典을 지급하도록 청원함

발신처 : 慶尙左水使 白海鎭

검색어 : 蔚山, 渰死, 恤典, 慶尙左水使, 白海鎭, 長鬐, 身還布

출처 : 純祖 19年 己卯 4月 初10日; 42-431下

給蔚山等邑渰死人恤典

慶尙左水使白海鎭 以蔚山盈德長鬐迎日价川咸興東萊等 邑民七人乘船出海 遇風渰死馳啓 敎 以聞甚矜惻 元恤典外 別加顧助 如有生前身還布 幷蕩減事 分付

659.

건명 : 嘉禮物力의 부족분을 兩南과 海西의 餉穀으로 分排 區劃하도록 명함

발신처 : 戶曹判書 李相璜

검색어 : 嘉禮, 兩南, 海西, 餉穀, 嶺南, 別餉米, 左兵營, 山城穀折米, 兵營軍餉穀折米, 湖南乙亥賑餘穀折米, 海西太白軍餉穀折米

출처 : 純祖 19年 己卯 7月 25日 ; 42-581上~下

命嘉禮物力不足之數以兩南海西餉穀分排區劃

戶曹判書李相璜啓言 嘉禮物力 不足數之追後 更爲請劃 曾有所陳達蒙允 而都監始役 旣有日矣 不可不及今措處 且昨年移御時 及今年兩闕修理所用 殆近八萬兩 考之各年已例 參以目下曹勢 亦宜有別劃補用之擧 竝計兩條所需 恰過十餘萬兩 而以今京外所儲 實難如數 仰請姑先 以嶺南左水營別餉米六千石 左兵營山城穀折米二千五百石 右兵營軍餉穀折米一千五百石 湖南乙亥賑餘穀折米二千石 海西太白軍餉

穀折米三千石 分排區劃 以爲及時濟用之地 似合事宜 請下詢大臣處之 予詢大臣 領議政徐龍輔曰 目今地部事勢 必有別般區劃 然後始可依樣 而如是排比之外 更無他道矣 從之

660.

건명 : 죄수의 擊錚原情을 처리하도록 명함

발신처 : 刑曹

검색어 : 擊錚, 蔚山, 暗賣

출처 : 純祖 19年 己卯 9月 初5日 ; 42-655下~657下

判下擊錚原情于秋曹

該曹啓言 蔚山童蒙全完得 原情以爲 渠父岑奉 如干錢貨取利 與金尙來張益達朴已云 以青魚商事 自辦三百兩 留置尙來家 尙來暗賣都呑故渠父以呈推之意言及 則尙來飮藥自死 仍爲埋葬 初無發告之事 本邑軍官卞良益 討索錢貫 而不爲聽施 則良益含嫌 自告本官 以至殺人係獄者 將至三年 乞令道臣 詳查眞假 使渠父生出獄門云 此獄姑未登啓 (中略) 竝允之

661.

건명 : 慶尙左兵使 趙恩錫 등을 重推하도록 청원함

발신처 : 兵曹

검색어 : 重推, 慶尙左兵使, 趙恩錫, 右兵使, 朴應浩, 騎步價布, 愆納

출처 : 純祖 19年 己卯 9月 19日 ; 42-692上~下

重推公淸兵使趙雲衢全羅兵使李復淵慶尙左兵使趙恩錫右兵使朴應浩

兵曹啓言 本曹所管騎步價布 卽經費所需 排當上納 自有期限 而過當不納 近益甚焉 故屢度關飭 惟意愆期 各當未收 至於三萬餘兩之多 各道不飭之帥臣 爲先從重推考 來月內使之畢納 而如有愆納之弊 更爲稟處 當該守令 請依法典論勘 允之

662.

건명 : 京外의 殿最를 開坼함

발신처 : 慶尙監司 金履載

검색어 : 殿最, 慶尙監司, 金履載, 蔚山府使, 徐有僀, 察奸
출처 : 純祖 19年 己卯 12月 15日 ; 42-824上~825上

開坼京外殿最

(前略) ○ 慶尙監司金履載啓本 蔚山府使徐有僀 誠知老鍊 更勉察奸 (下略)

663.

건명 : 守令察訪降考에 대한 보고 내용
발신처 : 吏曹
검색어 : 守令察訪降考啓, 諸道褒貶啓本, 蔚山府使, 徐有僀, 察奸, 罷黜, 中考
출처 : 純祖 19年 己卯 12月 16日 ; 42-826上~下

吏曹以守令察訪降考啓

該曹啓言 考見諸道褒貶啓本 則蔚山府使徐有僀 以更勉察奸爲目 (中略) 請蔚山府使徐有僀 居昌府使李瑗奎 楊根郡守朴宗恒 昆陽郡守權思奎 金堤郡守李潢 石城縣監鄭基弘 淸河縣監李秉遠 丹城縣監趙亨基 金泉察訪李麒峻 景陽察訪具行益 竝罷黜 河東府使閔晳 懷德縣監宋儒載 竝中考施行 允之

664.

건명 : 李義悅을 蔚山府使에 임명함
발신처 : 純祖
검색어 : 李義悅, 蔚山府使
출처 : 純祖 19年 己卯 12月 25日 ; 42-840下~841下

都政下批 吏曹判書李存秀參議申在植兵曹判書權常愼參判李志淵參知柳鎭澤進

(前略) ○ 吏批 以李在純爲居昌府使 李義悅爲蔚山府使 (下略)

665.

건명 : 각 牧場 馬數爻에 대한 太僕寺의 보고 중 울산 부분
발신처 : 太僕寺
검색어 : 各牧場馬數爻啓, 蔚山, 長鬐, 監牧官, 籍付馬, 今生馬, 封進馬, 故失

馬, 雌雄馬, 壯雌馬, 孳産馬

출처 : 純祖 19年 己卯 12月 25日 ; 42-841下~844下

太僕寺以各牧場馬數爻啓

該寺啓言 各道牧場所放馬畜産多寡牧養數爻啓目後錄 而今年牧政 孳息 比諸元式 或加或減 故失 較其元總 或多或少 賞罰一款 今姑置之 更觀來頭勤慢 請處之 ○ 後錄 (中略) 蔚山長鬐等監牧官崔得觀 所管二牧場 籍付馬七百九十八匹 今生馬一百二十匹 合馬九百十八匹內 封進馬三匹 故失馬一百十四匹 除今年實留放壯兒雌雄馬竝八百一匹內 壯雌馬三百七十三匹 一年應孳産馬一百十二匹 今生馬一百二十匹 加報八匹 (下略)

666.

건명 : 老職人을 下批함

발신처 : 純祖

검색어 : 老職人, 慶尙道, 士庶秩, 百歲老人秩, 蔚山, 金鼎壽

출처 : 純祖 20年 庚辰 正月 初2日 ; 42-853上~854上

老職人下批

(前略) 慶尙道 士庶秩 金象三等一百二人 (中略) ○ 百歲老人秩 (中略) 蔚山 嘉善 金鼎壽 (下略)

667.

건명 : 訓鍊都監의 試射에 쓰이는 무명을 慶尙左兵營의 山城米로 劃給하도록 한 처분

발신처 : 備邊司

검색어 : 慶尙左兵營山城米, 劃給, 中旬木, 移劃

출처 : 純祖 20年 庚辰 6月 22日 ; 43-25上

命訓局中旬木以慶尙左兵營山城米劃給

備局啓言 訓局中旬所用賞格木一百同 令廟堂區劃事 該營將臣 旣已筵奏 蒙允矣 所入物力 欲以木邊區劃 則到處枵 然無以責辦 就慶尙左兵營所在山城米中 三千三百餘石 準木百同價 許令移劃 取用之意 請分付該營該道 允之

668.

건명 : 蔚山府使 李義悅 등을 罷黜함

발신처 : 吏曹

검색어 : 蔚山府使, 李義悅, 罷黜

출처 : 純祖 20年 庚辰 7月 11日 ; 43-43下

罷黜慶州府尹洪冕燮等

吏曹啓言 慶州府尹洪冕燮 蔚山府使李義悅 醴泉郡守李馨秀 咸陽郡守金箕弼 俱以身病沈重 不得下去云 請竝罷黜 允之 敎 以政官牌招開政

669.

건명 : 趙咸永을 蔚山府使로 삼음

발신처 : 純祖

검색어 : 趙咸永, 蔚山府使

출처 : 純祖 20年 庚辰 7月 11日 ; 43-43下

有政 吏曹判書金履喬進

以李羲肇爲掌令 崔命顯爲持平 李趾秀爲司書 金愚淳爲兵曹參判 李光憲爲慶州府尹 趙咸永爲蔚山府使 尹鼎植爲醴泉郡守 沈能定爲咸陽郡守 ○ 再政以李魯秉爲副修撰 李鼎臣爲牙山縣監

670.

건명 : 慶尙左兵營 城餉米耗를 防卒에게 劃付하도록 청원함

발신처 : 右議政 南公轍

검색어 : 慶尙左兵使, 趙恩錫, 慶尙左兵營, 城餉米耗, 劃付, 應分耗, 耗穀, 防卒給代, 防卒朔料, 營還, 添錄, 餉穀, 支放, 戶少穀多

출처 : 純祖 20年 庚辰 8月 20日 ; 43-86下

命慶尙左兵營城餉米耗劃付防卒事置之

右議政南公轍啓言 卽見慶尙左兵使趙恩錫狀啓 則以爲本營防卒給代每朔每名 只有布一疋許 無他料米 實有難保之慮 至於營還 戶少穀多反爲民弊 不可不竝 卽矯捄 而山城米應分耗 爲九百五十八石零 除却各項用下 二百餘石 其餘 則年年添錄 此亦切悶 就中二百石 依統營別餉米耗例 特爲每年劃付於防卒朔料之資 所餘耗米 亦令某樣區處事

請令廟堂 稟旨分付矣 今之支放 卽古之支放 不必闊狹於無前之例 城餉雖或有目下稍多之處 一遇歉荒 得無奈何者 卽穀物也 近來營閫之臣 每有此等之請 殊非遠慮 且餉穀之漸滋 自當有從他裒益之道 請置之 從之

671.

건명 : 訓禁 兩營의 銀과 諸道의 穀物을 戶曹에 劃付하여 支勅之需로 삼음

발신처 : 右議政

검색어 : 慶尙左兵營, 左兵營山城穀折米, 支勅, 劃付, 營銀, 別劃, 錢穀, 銀貨, 許劃

출처 : 純祖 20年 庚辰 10月 20日 ; 43-176上

命訓禁兩營銀及諸道穀劃付戶曹以爲支勅之需

右議政南公轍啓言 卽見戶曹所報則 以爲支勅所用 例爲別劃 而一勅之需 每不下八萬餘兩 且今勅行 似不止一二次 限二勅所需 就京外衙門錢穀銀貨中 分排劃付 及時需用爲請矣 度支經用 近多耗散無餘 而京外公貨 亦皆枵然 以今事勢 二勅之需 難以區劃 就訓局銀三千兩 禁五千兩 嶺南所在備局句管 左兵營山城穀折米二千石 右兵營軍餉穀折米二千石 戶曹句管左水營別餉穀折米一千石 湖南所在均廳句管軍移作米七千石 北關所在備局句管南兵營軍餉穀折米四千石 海西監營句管補民穀折米二千石 竝計折錢七萬兩 劃付該曹 使之取用 均廳錢穀不但自前 無各衙門區劃之例 雖以度支之重 亦無取去 或貸用之事 今番雖不得已許劃 請後勿引以爲例 從之

672.

건명 : 李民秀를 慶尙左兵使로 삼음

발신처 : 兵曹

검색어 : 李民秀, 慶尙左兵使

출처 : 純祖 20年 庚辰 11月 20日 ; 43-210下~211上

有政 吏曹判書金履喬參判洪秀晩兵曹判書鄭晩錫進

以申在明李憲琦申緯爲承旨 曺鳳振爲吏曹參議 金學淳金箕殷洪羲俊竝新通 趙弘鎭爲大司憲 朴齊聞爲執義 李儒修爲司諫 儒修及具宜默

金洛龍 竝新通 金在浩洪周命爲掌令 辛著根爲持平 朴聲漢爲獻納 聲漢及李麒俊孫錫祉 竝新通 柳幼麟權華爲正言 宋冕載爲戶曹參判 趙萬永爲大司成 李相璜爲右副賓客 鄭佺始爲說書 佺始及吳致愚朴宗學竝新通 金正喜爲兼說書 沈說泰爲寶城郡守 權偌爲庇仁縣監 吳熙常爲進善 任希存爲知事 鄭學哻爲副總管 李民秀爲慶尙左兵使 ○ 再政以金履載爲兵曹參判 李秉運爲淸安縣監 鄭東煥爲慈仁縣監 趙得永爲知事

673.

건명 : 張洛賢을 彦陽縣監으로 삼음

발신처 : 吏曹

검색어 : 張洛賢, 彦陽縣監, 都政

출처 : 純祖 20年 庚辰　12月 22日 ; 43-241上~242上

都政下批 吏曹判書金履喬參議李鶴秀兵曹判書鄭晩錫參議韓義運進教曰 生民休戚專 係於守令 守令之治不治 亦係於初仕之擇不擇 (中略) ○ 吏批 以李存秀爲工曹判書 (中略) 張洛賢爲彦陽縣監 趙學儉爲松禾縣監 吳顯相爲靑山縣監 (下略)

674.

건명 : 司僕寺에서 蔚山 등 각 牧場의 馬畜數爻를 보고함

발신처 : 司僕寺

검색어 : 各道牧場所放馬畜産多寡收養數爻啓目, 牧政, 孳息, 故失, 蔚山, 監牧官, 壯雌馬, 封進分養故失捉立馬, 崔得觀, 朴齊謹

출처 : 純祖 20年 庚辰 12月 22日 ; 43-242上~244上

太僕以各牧場馬畜數爻啓

司僕寺啓言 各道牧場所放馬畜産多寡收養數爻啓目後錄 而今年牧政孳息則比諸元式 或加或減 故失則較其元總 或多或少 賞罰一款 今姑置之 請更觀來頭勤慢 處之 允之 ○ 後錄 (中略) 蔚山長鬐等 監牧官前任崔得觀 時任朴齊謹 所管二牧場 籍付馬八百一匹 崔得觀所報 今生馬一百八匹 朴齊謹所報 今生馬五匹 封進馬四匹 崔得觀所報 故失馬七十六匹 朴齊謹所報 故失馬四十七匹 壯雌馬三百四十七匹 一年

應孳産馬一百四匹 今生馬一百十三匹 加報九匹 (中略) 合馬八千五百五十三匹內 封進分養故失捉立馬一千八十一匹除 今年實留放壯兒雌雄馬 竝七千四百七十二匹

675.

건명 : 彦陽縣監 張洛賢을 改差함

발신처 : 純祖

검색어 : 張洛賢, 彦陽縣監, 改差

출처 : 純祖 20年 庚辰 12月 25日 ; 43-246上

改差彦陽縣監張洛賢

吏曹 以洛賢親病 不得赴任 啓請改差也

676.

건명 : 許稱을 彦陽縣監으로 삼음

발신처 : 吏曹

검색어 : 許稱, 彦陽縣監

출처 : 純祖 21年 辛巳 1月 1日 ; 43-254上

有政 吏曹判書金履喬進

以吳淵常爲戶曹參判 李魯益爲工曹判書 鄭濰爲仁川府使 許稱爲彦陽縣監

677.

건명 : 蔚山童蒙 全完得 등 擊錚人의 原情을 들어주지 말도록 청원함

발신처 : 刑曹

검색어 : 擊錚, 原情, 蔚山, 全完得

출처 : 純祖 21年 辛巳 2月 26日 ; 43-318下~319下

秋曹以猥濫擊錚人原情勿施啓

該曹啓言 廣州幼學閔秉燮 爲其兄弘燮伸理事也 長湍李氏 爲其媤父宇鎭伸理事也 公州幼學李祕 爲其父敬彬伸理事也 寧海幼學李海星爲其五代祖玄逸復官爵事也 楊州幼學宋順來 爲其祖瑩中伸理事也 楊根李氏 爲其媤父時偉伸理事也 西部幼學李元祐 爲其祖商輅伸理事也

西部幼學柳七建 爲其兄七在定配請放事也 俱是義禁府所關 竝令該曹稟處 楊州幼學尹道儉 爲其父範中定配請放事也 發配雖自臣曹 本事既係鞫獄 亦令該府稟處 淸州幼學申明祿 爲其父與權定配請放事也 仁川幼學李甲逵 爲其父致薰定配請放事也 仁川幼學李在種 爲其父學逵定配請放事也 楊根幼學趙觀國 爲其父禹敎定配請放事也 俱是事係邪獄 安北幼學崔仁奎 爲其父天鶴辛未戰功收用事也 事係干恩 東部童蒙朴大壽 爲其父繼弘御寶僞造獄稱寃事也 眞贓畢露鐵案已成 開城府幼學朴陽燮 爲其父栻私鑄錢稱寃事也 查案之前 不待結末 屢次呼籲 民習可痛 陰竹幼學鄭洛承 爲其父錫熙定配請放事也 渠父以明火賊接主人 至於島配 淮陽良人李福得 爲其父復讐事也 戕殺渠父之宋元哲 已爲結案 亦涉猥越 果川良人朴末不伊 爲其父復讐事也 打殺渠父之姜得伊 已爲錄啓 蔚山童蒙全完得 爲其父岑奉殺獄稱寃事也 查案雖下 姑未覆啓 西部良人池昌潤 爲其父有源殺獄稱寃事也 廟議曹讞 斷案已成 平壤良女張召史 爲其夫崔松鶴殺獄稱寃事也 已經行查鐵案自在 中部童蒙李允相 爲其父禧翼殺獄稱寃事也 斷案已成 海州良人姜景波 爲其母李召史殺獄稱寃事也 查案纔已回啓 獄情更無可疑 水原良女李召史 爲其父金鳳瑞殺獄稱寃事也 查案姑未覆啓 竝請原情勿施 靑陽金氏 爲其夫兪泰豐罷養請查事也 令禮曹稟處 忠原幼學閔湝李著棨加平幼學李寅奎 俱是山訟稱寃事也 竝令漢城府稟處 金川幼學李大鎭 以靑海伯後裔軍役稱寃事也 通津族親衛李棲等以璿派後裔軍役稱寃事也 長湍幼學金光烈 以敬順王後裔軍役稱寃事也 高靈幼學咸成允 以揚武功臣子孫軍役稱寃事也 鎭川幼學李德淳 以璿派子孫軍役稱寃事也 苟有可寃之端 呈營呈邑 何所不可 而鳴金蹕路 萬萬猥屑 竝請原情勿施 考律勘處 竝允之

678.

건명 : 刑曹에서 올린 罪囚 석방 여부에 대해 判下함

발신처 : 刑曹

검색어 : 放未放修啓冊子, 蔚山, 梁得秋

출처 : 純祖 21年 辛巳 2月 28日 ; 43-323下~326上

判下秋曹諸道放未放回啓

刑曹啓言 公淸道放未放修啓冊子前赦已蒙放外放字書下中 鎭川李在禧等十人 竝放送 海美金必權 公貨偸弄 殆過數千兩 論以贓律流配猶輕遽卽放釋 無以懲他 仍配未至配所秩 利原李才先入於該道修啓冊子已爲論列 請置之 允之 又啓言 全羅道放未放修啓冊子放字書下中 靈巖姜興喆等四十九人 竝放送 光陽韓敬裕 發通諸人 同罪者已皆蒙放於各該道一體放送 金溝具正春 混土作石 換出精穀 扶安金順迪等七人 公穀公錢 恣意偸竊 折錢計贓 或爲屢千兩 或爲千餘兩 論以贓律流配猶輕遽卽放釋 無以懲他 康津千一赫 續結加斂 至爲千餘兩 海南金曾玉 誣人奸淫 用意絶悖 康津徐孟淳 毆打土主之父 籌司之啓請 以勿揀赦典 任實李東文 不奔父喪 罪關倫常 康津金尙彬 誘賣姨從 爲人私賤 扶安鄭東伊 偸竊火藥 罪犯深重 萬頃黃志敬等四十四人 俱是叫喊闕內時 同參之掖隷 當初所犯 旣係變怪 貸死配島 尙可謂失刑 纔過數年 不可遽放 康津尹炫孫珍島趙富孫等 身爲司謁 咫尺瞞奏者 罪實罔赦 減死島配 已是寬典 雖當大霈 有難遽議於放釋 竝仍配之意 請分付道臣 允之 敎以 掖隷等 不過隨從之類 尹炫孫趙富孫等 非曰無罪 豈無斟量 竝一體放送 又啓言 慶尙道放未放修啓冊子前赦已蒙放外放字書下中 宜寧金漢己等四十三人 竝放送 機張金萬鎰 執捉平民 私施惡刑 昌原康柱石 烙刑周牢 私施於人 泗川金喜雲 恐嚇民間 到處亂言 機張李正希 加徵大同 八百餘兩 繡衣節目 瞞官勿施 迎日金修一等四人 公穀公錢 恣意偸竊 折錢計贓 俱過千餘兩 論以贓律流配猶輕遽卽放釋 無以懲他 機張張鶴年 捧債私囚 奪人家庄 蔚山梁得秋 以良爲賤 熊川鄭尙得等二人 或致疑失物 威逼人致死 或做出醜說 以至人命自裁 開寧朴慶林 欲捧私債 僞造京關 河陽僧敦性 身爲緇髡 潛入都城 所犯俱極深重 機張崔聖裕 以行首掖隷 常時不能檢飭 以至諸掖隷 叫喊之擧 而喉院都隷 旣已仍配 掖隷頭目 事當同律 南海金益豊等六人 俱是叫喊闕內時 同參之掖隷 當初所犯 旣係罔赦 貸死配島 尙可謂失刑 纔過數年 不可遽放 竝仍配之意 分付道臣 未至配所秩中 任實朴來儀 入於該道修啓冊子 已爲論列 請置之 允之 敎以 崔聖裕 所坐最輕 至於喉院 都隷偶然遺漏之致 與崔聖裕一體放送 其餘掖隷 足以懲矣 幷爲放送 又啓言 江原道放未放修啓冊子放字書下中 蔚珍柳建茂等三十二人 竝放送 江陵李晳 本罪不過毆挐閭里 以配所逃還 至於加律 而逃還之同罪者 已皆蒙宥 一體放送 洪川咸正云 假作印文 橫城石尙得

締結賊徒 伊川朴增憲 公穀犯逋 殆近千包 論以贓律流配猶輕遽卽放釋 無以懲他 狼川孫萬實 以雇奴欲奸主婦 事係變怪 洪川朴辰傑 以殺獄加功 酌處赴配 纔過一朔 竝仍配之意 分付道臣 洪川安亨源 物故請置之 允之 又啓言 黃海道放未放修啓冊子前赦已蒙放外放字書下中安岳崔千奉等十一人 竝放送 安岳李世春等三人 締結賊徒 同謀分贓長連李貞甲等二人 俱是盜踏印信 文化崔瑞有 上番軍都目 封啓之後暗偸幻弄 金川李東老 收斂民錢 爲二千餘兩 黃州鄭時憲等三人 公穀公錢 恣意偸竊 折錢計贓 俱過千餘兩 論以贓律流配猶輕遽卽放釋 無以懲他 瑞興李孝承 身爲營吏 偸食公貨 殆近六百石 究厥所爲 比之各邑 下吏之逋負厥罪 尤爲罔赦 竝仍配 豊川黃基崙 以起鬧之院隷 同罪諸漢 皆未蒙宥 一體仍配之意 分付道臣 允之 又啓言 平安道放未放修啓冊子放字書下中 孟山韓德裕等二十三人 竝放送 熙川李宗大 假稱禁隷之同罪諸漢擧 皆蒙放 朔州姜道郁 科場之作奸 同罪諸人 亦皆蒙宥 竝一體放送 祥原高錫臣等四人 或僞着印文 或僞造院帖 侵漁平民肅川張小章等三人 締結賊黨 同謀分贓 定州尹洪龜 僞造文券 以良爲賤 咸從金時鼎等二人 或誣衊侄婦 或欲奸族嫂 罪關倫紀 龜城殷先毫等五人 公穀公錢 恣意偸竊 折錢計贓 或過數千兩 或爲千餘兩 論以贓律流配猶輕遽卽放釋 無以懲他 陽德柳百根 欲奪錢財 私施烙刑 龍川金聖圭 身爲司謁 咫尺瞞奏者 罪實罔赦 當初充軍 已是寬典 雖當大霈不可遽放 未至配所秩中 鎭海李以孫 受人禮幣之女 肆發曾前 潛奸之說 以至羞憤自裁 究厥罪犯 極涉兇悖 竝仍配 金城黃益祚等三人 入於各該道修啓冊子 已爲論列 請置之 允之 敎以 金聖圭 非曰無罪 亦有可原 一體放送 又啓言 咸鏡道放未放修啓冊子放字書下中 利原李季尙等三十五人 竝放送 端川鄭世永等三人 俱是印文盜踏之罪 端川張大章 締結賊徒 奪人財物 慶興尹弼遠 沈惑邪學 安邊秦得禧 誣呈三寸叔 罪關倫常 利原趙基正等八人 公穀公錢 恣意偸竊 折錢計贓 或過屢千兩 或爲千餘兩 論以贓律流配猶輕遽卽放釋 無以懲他 高原金德和打碎查家 至於人命之驚惕溺死 吉州方眞圭 以刃刺人作挐 法府鞫致寬 一掘七塚 比之尋常 私掘厥罪尤重 所坐俱係罔赦 不可遽然放釋 請竝仍配 允之

679.

건명 : 蔚山府의 奴 岑奉 등 사형수들의 죄를 논함

발신처 : 刑曹

검색어 : 償命之律, 蔚山府, 岑奉, 金尙乃, 兪漢寔, 李世旭, 彦陽縣監, 李周彦

출처 : 純祖 21年 辛巳 7月 27日 ; 43-573上~575下

命泰仁囚李相興等訊推取服榮川囚金祖述等施以次律

全羅監司李書九狀啓以爲 泰仁縣李相興獄事 則斗米微物也 火烙惡刑也 行之於袒免之族 是可忍歟 連加刑訊 期於償命 (中略) ○ 刑曹啓言 榮川郡金祖述獄 則乘黑夜之無人 蔑青年之孤孀 帨兮不感尨也 則吠潔身之歸一縷 竟斷誅心之義 三尺莫貸執法 處罪厥有恒程 通編之劫奪明律之威 逼煞有分數 遽難擬議 請施以次律 又狀啓以爲 蔚山府奴岑奉 足踢金尙乃 翌日致死 丁丑五月初二日囚 初檢官蔚山前府使兪漢寔檢狀 實因以被踢致死懸錄 正犯以岑奉懸錄 覆檢官梁山前郡守金益鉉檢狀 實因以撞踢懸錄 正犯與初檢同 此獄則兇如岑奉 而挾勢班奴 切如屍親 而猶爲所愚 遂粧白地 服砒之說 至有黃土塗器之擧 衆口同聲 都以疑眩爲主 及夫朴起雲之當面對質金召史之以實 更招再次足踢綻露 無餘招與 檢合償命 一款無容更議 興海郡柳光默 毆打金元三 第四日致死 丁丑八月初四日囚 初檢官興海前郡守趙寥檢狀 實因以被打致死懸錄 正犯以柳光默懸錄 覆檢官延日縣監閔琬檢狀 實因正犯與初檢同 此獄則兇身挾其班名 奮其毒手石塊木杖之亂下 而所爭者不過八錢 臍肚腎囊之重傷 而致命不滿三日 如法償命 無容更議 ○ 刑曹啓言 蔚山府奴岑奉獄 則青魚欠縮不念同商之情 黃土假塗 已破服毒之疑 縱如發明之說 猶爲威逼之例 請嚴訊取款 興海郡柳光默獄則石打杖擊 口咬膝築 人之行兇胡至此極 請嚴訊取服 又狀啓以爲 蔚山府李世旭 撞築宋福采 卽日致死 丙子五月初一日囚 初檢官蔚山前府使兪漢寔檢狀 實因以撞築致死懸錄 正犯以李世旭懸錄 覆檢官彦陽縣監李周彦檢狀 實因以撲築致死懸錄 正犯與初檢同 此獄 則招供檢錄 無不符合 兇身粧撰 無不破綻 惟彼世旭之兇狡 始謂福采之自仆末謂三人 並仆莫辨 諉某者理之所無 畢竟所謂不知之中 幾築胸膛云者便是自服償命之律 無容更議 ○ 刑曹啓言 蔚山府李世旭獄 則折草起詰 遽下毒手 造棺圖和 亦見眞贓 請嚴加刑訊 期於輸款 又狀啓以爲

大邱牧蔡師仲 足踢金先得 翌日致死 丁丑四月二十八日囚 初檢官大邱前判官張瀚檢狀 實因以被踢致死懸錄 正犯以蔡師仲懸錄 覆檢官慶山前縣令成近默檢狀 實因正犯與初檢同 此獄 則爭釁始起 於斫松憤氣 遂激於奪瓢婦先推擠已致腦後之肉坼夫又毒踢 有此乳邊之血癃無病之人經宿卽斃償命之律 斷不可已 ○ 刑曹啓言 大邱牧蔡師仲獄 則作梗始由 妖妾禁松 仍排宿嫌毒踢所及殘命隨絶三尺至嚴一律難貸 請各別嚴訊 期於得情 允之

680.

건명 : 李鍾祜를 蔚山府使로 삼음

발신처 : 純祖

검색어 : 李鍾祜, 蔚山府使

출처 : 純祖 21年 辛巳 9月 6日 ; 43-641下

有政 吏曹判書金魯敬進

以李嘉愚爲司書 洪永觀爲說書 金魯應爲刑曹判書 柳相祚爲同經筵 金啓河爲同義禁 李鍾祜爲蔚山府使 具縉爲三和府使 姜世綸爲鍾城府使 權用萬爲抱川縣監 南履綏爲靑陽縣監 權馥爲咸平縣監 趙鼎錫爲假引儀 初仕也 ○ 再政 以南履懋爲兼文學 吳顯甲爲南部都事 初仕也

681.

건명 : 廣州 및 水原府의 支放減縮者를 嶺南耗穀折米로 分排하여 劃給하도록 한 처분

발신처 : 備邊司

검색어 : 慶尙左兵營, 穀耗, 支放, 左兵營山城穀, 劃給

출처 : 純祖 21年 辛巳 10月 5日 ; 43-684上~下

命廣州及水原府支放減縮者以嶺南耗穀折米分排劃給

備局啓言卽 見廣州留守權常愼·水原留守金著根所報則以爲 廣州句管關西湖西穀見縮條 庚辰不足耗米 三百二十石零 水原句管各道穀見縮條 今年不足耗米 一千二百三十石零 各庫錢蕩減給代穀 六百石 從他區劃 及時取用爲辭矣 兩營支放之減縮者 從他給代 已成年例 就嶺南今年加分耗及左兵營山城穀耗會錄條中 折米二千一百五十石零 令道

臣從便分排劃給兩營之意 請分付 允之

682.

건명 : 蔚山人 車德寬 등 살인범의 처리에 대한 논의

발신처 : 刑曹

검색어 : 慶尙監司, 李在秀, 蔚山, 車德寬, 徐有㑑, 檢狀

출처 : 純祖 21年 辛巳 10月 21日 ; 43-713下~719上

命順興囚朴德孫等嚴訊輸款淸道婢桂娘等施以次律開城府奴麻堂等更査稟處

慶尙監司李在秀狀啓以爲 順興府朴德孫 足踢林億孫 第六日致死 丙子十二月初九日囚 (中略) ○ 刑曹啓言 始也盃酒之慇懃 終成吏奴之交爭 老而被毆 少而肆惡 右足一踢 裵女之證招 丁寧左肋傷痕 兩檢之脈錄無疑 四日致命 一案已成 又狀啓 蔚山府車德寬 手搗朴夢守 第五日致死 己卯十二月初六日囚 初檢官蔚山前府使徐有㑑檢狀 實因以拳手致死懸錄 正犯以車德寬懸錄 覆檢官機張前縣監洪奭弼檢狀 實因以被手搗致死懸錄 正犯與初檢同 謹按此獄實因手搗 而被搗則右肋也須從右肋 上執定方 可謂手搗的實 而今此痕損 何以止於紅暈乎 且其紅暈不止於所謂被搗一處 當初手撞之說 詞證諸招之所不言 而只發於屍親之供 則不足爲公案 溫堗糜爛 此又屍親之供 則緣於房堗過溫 致其臂腿俱爛 則獨於肋上能無變動乎 假使被搗之肋 果受重傷 所曳之脚 至於深傷 何以穩步十里 延生屢日乎 謹按老人被搗死條曰 老年人被手搗 氣絶是無痕而死也 氣絶云者 當下便死之謂也 無痕云者 渾體如常之謂也 然則這箇形證 恐不襯合 敢陳愚見 恭俟處分 ○ 刑曹啓言 一錢紙價 此胡大事 七旬老者 何忍毒打 從輕之論 雖有道啓之陳見 被搗無痕 其奈法文之昭 載實因 執定何等審愼 而初檢實因之懸 以手拳者其謂 被拳乎 衝撞乎 被拳手毆擊乎 語不成說 大失獄體 初檢官蔚山前府使徐有㑑 請重推 開城留守吳翰源狀啓以爲 去庚辰三月二十一日南部居閑良白致景告狀內 其三寸侄東圭 被打於奴福金處 仍爲致死云故依例行檢矣 初檢官經歷兼任大興中軍李元臣檢狀 實因以被打致死懸錄 正犯以福金懸錄 覆檢官坡州牧使李春熙檢狀 實因正犯與初檢同謹按此獄 福金之當初起鬧 蓋由於白東圭之隱匿得任也 室中私語四增

之證 雖是丁寧登時捕捉福金之招 又亦分明 而拳踢之器仗之東圭之命 奄忽於數時之間 當律難逭 (下略)

683.

건명 : 洪雲錫을 慶尙左兵虞候로 삼음

발신처 : 純祖

검색어 : 洪雲錫, 慶尙左兵虞候

출처 : 純祖 21年 辛巳 12月 8日 ; 43-772下

有政 吏曹判書金魯敬參議金啓溫兵曹判書韓致應進

以金履載爲吏曹參判 朴岐壽爲校理 鄭尙愚爲右副賓客 尙愚及金相休新通 李憲承爲永川郡守 李南翼爲鏡城判官 朴潞壽爲茂長縣監 李德純爲長連縣監 洪彦謨爲殷山縣監 洪羲臣爲知事 洪雲錫爲慶尙左兵虞候

684.

건명 : 彦陽縣監 등의 京外 殿最를 開坼함

발신처 : 純祖

검색어 : 慶尙監司, 李在秀, 彦陽縣監, 許稱, 殿最

출처 : 純祖 21年 辛巳 12月 15日 ; 43-780下~781下

開坼京外殿最

京畿監司韓兢履啓本 (中略) ○ 慶尙監司李在秀啓本 梁山郡守辛碩林以本郡治 恕兼邑謗 彦陽縣監許稱 鄉頑如戢 民害益除 熊川縣監金魯範 謗豈取信 治欲懋實 金泉察訪李若烈 細酌宜恕 竝中 淸道郡守金箕書 醜謗喧傳 名閥可惜 開寧縣監申淳 刮奸肥己 雖隱亦顯 高靈縣監權中履 滯訟緣懦 賣帖傷廉 竝下 (下略)

685.

건명 : 吏曹에서 해당 수령의 降考를 啓하니 윤허함

발신처 : 吏曹

검색어 : 彦陽縣監, 許稱, 守令降考

출처 : 純祖 21年 辛巳 12月 17日 ; 43-784下~785上

吏曹以諸道守令降考啓

該曹啓言 考見各道褒貶啓本 則黃州牧使兪漢寔 以少加斟量 民譽可聞爲目 新溪縣令金基拓 以弊多由客 逐之斯幸爲目 延豊縣監朴馨源以吏固難信爲目 青陽縣監南履綏 以振刷豈易爲目 彦陽縣監許稱 以鄕頑如戢 民害益除爲目 利原縣監鄭奎行 以政令太銳 人或病之爲目則俱宜置下考 而置諸中考 珍島郡守崔應鉉 以方責賙救 餘事可略爲目 龍宮縣監尹復誼 以杖以立威爲目 兎山縣監金炳元 以豈無得失 總由眞率爲目 則俱宜置中考 而置諸上考 殊無嚴明殿最之意 五道道臣推考警責 黃州牧使兪漢寔 新溪縣令金基拓 延豊縣監朴馨源 青陽縣監南履綏 彦陽縣監許稱 利原縣監鄭奎行 竝罷黜 珍島郡守崔應鉉 龍宮縣監尹復誼 免山縣監金炳元 請竝中考 施行 允之

686.

건명 : 成建鎭을 彦陽縣監으로 삼음

발신처 : 純祖

검색어 : 成建鎭, 彦陽縣監, 都政

출처 : 純祖 21年 辛巳 12月 28日 ; 43-793上~794下

都政下批 吏曹判書金魯敬參判金履載兵曹判書韓致應參議李東煥進

敎曰 生民休戚專 係於守令 (中略) ○ 吏批 以洪羲臣爲大司憲 (中略) 李鍾振爲長鬐縣監 成建鎭爲彦陽縣監 李濟元爲利原縣監 (下略)

687.

건명 : 太僕寺에서 각 牧場 馬畜數爻를 아룀

발신처 : 太僕寺

검색어 : 蔚山, 長鬐, 監牧官, 朴齊謹, 各牧場馬畜數爻啓

출처 : 純祖 21年 辛巳 12月 28日 ; 43-794下~797上

太僕以各牧場馬畜數爻啓

該寺啓言 楊州監牧官尹義寬 所管一牧場 庚辰籍付馬四百十五匹 今生馬五十五匹 合馬四百七十匹內 故失馬十五匹 本寺捉立馬四十五匹除今年實留放壯兒雌雄馬幷四百十匹內 壯雌馬一百五十七匹 一年應孳産馬四十七匹今生馬五十五匹加報八匹 (中略) 蔚山長鬐等 監牧官朴齊謹 所管二牧場 庚辰籍付馬七百八十六匹 今生馬一百四匹 合馬

八百九十匹內 封進馬四匹 故失馬一百五十匹 除今年實留放壯兒雌雄馬竝七百三十六匹內 壯雌馬三百十九匹一年應孶產馬九十六匹今生馬一百四匹加報八匹 (下略)

688.

건명 : 西生僉使 등에 대한 殿最

발신처 : 兵曹

검색어 : 西生僉使, 李松秀, 殿最

출처 : 純祖 22年 壬午 6月 15日 ; 44-12下~13下

開拆京外殿最

教曰 吏兵房承旨 持褒貶啓本 入侍 (中略) ○ 慶尙左水使鄭煥宗啓本 西生僉使李松秀 始勤終惰 臨歸益勉 中 (下略)

689.

건명 : 蔚山 여인이 세 쌍동이를 낳았다는 馳啓

발신처 : 慶尙監司

검색어 : 慶尙監司, 金相休, 蔚山, 朴桂龍, 一胎生三男

출처 : 純祖 22年 壬午 7月 17日 ; 44-106上

以蔚山府幼學朴桂龍子婦徐氏 一胎生三男 馳啓

690.

건명 : 暗行御史가 慶尙左兵營의 還政 등 慶尙左道의 사정을 아뢴 내용

발신처 : 慶尙左道暗行御史

검색어 : 慶尙左道暗行御史, 金鼎均, 慶尙左兵使, 李民秀, 兵虞候, 洪雲錫, 蔚山府使, 李種祜, 西生僉使, 李彦豊, 蔚山監牧官, 朴齊謹, 蔚山, 還總都數

출처 : 純祖 22年 壬午 9月 30日 ; 44-360上~380上

召見慶尙左道暗行御史金鼎均于熙政堂

復命也 ○ 書啓 監司金相休 位望則從九卿出 政化則爲一方式 察理之明 纖毫不漏 故奸猾怨 以苛細按法之嚴 繩尺不踰 故俗吏指爲固滯 而秉公杜倖 終無寃枉之橫罹 律已治人 自見貪汚之知戢 道臣體重 只擧

其槪 左兵使李民秀 持身恬靜 恰有儒將之風 奉法謹愼 常存軍國之念 而城餉分捧 或任幕裨之操縱 軍器自備 多歸吏校之乾沒 以若操守 欠於照察 蓋緣年衰而神耗 (中略) 兵虞候洪雲錫 精詳故職 有所擧謹畏 故疵無可執 而縱欲試才 奈屈殘幕 (中略) 蔚山府使李種祜 與臣有姻私當避之嫌 不得論列 (中略) 西生僉使李彦豊 殘鎭初到 無事可評 前僉使李松秀 操束校卒 稍存官長之體 (中略) 蔚山監牧官朴齊謹 僻處一隅 課至四考 而能擧其職 疵政無聞 (中略) ○ 別單 一 田軍糴三者 卽有國之大政也 目今田政之紊亂 廟堂之所深憂 國人之所公傳 而未及改量之前 實無矯捄之方 雖以臣今行所睹聞者 言之 年前量田 命下之日 凡厥民人之稍有識慮者 莫不欣欣鼓舞 望其蘇醒 只緣作事之近於無漸 小民之難與慮始 終使醫瘼之 至意未免廢閣 而不行 臣亦不敢曰 量田之必可行 而竊以爲 前年之所未克就事者 以其通三南 一時竝擧 而人心先自騷擾 財力無以抵當故也 今若自廟堂 從容指揮於道臣 隨其年事之稍登 邑力之少紓 每年或六七邑 或四五邑 漸次擧行 使各該守令 極擇綜明勤幹之人 與之逐畝打量 詳覈陳起 所費物力 則先自該邑 擔當支用 而竣事之後 許以公穀會減 守令監事者 另加賞罰 以示勸懲 則不過十年 可見一路之奏功 請令廟堂稟處 一 軍丁之弊 以臣所見 未有如嶺左 諸邑統計 左道之案付軍總 則合爲十七萬一千三百九十名零 而最多之處 或至二萬餘名 至少之邑 亦且千有餘人 當初分排 蓋以邑治之大小 準其軍額之多寡 而設置旣久 變換多端 民生則去來無定軍總 則盈縮無常 巨州大府 其害不甚 而殘縣僻邑 爲弊偏酷 量戶較軍 不翅倍蓰 如欲目前之救急 宜先額數之均排 請令廟堂 別般關飭於道臣 各邑戶總與軍總 親執計量 裒多益寡 俾無不均偏苦之患 (中略) 一 嶺南還弊 爲諸路最 朝家憂念 必先於此 故臣於所經列邑 到底探察 則精捧而麤分也 豊取而刻與也 反作也不受也 勒執高價也 濫取色落也 各邑吏鄕之作奸者 已皆隨現重治 守令之故犯者 亦爲摭實論奏 事久而難於倉卒更張 弊小而猶可自下通變者 今不敢一一陳列 而至於兵營城餉密陽牟還之爲民生切骨之寃者 眞寶小米準折租之 弊在目前 尤不可不及時矯捄者 逐條開錄 以備乙覽 一 左兵營還總都數 合爲二萬七千餘石 而所受還戶 不過蔚山八面中 二千餘戶而已 量戶較穀 則一戶所受 多至十餘石 而本府還餉 又稱此數些少 貧民豈有數十石 備納之望 而其中切苦者 尤莫如營還 秋捧時 則以常平斛子 據法準

捧 春分時 則每石實穀 僅爲六七斗 色落之濫捧 倉庭之散穀 又皆他邑所無之弊 蓋緣帥臣之體重 未嘗親察其捧分 而邑民之苦樂 又非兵營之所關 故監裨 則不少顧藉 倉色則任自偸弄 每當糶糴之際 擧皆荷擔而立 隣族難支 村落漸空 營隷四出 囚繫滿獄 景色之愁慘 冤呼之痛切有不忍見聞 而逮臣出道之日 大小民人 滿庭泣訴 冀被拯濟之惠 故臣以民情旣若是切迫 則朝家必當有軫念之意 慰諭而送之 伏念 兵營係是重地 則餉穀不可廢闕 而溯考該營穀簿元會別會 設置已久者外 稱以築城米別戶米 助糧租給料租 或狀請而加得 或自備而添付者 厥數亦過萬包 當初設施 亶出於補弊 而畢竟貽害 適足爲病民 就此各項名色中 限萬石 移屬於兵營所屬諸邑 而依監營例 取耗作錢 以給公用 則在兵營無甚利害 而在蔚民庶獲支保 請令廟堂 另加商處 (中略) 一 左道兵水營 移設之意久 有甲乙未定之言 有非猝乍可辦之事 而旣係事目 不敢不略貢淺慮 大抵華山城址 固是天險 則兵營之移 可謂深計矣項津船港 亦得地利 則水營之移 可謂要務 而天險之處 生聚未易 終慮有城而無人 地利之中 爲弊亦多 難保彼勝而此劣 則兩營之移 恐非今日之急務 但水營 則船艙沙淤之患 有妨於戰船運行之擧 故所以有移營之議 而費了許多國用 許多民力 則今雖有石劃之士幹能之臣 亦莫敢生意 於此旣不移營 則勢當掘開港口 以便運舟 而此亦以繁費爲慮無敢下手 今帥臣莅閫之後 始乃以掘浦爲任 漸次興功 務從便宜 始事未久 而見效已多 今若一乃心力益加 爲山之簣 則終必盡復故道穩泊迷津之艦 而移營之論 自無用復講矣 請令廟堂 更加奬勅 俾竣大役之地 (下略)

691.

건명 : 李升權을 慶尙左兵使로 삼음

발신처 : 純祖

검색어 : 李升權, 慶尙左兵使

출처 : 純祖 22年 壬午 10月 3日 ; 44-386上

有政 吏曹判書金著根參議朴綺壽兵曹判書金魯應進

以洪在果爲章陵參奉 初仕也 李源祖爲鐵原府使 朴弘鎭爲漆谷府使洪稷謨爲淸道郡守 徐耕輔爲醴泉郡守 金永孚爲昌寧縣監 金景寅爲眞

寶縣監 朴時源爲奉化縣監 李同淳爲軍威縣監 金履載爲副總管 李義悅爲司禦 李升權爲慶尙左兵使 ○ 再政 以朴永元爲獻納

692.

건명 : 慶尙左兵使 등 경상도 武官의 治積에 대한 賞罰

발신처 : 兵曹

검색어 : 慶尙左道暗行御史, 金鼎均, 慶尙左兵使, 李民秀

출처 : 純祖 22年 壬午 10月 5日 ; 44-388下~389上

兵曹以慶尙左道暗行御史金鼎均書啓覆啓

該曹啓言 觀此書啓則 左兵使李民秀 持身恬靜 恰有儒將之風 奉法謹愼 常存軍國之念 而城餉分捧 或任幕裨之操縱 軍器自備 多歸吏校之乾沒 釜山僉使蔡翼永 人旣淳慤 治亦確實 邊報無滯於瞭望 鎭屬有憚於操束 而射砲手料 米一百三十石 竝以詳定出給 而私自發賣取剩者 旣有牟利之嫌 又失撫摩之政 浦項別將張之熊 錢還之減分 取剩布馬之輸來料利者 雖曰乘障之微 有非官長之事 左兵使 施以罷職之典 兩鎭將 竝罷黜 大邱營將徐有稙 人固勤幹 治欲修擧 而行已稍涉 愚濫當事 有欠審愼 從重推考 俾責來效 多大僉使金相宇 威惠竝行 聲譽頗聞 而苟欲善積之克終 宜戒客氣之太勝 推考 左水使鄭煥宗 射手則親自教習 而每多廩穀之捐賞 港口則勤於掘破 而永期戰艦之通行 政鍊慮詳 優於制閫 雖甚褒嘉 閫帥事體 與他有異 今姑勿論 開雲浦前萬戶趙應錫 廉於持身 謹以奉職 還米立本之規 獨不襲謬 邊防制變之技 時自考賞 戢校撫卒 威與惠竝 以最殘之鎭 捐至薄之廩 官廨之幾盡頹圮者 一新修改 軍器之前無名色者 自當措備 合施褒嘉之典 官廨修改 軍器措備 前因帥臣之請 賞已蒙加資之典 而此等人 不可無褒賞之政 似當施以右職調用之典 請上裁 其他營將中軍虞候邊將監牧官及沿路營將邊將等 別無優異之績 亦無顯著之疵 請竝置之 從之

693.

건명 : 慶尙左兵營의 還總에 대한 경상좌도암행어사의 별단

발신처 : 備邊司

검색어 : 慶尙左道暗行御史, 金鼎均, 左兵營, 還總, 蔚山

출처 : 純祖 22年 壬午 11月 4日 ; 44-481上~486上

備局以咸鏡道及慶尙左道暗行御史別單覆啓

備邊司啓言 卽見咸鏡道暗行御史趙寅永別單 (中略) 又啓言卽 見慶尙左道暗行御史金鼎均別單 則 (中略) 其一 左兵營還總甚多 爲蔚民切苦之瘼 就其中 限一萬石 移送於本營所屬諸邑 取耗作錢 以給公用事也 近年自朝家劃用者 其數已過萬石 餉穀耗縮 雖甚可悶 在還民 稍可紓力 至於移送各邑 亦不無事 勢掣礙者 令道臣較量穀總戶總 如有不擾民 從便均排之道 則隨卽狀聞區處 (下略)

694.

건명 : 太僕寺에서 각 牧場 馬畜 수효를 알린 보고 중 울산 부분

발신처 : 太僕寺

검색어 : 蔚山牧場, 監牧官, 朴齊謹, 李義申

출처 : 純祖 22年 壬午 12月 25日 ; 44-549下~552下

太僕以各牧場馬畜數爻啓

該寺啓言 (中略) 蔚山長鬐等 監牧官 前任朴齊謹 時任李義申 所管二牧場 辛巳籍付馬七百三十七匹 朴齊謹所報 今生馬九十八匹 合馬八百三十五匹內 封進馬四匹 故失馬一百二十七匹除 今年實留放壯兒雌雄馬 竝七百四匹內 壯雌馬二百九十八匹 一年應孶産馬八十九匹 今生馬九十八匹 加報九匹 (下略)

695.

건명 : 戶曹 大役에 필요한 경비를 慶尙左兵營 등의 錢穀을 사용할 수 있도록 청원함

발신처 : 備邊司

검색어 : 度支, 慶尙左兵營, 山城穀

출처 : 純祖 23年 癸未 1月 23日 ; 44-616上~下

區劃度支大役所需物力

備局啓言 卽見戶曹所報 則以爲 今此大役 本曹責應物力 當待實入追報 而先以目下時急之需 限二十萬兩 無論錢穀 卽速移劃 以爲及時 取用之地 爲辭矣 地部連當大役 而應劃未及措處 目下事勢 萬萬窘急 先

以嶺南左兵營山城穀折米五千石 右兵營軍餉穀折米八千石 左水營別餉穀折米八千石 濟民倉穀折米二千石 湖南守城倉穀折米二千石 南兵營餉穀折米一萬五千石 黃海監營勅需錢五萬兩 兵營勅銀代錢二萬兩 嶺南金井山城別備錢五千兩 平安監營別餉庫及遼軍庫木中二十同 兵營記付木十同 全羅監營記付木二十同 區劃 請使之從便取用 允之

696.

건명 : 李憲周을 蔚山府使로 삼음

발신처 : 純祖

검색어 : 蔚山府使, 李憲周

출처 : 純祖 23年 癸未 2月 2日 ; 44-627上

有政 吏曹判書金著根進

以朴永元爲修撰 金魯應爲右參贊 曺鳳振爲同義禁 李龜雲爲刑曹參判 李鍾祜爲星州牧使 李翊會爲安東府使 李憲周爲蔚山府使 李晦淵爲咸陽郡守 李魯榮爲新溪縣令

697.

건명 : 경상도 일대 渰死人에게 恤典을 베풀도록 한 처분

발신처 : 慶尙左水使

검색어 : 蔚山府, 味浦, 蔚山前府使, 李鍾祜, 渰死, 恤典, 身還布

출처 : 純祖 23年 癸未 3月 10日 ; 44-693下

給機張縣渰死人恤典

慶尙左水使鄭煥宗狀啓以爲 東萊府使李奎鉉牒呈內 本府土兵金面乭等九名 同騎一船 捉魚次 去月二十六日 出往蔚山府味浦前洋 遇風漂流 不知去處 軍官金聖福 捉魚次 本月初六日 乘船出海 遇風覆船 仍爲渰死 慶州府尹李潞牒呈內 本府進上軍朴三男等六名 同騎一船 捉魚次 去月二十五日 出海 遇風漂流 不知去處 機張縣監沈鎰牒呈內 本縣米保金用卜等五名 同騎一船 本月初六日 出海 遇風覆船 仍爲渰死 蔚山前府使李鍾祜牒呈內 本府米保李抻作等二名 同騎一船 捉魚次 本月初六日 出海 遇風覆船 仍爲渰死 緣由馳啓 教 以聞甚矜惻 元恤典外 別加顧助 渰死人如有生前身還布 竝蕩減事 分付

698.

건명 : 渰死한 울산인 등에게 恤典을 베풀도록 함

발신처 : 慶尙左水使

검색어 : 蔚山府, 韓奉元, 渰死人, 恤典, 身還布

출처 : 純祖 23年 癸未 5月 12日 ; 44-693下

給朔寧郡燒戶及蔚山府渰死人恤典

京畿監司李愚在 以朔寧郡民家失火 十一戶延燒 馳啓 教以 聞甚矜惻 元恤典外 別加顧助事 分付 ○ 慶尙左水使吳致壽 以蔚山府韓奉元等十一名 捉魚次 乘船出海 遇風船覆 仍爲渰死 馳啓 教以 聞甚矜惻 元恤典外 別加顧助 如有生前身還布 竝蕩減事 分付

699.

건명 : 慶尙監司가 비 피해 상황을 보고한 내용

발신처 : 慶尙監司

검색어 : 慶尙監司, 金相休, 蔚山, 彦陽, 水災

출처 : 純祖 23年 癸未 6月 15日 ; 44-804上~805下

慶尙監司金相休以道內各邑雨水被災形止馳啓

狀啓以爲 連接各邑所報 則今番之雨 晉州南江橫決 與釜堤川合流 直下邑底平地 水深三丈 民家之漂流 或頹壓者 指不勝屈 而咫尺成海 道路莫通 漂頹戶數 汰覆田畓 姑未詳知 待水退 更報 (中略) 昌原蔚山昆陽固城鎭海泗川漆原等七邑 處在江海之交 最受汎濫之災 一望長坪渾成平湖 不但田畓之覆沒 亦多人家之漂頹 慶州安東尙州寧海東萊清道義城開寧淸河彦陽山淸丹城軍威義興迎日長鬐機張慈仁安義等十九邑 小小溪澗 皆成大江 峽裏浦邊 擧患潰決 驅石走沙 陵谷變遷 田畓之衝齧 汰落無處無之 而民家頹壓人命渰死 亦皆不少 (下略)

700.

건명 : 울산과 언양 등 水災를 입은 고을의 현황과 恤典한 보고

발신처 : 慶尙監司

검색어 : 慶尙監司, 金相休, 蔚山, 彦陽, 恤典, 身還布

출처 : 純祖 23年 癸未 6月 28日 ; 44-818下~819上

給湖西嶺南各邑漂頹戶恤典

公淸監司趙經鎭狀啓 (中略) ○ 慶尙監司金相休狀啓以爲 道內各邑漂頹戶摘奸 則慶州安東昌原尙州晉州星州大邱蔚山金海密陽東萊漆谷河東居昌淸道草溪咸陽永川醴泉梁山咸安昆陽陜川固城義城慶山開寧宜寧彦陽高靈玄風山淸丹城長鬐靈山昌寧慈仁漆原安義等邑 通計 民家漂失四百十七戶 頹壓三千四百四十九戶 人物渰死五十一名 壓死九名矣 分遣褊裨 隨處慰撫後 恤典依例題給 教以 聞甚矜惻 元恤典外別加顧助 渰壓死人 如有生前身還布 竝蕩減 結構奠接之方一體 分付

701.

건명 : 울산 죄수 盧作之 등에 대한 처리 내용

발신처 : 慶尙監司

검색어 : 慶尙監司, 金相休, 彦陽縣監, 李周彦, 蔚山, 盧作之

출처 : 純祖 23年 癸未 7月 14日 ; 44-835下~837上

命蔚山囚施以次律谷山囚金尙允酌處

(前略) 狀啓以爲 蔚山盧作之 拳毆其妻崔召史 卽地致死 庚辰六月三十日囚 初檢官彦陽縣監李周彦 實因以被拳手致死懸錄 正犯以盧作之懸錄 覆檢官機張縣監朴基元 檢狀實因正犯與初檢同 此獄則 兩耳之根 一拳之打 豈爲致命之傷 而草芥之微事 夫婦之至情 斷無理 於毒打屢月患瘇 形殼徒存 偶爾撞觸 適會死機 設令起死而閱實 亦必爲夫而稱寃 斷以償命 殊非欽恤之意 付之惟輕 恐合好生之道 刑曹啓言 語言薄過 未必怒氣之甚激 夫婦至情 豈至手勢之太猛 語其事則 未見故犯究其跡則 實涉邂逅 道啓所論 □得眞境 特附惟輕 施以次律 (下略)

702.

건명 : 太僕寺가 각 牧場 馬畜의 數爻를 아룀

발신처 : 太僕寺

검색어 : 各牧場馬畜數爻啓, 蔚山, 監牧官, 李羲申, 壬午籍付馬

출처 : 純祖 23年 癸未 12月 21日 ; 44-1015下~1018上

太僕以各牧場馬畜數爻啓

該寺啓言 (中略) 蔚山長鬐等監牧官李羲申 所管二牧場 壬午籍付馬七

百四匹 加現馬一匹 今生馬九十四匹 合馬七百九十九匹內 封進馬四匹 故失馬八十四匹除 今年實留放壯兒雌雄馬竝七百十一匹內 壯雌馬二百九十匹一年應孶產馬八十七匹今生馬九十四匹加報七匹 (下略)

703.

건명 : 別廟를 짓는데 필요한 자금을 경상좌병영 등에서 끌어쓰도록 함

발신처 : 備邊司

검색어 : 別廟, 慶尙左兵營, 山城穀折米

출처 : 純祖 24年 甲申 6月 5日 ; 45-159上

別廟營建物力命以嶺南穀一萬石劃付度支

備局啓言 卽見戶曹所報 則以爲 別廟營建之役 本曹實入 將至十餘萬兩之多 前劃外 限六萬兩 卽速劃下 俾得及時取用 爲辭矣 營建之役 今幾垂畢 物力之 請 不宜更靳 而前此 以銀錢木布 取用於京外衙門者 搜括已遍 更難着手 目下事勢 只有穀物區劃 而還儲不敷 亦無以準施 以嶺南所在備局句管濟民倉穀折米三千石 左兵營山城穀折米三千石 右兵營軍餉穀折米四千石 請劃付本曹 使之取用 允之

704.

건명 : 慶尙左兵使 李升權의 改差를 요청함

발신처 : 備邊司

검색어 : 慶尙左兵使, 李升權

출처 : 純祖 24年 甲申 6月 13日 ; 45-166上

遞慶尙左兵使李升權

備局以升權身病危劇啓 請改差也

705.

건명 : 李忠運을 慶尙左兵使로 삼음

발신처 : 純祖

검색어 : 李忠運, 慶尙左兵使

출처 : 純祖 24年 甲申 6月 14日 ; 45-167上

有政 吏曹判書金在昌參判宋冕載兵曹判書李相璜進

以尹豐烈爲吏曹參議 沈象奎爲右賓客 李鍾運爲右尹 朴岐壽爲輔德 林顔喆爲文學 吳致愚爲說書 李忠運爲慶尙左兵使

706.

건명 : 李寬福을 彦陽縣監으로 삼음

발신처 : 純祖

검색어 : 李寬福, 彦陽縣監

출처 : 純祖 24年 甲申 6月 25日 ; 45-179上~180下

都政下批吏曹判書金在昌參判宋冕載參議尹豐烈兵曹判書李相璜參知趙庭和進

教曰 守令專係 於初仕之擇差 (中略) ○ 吏批 (中略) 李寬福爲彦陽縣監 朴齊顯爲報恩郡守 李羲斗爲羅州牧使 (中略) 李亨會爲善山府使 韓耆裕爲靈光郡守 李憲祖爲廣州判官 林昇運爲潭陽府使 丁義準爲鎭岑縣監 金敬淵爲金浦郡守 尹行肅爲北部都事 徐世輔爲獻陵參奉 宋持膺爲元陵參奉 李在稼爲光陵參奉 洪應謨爲翼陵參奉 李海璡爲假引儀 宋一教爲假監役 洪冕容爲禧陵參奉 洪晉淵爲昌陵參奉 姜世闓爲恭陵參奉 金命喜爲弘陵參奉 宋繼洙爲童蒙教官 鄭翼容爲西部都事 行肅以下 初仕也 ○ 兵批 以洪羲祖爲北評事 李容奎爲翊衛 朴宗復爲衛率 李顯夔爲兼司僕將 申性浩爲北虞侯 閔晳爲統虞侯 李信泳爲忠州營將 李寬奎爲慶州營將 顯夔以下 竝新資也 以李肇源金啓河爲副總管 趙晉錫爲滿浦僉使 李寅會爲法聖僉使 晉錫以下 履歷也 李敬熙爲慶尙左水使 李光暎朴榮遇張東七金東一爲部將 申鍾命趙存永爲宣傳官 金致華元仁圭南之爀李熙教爲守門將 光暎以下 竝初仕也

707.

건명 : 蔚山의 水災民에게 恤典을 내리도록 한 처분

발신처 : 慶尙監司

검색어 : 慶尙監司, 李止淵, 蔚山, 恤典, 身還布

출처 : 純祖 24年 甲申 閏7月 11日 ; 45-219下~220上

給慶州等邑漂頽戶恤典

慶尙監司李止淵 以慶州蔚山金海密陽草溪梁山咸安昆陽固城宜寧靈山

漆原安義等邑 民家漂失及頹壓四百一戶 人物渰壓死二十一名 馳啓
敎 以民戶漂頹 人物渰壓 若是夥然 聞甚矜惻 元恤典外 別加顧助 如
有生前身還布 竝蕩減事 分付

708.

건명 : 慶尙左兵使 李忠運의 本生家에 推恩移贈하도록 명함

발신처 : 領議政

검색어 : 慶尙左兵使, 李忠運, 推恩移贈

출처 : 純祖 24年 甲申 10月 26日 ; 45-322下

命李忠運家推恩移贈其本生家

領議政南公轍啓言 慶尙左兵使李忠運 法當推恩 而所後家無可施處云
依近例 移贈於本生家之意 請分付該曹 從之

709.

건명 : 彦陽縣監 李寬福 등에 대한 殿最

발신처 : 慶尙監司

검색어 : 彦陽縣監, 李寬福, 殿最

출처 : 純祖 24年 甲申 12月 15日 ; 45-375上~376下

開坼京外殿最

禮曹判書洪義浩啓本 (中略) ○ 慶尙監司李止淵啓本 昌原府使閔時榮
做如說時 何事不濟 尙州牧使朴宗岱 欲治大病 難用平劑 善山府使李
亨會 旣多施惠 益念持重 淸道郡守洪稷謨 茂績旣著 細商益善 開寧縣
監韓成履 何曠之久 其來也喜 眞寶縣監曹光振 旣有前譽 且勉終惠 高
靈縣監南石耇 可喜誠愨 何嫌生疏 山淸縣監李敬會 縱欠剛果 可貴恬
愼 軍威縣監金鏗 事克勉勵 報戒糊塗 三嘉縣監徐羽輔 欲勵初政 宜斥
奸鄕 比安縣監趙雲躋 優於慈諒 勉在振刷 安奇察訪鄭國誠 細疵宜略
竝中 宜寧縣監尹昇烈 心勞政拙 吏喜民咨 彦陽縣監李寬福 雖以能幹
奈多鄙瑣 竝下 (下略)

710.

건명 : 太僕寺에서 各道 牧場의 馬畜 數爻를 아룀

발신처 : 太僕寺

검색어 : 蔚山, 各道牧場馬畜數爻啓, 牧政, 孳息, 故失, 蔚山, 監牧官, 李羲申, 癸未籍付馬

출처 : 純祖 24年 甲申 12月 21日 ; 45-382上~384下

太僕以各道牧場馬畜數爻啓

該寺啓言 今年牧政 孳息比諸元式 或加或減 故失較其元總 或多或少 賞罰一款請更觀來頭勤慢處之 允之 ○ (中略) 蔚山長鬐等監牧官李羲申 所管二牧場 癸未籍付馬七百十一匹 今生馬九十四匹 合馬八百五匹內 封進馬五匹 故失馬八十三匹除 今年實留放壯兒雌雄馬 竝七百十七匹內 壯雌馬二百八十八匹一年應孳産馬八十六匹今生馬九十四匹加報八匹 (下略)

711.

건명 : 李濟遠을 彦陽縣監으로 삼음

발신처 : 純祖

검색어 : 李濟遠, 彦陽縣監

출처 : 純祖 24年 甲申 12月 22日 ; 45-385上~386上

都政下批 吏曹判書朴宗薰參議李紀淵兵曹判書金履喬參議愼宜學參知李衡杜進

教曰 今番都政 守令初仕 各別擇差 俾有實效事 分付兩銓 又教曰 忠臣淸白吏子孫及西北松都人 拔例收用事 分付兩銓 ○ 吏批 (中略) 李濟遠爲彦陽縣監 李莘耆爲迎日縣監 金遇明爲庇仁縣監 尹弘鼎爲漆原縣監 金秉淵爲河陽縣監 (下略)

712.

건명 : 慶尙左兵使 李忠運을 罷職함

발신처 : 兵曹

검색어 : 慶尙左兵使, 李忠運, 抄報

출처 : 純祖 25年 乙酉 1月 10日 ; 45-407下

罷慶尙左兵使李忠運職

兵曹啓言 本曹所管 有蔭子孫 抄報之意 昨冬筵稟行會矣 慶尙左兵使李忠運報 抄報兒弱 爲五十二名 成丁不過十一名 筵稟行査之下 有若

塞責者 不誠莫甚 該帥臣罷職 成冊還下送 更爲査實修正之意 請分付 允之

713.

건명 : 申純을 慶尙左兵使로 삼음

발신처 : 純祖

검색어 : 申純, 慶尙左兵使

출처 : 純祖 25年 乙酉 1月 12日 ; 45-409下

有政 吏曹判書李羲甲兵曹判書金履喬進

以李憲球爲副校理 曹鳳振爲全羅監司 成友曾爲典獄參奉 初仕也 朴宗薰爲知事 朴著壽爲分副總管 朴應浩爲黃海兵使 申純爲慶尙左兵使 ○ 再政 以朴宗薰爲工曹判書 金履喬爲藝文提學

714.

건명 : 大逆不道罪人들을 彦陽 등으로 유배토록 함

발신처 : 義禁府

검색어 : 大逆不道罪人, 彦陽縣

출처 : 純祖 25年 乙酉 1月 13日 ; 45-410上~下

金吾以罪人興弼等處絞散配啓

義禁府啓言 卽接黃岡縣監李羲玄牒呈 則大逆不道罪人仁白 應坐諸人査出以來矣 仁白子興弼 方囚縣獄 發遣府都事 與地方官 眼同處絞 弟之英樂安郡爲奴 妻大阿只海南縣 女莫禮康津縣 子婦莫德泗川縣 次子婦大隱禮彦陽縣 竝爲婢 侄興延金海府流三千里安置 而右罪人等竝捉囚於本縣獄 請令刑曹押送于各其配所 允之 ○ 刑曹啓言 大逆不道罪人仁白 弟之英 妻大阿只 女莫禮 子婦莫德 次子婦大隱禮 侄興延等 方囚該縣獄 請令道臣押送于各其配所之意分付 允之

715.

건명 : 刑曹에서 諸道의 審理案을 覆啓함

발신처 : 刑曹

검색어 : 諸道審理案, 慶尙監司, 李止淵, 蔚山府使, 李種祜

출처 : 純祖 25年 乙酉 1月 23日 ; 45-425上~427上

秋曹以諸道審理案覆啓

慶尙監司李止淵狀啓以爲 義興囚殷大夏 毆打朴春孫 翌日致死 癸酉八月囚 初檢官義興縣監韓通裕檢狀 實因以被打致死懸錄 正犯以殷大夏懸錄 覆檢官漆谷府使尹勉鎭檢狀 實因正犯與初檢同 此獄則 供招旣無眞贓 痕損亦不的確 遽擬必償之律 恐欠於惟輕之義 機張囚張應世 毆打崔尙允 第六日致死 壬午七月囚 初檢官機張縣監沈鎬檢狀 以張海濱被打於崔尙允 仍致死 海濱子應世 打尙允 致命懸錄 覆檢官蔚山府使李種祜檢狀 實因正犯與初檢同 此獄則 應世之打殺尙允 不過誤認父死之非病伊打 而旣見其死 乃爲復讐 情理所在 或有參恕之端 ○ 刑曹啓言 殷大夏獄事 不無疑端 道臣跋辭 亦擬惟輕 則必令償命恐非審克之政 請上裁 張應世獄事 則傷處詞證 更無可論 而張海濱獄案 請令道臣 更爲修啓後 稟處 允之 教以 殷大夏 施以次律 又狀啓以爲 機張囚朴弼奎獄事 揆以人情謂之毆殺則無疑 而謂之故殺則太過 特從惟輕之義 似爲允當 比安囚李大寅獄事 兩檢之實因 雖成鐵案再査之論斷 俱無確見 眞贓未得之前實 難置之於必償之科 宜施傳生之典 安義囚李幸孫獄事 年前道啓 已爲傳生之論 而一邑莫不爲幸孫冤之人心所同獄 情可見其在審克之道 宜有從輕之典 ○ 刑曹啓言 朴弼奎獄事 詞證若是具備 非用意凶慘 而何非故殺 而何此 而仍置人理斁絶 請連訊取 服速正典刑 李大寅獄事 已經再査 抱至八年老獄生奸事勢必然此等然疑之獄合擬惟輕之典 請施以次律 李幸孫獄事 左脇之傷痕 昭在於脈錄 右足之猛踢 緊出於詞證成案償命在所不已 請連加訊推期於得情 竝允之 (下略)

716.

건명 : 刑曹에서 諸道의 審理案을 覆啓함

발신처 : 刑曹

검색어 : 慶尙監司, 李止淵, 蔚山, 車德寬, 徐有倆, 審理案

출처 : 純祖 25年 乙酉 2月 27日 ; 45-468上~472上

秋曹以諸道審理案覆啓

慶尙監司李止淵狀啓以爲 三嘉囚金澤 足踢李召史 第四日致死 戊寅

四月囚 初檢官三嘉前縣監韓用鎬檢狀 實因以服毒致死懸錄 覆檢官宜寧前縣監鄭基直檢狀 實因與初檢同 三檢官陜川前郡守徐鳳輔檢狀 實因以被踢致死懸錄 此獄則 屍首之傷 於踢打十分的實 金澤之斷爲正犯 一毫無疑 而李女旣是賤畜 金澤又有正妻 則可知非妻伊妾 常漢之一時率居 固何有妻妾之分 游女之尋常改遞 又何有夫婦之義 而第其名目 則金澤是夫也 李女卽妾也 毆妾至死者 杖一百徒三年 載在法典 依本律酌處 恐合平允 蔚山囚車德寬 手搗朴夢守 第五日致死 己卯十二月囚 初檢官蔚山前府使徐有偁檢狀 實因以拳手致死懸錄 正犯以車德寬懸錄 覆檢官機張前縣監洪奭弼檢狀 實因正犯與初檢同 此獄則七耋之人常時雖健五日之病奄然歸盡不是異事 今以德寬之爭詰 謂之囚憤致病容或近似歸之受傷致命 恐未稱停克推好生之德 特施惟輕之典 ○ 刑曹啓言 金澤獄事 二緡見失 遂成殺越之慘變 三日致命 久作無告之寃魂 縛築打踢 明有看證之 納招情節綻露實因 端的非妻伊妾前後之文案有據 則毆妾至死 杖徒之法典 自在道臣 惟輕之論 誠有意見 依本律酌處 恐合事 宜請上裁 車德寬獄事 老人被搗 氣絶無痕 著在法文 則無痕之傷 尙有氣絶 卽死之患 況以著見之傷痕 而其不當下氣絶經五日始死者 有足可疑 道臣所論七耋之人 常時雖健五日之病奄然歸盡不是異事云者 實出於法文中裁量 而不無十分見得之意 請上裁 教以 竝施以次律 (下略)

717.

건명 : 趙濟仁을 蔚山府使로 삼음

발신처 : 純祖

검색어 : 趙濟仁, 蔚山府使

출처 : 純祖 25年 乙酉 12月 5日 ; 45-795下

有政 吏曹判書金相休參議李友秀兵曹判書金魯敬進

以趙忠植爲應敎 趙冀永爲副應敎 林翰鎭爲校理 洪赫爲副校理 李羲準爲工曹參判 趙濟仁爲蔚山府使 金在星爲林川郡守 金守基尹命烈爲副總管 ○ 再政 以成龍申爲掌令 李相重爲持平 南履懋爲副修撰 金履褘爲全州判官 尹滋□爲咸昌縣監

718.

건명 : 太僕寺에서 각 牧場 馬畜의 數爻를 아뢴 내용 중 울산 부분

발신처 : 太僕寺

검색어 : 牧場, 蔚山, 各牧場馬畜數爻啓, 監牧官, 李羲申, 李圭敏, 甲申籍付馬

출처 : 純祖 25年 乙酉 12月 21日 ; 45-811下~814下

太僕以各牧場馬畜數爻啓

該寺啓言 (中略) 蔚山長鬐等監牧官 前任李羲申時任李圭敏 所管二牧場 甲申籍付馬七百十七匹 前任李羲申所報 今生馬九十匹 時任李圭敏所報 今生馬五匹 合馬八百十二匹內 封進馬四匹 前任李羲申所報 故失馬四十六匹 時任李圭敏所報 故失馬四十四匹除 今年實留放壯兒雌雄馬 幷七百十八匹內 壯雌馬二百八十七匹 一年應孳產馬八十六匹 今生馬九十五匹 加報九匹 (下略)

719.

건명 : 彦陽人 崔吉曾 등 邪學 定配罪人을 석방하도록 함

발신처 : 刑曹

검색어 : 彦陽, 崔吉曾, 定配罪人

출처 : 純祖 26年 丙戌 4月 20日 ; 45-979下

放定配罪人鄭女粉伊等

刑曹啓言 邪學干連定配 旌善鄭女粉伊等 依傳教其革心與否詳探 回移之意 發關各道 卽接回移 則旌善鄭女粉伊 蔚珍咸女阿只 長連李女喜 松禾婢丁任 豊川張女阿只 長水鄭亨相 益山崔召史 安義李太文 彦陽崔吉曾 慶山劉國仁等 動靜一如平人云矣 可知其革心 而旣承詳知然後更爲草記之命 請上裁 教以 旣知其改心爲良民 則何可置之罪籍之中 竝放送

720.

건명 : 尹載健을 慶尙左兵使로 삼음

발신처 : 純祖

검색어 : 尹載健, 慶尙左兵使

출처 : 純祖 26年 丙戌 7月 11日 ; 46-78下

有政 吏曹參判李文會兵曹判書朴宗薰進
以任存常爲輔德 朴蓍壽爲禮曹參判 洪羲俊爲右尹 尹尙圭爲同經筵 金箕殷爲同春秋 徐有榘爲楊州牧使 權中任爲金浦郡守 沈能燮爲梁山郡守 李玄大爲訓鍊副正 新通也 尹載健爲慶尙左兵使 沈能械爲北評事 ○ 再政 以金宅基爲昌原府使

721.

건명 : 蔚山 등 경상도 일원의 水災 피해 보고에 대해 恤典을 지급토록 명함
발신처 : 慶尙監司
검색어 : 蔚山, 漂頹戶, 渰死人, 恤典
출처 : 純祖 26年 丙戌 8月 26日 ; 46-123上

給慶州等邑漂頹戶渰死人恤典
慶尙監司趙寅永 狀啓以爲 連接各邑所報則 慶州民家漂頹三十六戶 蔚山民家頹壓二百十二戶 人物渰死二名 咸安民家頹壓三十一戶 人物渰死一名 盈德民家漂頹三十八戶 固城民家頹壓四十七戶 鎭海民家頹壓十二戶 人物渰死一名 迎日民家頹壓二十三戶 金海民家頹壓七十五戶 梁山民家漂頹三十七戶 巨濟民家頹壓三十八戶 教以聞甚矜惻 元恤典外 別加顧助事 分付

722.

건명 : 太僕寺에서 蔚山 등 각 牧場 馬畜 수효를 아룀
발신처 : 太僕寺
검색어 : 蔚山, 監牧官, 李圭敏, 乙酉籍付馬
출처 : 純祖 26年 丙戌 12月 27日 ; 46-275下~278下

太僕以各牧場馬畜數爻及順天前監收官南石老等論罪啓
該寺啓言 今年牧政 既無超等處 則論賞一款 不必擧論 (中略) 蔚山長鬐等 監牧官李圭敏 所管二牧場 乙酉籍付馬七百十八匹 今生馬九十六匹 合馬八百十四匹內 封進馬四匹 故失馬八十八匹除 今年實留放壯兒雌雄馬 竝七百二十二匹內 壯雌馬二百八十六匹 一年應孳産馬八十六匹 今生馬九十六匹加報十匹 (下略)

723.

건명 : 元錫範을 蔚山府使로 삼음

발신처 : 純祖

검색어 : 元錫範, 蔚山府使

출처 : 純祖 27年 丁亥 閏 5月 7日 ; 46-415上

有政 判書金敎根參判朴綺壽進

以任存常爲大司成 趙鎭翼爲晉州牧使 李圭男爲昌原府使 ○ (中略) 再政 以洪羲俊爲兵曹判書 羲俊及趙鐘永南履翼 竝新通 朴晦壽爲同經筵 晦壽及鄭基善金蘭淳 竝新通 金喆遠爲豐川府使 趙濟仁爲平壤庶尹 接慰官宋祥來 單付 ○ 三政 以元錫範爲蔚山府使 徐瀨淳爲泰仁縣監

724.

건명 : 경상도 죄수에 대한 처리를 명함

발신처 : 慶尙監司

검색어 : 蔚山府使, 李鐘祜

출처 : 純祖 27年 丁亥 11月 18日 ; 46-232下~235下

命尙州囚卞暎洙等更査啓聞後稟處機張囚張應世等施以次律

慶尙監司趙寅永狀啓以爲 尙州卞暎洙 (中略) 機張張應世 毆打崔尙允第六日致死 壬午七月初九日囚 初檢官機張縣監沈鑄檢狀 實因以自觸喉門仍被毆打致死懸錄 張應世以被告懸錄 覆檢官蔚山府使李鐘祜檢狀 實因以被毆打致死懸錄 正犯以張應世懸錄 此獄則 前道臣李止淵以情理 或有參恕 置之稟秩 而該曹覆啓 依前訊推矣 今以原案反覆參究 則初檢以被告懸錄 覆檢以正犯懸錄 兩檢跋辭 若是逕庭 而遽作斷案 有欠審克 雖以法典言之 其父被人毆打傷重 而其子毆打其人致死者 減死云者 蓋言其非有必殺之心 而因其打重至死也 今此應世之誤認父死之非病伊打 實係眞情 則前道臣跋辭中 豈但以見父傷重 而打殺其人論哉 云者不易之論也 惟其律文 則明有減死事 實則本出誤認不能無情法之參互 而獄體至重 不敢臆斷 ○ 刑曹啓言 (中略) 機張張應世獄事 道臣審理之啓 引用大典 其父被人毆打傷重 而其子毆打其人致死 減死之文 至有情法參互之議 而應世之打殺尙允 在於其父致

死之後 獄案未決之前 而其父鬪則鬪矣 傷則傷矣 認以被毆容或無怪 一場亂打勢不容 已用以減死之律 恐不至失刑之歸 而獄體至重 上裁竝允之 教 以機張張應世獄事 施以次律 (下略)

725.

건명 : 彦陽縣監 등의 殿最 내용

발신처 : 純祖

검색어 : 彦陽縣監, 李濟遠, 殿最

출처 : 純祖 27年 丁亥 12月 15日 ; 46-553上~554下

開坼京外殿最

○ 慶尙監司鄭基善啓本 慶州府尹林處鎭 治固嚴明 吏頑不率 大邱判官趙鍾淳 有甚疑慮 忙後錯了 漆谷府使李玉鉉 刑非云濫 不報爲擅 彦陽縣監李濟遠 優游不斷 鄕自爲政 長鬐縣監李勉翕 旣無顯疵 束吏斯可 靈山縣監南勉中 乃若文雅 奚招試謗 比安縣監李若源 固知慈諒 儻無偏聽 慈仁縣監盧光斗 愛民旣切 屛校則善召村察訪任岳周謗奚兼邑竝中 尙州牧使洪世周 財竭則窮 闔境嗷嗷 下 (下略)

726.

건명 : 金達衡을 彦陽縣監으로 삼음

발신처 : 純祖

검색어 : 金達衡, 彦陽縣監, 都政

출처 : 純祖 27年 丁亥 12月 22日 ; 46-558下~559下

都政下批 吏曹判書朴宗薰參判徐憙淳參議金敎喜兵曹判書南履翼參判尹羽烈參議李

羲肇參知朴熙顯進敎曰 (中略) ○ 代點 以宋錫老爲知禮縣監 徐鴻輔爲靑山縣監 成禹圭爲正言 禹圭新通也 申從鎬爲楚山府使 洪雲錫爲漆谷府使 韓兢裕爲北靑府使 朴英載爲襄陽府使 閔永勳爲狼川縣監 李淵祥爲慈仁縣監 吳顯文爲明川府使 具鏘和爲价川郡守 李定鉉爲固城縣令 李景純爲長淵縣監 元植爲安樂郡守 王道常爲泰安郡守 李晩植爲豊川府使 李圭夏爲祥原郡守 洪羲象爲求禮縣監 金達衡爲彦陽縣監 洪著謨爲陽智縣監 金慶淵爲長鬐縣監 南宮憓爲寶城郡守 朴元植

爲雲峯縣監 金胤根爲正言 權馣新通 元錫周爲假監役 韓正敎爲順陵參奉 金善養爲禮賓參奉 趙雲鉉爲典獄參奉 成泳默安喜祥爲假引儀 錫用以下初仕也 (下略)

727.

건명 : 彦陽縣監 등의 殿最 내용

발신처 : 慶尙監司

검색어 : 彦陽縣監, 金達衡, 殿最

출처 : 純祖 28年 戊子 6月 15日 ; 46-660下~661下

開坼京外殿最

京畿監司金鑢啓本 陰竹縣監張極老 吏額可增 民口難防 下 (中略) ○ 慶尙監司鄭基善啓本 晉州牧使李魯俊 方蔚輿頌 差惜澧謗 草溪郡守尹佑成 好是淳慤 宜遠族民 榮川郡守尹匡烈 綜明之政 或累偏聽 豊基郡守韓光善 旣慣土俗 盍察結謬 南海縣令洪瀷 島頑鄕歧 不剛不制 眞寶縣監李建基 政旣無疵 客何有謗 安奇察訪金秉始 宜東差隸 竝中 彦陽縣監金達衡 訟必倩吏 任或由客 昌寧縣監吳泰重 瑣固損體 變或招譏 比安縣監李若源 邑稱三倅 官不與焉 安義縣監兪長柱 寧不愛護 奈無頭緖 省峴察訪朴奎瑞 全無畏忌 竝下 (下略)

728.

건명 : 崔弘德을 언양현감으로 삼음

발신처 : 純祖

검색어 : 崔弘德, 彦陽縣監, 宋宗洙, 蔚山府使, 都政

출처 : 純祖 28年 戊子 6月 24日 ; 46-666上~667下

都政下批 吏曹判書金在昌參判徐憙淳參議鄭基一兵曹判書金鑼進

敎曰 生民休戚 在於守令之治不治 (中略) ○ 以金敎根爲大司憲 敎根及金鑼朴綺壽 新通 洪羲俊爲左副賓客 李勉昇徐憙淳 新通 李敦榮爲說書 敦榮及尹致秀南獻中 新通 呂東簡爲江華經歷 金海淳爲興德縣監 李東應爲吉州牧使 金魯巖爲甲山府使 李復馨爲慶源府使 具載哲爲慶興府使 申錫朋爲朔州府使 元錫範爲晉州牧使 閔鼎秀爲寧越府使 李常在爲西原縣監 洪起燮爲冬至正使 柳鼎養爲副使 朴宗吉爲書狀官

洪永觀爲副應教 永觀及宋祥來權馥 新通 李道在爲大司成 道在及閔致成朴永元 新通 金益範爲南海縣令 崔弘德爲彦陽縣監 柳和中爲熊川縣監 鄭知容爲大司諫 知容及英淳 新徐通 申在獻爲掌令 李鳳純爲持平 ○ 教曰 先正臣祀孫前郡守宋宗洙 府使擬入 ○ 吏批達言 宋宗洙 前任錦山郡守時 解由方在未出中 何以爲之 令以勿拘 ○ 以宋宗洙爲蔚山府使 趙鎭敏爲安城郡守 沈源祖爲槐山郡守 李玄五爲豊基郡守 朴春壽爲珍山郡守 吳淳常爲陰竹縣監 申絅爲康翎縣監 成好謙爲鏡城判官 李教遠爲司諫毅 遠及朴鳴和李南翼 新通 李景在爲執義 權馥爲應教 韓弘教爲校理 李禮延爲修撰 鄭知容爲輔德 知容及英淳 新徐通 崔鳳恒爲平安都事 (下略)

729.

건명 : 蔚山府使 등 京外 관리에 대한 殿最 결과

발신처 : 慶尙監司

검색어 : 蔚山府使, 宋宗洙, 殿最

출처 : 純祖 29年 己丑 12月 15日 ; 47-137上~下

開拆京外殿最

平安監司金魯敬啓本 都事鄭義命 擧措可駭 實難曲恕 下 ○ 慶尙監司李勉昇啓本 蔚山府使宋宗洙 邑非難治 謗胡不熄 密陽府使李和淵 雖欲愛民 奈疏察奸 草溪郡守尹佑成 謗固有由 政實無疵 龍宮縣監李憲英 察無遺照 眞是愛民 玄風縣監李遠翊 治自成規 措或失宜 山淸縣監李鍾明 吏蔽夬祛 本治益明 禮安縣監李瞰 軍糴皆病 察之須明 慈仁縣監李秉溫 不負邑名 或失於弛 漆原縣監金弘洛 不幸承弊 憂勤而已 安義縣監李淵愚 治豈無方 弊生不拘 召村察訪洪穩 毁與譽半 竝中 昆陽郡守南曦重 任吏何偏 冠屨易位 英陽縣監權曦 躁暴損體 掊克招怨 竝下 又啓本 浦項別將池範良 乘障之職 奚致謗言 中 天生別將朴耆魯 不善典守 餘事奚論 下 (下略)

730.

건명 : 각 邑 守令의 평가를 잘못한 道臣을 推考하고, 해당 수령을 罷黜토록 함

발신처 : 吏曹

검색어 : 蔚山府使, 宋宗洙, 罷黜
출처 : 純祖 29年 己丑 12月 23日 ; 47-143下

吏曹以守令降考啓

該曹啓言 考見諸道褒貶啓本則 蔚山府使宋宗洙 以邑非難治 謗胡不熄爲目 密陽府使李和淵 以雖欲愛民 奈疏察奸爲目 龍宮縣監李憲英 以察無遺照 眞是愛民爲目 玄風縣監李遠翊 以措或失宜爲目 禮安縣監李瞮 以軍糴皆病 察之須明爲目 慈仁縣監李秉溫 以或失於弛爲目 則俱宜置下考 而置諸中考 該道道臣推考 上頃六邑守令 竝罷黜 允之

731.

건명 : 閔致文을 蔚山府使로 삼음
발신처 : 純祖
검색어 : 閔致文, 蔚山府使
출처 : 純祖 29年 己丑 12月 25日 ; 47-144下~146上

都政下批 吏曹判書金鏴參議李憲瑋兵曹判書徐俊輔參議李渭達參知黃燾進

教曰 皇朝人 忠臣淸白吏子孫 西北松都人 及落仕最久人 有軍功人 各別收用事 分付兩銓 又教曰 守令初仕之擇差 每當都政 屢煩飭教 而便成文具 歸於無實之地 害及生民 誠極寒心 今番 則另加留意 各別對揚事 分付兩銓 ○ 落點 吏批 以柳基常爲宣川府使 閔致文爲蔚山府使 鄭東龜爲密陽府使 李悌彬爲鐵原府使 李寅植爲甲山府使 朴宗有爲廣州判官 南久淳爲海州判官 朴雲壽爲加平郡守 元榘爲渭原郡守 李㝡在爲金川郡守 李鼎民爲大興郡守 (下略)

732.

건명 : 慶尙左兵使 등을 熙政堂에서 만남
발신처 : 純祖
검색어 : 慶尙左兵使, 沈日永
출처 : 純祖 30年 庚寅 3月 10日 ; 47-192下

召見水原留守洪羲俊京畿水使李完植慶尙左兵使沈日永于熙政堂 竝辭陛也

733.

건명 : 蔚山前府使 宋宗洙 등을 의논하여 처리하도록 함

발신처 : 義禁府

검색어 : 蔚山前府使, 宋宗洙

출처 : 純祖 30年 庚寅 6月 7日 ; 47-296上~297下

命時囚宋宗洙等議處權曦等照律朴著會勘放

義禁府啓言 蔚山前府使宋宗洙 原情以爲 渠往在戊子 偏蒙格外之恩 苟有一分彛性 豈或賑不以誠 政亦由賄 自陷於孤恩負先之科 而繡論乃至此極 直欲無卞 且於道臣狀達 有罪人鄭顯敬逃還之事 而到配屬耳 容疤未慣 則以鄭替鄭 逢點不闕 贋眞之莫辨 或爲可欺之方 而難逭不察之失云 請刑推得情 教 以除刑推議處 (下略)

734.

건명 : 金漢祚를 彦陽縣으로 유배하도록 함

발신처 : 義禁府

검색어 : 金漢祚, 彦陽, 押送

출처 : 純祖 30年 庚寅 6月 9日 ; 47-300上

配李命運等于各該道

義禁府啓言 命運楸子島安置 金殷相興陽縣 金珪龍川府 金漢祚彦陽縣 姜泰翼光陽縣 竝竄配 請依例押送 允之

735.

건명 : 蔚山前府使 宋宗洙 등을 定配토록 함

발신처 : 義禁府

검색어 : 蔚山前府使, 宋宗洙, 定配

출처 : 純祖 30年 庚寅 6月 17日 ; 47-316上~下

命時囚李惟秀議處徐良輔等定配

義禁府啓言 右捕將李惟秀 原情以爲 渠身爲捕將 莫重巡綽之廢闕 旣知爲罪 而渠情地實有萬萬危蹙 不敢晏然視務 自犯罔赦之科云 曾經閫帥 請議處 允之 又啓言 柒谷府使徐良輔 照律從一科斷 杖一百收贖告身盡行追奪 徒三年定配 私罪施行 允之 教 以功議各減一等 又啓言

蔚山前府使宋宗洙 照律 從重論 杖七十收贖 告身盡行追奪 徒一年半定配 私罪施行 允之 教 以功減一等 又啓言 濟原前察訪全道海 照律從重論 杖九十收贖 告身盡行追奪 徒二年半定配 私罪施行 允之 又啓言 梁山前郡守黃贊熙 照律 杖一百收贖 告身盡行追奪 流三千里定配私罪施行 允之 教 以功減一等 又啓言 罪人徐良輔 功議各減一等 杖八十收贖 告身盡行追奪 橫城縣徒二年定配所押送 又啓言 宋宗洙 功減一等 杖六十收贖 告身盡行追奪 金化縣徒一年定配所押送 又啓言黃熙贊 功減一等 杖一百收贖 告身盡行追奪 延安府徒三年定配所押送 又啓言 全道海 杖九十收贖 告身盡行追奪 鎭川縣徒二年半定配所押送 竝允之

736.

건명 : 彦陽縣監 등 각 지역 守令察訪의 考課를 降考토록 함

발신처 : 吏曹

검색어 : 守令察訪降考啓, 彦陽縣監, 崔弘德, 諸道褒貶啓本

출처 : 純祖 30年 庚寅 6月 25日 ; 47-334上~下

吏曹以守令察訪降考啓

該曹啓言 考見諸道褒貶啓本 則綾州牧使洪徹榮 以盍察稅濫爲目 淳昌郡守李度憲 以何不察邇 九仞一簣爲目 景陽察訪金鳳梧 以眷胡濫馹爲目 則俱宜置下考 而置諸中考 平安都事金履喆 以且恕駭妄爲目襄陽府使洪儼 以苟欲恤民 尤望束吏爲目 寧越府使閔鼎秀 以莫以臨瓜 或忽束薪爲目 鍾城府使趙元錫 以謗胡黜黙爲目 鐵山府使蔡大永以孔路孱局 庶或挨過爲目 通川郡守徐珌修 以爲念迎送 姑觀來後爲目 扶餘縣監李宜鉉 以訟宜無滯爲目 彦陽縣監崔弘德 以字牧不易 毋忽近瓜爲目 楊口縣監權中履 以檢何失實爲目 則俱宜置中考 而置諸上考 殊無嚴明殿最之意 六道道臣竝推考警責 洪徹榮洪儼閔鼎秀趙元錫李度憲崔弘德金鳳梧 竝罷黜 金履喆蔡大永徐珌修李宜鉉權中履 請竝中考施行 允之

737.

건명 : 李魯昌을 彦陽縣監으로 삼음

발신처 : 吏曹

검색어 : 李魯昌, 彦陽縣監

출처 : 純祖 30年 庚寅 7月 3日 ; 47-348下~349下

都政下批吏曹判書徐能輔參判沈能岳兵曹判書洪奭周參判柳河源參議李渭達進

教曰 守令初仕之擇差 每當都政 屢煩飭教 而便成文具 歸於無實之地 害及生民 (中略) ○ 吏批 以金履喬爲判義禁 (中略) 李寅升爲高靈縣監 李魯昌爲彦陽縣監 徐衡輔爲咸安郡守 林亨壽爲端川府使 洪喆爲安山郡守 (下略)

738.

건명 : 경상도 蔚山 등 水災邑에 恤典을 내리도록 함

발신처 : 慶尙監司

검색어 : 蔚山, 漂頹戶, 渰死人, 恤典, 彦陽

출처 : 純祖 30年 庚寅 8月 19日 ; 47-411上~412上

給蔚山等邑漂頹戶渰死人恤典

慶尙監司李勉昇 狀啓以爲 連接各邑所報 則去月二十五日八日之雨 昌原星州密陽善山仁同柒谷草溪咸安宜寧高靈玄風靈山昌寧柒原等十五邑 江川汎濫 汚下沈沒 各穀幾盡腐棄 慶州安東尙州晉州寧海青松居昌清道咸陽永川醴泉榮川興海豊基陜川金山義城慶山順興開寧河陽龍宮奉化彦陽眞寶知禮軍威義興新寧禮安迎日長鬐三嘉比安慈仁英陽等三十六邑 川渠漲溢 汰覆甚多 金海河東梁山盈德咸昌山清丹城聞慶等八邑 得二犂 而其中金海梁山 則上流添漲 沿浦被墊 渟滀旣頻 消瀜愈甚 蔚山東萊巨濟昆陽固城南海清河鎭海泗川機張熊川安義等十二邑 得一犂 二十二日之風 爲一道大同之患 風力回薄之地 田畓各穀 披靡搖蕩 向成實者 粒幾剝落 方發者 穗多枯白 而金海巨濟興海固城南海清河長鬐熊川鎭海等九邑 被災偏甚 農形則 早中稻 間間黃熟 晩稻 久惱冷雨 多患直立 最晩之稻 含縮不發 似無成就之望 早晩黍粟 次第入實 而受損較甚於畓穀 豆太早損 餘穀 逢風又落 見甚稀疏 木花莖多摧折 顆或腐傷 綻白零星 木麥方張開花 去月十四日之風雨 蔚山 民家頹壓一百二十一戶 人物渰死三名 固城 民家頹壓五十四戶 昌原 民家頹

壓二十二戶 梁山 民家頹壓二十戶 晉州 民家頹壓十二戶 泗川 民家頹壓十戶 大邱 民家漂失一戶 頹壓二戶云 今年農形 始占豊登 去月風雨多致災痒 西成之望 減却幾分 而凉候太催 穀性易縮 目下之直立未發者 似有全棄之慮 誠極悶然 人物渰死 民家漂頹 又若是夥多 尤萬萬驚慘 恤典依例題給 分遣褊裨 隨處慰撫 渰死人則申飭厚埋 漂頹戶則優助材糧 使之改構奠接 敎 以非時之雨 痒稼不些 已甚可悶 而七八邑頹戶多過 二百數三人命渰傷 尤爲惻然 元恤典外 如有生前身還布 竝蕩減 災戶則營邑相議 別加軫恤事 令廟堂嚴飭該邑 事關民政 不容少緩幾一朔登聞 雖由邑報之稽緩 未免董飭之所忽 該道臣推考

739.

건명 : 刑曹에서 蔚山人 金文哲의 擊錚原情 처리를 아룀

발신처 : 刑曹

검색어 : 蔚山, 金文哲

출처 : 純祖 30年 庚寅 9月 12日 ; 47-457下~459上

秋曹以覆啓

刑曹啓言 (中略) 又啓言 蔚山良人金文哲 爲其六寸兄完得復讐事也一邊之言 有難準信 竝令道臣詳査狀聞後 請稟處 (下略)

740.

건명 : 彦陽 守令을 지낸 李居仁 後孫의 山訟擊錚原情에 대한 처리

발신처 : 刑曹

검색어 : 彦陽, 李居仁, 擊錚原情

출처 : 純祖 30年 庚寅 9月 18日 ; 47-474下~475上

京兆以擊錚原情覆啓

刑曹啓言 擊錚人 通津幼學李勉綱 原情以爲 渠十世祖召城守順丁 九世祖彦陽守居仁 墳山在於始興縣 三百餘年守護禁養 戊午年分爲仁川尹光宇及其孫吉培偸葬之境 積年起訟 終未掘去 累度鳴金 皆蒙督掘之判下 而尹吉培拒逆君命 不遵營題 肆然作奸 終未掘去云 係是山訟請令漢城府稟處以之 ○ 漢城府啓言 觀此原情內辭意 此不過一山訟而判下處分 已經數年 尙未究竟致此 復煩呼籲者 揆以紀綱 萬萬駭然

令道臣另加查究 決折處斷後 具由登聞之意 請分付 允之

741.

건명 : 慶尙左右兵營과 左水營米를 慶尙道 元會穀으로 移錄하도록 함

발신처 : 領議政

검색어 : 慶尙左兵營, 元會穀

출처 : 純祖 30年 庚寅 11月 10日 ; 47-558下

命以嶺南左右兵營及左水營米合一萬石移錄於本道元會穀

領議政南公轍啓言 慶尙監司李勉昇 以道內元會各穀數 甚耗縮耗條無以當應下爲辭 仍以左兵營山城米三千石 右兵營軍餉穀折米四千石左水營別餉米三千石 合一萬石 移錄元會別置倉 半分 全取耗之意狀請令廟堂稟處矣 近以元會之不足 以致每年之割本 不容不從長區劃餉穀雖係所重 移錄亦合時措 自明年竝依狀請 請施行 從之

742.

건명 : 彦陽人 金漢祚 등을 석방하라고 명함

발신처 : 純祖

검색어 : 彦陽, 金漢祚, 諸道放未放成冊

출처 : 純祖 30年 庚寅 11月 21日 ; 47-578上~下

判下諸道放未放成冊

公忠道放未放成冊 (中略) 慶尙道放未放成冊 義禁府所管罪人 未放秩彦陽金漢祚 昌原李惟鐸 竝放 (下略)

743.

건명 : 刑曹에서 各道 放未放冊子를 回啓함

발신처 : 刑曹

검색어 : 各道放未放冊子, 蔚山, 彦陽, 愼邦顯, 金履賢, 李濟逸, 李枝得, 丁文煥, 文武秉, 鄭敬顯

출처 : 純祖 30年 庚寅 12月 2日 ; 47-604上~612上

秋曹以各道放未放冊子回啓

該曹啓言 因公忠道放未放修啓冊子 (中略) 又啓言 慶尙道放未放修啓

冊子 放秩 安義李尙大 咸陽全福實 寧海私奴巡岳 醴泉金官興 義興李玄默 固城尹俊默 新寧李義集 泗川柳漢成 熊川申鳳基 咸陽金仲安 熊川朴璜鎭 寧海金弼玖 居昌李宗信 河東李萬成 高靈梁之泳 知禮金在聲 金山鄭長元 寧海全福曄 星州金夢伊 盈德河成振 草溪崔大千 慶州私奴麻吉 密陽張殷甲 玄風李泰行 咸陽韓永得 淸道尹在儉 軍威校奴一健 泗川崔英泰 金海金龍得 丹城崔一謙 靑松洪尙謨 河陽金得九 熊川表用云 順興崔義珪 奉化李先伊 榮川林貴仁 安義崔光國 新寧崔命岡 南海林致馨 龍宮金鳳鳴 義興李壽甲 軍威宋君一 盈德郭俊權 鎭海趙光直 淸河姜得孫 彦陽愼邦顯 醴泉李東植 榮川鄭覺勳 機張宋晟 河東朴仙玉 豊基安界垕 咸昌車完奎 彦陽金履賢 昆陽申錫基 龍宮金履憲 慶山丁卯得 彦陽李濟逸 山淸黃五同 高靈兪春煥 彦陽李枝得 慶山朴興燁 聞慶李亨祚 慈仁安永德 義興宋學瑞 梁山鄭壽健 陜川鄭聖敎 昆陽朴道元 漆原南成得 咸安金德文 眞寶金宜晳 靑松李允範 星州鄭命突 高靈李善孫 昆陽金小福 高靈孔卜好 尙州洪聖楫 昌原洪在浩 宜寧朴東爀 慶州吳昌祿 奉化黃景洙 新寧李仁伊 彦陽丁文煥 知禮吳相辰 義城金億孫 義興李匡國 玄風朴千英 密陽姜亂得 龍宮趙元福 高廷薰 河東朴訥 仁同崔億九 泗川朴興哲 寧海尹成哲 居昌高日尙 晉州金和之 高靈蔡英恭 草溪羅達中 三嘉崔述祖 永川兪德柱 漆原河在廣 泗川姜士則 順興李漢漸 玄風梁必淇 慈仁金聲大 蔚山文武秉 開寧姜處中 河陽李坤 醴泉朴龍周 尙州具用來 梁廷武 居昌黃中浩 尙州金光玄 山淸李昌訓 聞慶尹乭夢 仁同方正云 龍宮安再權 昌寧安右文 善山蔡弘倫 陜川元永福 星州趙漢喆 靑松吳原哲 昆陽李天茂 昌原吳在燁 玄風沈貴孫 昆陽尹瑾 奉化崔士用 慶州石文玉 陜川朴東奎 雲山李原容 永川朴孝幹 高靈楊最煥 英陽金致彦 三嘉金履煥 豊基崔有孫 榮川孫益協 草溪金元默 晉州鄭致績 金海洪孟俊等 稟秩中 長鬐徐弘伊 昆陽金景彦 軍威柳璵 居昌徐興彬 靈山劉定吉 陜川金三福 固城申紹 金海河龍福 泗川李之潤 河東李南峻 寧海申繼興 丹城田季泰 昌原金啓甲 長鬐林培連 機張金石奉 密陽金玉成 梁山金弘禮 靑松崔松鶴 咸安金尙楫 善山李林弘 星州韓敬履 盈德李宗燁 河東林召史 泗川丁迺善 三嘉車聖益 慶州金致孫 淸河權基 慈仁文一權 河東趙多男 機張金厚成 昆陽金益成 義興李百祿 禮安全興伊 尙州崔錫明 義城李以大 聞慶朴京弘 晉州金來光 善山金哲孫 星州金尙允 機張曺發同 醴泉李好基 昆

陽玄雲瑞 寧海李載雄 慶州金善慶 禮安文啓亨 金海金文煥 密陽鄭源 南海私奴節壁等 未放秩中 金海崔連光 丹城朴命大 機張私婢明艶 巨濟女順伊 迎日異就善 巨濟簾伊 韓鎭植 新寧千今石 高靈崔在協 知禮金鼎弼 順興吳宗植 丹城金致秉 蔚山鄭敬顯 寧海金五長 龍宮李宗儒 安東鄭麟達 鎭海趙顯象 眞寶黃鍾求 彦陽宋支宅 居昌承德五 咸安張八得 河陽尹伊興 昌原朴文奎 英陽金尙天 三嘉金石律 龍宮魏東碩 開寧鄭明基 昌原李在突 山淸洪三得 知禮白南圭 金山金貴同 金海宋聖吉 咸昌張世燁 順興曺石紅 咸陽李京贊 寧海鄭度億 禮安趙貞 昌原崔古乭 丹城金孝復等 竝依書下放送 放秩放字書下中 興海池鳳翔 所逋公穀數甚夥多 姑爲仍配之意 請分付道臣 (中略) 竝允之

744.

건명 : 太僕寺에서 蔚山 등 각 道 牧場의 馬畜數爻를 아뢴 내용 중 울산 부분

발신처 : 太僕寺

검색어 : 蔚山, 各道牧場馬畜數爻啓, 牧政, 孳息, 故失, 監牧官, 李懿喆, 己丑籍付馬

출처 : 純祖 30年 庚寅 12月 21日 ; 47-634上~636下

太僕以各道牧場馬畜數爻啓

司僕寺啓言 各道牧場 所放馬畜 産多寡牧養數爻 啓目後錄 而今年牧政 孳息或加元式 而旣不超等 故失則或減元總 而數不爲多 賞罰一款 竝姑置之 更觀來頭勤慢 請處之 允之 ○ (中略) 蔚山長鬐等 監牧官李懿喆 所管二牧場 己丑籍付馬七百五十二匹 今生馬一百三匹 合馬八百五十五匹內 封進馬四匹 故失馬八十七匹除 今年實留放壯兒雌雄馬竝七百六十四匹內 壯雌馬三百十八匹 一年應孳産馬九十五匹今生馬一百三匹加報八匹 (下略)

745.

건명 : 慶科庭試와 武科殿試에 출석하지 않은 사람들을 처벌하지 말라고 명함

발신처 : 兵曹

검색어 : 直赴殿試, 慶尙左兵使, 沈日永, 都試

출처 : 純祖 31年 辛卯 1月 8日 ; 47-657上~下

命直赴殿試人崔文宇等陳試直赴會試人鄭赫範勿施

兵曹啓言 去十月二十九日 慶科庭試武科殿試時 直赴殿試人 選武軍官崔文宇 別騎衛兪泰煥 直赴會試人 選武軍官朴載鍊 鄭赫範 別騎衛朴天默 馬兵劉澤淳等 無緣不赴 委折關問該道矣 即接慶尙前監司李勉昇 江原監司尹聲大 慶尙左兵使沈日永回牒 則崔文宇兪泰煥朴載鍊朴天默劉澤淳等 則以今年都試試取後 殿試日子促迫 且未奉承傳之前有不敢開錄於直赴狀啓中爲辭矣 都試回啓 旣迫於殿試日子 則該道之不爲起送 事勢固然 竝爲陳試 直赴會試人鄭赫範 以身病不得赴試云依例勿施 所授帖文 請爻周 允之

746.

건명 : 경상도 渰死人에게 恤典을 지급하도록 함

발신처 : 慶尙左兵使

검색어 : 慶尙左兵使, 李顯英, 恤典, 身還布

출처 : 純祖 31年 辛卯 2月 13日 ; 47-703下

給慶州等邑渰死人恤典

慶尙左兵使李顯英狀啓以爲 慶州李德根 長鬐劉崇三等 十九名 捉魚次出海 遇風破船 仍爲渰死 而二名屍身已拯 其餘未拯 各別搜訪之意沿海各邑鎭 發關申飭 敎 以未拯數多 尤爲矜惻 刻期搜訪 如有生前身還布 竝蕩減事分付

747.

건명 : 蔚山奴 岑奉의 獄事 등에 대한 처리

발신처 : 刑曹

검색어 : 蔚山, 岑奉, 獄事

출처 : 純祖 31年 辛卯 2月 23日 ; 47-724下~725下

命義城囚權萬石等施以次律淸道囚玄禹圭等依前訊推

刑曹啓言 義城權萬石獄事 則因戱而成鬪 由醉而互毆重傷 由於被踢速死 因於自縊 踢則在先 縊則在後 這間不無分介 請參以獄情 勘以次律 又啓言 慶州全千錫獄事 則成獄肯綮 專在於自縊與假縊 初檢 諸招辭入房中 胸有溫氣 至試鍼藥云 則其非死後移縊 灼然可知 隔壁有人

則其不出一聲 隨往受勒 萬無是理 則其非假縊 而自縊斷然 是實特遵惟輕之訓 仰體好生之德 請上裁 又啓言 靑松裵世遜獄事 則世遜打以得之背 以得執世遜之帶 沛於地上 性命之安危 尙不顧惜 石角之有無奚暇念及 抱頭含淚 可見其非出殺心 情跡容有可原 請上裁 又啓言 安東韓千伊獄事 則鬪在前夕 殞在翌午 痕損旣重 詞證俱備 請訊推得情又啓言 慶州金召史獄事 則頭部之皮脫 便已成痂 胸膛之紅暈 若存若無 俱不足爲致命之傷 臆斷償命 不無不辜之歎 請上裁 竝從之 又啓言淸道玄禹圭獄事 則其事則一兩之錢 其人則五寸之戚 傷在要害 死則一夜 正犯叵測 詞證無疑 請連加嚴訊 又啓言 梁山朴元伊獄事 則積憾於專利 起鬧於乘醉 兩檢成案 衆招爲證 請嚴加鉤覈 又啓言 宜寧鄭由卜獄事 則欲洗賊名 反促死期 惟其右肋之重傷 乃至當下之卽殊 以姻親 而是可忍乎 參情法而莫可貸矣 請連加嚴覈 又啓言 知禮朴性孫獄事 則腹痛發於被傷之初 胎殞在於辜限之內 其死有因 其因甚的 請連加訊推 又啓言 尙州裵仲直獄事 則踢有的證 傷在要害 一臥旬餘 竟至致命爲死 求償捨渠而誰 請連訊取服 又啓言 金山金得興獄事 則財利之上 惱怒易生 主客之間 情義隨變 毆踢少無 顧藉傷損 俱在要害 請連加訊覈 又啓言 新寧奴守孫獄事 則奴子之替爲正犯 在衡之置諸被告 大違獄體 守孫降置干犯 在衡移錄正犯 各別訊推 又啓言 大邱蔡師仲獄事 則忍見腦淩之血 猛加乳邊之踢 翌日致命 衆證有據 請訊推取服 又啓言 蔚山奴岑奉獄事 則服毒苦主 旣云瞞告 撞胸凶身 亦爲自服請嚴訊得情 又啓言 興海柳光默獄事 則檢痕則渾身致傷 隣證則衆口同辭 請嚴訊取服 又啓言 高靈奴右大獄事 則心坎血暈 決是被踏之痕項頸折傷 實非自撞之因 請嚴訊輸款 竝允之

748.

건명 : 彦陽縣監 李魯昌을 罷黜하고, 李龍求를 彦陽縣監으로 삼음

발신처 : 慶尙監司

검색어 : 彦陽, 彦陽縣監, 李魯昌, 李龍求

출처 : 純祖 31年 辛卯 2月 27日 ; 47-731上

以李龍求爲彦陽縣監

慶尙監司朴岐壽 以彦陽縣監李魯昌 病狀沈重 罷黜 馳啓 敎 以令該曹

口傳差出 催促下送

749.

건명 : 蔚山 등 慶尙道 水災民에게 恤典을 지급하도록 함

발신처 : 慶尙監司

검색어 : 蔚山, 恤典, 漂頹戶, 渰死人, 恤典, 慶尙監司, 朴岐壽, 壓死人, 身還布

출처 : 純祖 31年 辛卯 7月 17日 ; 48-17上~下

給慶州義州等邑漂頹戶及渰死人恤典

慶尙監司朴岐壽 以慶州 民家漂失五戶 蔚山 頹壓七十八戶 居昌 漂失十三戶 頹壓三戶 固城 人物壓死四名 民家頹壓三戶 義城 人物渰死一名 民家漂失一戶 宜寧 頹壓五戶 靈山 漂失十一戶 馳啓 教 以民家漂頹 若是夥多之中 二戶之內 人命壓死爲四名 尤極慘然 元恤典外 別加顧恤 壓死人 如有生前身還布 並蕩減 奠接之方埋瘞之節 廟堂措辭關飭 (下略)

750.

건명 : 蔚山人 全完得의 擊錚原情을 들어주지 말도록 함

발신처 : 刑曹

검색어 : 蔚山, 全完得, 岑奉, 殺獄, 擊錚原情

출처 : 純祖 31年 辛卯 8月 24日 ; 48-44下~46上

秋曹以幸行時擊錚原情覆啓

該曹啓言 東部良人洪壽龍 (中略) 蔚山良人全完得 爲其父岑奉殺獄稱寃事也 白川幼學金光辰 爲其子丁賢殺獄稱寃事也 任實童蒙姜壽業爲其父福孫殺獄稱寃事也 咸興良人姜聖勉 爲其父渭鍊殺獄稱寃事也道啓曹讞 已成鐵案 (中略) 請原情勿施 考律重勘 並允之

751.

건명 : 倭船 防守를 제대로 하지 못한 西生前僉使 尹光漢 등을 처벌하도록 명함

발신처 : 義禁府

검색어 : 西生浦, 僉使, 尹光漢, 蔚山府, 舟師代將, 金仁鍵 座首, 朴仁復, 倭船

출처 : 純祖 31年 辛卯 12月 19日 ; 48-160上

命時囚尹光漢議處

義禁府啓言 西生前僉使尹光漢 原情以爲 本年九月二十三日卯時 倭船一隻領來我國漂民 漂到於本鎭境軍令浦口 故卽與蔚山府舟師代將金仁鍵 座首朴仁復 左水營哨探將白聖和等 眼同守護 以待問情 譯官之來到 而適於其時 他倭船又泊於機張境 則問情官於歷路次次問情之致 有此遲滯 於翌日之未時 而倭船適因風勢之順利 急於歸館 直欲徑發 故百端挽止 則竟至投鎌斷纜掛帆衝突 直向東萊倭館 而去事甚罔措而渠 則莫重邊鎭不得擅離 故使本鎭將校與左水營哨探將 領護到館 蓋此問情前徑發 雖緣風利 而然旣係無前之事 則渠不能防守之罪 在所難免云 請刑推得情 教 以除刑推議處

752.

건명 : 太僕寺에서 各 牧場의 馬畜 數爻를 아뢴 내용 중 울산 부분

발신처 : 太僕寺

검색어 : 蔚山, 各牧場馬畜數爻啓, 監牧官, 李懿喆, 庚寅籍付馬

출처 : 純祖 31年 辛卯 12月 21日 ; 48-162上~164下

太僕以各牧場馬畜數爻啓

司僕寺啓言 (中略) 蔚山長鬐等 監牧官李懿喆 所管二牧場 庚寅籍付馬七百六十四匹 今生馬一百六匹 合馬八百七十匹內 封進馬四匹故失馬六十七匹除 今年實留放壯兒雌雄馬 竝七百九十九匹內 壯雌馬三百二十五匹 一年應孳產馬九十七匹 今生馬一百六匹 加報九匹 (下略)

753.

건명 : 李東膺을 慶尙左兵使로 삼음

발신처 : 純祖

검색어 : 李東膺, 慶尙左兵使

출처 : 純祖 32年 壬辰 1月 2日 ; 48-178下

有政 吏曹判書沈能岳兵曹判書金逌根進

以朴宗琦爲同春秋 徐能輔爲知敦寧 李象敬爲校理 李淵祥爲副校理 趙萬協爲修撰 黃浩民爲副修撰 李東膺爲慶尙左兵使 李載亨爲公忠水使

韓應浩爲濟州牧使 備薦也 李光承爲茂朱府使 尹致誼爲部將 初仕也

754.

건명 : 蔚山故部將 李應春과 아들 李承金의 追贈을 윤허함

발신처 : 禮曹

검색어 : 蔚山, 李應春, 李承金, 壬辰難, 丁酉難, 追贈

출처 : 純祖 32年 壬辰 2月 27日 ; 48-248下~250上

禮曹以幸行時申孝彬等上言覆啓

該曹啓言 (中略) 又啓言 觀此慶尙道進士李宗休等上言則以爲 蔚山故部將李應春 自幼事親孝與弟友 及長登武科 棄官歸 當壬辰之難 散財發糧 曉喩散亡 募將數千人 遮遏島山等地 設奇制敵 斬馘三百餘級事聞陞通政資 尋留陣開雲浦 以防水路之賊 一日賊艘大至 力難枝梧 遂作書遺其子曰 吾家世受國恩 義當殉國 今日吾必決死 汝須善保 毋絶先祀 遂挺槍赴賊而死 其子承金 年十三斷指 進血 以瘳父病 及長登武科 官至訓鍊正 壬辰隨父從軍 斬馘甚多 其父戰亡於開雲浦 承金見遺書馳赴 尋屍於積骸中 歸葬先壟 誓心復讐 益募死士 設伏邀賊 斬首三十餘級 常爲天兵前導 幾至勦滅 及至丁酉 賊勢復熾 天將主和事 無可爲 承金大言斥之 慷慨而歸 成疾而死 迄今數百年 泯泯無稱 方當舊甲之回 竝施旌贈之典事 有此呼籲矣 李應春承金父子事 已登於年前 該道臣式年修啓 則其忠孝實蹟之有 公議可知 竝施貤贈之典 實合褒揚之政 請上裁 從之

755.

건명 : 掖隷 金致龍을 彦陽縣 遠地로 定配押送함

발신처 : 純祖

검색어 : 金致龍, 彦陽縣, 定配

출처 : 純祖 32年 壬辰 3月 14日 ; 48-269下

命嚴棍定配

敎曰 武藝別監金致龍 令訓將嚴棍後 移送秋曹 遠地定配 ○ 刑曹啓言 金致龍 彦陽縣遠地 定配押送

756.

건명 : 蔚山邑 등의 渰死人에게 恤典을 내리라고 명함

발신처 : 慶尙左水使

검색어 : 蔚山, 渰死, 恤典, 身還布

출처 : 純祖 32年 壬辰 4月 22日 ; 48-308上

給寧海等邑渰死人恤典

慶尙左水使申緖 以寧海東萊蔚山等邑 人物十八名渰死 馳啓 教以 聞甚矜惻 渰死人 如有生前身還布 蕩減事 分付

757.

건명 : 武藝別監 朴基宗을 彦陽縣으로 定配 押送했다고 아룀

발신처 : 刑曹

검색어 : 彦陽縣, 朴基宗, 定配

출처 : 純祖 32年 壬辰 5月 25日 ; 48-342下

秋曹以朴基宗等刑配啓

該曹啓言 武藝別監朴基宗金應燁 嚴刑定配事 命下矣 各嚴刑一次後 基宗彦陽縣 應燁雲山郡 定配所 竝押送

758.

건명 : 소란을 일으킨 曹隷들을 彦陽縣 등에 刑配토록 함

발신처 : 刑曹

검색어 : 彦陽, 金景云, 曹隷

출처 : 純祖 32年 壬辰 6月 20日 ; 48-369下~370下

秋曹以作拏曹隷等刑配啓

該曹啓言 因備邊司啓辭 作拏曹隷中 同惡諸漢 嚴刑遠惡地充軍事 允下矣 曹隷吳成得 係是殺獄正犯 具格嚴囚 以待會推 其餘 金千得 朴春大 朴昌根 林成喆 宋成得 李信得 金龍得 金景云 李順福 邊命吉 蔡成根 李哲伊 許順乭等 各嚴刑一次後 千得厚州府 春大明川府 昌根長津府 成喆昌城府 成得孟山縣 信得渭原郡 龍得昆陽郡 景云彦陽縣 順福興海郡 命吉熊川縣 成根求禮縣 哲伊同福縣 順乭光陽縣 充軍定配押送 而今番 曹隷輩之作拏 誠無前之變怪也 輦轂之下 城闉之內 招呼

徒黨 奔突左右 憑藉行首 捕校捉來之官旨 而或攔入官府 或毁破廳舍 逢着捕校 輒加毒打 李成仁 則竟至不踰日致斃 而伊時光景 死止一人 亦云幸矣 蓋其事端之始 卽緣渠輩之致打捕校也 捕校之人 無敢犯手 非但條制 莫嚴抑 亦法意有存 而渠輩敢懷睚眦 恣意拳踢 究其情跡 合施重勘 捕廳之屢次往復 畢竟捉去嚴棍者 未知本曹所懲治者 較本罪 猶輕 而然而不待臣曹之捉送 自外捉去 而杖之囚之者 大違定式法例 秋曹皂隷 亦是法曹之所以備 使令於詰姦禁暴者也 無論曹隷之行事如 何 又無論捕廳爲屬司與否 而苟自各司有罪 則輒捉去 或杖或囚 則渠 輩亦何以措其手足 擧行官令乎 此所以臣曹定式 臣曹使令輩 或犯罪 過於各司 則移報本曹 大則刑配 小則除汰 而議政府備邊司外 凡各衙 門 不得輒自捉 去治罪者也 從今以往 申明是規 以爲永久遵行之地 成 群作黨 打家毆人 卽强盜之所爲也 近來各司下隷 若有數十徒黨 則犯 此罪 過看作尋 常習不顧畏 漸成風習 此習不懲 此風不革 則方來之憂 無所不至 强盜之不分 首從皆斬卽律令也 日後苟或有犯於此罪 則以 强盜律按而行之 請亦以此意嚴飭於各司 俾頑愚之類 毋至無知而犯科 允之

759.

건명 : 蔚山의 金處鍊 등 嶺南別試武士로 합격한 사람들에 대한 別單
발신처 : 兵曹
검색어 : 蔚山, 金處鍊, 嶺南, 別試武士
출처 : 純祖 32年 壬辰 6月 22日 ; 48-308上

兵曹以嶺南別試武士試取入格別單啓

該曹啓言 嶺南別試武士 更爲試取事草記 啓下後 以其本道入格技藝 試取 則善山閑良盧明瓚 鐵箭入格 蔚山出身金處鍊 大邱閑良柳榮一 河陽閑良金熙奎 許琬片 箭入格 東萊出身許敬濂 三略入格矣 未入格 者 依例給糧下送 而在前抄上武士試取時 武技之中式者 閑良直赴殿 試出身初仕調用 能講者出身初仕 或軍門調用 依判下擧行矣 今此盧 明瓚金處鍊柳榮一金熙奎許琬許敬濂別單書入 ○ 別單盧明瓚鐵箭一 矢一百五十步 二矢一百五十四步 三矢一百五十四步 柳榮一金熙奎許 琬 各片箭邊二中已上 直赴殿試金處鍊 片箭邊二中 許敬濂三略通 竝

初仕調用

760.

건명 : 蔚山 등 慶尙道 水災民에게 恤典을 지급하도록 함

발신처 : 慶尙監司

검색어 : 蔚山, 漂頹戶, 渰壓死人, 恤典, 身還布

출처 : 純祖 32年 壬辰 7月 28日 ; 48-308上

給金海等邑漂頹戶及渰壓死人恤典

慶尙監司金陽淳 以金海 民家一百十一戶頹壓 密陽 二百九十五戶漂頹 梁山 七十七戶漂頹 河東 四十四戶漂頹 人物一名渰死 咸安 五十戶頹壓 宜寧 二十四戶頹壓 玄風 五戶漂失 高靈 二十五戶漂頹 漆原 十三戶頹壓 盈德 三十四戶漂頹 尙州 九十四戶頹壓 人物二名渰死 十八名壓死 晉州 三十九戶漂頹 人物二名壓死 大丘 四十一戶頹壓 人物五名壓死 安東 一百九十戶頹壓 人物三十名渰死 三名壓死 星州 四十五戶漂頹 人物一名渰死 一名壓死 草溪 二十戶頹壓 靑松 一百四十四戶漂頹 人物十九名渰死 禮安 九戶漂失 人物一名渰死 眞寶 十三戶漂失 人物五名渰死 英陽 六戶漂失 昌原 二十戶漂失 蔚山 六十七戶頹壓 醴泉 六戶漂失 龍宮 十八戶漂失 靈山 二十八戶漂失 義城 一百二十一戶漂頹 人物六名渰死 軍威 八戶漂失 馳啓 敎曰 水災之酷 漂渰之慘 抑未料 嶺下多邑之亦如是也 死者則如有生前還布 竝爲蠲蕩 頹戶則恤典優爲題給 道臣另加察 飭俾卽構接事 廟堂關飭分付

761.

건명 : 전복을 기일 내에 진상하지 않은 慶尙左兵使 李東膺을 罷職하라는 청을 들어주지 않음

발신처 : 內醫院

검색어 : 生熟鰒, 進上, 慶尙左兵使, 李東膺

출처 : 純祖 32年 壬辰 8月 15日 ; 48-471上

命慶尙左兵使李東膺罷職勿施

內醫院啓言 今番進上生熟鰒 慶尙左兵使 當次封進 而日限已過 尙不來納 似因潦漲 以致稽滯 今此闕封 揆以事體 不可置而不論 請當該兵

使李東膺罷職 教 以必因潦張所致 罷職勿施

762.

건명 : 嶺南의 邪學 연루 定配罪人들을 放送 함

발신처 : 慶尙監司

검색어 : 定配罪人, 蔚山, 彦陽, 張志仁, 金女月任, 趙女喜

출처 : 純祖 32年 壬辰 9月 10日 ; 48-516上~下

命嶺南定配罪人尹碩春等放送

慶尙監司金陽淳狀啓以爲 道內邪學干連罪人等 革心與否續接 各配所邑所報則 機張尹碩春 則年近六十 久而悔罪 鄭定孫 則日用事爲無異平人 彦陽張志仁 則年旣老耄 革心多年 李珏采 則人本純質 金召史則直是愚婦 俱已頓悟 蔚山金女月任趙女喜等 則往日之事 如隔前塵云 善山田日三 則卽一蠢愚 自同凡人 漆原私婢順德 則每言其無所染汚 居常動靜 眞情可見 丹城南灌 則居常行事 無少疑怪 金海金弘哲則若脫陋名 則死無餘恨爲辭 昆陽韓女鍾喜 則動靜語默 本無可疑 永川劉業用 興海徐明秉 熊川吳成水 英陽朴召史 長鬐金召史 眞寶朴用玉 迎日鄭秉孫等 則悲辭悽悵 革心歸化 配所各邑 一辭報來 右十九名今於年久之後 旣云頓然覺悟 竝令該曹稟處 ○ 刑曹啓言 觀此啓本 則邪學干連定配罪人尹碩春等十九名 當初酌配罪 不至於深重 多年悔悟情可見於自新 竝放送之意 請分付道臣 允之

763.

건명 : 戶曹 經用 不足分을 慶尙左兵營米 등에서 區劃 取用토록 함

발신처 : 備邊司

검색어 : 嶺南, 慶尙左兵營, 穀折米, 區劃取用

출처 : 純祖 32年 壬辰 10月 6日 ; 48-593上~下

命戶曹經用不足以嶺南湖南咸鏡南關關西穀折米三萬石區劃取用

備局啓言 卽見戶曹所報 則以爲本曹經用 近益不敷 且當三路告歉 歲入大縮 量入計出米不足恰 爲四五萬石 目下事勢 萬萬罔措 就穀簿優裕處限五萬石 卽速劃付趂 開倉執錢以來 自京貿用 新捧前太不足 亦爲三千石 此則以惠廳所在移劃 以爲濟用爲辭矣 雖在準總之時 每患

經費之不足 況今應稅之減縮 非比常年 則先期措處 不容少緩 姑以嶺南濟民倉穀折米二千石 信需租折米四千石 左兵營甲胄穀折米一千五百石 各年移錄米一千石 餘留米一千五百石 湖南守城倉穀折米三千石 山城軍餉穀折米三千石 軍移作米一千石 壬戌移劃穀折米一千石 進上添價米二千石 咸鏡南關別會穀折米三千石 大同穀折米一千石 交濟久置穀折米一千石 關西巡錢穀折米三千石 壬戌移劃穀折米二千石 合折米三萬石 先爲區劃 使之從便取用 而所劃之數 似難支繼 於再明年新捧 此則更就京外有裕處 請量宜稟處 允之

764.

건명 : 白致彦을 彦陽縣監으로 삼음

발신처 : 純祖

검색어 : 彦陽, 彦陽縣監, 白致彦

출처 : 純祖 32年 壬辰 12月 2日 ; 48-663下

有政 吏曹判書李止淵進

以閔英世爲司諫 尹義儉爲會寧府使 白致彦爲彦陽縣監

765.

건명 : 太僕寺에서 各 牧場의 馬畜 數爻를 아뢴 내용 중 울산 부분

발신처 : 太僕寺

검색어 : 蔚山, 監牧官, 李懿喆, 南建正, 各牧場馬畜數爻, 辛卯籍付馬

출처 : 純祖 32年 壬辰 12月 19日 ; 48-681上~683上

太僕進今年各牧場馬畜數爻

楊州監牧官金履元 所管一牧場 (中略) 蔚山長鬐等 監牧官 前任李懿喆 時任南建正 所管二牧場 辛卯籍付馬七百九十九匹 前任李懿喆所報 今生馬一百三匹 時任南建正所報 今生馬五匹合馬九百七匹內 封進馬四匹 前任李懿喆所報 故失馬五十三匹 時任南建正所報故失馬五十一匹 (下略)

766.

건명 : 申緖를 慶尙左兵使로 임명함

발신처 : 純祖
검색어 : 慶尙左兵使, 申緖
출처 : 純祖 33年 癸巳 5月 4日 ; 49-5上

有政 吏曹判書徐俊輔 兵曹判書朴周壽進

以吳取善爲修撰 朴宗學爲左尹 宋冕載爲知經筵 李止淵爲弘文提學 徐能輔爲左副賓客 柳相亮爲同義禁 金陽淳爲同春秋 李章五爲洪川縣監 李光文爲知事 李奎鉉爲都摠管 李寅泰柳和源爲副摠管 李東膺爲京畿水使 申緖爲慶尙左兵使 沈漢永爲慶尙左水使

767.

건명 : 金大得을 蔚山府로 定配 押送하도록 한 처분
발신처 : 刑曹
검색어 : 蔚山府, 金大得, 定配, 收贖
출처 : 純祖 33年 癸巳 5月 25日 ; 49-30上~下

刑曹以金大得等定配趙雲鵬收贖放送啓

該曹啓言內 農圃新川庫直金大得 嚴刑定配事 命下矣 金大得嚴刑一次後 蔚山府定配押送 又啓言 明溫公主墓所 樹木斫伐之 趙得伊嚴刑定配事 命下矣 趙得伊嚴刑一次後 雲山郡定配押送 又啓言 犯夜幼學趙雲鵬 杖一百 徒三年定配 而其母 年今七十 無他兄弟 請依法典 收贖放送 允之

768.

건명 : 蔚山 등의 封山을 보호해달라는 청원
발신처 : 黃海道暗行御史
검색어 : 蔚山, 密陽, 封山, 火耕, 松禁, 蔚密
출처 : 純祖 33年 癸巳 6月 24日 ; 49-112下~119下

黃海道暗行御史洪羲錫進書啓別單

(前略) 一 封山禁養所重 何如 而長山串 前後左右長松 稀疏蔓藤蓊 蔚山腰以下 則火耕連續 木根狼藉 松禁之蕩然 實爲寒心 若此不已 幾何而不至於童濯也哉 其所禁護之節 長養之方 不可不申嚴 令甲期有實效 而舊長山四五十里 盡爲樵牧之場 是固宜松之土 而昔之蔚密之地

也 此亦使之一體禁養 與今長山連接成林 則日後需用 庶期裕足 關飭帥臣 另念擧行 (後略)

769.

건명 : 장마로 蔚山府의 民家가 무너졌으니 恤典을 베풀어달라는 청원

발신처 : 慶尙監司 徐憙淳

검색어 : 慶尙監司, 徐憙淳, 蔚山府, 蔚民, 頹戶, 恤典

출처 : 純祖 33年 癸巳年 7月 1日 ; 49-127下~128上

給蔚山府頹戶恤典

慶尙監司徐憙淳 以去月二十五六日之雨 蔚山府民家 一百一戶頹壓馳啓 敎 以當此農劇 蔚民頹戶 若是夥多 極爲驚悶 另加顧助 俾趁搆接事 分付

770.

건명 : 沈能俊을 慶尙左兵使로 임명함

발신처 : 純祖

검색어 : 慶尙左兵使, 沈能俊

출처: 純祖 33年 癸巳 8月 7日 ; 49-192下

有政 吏曹判書朴宗薰兵曹判書朴周壽進

敎曰 閫帥有闕之代 政官牌招開政 以南履懋爲大司諫 鄭琦和爲執義 鄭東煥爲司諫 李炫章韓錫祉爲掌令 尹師殷鄭誠一爲持平 朴時源爲獻納 金東健金宗虒爲正言 李德鉉爲工曹參判 金蘭淳爲同義禁 朴綺壽爲知事 李瀅夏李鼎會爲同知 沈能俊爲慶尙左兵使 李得壽爲公忠兵虞候

771.

건명 : 慶尙左兵使의 下直을 청원함

발신처 : 備邊司

검색어 : 慶尙左兵使, 辭朝

출처 : 純祖 33年 癸巳 8月 13日 ; 49-199下

命未下直閫帥明日辭朝守令不多日內辭朝

備局啓言 帥臣曠任可悶 新除授慶尙左兵使 使之明日辭朝 秋務將始

未下直守令 亦令不多日內 請辭朝 允之

772.

건명 : 武藝別監을 구타한 金英福을 蔚山府로 압송하여 귀양보내록 한 처분

발신처 : 刑曹

검색어 : 蔚山府, 禁衛營軍, 金英福, 定配

출처 : 純祖 33年 癸巳 8月 17日 ; 49-205下

配金英福于蔚山府

刑曹啓言 毆打武藝別監之 禁衛營軍金英福 待過齋嚴刑一次後 蔚山府定配所押送

773.

건명 : 彦陽縣監 白致彦이 근무 성적 심사에서 下를 받음

발신처 : 慶尙監司 徐憙淳

검색어 : 慶尙監司, 徐憙淳, 彦陽縣監, 白致彦, 殿最

출처 : 純祖 33年 癸巳 12月 15日 ; 49-422上

開拆中外殿最

慶尙監司徐憙淳啓 本熊川縣監崔粹俊戢 奸釐逋終難有效 漆原縣監曺鵬謗 豈盡信督見勤勵 並中 金山郡守李綱在 房孌干政民不願訟 慶山縣令李基恢 懲奸完逋難期就緒 彦陽縣監白致彦 民不聊生終難曲恕 並下

774.

건 명 : 王熙澤을 彦陽縣監으로 삼음

발신처 : 純祖

검색어 : 王熙澤, 彦陽縣監

출 처 : 純祖 33年 癸巳 12月 22日 ; 49-429上~下

命進御加味二陳湯自今日停止都政下批 吏曹判書朴宗薰 參議洪穉圭 兵曹判書徐耕輔 參議洪祐燮 參知李寅敎進

吏批 以李和愚爲金山郡守 李鍾稷爲谷城縣監 姜必魯爲副修撰 李鼎秉爲同敦寧 申在健爲金海府使 鄭裕俊爲橫城縣監 李文欽爲鏡城判官

趙然明爲鎭安縣監 金炳斗爲咸悅縣監 權涑爲昌平縣令 朴宗釆爲慶山縣令 金啓洽爲懷仁縣監 朴宗琦爲右尹 宋應龍爲副校理 柳相質爲价川郡守 魏煥喆爲歙谷縣令 王熙澤爲彦陽縣監 李敎益爲求禮縣監 沈肇永爲南海縣監 金洛駿爲固城縣令 裵化鳳爲熊川縣監 崔允瑾爲興德縣監 玄鎭商洪在喆爲正言 宋持養爲修撰 鄭宅善爲中和府使 柳基豊爲庇仁縣監 韓宓履爲司書 林永洙爲北靑府使 朴熙聖爲祥原郡守 金東健爲文學 李重榮爲靈巖郡守

775.

건명 : 蔚山을 비롯한 각 목장 말의 數爻를 아뢴 내용 중 울산 부분

발신처 : 太僕寺

검색어 : 各牧場馬畜數爻, 蔚山, 長鬐, 監牧官, 南建正, 壬辰籍付馬, 太僕寺, 封進馬, 故失馬

출처 : 純祖 33年 癸巳 12月 22日 ; 49-430上~431下

太僕進今年各牧場馬畜數爻

蔚山長鬐等 監牧官南建正 所管二牧場 壬辰籍付馬七百九十九匹 今生馬一百十二匹 合馬九百十一匹內 封進馬四匹 故失馬一百六匹 (下略)

776.

건명 : 慶尙左兵使 沈能俊 등의 追榮을 시행하도록 한 처분

발신처 : 領議政 李相璜

검색어 : 慶尙左兵使, 沈能俊, 追榮

출처 : 純祖 34年 甲午 1月 10日 ; 49-430上~431下

命李應植等追榮依例移施

領議政李相璜啓言 公忠兵使李應植 慶尙左兵使沈能俊 當爲追榮 而所後家 則已有贈階 無可施之處矣 前此似此之人 許令以本生家 移施已例爲然 故仰達矣 從之

777.

건명 : 慶尙左水使 沈漢永이 蔚山 大雲封山의 산불 피해 규모와 문책을 보고한 내용

발신처 : 慶尙左水使 沈漢永

검색어 : 慶尙左水使, 沈漢永, 蔚山, 慶州府尹, 金邁淳, 大雲封山, 失火, 鄕色, 吏鄕, 禁火山監直, 松田

출처 : 純祖 34年 甲午 3 月 11日 ; 49-536上~下

慶尙左水使沈漢永以蔚山封山失火 馳啓

狀啓以爲 卽到付蔚山兼任慶州府尹金邁淳牒呈內 二月十三日 火起於蔚山大雲封山 時鳴洞茅草田延及標內趄 卽撲滅而被燒處 長爲四十二步 廣爲三十四步云 封山失火 聞極驚悚 發遣臣營軍官 摘奸 則被燒處長爲一百十八步 廣爲八十五步 火枯 大松十一株 中松十五株 小松六十七株 稺毛松不可勝計 而果是標內 封山禁護等節 不能着意 有此失火之擧 延燒長廣 旣若是浩大 株數又如是夥多 在該邑擧行之道 惟當從實報來 而周回步數 與臣營摘奸 有所相左 此雖由於鄕色之瞞告率爾謄報 未免疎忽 蔚山府 都次知首吏鄕及禁火山監直等 爲先捉致 臣營從重決棍 懲礪火起根因 期於査得之意 發關嚴飭 新頒事目中 松田失火 守令勿罷 故該守令 論罪一款 不敢擧論 令廟堂稟處 臣職在掌松不善檢飭 有此封山失火之擧 惶恐待罪 教 以勿待罪事 回諭

778.

건명 : 蔚山府의 산불 원인을 다시 보고하도록 하고, 수령을 문책하도록 한 처분

발신처 : 備邊司

검색어 : 慶尙左水使, 沈漢永, 蔚山府, 慶州府尹, 金邁淳, 大雲封山, 失火, 推考

출처 : 純祖 34年 甲午 3月 11日 ; 49-536下

命蔚山府失火根因嚴覈更報

備局啓言 卽見慶尙左水使沈漢永狀啓 則枚擧蔚山兼任慶州府尹 金邁淳牒呈 以爲蔚山大雲封山失火 延及標內 大小松木多被燒爐 失火根因 期於査得 而封山失火 守令勿罷 已有新頒事目 該守令 論罪一款不敢擧論 請令廟堂 稟處矣 不可全然無警 當該守令 從重推考 失火根因 嚴覈更報之意 請分付 允之

779.

건명 : 慶尙左水使 沈漢永이 蔚山 封山의 산불로 죄를 청함

발신처 : 純祖

검색어 : 慶尙左水使, 沈漢永, 蔚山, 大雲封山, 失火

출처 : 純祖 34年 甲午 4月 21日 ; 49-579下

命慶尙左水使沈漢永勿待罪事回諭

該水使 以蔚山大雲封山 失火根因 終未斯得 惶恐待罪馳啓 有是命

780.

건명 : 각 道의 죄인들을 형편을 참작하여 放免하도록 한 처분

발신처 : 刑曹

검색어 : 慶尙道, 定配罪人, 徒年秩, 蔚山, 彦陽, 充軍秩, 減死秩, 流配秩, 疏放之典

출처 : 純祖 34年 甲午 6月 23日 ; 49-647上~648上

秋曹以諸道定配罪人疏放啓

慶尙道定配罪人 徒年秩 金海 崔元柱等三十六人 充軍秩 咸安 尹殷植等九人不限年秩 淸河 朴基宗等十二人 流配秩 開寧 權仁碩等一百六十二人 減死秩 義興 申文述等 罪犯不至深重 合施疏放之典 故付籤以入依此放送之意 請分付 道臣 允之 丹城李成官 昌原韓應文 梁山全元山 仁同卞啓元 比安金時順 高靈洪芳賢 慶山鄭四成 昌原元宗煒 仁同私婢九月 昌原朴聖寬 蔚山金大得 咸安宋完得 靈山崔光龍 昆陽朴允達 南海趙鑑 固城朴鍾振 彦陽皮應浩 仁同趙相岳 草溪南鍾九 慶山申義道 梁山金云等 放字特書下

781.

건명 : 彦陽 皮應浩를 비롯한 罪人을 罪狀에 따라 처결하도록 한 처분

발신처 : 刑曹

검색어 : 各道配案, 疏放之命, 彦陽, 蒙放

출처 : 純祖 34年 甲午 6月 25日 ; 49-654上~下

秋曹以各道配案稟啓

該曹啓言 今番疏放之命 寔出曠絶之澤 臣謹 將各道配案 就議大臣詳考 情犯之輕重參酌 到配之久近區別 放仍付籤 以入恭俟上裁矣 及伏見判付下者 付籤之外 特書放字者 爲六十三名 好生之德意 尤萬萬欽

歎 而其中 或罪同罰異 或情犯深緊 有難輕釋 故更爲禀議大臣 而殺獄干犯及因人致死罪人 配案付籤時 限以壬辰十二月矣 癸巳以後 同罪三十八名內 癸巳之 長水姜右丁 海南朴必成 彦陽皮應浩 甲午之 梁山全元山 綾州李召史 五名獨爲蒙放 刃刺人物罪人 當年三名內 興德崔允久 獨爲蒙放 養賢庫養士支供犯逋罪人七名內 多逋之 昌原元宗煒獨爲蒙放 晉州兵營火災時 不能挺身捍禦之入番官屬散配者 六名內延豊權快成 青山奴德銀 二名獨爲蒙放 今年科場用情冒入者 俱不擧論 而慶山鄭四成 獨爲蒙放 高靈洪芳賢 安邊李敏淳 偸弄民結 旣係重律 扶安尹謙洙 班族也 鍾城洪道謹 掖屬也 互相符同 僞造宮人手蹟欲圖內需司鑄錢 罪犯旣是深重 到配未滿一週 南海趙鑑 以班族嘯聚徒黨 詐僞制書 情犯甚重 而俱爲蒙放 右項諸罪人 不可與尋常編配 一例疏放 並爲仍配 至於封山松犯斫罪人 擧蒙放字書下 而平山金有宗鳳山金三巖 二名未蒙放 英陽縣突入官庭 肆發詬逼罪人二名內 首犯之永興金最卜 放字書下 次犯之泰川金億 只未蒙放 米廛市民 大小升及和水知情者 同罪同律爲二名 而興陽李東顯 放字書下 孟山崔鳳麗未蒙放 空闕木犯斫罪人 擧蒙放字書下 而原州曺命甲 未蒙放 右項諸罪人 罪犯旣不深重 放仍宜不異同 請一體放送 允之

782.

건명 : 蔚山을 비롯하여 홍수에 피해를 입은 백성들의 구휼를 바라는 청원
발신처 : 刑曹
검색어 : 慶尙監司, 徐憙淳, 蔚山, 民家漂失, 漂頹戶, 渰壓死人, 身還布, 恤典
출처 : 純祖 34年 甲午 7月 19日 ; 49-682下

給安東等邑漂頹戶及渰壓死人恤典

慶尙監司徐憙淳 以安東昌原尙州星州大邱蔚山密陽仁同草溪陜川梁山金山開寧宜寧高靈眞寶淸河龍宮靈山禮安玄風英陽漆原等 二十三邑民家漂失 二百六十六戶 頹壓 一千三百四戶 人物渰死十三名 壓死十六名 馳啓 敎 以聞甚矜慘 漂頹戶 別加顧助 不日奠接 俾免失所 渰壓死人 如或未卽瘞埋者 另加詳探存恤 而其中兼値漂頹之災者 生前如有身還布 蕩減之意 關飭道臣事 廟堂措辭 分付

783.

건명 : 身病으로 관직을 그만두기를 청한 蔚山府使 閔致文 등에 대한 처분

발신처 : 吏曹

검색어 : 蔚山府使, 閔致文, 罷黜

출처 : 純祖 34年 甲午 9月 29日 ; 49-784上

罷黜蔚山府使閔致文石城縣監趙鼎休

吏曹 以致文鼎休 身病猝重 不得下去 啓請罷黜 允之 教 以今日政 差出

784.

건명 : 趙濟晩를 蔚山府使로 임명함

발신처 : 純祖

검색어 : 蔚山府使, 趙濟晩 新通, 初仕

출처 : 純祖 34年 甲午 9月 29日 ; 49-784上~下

有政 吏曹判書朴綺壽參判李志淵兵曹判書沈能岳進

以成遂默爲副應敎 遂默及趙秉憲 並新通 李淵祥爲兼弼善 徐俊輔爲刑曹判書 徐耕輔爲判尹 李羲準爲刑曹參判 韓耆裕爲右尹 徐萬淳爲同敦寧 李止淵鄭基善 金箕殷爲知經筵 朴永元朴岐壽爲同經筵 永元及李憲球徐萬淳趙冀永朴齊聞 並新通 沈能岳爲知義禁 姜必魯爲副修撰 趙濟晩爲蔚山府使 韓守一爲石城縣監 金箕默爲全州判官 徐有準爲韓山郡守 金魯甲爲都總管 李鼎臣李寅泰爲同知 李亨夏爲宣傳官 李熙鏞爲部將 亨夏以下 初仕也 金學淳爲知事

785.

건명 : 慶尙左水使 沈漢永의 大雲·長安 封山 失火에 대한 보고

발신처 : 慶尙左水使 沈漢永

검색어 : 慶尙左水使, 沈漢永, 大雲, 長安, 封山失火, 蔚山府使, 趙濟晩, 茅草田, 蔚山

출처 : 憲宗 卽位年 甲午 12月 17日 ; 50-68上

慶尙左水使沈漢永以大雲長安封山失火馳啓

狀啓以爲 蔚山府使趙濟晩牒呈內 卽接大雲封山都監文報 則初四日酉時 量火起於本封山標外茅草田 仍卽撲滅 十二日 機張縣監咸英錫牒

呈內 初六日夜半 蔚山大雲封山之火延及於本封山 極力撲滅 十六日 蔚山府使又爲牒呈內 大雲封山滅火之後 餘燼未熄 初六日酉時 更爲起火 初九日辰時始乃撲滅 兩邑封山之一時失火 聞極驚駭 發遣帶率軍官摘奸 則蔚山大雲封山前後被燒處 長爲四百二十步 廣爲三百十八步 松三十八株 稚毛松不知其數 機張長安封山被燒處 長爲三百五十步 廣爲二百十一步 松十九株 稚毛松不可勝數 當初火起根因 期於查得之意 發關嚴飭於該府使處 職在掌松 不善檢飭 惶恐待罪 教 以勿待罪事 回諭

786.

건명 : 蔚山의 封山 失火에 대한 根因을 嚴覈하여 更報하도록 함
발신처 : 備邊司
검색어 : 蔚山, 封山失火, 慶尙左水使, 沈漢永, 松田失火, 推考
출처 : 憲宗 卽位年 甲午 12月 19日 ; 50-69下

命蔚山封山失火根因嚴覈更報

備局啓言 卽見慶尙左水使沈漢永狀啓 則蔚山封山失火 根因期於查得而該守令論罪一款 請令廟堂稟處矣 松田失火勿罷守令 雖是事目 而亦不可全然無警 當該地方官竝從重推考 一年之兩次失火 不可但以禁護疏忽言 其根因除尋常嚴覈更報之意 請分付 允之

787.

건명 : 太僕寺의 각 道 牧場馬畜數爻啓 가운데 울산 부분
발신처 : 太僕寺
검색어 : 各牧場馬畜數爻啓, 蔚山, 監牧官, 南建正, 癸巳籍付馬
출처 : 憲宗 卽位年 甲午 12月 22日 ; 50-86上~89上

太僕進各牧場馬畜數爻

(前略) 蔚山長鬐等 監牧官南建正 所管二牧場 癸巳籍付馬八百一匹 今生馬一百九匹 合馬九百十匹內 封進馬四匹 故失馬九十三匹 (下略)

788.

건명 : 軍布를 未納한 慶尙左兵使 沈能俊 등을 重推함

발신처 : 兵曹

검색어 : 重推, 軍布, 慶尙左兵使, 沈能俊, 右兵使, 李載亨

출처 : 憲宗 元年 乙未 正月 21日 ; 50-152下~153上

重推公忠兵使柳基常等

兵曹啓言 軍布未收抄計論罪 載在法典矣 各該帥臣 固當嚴督列邑趂限上納 而今此軍布未納之數 通計錢木 則至過六萬 經用浩多 而排比無路 言念法意 誠極駭然 公忠兵使柳基常 全羅兵使具錫朋 慶尙左兵使沈能俊 右兵使李載亨 前右兵使安光贊 請竝重推 使之刻期督納 允之

789.

건명 : 慶尙左水使 沈漢永의 大雲封山 失火에 대한 보고

발신처 : 慶尙左水使 沈漢永

검색어 : 慶尙左水使, 沈漢永, 大雲封山, 失火, 蔚山府使, 趙濟晩, 茅草田

출처 : 憲宗 元年 乙未 3月 初10日 ; 50-215上~下

慶尙左水使沈漢永以大雲封山失火馳啓

狀啓以爲 蔚山府使趙濟晩牒呈內 卽接大雲封山都監文報 則十二日巳時 火起封本封山標外茅草田 延及標內 僅爲撲滅 封山失火聞極驚駭 發遣帶率軍官摘奸 則大雲封山被燒處 長爲四百二十步 廣爲二百六十步 大松六株中 松二十六株 小松三十五株 小小松九十一株 穉毛松不可勝數 前年兩次失火之後 又有此失火者 萬萬可駭 當初失火根因 期於査得之意 發關嚴飭於該府使處 職在掌松 不善檢飭 惶恐待罪 敎 以勿待罪事 回諭

790.

건명 : 蔚山 封山失火의 根因을 道帥臣이 詳覈 啓聞하도록 명함

발신처 : 慶尙左水使 沈漢永

검색어 : 蔚山, 封山失火, 慶尙左水使, 沈漢永, 蔚山府使, 趙濟晩, 大雲封山

출처 : 憲宗 元年 乙未 3月 15日 ; 50-221下~222上

大王大妃殿命蔚山封山失火根因道帥臣詳覈啓聞

領議政沈象奎啓言 此慶尙左水使沈漢永狀啓也 枚擧蔚山府使趙濟晩牒呈以爲 大雲封山失火延及標內 大小松木多被燒燼 失火根因期於査

得 而守令勿罷 旣有新頒事目 該守令論罪一款 不敢擧論 請令廟堂稟處矣 封山之周年內 三次失火 不可但以不能檢察論 而勿罷守令 旣載事目 則雖無以遽 請開路 亦豈可循例推考 而止令道帥臣詳覈其根因論理啓聞後 請更爲稟處 大王大妃殿從之

791.

건명 : 慶尙左兵使 沈能俊의 改差를 청원함
발신처 : 備邊司
검색어 : 慶尙左兵使, 沈能俊, 改差
출처 : 憲宗 元年 乙未 3月 23日 ; 50-237上

遞慶尙左兵使沈能俊

備局 以能俊身病 屢度乞遞 啓請改差 允之

792.

건명 : 許棨을 慶尙左兵使에 임명함
발신처 : 憲宗
검색어 : 許棨, 慶尙左兵使, 單付
출처 : 憲宗 元年 乙未 3月 23日 ; 50-237上~下

有政 吏曹判書趙寅永參議張敎根進兵曹判書金在昌進

以閔泰鏞爲大司成 泰鏞及洪鍾遠趙秉常新通 許棨爲慶尙左兵使 遠接使李羲甲 館伴使金逌根 問禮官李寅皐 迎接都監提調李止淵 郎廳李竣祜趙然大具行益姜英國鄭淳榮洪祐信朴宗有李羲升 公事郎廳申泰羲竝單付 (下略)

793.

건명 : 慶尙監司 趙秉鉉 등이 大雲封山 失火의 根因을 未核한 것을 아룀
발신처 : 慶尙監司 趙秉鉉
검색어 : 慶尙監司, 趙秉鉉, 左水使, 沈漢永, 蔚山, 大雲封山, 失火, 趙濟晩
출처 : 憲宗 元年 乙未 5月 17日 ; 50-313上~314上

慶尙監司趙秉鉉左水使沈漢永以蔚山大雲封山失火根因未核馳啓

趙秉鉉狀啓以爲 今此封山之兩歲 三大驚訝交極 啓下行査事體自別

而各人供招 俱未眞的 邑報論列亦沒把捉行人 落火易至燎原 而旣無質問之處 老樹交戞或多鑽燧 而只出模索之見 惟是林慶昌輩之債錢去來 適在於失火之前後 則行賂圖任似爲 故放之苗脈 而邑底留宿 足爲自明之證 望報旋遞 可知不願之任 推捉之路 因懇給債 人情容或無怪 而當初呈訴之李栽新 亦云無可疑之端 則以若烏有之虛影 勒加鴻罹之罪名 反非所以重査體之義 失火之由終未核得 別遣耳目隨處摘奸 被燒根因廣加廉探 則回告一如邑報 而形址 則昨年二月日失火麻田谷被燒處周回 不甚廣闊 又幸乍起旋樸 大中松木不至枯傷 而經歲之後幾皆蘇生 十一月失火頭理嶝及今年二月日失火女妓谷 則延燒幅圓已極闊迂 松木被傷亦甚數多 不可以株計而尺量矣 封山火變縱或有之 而如是頻 仍係是罕覩山之距邑爲五十里 則邑監色之藉口爲說 雖或欺方 而烏可免不飭之罪乎 火監官火山直 則掌是禁火山 監山直等 則居在山底 平日禁護 未能詳審 起火蹤跡又不摘發 雖無故犯之迹 合有當懲之律 自臣營竝從重科治 府使趙濟晩 則昨春之火係是前官時事至月之火 又在到任之初 則今不必追咎而前燒屬耳 今火繼起不善檢飭之責 在所難免 而守令勿罷 旣有新頒事目 故論罪一款 待稟處擧行 沈漢永狀啓以爲 封松禁護 何等愼重 而周年內三次失爙 已不勝悚惶 而況啓下行査事體自別 若不嚴覈根因大加懲創 則頑習難戢封場莫保 而該府使所報各人等供辭 俱未緊的終沒把捉 但林慶昌輩之給債報債 不先不後 則似爲可疑之跡 而入府留宿之狀 方一有證 見差旋滯之事 公文可憑 且推捉時 因懇給債 情或似然 而呈訴之李栽新 亦以無疑納招 則以若虛影有難勒成眞贓 亦自臣營密布耳 目別歧廉探 而三次被燒爲日稍久勢 不無査得之爲難 行人落火 密樹鑽燧 理或無怪 而俱未得憑質 臣職在掌松始也 不善檢飭 終焉未核根因 尤爲悚懍惶恐待罪 敎 以勿待罪事 回諭

794.

건명 : 京外의 殿最를 開坼함

발신처 : 憲宗

검색어 : 京外殿最, 慶尙監司, 趙秉鉉, 彦陽縣監, 王熙澤, 竝中

출처 : 憲宗 元年 乙未 6月 15日 ; 50-348下~350上

開坼京外殿最

○ 慶尙監司趙秉鉉啓本 金海府使申在健 非治不孜 奈病之妨 固城縣令金洛駿 差欠妨斷 政積竭誠 奉化縣監曺相振 秤燭傷廉 斷觴能勇 彦陽縣監王熙澤 干囑宜絶 勤勵是勉 知禮縣監洪膺疇 何糴不弊 惟釐之宜 禮安縣監金宜淳 士夫之鄕 尤念持重 三嘉縣監徐容輔 偶失束薪 方蔚恤蔀 比安縣監洪秉道 縱謂收逋 終涉違經 黃山察訪李在嵩 雇謗非信 召村察訪徐有晃 不甚至瘝 竝中 豊基郡守尹行麟 財枵必窮 害將安歸 順興縣監申匡一 面請換邑 唉此在得 竝下 (下略)

795.

건명 : 吏曹의 여러 道 守令에 대한 降考 狀啓

발신처 : 吏曹

검색어 : 諸道守令降考, 彦陽縣監, 王熙澤

출처: 憲宗 元年 乙未 6月 22日 ; 50-367下~368上

吏曹以諸道守令降考啓

該曹啓言 考見諸道褒貶啓本 則鎭川縣監柳弘根 以可奈損體爲目 青陽縣監李秉植 以儀或有失 令必不行爲目 固城縣令金洛駿 以差欠妨斷爲目 彦陽縣監王熙澤 以干囑宜絶爲目 (中略) 其間一中 雖因赦令蕩滌 其不治可知 請罷黜 允之 (下略)

796.

건명 : 蔚山府使 趙濟晩의 重推를 청원함

발신처 : 慶尙監司 趙秉鉉 등

검색어 : 蔚山府使, 趙濟晩, 慶尙左水使, 沈漢永, 蔚山, 大雲封山, 推考

출처 : 憲宗 元年 乙未 6月 22日 ; 50-368下~369上

重推蔚山府使趙濟晩及慶尙左水使沈漢永

備局啓言 頃以蔚山大雲封山失大根因 令道帥臣詳覈論啓後 稟處之意筵奏行會矣 卽見慶尙監司趙秉鉉 左水使沈漢永 啓本 則枚擧該府使趙濟晩查報以爲 參見衆招終沒把捉 然山監山直輩之常時 未能禁護之罪 自本營從重科治計料 該府使不善檢飭之責在所難免 而守令勿罷旣有事目論罪一款待稟處擧行爲辭矣 三次連火 殊甚可疑 而屢回盤覈

終無可執之端 則有難强覓其根因 而三朔再燼 在於時府使莅任之後 不善檢飭之罪 亦不可只循 常例緘辭 從重推考 以爲照勘之地 當該帥臣亦難免不飭之責 請從重推考 允之

797.

건명 : 林一馥을 彦陽縣監에 임명함

발신처 : 憲宗

검색어 : 林一馥, 彦陽縣監

출처 : 憲宗 元年 乙未 6月 25日 ; 50-372下~374上

都政下批 吏曹判書趙寅永參判申緯兵曹判書金在昌參議申在獻進

○ 吏批以李寅亮爲南原府使 洪鍾浩爲錦山郡守 (中略) 趙在慶爲校理 李明迪爲副校理 宋秀國爲雲山郡守 李在稼爲永平縣令 林一馥爲彦陽縣監 李載信爲宜寧縣監 吳基默爲井邑縣監 嚴錫明爲平澤縣監 徐戴淳爲應敎 (下略)

798.

건명 : 慶尙左水使 李悌彬에게 待罪하지 말도록 명함

발신처 : 慶尙左水使 李悌彬

검색어 : 慶尙左水使, 李悌彬, 倭船, 蔚山府, 鹽浦, 哨探將, 崔東弼

출처 : 憲宗 元年 乙未 閏6月 9日 ; 50-403上~下

命慶尙左水使李悌彬勿待罪

慶尙左水使李悌彬 狀啓以爲 倭大船一隻 去月十六日 止泊于蔚山府鹽浦前洋 別差率小通事等 十九日與該府使眼同問情 則漂泊倭等言內俺等所乘大船一隻 今月十五日午時 自館所待風處發船 幾及馬島境風勢不利 且値日暮 逗遛洋中經夜後 轉轉漂流止泊此處 而俺等逢風漂流時 所持熟麻碇砉三張 旨砉一張 草芚三十二番折傷 漂失白木綿貼風席三幅 觸風裂破 駕海無路云 與該府使眼同看審 則果爲的實 故容入木三疋 備給之意申飭該府矣 今月三十日 爲風水所驅 轉漂外洋莫辨其去留處 凡倭船之漂泊我境也 毋論出來與入歸問情後 護送館自是不易之例 倭人設有乘風直歸領護之道 固當據例責諭使不得經歸今此哨探將崔東弼不能抵死挽執 任其徑還 非但大違格例揆以重邊之

道 不可以止泊時 問情中 入歸船之無疑 有所容貸上 項哨探將等捉致臣營從輕重棍懲 臣職在邊門 不善檢飭 致有此擧 惶恐待罪 教 以勿待罪事 回諭

799.

건명 : 각 道의 殺獄案에 대한 覆啓

발신처 : 慶尙監司 徐憙淳

검색어 : 殺獄案, 慶尙監司, 徐憙淳, 覆檢官, 彦陽前縣監, 李龍求

출처 : 憲宗 元年 乙未 閏6月 19日 ; 50-404上~405下

秋曹以各道殺獄案覆啓

慶尙監司徐憙淳 狀啓以爲 咸陽韓得成勒曳李文玉 卽地致死 (中略) ○ 刑曹 啓言 此獄 則勒曳而猶有生意 則蹴踏而竟致絶命 終日持苟之說 終歸虛謊假綠移禍之計 自歸綻露 請依前訊推 又狀啓以爲 慶州崔斗萬足踢權平玉 第十七日致死 壬辰五月初一日 因初檢官慶州前府尹鄭禮容檢狀實因 以被踢致死 懸錄正犯 以崔斗萬懸錄 覆檢官彦陽前縣監李龍求檢狀實因 正犯與初檢同 此獄 則顖門也 胸膛也左肋也 三處傷損 俱是要害之地 其病非添他祟 則其死更有何疑哉 三四次猛踢之狀 市有公眼 五六日苦痛之招隣 非私嫌如法償命 斷不可已 (下略)

800.

건명 : 嶺南의 被災戶에 대한 恤典을 다른 道의 事例에 의거하여 施行하도록 명함

발신처 : 左議政 洪奭周

검색어 : 嶺南, 被災戶, 恤典, 蔚山

출처 : 憲宗 元年 乙未 閏6月 25日 ; 50-415上~下

大王大妃殿命嶺南被災戶恤典依他道例施行

左議政洪奭周啓言 伏聞 日前診筵慈聖殿下以軫恤民隱之意 縷縷下教仍以被災戶恤典之能究實惠與否 屢勤俯問德意 所曁聽聞齊聳 孰敢不感激欽 頌思所以對揚萬一乎 被災孔酷之處 許多民人皆知有蠲恤之擧攢手 相告延頸 以待似無中間阻閼之理 而以今弊習之日滋 亦安敢保其一一下究 必無毫髮之容奸乎 更以下教辭意 關飭該道使之加意探察

如或有一分無實之歎 卽爲摘發嚴勘俾窮蔀流離之氓 咸識聖朝憂勤之念 恐不可已 京畿諸邑鎭被災之啓才 又有稟處行會者 而安城之四十二戶 慶尙道蔚山之六十六戶 又有次第登聞者 此亦略依他邑已施之例 元恤典外 別加顧助 諸般雜役量宜蠲免之意 措辭申飭於道臣爲宜 臣又因此言端而有所仰達者 諸道燒燼戶恤典 皆以十戶以上爲限 而慶尙一道獨以二十戶爲限 臣未知其規例之創自何時 而其在一視之義 實不免斑駁之甚 且況挽近以來朔末之啓 雖一二戶亦皆登聞 而入於恤典之中前 此流例自歸 勿論朔末修啓之規 今雖變通 而亦不必更襲舊謬 此後嶺南亦依他道例施行之意 請分付賑廳及該道 大王大妃殿 敎 以所陳好矣 從之

801.

건명 : 蔚山府使 趙濟晩의 推考를 청원함

발신처 : 刑曹

검색어 : 蔚山府使, 趙濟晩, 松田禁火, 推考, 減一等

출처 : 憲宗 元年 乙未 7月 上 初4日 ; 50-429下

秋曹以蔚山府使趙濟晩照律啓

刑曹啓言 蔚山府使趙濟晩 松田禁火何等重事 而意外失火 有此再燒之擧 不能禁飭之罪在所難免 從重推考 罪杖一百 收贖公罪施行 允之敎 以功議各減一等

802.

건명 : 宗廟 增建 區劃에 대한 狀啓

발신처 : 戶曹

검색어 : 宗廟增建, 京外衙門, 京外錢穀, 禁衛營錢, 華城外帑庫封不動錢, 金井山城穀折米, 架山外城藥九穀折米, 左兵營, 山城穀折米

출처 : 憲宗 元年 乙未 8月 17日 ; 50-494下

備局以宗廟增建之需區劃啓

備邊司啓言 卽見戶曹所報 則明春宗廟增建之役 將爲擧行 前請未區劃條 及今番所用之需無論 京外衙門錢穀 限十五萬兩趑 卽稟劃爲辭矣 京外錢穀 擧皆枵然準數許劃 亦無其路 第以惠廳木一百同 禁衛營

錢一萬兩 華城外帑庫封不動錢五千兩 嶺南所在戶曹句管金井山城穀折米一千石 本司句管私賑穀折米一千石 架山外城藥九穀折米一千石 左兵營山城穀折米二千石 湖南所在本司句管山城軍餉穀折米二千石 餘軍布作米一千石 賑廳句管羅鋪穀折米二千石 湖西所在本司句管各名穀會錄耗中折米五千石 請劃送取用 允之

803.

건명 : 尹行定을 蔚山府使에 임명함

발신처 : 憲宗

검색어 : 尹行定, 蔚山府使

출처 : 憲宗 元年 乙未 8月 27日 ; 50-519上~下

有政 吏曹判書金學淳進

以李明緖爲司諫 沈象奎爲實錄總裁官 趙濟晩爲淸州牧使 洪鍾應爲谷山府使 李源益爲舒川郡守 洪說謨爲靈光郡守 呂民燮爲軍威縣監 趙秉憲爲泰仁縣監 李明迪爲副修撰 尹行定爲蔚山府使

804.

건명 : 太僕寺의 각 道 牧場馬畜數爻啓 가운데 울산 부분

발신처 : 太僕寺

검색어 : 各牧場馬畜數爻, 蔚山, 監牧官, 南建正, 沈錫賢, 甲午籍付馬

출처 : 憲宗 元年 乙未 12月 20日 ; 50-674上~675下

太僕進各牧場馬畜數爻

(前略) 蔚山長鬐等監牧官 前任南建正 時任沈錫賢 所管二牧場 甲午籍付馬八百十三匹 前任南建正所報 今生馬一百六匹 時任沈錫賢所報 今生馬五匹 合馬九百二十四匹內 封進馬四匹 前任南建正所報 故失馬四十匹 時任沈錫賢所報 故失馬三十一匹 (下略)

805.

건명 : 都監 增修를 위한 物力을 영남 병영 등에서 하도록 청원함

발신처 : 備邊司

검색어 : 都監, 嶺南左兵營, 山城穀折米, 左水營, 別餉米

출처 : 憲宗 2年 丙申 上 正月 17日 ; 50-702下~703上

備局以增修都監物力區劃啓

備邊司啓言 卽見增修都監草記以爲 今當入役 應入假量 不下爲五萬兩 請令廟堂就外邑錢穀中 某樣劃下矣 莫重工役 不可不準數區劃 黃海監營勅需錢一萬兩 兵營銀代錢一萬兩 平安兵營各庫記付錢四千兩 統營記付錢五千兩 嶺南左兵營山城穀折米二千石 左水營別餉米二千石 湖南羅鋪穀折米一千石 北關交濟散在穀折米二千石 分排劃送 請從便取用之地 允之

806.

건명 : 鍾城府 등의 殺獄案 覆啓

발신처 : 慶尙監司 趙秉鉉

검색어 : 殺獄案, 慶尙監司, 趙秉鉉, 東萊府, 考覆官, 閔永勳, 彦陽縣監, 林一馥

출처 : 憲宗 2年 丙申 6月 19日 ; 50-884下~885下

秋曹以鍾城府等殺獄案覆啓

(前略) 慶尙監司趙秉鉉狀啓以爲 東萊府罪人金天命 更令道臣捧結案事判下矣 定考覆官使之取招矣 卽接東萊府使閔永勳牒呈內 罪人金天命本月十一日捧考覆 次考覆官彦陽縣監林一馥機張縣監咸英錫前期請來矣 十一日本府掌獄刑吏李應奎告內 囚推殺獄罪人金天命自今月初六日得病呻吟 而數日來病勢猝劇 當日仍爲物故云 府使與考覆官率參檢各人等 對衆檢驗 則實因因病物故的實云 罪人金天命行將結案 當施常憲 則此際徑斃慮有他故 而觀於檢驗詞證 因病致死 果爲的實矣 結案一款不得擧行 罪人金大喆金汗成 則依前嚴囚 (下略) ○ 刑曹啓言 罪人金天命 則行將結案之際 鬼誅先加王法未伸 極爲痛惋 金大喆則雖聽指揮 誠有手犯 其所行兇無異厚伯 蓋其執髮之厚伯旣爲正犯 則推背之大喆當爲加功 若論情迹之兇慘與天命煞有差等 此則施以次律 金汗成 則渠以船主同聲助惡 究厥罪惡難逭重律 亦爲嚴刑遠配之意 請分付 允之

807.

건명 : 蔚山 등 漂頹戶에 대한 恤典 지급을 명함

발신처 : 慶尙監司 趙秉鉉
검색어 : 慶尙監司, 趙秉鉉, 蔚山, 漂頹戶, 恤典, 民家漂頹, 停退, 身還布
출처 : 憲宗 2年 丙申 8月 初4日 ; 51-3下

給昌原等邑漂頹戶恤典

慶尙監司趙秉鉉以昌原晉州蔚山金海密陽東萊河東梁山盈德靈山迎日等 邑民家漂頹八百十七戶人物壓死五名馳啓 教 以當此秋成之節 各邑漂頹 若是夥然 誠是矜悶 其中蔚山金海密陽梁山等邑 多或至二百餘戶 少不下百戶 其所奠接結構之方 尤不容少 緩原恤典外 別加顧助 俾無一民棲遑失所之歎 四邑漂頹中 如有當年應納之還 特令限明年停退 壓死人如有生前身還布 一竝蕩減事 令廟堂措辭知委事 分付

808.

건명 : 慶尙左兵使 許棨의 推考를 명함
발신처 : 內醫院
검색어 : 慶尙左兵使, 許棨, 封進, 半乾全鰒, 兵使, 推考
출처 : 憲宗 2年 丙申 8月 14日 ; 51-11下

推慶尙左兵使許棨

內醫院啓言 今此慶尙左兵使封進半乾全鰒 全不成樣 還爲退送 使之改封進 該兵使許棨 請罷職 允之 教 以封進兵使推考

809.

건명 : 蔚山 등 漂頹戶에 恤典 지급을 명함
발신처 : 慶尙監司 趙秉鉉
검색어 : 漂頹戶, 恤典, 慶尙監司, 趙秉鉉, 蔚山, 嶺伯
출처 : 憲宗 2年 丙申 8月 20日 ; 51-19下~20上

給慶州等邑漂頹戶恤典

慶尙監司趙秉鉉 以慶州蔚山金海迎日長鬐等 邑民家漂頹五百二十七戶人物十三名渰壓死馳啓 大王大妃殿 教 以郎見嶺伯狀啓 各邑漂渰之數比前啓尤多 不勝慘惻 凡係顧助憫恤之典 一依前下判付施行事 令廟堂措辭行會

810.

건명 : 戶曹 需用錢 15萬 兩을 區劃 取用하도록 명함

발신처 : 戶曹

검색어 : 戶曹需用錢, 嶺南信需穀折米, 甲午信需米, 南倉錢作米, 左水營, 別餉米, 左兵營, 山城穀折米, 修城穀折米, 藥丸穀折米, 帖價穀折米, 私賑穀折米

출처 : 憲宗 2年 丙申 9月 初5日 ; 51-34上~下

大王大妃殿命戶曹需用錢十五萬兩區劃取用

左議政洪奭周啓言 卽見戶曹所報 則以爲數年以來 屢經大役 目下支調 無以排比 而各都監進排 又將擧行 毋論銀錢米木 限二十萬兩 啓稟區劃以爲取用之地爲辭矣 大農經費 本自不敷來頭需用 尤係緊重 不容無預 先經紀之方 惠廳錢二萬兩 禁衛營錢一萬兩 兵曹銀一萬五千兩 司僕寺錢六千兩 華城帑錢五千兩 嶺南信需穀折米二千石 甲午信需米二千石 南倉錢作米二千石 左水營別餉米二千石 左兵營山城穀折米三千石 金烏山城修城穀折米一千石 架山外城藥丸穀折米一千石 帖價穀折米一千石 私賑穀折米一千石 湖南守城倉穀折米二千石 山城軍餉穀折米二千石 餘軍布作米一千石 休番皮牟折米一千石 常賑倉句管穀耗折米三千石 劃給使之取用 狼川縣還穀中折稷代錢七千一百四十四兩零 頃以移送他道穀少處 爲請而姑未擧行 此亦一體劃給該曹 請準十五萬緡之數 大王大妃殿從之

811.

건명 : 각 道 牧場의 馬畜數爻啓 가운데 울산 부분

발신처 : 司僕寺

검색어 : 各道牧場馬畜數爻啓, 蔚山, 監牧官, 沈錫賢, 乙未籍付馬

출처 : 憲宗 2年 丙申 12月 29日 ; 51-245下~248上

太僕以各道牧場馬畜數爻啓

司僕寺啓言 各道牧場馬畜數爻啓目後錄 而今年牧政孳息 則或加元式而旣不超等牧失 則或減元總 而數不爲多 賞罰一款 幷如置之 (中略) 蔚山長鬐等 監牧官沈錫賢 所管二牧場 乙未籍付馬八百四十九匹 今生馬一百十六匹 合馬九百六十五匹內 封進馬四匹 故失馬九十九匹

除今年實留放壯兒雌雄馬 幷八百六十二匹內 壯雌馬三百五十五匹 一年應孶產馬一百六匹 今生馬一百十六匹 加報十匹 (下略)

812.

건명 : 李履을 慶尙左兵使에 임명함

발신처 : 憲宗

검색어 : 李履, 慶尙左兵使

출처 : 憲宗 3年 丁酉 正月 初2日 ; 51-251下~252下

有政 吏曹判書徐耕輔兵曹判書金蘭淳進

以朴宗薰爲實錄總裁官 沈宜升李時在爲掌令 韓啓源金應均爲持平 李正履爲獻納 洪在喆爲應敎 許棨爲南兵使 李履爲慶尙左兵使 朴敏悳爲上土僉使 李晩謙爲乾原權管 (下略)

813.

건명 : 老職人에 대한 批答

발신처 : 憲宗

검색어 : 老職人, 慶尙道, 彦陽, 通政, 崔福來

출처 : 憲宗 3年 丁酉 正月 上 初2日 ; 51-251下~252下

有政 吏曹判書徐耕輔兵曹判書金蘭淳進

○ 老職人下批 (中略) 慶尙道 士庶秩 幼學李希謇等一百六人 江原道朝官秩 前萬戶方一好 士庶秩良人林綰等七十人 黃海道士庶秩 幼學黃檜等二十人 (中略) 昌原通政金煥亨 晉州通政姜德海 密陽通政金光祿 咸陽通政權東佐 永川通政廉興大姜命巖 興海通政崔鳳祚 南海良人金宗才 宜寧通政朴昌來 彦陽通政崔福來 眞寶通政金命乭 山淸通政曺潤光 靈山幼學金鈺春 (中略) 吉州通政朴謙 明川通政崔齊尙 以上四十二人 竝直超崇政 單付同知

814.

건명 : 慶尙左兵使 許棨의 推考를 청원함

발신처 : 慶尙左兵使 許棨

검색어 : 慶尙左兵使, 許棨, 月課火藥, 推考

출처 : 憲宗 3年 丁酉 2月 12日 ; 51-326下

推慶尙左兵使許棨

政院啓言 卽見慶尙左兵使許棨月課火藥等開坐事啓本 則去年十二月二十九日封發者 今纔來到 如是遲滯 事甚未安 該帥臣請推考 允之

815.

건명 : 蔚山府 燒戶에 대한 恤典 지급을 명함

발신처 : 慶尙監司 尹聲大

검색어 : 蔚山府, 燒戶, 恤典, 民家失火, 身還布

출처 : 憲宗 3年 丁酉 3月 初2日 ; 51-354下

給蔚山府燒戶恤典

慶尙監司尹聲大 以蔚山府民家失火人物十三名燒死馳啓 大王大妃殿教 以觀此狀啓 蔚山民家失火一家人口十三名 一時爛死 極爲驚慘 原恤典外 別加題給 使之厚埋男丁 則如有生前身還布 一竝蕩減事分付

816.

건명 : 慶尙左兵使를 開政差出하도록 명함

발신처 : 備邊司

검색어 : 閫任, 慶尙左兵使, 開政差出

출처 : 憲宗 3年 丁酉 9月 初7日 ; 51-578上

命慶尙左兵使開政差出

備局啓言 閫任曠務 一時可悶 慶尙左兵使有闕之代 開政差出 待下批請當日辭朝 允之

817.

건명 : 李亨權을 慶尙左兵使로 삼음

발신처 : 憲宗

검색어 : 李亨權, 慶尙左兵使, 初仕

출처 : 憲宗 3年 丁酉 9月 初8日 ; 51-578下

有政 吏曹判書申在植參判趙冀永兵曹判書權敦仁進

以金洙根爲大司成 洙根及金鼎集趙秉憲新通也 趙秉鉉爲副摠管 李亨

權爲慶尙左兵使 朱禎錫單付吾村權管 初仕也

818.

건명 : 逆賊 大忩에 緣坐된 罪人 등을 刑曹가 押送配所하도록 명함

발신처 : 義禁府

검색어 : 逆賊, 大忩, 緣坐罪人, 彦陽縣, 配所

출처 : 憲宗 3年 丁酉 12月 初1日 ; 51-694下~695上

命大忩緣坐罪人等令刑曹押送配所

義禁府啓言 逆賊大忩因兩司箚子用适雲之律事 依施命下 而應坐諸人自該道査出修成冊以來矣 大忩妻於仁連當爲緣坐處絞 而年十五懸錄以年未滿 依律免絞康津縣 母朴召史彦陽縣 竝緣坐爲婢 弟者斤老味機張縣緣坐爲奴 妹者斤阿只梁山郡緣坐爲婢 叔總角興陽縣流三千里安置 而罪人等俱囚永興府獄 請令刑曹押送于各其配所 允之

819.

건명 : 太僕의 각 道 牧場 馬畜數爻啓 가운데 울산 부분

발신처 : 司僕寺

검색어 : 各道牧場馬畜數爻啓, 蔚山, 監牧官, 朴楠秀, 丙申籍付馬

출처 : 憲宗 3年 丁酉 12月 30日 ; 51-727上~730上

太僕以各道牧場馬畜數爻啓

司僕寺啓言 各道牧場馬畜數爻啓目後錄 而今年牧政孳息 或加元式而旣不超等 故失或減元總 而數不爲多 賞罰一款姑置之後錄 (中略) 蔚山長鬐等 監牧官朴楠秀 所管二牧場 丙申籍付馬八百六十二匹 今生馬一百十九匹 合馬九百八十一匹內 封進馬四匹 故失馬七十四匹除今年實留放壯兒雌雄馬 竝九百三匹內 壯雌馬三百六十七匹 一年應孳産馬一百十匹 今生馬一百十九匹 加報九匹 (下略)

820.

건명 : 老職人에 대한 批答

발신처 : 憲宗

검색어 : 老職人, 蔚山, 通政, 辛命喆

출처 : 憲宗 4年 戊戌 正月 初2日 ; 51-734下~735下

有政 吏曹參議林翰鎭進

(前略) ○ 老職人下批 (中略) 眞寶通政李性化 蔚山通政辛命喆 晉州通政蔡貴才 (中略) 甲山通政白光業 以上二十五人 竝直超崇政 單付同知

821.

건명 : 兪碩柱를 蔚山府使에 임명함

발신처 : 憲宗

검색어 : 兪碩柱, 蔚山府使

출처 : 憲宗 4年 戊戌 2月 初1日 ; 51-777下

有政 吏曹判書曺鳳振兵曹判書權敦仁進

以閔致成爲大司成 尹致定爲寧邊府使 洪敬謨爲都總管 ○ 再政以尹行定爲咸興判官 ○ 三政 以兪碩柱爲蔚山府使

822.

건명 : 慶尙左兵使 李亨權의 重推를 청원함

발신처: 慶尙左兵使 李亨權

검색어: 重推, 慶尙左兵使, 李亨權, 月課火藥, 推考

출처: 憲宗 4年 戊戌 2月 初6日 ; 51-782下

重推慶尙左兵使李亨權

政院啓言 卽見慶尙左兵使李亨權月課火藥等開坐啓本 則封發在於昨年十二月二十九日 而閱朔遲滯 今始來到 請該帥臣從重推考 允之

823.

건명 : 價布 愆納의 弊端으로 慶尙左兵使 李亨權 등의 重推를 청원함

발신처 : 兵曹判書 朴岐壽

검색어 : 價布愆納, 慶尙左兵使, 李亨權, 右兵使, 李儒常, 重推

출처 : 憲宗 4年 戊戌 6月 初10日 ; 52-13下

大王大妃殿飭價布愆納之弊京畿監司洪學淵江原監司洪稺圭忠淸兵使朴著會全羅兵使申性浩慶尙左兵使李亨權右兵使李儒常重推

兵曹判書朴岐壽啓言 價布上納法意 嚴重分當需用 事係緊急 而自癸巳以後 未納之數爲十二萬兩零之多 間値歉荒 雖緣民力之未紓 豈有邑邑皆然年年如是之理乎 目下事勢未免罔措 屢度關飭 終無見效 不可仍置 京畿關東道臣及三南帥臣爲先重推 使之董督連續上納 而如又愆期 則自臣曹依法論勘爲宜 故仰達矣 大王大妃殿 從之

824.

건명 : 慶尙左兵使 李亨權 등의 重推를 청원함

발신처 : 慶尙右兵使 李儒常

검색어 : 重推, 慶尙右兵使, 李儒常, 左兵使, 李亨權, 觀察使, 殿最

출처 : 憲宗 4年 戊戌 6月 15日 ; 52-22下~23上

重推慶尙右兵使李儒常左兵使李亨權左水使尹永培

政院啓言 卽見慶尙右兵使李儒常狀啓 則與觀察使同議磨勘者 徑先等第 左兵使李亨權幷與自當磨勘者 不爲修啓 殿最法意 何等嚴重 如是顚錯 該帥臣請竝重推 又啓言 各道褒貶限內 不得磨勘 具由 啓聞例也 而慶尙左水使尹永培不爲修啓 事甚疏忽 請重推 竝允之

825.

건명 : 蔚山府에서 渰死한 洪原人을 別加顧助하고, 身還布는 蕩減하도록 명함

발신처 : 慶尙監司 權敦仁

검색어 : 蔚山府, 渰死, 洪原人, 身還布, 慶尙監司, 權敦仁, 蔚山

출처 : 憲宗 4年 戊戌 6月 15日 ; 52-23上

大王大妃殿命蔚山府渰死洪原人別加顧助身還布蕩減

慶尙監司權敦仁狀啓以爲 咸鏡道洪原居李仲心弼宗連 各率格軍十六名 北魚行商 去月二十七日到蔚山境內 風雨大作 二船一時破碎 二十名渰死云 許多人命之越境渰死 聞極驚慘未拯者 各別搜拯之意 關飭於該府 與沿海邑文移 該道起送屍親 以爲推還之地 恤典當自該道擧行 而待其推還 自營別加顧助計料 大王大妃殿 敎以人命渰死 如是數多 聞甚驚慘 已拯未拯 道臣旣已關飭恤典等節 該道事當擧行 而待屍親來推 亦自本道別加顧助 生前如有身還布 一倂蕩減之意 分付道臣

826.

건명 : 嶺湖南 大米와 關西 小米 각 1萬 石을 戶曹에 劃給하여 經用에 대비하도록 명함

발신처 : 戶曹

검색어 : 嶺湖南大米, 關西小米, 劃給, 嶺南, 濟民倉穀, 左兵營, 山城穀, 甲冑穀, 右兵營, 軍餉穀, 信需穀, 甲劃信需穀

출처 : 憲宗 4年 戊戌 8月 23日 ; 52-91上

命嶺湖南大米關西小米各一萬石劃給戶曹以備經用

備局啓言 卽見戶曹所報 則備陳本曹經用 新捧前及明年條米太不足之狀 仍請大米二萬石田米一萬石 啓稟措劃矣 參以應入應下之事情 不可不及今區劃俾無緩不及之歎 就本司句管穀中 嶺南濟民倉穀一千石 左兵營山城穀三千石 甲冑穀一千石 右兵營軍餉穀三千石 信需穀一千石 甲劃信需穀一千石 湖南守城倉穀三千石 山城軍餉穀四千石餘 軍布作米一千石 羅鋪穀二千石 幷以大米磨鍊 關西慈城補城穀二千石 渴馬倉穀一千石 戶曹句管穀中 巡錢穀四千五百石 癸酉穀二千五百石 幷以小米磨鍊劃給 請令各該道臣 往復本曹 從長運輸 允之

827.

건명 : 慶尙左兵使 李亨權의 改差를 청원함

발신처 : 備邊司

검색어 : 改差, 慶尙左兵使, 李亨權

출처 : 憲宗 4年 戊戌 8月 26日 ; 52-94下

改差慶尙左兵使李亨權

備局 以亨權屢呈病狀啓 請改差也

828.

건명 : 尹禹鉉을 慶尙左兵使에 임명함

발신처 : 憲宗

검색어 : 尹禹鉉, 慶尙左兵使

출처 : 憲宗 4年 戊戌 8月 下 28日 ; 52-95下

有政 吏曹判書沈能岳參議金英淳兵曹判書朴岐壽進

(前略) ○ 以閔致成爲吏曹參判 權大肯爲副應教 洪永圭爲副修撰 金弘根爲判尹弘文提學 金道喜爲知經筵 金興根爲同義禁 沈能淑爲延豊縣監 沈宜臣爲副總管 尹禹鉉爲慶尙左兵使

829.

건명 : 嶺南의 災實分等 狀啓

발신처 : 慶尙監司 權敦仁

검색어 : 嶺南, 災實分等狀, 慶尙監司, 權敦仁, 蔚山, 山城餉穀

출처 : 憲宗 4年 戊戌 10月 22日 ; 52-163上~下

備局以嶺南災實分等狀覆啓

備邊司啓言 卽見慶尙監司權敦仁災實分等狀啓 則龍宮等十七邑 置之尤甚 居昌等二十四邑 置之之次 蔚山等三十邑 置之稍實 仍以爲事目災一千五百結外 不足災九千三百九十一結 四十一負八束特許加劃後錄諸條 竝請令廟堂稟處矣 其一 新還尤甚邑 限折半以相當穀準折代捧 待明秋還作本色事也 其一 山城餉穀 限折半捧留平倉事也 其一 尤甚之次邑 丙申停退還仍停事也 其一 尤甚邑 勿定配所事也 其一 推奴徵債防塞事也 分等狀依請施行 以本道幅圓之廣 以今年眚損之多 所請災結之 止於此數 不至太濫事目外 加結八千結俾爲均俵究惠之地 昨年以田災之擧擬於狀請前 道臣施以重推 繼有疏陳 又爲防塞 則今此循例列錄於舊頃者 殊涉不審 該道臣重推以更毋得擧論之意分付 相當穀代捧 固非經法 丙申條仍停亦關糶弊 而各穀之優劣相殊七邑之荐歉 宜念與山餉之分數 平留及災邑勿配推徵防塞 請竝許施 允之

830.

건명 : 慶尙監司 權敦仁의 嶺邑 民弊에 대한 疏陳

발신처 : 慶尙監司 權敦仁

검색어 : 慶尙監司, 權敦仁, 嶺邑民弊, 蔚山, 機張

출처 : 憲宗 4年 戊戌 11月 15日 ; 52-183上~185下

慶尙監司權敦仁疏陳嶺邑民弊批令廟堂稟處

其疏曰 臣溺職甚大 敢附自訟 且陳無能堪承之實 以祈裁許 伏奉批旨未蒙諒退 臣情蹙迫 固未敢言顧一路利害 不其重與臣 方冒居一日之

責有係 目下民情者 當歷陳於聽 卑以候明旨焉 嶺以南地 以沃衍風俗厚本 民不務機利而樂田功 故重遷好蓄出 力征以事上資富 而取給者誠尤於諸道 如一遇水旱饑饉 則荼毒因窮 皇皇不自存 又非諸道之與比 卽其勢然爾 比歲多天不降康農絀 而民弊久矣 因之丙丁之間 大侵大無 幾無孑遺 此全嶺之浩劫 生民之殊厄 臣於辭陛之日 伏承慈聖殿下下敎 怛然於菑黎 萬苦之命憂厲懇惻 發於至誠 臣安得不感激流涕思 所以仰體萬一也 臣竊觀數年以來 邑無不殘 民無不札 而其受害之甚者 沿與峽是已沿峽之中 慶州蔚山長鬐機張近日興海淸河盈德寧海眞寶英陽靑松奉化順興豊基十五邑 卽其㝡甚者 桀窮到底弊無奈何 則慶州順興英陽又居諸邑之先耳 蓋濱海潟鹵依山磽瘠 雖歲得稔 亦不及原野之利 乃復加之大無之年 必死之疾於甚飢之民 溝壑之塡 爲其依歸肝腦之塗 多於亂離 幸而不至死者 叩心保抱 匍匐四之入視其居煙火荒斷出 而于野汚萊滿地 昔之殷庶 猝然塗敗 本來巖邑 益無餘地 凡爲郡邑 爲其有民無民而有邑 臣未之聞也 (中略) 臣煩不敢附陳者 修成冊子 報于籌司 伏乞聖慈 詢于廟堂 仍令稟覆 特賜處分焉

831.

건명 : 太僕의 今年 각 牧場 馬畜數爻進啓 가운데 울산 부분

발신처 : 太僕

검색어 : 各牧場馬畜數爻, 蔚山, 監牧官, 朴楠秀, 丁酉籍付馬

출처 : 憲宗 4年 戊戌 12月 20日 ; 52-221上~222下

太僕進今年各牧場馬畜數爻

(前略) 蔚山長鬐等 監牧官朴楠秀 所管二牧場 丁酉籍付馬九百三匹 今生馬一百二十五匹 合馬一千二十八匹內 封進馬四匹 故失馬六十一匹 (下略)

832.

건명 : 殿最에서 彦陽縣監 林一馥은 下를 매김

발신처 : 慶尙監司 金道喜

검색어 : 慶尙監司, 金道喜, 彦陽縣監, 林一馥, 竝中, 竝下

출처 : 憲宗 5年 己亥 12月 15日 ; 52-329上~330下

開坼京外殿最

(前略) ○ 慶尙監司金道喜啓本 梁山郡守李致五 邑民訴營自是常事 知禮縣監成載璜 莫曰柔善優於閒僻 丹城縣監蔡臣永 檢查或疏糴捧頗勤 竝中 星州牧使申在順 群情如沸愛而莫助 彦陽縣監林一馥 信吏如已害將安歸 竝下 (下略)

833.

건명 : 兵曹의 각 鎭 邊將 降考 啓

발신처 : 慶尙左兵使 李濟完

검색어 : 鎭邊將, 降考, 慶尙左兵使, 李濟完, 虞候, 崔祉鉉, 罷黜

출처 : 憲宗 5年 己亥 12月 21日 ; 52-337下~338上

兵曹以各鎭邊將降考啓

該曹啓言 (中略) 慶尙左兵使李濟完啓本中 虞候崔祉鉉以不以年邁 或忽佐貳爲目 (中略) 該守臣及各該道帥臣 竝推考警責 李敏坤李承道崔祉鉉鄭宅信金夏淵任濟民陳宜敬朴永培金堰 竝中考施行 宋在烈韓仁復李重植請 竝下考施行 允之 又啓言 長壽別將李夢龍 以三年窠邊將前已中考施行 今又居中 請依例罷黜 允之

834.

건명 : 成元鎭을 彦陽縣監으로 삼음

발신처 : 憲宗

검색어 : 成元鎭, 彦陽縣監

출처 : 憲宗 5年 己亥 12月 22日 ; 52-339上~340上

都政下批 吏曹判書宋冕載參議李寅皐兵曹判書趙秉鉉進

(前略) ○ 教曰 吏兵判推考 又教曰 吏兵判從重推考 望筒遲滯也 吏批以朴永元爲知經筵 李翊會爲大司憲 (中略) 成元鎭爲彦陽縣監 李昌五爲橫城縣監 金啓泳爲洪川縣監 金愼根爲松禾縣監 任百秀爲泰川縣監 (下略)

835.

건명 : 太僕의 각 道 牧場의 馬畜數爻啓 가운데 울산 부분

발신처 : 司僕寺

검색어 : 各道牧場馬畜數爻啓, 蔚山, 監牧官, 朴楠壽, 李圭白, 戊戌籍付馬

출처 : 憲宗 5年 己亥 12月 29日 ; 52-347上~351下

太僕以各道牧場馬畜數爻啓

司僕寺啓言 各道牧場馬畜數爻啓目後錄 而今年牧政孳息 或加元式 而旣不超等故失 或減元摠 而數不爲多 賞罰一款姑置之 ○ 後錄 (中略) 蔚山長鬐等 監牧官前任朴楠壽 時任李圭白 所管二牧場 戊戌籍付馬九百六十三匹 前任朴楠壽所報 今生馬一百二十九匹 時任李圭白所報 今生馬五匹 合馬一千九十七匹內 封進馬四匹 前任朴楠壽所報 故失馬四十五匹 時任李圭白所報 故失馬二十四匹 除今年實留放壯兒雌雄馬 竝一千二十四匹內 壯雌馬四百二十匹 一年應孳産馬一百二十六匹 今生馬一百三十四匹 加報八匹 (下略)

836.

건명 : 金雲璧를 蔚山府에 竄配하도록 청원함

발신처 : 義禁府

검색어 : 金雲璧, 蔚山府, 中官, 竄配

출처 : 憲宗 6年 庚子 4月 17日 ; 52-492下

竄金雲璧于蔚山府

義禁府啓言 中官金雲璧蔚山府竄配押送 允之

837.

건명 : 定配罪人 金雲璧의 放送을 허락함

발신처 : 憲宗

검색어 : 定配罪人, 金雲璧, 蔚山府, 放送

출처 : 憲宗 6年 庚子 5月 19日 ; 52-529上

放定配罪人金雲璧

敎曰 蔚山府定配罪人 金雲璧放送

838.

건명 : 여러 道 守令의 降考 啓

발신처 : 慶尙監司 金道喜
검색어 : 諸道守令降考啓, 慶尙監司, 金道喜, 彦陽縣監, 成元鎭, 推考
출처 : 憲宗 6年 庚子 6月 17日 ; 52-558上

吏曹以諸道守令降考啓

該曹啓言 考見諸道褒貶啓本 則永春縣監宋持宇以衰瞶且恕迎送 是念爲目 宜置下考 而置諸中考 熙川郡守鄭喆東以胡多奸猾爲目 宜置中考而置諸上考 殊無嚴明殿最之意 兩道道臣請竝推考 宋持宇罷黜 鄭喆東中考施行 允之 又啓言 積城縣監申豊朝以六年窠守令三次居中請依例罷黜 允之 又啓言 慶尙監司金道喜 啓本中 彦陽縣監成元鎭之元字誤書以原字書之 該道臣請推考 允之

839.

건명 : 謀逆同參罪人 晟子檄의 處絞 및 應坐諸人의 定配를 명함
발신처 : 義禁府
검색어 : 謀逆同參罪人, 應坐諸人, 定配, 彦陽縣
출처 : 憲宗 6年 庚子 9月 初4日 ; 52-684下

命謀逆同參罪人晟子檄處絞應坐諸人定配

義禁府啓言 卽接西部牒報 則謀逆同參罪人晟緣坐之類 査出以來矣 晟子檄方囚捕廳 故發遣府都事具格拿囚後 緣坐處絞 孫熽慶源府爲奴 孫婦閔女彦陽縣爲婢 而竝捉囚該部云 令刑曹押送各其配所 晟之妾崔女檄之妾李女以逃亡懸錄 請發關各道 使之刻期譏捕 依律擧行 允之

840.

건명 : 殿最에서 彦陽縣監 成元鎭는 下를 받음
발신처 : 慶尙監司 洪在喆
검색어 : 京外殿最, 慶尙監司, 洪在喆, 彦陽縣監, 成元鎭, 竝下
출처 : 憲宗 6年 庚子 12月 15日 ; 52-823上~下

開坼京外殿最

(前略) ○ 慶尙監司洪在喆啓本 寧海府使崔命顯 海鐲多頌鄕闈 何酤南海縣令韓大爀 距旣稍遠聞或易爽 龍宮縣監金學模 由非得已政固無欠 眞寶縣監林孝謙 軍多民惠蓋念獄冤 玄風縣監南尙敎 多文是襀太

柔則廢 黃山察訪權憲八 實非老瞶 沙斤察訪安國鉉 不至濫觴 竝中 義城縣令申在東 漫不省事何以爲治 彦陽縣監成元鎭 刑胡太濫謗則有瑣 慈仁縣監金斗明 與吏分利彼民何辜 竝下 (下略)

841.

건명 : 李玄緖를 蔚山府使에 임명함

발신처 : 憲宗

검색어 : 李玄緖, 蔚山府使

출처 : 憲宗 6年 庚子 12月 19日 ; 52-827上

有政 吏曹判書洪敬謨進

以李敦榮爲右尹 李奎鉉爲同春秋 洪庭河爲安陵參奉 初仕也 沈能容爲金川郡守 尹致誠爲咸興判官 尹豫鎭爲金溝縣令 申淳爲谷城縣監 ○ 再政 以李玄緖爲蔚山府使 尹宅鎬爲高山縣監 ○ 三政以朴永元爲大司憲 洪明燮爲公州判官 ○四政以李嘉愚爲知敦寧 徐憙淳爲內醫提調 金淵根爲延安府使 徐有喬爲錦山郡守

842.

건명 : 許樟을 彦陽縣監에 임명함

발신처 : 憲宗

검색어 : 許樟, 彦陽縣監, 初仕人

출처 : 憲宗 6年 庚子 12月 22日 ; 52-829上~下

都政下批 吏曹判書洪敬謨參判李敦榮兵曹判書李憲瑋進

教曰 (中略) 吏批 以沈能岳爲判敦寧 (中略) 許樟爲彦陽縣監 (中略) 觀熙以下新資也 (中略) 教曰 守令邊將初仕人 皆令明日待令

843.

건명 : 太僕의 각 道 牧場馬畜數爻啓 가운데 울산 부분

발신처 : 司僕寺

검색어 : 各道牧場馬畜數爻啓, 蔚山, 監牧官, 李圭白, 己亥籍付馬

출처 : 憲宗 6年 庚子 12月 30日 ; 52-841上~844上

太僕以各道牧場馬畜數爻啓

司僕寺啓言 各道牧場馬畜數爻啓目後錄 而今年牧政孳息 或加元式而旣不超等故失或減元總 而數不爲多 賞罰一款姑置之 ○ 後錄 (中略) 蔚山長鬐等 監牧官李圭白 所管二牧場 己亥籍付馬一千二十四匹 今生馬一百四十匹 合馬一千一百六十四匹內 封進馬四匹 故失馬八十二匹 除今年應留放壯兒雌雄馬竝一千七十八匹內 壯雌馬四百三十五匹 一年應孳産馬一百三十匹 今生馬一百四十匹 加報十匹 (下略)

844.

건명 : 金宅基를 慶尙左兵使에 임명함

발신처 : 憲宗

검색어 : 金宅基, 慶尙左兵使

출처 : 憲宗 7年 辛丑 正月 初6日 ; 52-850下

有政 吏曹判書洪敬謨兵曹判書李憲瑋進

以李敦榮爲全羅監司 趙雲澈爲定州牧使 金公鉉爲安岳郡守 朴來萬爲德川郡守 成教默爲龍宮縣令 柳和源爲副總管 金宅基爲慶尙左兵使 任泰瑛爲慶尙左水使 趙然春爲修撰 柳相鼎爲左尹 金魯甲爲副總管

845.

건명 : 六道와 四都의 操巡 停止를 명함

발신처 : 備邊司

검색어 : 六道, 四都, 操巡, 慶尙右兵使, 尹永培, 春操, 水陸操, 巡歷, 巡點, 嶺南左兵營, 陸操, 官鎭門聚點, 都試, 慶尙右兵營

출처 : 憲宗 7年 辛丑 正月 14日 ; 52-866上~下

命六道四都操巡停止慶尙右兵使尹永培全羅兵使趙德永越俸前統制使李升權施以譴罷

備邊司啓言 諸道春操稟 啓今已齊到矣 第兩西東北與畿湖 或纔大賑或荐被慘 歉尙未安堵 六道四都水陸諸操巡歷巡點竝姑停止 嶺南左兵營陸操 右水營水操 湖南兵營陸操 使之設行 其餘亦姑停止未行操處官鎭門聚點嚴飭擧行 有堤堰處 依近例移點完役 各樣都試 如例設行行操處 巡點不必疊行置之 而闕額塡代 器械繕修之節 毋或慢忽以致現發於來頭摘奸之意 竝爲分付稟啓 上來自有定限 而統營與慶尙右兵

營全羅兵營俱爲過期 而統營 則尙不啓事來前有萬萬駭然 請兩帥臣竝越俸統帥 施以譴罷 允之

846.

건명 : 嶺南 春操의 停免 청원을 허락함

발신처 : 備邊司

검색어 : 重推, 嶺南, 春操, 嶺南左右道, 水陸春操, 左兵使, 官鎭門聚點

출처 : 憲宗 7年 辛丑 2月 初6日 ; 52-890上~下

重推全羅監司李穆淵許施嶺南春操停免之請

備邊司啓言 頃以湖南兵營陸操設行之意草記行會矣 (中略) ○ 又啓言 嶺南左右道水陸春操纔已行會 而第念統使與左兵使適當交遞迎送之際 旣無以使已遞之帥 仍留行操 若俟新帥赴任之後 則正値農節 多所相妨 目下事勢合有軫念 幷姑權停待秋成 更爲稟旨擧行 而至於官鎭門聚點 則依已例各別申飭之意 請一體分付 允之

847.

건명 : 開城府 支放見縮條의 劃給을 허락함

발신처 : 開城留守 徐左輔

검색어 : 支放見縮條, 嶺南左兵營, 出城穀耗條折米

출처 : 憲宗 7年 辛丑 4月 初10日 ; 53-39上~下

許施開城府支放見縮條劃給之請

布議政趙寅永啓言 卽見開城留守徐左輔所報 則以爲支放見縮爲三千兩 而今年條 則從長變通 徐圖維寺 昨年條 則旣無預備 專靠區劃云矣 此事始由湖南穀請得限年取耗 以爲勅需 而中間忽以支放不足 每年割本 今至初無元總 而又請給代事之無謂莫此爲甚 況比年題飭 每以更勿煩報爲辭 而有若按例應劃者 然所當一切防塞 而今報中 自今年當有自本府某樣措處之道 昨年條 則無由辦出云 想其事勢容 或無怪姑以嶺南左兵營出城穀耗條折米一千石 劃給使之從便取用 此後 則無得如前請劃事 請另加嚴飭 從之

848.

건명 : 蔚山 등 頹戶에 대해 恤典 지급을 명함
발신처 : 慶尙監司 洪在喆
검색어 : 蔚山, 頹戶, 恤典, 慶尙監司, 洪在喆, 民家頹壓, 身還布
출처 : 憲宗 7年 辛丑 9月 24日 ; 53-182下

給蔚山等邑頹戶恤典

慶尙監司洪在喆 以蔚山等邑民家頹壓馳啓 教 以民家頹壓 若是夥多誠甚驚惻元恤典外 竝加顧助渰死人 如有生前身還布 竝蕩減 卽爲結構奠接 俾無一民失所 捿遑之弊事 廟堂各別措辭分付

849.

건명 : 慶州 逋還에 대하여 講究 措劃하도록 道臣에게 명함
발신처 : 慶尙監司 洪在喆
검색어 : 慶州, 逋還, 慶尙監司, 洪在喆, 蔚山府使, 李玄緖, 吏奴逋, 折租
출처 : 憲宗 7年 辛丑 12月 27日 ; 53-253上~下

命慶州逋還令道臣講究措劃

備邊司啓言 頃以慶州逋還查聞之意 草記行會矣 卽見慶尙監司洪在喆狀 啓 則會查官蔚山府使李玄緖永川郡守朴顯圭牒呈以爲 本府壬辰以後 吏奴逋折租爲八萬一百二十四石零 而昨冬查逋徵捧錢一萬一千二百五十五兩零 及結剩錢一萬二千七百八十二兩零 合爲二萬四千三十七兩零 而較諸逋穀準以詳定 則不過四分之一 故以每石三錢分給民間俾充本總逋漢中身 故逃亡外石數最多 九漢已爲刑配云 而始逋掩逋前後 倅臣及措處失宜時 府尹幷請稟處矣 (中略) 分給之不準詳定 已極駭歎 而收逋之先 自減價其意 何居本邑 減價分給之數 幷以原詳定區別計準 具耗還徵逋吏中 輕價收逋之 金禹永朴漢七亦與朴義顯等完逋後 刑配迨此糴弊摘露之際 合有從長矯捄之方新 倅行將赴任 令道臣爛加講究 便宜措劃俾圖永久完糴之地 允之

850.

건명 : 蔚山府의 渰死人에 대해 恤典 지급을 명함
발신처 : 慶尙監司 洪在喆

검색어 : 蔚山府, 渰死人, 恤典, 慶尙監司, 洪在喆, 黃巖浦, 身還布
출처 : 憲宗 8年 壬寅 2月 初3日 ; 53-282下

給蔚山府渰死人恤典

慶尙監司洪在喆狀啓以爲 蔚山府居李朔不與同商七人 捉魚次乘船出海 回還之路到黃巖浦 前洋逢風覆船 俱爲渰死 教以聞甚矜惻 元恤典外 別加顧助 如有生前身還布 竝蕩減 未拯屍身 期於拯得之意 廟堂措辭分付

851.

건명 : 蔚山 등 渰燒戶에 대한 恤典을 지급함
발신처 : 慶尙左水使 李圭徹
검색어 : 蔚山, 渰燒戶, 恤典, 慶尙左水使, 李圭徹, 蔚山府, 人命渰死, 身還布
출처 : 憲宗 8年 壬寅 3月 15日 ; 53-320下~323上

給泰安蔚山等邑渰燒戶恤典

忠淸監司金鼎均 以泰安郡人命渰死馳啓 慶尙左水使李圭徹 以蔚山府人命渰死馳啓 幷教以聞甚矜惻 元恤典外 別加顧助 如有生前身還布 幷蕩減 未拯屍身 期於拯得之意 廟堂措辭 分付 (下略)

852.

건명 : 金喬根을 蔚山府使에 임명함
발신처 : 憲宗
검색어 : 金喬根, 蔚山府使
출처 : 憲宗 8年 壬寅 5月 20日 ; 53-375下

有政 吏曹判書金左根兵曹判書徐憙淳進

以安光直爲同經筵 李玄緖爲忠州牧使 金喬根爲蔚山府使 韓璵爲林川郡守 趙存恆爲熙川郡守 金泳根爲全州判官 李存敬爲副總管

853.

건명 : 蔚山 등 漂頹戶에 대해 恤典을 지급하도록 명함
발신처 : 慶尙監司 李景在
검색어 : 蔚山, 漂頹戶, 恤典, 慶尙監司, 李景在, 身還布

출처 : 憲宗 8年 壬寅 8月 27日 ; 53-651下~652上

給蔚山等邑漂頹戶恤典

慶尙監司李景在 以蔚山民家六十三戶 金海民家十六戶漂壓 靈山人物三名渰死馳啓 教 以聞甚矜恻 元恤典外 別加顧助 渰死人等 如有生前身還布 竝蕩減 卽爲結構奠接俾無失所 棲遑之弊事 廟堂措辭分付

854.

건명 : 慶尙左道暗行御史 金應均이 進獻한 書啓 別單

발신처 : 慶尙左道暗行御史 金應均

검색어 : 慶尙左道暗行御史, 金應均, 李景在, 洪在喆, 左兵使, 沈樂臣, 金宅基, 封山松, 左兵虞候, 李鈺, 趙秉吉, 蔚山府使, 金喬根, 李玄緖, 彦陽縣監, 許棹, 西生僉使, 金精默, 蔚山監牧官, 李羲鏞

출처 : 憲宗 8年 壬寅 8月 27日 ; 53-652上~661上

慶尙左道暗行御史金應均進書啓別單

書啓以爲 監司李景在 律己淸嚴 威望自著於一路 察理公明 輿頌已洽於初政不費聲氣而貪猾畏戢 不勞撫字而瘦瘵蘇息 道臣體重 只擧其概 前監司洪在喆七十州剖斷 案無停牘 屢萬金捐惠庫 不留儲其來也 方面增重旣去 而衆口成碑 道臣體重 只擧其概 左兵使沈樂臣閫內晏若無事 鈴下不敢售奸荐 纔數月頌遍一營 前兵使金宅基給代錢之每朔均分將卒 咸頌城餉穀之課 日親捧還 民無寃 左水使李定鉉未及赴任 前水使李圭徹封山松之狼藉許斫 雖緣館廨之修補而禁制 從以蕩然漁基民之推捉納贖 謂之海俗之犯法 而歸屬極其不正 中軍徐偉輔幕府少事 無容細評 左兵虞候李鈺姑未赴任 前虞候趙秉吉縱欲試才 奈屈殘幕 左水虞候吳泰學幕職少事 惟幸奉令而無罪 廩料至薄 何責憑公而營利 (中略) 蔚山府使金喬根莅旣屬耳民方拭目 前府使李玄緖上下納收刷 不委吏手 而自絶 挪移之奸弊軍 還布督捧或有民言 而終稱矯捄之實效 去後之思 口碑載路 (中略) 彦陽縣監許棹地卑而常懷自歉之心家近而每惑非理之說 斷訟差任 惟從奸鄕之頤指 分糶捧稅 一任猾胥之手分 全沒頭緖 有不足責 (中略) 機張縣監韓仁謨仁厚之性 近於徒善 柔懦之政 緣於旣耄 吏無懲畏而奸竇易生 客有欺蔽而賂逕自開 縱無躬犯之跡 難免溺職之責 (中略) 釜山僉使李熙鳳撫卒束吏 已多譽聞

多大僉使李東植荐纔屬耳 政無可指 前僉使吳顯佑戰船改造 次請得松五十株 盡爲發賣買 得金海退船 苟且造成者 大違法理 漁基之勒買 浦戶有寃稱租之濫執 牧卒多謗 西生僉使金精默率畜鎭女符同首吏 風落松之許賣 村民旋以犯禁 而捧贖防布錢之移報官下 遂致給代之屢闕 縱不深誅有難曲貸 開雲萬戶方允熙到防 在臣過境之後 前萬戶申光浩今已瓜遞 無足苛評 包伊萬戶李信培殘鎭之用度太濫 防軍之給代或闕 豆毛萬戶金致斗未及到防 前萬戶李光寅事無躬犯 疵何足責 西平萬戶金聖雲能盡軍卒之撫恤 蔚山監牧官李羲鏞未聞有疵 可知盡職 浦項別將朴在浹 尸居海曲 無事可評 架山別將崔譱七 謹守山城 爲人足了 (下略)

855.

건명 : 慶尙右道暗行御史 金基纘과 左道暗行御史 金應均 書啓에 대한 吏兵曹의 覆啓

발신처 : 慶尙左道暗行御史 金應均

검색어 : 慶尙右道暗行御史, 金基纘, 左道暗行御史, 金應均, 彦陽縣監, 許樟, 西生僉使, 金精默, 風落松, 封山松, 漁基民, 浦戶

출처 : 憲宗 8年 壬寅 8月 29日 ; 53-665下~673上

吏兵曹以慶尙右道暗行御史金基纘左道暗行御史金應均書啓覆啓

吏曹啓言 (中略) 又啓言 觀此慶尙左道暗行御史金應均書啓 (中略) 彦陽縣監許樟斷訟差任 惟從奸鄕之頤指 分糴捧稅 一任猾胥之手分 機張縣監韓仁謨柔懦之政 緣於旣耄 吏無畏懲 奸竇易生云 上項四邑守令竝罷黜 (中略) 道臣體重 幷姑勿論 其外閫帥中軍虞候營將邊將 令兵曹稟處 松羅之羅字誤書蘿字御史金應均 請推考 從之 ○ 兵曹啓言 觀此慶尙左道暗行御史金應均書啓 則西生僉使金精默風落松之許賣 村民旋以犯禁而 捧贖防布錢之移報官下 遂致給代之屢闕云 爲先罷黜 令該府拿問處之 左水虞候吳泰學憑公而營利 包伊萬戶李信培給代或闕云 幷罷黜 前左水使李圭徹封山松之狼藉許斫 禁制蕩然 漁基民之推捉納贖歸屬不正 多大僉使吳顯佑 漁基之勒買 浦戶有寃 租稅之濫執 牧卒多謗云 幷令該府請拿問處之 允之 (下略)

856.

건명 : 李敏吾를 彦陽縣監에 임명함

발신처 : 憲宗

검색어 : 李敏吾, 彦陽縣監

출처 : 憲宗 8年 壬寅 8月 29日 ; 53-675上~下

有政 吏曹判書趙秉鉉兵曹判書朴晦壽進

以安光直爲大司諫 金益文爲校理 徐憙淳爲內醫提調 洪在喆爲大司成 洪敬謨爲藝文提學 李孝淳爲寧海府使 李相冕爲河東府使 金善行爲咸安郡守 趙然明爲咸陽郡守 金敬鎭爲金山郡守 鄭在天爲南海縣監 李行翼爲三嘉縣監 李鳳寧爲河陽縣監 李廷耆爲聞慶縣監 趙箕淳爲安義縣監 兪長柱爲新寧縣監 李敏吾爲彦陽縣監 李希濂爲機張縣監 趙德永爲京畿水使 (下略)

857.

건명 : 慶尙左兵使 沈樂臣 등이 式年武科 初試榜目을 아룀

발신처 : 慶尙左兵使 沈樂臣

검색어 : 慶尙左兵使, 沈樂臣, 慶尙左道, 閑良, 居首

출처 : 憲宗 8年 壬寅 9月 17日 ; 53-748下

忠淸兵使沈有祖慶尙左兵使沈樂臣南兵使趙德永以式年武科初試榜目馳啓

(前略) ○ 慶尙左道閑良張龍興居首 ○ 咸鏡南道閑良溫達顯居首

858.

건명 : 西生僉使 金精默의 議處를 명함

발신처 : 西生僉使 金精默

검색어 : 金精默, 西生僉使, 風落松, 水營

출처 : 憲宗 8年 壬寅 11月 初9日 ; 53-807下

命時囚李喆榮照律金精默議處

義禁府啓言 李喆榮近侍擧行 何等嚴重 而不能謹愼 請以此照律 允之 又啓言 西生僉使金精默原情以爲 繡論中房孌 旣無所畜 恣奸初非可論 道吏元不委任 挾勢未知所指 風落松 則略干株請得 水營修補客舍

元無餘存者 安有許民發賣之事 捧贖一款 客舍修補始役前 山底民二名有偸竊風落松者 故捉致究問 則願納價錢十兩 故姑爲捧上旋 卽捉致該面頭民輩 使之曉諭 略施笞杖 卽爲還給 該民處給代之闕 果因該邑之趑未出給 或患愆期之歎 此外無他可供之辭云 請刑推得情 敎以除刑推議處

859.

건명 : 時囚 金精默의 勘處를 명함

발신처 : 義禁府

검색어 : 金精默, 勘處, 西生前僉使, 杖一百, 收贖, 告身, 私罪, 功減一等

출처 : 憲宗 8年 壬寅 11月 18日 ; 53-823上~下

命時囚金精默勘處尹永培等照律

義禁府啓言 西生前僉使金精默照律 杖一百 收贖告身 盡行追奪 私罪施行 允之 敎 以功減一等 (中略) 竝請以此照律 竝允之

860.

건명 : 太僕의 각 道 牧場의 馬畜數爻啓 가운데 울산 부분

발신처 : 司僕寺

검색어 : 各道牧場馬畜數爻啓, 蔚山, 監牧官, 李羲鏞, 辛丑籍付馬

출처 : 憲宗 8年 壬寅 12月 29日 ; 53-876上~879上

太僕以各道牧場馬畜數爻啓

司僕寺啓言 各道牧場馬畜數爻啓目後錄 而今年牧政孳息 則比諸元式或加或減 故失 則較其元總或多或少 賞罰一款姑置之 ○ 後錄 (中略) 蔚山長鬐等 監牧官李羲鏞 所管二牧場 辛丑籍付馬一千八十匹 今生馬一百四十七匹 合馬一千二百二十七匹內 封進馬四匹 故失馬一百四十匹 除今年實留放壯兒雌雄馬 竝一千八十三匹內 壯雌馬四百五十九匹 一年應孳産馬一百三十八匹 今生馬一百四十七匹 加報九匹 (下略)

861.

건명 : 刑曹의 徒流案을 判下함

발신처 : 刑曹

검색어 : 徒流案, 慶尙道, 徒流案, 徒年秩, 充軍秩, 不限年秩, 流三千里秩, 減死秩, 奴秩, 蔚山, 李賢敏

출처 : 憲宗 9年 癸卯 10月 27日 ; 54-321上~322上

判下秋曹徒流案

刑曹 (中略) 又啓言 慶尙道徒流案 徒年秩密陽金益哲等十七人 充軍秩機張嚴益武等六人 不限年秩南海方益宅等六人 流三千里秩長鬐奴致成等一百三十六人 減死秩咸安李宗植 爲奴秩機張僧戒淨等三人 竝依書下放送之意 分付道臣 而徒年秩中 蔚山李賢敏放仍間 無書下臣曹 無以擧行 付籤以入請上裁 教 以李賢敏亦爲放送 (下略)

862.

건명 : 具載龍을 慶尙左兵使에 임명함

발신처 : 憲宗

검색어 : 具載龍, 慶尙左兵使

출처 : 憲宗 9年 癸卯 11月 初5日 ; 54-330下

有政 吏曹判書李光正行兵曹判書朴岐壽進

以洪學淵爲戶曹參判 李奎鉉爲同義禁 金道喜爲內醫都提調 具載龍爲慶尙左兵使 申觀浩爲全羅右水使

863.

건명 : 太僕의 각 道 牧場馬畜數爻啓 가운데 울산 부분

발신처 : 司僕寺

검색어 : 各道牧場馬畜數爻啓, 牧政, 蔚山, 監牧官, 李羲鏞, 李奎錫, 壬寅籍付馬

출처 : 憲宗 9年 癸卯 12月 29日 ; 54-401上~403下

太僕以各道牧場馬畜數爻啓

司僕寺啓言 今年牧政比諸元式 或加或減 故失 則較其元總或多或少 賞罰一款請置之 允之 後錄 (中略) 蔚山長鬐等 監牧官前任李羲鏞 時任李奎錫 所管二牧場 壬寅籍付馬一千八十三匹 前任李羲鏞所報 今生馬一百四十匹 時任李奎錫所報 故失馬五十四匹 除今年實留放壯兒雌雄馬 幷一千一百匹內 壯雌馬四百五十匹 一年應孳産馬一百三十五

匹 今生馬一百四十五匹 加報十匹 (下略)

864.

건명 : 金箕絇을 蔚山府使에 임명함

발신처 : 憲宗

검색어 : 金箕絇, 蔚山府使

출처 : 憲宗 10年 甲辰 2月 26日 ; 54-474上

有政 吏曹判書朴晦壽進

以閔致文爲同經筵 任允常爲恭陵參奉 初仕也 李章愚爲長成府使 金喬根爲原州判官 金箕絇爲蔚山府使

865.

건명 : 慶尙左兵使 具載龍이 慶科와 武科 初試榜目을 아룀

발신처 : 慶尙左兵使 具載龍

검색어 : 慶尙左兵使, 具載龍, 慶科, 增廣武科, 初試, 張龍元

출처 : 憲宗 10年 甲辰 3月 14日 ; 54-492上

慶尙左兵使具載龍以慶科增廣武科初試榜目馳啓

閑良張龍元居首

866.

건명 : 崔錫禧를 蔚山府로 竄配하도록 청원함

발신처 : 義禁府

검색어 : 蔚山府, 竄配, 崔錫禧

출처 : 憲宗 10年 甲辰 3月 20日 ; 54-499上

竄崔錫禧于蔚山府

義禁府啓言 中官崔錫禧邊遠竄配事 啓下矣 蔚山府邊遠竄配 請押送

允之

867.

건명 : 定配罪人 崔錫禧 등을 放送하도록 명함

발신처 : 憲宗

검색어 : 定配罪人, 放送, 慶尙道, 蔚山府
출처 : 憲宗 10年 甲辰 5月 初3日 ; 54-553下~554上

命定配罪人崔錫憘等竝放送

教曰 慶尙道蔚山府定配罪人崔錫憘 平安道龜城府定配罪人尹亨默 江原道春川府定配罪人李喆榮 竝放送

868.

건명 : 彦陽縣監 李敏吾는 京外 殿最에서 中을 받음
발신처 : 慶尙監司 洪鍾英
검색어 : 京外殿最, 慶尙監司, 洪鍾英, 彦陽縣監, 李敏吾, 竝中
출처 : 憲宗 10年 甲辰 6月 15日 ; 54-594上~下

開坼京外殿最

(前略) ○ 慶尙監司洪鍾英啓本 義城縣令任奭朝少加束濕 無累茂績 彦陽縣監李敏吾疏當漸熟誠 則益切 泗川縣監李以復檢錯非細 雖瓜難恕 機張縣監李希濂謹約 固好剛果 是勉竝中 盈德縣令任廉保無疵累 奈難振刷 軍威縣監金用邦邑瘁吏濫當之不幸 長鬐縣監崔世命校雖瞞官官何報營 竝下 (下略)

869.

건명 : 太僕의 각 道 牧場馬畜數爻啓 가운데 울산 부분
발신처 : 司僕寺
검색어 : 各道牧場馬畜數爻啓, 牧政, 蔚山, 監牧官, 李奎錫, 癸卯籍付馬
출처 : 憲宗 10年 甲辰 12月 30日 ; 54-815下~819下

太僕以各道牧場馬畜數爻啓

司僕寺啓言 今年牧政孳息 則比諸元式 或加或減 故失 則較其元總 或多或少 賞罰一款 請姑置之 允之 ○ 後錄 (中略) 蔚山長鬐等 監牧官李奎錫 所管二牧場 癸卯籍付馬一千一百匹 今生馬一百四十二匹 合馬一千二百四十二匹內 封進馬四匹 故失馬一百二十八匹 除今年實留放壯兒雌雄馬 竝一千一百十匹內 壯雌馬四百五十二匹 一年應孳產馬一百三十五匹 今生馬一百四十二匹 加報七匹 (下略)

870.

건명 : 寧海府 渰戶에 대해 恤典 지급을 청원함

발신처 : 慶尙左兵使 李元夏

검색어 : 渰戶, 恤典, 慶尙左兵使, 李元夏, 人命渰死, 身還布

출처 : 憲宗 11年 乙巳 2月 27日 ; 54-870下

給寧海府渰戶恤典

慶尙左兵使李元夏 以寧海府人命渰死馳啓 敎 以聞甚矜惻 元恤典外別加顧助 如有生前身還布 竝蕩減 未拯屍身 期於極得之意 廟堂措辭分付

871.

건명 : 慶尙左兵使 具載龍이 慶科와 武科 初試榜目을 아룀

발신처 : 慶尙左兵使 具載龍

검색어 : 慶尙左兵使, 具載龍, 慶科, 武科初試, 榜目, 李廷祿

출처 : 憲宗 11年 乙巳 3月 初5日 ; 54-877下

慶尙左兵使具載龍以慶科武科初試榜目馳啓

閑良李廷祿居首

872.

건명 : 尹喜豊을 慶尙左兵使에 임명함

발신처 : 憲宗

검색어 : 尹喜豊, 慶尙左兵使

출처 : 憲宗 11年 乙巳 10月 初1日 ; 55-157下

有政 吏曹參議徐憲淳兵曹判書趙秉鉉進

以李鼎臣爲左尹 趙雲澈爲忠淸監司 徐有薰爲永興府使 尹喜豊爲慶尙左兵使 (下略)

873.

건명 : 慶尙左水使 李元夏과 慶尙左兵使 具載龍 등의 推考를 청원함

발신처 : 政院

검색어 : 重推, 慶尙左水使, 李元夏, 慶尙左兵使, 具載龍, 褒貶

출처 : 憲宗 11年 乙巳 12月 15日 ; 55-219上

重推北兵使趙元錫慶尙左水使李元夏推慶尙左兵使具載龍

政院啓言 各道褒貶 限內不得磨勘 則具由 啓聞例也 而元錫元夏不爲修 啓 請從重推考 又啓言 載龍褒貶頉狀踏印於年月 行有違格式 請推考 竝允之

874.

건명 : 司僕寺의 각 道 牧場의 馬畜數爻啓 가운데 울산 부분

발신처 : 司僕寺

검색어 : 各道牧場馬畜數爻啓, 牧政, 蔚山, 監牧官, 李奎錫, 李時龍, 甲辰籍付馬

출처 : 憲宗 11年 乙巳 12月 29日 ; 55-235上~238上

司僕以各道牧場馬畜數爻啓

司僕寺啓言 今年牧政 孳息 則比諸元式 或加或減 故失 則較諸元總或多或少 賞典一款 請姑置 允之 ○ 後錄 (中略) 蔚山長鬐等監牧官前任李奎錫 時任李時龍所管二牧場 甲辰籍付馬一千一百十匹 前任李奎錫所報今生馬一百四十四匹 時任李時龍所報今生馬五匹 合馬一千二百五十九匹內 封進馬四匹 前任李奎錫所報故失馬五十六匹 時任李時龍所報故失馬六十二匹 除今年實留放壯兒雌雄馬 竝一千一百三十七匹內 壯雌馬四百六十八匹 一年應孳産馬一百四十匹 今生馬四十九匹加報九匹 (下略)

875.

건명 : 慶尙監司의 褒貶啓本을 開坼함

발신처 : 慶尙監司 李啓朝

검색어 : 慶尙監司, 褒貶, 李啓朝, 彦陽縣監, 李敏吾, 竝中

출처 : 憲宗 12年 丙午 正月 11日 ; 55-249下

開坼慶尙監司褒貶啓本

慶尙監司李啓朝啓本 密陽府使李寅在 將欲律人先須潔已 軍威縣監李秉奎 邑有四倅官不與焉 金泉察訪金畯 醜謗何多 竝下 榮川郡守李穆遠 頉固實病政則無疵 彦陽縣監李敏吾邑瘼漸痼宜急對投 熊川縣監吳

鼎周誠勤可尙倉濫宜察 竝中

876.

건명 : 蔚山府 良人 金厚業 妻 張召史의 一胎生三男에 대한 慶尙監司의 보고
발신처 : 慶尙監司 李啓朝
검색어 : 慶尙監司, 李啓朝, 蔚山府, 金厚業, 張召史, 一胎生三男,
출처 : 憲宗 12年 丙午 正月 19日 ; 55-259下

慶尙監司李啓朝以蔚山府良人金厚業妻張召史一胎生三男馳啓

877.

건명 : 擊錚人의 原情에 대한 刑曹의 覆啓
발신처 : 刑曹
검색어 : 擊錚人, 原情, 彦陽, 童蒙, 朴喜得
출처 : 憲宗 12年 丙午 2月 27日 ; 55-305上~307上

秋曹以擊錚人原情覆啓
刑曹啓言 今月二十日幸行時 衛外擊錚人北部私奴德奉爲其上典啓字僞造 獄稱寃事也 (中略) 彦陽童蒙朴喜得爲其父寃獄 請放事也 (中略) 爰辭若是稱寃 竝令本道査聞後 稟處 竝允之

878.

건명 : 彦陽縣監 李敏吾를 改差함
발신처 : 憲宗
검색어 : 改差, 彦陽縣監, 李敏吾
출처 : 憲宗 12年 丙午 3月 24日 ; 55-355下

改差彦陽縣監李敏吾
敏吾以親病呈狀 吏曹啓請 改差也

879.

건명 : 金憲祖를 彦陽縣監에 임명함
발신처 : 憲宗
검색어 : 金憲祖, 彦陽縣監

출처 : 憲宗 12年 丙午 3月 27日 ; 55-358下

有政 吏曹判書金興根進

以徐箕淳爲知經筵 金憲祖爲彦陽縣監 李志淵爲內醫提調

880.

건명 : 蔚山府 渰戶에 대해 恤典 지급을 명함

발신처 : 慶尙監司 李啓朝

검색어 : 蔚山府, 渰戶, 恤典, 慶尙監司, 李啓朝, 卞岐修, 蔚山邑, 場市, 身還布

출처 : 憲宗 12年 丙午 4月 初5日 ; 55-364下

給蔚山府渰戶恤典

慶尙監司李啓朝狀啓以爲 去月十五日 卽蔚山邑底場市 進士卞岐修到門日而赴市 及觀光者男女數百人 爭先登舟回旋之際 舟忽傾仄 五十一人渰死 教以聞甚矜惻 元恤典外 別加顧助 如有生前身還布 竝蕩減事 廟堂措辭分付

881.

건명 : 울산 등 渰燒戶에 대해 恤典 지급을 청원함

발신처 : 慶尙監司 李啓朝

검색어 : 渰燒戶, 恤典, 慶尙監司, 李啓朝, 蔚山府, 身還布

출처 : 憲宗 12年 丙午 5月 27日 ; 55-437下~438上

給興海德源等邑渰燒戶恤典

慶尙監司李啓朝狀啓以爲 蔚山府孝烈里居業武南坤乘 船往迎日 遇風渰沒 屍身拯得 (中略) 教以聞甚矜惻 元恤典外 別加顧助 如有生前身還布 竝蕩減 未拯屍身 期於拯得之意 廟堂措辭分付 (下略)

882.

건명 : 戶曹의 經費는 각 道의 穀으로 折錢取用하도록 명함

발신처 : 戶曹

검색어 : 折錢, 丙申別貿米, 嶺南信需穀折米, 左兵營, 山城穀折米, 巡營

출처 : 憲宗 12年 丙午 9月 28日 ; 55-679上

命戶曹經費以各道穀折錢取用

備局啓言 卽見戶曹所報 則以經費不足 請劃折錢二十萬兩矣 經用所需 卽該 曹之拮据支調 非所以另爲請劃者 而連經大事儲蓄甚 目下事勢 不可不某樣區處 丙申別貿米中 嶺湖南各一萬二千石 湖西七千石 嶺南信需穀折米二千石 左兵營山城穀折米七千石 合準折錢十二萬之數 使之取用 而各道作來之際 必以詳定價都聚巡營 定將校上送 勿送京差之意 請各別申飭 允之

883.

건명 : 趙雲始를 蔚山府使에 임명함

발신처 : 憲宗

검색어 : 趙雲始, 蔚山府使, 初仕

출처 : 憲宗 12年 丙午 12月 23日 ; 55-790下

都政下批 吏曹判書洪敬謨參議尹定鉉兵曹判書徐憙淳進

吏批以申冕璜成錫魯爲持平 (中略) 以趙雲始爲蔚山府使 崔涉爲河東府使 (中略) 秀敎以下 竝初仕也 (中略) 敎曰 守令邊將初仕人 皆令明日待令

884.

건명 : 太僕의 각 牧場의 馬畜數爻啓 가운데 울산 부분

발신처 : 司僕寺

검색어 : 各牧場馬畜數爻啓, 牧政, 元式, 故失, 元總, 蔚山, 監牧官, 李時龍, 乙巳籍付馬

출처 : 憲宗 12年 丙午 12月 29日 ; 55-796上~798上

太僕以各牧場馬畜數爻啓

司僕寺啓言 今年牧政孳息比元式或加或減 故失較元總 或多或少 賞罰一款 請更觀來頭 勤慢處之 允之 ○ 後錄 (中略) 蔚山長鬐等 監牧官李時龍 所管二牧場 乙巳籍付馬一千一百三十七匹 今生馬一百五十一匹內 封進四匹 故失一百四十匹 除實留放 竝一千一百四十四匹內 壯雌馬四百六十八匹 一年應孳産一百四十匹 今生一百五十一匹 (下略)

885.

건명 : 宣傳官 許燦 등에게 囚獄 여러 武士를 汰勘하여 放送하도록 명함

발신처 : 兵曹

검색어 : 宣傳官, 許燦, 放送, 蔚山, 閑良, 李光晉, 吳宅善, 申桓

출처: 憲宗 13年 丁未 2月 28日 ; 55-870下~871下

命宣傳官許燦等汰勘在囚諸武士放送

兵曹啓言 謹依下教庭試時 試記冒錄人等嚴加查問 則挾輦軍李東燁李儀龍延日閑良表成龍等 極口發明 終不直招 挾輦軍崔龍杜以爲 與總衛營別破陣金貞浩相議云 故嚴覈貞浩 則以爲付托於宣傳官申桓周旋做事云 (中略) 蔚山閑良李光晉以爲 渠以五貫革 頭射片箭貫一中 而四貫革 書員誤認以四貫革末射誤射五貫革 使之打錚 則監射諸人 見其實狀 如例告箭云 (中略) 當該宣傳官許燦李敏棟吳宅善申桓 竝爲先汰去 令該府各別嚴勘在囚諸武士 所當嚴處 而遠道鄉曲之人 不足深責 特爲曉諭放送 未捉之類 不必發關推捉 亦爲安徐 ○ 又啓言 臣開坐于龍虎營 在囚武士李東燁等 謹以批旨辭意 一一曉諭放送

886.

건명 : 秋曹의 李彦喆 등에 대한 定配啓

발신처 : 刑曹

검색어 : 定配, 彦陽縣, 充軍, 押送

출처 : 憲宗 13年 丁未 3月 初7日 ; 55-879下

秋曹以李彦喆等定配啓

刑曹啓言 科場作奸諸漢出付 秋曹查實 依律嚴處 事命下矣 罪人李彦喆李學文金昌範李萬吉等處嚴加查問 則彦喆與冶匠昌範 相約以二貫革封箭 學文與萬吉 相約以七貫革封箭矣 彦喆學文俱以射隊之互換未及放射 而昌範萬吉 則認以應射 徑先封箭 至於現捉云 謹依律文 彦喆洪原縣 學文寧邊府 昌範彦陽縣 萬吉靈巖郡 邊遠充軍 定配所押送

887.

건명 : 許燦을 蔚山府로 定配하도록 명함

발신처 : 義禁府

검색어 : 許燦, 定配, 收贖, 蔚山府, 充軍

출처 : 憲宗 13年 丁未 3月 14日 ; 55-884下

命時囚李根植等勘放許燦等定配

義禁府啓言 禮賓主簿李根植照律笞五十 收贖解見任別敍 河東前府使宋在璿照律杖八十 收贖奪告身三等 竝私罪施行 允之 竝敎以功減一等 又 啓言 許燦蔚山府 李敏棟靈巖郡 吳宅善寶城郡 申桓昌原府 竝邊遠充軍定配所 請依例押

888.

건명 : 左兵使 尹喜豊의 비리를 아뢴 慶尙監司 金公鉉의 狀啓

발신처 : 慶尙監司 金公鉉

검색어 : 慶尙監司, 金公鉉, 左兵使, 尹喜豊, 金聲振, 李仁權, 移貿, 作錢, 還案, 雜虛穀, 丙科初試, 捧賂錢, 馬兵都試, 饒民, 鄭益俊, 還政, 科法

출처 : 憲宗 13年 丁未 6月 20日 ; 56-55下~56上

慶尙監司金公鉉以左兵使尹喜豊罪狀馳啓

狀啓以爲 左兵使尹喜豊 多行不經 聽聞狼藉 故該營將校金聲振 鎭吏李仁權 捉致臣營 逐條盤覈 則丙午春移貿中 米五百石 租一千五百石初不分給 全數取用 且秋捧時 米二千石 加數作錢 而今春分給時 每石代錢二兩 只從願受 私自倈給 雜犯禁人等處 以受還様 直爲懸錄還案又以官耗及倉色輩落穀和雜虛穀 苟充其加作取用之數 營需米一百五十石 高價執錢 乃於新還初捧中 擇其精實米那移充數 竟以每石二兩減價立本 昨春丙科初試時 追錄六人 以充元額 而各捧賂錢 合爲一千五百兩 十月馬兵都試時 優等一人處 捧賂五百兩 今春慶科初試 追錄九人 各捧賂錢 亦爲一千六百五十兩 兩年收布給代錢 二千三百四兩零 謂以將臺重修 皆歸私橐兵房差帖 八十一張 近邑饒民處 勒授捧錢通計四千五十兩 且毋論班常 抄其稍饒者 成給裨將帖所捧 亦爲三千兩 迎日下吏鄭益俊謂 有圖罷前官之罪 多般威脅 捧錢三千五百兩 昨年吏任把房 進定於七月 而所捧賂錢 合爲四千兩 莫重者還政 而惟意翻弄 至嚴者科法 而專事濁亂 裨校之帖視 若生財之竇 軍卒之哺掠 其口吻之物 需米之公廩取剩 小吏之私嫌 推捉實涉駭聽 俱係不法 不可以閫任之體重 有所參恕其罪狀 請令廟堂稟處

889.

건명 : 慶尙左兵使 尹喜豊을 拿問 嚴勘하도록 한 처분

발신처 : 備邊司

검색어 : 慶尙左兵使, 尹喜豊, 慶尙監司, 金公鉉, 還穀, 科試, 捧賂, 罷黜

출처 : 憲宗 13年 丁未 6月 21日 ; 56-56下

命慶尙左兵使尹喜豊拿勘

備局啓言 卽見慶尙監司金公鉉狀啓 則左兵使尹喜豊 多行不經 不可以閫任體重 有所參恕其罪狀 請令廟堂稟處矣 還穀之莫重 而或全數取用 或加作減俵 或以營需移充 或以罰鍰換錄 論其所犯 已萬萬痛駭 而況科試 何等至嚴 而追錄捧賂 若是狼藉 少無忌憚 至於裨校帖之勒授 給代錢之歸橐 許多骫法之狀 不止一二 公私入已之財 至近三萬 雖在吏屬之作奸 固當嚴懲 而罔赦曾 謂閫臬之重任 若是躬犯之無難乎 民國受病 已無可言 紀綱蕩然 寧不寒心 如此貪汚之類 不可尋常處之 該兵使尹喜豊 請爲先罷黜 令該府 拿問嚴勘 允之

890.

건명 : 申從翼을 慶尙左兵使로 삼음

발신처 : 憲宗

검색어 : 慶尙左兵使, 常格, 擇差, 申從翼, 新通, 初仕

출처 : 憲宗 13年 丁未 6月 24日 ; 56-58下~60下

御春塘臺行日次儒生殿講及都政考官金興根朴永元金鼎集參考官李根友洪永圭李裕膺尹致英 ○ 吏曹判書徐憙淳參判韓鎭庭參議李公翼兵曹判書趙秉鉉參判金箕晩參議申大膺參知睦用錫

○ (前略) 教曰 慶尙左兵使之代 勿拘常格 各別擇差 催促下送 (中略) 諸安國爲高嶺僉使 韓用河爲蛇波知僉使 申從翼爲慶尙左兵使 鄭瑋爲忠淸水使 李元夏爲全羅兵使 金翰喆爲京畿水使 徐相岳爲訓鍊副正 相岳及張厚植李玄益 新通也 金炳冀爲文兼 具載麟爲東道參軍 李承駿李教俊李秉漢李鼎緖金箕錫爲宣傳官 崔命鎬朴瑢金潤相南宮鎰張天鶴李奎憲爲武兼 金麗水陳祐昌李種植爲部將 金鳳翼咸慶億孫興仁徐興殷崔有顯鄭根源吳敬翰爲守門將 載麟以下 竝初仕也 教曰 守令邊將初仕人 皆令明日待令 (下略)

891.

건명 : 彦陽 童蒙 朴喜得의 父 朴加每의 殺獄案을 다시 조사하도록 한 처분
발신처 : 刑曹
검색어 : 蔚山, 朴加每, 殺獄案, 慶尙前監司, 李啓朝, 彦陽, 童蒙, 朴喜得
출처 : 憲宗 13年 丁未 7月 25日 ; 56-108下~109下

秋曹以淸州囚張奉伊蔚山囚朴加每等殺獄案覆啓

刑曹啓言 (中略) 慶尙前監司李啓朝 狀啓以爲 彦陽童蒙朴喜得 爲其父加每 殺獄事擊錚 而令本道 査實事判下矣 定査官推覈 則搜藏篛笠醉夫訴鬧 裸脫衣衫 悖漢麤猛 挺身趕突 奮拳投擲 頭髻滾散 參看有人項頸硬黯 證招無疑 行賂乞和 無異輸款 見機潛逃 可知生㤼 兩案已完獄體至嚴 縱子鳴冤 尤極凶獰 (中略) 朴加每獄 則屍首徑埋 始未行檢苦主私和 終涉可疑 而頭髻散亂之狀 旣有參看之立幟 項頸硬黯之痕亦有證招之執契 苟非當場毒打 詎致一夜速死 敢欲掉脫 構誣鳴冤 究厥罪狀 轉益凶獰 (中略) 請分付道臣 竝從之

892.

건명 : 慶尙左兵使 尹喜豊 등의 일을 議處하도록 한 처분
발신처 : 義禁府
검색어 : 慶尙左兵使, 尹喜豊
출처 : 憲宗 13年 丁未 8月 11日 ; 56-141上~下

命時囚崔正運等議處

義禁府啓言 (中略) 又啓言 慶尙左兵使尹喜豊 原情以爲 道啓臚列 或有襲謬之事 亦多可冤之端 而莫非渠不能事 事之致云 鍾城前府使鄭誠一 原情以爲 今此殺越犯越 雖出於屬鎭 在渠封罷之後 鎭將初不報邑 實非掩置之可論 而當初犯越 莫非渠不能檢飭之罪云 竝當請刑 而喜豊曾經閫帥 誠一曾經侍從 請竝議處 允之

893.

건명 : 蔚山 등의 漂頹戶에 대해 恤典하도록 한 처분
발신처 : 憲宗
검색어 : 慶尙監司, 金公鉉, 漂頹戶, 恤典, 蔚山, 身還布

출처 : 憲宗 13年 丁未 9月 21日 ; 56-197上

給昌原等邑漂頹戶恤典

慶尙監司金公鉉 以昌原晉州蔚山金海密陽東萊河東梁山咸安宜寧迎日靈山漆原等邑 民家漂頹一千六百三戶 人物渰壓死十二名 馳啓 教 以民家漂頹 若是夥多 誠甚驚惻 元恤典外 別加顧助 渰壓死人 如有生前身還布 竝蕩減 卽爲結構奠接 俾無一民失所棲遑之漿事 廟堂各別 措辭分付

894.

건명 : 尹日善을 蔚山府使로 삼음

발신처 : 憲宗

검색어 : 尹日善, 蔚山府使

출처 : 憲宗 13年 丁未 11月 初4日 ; 56-298上

有政 吏曹判書徐憙淳兵曹判書李若愚進

以徐有薰爲吏曹參議 李景在爲知敦寧 曹錫雨爲戶曹參判 尹定鉉爲左尹 金東健爲知經筵 趙斗淳爲弘文提學 李若愚爲藝文提學 金英淳爲知春秋 李啓朝爲同成均 尹日善爲蔚山府使 鄭老容爲交河郡守 (下略)

895.

건명 : 太僕寺의 각 牧場 馬畜數爻啓 가운데 蔚山 부분

발신처 : 司僕寺

검색어 : 司僕寺, 各牧場馬畜數爻啓, 牧政, 元總, 蔚山, 丙午籍付馬

출처 : 憲宗 13年 丁未 12月 30日 ; 56-394下~396下

太僕以各牧場馬畜數爻啓

司僕寺啓言 今年牧政 比元式 或加或減 故失較元總 或多或少 賞罰一款 請更觀來頭 勤慢處之 ○ 後錄 (中略) 蔚山長鬐等監牧官 前任李時龍 時任吳淳常 所管二牧場 丙午籍付馬一千一百四十四匹 今生馬一百五十五匹內 封進馬四匹 故失馬一百二十一匹 除實留放壯兒雌雄馬竝一千一百七十四匹內 壯雌馬四百六十三匹 一年應孳産一百三十九匹 今生一百五十五匹 (中略) 今年實留放壯兒雌雄馬 竝七千四十一匹

896.

건명 : 馬島 答謝에 대하여 萊伯이 館守에게 書給하도록 한 처분
발신처 : 領議政 權敦仁
검색어 : 三南, 嶺南, 巡水營, 萊府, 馬島奉行, 萊伯, 館守, 蔚山, 書契, 異樣船
출처 : 憲宗 14年 戊申 4月 15日 ; 56-487上~下

命三南各營防守別般關飭馬島答謝令萊伯書給館守

領議政權敦仁啓言 日前嶺南巡水營及萊府 以馬島奉行 倭之抵館守文蹟登聞矣 彼番船之周流 四海去來 無常者 本不可測其定向 則其所云 自南而北 安知其必向我國 且以其文蹟觀之 自三月初四日 至十五日 連爲現形云 向來蔚山牒報 亦似與此相合 而在於三月十三日 則到今相距 恰過一朔 其間情跡 有難料度 固不必以此徑信 而彼旣專差告示 則亦恐非無據 而然行關三南各營 瞭望防守之節 整伍繕械之政 各別嚴飭 無或有一毫疏漏之弊 島主旣令館守相報 則此係我國邊憂 不可以彼無書契 頓然無答謝之擧 況年前異樣船事 彼亦有答 則令萊伯 另具隣好稱謝之意 書給館守 使之轉報 馬島似好矣 敎 以雖非似此之時常所提警 別般關飭 俾無一分疏漏之弊 萊府答謝 所奏甚好 依此爲之

897.

건명 : 蔚山府의 渰戶에 恤典하도록 한 처분
발신처 : 憲宗
검색어 : 慶尙左水使, 李寅熙, 蔚山府, 渰戶, 恤典, 身還布
출처 : 憲宗 14年 戊申 5月 20日 ; 56-509上

給蔚山府渰戶恤典

慶尙左水使李寅熙 以蔚山府人命渰死 馳啓 敎 以聞甚矜惻 原恤典外別加顧助 如有生前身還布 竝蕩減 未拯屍身 期於拯得之意 廟堂措辭分付

898.

건명 : 異樣船 출몰에 대해 東萊府使가 馬島에 通示의 뜻을 전하게 한 처분
발신처 : 備邊司
검색어 : 咸鏡監司, 李嘉愚, 異樣船, 蔚山, 三南, 萊伯 訓別, 館守, 馬島

출처 : 憲宗 14年 戊申 6月 11日 ; 56-525下~526上

備局以咸鏡監司李嘉愚異樣船過去狀啓覆啓

備邊司啓言 卽見咸鏡監司李嘉愚狀啓 則枚擧端川兼任居山察訪崔性益 北靑兼任南虞候金駿喜 牒呈以爲 五月十六日 端川府梨津洋上 異樣船一隻過去 又有一隻浮在深海 同日日新津洋上 三帆船二隻過去 同月二十六日 北靑府新豊津 異樣船一隻過去 同日新昌津及長津洋上 又有異樣船一隻過去 追及入海 莫知所向 而南兵使李行敎 初不馳報者 不可兼警 其罪狀請 令廟堂稟處矣 將過大洋 旣失問情 則固未知爲何國船 而忽於風馬 不及之地 有此鳧雁去來之跡 誠亦可怪 該閫初不登聞者 揆以邊情 極涉疏忽 南兵使李行敎 重推邊事疏虞 莫此爲甚關東北兩道沿邑候瞭 使之各別嚴飭 三南道帥臣處 亦一體更爲關飭 當初馬島文蹟 固出於先事相通之意 則其後 暫見於蔚山 今又飄過於端靑者 亦安知非馬島云云之船乎 以蔚端靑過去形止 分付萊伯 使訓別輩 錄及館守 轉致馬島 請以答當初通示之意 允之

899.

건명 : 金遠喜을 彦陽縣監으로 삼음

발신처 : 憲宗

검색어 : 金遠喜, 彦陽縣監, 初仕

출처 : 憲宗 14年 戊申 6月 25日 ; 56-535下~536下

都政下批 吏曹判書趙冀永參議洪祐喆兵曹判書徐左輔參議朴鳴載進(前略) ○ 吏批 (中略) 金在徽爲靈巖郡守 金遠喜爲彦陽縣監 金商礪爲假監役 趙永和爲中部都事 趙雲植爲禧陵參奉 朴端會爲翼陵參奉沈龜祖金晉楨爲假引儀 商礪以下 幷初仕也 (下略)

900.

건명 : 東萊水虞候의 望筒을 시행하지 말도록 한 처분

발신처 : 備邊司

검색어 : 彦陽縣監, 金憲祖, 移拜, 東萊水虞候, 推考 望筒, 遷轉者

출처 : 憲宗 14年 戊申 6月 26日 ; 56-537下

命東萊水虞候望筒勿施遷轉者仍其本職

備邊司啓言 昨日政 彦陽縣監金憲祖 移拜東萊水虞候矣 未經五品 遽擬見職有違政格 當該政官推考 原望筒勿施 以次遷轉者 請令仍其本職 允之

901.

건명 : 각 道 殺獄案 가운데 蔚山 金方在 獄事 내용

발신처 : 刑曹

검색어 : 各道殺獄案, 蔚山, 金方在, 獄事

출처 : 憲宗 14年 丁未 12月 初8日 ; 56-714下~717上

秋曹以各道殺獄案覆啓

刑曹啓言 淸州金召史獄事緣 田間雌黃之談貽 閨中沾白之辱死 固自裁孽 由渠作 雖有鳴寃 難逭重律 如法訊推 蔚山金方在獄事 雜技錯認 始旣先失 濁醪勸飮 不無自懰 空田鬪鬨 確證無人 兩檢痕損 傷處不重 而獄體至重 加刑取服 (中略) 請幷上裁 敎 以依回啓 施行

902.

건명 : 濟州牧 漂還人 文景祿 등이 일본에 표류하다 돌아온 후의 問情 보고

발신처 : 全羅監司 洪義錫

검색어 : 濟州牧, 漂還人, 文景祿, 問情, 蔚山, 日本國, 長踦島, 傳語官, 慶尙道, 姜善, 供饋, 倭館, 東萊府

출처 : 憲宗 15年 己酉 2月 25日 ; 56-803下~804下

全羅監司洪義錫以濟州牧漂還人文景祿等問情馳啓

狀啓以爲 到付濟州牧使張寅植成貼謄報內 本州漂民文景祿等二十三名及金永祿等八名 各騎本船 後先入來 故發問目取招 則文景祿等納供 以爲渠等共乘一船 去正月二十一日 自禾北浦 放發出陸 到斜鼠島前洋 猝遇大風 檣傾楫摧 蕩漾抵泊於日本國五島 二月初一日 到富江邑底浦 彼所謂上官問情饋酒後 修改船什二十日 到長踦島傳語官三人始到搜驗使之就館 則慶尙道蔚山人姜善等二十九名 晉州人金贊益一名 俱爲漂流先留館中 而每日每名 米醬南草鼎器柴水之物磨鍊以給所傷船什一一改造 三月初七日 本州金永祿 亦爲漂到 則同處一館矣 五月十一日 候風發船 到對馬島留接館舍 問情供饋等 節一如長踦島

而每名白木單周衣一件雨傘二柄南草匣十箇題給 八月十九日 蔚山人等二十九名 先送我國 十月初六日 渠等及晉州人一名 分乘彼我船 一時齊發 十一月初二日 到倭館 初四日到東萊府 而晉州人一名 發向原籍官船中 舊倭學洪得周 直去京城 金光得等四名 因事落後 渠等本月十一日 來泊於本州禾北浦云 金永祿等所供 回還時事狀 入島日子 與文京祿等所供 果無差爽云 今此京祿等 漂流顚末 反覆究覆 別無可疑之端 而兩船人物之 無事生還 誠爲奇幸 別加慰撫 使之安接 緣由馳啓

903.

건명 : 統制使 金鍵을 推考함

발신처 : 政院

검색어 : 統制使, 金鍵, 異樣船, 蔚山, 彦陽縣監, 推考

출처 : 憲宗 15年 己酉 3月 初6日 ; 56-810下

推統制使金鍵

政院啓言 卽見統制使金鍵 異樣船過去狀啓 則第六行 蔚山兼任下 彦陽縣監 四字漏落不書 奏御文字 何等審愼 而如是疏忽 事甚未安 請推考 允之

904.

건명 : 申命源을 慶尙左兵使로 삼음

발신처 : 憲宗

검색어 : 申命源, 慶尙左兵使

출처 : 憲宗 15年 己酉 5月 初1日 ; 56-883下

有政 吏曹參議洪永圭兵曹判書尹定鉉進

以李嘉愚爲刑曹判書 金公鉉爲參判 曺錫亨爲右尹 金在敬爲羅州牧使 徐念淳任泰瑛爲副總管 申命源爲慶尙左兵使 柳貞裕爲惠山僉使 (下略)

905.

건명 : 慶尙左兵使 申命源을 改差함

발신처 : 憲宗

검색어 : 改差, 慶尙左兵使 申命源

출처 : 憲宗 15年 己酉 5月 初4日 ; 56-885上

改差慶尙左兵使申命源

兵曹 以命源病難赴任 啓請改差也

906.

건명 : 柳信儉을 慶尙左兵使로 삼음

발신처 : 憲宗

검색어 : 柳信儉, 慶尙左兵使

출처 : 憲宗 15年 己酉 5月 19日 ; 56-901下

有政 吏曹判書李若愚兵曹判書尹定鉉進

以曺錫亨爲大司成 李敏性爲長湍府使 韓啓源爲永興府使 鄭冕朝爲載寧郡守 趙履錫爲嘉山郡守 朴珪壽爲龍岡縣令 孔獻東爲庇仁縣監 吳光勳爲孟山縣監 李啓朝爲知事 柳信儉爲慶尙左兵使 (下略)

907.

건명 : 因山에 필요한 物力을 措劃하여 마련할 방안에 대한 처분

발신처 : 備邊司

검색어 : 因山大役, 劃給, 準劃, 別置錢米, 嶺南私賑穀, 左兵營山城穀

출처 : 哲宗 卽位年 己酉 7月 初5日 ; 57-54上

許施畿營及戶曹因山時需用物力措劃之請

備局啓言 卽見京畿監司金箕晩所報 則以爲當此因山大役 各樣需用極其浩大 容入物力 錢限二萬兩 及今措劃爲辭矣 當此大役 畿營事力萬難自辦 擧行不得 自朝家劃給 量宜排用 惠局錢一萬五千兩 特許貸下 請使之從便推用 又啓言 卽見戶曹所報 則以爲當此大役 凡百需用萬無塗抹之路 錢限十五萬兩 請卽區劃矣 以今經費之匱竭 實難所請之準劃 就別置錢米中 兵曹惠局 各一萬兩 戶曹禁衛營 各五千兩 戶曹米一千石 糧餉廳七千兩 御營廳四千兩 訓局工曹司僕寺軍器寺 各二千兩 掌樂院司饔院 各一千兩 嶺南私賑穀 左兵營山城穀 各三千石 湖南丙申別貿穀五千石 湖西安興穀四千石 請竝劃給 使之從便取用 竝允之

908.

건명 : 朴齊韶을 蔚山府使로 삼음

발신처 : 哲宗

검색어 : 初仕, 朴齊韶, 蔚山府使

출처 : 哲宗 卽位年 己酉 7月 12日 ; 57-77下

有政 吏曹判書李若愚兵曹判書尹定鉉進

(前略) ○ 再政 以金左根爲知經筵 權錫爲順康園守奉官 初仕也 朴齊韶爲蔚山府使 洪鍾應單付知事

909.

건명 : 蔚山府使 尹日善이 倭船을 발견하고 잘못 처리한 죄상을 아뢴 慶尙左兵使 柳信儉의 보고

발신처 : 慶尙左兵使 柳信儉

검색어 : 慶尙左兵使, 柳信儉, 蔚山府使, 尹日善, 譯舌, 蔚山府, 日山浦, 倭大船, 柳瀗, 問情

출처 : 哲宗 卽位年 己酉 8月 初1日 ; 57-134上

慶尙左兵使柳信儉以蔚山府使尹日善罪狀馳啓

狀啓以爲 本月十一日 蔚山府日山浦 止泊倭大船一隻 嚴飭看護 移文于左水使李寅熙處 起送譯舌矣 十三日 同府使馳報內 倭大船一隻 多發海船 四面繫纜 防護甚密 而十二日亥時 同船倭忽地發喊 一邊擧碇掛帆 一邊斫斷繫纜 遽作脫走之狀 故親騎海船 多方挽執 際此南風大作 波濤翻空 而同船乘風疾走 勢若流星望望促櫓 莫可追及云 軍官柳瀗回告內 十三日到日山津 則譯舌未及來到 倭船已無去處云矣 問情前徑發 事甚驚駭 發關沿海 各邑使之瞭探 而防守之疏虞 在所難免 邊政之失錯 不可無懲 該府使尹日善罪狀 令攸司稟處

910.

건명 : 蔚山前府使 尹日善의 처벌을 의논하여 처리하도록 함

발신처 : 義禁府

검색어 : 蔚山前府使, 尹日善, 日山津, 倭船, 譯舌, 問情, 刑推

출처 : 哲宗 卽位年 己酉 8月 19日 ; 57-160上~下

命時囚尹日善等議處

義禁府啓言 蔚山前府使尹日善 原情以爲 日山津漂到之倭船 卽彼國內地之漁船 而曳泊浦口 過一晝夜 譯舌未卽來到 不得問情 多發津艇連加防守 忽値大風 斷纜飛走 慮所未遑勢 莫可挽云 請刑推得情 敎以除刑推議處 (下略)

911.

건명 : 弔慰와 陳賀의 差倭를 위해 필요한 禮單蔘 마련 방안에 대한 조치

발신처 : 備邊司

검색어 : 差倭, 禮單蔘, 戶曹錢, 貸下, 弔慰, 陳賀, 區劃, 嶺南左兵營山城穀, 信需穀, 作錢

출처 : 哲宗 卽位年 己酉 9月 13日 ; 57-205下

命差倭禮單蔘價先以戶曹錢貸下

備局啓言 卽見戶曹所報 則以爲弔慰陳賀兩差倭 當匪久出來 所需禮單蔘 合三十四斤 價錢三萬四千兩 趁今區劃 俾爲及時需用云矣 差倭所需之別劃入用 旣有已例 以嶺南左兵營山城穀一萬石 信需穀一千三百石 特爲區劃 作錢取用 而見今禮蔘 措備不可遲緩云 請先以戶曹某樣錢貸下 以爲及時備用 允之

912.

건명 : 蔚山 私奴 釆福의 原情을 조사하여 처리하도록 함

발신처 : 刑曹

검색어 : 擊錚人, 原情, 蔚山, 私奴, 釆福, 朴思亨

출처 : 哲宗 卽位年 己酉 11月 19日 ; 57-302下~304上

秋曹以擊錚原情覆啓

刑曹啓言 取考擊錚人等原情 (中略) 蔚山私奴釆福 爲其上典朴思亨被囚 請放事也 誠如爰辭 則無怪籲寃 而一邊之言 有難準信 竝令各該道臣 詳査決處 (中略) 竝允之

913.

건명 : 각 道 牧場의 馬畜數爻 가운데 蔚山 부분

발신처 : 司僕寺

검색어 : 各道牧場馬畜數爻啓, 蔚山, 牧政, 元總, 監牧官, 任吳淳, 姜文欽, 戊申籍付馬

출처 : 哲宗 卽位年 己酉 12月 30日 ; 57-362上~365上

太僕以各道牧場馬畜數爻啓

司僕寺啓言 今年牧政 比諸元式 或加或減 故失 則比諸元總 或多或少 賞罰更觀來頭 請置之 允之 ○ 後錄 (中略) 蔚山長鬐等 監牧官前任吳淳 常時任姜文欽 所管二牧場 戊申籍付馬一千一百七十九匹 前任吳淳常所報 今生馬一百六十五匹 合馬一千三百四十四匹內 封進馬四匹 前任吳淳常所報 故失馬一百二十一匹 除今年實留放壯兒雌雄馬 竝一千二百十九匹內 壯雌馬五百四匹 一年應孳産馬一百五十一匹 今生馬一百六十五匹 加報十四匹 (中略) 已上 戊申籍付馬七千一百七十四匹 代徵馬二匹 今生馬九百六十一匹 合馬八千一百三十七匹內 封進馬三十九匹 各邑分養捉給馬六匹 故失馬六百二十四匹 合馬六百六十九匹 除今年實留放壯兒雌雄馬 竝七千四百六十八匹

914.

건명 : 慶尙左道暗行御史 金世鎬의 별단 가운데 左兵營의 還弊 등을 지적한 내용

발신처 : 慶尙左道暗行御史 金世鎬

검색어 : 慶尙左道暗行御史, 金世鎬, 蔚山府使, 朴齊韶, 彦陽縣監, 金憲祖, 左兵使, 柳信儉, 前兵使, 申從翼, 左兵營, 西生僉使, 金永浚

출처 : 哲宗 元年 戊戌 4月 15日 ; 57-614上~626上

慶尙左道暗行御史金世鎬以書啓別單啓

書啓以爲 (中略) 蔚山府使朴齊韶 上下納之必趂當限 補弊米之痛革謬例 實心做去 (中略) 彦陽縣監金憲祖 聽斷剛明 每欲寃枉之 必伸措劃周密可喜 欠逋之 已完修公廨 而特捐殘廩蠲戶柴 而另恤窮蔀 (中略) 左兵使柳信儉 巡倉不憚於逐日 給料每趂於當朔 前兵使申從翼 己酉春需米價 每石以四兩八錢 加定收捧 沒數作錢需米 無由排用 則以還米四十二石 挪移取用後 每石以二兩立本 戊申秋還錢及公貨二千餘兩出給 妾娚方哥放鹽於三山大島峙津等地 而準捧發賣 取用利錢未收

則每石本錢 不過二兩 而以四兩式抑勒督捧 又使方哥 放債於浦民 重邊督捧鞭 朴狼藉差任捧賂 則千總方瑞龜三百兩 隨陪鄭元采一百兩 禮庫子四百兩 兵庫子六十兩 此其最著者 而其餘任窠 則皆捧賂上項所犯俱係不法 (中略) 蔚山長鬐機張等邑 首吏鄕各捧錢 合爲八百五十兩 稱以禁松 多發將差於東沿七邑 稍饒之民 謂之犯斫捉囚 勒捧錢 合爲三千七百九十二兩 梵魚寺僧托 以其姪之犯用 營債白徵八百兩 東萊民處 謂以徵逋 加錄取用錢爲二百兩 漁基稅橫徵錢爲三十七兩零 遞歸時堂參稷屛等 債之當下於官廨者 無難冒下補軍倉者 錢爲四百六十七兩零 上項諸條 合錢爲九千九百四十六兩零 米爲四十七石十一斗印蹟昭著吏招 丁寧不可以已遞 (中略) 西生僉使金永浚 爲人可了一鎭 包伊萬戶崔景漢 鎭卒賴安 豆毛萬戶黃始淸 姑無顯疵 開雲萬戶崔德順 宜勉刷逋 西平萬戶安箕弘 到鎭屬耳 架山別將金養穆 能盡其責 蔚山監牧官姜文欽 毁譽無聞 前監牧官吳淳常 馴駒勤幹 捧稅均平 ○ 別單 (中略) 一 左兵營還弊 甚於各邑以數多之還添贅邑還分面糶糴分面故民少還多 故弊生 況營屬之威迫無少顧藉民 何以支堪乎 聞庚子春自監營有萬餘石 作錢減總之擧 而十年之間 穀簿增減弊 復如前將士支放之需藉此排比 則營還名色 雖不可無 而治祛太甚之義 不可不減還總 而紓民力 左兵營還穀 限折米一萬五千石 詳定作錢 分送他邑事令廟堂稟處 (下略)

915.

건명 : 前左兵使 申從翼이 己酉年 春需米價 收捧 등에서 저지른 부정 행위를 아뢴 慶尙左道暗行御史 金世鎬의 書啓

발신처 : 兵曹

검색어 : 慶尙左道暗行御史, 金世鎬, 蔚山, 前左兵使, 申從翼, 春需米價, 作錢, 還米, 還錢, 公貨, 糶糴, 捧賂錢, 左兵使, 柳信儉, 徵逋, 營債白徵錢, 漁基稅橫徵錢, 推考

출처 : 哲宗 元年 戊戌 4月 20日 ; 57-638上~640上

兵曹以慶尙左道暗行御史金世鎬書啓覆啓

該曹啓言 觀此慶尙左道暗行御史金世鎬書啓 則前左兵使申從翼 己酉春需米價邑報 則每石爲四兩一錢 而以四兩八錢 加定收捧 沒數作錢

需米無由排用 則以還米四十二石 挪移取用後 以每石二兩式立本 戊申秋 還錢及公貨二千餘兩出給 妾男方哥 放鹽於三山大島峙津等地而準捧九百餘石 高價發賣 取用利錢 未收八十餘石 則每石本錢 不過二兩 而使中營 以四兩式 抑勒督捧 又使方哥 放債於浦民 重邊督捧鞭仆狼籍 至於差任捧賂 則千總方瑞龜 三百兩隨陪 鄭元采一百兩禮庫 子得善四百兩兵庫 子基彦六十兩 此其最著者 而其餘任窠 擧皆捧賂 上項所犯 俱係不法 不可以已遞勿論 前左水使李寅熙 莅營以來 不念圖報之責 專事侵虐 公私之財 幾至竭涸 (中略) 己酉春異樣船往來時 稱以不善瞭望捉致 蔚山長鬐機張等邑 首吏鄕各捧賂錢 合爲八百五十兩 稱以松禁 多發將差於東沿七邑 稍饒之民 謂之犯斫 一併推捉或移囚或上使 勒捧錢 或一二百兩 或七八十兩 合錢爲三千七百九十二兩 梵漁寺僧托 以其侄之犯用 營債白徵錢爲八百兩 東萊民處 謂以徵逋 加錄取用錢爲二百兩 漁基稅橫徵錢爲三十七兩五錢 及其遞歸時堂參楔屏等 債之當下於官廨者 無難冒下於補軍倉者 錢爲四百六十七兩零 上項諸條 合錢爲九千九百四十六兩零 米爲四十七石十一斗 眞贓若是狼藉 不可以已遞勿論 (中略) 左兵使柳信儉 剛明雖未足於彈壓循勤 自無害於撫摩 巡倉不憚於逐日 斗斛察奸給科 每赴於當朔 鞅韋知感 一營屬之 横於閭里 旣申操束之令 八面民之 困於糶糴 未免不察推考其餘閫帥營將中軍虞候邊將監牧官等 別無優異之績 亦無顯著之疵 請竝置之 從之

916.

건명 : 慶尙左道暗行御史 金世鎬의 別單에 나타난 左兵營의 還穀 移貿 등에 대한 처분

발신처 : 備邊司

검색어 : 慶尙左道暗行御史, 金世鎬, 左兵營, 還多民少, 還穀, 移貿

출처 : 哲宗 元年 戊戌 4月 29日 ; 57-653下~654上

備局以慶尙左道暗行御史金世鎬別單覆啓

備邊司啓言 別單 還穀移貿之 當革詳定之 請定右道繡單 亦旣備陳 且有覆啓 今無更論 左兵營之還多民少 果爲還民難支之弊 今此減總之論 實爲紓力之道 令道臣 量宜措處 (中略) 令該曹稟處 允之

917.

건명 : 趙秉性을 蔚山府使로 삼음

발신처 : 哲宗

검색어 : 趙秉性, 蔚山府使, 初仕

출처 : 哲宗 元年 戊戌 6月 26日 ; 57-723上~724下

都政下批 吏曹判書趙冀永參判尹致定兵曹判書趙斗淳進

(前略) ○ 吏批 (中略) 趙秉性爲蔚山府使 (中略) 黃銑以下 竝初仕也 宋秉一承傳也 (下略)

918.

건명 : 慶尙前左兵使 申從翼의 原情을 참작하여 議處하도록 한 처분

발신처 : 義禁府

검색어 : 慶尙前左兵使, 申從翼, 原情, 營需米, 作錢, 米價, 加捧, 放鹽, 作錢, 放債, 千總, 納賂, 刑推

출처 : 哲宗 元年 戊戌 7月 初6日 ; 57-736下~737上

命時囚申從翼等議處

義禁府啓言 慶尙前左兵使申從翼 原情以爲 繡啓臚列中 營需米作錢 則一邑大小民人 齊議歸一 然後始定米價 本官轉報於營門 如有若干用餘米 則一從邑報 發令執錢 乃是不易之規 而邑報四兩一錢 營作四兩八錢云者 實不可曉 今於衆民公議酌定之 米價雖欲加捧 七錢頑不肯納 必生怪擧 豈待今日 而現發沒數作錢事 則亦是理外 需米五百石內 春夏秋冬 分半排比 餘在執錢 多不過數十石矣 二兩立本事 則立本三兩之規 卽八路通行 而設或以二兩爲之 獰頑之民 必不受去 出給公錢 放鹽放債事 則本營初無留儲 公貨可謂無麵之飥 捧賂差任事 則三載居官 初不以方姓人 差出千總 千總之料 不過六斗米 則雖病風喪性之人 豈肯納三百兩而圖差乎 至於隨陪兵禮庫子等 納賂之說 尤不襯着 而諸條繡論 俱無印跡之明據 而吏招丁寧云者 亦未可擄得云 曾經閫帥 請議處 允之 (下略)

919.

건명 : 慶尙前左兵使 申從翼의 형벌에 대해 減一等하도록 한 처분

발신처 : 義禁府

검색어 : 慶尙前左兵使, 申從翼, 杖一百, 收贖告身, 勘配, 流三千里定配, 私罪, 減一等

출처 : 哲宗 元年 戊戌 7月 初8日 ; 57-738上

命時囚申從翼勘配鄭裕睦勘放

義禁府啓言 慶尙前左兵使申從翼照律 杖一百 收贖告身 盡行追奪 流三千里定配 私罪施行 允之 教 以功議 各減一等 又啓言 高原前郡守文川兼任鄭裕睦 照律笞五十 收贖解見任別敍 私罪施行 允之 教 以功減一等

920.

건명 : 朴有鵬을 彦陽縣監, 趙徽林을 蔚山府使로 삼음

발신처 : 哲宗

검색어 : 朴有鵬, 彦陽縣監, 趙徽林, 蔚山府使, 新通, 初仕

출처 : 哲宗 元年 戊戌 12月 26日 ; 57-960上~961下

都政下批 吏曹判書李魯秉參議鄭基世兵曹判書趙斗淳進

○ 吏批 以兪景煥爲同福縣監 金準鉉爲抱川縣監 趙錫麟爲連山縣監 黃鍾奭爲昌寧縣監 金周教爲眞寶縣監 朴齊承爲金化縣監 尹星逵爲禮山縣監 鄭基大爲鴻山縣監 李秉羲爲陽城縣監 白弘洙爲鎭岑縣監 諸漢緯爲庇仁縣監 張仁遠爲保寧縣監 金沂有爲旌義縣監 朴有鵬爲彦陽縣監 嚴錫謙爲臨陂縣令 徐兢輔爲原州判官 任百淵爲濟州判官 鄭海尙爲淸道郡守 李教承爲价川郡守 李鶴緖爲博川郡守 閔致麟爲靈巖郡守 洪鍾華爲林川郡守 趙然天爲朔寧郡守 金直善爲古阜郡守 任興模爲草溪郡守 趙秉元爲榮川郡守 南履容爲祥原郡守 張大周爲珍島郡守 李佾愚爲寧遠郡守 林樂鎭爲梁山郡守 趙徽林爲蔚山府使 洪配厚爲茂朱府使 韓尙烈爲咸從府使 宋廷和爲慈山府使 柳光魯爲宣川府使 元世顯爲長湍府使 洪大奎閔泳緯爲掌令 大奎及丁義衍愼尙欽 竝新通也 (中略) 教曰 守令邊將初仕人 明日待令

921.

건명 : 각 牧場의 馬畜數爻啓 가운데 蔚山 부분

발신처 : 司僕寺

검색어 : 各牧場馬畜數爻啓, 牧政, 監牧官, 姜文欽, 蔚山, 己酉籍付馬

출처 : 哲宗 元年 戊戌 12月 26日 ; 57-965下~967上

太僕以各牧場馬畜數爻啓

司僕寺啓言 今年牧政 孶息比諸元式 或加或減 故失較元總 或多少 賞罰一款 請更觀來頭處之 允之 ○ 後錄 (中略) 蔚山長者等 監牧官姜文欽 所管二牧場 己酉籍付馬一千二百十九匹 今生馬一百六十七匹內封進四匹 故失一百五十九匹 除實留放 竝一千二百二十三匹內 壯雌馬五百二十四匹 一年應孶產一百五十七匹 今生一百六十七匹 (下略)

922.

건명 : 李肇淵을 慶尙左兵使로 삼음

발신처 : 哲宗

검색어 : 李肇淵, 慶尙左兵使

출처 : 哲宗 2年 辛亥 4月 13日 ; 58-173上

有政 吏曹參判徐戴淳兵曹判書李嘉愚進

○ 再政 以李昌在爲瑞興府使 趙奎淳爲水原判官 李肇淵爲慶尙左兵使

923.

건명 : 蔚山兵虞候 趙學春의 拿來草記가 잘못 기재됨

발신처 : 哲宗

검색어 : 蔚山兵虞候, 趙學春, 草記, 晉州兵虞候

출처 : 哲宗 2年 辛亥 4月 29日 ; 58-211上~下

推判義禁李若愚

蔚山兵虞候趙學春 拿來草記 誤以晉州兵虞候書入也

924.

건명 : 謀反大逆不道罪人 德佑의 가족에 대한 처벌

발신처 : 義禁府

검색어 : 謀反大逆不道罪人, 德佑, 應坐諸人, 彦陽縣, 東錫, 流三千里, 發配, 免坐

출처 : 哲宗 2年 辛亥 11月 26日 ; 58-581下~582上

金吾以德佑應坐罪人等發配啓

義禁府啓言 卽接載寧縣監鄭冕朝牒報及成冊 則謀反大逆不道罪人德佑 應坐諸人 査出以來矣 妻莫德光州牧 長女花山連綾州牧 次女今年生和順縣 竝爲婢 弟東錫彦陽縣 侄早甲丹城縣 竝流三千里安置 兄東仁 已爲就捕發配於康津縣古今島 卽其地 流三千里安置 而右罪人等捉囚該縣獄 令刑曹 押送于各其配所 母禹召史 年六十二 叔尙彩於德佑爲養家 五寸叔長妹大隱阿只 次妹者斤阿 只皆已出嫁 竝請依律免坐 允之

925.

건명 : 慶尙左兵使 李肇淵을 罷職하도록 한 처분

발신처 : 左議政 金興根

검색어 : 慶尙左兵使, 李肇淵, 罪人譏詗, 蔚山兵使, 蔚梱, 放罪人

출처 : 哲宗 2年 辛亥 12月 初5日 ; 58-596上

罷慶尙左兵使李肇淵職重推北兵使沈日永

左議政金興根啓言 向以諸罪人譏詗事 自捕廳 關飭各道矣 北兵使與蔚山兵使 皆有捉上 而一則姓名相近 雖或無怪一 則名字居住初不相合 又無容疤不知緣 何執捉 而只以行止殊常 押付京校 及其盤覈俱無端緒 雖爲卽放罪人逮捕 何等審愼 而初不究詰直爲捉上者 誠甚駭妄北帥事與蔚梱 有間做錯則一也 其在懲後 不可無警 請肇淵罷職 日永重推 從之

926.

건명 : 李容鉉을 慶尙左兵使로 삼음

발신처 : 哲宗

검색어 : 李容鉉, 慶尙左兵使, 初仕

출처 : 哲宗 2年 辛亥 12月 10日 ; 58-602下

有政 吏曹判書趙斗淳兵曹參議李廷憲進

以徐憲淳爲吏曹參判 南獻敎爲大司諫 金炳國爲執義 趙雲卿爲司諫姜長煥李鼎敍爲掌令 申允祿金昌秀爲持平 金宗泰宋奎瀩爲正言 李承

洛爲厚陵參奉 初仕也 趙得林爲副總管 李寅臯爲同知 李龍會李志鼎爲宣傳官 趙大榮爲部將 龍會以下 竝初仕也 李容鉉爲慶尙左兵使 李南軾爲忠淸水使

927.

건명 : 應道 緣坐罪人을 定配하도록 한 처분

발신처 : 義禁府

검색어 : 緣坐罪人, 定配, 謀反大逆不道罪人, 應道, 斤阿只, 蔚山府, 大阿只

출처 : 哲宗 2年 辛亥 12月 12日 ; 58-606上

金吾以應道緣坐罪人定配啓

義禁府啓言 謀反大逆不道罪人應道 妾者斤阿只 蔚山府爲婢 女大阿只 出嫁勿論

928.

건명 : 閫帥와 守令을 下直하면서 내린 당부

발신처 : 哲宗

검색어 : 辭陛, 面飭, 慶尙左兵使, 李容鉉

출처 : 哲宗 2年 辛亥 12月 25日 ; 58-617上

召見下直閫帥守令于熙政堂

辭陛也 ○ 予曰 閫帥守令下直時 每有面飭者 非謂其不能對揚也 慮有害於民之事 有此申諭 且今年異於他年 災歲民情尤所加恤 其各悉心對揚可也 慶尙左兵使李容鉉等曰 謹當一心奉公矣 予曰 筵前既有以一心奉公 而下去後 治不治 予亦有聞知之道也 谷山府使李升洙等曰 親承聖教 嚴重懇摯 豈敢不盡心對揚

929.

건명 : 洪鍾茂를 蔚山府使로 삼음

발신처 : 哲宗

검색어 : 洪鍾茂, 蔚山府使, 新通

출처 : 哲宗 2年 辛亥 12月 27日 ; 58-619下~620下

都政下批 吏曹判書趙斗淳參議南秉哲兵曹判書趙秉駿進

○ 吏批 以金亨淳爲平壤庶尹 趙熙弼爲平康縣監 韓圭錫爲靈山縣監 李彙載爲洪州牧使 洪選容爲鏡城判官 申命翼爲谷城縣監 趙存澈爲昆陽郡守 南宮鎰爲求禮縣監 申錫寬爲信川郡守 李觀在爲德山郡守 趙徹林爲咸興判官 李源植爲稷山縣監 金性奎爲積城縣監 洪鍾茂爲蔚山府使 朴京壽爲珍山郡守 鄭在箕爲文義縣令 金炳皐爲淳昌郡守 閔種淑爲連山縣監 洪一純爲始興縣令 李秉五爲三嘉縣令 徐長淳爲松禾縣監 徐士淳爲溫陽郡守 李璿爲果川縣監 黃銑爲禮安縣監 金在獻爲丹陽郡守 元絳爲陰竹縣監 申命溫爲慶源府使 申在儉爲楚山府使 李鈺爲朔州府使 朴承儒爲長淵縣監 韓用河爲雲峯縣監 金沃根爲橫城縣監 申泰善爲明川府使 鄭頤源爲嘉山郡守 張大汲爲漆谷府使 金炳溎爲金城縣令 權最煥爲海南縣監 王學說爲熊川縣監 金洙根爲大司憲 韓兢人爲大司諫 曺錫元朴㻋夏爲正言 兪章煥爲同經筵 朴俊愚爲執義 韓升烈爲司諫 姜漢赫爲獻納 金應均爲大司成 趙獻永李裕膺 新通也 (下略)

930.

건명 : 太僕寺의 각 道 牧場馬畜數爻 가운데 蔚山 부분

발신처 : 司僕寺

검색어 : 各道牧場馬畜數爻啓, 牧政, 孶息, 故失, 蔚山, 監牧官, 姜久欽, 庚戌籍付馬

출처 : 哲宗 2年 辛亥 12月 30日 ; 58-629下~632下

太僕以各道牧場馬畜數爻啓

司僕寺啓言 今年牧政 孶息 比諸元式 或加或減 故失 較其元總 或多或少 賞罰一款 姑置之 ○ 後錄 (中略) 蔚山長鬐等 監牧官姜久欽 所管二牧場 庚戌籍付馬一千二百二十三匹 今生馬一百七十一匹 合馬一千三百九十四匹內 封進馬四匹 故失馬一百六十二匹 除今年實留放壯兒雌雄馬 竝一千二百二十八匹內 壯雌馬五百四十二匹 一年應孶産馬一百六十三匹 今生馬一百七十一匹 加報九匹 (中略) 已上 庚戌籍付馬七千七百七匹 代徵馬二匹 今生馬九百五十八匹 合馬八千六百六十七匹內 封進馬三十九匹 各邑分養捉給馬五匹 故失馬七百八十四匹 合馬八百二十八匹 除今年實留放壯兒雌雄 竝七千八百三十九匹

931.

건명 : 각 道의 殺獄案 가운데 蔚山 朴加每 부분

발신처 : 刑曹

검색어 : 各道殺獄案, 蔚山, 朴加每, 盧達坤, 訊推

출처 : 哲宗 3年 壬子 4月 27日 ; 58-803上~806下

秋曹以各道殺獄案覆啓

刑曹啓言 (中略) 又啓言 蔚山朴加每 擲打盧達坤 翌日致死 己亥六月十五日囚 此獄 則屍體遽埋 不得檢驗 惟有衆口之招 右耳後紫黯之色 執髻時毒拳所打 卽係速死之處 伊日仆庭之時 蓑笠覆面 藁草掩身 此是當下致斃之屍裹 有德所謂中夜呼起索水試粥之說 初不近理賂和之奸計 反成眞贓逃躱之兇心 便作輸款鐵案 不容更議 錚籲尤極無嚴 請依前訊推 期於伸法 允之 (下略)

932.

건명 : 각 道 放未放成冊의 죄인을 年條에 따라 구별 처리하도록 함

발신처 : 刑曹

검색어 : 各道放未放成冊, 到配, 慶尙道, 放送, 蔚山, 金福奎, 仍配

출처 : 哲宗 3年 壬子 6月 初2日 ; 58-844上~下

秋曹以各道放未放成冊已判下中罪犯年條區別啓

刑曹啓言 各道放未放修啓冊子 因大臣筵稟批旨 更加考閱 (中略) 慶尙道仍字書下中 龍宮李春蕃 所坐不至深重到配 今已年久 參酌放送 放字書下中 善山金行權昌寧文起涉 河東金在仲 禮安方繼祿 延日盧之泓 蔚山金福奎等 或罪名稍重 或到配屬耳 竝仍配 (中略) 請竝分付各該道臣 竝允之

933.

건명 : 京外의 殿最 가운데 慶尙道 부분

발신처 : 哲宗

검색어 : 京外殿最, 彦陽縣監, 竝中, 竝下

출처 : 哲宗 3年 壬子 6月 15日 ; 58-867上~868下

開坼京外殿最

○ 慶尙監司洪說謨啓本 密陽府使李源龍 病到劇處難試平劑 東萊府使李稟寧 豈其昏憒或緣衰邁 醴泉郡守金徵淳 不可盡信惟人之言 梁山郡守林樂鎭 生當漸熟奸宜益察 固城縣令南履輪 矯矡以權事勢之故 玄風縣監沈敎鎭 積是慈諒任在剛果 長鬐縣監姜鎭元 孰謂是例或涉无妄 比安縣監李象宗 蕩逋云幸斂結有怨 竝中 豊基郡守李在周 謗豈盡信斃在其中 龍宮縣監李復秀 其眞衰懦果欠剛確 淸河縣監李學默 盍察吏奸自歸爽實 彦陽縣監朴有鵬 惟事貪饕餘何足論 漆原縣監權鳳夏 治非不能謗固有由 聞慶縣監朴齊賓 官在醉鄕吏逢樂世 沙斤察訪趙鎭夏 屬郵多怨 竝下 (下略)

934.

건명 : 邊弘圭를 彦陽縣監, 沈明奎를 蔚山府使로 삼음

발신처 : 哲宗

검색어 : 邊弘圭, 彦陽縣監, 新通, 沈明奎, 蔚山府使, 趙萬赫, 慶尙左兵虞候, 初仕人

출처 : 哲宗 3年 壬子 6月 27日 ; 58-883上~884下

都政下批 吏曹判書金洙根參判李明迪兵曹判書趙冀永進

敎曰 (中略) 吏批 (中略) 朴齊璿爲校理 金永秀爲副校理 李敏樹爲固城縣監 尹瑗爲大靜縣監 洪鍾茂爲尙州牧使 韓弘一爲長鬐縣監 邊弘圭爲彦陽縣監 洪翼燮爲大司諫 金炳雲爲大司成 炳雲及沈敬澤趙熙哲竝新通也 (中略) 沈明奎爲蔚山府使 李浩達爲豊基郡守 洪顯參爲鐵山府使 李益相爲高敞縣監 朴珪壽爲副校理 宋謙洙爲修撰 李經在爲戶曹參判 元世顯爲鐵原府使 金羽東爲淸河縣監 韓升烈爲司諫 金大鉉爲掌令 權應夔爲修撰 李稟圭爲淮陽府使 蔡元默爲長湍府使 金琦鉉李裕奭爲正言 蔡果永韓鎭翼尹定善朴弘陽 竝新通也 (中略) 李熙龢爲洪州營將 柳冀重爲滿浦僉使 趙萬赫爲慶尙左兵虞候 李守益爲平安中軍 閔致文爲都總管 沈宜冕爲同知 張鳳羽爲忠淸兵虞候 李敬愚爲葂坡知僉使 李章濂爲訓鍊正 李承駿李敎承 竝新通也 (中略) 敎曰 守令邊將初仕人 皆令明日待令

935.

건명 : 慶尙左兵使 李容鉉가 올린 英陽縣 賊魁 鄭自性에 대한 密告

발신처 : 哲宗

검색어 : 慶尙左兵使, 李容鉉, 英陽縣, 鄭自性, 崔命先, 鄭禹龍, 道俊, 化俊

출처 : 哲宗 3年 壬子 7月 20日 ; 58-915下~916上

敦寧都正黃熤疏陳無敦寧乞遞批以令該曹稟處慶尙左兵使李容鉉上密啓 密啓以爲 英陽縣賊魁鄭自性 連飭譏捕 崔命先及名不知 崔哥亦令罔夜 捕捉之由已爲密啓 而本月十二日 安東營將金在徽秘報內 初九日 靑松府使兪致弘牒呈內 鄭禹龍子道俊化俊等跟捕次 出送校卒矣 校卒回告內 道俊捕捉於東面龍水洞 其弟化俊 暮夜掩捕之際 越籬逃躱 無路捉得 故捉入道俊 嚴問化俊去處 則所供內 渠雖逃躱 必向英陽矣 父之家云 十四日 英陽縣監洪羲升秘報內 罪人前後捕捉爲二十名 而未捕諸漢 散四跟捕云 同時安東營將秘報內 以爲十一日 英陽縣監牒呈內 卽接靑松府使移文 則鄭道俊及其妻妾 定將羅押送 而左右扶索押領 以來到英陽甘川里 則鷄旣鳴矣 差使兩漢 各執一女 將校三名 幷執道俊 前瞻後顧 小心行過 道俊素有勇力 忽然奮身投諸江中 渠等不知不覺中 爲渠所擠 皆仆於路 蒼黃起視 則已在深淵 莫可拯救云 已捕諸囚 待取招報來鱗次 馳啓伏計

936.

건명 : 賊魁 鄭自性에 관한 慶尙左兵營의 密啓를 드러내어 밝히도록 함

발신처 : 慶尙左兵使 李容鉉

검색어 : 慶尙左兵營, 慶尙左兵使, 李容鉉, 鄭自性, 譏詗, 兵營

출처 : 哲宗 3年 壬子 7月 24日 ; 58-926下

命慶尙左兵營密啓按例露聞

慶尙左兵使李容鉉 以賊魁鄭自性及未捉諸漢 嚴飭譏詗 其追後之現捉者 爲先取招牢囚之意 上密啓 教 以已有日前移囚本道監營之處分 兵營則連爲各別董督譏捕無至漏網 此非番番密啓之事 此後 則按例露聞事 回諭

937.

건명 : 각 지역의 수령들이 올린 보고를 토대로 慶尙左兵使 李容鉉이 올린 密啓

발신처 : 慶尙左兵使 李容鉉

검색어 : 慶尙左兵使, 姜方彦, 茂州, 英陽縣監, 洪義升, 崔命先, 罪人姓名成冊, 懸錄, 金希俊

출처 : 哲宗 3年 壬子 7月 26日 ; 58-929上

慶尙左兵使李容鉉上密啓

密啓以爲 靑松府使兪致弘秘報內 本府居姜方彦 跟捕次 出送校卒矣 方彦出往茂州地 故別定校卒 發送于茂朱府及全州府 期於捕捉金召史及其子姜漢信鄭道仁方萬根李士一金振元姜鳳球等 竝嚴囚 同時 英陽縣監洪義升秘報內 本縣五里峴居崔命先 卽崔龍石 而命先其字號也 已爲捉送于安東鎭 所報罪人姓名成冊中鄭元一 卽禹龍長子 本名瑞峻 誤名自性 懸錄同時 眞寶縣監金周教秘報內 賊徒金希俊 卽鄭希俊 而換姓稱金 所謂鄭元一二三 其名踪跡眩幻 而旣稱賊魁 尙未推捕 故竝與未捉諸漢 不日掩捕之意 連加嚴飭 姜方彦所住處 已發其叔之招 故關飭鎭邑 使之刻日捉來 靑松府使 則方彦妻子之就捕 已在十二日 而今始報來 致此稽緩論罪款 追後登聞計料

938.

건명 : 慶尙監司 洪說謨가 英陽 金致鍊 등에 대한 推案을 올린 내용

발신처 : 慶尙監司 洪說謨

검색어 : 慶尙監司, 洪說謨, 推案, 左兵使, 李容鉉, 英陽, 金致鍊, 鄭禹龍, 追到罪人, 鄭瑞俊, 梁應白

출처 : 哲宗 3年 壬子 8月 初2日 ; 59-3下~4下

慶尙監司洪說謨以英陽金致鍊等推案馳啓

(前略) ○ 左兵使李容鉉 狀啓以爲 安東營將梁宣洙秘報內 罪人鄭禹龍等三十名及追到罪人金致鍊等五名 一倂押送于巡營 英陽尹以復 係是應問 一體押送 賊魁鄭瑞俊梁應白 刻日譏捕馳啓

939.

건명 : 丁寅植을 決杖한 후 彦陽縣에 遠地 定配하도록 한 처분

발신처 : 刑曹

검색어 : 李昌逵, 丁寅植, 決杖一百, 彦陽縣, 遠地定配, 徒三年定配, 放送

출처 : 哲宗 3年 壬子 8月 初5日 ; 59-8下

秋曹以李昌逵等定配啓

刑曹啓言 李昌逵丁寅植 各決杖一百後 昌逵樂安郡 寅植彦陽縣 竝遠地定配 趙景植 決杖一百後 杆城郡徒三年定配 竝卽押送 朴龍甫 決杖八十 懲礪 李基德別無可罪之端 放送

940.

건명 : 慶尙左兵使 李亨夏에게 越俸 三等을 베풀도록 함

발신처 : 哲宗

검색어 : 慶尙左兵使, 李亨夏, 聞慶, 炭項烽, 越俸三等

출처 : 哲宗 3年 壬子 9月 11日 ; 59-58下

命慶尙左兵使李亨夏越俸三等

慶尙左兵使李亨夏 以聞慶炭項烽之連擧三火者 旣失先事之飭 惶恐待罪 馳啓 敎 以苟能先事操飭 則豈有如是之理乎 不無所失 卿亦施以越俸三等之典

941.

건명 : 각 道 殺獄案 가운데 蔚山 金方右의 부분

발신처 : 刑曹

검색어 : 各道殺獄案, 蔚山, 金方右, 權卜守, 初檢, 覆檢, 惟輕之典

출처 : 哲宗 3年 壬子 12月 12日 ; 59-184上~187下

秋曹以各道殺獄案覆啓

刑曹啓言 (中略) 又啓言 蔚山金方右 打權卜守 第八日致死 乙巳十一月十五日囚 此獄 則臣於年前待罪 本曹已陳愚見 而村民之於營屬 强弱懸殊 醉夫之於醒者 曲直可知 曰踢曰築 旣無公眼之確證 一生一死 實爲年久之疑案斷獄 只觀檢驗 而初檢曰 不過微細之痕 損初非傷處之可論 覆檢曰 無驗於檢場 苦招已屬虛罔道啓 存疑再跋一辭 恐不在必償之科合 施以惟輕之典 而獄體至重臣 曹不敢擅便 請上裁 從之

942.

건명 : 鄭基洛을 蔚山府使로 삼음

발신처 : 哲宗

검색어 : 鄭基洛, 蔚山府使

출처 : 哲宗 4年 癸丑 6月 26日 ; 59-424下~425下

都政下批 吏曹判書徐箕淳參議兪鎭五兵曹判書金學性進

(前略) ○ 以金炳國爲直提學 李冕周爲漆原縣監 洪配厚爲寶城郡守 沈明奎爲黃州牧使 鄭文升爲安州牧使 崔永錫爲廣州判官 鄭基洛爲蔚山府使 金東選爲利川府使 趙秉文爲瑞山郡守 李定在爲韓山郡守 尹周鎭爲陜川郡守 徐敬淳爲咸悅縣監 趙然天爲青松府使 李鍾俊爲興海郡守 廉宗秀爲順川郡守 李止遠爲三登縣令 朴璜進爲淸河縣監 朴齊菘爲和順縣監 (下略)

943.

건명 : 慶尙左兵使 李容鉉을 改差함

발신처 : 哲宗

검색어 : 改差, 慶尙左兵使, 李容鉉

출처 : 哲宗 4年 癸丑 7月 20日 ; 59-456下

改差慶尙左兵使李容鉉

容鉉 以身病呈狀 備局啓請 改差也

944.

건명 : 李敏教을 慶尙左兵使로 삼음

발신처 : 哲宗

검색어 : 李敏教, 慶尙左兵使

출처 : 哲宗 4年 癸丑 7月 21日 ; 59-457下

有政 吏曹參議林肯洙兵曹判書李景在進

以李徹宰爲持平 李源益爲左尹 李敏教爲慶尙左兵使 金完植爲北評事 (下略)

945.

건명 : 慶尙左兵使 李敏教를 改差함

발신처 : 哲宗

검색어 : 改差, 慶尙左兵使, 李敏教

출처 : 哲宗 4年 癸丑 7月 25日 ; 59-463上

改差慶尙左兵使李敏教

敏教 以身病呈狀 兵曹啓請 改差也

946.

건명 : 李根永을 慶尙左兵使로 삼음

발신처 : 哲宗

검색어 : 李根永, 慶尙左兵使

출처 : 哲宗 4年 癸丑 7月 25日 ; 59-463上

有政 行吏曹判書李鶴秀兵曹判書李景在進

(前略) ○ 再政 以李根永爲慶尙左兵使 (下略)

947.

건명 : 衛外擊錚人의 原情 가운데 彦陽 良女 朴召史 부분

발신처 : 刑曹

검색어 : 衛外擊錚人, 原情, 彦陽, 朴召史 吳泰愈, 定配

출처 : 哲宗 4年 癸丑 8月 20日 ; 59-487下~489下

秋曹以衛外擊錚人等原情覆啓

刑曹啓言 取考原情 (中略) 彦陽良女朴召史 爲其夫吳泰愈定配 請放事也 或罪關罔赦 或躬犯公逋 竝原情勿施 (中略) 允之 教 以田得龍段八十老父獨子也法典所在 宜有參恕 韓鎭弼段 罪同罰異 竝特爲放送李鎭浩事段 列聖朝判下受教 所重何如 而江民輩 請囑行賂勒奪文券者 是豈成說乎 令秋曹一一推給 卽速歸正 可也 (下略)

948.

건명 : 慶尙道 公私賑穀 12萬 石을 劃下하도록 한 처분

발신처 : 備邊司

검색어 : 慶尙道, 公私賑穀, 劃下, 慶尙監司, 曺錫雨, 左兵營, 公賑邑, 華山築城米, 甲午救賑租, 丙申別貿米, 信需租, 留作租, 倭糧補縮米, 還錄

출처 : 哲宗 4年 癸丑 11月 19日 ; 59-628下~629上

許施慶尙道公私賑穀十二萬石劃下之請

備局啓言 卽見慶尙監司曺錫雨狀啓 則以爲尤甚與之次邑 歲前救急從便設行 而歲後公私賑救急邑 竝與營驛鎭堡區別開錄 仍請公賑邑公賑邑所用 本道常賑太二千石 皮牟二萬五千五百石 別劃米一萬四千石 私賑租一萬石 粟二千石 皮牟四千石 備荒租一千五百石 鳥嶺修城太二千石 架山藥丸米一千石 租五千石 濟民倉租一萬石 左兵營華山築城米五千石 甲午救賑租五千石 丙申別貿米一萬石 信需租一萬石 留作租一萬石 倭糧補縮米三千石 合各穀十二萬石 特令劃下事 令廟堂稟處矣 饑口多少 雖姑未詳 各穀十二萬石之請劃 道啓必有斟量而然矣 依所請施行 使之設始預先分排 無或有緩不及之憂 而此是一道穀總之無異 盡劃待畢賑 如有餘穀一一還錄之意 請分付 允之

949.

건명 : 李鍾赫을 慶尙左兵使로 삼음

발신처 : 哲宗

검색어 : 李鍾赫, 慶尙左兵使

출처 : 哲宗 4年 癸丑 12月 18日 ; 59-675下

有政 吏曹參判朴齊憲兵曹判書金洙根進

○ 再政 以慶平君晧爲都總管 李鍾赫爲慶尙左兵使 (下略)

950.

건명 : 각 道의 牧場馬畜數爻 가운데 蔚山 부분

발신처 : 司僕寺

검색어 : 各道牧場馬畜數爻啓, 牧政, 孳息, 故失, 蔚山, 監牧官, 李命九, 壬子籍付馬

출처 : 哲宗 4年 癸丑 12月 30日 ; 59-694下~697上

太僕以各道牧場馬畜數爻啓

司僕寺啓言 各道牧場馬畜數爻啓目後錄 而今年牧政 孳息比元式 或

加或減 故失較元總 或多或少 賞罰姑置之 ○ 後錄 (中略) 蔚山長鬐等 監牧官李命九 所管二牧場 壬子籍付馬一千二百五十匹 今生馬一百六十四匹內 封進馬四匹 故失馬一百六十三匹 除實留放一千二百四十七匹內 壯雌馬五百三十八匹 一年應孶産馬一百六十一匹 今生馬一百六十四匹 加報三匹 (中略) 已上 壬子籍付馬八千九十八匹 代徵馬十四匹 今生馬九百七十三匹 合馬九千八十五匹內 封進馬三十九匹 各邑分養捉給馬五匹 故失馬六百八十八匹 合馬七百三十二匹 除今年實留放壯兒雌雄馬 竝八千三百五十三匹

951.

건명 : 李容在를 蔚山府使로 삼음

발신처 : 哲宗

검색어 : 李容在, 蔚山府使

출처 : 哲宗 5年 甲寅 2月 初5日 ; 59-740上

有政 吏曹判書尹定鉉參判李垀兵曹判書徐念淳進

吏批 以洪鍾英爲大司憲 李亮信爲執義 吳顯相爲右尹 金炳國爲同義禁 徐念淳爲藝文提學 申錫愚爲同春秋 李容在爲蔚山府使 權大澈爲寧海府使 (下略)

952.

건명 : 刑曹의 放未放 回啓 가운데 蔚山과 彦陽 부분

발신처 : 刑曹

검색어 : 秋曹放未放回啓, 慶尙道放未放成冊, 放秩, 彦陽, 文月得, 蔚山, 吳得文, 未放秩, 放送, 稟秩, 明希祥

출처 : 哲宗 5年 甲寅 2月 初5日 ; 59-740上~741下

判下秋曹放未放回啓

該曹啓言 (中略) 又啓言 慶尙道放未放成冊 放秩 淸道曺繼承李堉 延日丁載宅 丹城宋榮謨 寧海金昌楫朴升業 彦陽文月得 咸昌金文伊 尙州李得春 順興張春石 比安柳靑得金昌業 靑松趙二孫李乃元 金山崔福貴 榮川林大用 高靈金斗弘 三嘉兪大甲 義城兪膺柱 長鬐申永寬安景顔 尙州白鎭五金雲培 機張李東喜 善山金益和朴宗喆 慈仁裵斗星

開寧朴應鎭 仁同崔永權 山淸文學成 河陽金仁喆 咸安林淳鎬 豊基李象鉉 星州姜元豊 稟秩 泗川黃萬中 玄風張喆奉 晉州崔汝成 彦陽明希祥 未放秩中 咸昌李龍哲 英陽蔡東昊 順興李先烈等 竝依放字 竝放送仍字中 機張李亨默 蔚山吳得文 山淸文萬卷 罪不深重 竝放送之意 請分付道臣 (中略) 竝允之

953.

건명 : 蔚山府使 李容在에게 給馬下送하도록 한 처분

발신처 : 備邊司

검색어 : 蔚山府使, 李容在, 給馬下送, 嶺南賑事, 蔚山, 公賑邑

출처 : 哲宗 5年 甲寅 2月 初6日 ; 59-742上

命蔚山府使李容在寧海府使權大澈給馬下送

備局啓言 嶺南賑事方張 而蔚山寧海 俱以公賑邑 纔有遞易之擧 此不可一日曠置 兩邑新除授守令 請使之明日辭朝 給馬下送 允之

954.

건명 : 각 道 審理案 가운데 蔚山 朴加每 부분

발신처 : 刑曹

검색어 : 各道審理案, 蔚山, 朴加每, 盧達坤, 訊推

출처 : 哲宗 5年 甲寅 3月 17日 ; 59-796下~798下

秋曹以各道審理案覆啓

刑曹啓言 (中略) 又啓言 蔚山朴加每 擲打盧達坤 翌日致死 己亥六月十五日囚 此獄 則醉後覓笠激陡膽於山漢之說 憤頭脫衫 被毒拳於庭仆之時 頸肋傷痕査案 如鐵頭髻散亂 衆招合契 始緣賂 而成和欲圖 拚跡旋被覺 而在逃那 免執贓獄 無可疑罪 在必償 正犯朴加每 依前訊推期於得情 (中略) 允之

955.

건명 : 擊錚人의 原情 가운데 彦陽 良女 朴召史 부분

발신처 : 刑曹

검색어 : 擊錚人, 原情, 彦陽, 朴召史, 吳泰兪, 定配, 放事, 民隱

출처 : 哲宗 5年 甲寅 3月 20日 ; 59-802下~805上

秋曹以擊錚人原情覆啓

該曹啓言 (中略) 彦陽良女朴召史 爲其夫吳泰兪定配 請放事也 (中略) 爰辭諸條 俱係民隱 請令本道措處 而猥濫之罪 考律勘處 竝允之 (下略)

956.

건명 : 李南軾을 慶尙左兵使로 삼음

발신처 : 哲宗

검색어 : 李南軾, 慶尙左兵使

출처 : 哲宗 5年 甲寅 4月 17日 ; 59-840上

有政 吏曹參判李經在兵曹判書徐念淳進

(前略) ○ 三政 以金敬根爲牙山縣監 李南軾爲慶尙左兵使

957.

건명 : 蔚山府의 渰戶에 대해 恤典하도록 한 처분

발신처 : 哲宗

검색어 : 慶尙左水使, 梁宣洙, 蔚山府, 牧子軍, 金致完, 渰戶, 恤典, 渰死, 身還布

출처 : 哲宗 5年 甲寅 6月 22日 ; 59-911上

給蔚山府渰戶恤典

慶尙左水使梁宣洙 以蔚山府牧子軍金致完等七名 捉魚入海 遇風覆船 俱爲渰死馳啓 教 以聞甚驚慘 元恤典外 別加顧助 如有生前身還布 竝蕩減 未拯屍身 期於拯得之意 廟堂措辭 關飭

958.

건명 : 補賑 때 納穀하여 帖加成給된 자들에 대한 처분

발신처 : 吏曹

검색어 : 慶尙前監司, 曺錫雨, 畢賑狀啓, 軍銜成冊, 彦陽, 金琦祖, 帖加, 郎階帖, 金應奎, 十年煙役勿侵之典, 補賑, 六品軍銜, 推考, 納穀, 頉役

출처 : 哲宗 5年 甲寅 閏7月 初9日 ; 60-11上~12上

吏曹以慶尙監司曺錫雨畢賑狀啓覆啓

該曹啓言 觀此慶尙前監司曺錫雨畢賑狀啓 (中略) 軍銜成冊中 開寧幼學李錫驥 租一百十石 尙州閑良崔斗憲 錢三百十兩 咸安幼學全慶燦 穀二百十石 金止默 牟一百四十二石 淸道進士崔潤坤 租一百二十五石 幼學朴相德 租一百七十一石 朴時默 租一百二十石 李致燁 租一百二石 彦陽幼學金琦祖 租一百石 靈山幼學金載均 錢三百兩 三嘉幼學李敏赫 租一百五十石 梁山幼學朴相曄 租一百石 金海幼學孔道振 錢六百二十六兩 上項十三人 依事目 竝施帖加成給 而錫驥等十二人 俱是士人 竝郎階帖成給 開寧幼學李仲哲金守明 租各五十五石 朴振彬 租六十二石 業武申時大申成福 租各五十八石 尹成哲 租五十石 盈德幼學劉龜煥 租八十七石 前司勇金宅昊 租七十六石 醴泉工生李哲甲 租卞十石 龍宮業儒尹鳳儀 租五十石 尙州嘉善林應得 私賑穀六十八石 咸昌業武金斗星 穀八十二石 淸道業武石光祿 租七十五石 幼學千致祚 租六十五石 朴廷述 租五十六石 彦陽幼學金應奎 租五十二石 辛慶元 租九十一石 梁山幼學李先澤 穀九十九石 榮川業武許永福 租六十一石 上項十九人 依事目 施十年煙役勿侵之典 而宅昊 曾以丁酉補賑 付司勇 今又願納 極爲嘉尙 先付六品軍銜 而竝係干恩賞 臣曹不敢擅便 請上裁 宗濂 曾於丁酉補賑時 自臣曹郎階帖成給 則今別單 誤以前引儀書啓 不審之失 不可無警 該道臣推考 長水驛吏曹箕日 納穀六十六石 錢二百兩 驛屬頉役一款 非臣曹所管 請令兵曹稟處 從之

959.

건명 : 金琦淳을 蔚山府使로 삼음

발신처 : 哲宗

검색어 : 金琦淳, 蔚山府使

출처 : 哲宗 5年 甲寅 8月 20日 ; 60-70上

有政 吏曹參判徐戴淳進

○ 再政 以李垿爲同敦寧 金琦淳爲蔚山府使 (下略)

960.

건명 : 여러 죄인 가운데 閔謦在를 蔚山府에 竄配함

발신처 : 義禁府

검색어 : 閔馨在, 蔚山府, 竄配
출처 : 哲宗 5年 甲寅 9月 15日 ; 60-121上

配金學初等

義禁府啓言 金學初定州牧 奇文鉉熊川縣 申轍求光陽縣 閔馨在蔚山府竄配 請竝押送配所 允之

961.

건명 : 咸安前郡守 趙萬赫의 原情에 나타난 大同還米 운영의 문제점
발신처 : 義禁府
검색어 : 咸安前郡守, 趙萬赫, 原情, 徵出, 大同還米, 加數奪用, 留庫耗, 勒貸錢, 饒戶, 蔚山, 中營任所, 刑推
출처 : 哲宗 5年 甲寅 9月 28日 ; 60-136下~137上

命時囚李祖植等議處

義禁府啓言 (中略) 又啓言 咸安前郡守趙萬赫原情以爲 內衙重建時材木輸運 借用民力 卽邑大同自願之擧 則初無自官指揮 請得三十株尙有不足 寧有餘材之作板 軍器修補錢中 八十五兩 謂以徵出者 色吏輩偸賣 官銃三十餘柄 係是軍物 故果爲徵出於各該色 還入軍器之修補 而本郡大同還米爲一萬二千石 每石五升落 付之官用 自是定式 而該吏輩 只以三千餘石之五升落 入用於官下 其餘瞞作渠輩私槖 故按例摘發 則加數奪用云者 未知何謂 留庫耗寃徵云者 此非留庫耗也 卽該吏之分石取剩者 故按簿查出還 卽出給授錢不報云者 授錢時出給文蹟印簿 自在由吏加下官廳加下一不報給云者 渠無一分加下 而會計文書 可以一按覈實勒貸錢云者 謂之勒貸於本邑饒戶 則猶或成說 而謂之勒貸於他郡島民 尤不近理邸吏役價 則本邑初無邸吏 每年役價 輸送於巡營 而渠在蔚山中營任所時 卽爲備送標紙 現納於巡營 各人等處貸用云者 官長之用錢 專責於由吏 則又何稱貸於各人等處工匠價之不給云者 本邑若有使用之事 則必募得於隣邑 雖分錢之微 豈有空還之理乎 毫無所犯 而枉被累名云 曾經宣傳官 請除刑推議處 (中略) 竝允之

962.

건명 : 慶尙左道暗行御史 朴珪壽의 書啓別單 내용 가운데 蔚山 관련 부분

발신처 : 慶尙左道暗行御史 朴珪壽

검색어 : 慶尙左道暗行御史, 朴珪壽, 左兵使, 李南軾, 秋捧, 左兵虞候, 李應權, 趙萬赫, 蔚山府使, 金琦淳, 李容在, 鄭基洛, 蔚山座首, 柳煥圭, 捧錢 彦陽縣監, 邊弘圭, 徭役, 左兵營, 支放, 還穀, 西生僉使, 朴煥球, 蔚山監牧官, 李重信, 李命九, 金宗驥,

출처 : 哲宗 5年 甲寅 11月 28日 ; 60-204上~225上

慶尙左道暗行御史朴珪壽進書啓別單

書啓以爲 (中略) 左兵使李南軾 秋捧未訖 姑無成績而方臣按事之日 宜有請見之節 始欲抗禮 終焉稱病 固陋可笑 有損朝體 前兵使李根永 赴任之初 不無可稱 而倉屬之執錢作奸 賑吏之精租偸竊 有不能檢察之失幕裨之作 弊發於民狀 左水使尹守鳳 弊局新莅 姑無可論 前水使梁宣洙 恩威竝行 軍民無怨 中軍沈徽泰 收刷之際 酷杖取怨 前中軍曺華振 無足追評 左兵虞候李應權 曾有隣郡之譽 又得幕職之稱 前虞候趙萬赫 大開賂門 羅致債訟 竟消瀜於營中 不出付於該民 雖有兵使之禁止 終未知過 (中略) 蔚山府使金琦淳 莅任未幾 毁譽無聞 前府使李容在 窮蔀懷賑賙之惠 愚俗憚剖決之明 遽爾陞遷咸惜 其去前前府使鄭基洛 措處或失於率爾 聰明或蔽於偏信 民都監之濫執災結 雖已查實 韓山吏之來處衙中 未免取謗 (中略) 蔚山座首柳煥圭等 處差任所捧錢 合爲三千九十兩 民庫錢二百兩 無難取用 還上初無一粒穀之分給 而任他半萬包之如徵者 官吏分利之跡昭不得掩 所捧闔眼錢一千兩 自其中出本邑公賑設行 而賑政文書離裂蕞雜之錄極不誠實 而或變穀爲錢 或以錢代穀 出入互換 賑穀之分給 僅爲十分之一 (中略) 彦陽縣監邊弘圭 徭役蠲減 賑濟區劃 多出薄廩 俱是實績 (中略) 西生僉使朴煥球 幸無大過 捱到兩年 (中略) 蔚山監牧官李重信 做官未久 毁譽無聞 前監牧官李命九 頗有駭聽 多作取謗 (下略) ○ 別單以爲 (中略) 一本道左兵營 當初設置也 各樣支放之需未免殘薄 褊裨吏卒之聊賴資活 惟望還穀之如干色落而已 穀多則沾漑隨多 穀小則沾漑隨小 其於事勢 有不可不念 所謂倉屬 倚恃軍門之號令 視還穀如奇貨 視還民如草芥 憑藉軍餉 必責精穀 而奸弊轉生落器者 可容三斗 而惟意舀取 色吏庫

子折半分用 色升者 大於市升 而舀取之穀 浮於升面 歸於該監裨將之專用 而作石之後下典差使 稱以例食以手掬 出幾滿二斗 則石內實入不過五六斗 而散穀也 傔出也 認以應行 全無顧忌 及到分給之時 和租分石 諸般幻弄 無所不有 往在庚子 道臣聞知其弊 該營還萬餘石作錢而減總矣 乍減旋加弊復如前 第以昨年事言之 倉隷替受之還 至爲數千石之多 則盡以空殼充納其勢 未便於是乎 托以大無之年 圖出巃捧之令 倉隷輩登先充納 拒截民穀 而倡言曰 本色 則準捧所餘者 作錢條也 混雜於例作加作之中 而一體收捧 臣於本府按事之日 兵營倉屬面之民 鶉衣鵠形 十百入庭 悲訴之說 有不忍聞 大抵該營穀 時在元總中米一萬石 詳定作移送他處 其餘還穀之耗條 亦以詳定價 每年作錢減下 更無敢增加於元總事 定式施行 而定式之後 又或有移貿添還 從時價作錢者 以法從事 斷不饒貸之意 嚴辭關飭 (中略) 蔚山故士人金宗驥 故孝子克一後也 早孤事母 晨昏溫淸之節不學而能母得暴疾每値疾欲亟走醫家 患路紆曲或越人墻垣 以行夜輒祝天 乞以身代其母 年至八十而終 宗驥已老 而哀毁踰禮 鄕黨欲齊告官 宗驥力沮之 其妹爲姜旻妻 夫死而殉已 蒙旌褒 同氣之俱有孝烈極嘉尙 (中略) 一 臣於蔚山按事之日 左兵使李南軾 遣其裨將 謂以御史與兵使相見 時禮當相抗而臣以尊朝廷之體貌 似不如是之意語之矣 兵使仍稱疾不見 大抵近來體制紊弛 殊不知紀綱之嚴 故往往有凌犯之弊矣 本朝朝體之重內輕外莫非尊朝廷 則今此節度使之於御史與之指禮可否 自有可辨者矣 御史以職事 則類於臺官 以序次則先於觀察使 誠以奉命 今兵使以便服 欲得御史之答拜 則是欲以循例行之於平居臺官者 不欲行之於奉命之御史也 以不敢於觀察使者 欲得之於御史也 雖似細節不可一任 其苟且偪仄之弊 諸道兵使見御史時 禮貌講定行會 恐合修明儀式 令廟堂稟處

963.

건명 : 慶尙左道暗行御史 朴珪壽의 書啓 가운데 蔚山前前府使 鄭基洛의 失政 부분

발신처 : 慶尙左道暗行御史 朴珪壽

검색어 : 慶尙左道暗行御史, 朴珪壽, 蔚山前前府使, 鄭基洛, 推考, 災結

출처 : 哲宗 5年 甲寅 12月 初2日 ; 60-232下~234下

吏曹以慶尙左道暗行御史朴珪壽書啓覆啓

覆啓以爲 慶州前府尹南性教 大邱前判官沈英澤 密陽前前府使徐有畬 義城前縣令趙徹林 慶山前縣令姜羲永 機張前縣監崔東鎭 慈仁前縣監吳慶延 省峴前察訪許鐸 沿路中 忠州前牧使趙然明等繡啓 旣請令攸司稟處 更無可論 而其中 (中略) 蔚山前前府使鄭基洛 措處則或失於率爾 聰明則或蔽於偏信 民都監之 濫執災結 雖已査實而釐正 韓山吏之來處衙中 未免干政 而取謗上項兩邑 前任守令竝推考 (中略) 其外閫帥中軍虞候營將邊將監牧官等 請令兵曹稟處

964.

건명 : 前左兵虞候 趙萬赫 등의 죄과를 지적한 慶尙左道暗行御史 朴珪壽의 書啓

발신처 : 兵曹

검색어 : 慶尙左道暗行御史, 朴珪壽, 前左兵虞候, 趙萬赫, 納賂, 贓贓錢, 拿勘, 蔚山, 前監牧官, 李命九, 左兵使, 李南軾, 朝體, 李根永, 推考

출처 : 哲宗 5年 甲寅 12月 初3日 ; 60-237上~下

兵曹以慶尙左道暗行御史朴珪壽書啓覆啓

該曹啓言 觀此慶尙左道暗行御史朴珪壽書啓 (中略) 前左兵虞候趙萬赫 惟恐民訴之不至大開 賂門多發 奸校四出羅致 雖有兵使之禁止 終未知過 而悛改細瑣鄙陋之事 難以枚擧不可以已遞而勿論 慶州前營將李熙洙 雜技固可禁也 而收贖最多 詞訟非其任也 而納賂不少遞歸時 賊贓錢一千二百餘兩 仍不還給 貪饕無良 推此可知 上項帥臣與前任虞候營將之前後臚列 俱係不法 竝令該府拿勘 (中略) 蔚山前監牧官李命九 耽賂取謗 事涉鄙瑣 雖已遞任 不可仍置罷職 左兵使李南軾 始欲抗禮而相對 終焉稱病而不至 固陋可笑 有損朝體 前兵使李根永 倉屬之執錢作奸 賑吏之精租偸竊 不能檢察 幕裨之作弊 往往發於民狀 梱體有損 竝從重推考 (中略) 從之

965.

건명 : 慶尙左道暗行御史 朴珪壽의 別單 가운데 蔚山과 左兵營 관련 부분

발신처 : 備邊司

검색어 : 慶尙左道暗行御史, 朴珪壽, 左兵營, 戶結, 穀總, 兵營還弊, 蔚山, 金宗驥, 旌褒

출처 : 哲宗 5年 甲寅 12月 22日 ; 60-268上~273下

備局以慶尙左道暗行御史朴珪壽別單覆啓

備邊司啓言 卽見慶尙左道暗行御史朴珪壽別單 (中略) 其一 左兵營穀總 竝耗爲三萬六百餘石 以其戶結較諸穀總 一民所受爲二十餘石矣 捧分之時 倉隷之諸般幻弄 無所不有 最是穀總之 太多於戶結 實是病民之根 祗就該營時 在元總中米一萬石 詳定作錢 移送他處 耗條亦以詳定價 每年作錢減下 更無敢增 加於元總之意 定式施行事也 節度衙門本無民社之責 而餼廩所費 有此膏肓之政 兵營還弊 非但此處爲然 而不可不到底矯革 凡減還略排之方 防奸懲濫之策 另飭道帥臣 具由報司 而帥臣若以偏係之見 有所扶護於營屬 則從重論勘 (中略) 其一 安東故良人金德淳 蔚山故士人金宗驥 慶山故戶長安德器 安東故僉樞權昌植 大邱李氏女 密陽故士人孫仁秀妻金氏 大邱故士人李翼祥妻崔氏 大邱故閑良鄭日東妻具氏 安東故士人權迪孚妻李氏 鄕吏權紋一妻金氏 眞寶貢生林曰貴妻申氏 故士人權養中妻李氏 合施褒嘉之典事也 以若實行 有此摭論 旌褒之典 亟令施行 (中略)

966.

건명 : 蔚山府의 燒戶에 恤典하도록 한 처분

발신처 : 慶尙監司 金學性

검색어 : 蔚山府, 民家失火, 燒戶, 恤典

출처 : 哲宗 5年 甲寅 12月 26日 ; 60-278上

給蔚山府燒戶恤典

慶尙監司金學性 以蔚山府民家失火二十一戶延燒 馳啓 教 以許多民戶之當寒燒燼 極爲驚慘 元恤典外 別加顧助 趁卽結構奠接 俾無一民失所棲遑之歎事 廟堂措辭分付

967.

건명 : 前慶尙左兵虞候 趙萬赫을 議處하도록 한 처분

발신처 : 義禁府

검색어 : 前慶尙左兵虞候, 原情, 詞訟, 兵營, 兵營朔餘錢

출처 : 哲宗 5年 甲寅 12月 28日 ; 60-280下

命時囚趙萬赫議處

義禁府啓言 前慶尙左兵虞候趙萬赫 原情以爲 詞訟云云事 不過因兵營題督捧 兵營朔餘錢二千餘兩 而消瀜於營中云云者 未知據何云 當請刑 而曾經宣傳官 請議處 允之

968.

건명 : 각 道의 牧場馬畜數爻啓目 가운데 蔚山 부분

발신처 : 司僕寺

검색어 : 各牧場馬畜數爻啓, 牧政, 孳息, 故失, 蔚山, 監牧官, 李命九, 李重信, 癸丑籍付馬

출처 : 哲宗 5年 甲寅 12月 30日 ; 60-282下~285上

太僕以各牧場馬畜數爻啓

司僕寺啓言 各道牧場馬畜數爻啓目後錄 而今年牧政 孳息比元式 或加或減 故失較元總 或多或少 賞罰姑置之 ○ 後錄 (中略) 蔚山長鬐等監牧官 前任李命九 時任李重信 所管二牧場 癸丑籍付馬一千二百四十七匹 今生馬一百六十九匹內 封進馬四匹 故失馬一百五十七匹 除實留放一千二百五十五匹內 壯雄馬五百三十匹 一年應孳産馬一百五十九匹 今生馬一百六十九匹 加報十匹 (中略) 已上 癸丑籍付馬八千三百五十三匹 加現馬十五匹 代徵馬一匹 今生馬一千五十二匹 合馬九千四百二十一匹內 封進馬四十七匹 各邑分養捉給馬五匹 故失馬六百三匹 合馬六百五十五匹 除今年實留放壯兒雌雄馬 竝八千七百六十六匹

969.

건명 : 相地官 朴京壽 등을 差下함

발신처 : 山陵都監

검색어 : 差下, 相地官, 山陵都監, 地師, 蔚山, 朴京壽

출처 : 哲宗 6年 乙卯 2月 初6日 ; 60-318下

差下相地官朴京壽等三人

山陵都監啓言 方外地師 蔚山幼學朴京壽 北靑幼學劉允晦 仁川幼學朴懋壽 竝相地官差下 令該曹 口傳付軍職 請冠帶常仕 允之

970.

건명 : 陵園 각 都監에 필요한 物力을 각 司의 別置條에서 劃給하도록 함

발신처 : 備邊司

검색어 : 陵園, 各司別置條, 折米劃給, 嶺南, 左兵營山城穀, 除留穀, 軍作穀

출처 : 哲宗 6年 乙卯 2月 23日 ; 60-353下~354上

陵園各都監物力命以各司別置條劃給

備邊司啓言 陵園各都監物力 不可不及今經紀 而他無容措着手者 各司別置條中 戶曹錢五千兩 木一百同 宣惠廳錢五千兩 木一百同 癸卯山陵都監用餘 錢二千兩 兵曹木一百五十同 餉廳錢五千兩 訓禁御三營錢 各五百兩 及嶺南左兵營山城穀二千石 除留穀二千石 軍作穀一千五百石 湖南船儲置米五千石 湖西雙樹餉穀三千石 丙申別貿米二千石 竝以折米劃給 以準十萬之數 而請使之從便取用 允之

971.

건명 : 沈遠悅를 蔚山府使로 삼음

발신처 : 哲宗

검색어 : 沈遠悅, 蔚山府使, 初仕

출처 : 哲宗 6年 乙卯 7月 16日 ; 60-565上

有政 吏曹參議兪鎭五兵曹判書洪在喆進

(前略) ○ 再政 以李章五林肯洙爲分承旨 沈遠悅爲蔚山府使 以安禹善爲武兼 初仕也 (下略)

972.

건명 : 擊錚人의 原情을 取考하도록 한 처분

발신처 : 刑曹

검색어 : 擊錚人等原情覆啓, 彦陽, 朴召史, 吳泰兪, 定配, 放送, 蔚山, 車錫周, 延川君, 軍役稱寃, 雜役, 頃給

출처 : 哲宗 6年 乙卯 8月 28日 ; 60-653下~654上

秋曹以擊錚人等原情覆啓

刑曹啓言 取考擊錚人原情 (中略) 彦陽良女朴召史 爲其夫吳泰兪定配請放事也 所犯稍輕 合施參恕 竝放送 (中略) 蔚山車錫周等 以延川君云 革後裔軍役稱冤事也 猥屑之罪 考律勘處 名賢子孫功勳後裔之勿侵軍伍與雜役 旣有列聖朝受敎 令道守臣 詳査頉給 (中略) 竝允之

973.

건명 : 造船을 잘못하여 倭船이 침입토록 한 加背梁萬戶 崔光烈을 罷黜시킴

발신처 : 行護軍 趙秉恒

검색어 : 天城, 倭飛船, 問情, 多大浦, 蔚山, 方涯津, 魴魚津監官, 渡海船, 馬島, 問情譯官, 禮單, 回答書契, 別幅, 裁判差倭, 差使員, 加背梁萬戶, 崔光烈

출처 : 哲宗 6年 乙卯 9月 初2日 ; 60-674上~下

行護軍趙秉恒上疏請出疆前往省先壟賜批許之統制使金翰喆狀罷加背梁萬戶崔光烈

狀啓以爲 天城境先後 止泊倭飛船二隻 倭大船一隻 問情後 越送多大浦形止 及渡海船回還之路洋中逢風 本月十六日漂着於蔚山境方涯津已爲馳啓 渡海船今月十四日晨朝 自馬島大浦發船 纔過百餘里 爲風所驅 逗遛大洋十六日晨朝 漂着於蔚山境 人命僅全 故搜探事情次 定將吏 飭送同處 申時到付三公兄文狀內 卽接魴魚津監官等手本內 渡海船一隻 今十六日寅時 漂泊于本浦前洋 而問情譯官 星火起送之意發關分付於釜山僉使 戌時到付僉使馳報內 卽接譯官金繼運等手本內七月二十五日 禮單設行後 回答書契二度 別幅捧上 所獻進上物件 監封出給於裁判差倭 使之齎來 卑職等合七十一人及護行別禁徒倭一人中 禁徒倭一人 小禁徒倭一名 指路沙工二名等同騎 與裁判倭 騎卜船二隻 飛船一隻 合四隻 十二日 自馬島府中同發前進 十三日候風 十四日晨朝 與護行大船二隻 飛船一隻 同爲發船 直向津下浦 烈風振作 倭船三隻 落後不知所向 巳時量卑職等 爲波所觸 荷杖裂傷鴟枝破落碇 折傷所載 什物沒數漂失 蓋此渡海船 奉命出疆 事體自別 造船之初苟能惕念 監董務從完固 則豈有此漏水之境乎 揆以擧行 不可以人命

之幸免渰溺 有難容罪 當該造船差使員 加背梁萬戶崔光烈 爲先罷黜 其罪狀 請令攸司稟處

974.

건명 : 沈煥永을 慶尙左兵使로 삼음

발신처 : 哲宗

검색어 : 沈煥永, 慶尙左兵使, 初仕

출처 : 哲宗 6年 乙卯 10月 初1日 ; 60-722下

有政 吏曹判書洪鍾英兵曹判書李敦榮進

(前略) ○ 以李墩爲吏曹參議 趙憲燮爲校理 李彙承爲副校理 洪說謨爲知經筵 金應根爲同義禁 洪永錫爲通津府使 洪在喆爲知事 洪說謨爲都總管 沈煥永爲慶尙左兵使 趙琦顯爲宣傳官 初仕也 (下略)

975.

건명 : 前慶尙監司 金學性의 災實狀啓 가운데 彦陽 부분

발신처 : 備邊司

검색어 : 前慶尙監司, 金學性, 災實狀啓, 彦陽, 稍實, 事目災, 不足災, 準劃, 永頉, 嶠南, 白徵

출처 : 哲宗 6年 乙卯 10月 17日 ; 60-748上~下

備局以嶺南災實分等狀覆啓

備邊司啓言 卽見前慶尙監司金學性災實狀啓 則尤甚名色 不爲擧論 彦陽等三十四邑 置之稍實 梁山等三十七邑 置之之次 事目災五十結 不足災二千六百三十七結九十八負九束 特許準劃 榮川梁山舊災六百五十五結十六負四束 前因本司啓下關另査抄執 已爲登聞 故不爲擧論於今災中 依數永頉事 竝請令廟堂 稟旨分付矣 今以年啓參之傳聞 嶠南七十一州 穀無不熟 此春秋大有之歲也 如今之年 宜無分等名目 而稍實之次 亦强加區別而然耳 寸朽尺傷 自是常事 事目外特許準劃 使康年向隅之氓 得免白徵之患 而第念舊災二字 是果謄傳不易之事乎 川浦變移非曰無之 而逐年査起之 若是零星大欠核實之政 此後 則無或襲謬 榮川梁山纔啓 請頉亦非應行因循者 而向來道啓 則雖未及稟覆 今於年啓 旣又竝請姑爲許施 自明年爲始一一査起之意 請措辭知

委 允之

976.

건명 : 慶尙左兵虞候 李冕周를 推考함

발신처 : 政院

검색어 : 慶尙左兵虞候, 李冕周, 慶尙左兵使, 李南軾, 推考

출처 : 哲宗 6年 乙卯 12月 20日 ; 60-821上

重推慶尙左兵虞候李冕周

政院啓言 各道褒貶頉狀啓 例於開坼前登聞 而慶尙左兵使李南軾 方在拿命頉狀啓之虞候替行者 今始到院 事甚稽緩 該虞候李冕周 請從重推考 允之

977.

건명 : 각 道 牧場의 馬畜數爻啓 가운데 蔚山 부분

발신처 : 司僕寺

검색어 : 司僕, 各道牧場馬畜數爻啓, 牧政, 孳息, 蔚山, 監牧官, 李重信, 甲寅籍付馬

출처 : 哲宗 6年 乙卯 12月 29日 ; 60-832下~835下

司僕以各道牧場馬畜數爻啓

司僕寺啓言 今年牧政 孳息或加元式 而旣不超等 故失或減元總 而數不爲多 賞罰一款 請姑置之 允之 ○ (前略) 蔚山長鬐監牧官李重信 所管二牧場 甲寅籍付馬一千二百五十五匹 今生馬一百六十匹 合馬一千四百十五匹內 封進馬四匹 故失馬一百二十七匹 除今年實留放壯兒雌雄馬 竝一千二百八十四匹內 壯雌馬五百匹 一年應孳産馬一百五十匹 今生馬一百六十匹 加報十匹 (中略) 已上 甲寅籍付馬八千七百六十六匹 代徵馬一匹 今生馬一千二十四匹 合馬九千七百九十一匹內 封進馬三十九匹 各邑分養捉給馬五匹 故失馬七百五十一匹 合馬七百九十五匹 除今年實留放壯兒雌雄 竝八千九百九十六匹

978.

건명 : 山陵都監에 필요한 비용을 戶曹의 비용에서 劃給하도록 함

발신처 : 備邊司
검색어 : 山陵都監, 左兵營, 劃給, 嶺南穀, 左兵營穀, 折米執錢, 執錢上納
출처 : 哲宗 7年 丙辰 3月 初8日 ; 60-927上

備局以山陵戶曹需用錢十萬兩分半兩都監所用米木本司別置條中劃給取用啓

備邊司啓言 卽見山陵都監所報 則以爲兩都監需用 錢十萬兩 米二千五百石 木二百同 爲先劃給 然後可以排用爲辭 而戶曹亦以各處策應與貢價所需之極爲浩多 無論錢木 限二十萬兩 報請區劃矣 京司儲置逐處匱乏 今無可以着手矣 就湖西穀一萬石 嶺南穀一萬石 左兵營穀三千一百七十石 湖南休番皮牟三千五百石 竝以折米執錢 海西勅庫錢中 二萬兩折計 合十萬兩分半 劃給於山陵都監及度支 而目下需用甚急 難以遲待其執錢上納 以惠廳所在某樣公錢中 限八萬兩 姑先貸用後 待其上納 充報惠局 至於兩都監所用米木 則不可不另劃 本司別置條中 戶曹米二千石 兵曹禁營木各三十同 訓局御廳木各二十同 劃給請使之取用 允之

979.

건명 : 東萊 異樣船을 問情하고 올린 慶尙左兵使 沈漢永의 보고
발신처 : 慶尙左兵使 沈漢永
검색어 : 慶尙左兵使, 沈漢永, 東萊, 異樣船, 問情, 東萊府, 異樣船, 龍塘浦, 英吉利國船
출처 : 哲宗 7年 丙辰 3月 23日 ; 60-947下~948上

慶尙左兵使沈漢永以東萊異樣船問情馳啓

慶尙左兵使沈漢永 狀啓以爲 東萊府異樣船一隻 止泊于龍塘浦 故與地方官卽爲馳往 前進于同船下碇處 則船上之人一齊出見 垂其船索攀緣以上 則造船之制極盡精侈 而長二十八 把廣五把 高七把 杉板面上一半 以粉灰間間塗着 以銅鍱片片連裹 船中有三層 而第一層 左右各置大砲五坐 又有鳥銃十五柄 而制樣如我砲銃樣 帆爲三箇前 第一帆竹長十一把 第二帆 竹長十七把 第三帆 竹長十一把 皆是四層制樣 而以三箇弓竹作爲間 架以熟麻乼四面列繫 有同蛛絲連絡白木風席十五件 各於帆竹間 架上捲以懸之鍱碇三坐 正鍱連環碇乼一張 長九十五

把 汲水小船四隻 各長三把 廣高各一把 船中杉板 別爲曲欄 連索繫置 第二層 第三層 間間餙欌爲八處 而皆是留宿之所也 外付琉璃 爲蓬牕之樣 內塗靑紅 爲圖畵之像 食鼎六坐 糧米樻十三坐 汲水桶十二羊八隻 狗三隻 鷄十六首 各於喂養問安畜 其餘沙器匙箸等物 無以盡閱 船人之貌通古怪 身長不大不小 頭髮垂髮鬖鬆 所戴或氈或木 狀如我國氈笠容貌 鼻高髯禿 眼睛或黃或碧 身體臂腕間 有針刺文身 所着衣服皆是黑毯紅氈 而上着貼襦 下着貼袴 合襟處 連結團樞 足着皆用墨皮鞋 而船格凡一百五十名 無女人 渠等一見我人 喜笑迎接 安間對坐 故接之 以言語初不曉解 筆談亦無所答 使之操筆書字 則字樣如雲如畵非諺非篆 全沒模解 無以憑問 手喩口嗾亦不會意 多方撫摩 沒無把捉殊不知何國何地之人 而船樣人形 與昨年漂到英吉利國船少無異同 與之以果菜等物 則渠等受焉 點頭有同致謝焉 俄而 指天指海 向人揮手者 明是催促下船之音 旣與彼等言語莫同別 無更問之道亦不可强音久留問情及發船形止 竝以馳啓

980.

건명 : 폭풍으로 죽은 蔚山府의 李得春 등에게 恤典을 지급하도록 함

발신처 : 慶尙左水使 尹守鳳

검색어 : 慶尙左水使, 尹守鳳, 燒渰戶, 恤典, 蔚山府, 李得春, 身還布

출처 : 哲宗 7年 丙辰 4月 19日 ; 61-23上

給寧海等邑燒渰戶恤典

(前略) ○ 慶尙左水使尹守鳳 以蔚山府居李得春等九名 同騎一船 捉魚次出海 遇風覆船 俱爲渰死 馳啓 教 以聞甚矜惻 元恤典外 別加顧助 如有生前身還布 竝蕩減 未拯屍身 期於拯得之意 廟堂措辭分付

981.

건명 : 慶尙監司 申錫愚가 경상도의 水災와 農形을 보고한 내용

발신처 : 慶尙監司 申錫愚

검색어 : 慶尙監司, 申錫愚, 水災, 農形, 蔚山, 彦陽, 代播

출처 : 哲宗 7年 丙辰 7月 初5日 ; 61-113上~114上

慶尙監司申錫愚以道內水災農形再次馳啓

狀啓以爲 安東等二十八邑 水災及農形 纔已馳啓 (中略) 密陽醴泉豊基咸安陜川金山宜寧奉化彦陽高靈等十邑 前漲未歸 今霆又添 田畓之汰覆 民家之漂頹 便成通患 極涉愁悶 晉州蔚山寧海靑松善山居昌咸陽南海義興等九邑 江川漲溢 田畓沈墊 其餘諸邑 初三日至初七日 一雨成霖 俱無區別 報來農形 則高燥之地 有旋涸之歎汚濕之處 多消瀜之患 目下所見 難期善就 至若秧 不足未移畓 方張代播豆太黍粟 浹旬不雨 泥沙乾貼 蘇醒無期 旱餘之雨 仍成極備之災 一省通患 縱有淺深之差 殊三農受痒 實無咷笑之可論 近日以來 被災之訴 逐日盈庭 面以諭之 題以慰之 而來頭奠接之道 不勝憂悶

982.

건명 : 蔚山府 燒戶에 恤典하도록 한 처분

발신처 : 慶尙監司 申錫愚

검색어 : 慶尙監司, 申錫愚, 蔚山府, 燒戶, 恤典

출처 : 哲宗 7年 丙辰 12月 初3日 ; 61-298下~299上

給蔚山府燒戶恤典

慶尙監司申錫愚 以蔚山府民家失火十一戶延燒馳啓 敎 以聞甚矜惻 元恤典外 別加顧助 結構奠接之方 廟堂措辭分付

983.

건명 : 尹興鎭을 蔚山府使, 趙逑永을 慶尙左兵使로 삼음

발신처 : 哲宗

검색어 : 尹興鎭, 蔚山府使, 新通, 趙逑永, 慶尙左兵使, 初仕人

출처 : 哲宗 7年 丙辰 12月 27日 ; 61-316上~317下

都政下批 吏曹判書金輔根參判金穠根兵曹判書趙秉夔進

○ 以尹興鎭爲蔚山府使 黃裕秀爲茂朱府使 朴齊琬爲沃川郡守 洪祐信爲咸平縣監 趙秉穆爲靑松府使 宋一成爲順興府使 李崙夏爲執義 李赫準爲獻納 金龍基許鐸及赫準 並新通也 (中略) ○ (前略) 趙逑永爲慶尙左兵使 具冑元爲阿耳僉使 李鶴周爲永宗僉使 沈宜泳爲法聖僉使 李志健爲訓鍊正 趙存天沈魯秀 新通也 (中略) 敎曰 守令邊將初仕人 明日待令

984.

건명 : 蔚山兵使 趙逑永을 내려가도록 재촉한 처분

발신처 : 備邊司

검색어 : 蔚山兵使, 趙逑永, 差出, 身故

출처 : 哲宗 7年 丙辰 12月 29日 ; 61-318下

命蔚山兵使趙逑永催促下送

備局啓言 蔚山兵使才已差出 而係是身故之代 請不多日內 催促下送 允之

985.

건명 : 각 道 牧場의 馬畜數爻 가운데 蔚山 부분

발신처 : 司僕寺

검색어 : 各道牧場馬畜數, 蔚山, 監牧官, 李重信, 牧政, 孳息, 乙卯籍付馬

출처 : 哲宗 7年 丙辰 12月 30日 ; 61-321上~324上

太僕以各道牧場馬畜數爻啓

司僕寺啓言 各道牧場馬畜數啓目後錄 而今年牧政 孳息比元式 或加或減 故失較元總 或多或少 賞罰姑置之 ○ 後錄 (中略) 蔚山長鬐等監牧官李重信 所管二牧場 乙卯籍付馬一千二百八十四匹 今生馬一百五十三匹 合馬一千四百三十七匹內 封進馬四匹 故失馬一百三十三匹除實留放壯兒雌雄馬 竝一千三百匹內 壯雌馬四百八十五匹 一年應孳產馬一百四十五匹 今生馬一百五十三匹 加報八匹 (中略) 已上 乙卯籍付馬八千九百九十六匹 加現馬十五匹 代徵馬一匹 今生馬一千三匹合馬一萬十五匹內 封進馬四十三匹 各邑分養捉給馬五匹 故失馬六百二十四匹 合馬六百七十二匹 除今年實留放壯兒雌雄馬 竝九千三百四十三匹

986.

건명 : 각 道의 殺獄案 가운데 蔚山 朴加每 부분

발신처 : 刑曹

검색어 : 殺獄案, 蔚山, 朴加每, 盧達坤

출처 : 哲宗 8年 丁巳 閏5月 20日 ; 61-532下~535上

秋曹以各道殺獄案覆啓

刑曹啓言 (中略) 蔚山朴加每 擲打盧達坤 翌日致死 己亥六月十五日囚 此獄 則以若未檢之獄 作此不刊之案 詞證之無一可疑 情節之有百難恕 可以推知 不待多卞誣罔無嚴 奏當已悉 正犯朴加每 依前訊推之意 請分付道臣 (下略)

987.

건명 : 兵曹에서 올린 각 道 邊將의 褒貶降考 가운데 慶尙左兵使의 啓本

발신처 : 兵曹

검색어 : 諸道邊將降考啓, 慶尙左兵使, 趙逑永, 上考, 下考, 中考, 推考

출처 : 哲宗 8年 丁巳 6月 26日 ; 61-589上

兵曹以諸道邊將降考啓

兵曹啓言 坼見諸道褒貶啓本 則慶尙左兵使趙逑永啓本中 大丘營將李鍾俊 以事或失例緣病何傷爲目 南兵使沈昌奎啓本中 䓗波知僉使吳致純 以病或妨務爲目 全羅左水使元世顯啓本中 蛇渡僉使金景哲 以浮謗難信爲目 平安兵使任泰瑛啓本中 淸城僉使李周錫 一失偶耳第觀來效爲目 北兵使李顯稷啓本中 美錢僉使朴尙奎 以初旣無疵益勉其終爲目 俱宜置中考 而置諸上考 全羅左水使元世顯啓本中 會寧浦萬戶李昌國 以老何妨務心切願治爲目 平安兵使任泰瑛啓本中 吾老梁萬戶金海翊 以鎭固弊敗果難責備爲目 俱宜置下考 而置諸中考 殊無嚴明 殿最之意 各該帥臣 竝推考 警責李鍾俊吳致純金景哲李周錫朴尙奎 竝中考施行 李昌國金海翊 竝下考施行 允之

988.

건명 : 孫海遠을 彦陽縣監으로 삼음

발신처 : 哲宗

검색어 : 孫海遠, 彦陽縣監, 新通, 初仕人

출처 : 哲宗 8年 丁巳 6月 26日 ; 61-589下~590下

都政下批 吏曹判書金輔根參判李章五兵曹判書趙秉夔進

(前略) ○ 吏批 (中略) 孫海遠爲彦陽縣監 (中略) 齊憲及趙得林宋來熙竝新通也 (中略) 敎曰 守令邊將初仕人 明日待令

989.

건명 : 支勅에 필요한 비용을 嶺湖南의 折米에서 執錢排用하도록 한 처분
발신처 : 備邊司
검색어 : 支勅, 折米, 執錢, 錢木, 嶺南左兵營出城穀, 甲辰別儲穀, 湖南船儲置米, 軍移作米
출처 : 哲宗 8年 丁巳 9月 24日 ; 61-717下

命戶曹支勅所需以嶺湖南折米二萬石執錢排用

備邊司啓言 卽見戶曹所報 則以爲支勅所需 萬無塗抹之路 無論錢木限十萬兩 趁今區劃爲辭矣 不容不先事周旋 請以嶺南左兵營出城穀五千石 甲辰別儲穀五千石 湖南船儲置米五千石 軍移作米五千石 竝以折米 姑令執錢以來 以爲略綽排用 允之

990.

건명 : 慶尙左兵使 趙述永을 罷職하도록 한 처분
발신처 : 兵曹
검색어 : 慶尙左兵使, 趙述永, 印符, 巡營, 差代
출처 : 哲宗 8年 丁巳 10月 25日 ; 61-762上

命慶尙左兵使趙述永罷職慶州營將金炳一罷黜

兵曹啓言 卽見慶尙左兵使趙述永狀啓 則慶州營將金炳一印符 暗行御史 使之齎送巡營云 而初無罷黜之啓 直請差代者 有違格例 且啓本之句語 極涉駭然 事體所在 不可置而勿論 請該帥臣趙述永 施以罷職之典 該營將金炳一 亦爲罷黜 允之

991.

건명 : 慶尙左兵使 趙述永 등의 罷職을 御史 任應準의 復命을 기다려 시행함
발신처 : 備邊司
검색어 : 慶尙左兵使, 趙述永, 罷職, 越捧, 口傳差出, 三等之典, 御史, 任應準
출처 : 哲宗 8年 丁巳 10月 28日 ; 61-766上~下

命慶尙左兵使趙述永罷職安徐與道臣趙秉駿竝施越捧慶州營將口傳差出御史任應準待復命論責

備邊司啓言 慶尙左兵使 自兵曹已爲啓罷 而今見該道臣啓本之追到者

則其所失錯 與帥臣無有差殊 特啓本之來納 有先後耳 事當一體勘斷 而第此時迎送 大關民邑之弊 帥臣罷職 姑爲安徐 竝與道臣 施以越捧 三等之典 慶州營將 有闕之代 令該曹 口傳差出 罔夜下送 至於御史 擧措之乖 當不可以奉命體重 有所參恕 請待復命後 論責 允之

992.

건명 : 蔚山 등의 渰燒戶에 恤典하도록 한 처분

발신처 : 慶尙左水使 李周喆

검색어 : 蔚山府, 李有突, 渰燒戶, 恤典, 身還布

출처 : 哲宗 8年 丁巳 11月 24日 ; 61-818上

給蔚山定州等邑渰燒戶恤典

慶尙左水使李周喆 以蔚山府船主李有突等五名 捉魚次出海 遇風覆船 竝爲渰死 馳啓 教 以聞甚驚慘 元恤典外 別加顧助 如有生前身還布 竝蕩減 未拯屍身 期於拯得之意 廟堂各別 措辭分付 (下略)

993.

건명 : 각 道 牧場의 馬畜數爻 가운데 蔚山 부분

발신처 : 太僕寺

검색어 : 各道各牧場馬畜數爻啓, 蔚山, 監牧官, 李重信, 丙辰籍付馬

출처 : 哲宗 8年 丁巳 12月 30日 ; 61-941下~944上

太僕以各道各牧場馬畜數爻啓

該寺啓言 (中略) 蔚山長鬐等 監牧官李重信 所管二牧場 丙辰籍付馬 一千三百匹 今生馬一百五十一匹 合馬一千四百五十一匹內 封進馬四匹 故失馬一百二十八匹 除今年實留放壯兒雌雄馬 竝一千三百十九匹內 壯雌馬四百六十三匹 一年應孶産馬一百三十九匹 今生馬一百五十一匹 加報十二匹 (中略) 已上 丙辰籍付馬九千三百四十三匹 代徵馬一匹 今生馬一千五十三匹 合馬一萬三百九十七匹內 封進馬四十三匹 各邑分養捉給馬五匹 故失馬六百五十二匹 合馬七百匹 今年實留放壯兒雌雄馬 竝九千六百九十七匹

994.

건명 : 李元熙를 慶尙左兵使로 삼음

발신처 : 哲宗

검색어 : 慶尙左兵使, 李元熙

출처 : 哲宗 9年 戊午 2月 24日 ; 62-86上

有政 吏曹參議洪淳穆兵曹判書南秉哲進

以鄭海尙爲左尹 朴弘陽爲副應教 尹行福爲知敦寧 李鍾愚爲都總管 李公翼申錫愚李顯稷李元夏爲副總管 柳光魯爲黃海兵使 李元熙爲慶尙左兵使

995.

건명 : 慶尙左道暗行御史 任應準이 올린 書啓

발신처 : 慶尙左道暗行御史

검색어 : 慶尙左道暗行御史, 蔚山, 蔚山府使, 尹興鎭, 沈遠悅, 彦陽, 彦陽縣監, 孫海遠, 邊弘圭, 監牧官, 李重信

출처 : 哲宗 9年 戊午 3月 22日 ; 62-141上~152上

慶尙左道暗行御史任應準進書啓

書啓以爲 (中略) 左兵使李元熙 赴任在臣過境之後 前兵使趙述永 期革倉奴之弊 使民執斛 不惜樓後之費 自官割廩 雇馬錢之捐給 殆過四百兩零 營燒木之蠲減 亦爲一千束餘 (中略) 蔚山府使尹興鎭 捧稅必親 斗斛不濫 聽訟無滯 剖析甚明 民庫無添帳之弊 紫戶禁濫捧之謬 前府使沈遠悅 弊冊從以綢繆 奸胥爲之慫慂 以言乎賣鄕 則朴祖淵等處三千二百八十四兩 以言乎賣任 則兩年所捧三千七百七十兩 李祚英等處 差給商船主人捧賂 五百九十兩 北商崔哥處 防穀捧賂二百兩 李廷發等處 詞訟捧賂二百三十兩 寺僧處 勒徵二百兩 竝歸私橐 移貿錢八百二十一兩零 不爲分給 輸送京第 民庫錢犯用一千六百七十七兩零 技贖三百四十一兩 酒贖六百二兩 歸屬不明 妓夫錢九百三十五兩 勒徵於富民八百兩 出給妓女 其餘冊客染指屠漢等處 成給殺狗勿禁帖 聽聞可駭 任賂是視吏有一葉錢之投 獄貨惟寶人傳二兩榜之說 贓汚若是 怨謗至今 (中略) 彦陽縣監孫海遠 柴役捐減 木直精略 克遵前蹟 可期來效 前縣監邊弘圭 六載居官 衆務畢擧 儉歲賙飢 隨事蠲役 戶柴減

應納之數 廨繕省排斂之力 俱出薄廩之捐 實由一念之在 門無滯訟 剖決如流 村不見吏 束薪且嚴 糴必親捧 斗斛平而稾有餘粟 災不委吏 執俵均而田無寃結 農蠶不失其時 寧有侵撓之患 儒武各盡厥業 務殫勸課之方 蒲鞭罕施 而催科不踰期限 秋毫無犯 而用度自有羨餘 十里祖帳 筍脯滿路 可見臥轍之情 三尺豊碑 氷目登頌 卽在旋車之後 以若至薄之況 凡係利民 每效殫竭之誠 不惜用費 不憚勞苦 蚤夜靡懈 終始如一 及其賦歸 匹馬短鞭 行裝蕭然 瞻聆之地 孰不贊歎 古之循良 固不敢容易許人 而觀其施措 庶或近之 似此良手 合施大處 (中略) 蔚山監牧官李重信 屯稅無濫捧之弊 馬群有蕃息之效 海納雖幸釐革 還弊在所察訪 (下略)

996.

건명 : 吏曹에서 慶尙左道 暗行御史의 書啓를 覆啓함

발신처 : 吏曹

검색어 : 慶尙左道暗行御史, 任應準, 蔚山, 彦陽, 蔚山前府使, 沈遠悅, 彦陽縣監, 邊弘圭

출처 : 哲宗 9年 戊午 3月 26日 ; 62-156上~159上

吏曹以慶尙左道暗行御史書啓覆啓

該曹啓言 觀此慶尙左道暗行御史任應準書啓則 (中略) 蔚山前府使沈遠悅 賣鄕 則朴祖淵等八人處 捧三千二百八十兩 賣任 則兩年所捧 爲三千七百七十兩 李祚英等八人處 差給商船主人捧賂 爲五百九十兩 北商崔哥處 防穀捧賂 爲二百兩 李廷發等三人處 詞訟捧賂 爲二百三十兩 新興寺僧處 勒徵 爲二百兩 並歸私槖 移貿錢八百二十一兩零 不爲分給 輸送京第 民庫錢犯用 爲一千六百七十七兩零 雜技贖錢三百四十一兩 酒贖錢六百二兩 歸屬不明前 因繡啓 其將拿處 令該府 添問目勘處 (中略) 彦陽前縣監邊弘圭 六載居官 衆務畢擧 儉歲賙飢 闔境賴浹肌之澤 隨事蠲役 窮蔀有息肩之惠 戶柴減應納之數 廨繕省排斂之力 門無滯訟 剖析如流 村不見吏 束薪且嚴 糴必親捧 斗斛平而稾有餘粟 災不委吏 執俵均而田無寃結, 蒲鞭罕施 而催科不踰期限 秋毫無犯 而用度自有羨餘 以若至薄之邑至殘之況 凡係利益於民 不惜用費 不憚勞苦 蚤夜靡懈 始終如一 及其賦歸之時 匹馬短鞭 行裝蕭然 瞻聆

之地 孰不贊歎 似此良手 合施大處 (中略) 彦陽前縣監邊弘圭 似當施以熟馬賜給之典 河陽縣監李正秉 似當施以陞敍調用之典 而係干恩典 臣曹不敢擅便 上裁 (下略)

997.

건명 : 각 陵寢과 西闕을 修繕하는 일에 三道의 折米를 劃給하도록 함

발신처 : 備邊司

검색어 : 貢價, 三道折米, 左兵營甲冑穀, 準數劃下, 嶺南, 信需穀, 丙申別貿穀, 折米區劃

출처 : 哲宗 9年 戊午 3月 29日 ; 62-166下~167上

各陵寢繕西闕修理等役命以三道折米區劃

備局啓言 卽見戶曹所報 則以爲 各陵寢修繕 西闕修理 俱係時急 而且各項應下貢價 與昨年大役後 三都監實入貢價 以今罄竭之勢 萬無支調之路 就京外錢木中 限三十萬兩 準數劃下爲辭矣 度支事勢 若是窘詘 許多力役 若是浩穰 今此請得諒 出於萬不獲已矣 第中外儲蓄 到底匱竭 實無以準其所請 姑先以嶺南本司句管 左兵營甲冑穀一千石 信需穀三千石 丙申別貿穀一千石 均廳句管 軍作穀三千石 惠廳句管 除留穀二千石 湖南均廳句管 軍移作米二千石 甲午別置米三千石 賑恤廳句管 戊申別備米二千石 惠廳句管 船米三千石 北關本司句管 交濟散在穀二千石 別賑穀一千石 私賑穀一千石 常賑廳句管 常賑穀一千石 竝以折米區劃 待秋後 開倉執錢 上送之意 請行關各該道 允之

998.

건명 : 時囚 洪健厚 등을 議處하도록 명함

발신처 : 義禁府

검색어 : 原情, 蔚山, 沈遠悅, 賣鄕賣任, 兵營, 民庫, 移貿, 刑推

출처 : 哲宗 9年 戊午 4月 18日 ; 62-197下~199上

命時囚洪健厚等議處

義禁府啓言 (中略) 晉州前牧使沈遠悅原情以爲 (中略) 又於蔚山事 賣鄕賣任云云 校宮修改 果有數三張 任帖之成給者 乃爲六七 入納賂之欛柄 居官纔經一年 把任無暇再次 今云兩年賣任者 急於執贓 恐涉捉

影 商船浦主 旣施宮家之帖文 北人防穀 亦奉兵營之關飭 在渠初無干涉者也 民庫數千金加下 渠太半劃報 反謂犯用 何也 移貿劃云云 營費例有冗煩 邑分隨減數爻 亦是吏民之所共知也 酒技贖錢之民庫添報各廳帖給 印簿自在 何不取見 而其所臚列 若是相左 山僧推捉 初不相關 則何據而謗騰勒徵乎云 請竝刑推得情 (下略)

999.

건명 : 時囚 沈遠悅 등을 照律하여 처리하도록 명함

발신처 : 義禁府

검색어 : 蔚山, 沈遠悅, 結徵, 任賂, 移貿錢, 民庫錢, 公貨, 定配

출처 : 哲宗 9年 戊午 4月 20日 ; 62-202下

命時囚沈遠悅等照律

義禁府啓言 沈遠悅 晉州之結徵私用任賂數夥 俱係非理 自有當勘 蔚山之移貿錢民庫錢犯用 繡啓旣有擧數論列 則係是公貨 依受敎定式請施以卽其地定配 允之 又啓言 (中略) 請竝以此照律 竝允之

1000.

건명 : 沈遠悅을 蔚山府에 定配함

발신처 : 義禁府

검색어 : 蔚山府, 沈遠悅, 定配

출처 : 哲宗 9年 戊午 4月 20日 ; 62-202下

配沈遠悅于蔚山府

義禁府啓言 罪人沈遠悅 蔚山府卽其地定配 請依例押送 允之

1001.

건명 : 京外의 殿最를 開坼함

발신처 : 哲宗

검색어 : 蔚山府使, 尹興鎭, 彦陽縣監, 孫海遠, 竝中

출처 : 哲宗 9年 戊午 6月 15日 ; 62-284上~285上

開坼京外殿最

京畿監司金大根啓本 (中略) ○ 慶尙監司沈敬澤啓本 蔚山府使尹興鎭

治自成規 病無或妨 興海郡守尹滋翊 治與俗慣 檢報何疏 彦陽縣監孫海遠 志切補架 終必收檢 (中略) 竝中 (下略)

1002.

건명 : 각 道 守令의 降考를 아뢴 내용

발신처 : 吏曹

검색어 : 諸道守令降考啓, 蔚山府使, 尹興鎭, 彦陽縣監, 孫海遠, 下考, 中考, 推考

출처 : 哲宗 9年 戊午 6月 19日 ; 62-288上

吏曹以諸道守令降考啓

該曹啓言 考見諸道褒貶啓本 則忠州牧使任五常 以小大閑劇 莫視一例爲目 淸風府使李祖欽 以觴或不濫爲目 蔚山府使尹興鎭 以病無或妨爲目 龜城府使李晉純 以勅何報濫爲目 金浦郡守崔瑨 以政宜殫誠察或有遺爲目 彦陽縣監孫海遠 以志切補架終必收檢爲目 慶安察訪尹致翼 以疵聞姑恕爲目 自如察訪金壽仁 以馬群或空爲目 麒麟察訪黃起鴻 以以瓜或恕爲目 魚川察訪白文振 以益察郵弊 爲目 則俱宜置下考 而置諸中考 殊無嚴明殿最之意 該道臣竝推考 任五常李祖欽尹興鎭李晉純崔瑨孫海遠尹致翼金壽仁黃起鴻白文振 請竝罷黜 允之

1003.

건명 : 李忠翼을 蔚山府使로 삼음

발신처 : 哲宗

검색어 : 都政, 蔚山府使, 李忠翼, 彦陽縣監, 宋熙直

출처 : 哲宗 9年 戊午 6月 22日 ; 62-295上~296上

都政下批 吏曹判書李景在參判趙獻永兵曹判書南秉哲進

教曰 (中略) ○ 吏批 (中略) 李忠翼爲蔚山府使 (中略) 宋熙直爲彦陽縣監 (下略)

1004.

건명 : 각 道의 定配罪人을 放送하도록 道臣들에게 分付함

발신처 : 義禁府

검색어 : 慶尙道, 蔚山府, 定配罪人, 沈遠悅
출처 : 哲宗 9年 戊午 10月 25日 ; 62-443下

判下金吾諸道定配罪人等分付放送事各該道臣

義禁府啓言 本府徒流案中 (中略) 慶尙道蔚山府 定配罪人沈遠悅 (中略) 等名下放字書下 竝放送事 請分付各該道道臣 允之

1005.

건명 : 太僕寺에서 각 牧場의 馬畜 數爻 가운데 울산 부분
발신처 : 太僕寺
검색어 : 各道牧場馬畜數爻啓, 監牧官, 李重信, 蔚山, 丁巳籍付馬
출처 : 哲宗 9年 戊午 12月 30日 ; 62-555下~558下

太僕以各道牧場馬畜數爻啓

司僕寺啓言 (中略) 蔚山長鬐等 監牧官李重信 所管二牧場 丁巳籍付馬一千三百十九匹 今生馬一百五十四匹 合馬一千四百七十三匹內 封進馬四匹 故失馬一百七匹 除今年實留放壯兒雌雄馬 竝一千三百六十二匹內 壯雌馬四百四十三匹 一年應孳産馬一百三十三匹 今生馬一百五十四匹 加報二十一匹 (下略)

1006.

건명 : 李明錫을 慶尙左兵使로 삼음
발신처 : 哲宗
검색어 : 慶尙左兵使, 李明錫
출처 : 哲宗 10年 己未 6月 25日 ; 62-786上~787下

都政下批 吏曹判書南秉哲參議尹正求兵曹判書金炳學進

敎曰 (中略) ○吏批 (中略) 李明錫爲慶尙左兵使 (下略)

1007.

건명 : 慶尙左兵使 李鳳周를 改差함
발신처 : 哲宗
검색어 : 慶尙左兵使, 李鳳周
출처 : 哲宗 10年 己未 8月 24日 ; 62-861下

改差慶尙左兵使李鳳周

鳳周以父病呈狀 兵曹啓請改差也

1008.

건명 : 關白承襲告慶大差倭에 贈給할 禮單과 蔘價錢 2만 兩을 호조에서 먼저 推移하여 入用하도록 함

발신처 : 備邊司

검색어 : 關白承襲告慶大差倭, 禮單蔘, 價錢, 別幅, 嶺南信需穀, 慶尙左兵營山城穀, 折米執錢

출처 : 哲宗 10年 己未 10月 27日 ; 62-947下

命關白承襲告慶大差倭贈給禮單蔘價錢二萬兩自戶曹先爲推移入用

備邊司啓言 卽見戶曹所報 則以爲 關白承襲告慶大差倭 今方出來 別幅贈給 與接慰宮私禮單 堂上差備譯官私禮單蔘 價錢二萬兩 趁卽區劃 以爲措辦爲辭矣 此不可不趁卽區劃者 而度支儲蓄 無可取用 報司請劃 多有近例 嶺南信需穀三千石 丙申別貿穀二千石 左兵營山城穀一千六百石 竝折米執錢 以爲各樣措備之地 而事係急速 自本曹 請先爲推移入用 允之

1009.

건명 : 東萊暗行御史 沈履澤이 올린 書啓와 別單

발신처 : 東萊暗行御史

검색어 : 貸錢貿米, 逋欠收刷條, 蔚山, 屯畓稅租, 未收米, 東萊府使, 金鉐, 洪熙燮, 作錢, 餘耗米

출처 : 哲宗 10年 己未 12月 16日 ; 63-38上~41下

東萊暗行御史沈履澤進書啓別單

書啓以爲 (中略) 前府使金鉐 欲明還昏 矯枉過直 杖濫而喫杖者不畏獄興而速獄者稱寃 本府所謂付作 名色卽積年謬例 而前官營貸錢貿米而徑遞未勘條 及府屬逋欠收刷條 合米二千三十九石九斗 每石以十一兩二錢零 執錢付作 合錢二萬三千六兩六錢零內 一萬八千三百七十九兩三錢零 營貸本錢及雜費除 剩餘錢四千六百二十七兩零 私自取用 又於府屬處 未收米四百五十七石三斗零 每石或十一兩二錢式 執錢收

捧 或八兩三錢式 從時價收捧 合錢四千六百三十一兩零內 二千二百五兩零 每石或四兩七錢零 或五兩式 立本 剩餘錢二千四百二十六兩零 私自取用 蔚山民等處 未收米一百七石七斗零 貧民未納 則使一石當 納者待明年 納以二石 每石定價 十一兩二錢零 計之 合錢一千二百十二兩六錢內 四百八十三兩七錢零 每石四兩五錢式 該民處仍爲立本 剩錢七百二十八兩八錢零 各邑米中 付作取用 各邑昨冬追劃米四百五十石 今年春初 每石十兩一錢零收捧 合錢四千五百五十一兩三錢內 二千二百五十兩 每石五兩式立本 剩餘錢二千三百一兩三錢 亦爲取用 草溪梁山密陽機張蔚山等邑 未收米一千三百六石七斗零 追後作錢 每石十一兩二錢零執錢 合一萬四千七百三十七兩四錢零內 一萬二千三百八十兩九錢零 每石九兩四錢零 貿米入給 剩餘錢二千三百五十六兩五錢 亦爲取用 都合剩餘錢 爲一萬二千四百四十兩三錢零 付作雖曰謬例 行之已久 上項諸條中 或立本後取剩 或先取剩後立本者 與其難捧民處 以一石勒定二石 而取剩 是亦可曰謬例乎 謂以潛商勒捧贖錢 草梁民洪大成等處 合錢四百五十七兩 或稱行下 或稱靖遠樓重修 其所用下 既不分明 座首郭佑德等處 合錢一千七百兩 竝歸私橐 遞等後新官新延 首吏宋景浩等處 合錢二千三百兩 臨歸捧用 忽於十月晦間竝送人還給 此在臣秘關本府罪人推捉之後 則其意或出於彌縫顚倒 倡披人皆指笑 此不可以已遞勿論 (中略) 豆毛浦前前萬戶洪熙燮 狹其富饒 濫生覬覦 該鎭指徵無處 還穀一千石代錢三千兩 軍器修補及戰船改造所入一千五百五十七兩 有所自備 探知其事 實無自備 前後捧賂錢 合爲七百五十兩 聚點時 稱以犒饋 移貿錢中 濫下三百兩 取剩私用者 爲一百八十兩 移貿錢巡營納排 年條還寢時 謂有浮費 以三百兩入下於移貿下記 而取剩私用者 爲二百二十兩 還米中 所謂餘耗米八十石代錢四百五十六兩 前等已爲取用 而交承後還徵 及其遞歸時當年耗米 折半四十石代錢二百兩 又爲取去 將校之捧賂差出也 舟師代將金基浩等處 合錢一百七十兩 蔚山屯畓稅租 雖値歉年 一不災減 有本色來納 則雖精必退 竟以高價執錢 每石四兩二錢 合爲七百九十七兩七錢零 民怨至今沸騰 (下略)

1010.

건명 : 東萊府暗行御史 沈履澤의 書啓를 覆啓함

발신처 : 兵曹

검색어 : 還穀, 捧賂錢, 聚點, 犒饋, 移貿錢, 蔚山, 屯畓稅租

출처 : 哲宗 10年 己未 12月 20日 ; 63-52下~54上

兵曹以慶尙道東萊府暗行御史沈履澤書啓覆啓

該曹啓言 觀此東萊府暗行御史沈履澤書啓則 (中略) 豆毛浦前前萬戶洪熙燮 挾其富饒 濫生覬覦 該鎭指徵無處 還穀一千石代錢三千兩 軍器修補及戰船改造所入一千五百五十七兩 有所自備 鎭屬呈訴 於前年繡衣 至有褒啓請賞者 而及乎到任之後 探知其事 則實無自備 棍治該鎭兵校 以報司重勘之意 威脅恐喝 前後捧賂錢 合爲七百五十兩 聚點時 稱以犒饋 移貿錢中濫下三百兩 取剩私用者 爲一百八十兩 移貿錢巡營納排 年條還寢時 謂有浮費 以三百兩 入下於移貿下記 而取剩私用者 爲二百二十兩 還米中所謂餘耗米八十石代錢四百五十六兩 前等已爲取用 而交承後還徵奪取 及其遞歸時當年耗米 折半四十石代錢二百兩 又爲取去 前後遞等 俱在十一月矣 前之取用是 則後之取用非也 後之取用是 則前之取用非也 兩端之中 一是則非也 明矣 不顧是非 一竝取用 而前則全取 後則半取者 抑何意思 將校之捧賂差出也 舟師代將金基昊處三十兩 權永麟處三十兩 白文祥處四十兩 兵船監官金智憲處三十兩 兵房軍官姜尙煥處二十兩 三船將白仲老處二十兩 合錢一百七十兩 而白文祥之賂錢 至遞等時 而不納 則乃於公錢中移錄取用 蔚山屯畓稅租 雖値歉年 一不災減 委送褊裨 嚴督捧納 而或有本色來納則雖精必退 竟以高價執錢 每石四兩二錢 合爲七百九十兩零 則民怨至今沸騰 (中略) 上項兩帥臣及鎭將之諸條臚列 俱係不法 竝令該府拿問處之 豆毛浦萬戶咸在天 則鎭眷有橫濫之弊 砲糧露作奸之迹 露蹤本府之日 捉來棍懲 不可棍懲 而止罷黜 其餘閫帥虞侯邊將 別無優績亦無顯疵 請竝置之 允之

1011.

건명 : 太僕寺에서 아뢴 각 牧場의 馬畜 數爻 가운데 울산 부분

발신처 : 太僕寺

검색어 : 各道牧場馬畜數爻啓, 馬總, 太僕寺, 蔚山, 愆期, 監牧官, 李完永, 洪冀錫, 戊午籍付馬

출처 : 哲宗 10年 己未 12月 30日 ; 63-72上~74下

太僕以各道牧場馬畜數爻啓

司僕寺啓言 今年牧政 旣無超等 則論賞一款 不必擧論 而馬籍之春秋磨勘 自有其限 至於蔚山 則秋等馬總 尙今不報 留放數額 無以詳知 故以春等所報錄啓 而掌馬之地 無難愆期 自致犯科 事體駭然 當該監牧官洪冀錫 請令該府拿問處之 ○ 後錄 (中略) 蔚山長耆等 監牧官前任李完永 時任洪冀錫 所管二牧場 戊午籍付馬一千三百六十二匹 前任李完永 春等所報 今生馬一百四十九匹 秋等不報 合馬一千五百十一匹內 封進馬四匹 故失馬八十五匹 除今年實留放壯兒雌雄馬 竝一千四百二十二匹內 壯雌馬四百九十七匹 一年應孳産馬一百四十九匹 今生馬一百四十九匹準 (下略)

1012.

건명 : 時囚 洪正圭 등을 議處하도록 명함

발신처 : 義禁府

검색어 : 蔚山, 監牧官, 洪冀錫, 原情, 刑推

출처 : 哲宗 11年 庚申 1月 13日 ; 63-93上

命時囚洪正圭等議處

義禁府啓言 (中略) 蔚山監牧官洪冀錫原情以爲 渠赴任已在晩時 點閱又費多日 修報上送 色吏得病阻雪 淹留中路 以致馬籍之未趍期限 莫非渠溺職之罪 (中略) 冀錫請刑推得情 教 以除刑推議處

1013.

건명 : 時囚 朴承輝 등을 照律함

발신처 : 義禁府

검색어 : 蔚山, 監牧官, 洪冀錫, 馬籍

출처 : 哲宗 11年 庚申 1月 14日 ; 63-93下

命時囚朴承輝等照律

義禁府啓言 (中略) 蔚山監牧官洪冀錫 馬籍磨勘 自有定限 無難愆期

請並以此照律 允之

1014.

건명 : 時囚 朴承輝 등을 勘放함

발신처 : 義禁府

검색어 : 蔚山, 監牧官, 洪冀錫, 笞五十, 收贖, 私罪, 功減一等

출처 : 哲宗 11年 庚申 1月 15日 ; 63-99下

勘放時囚朴承輝等

義禁府啓言 (中略) 蔚山監牧官洪冀錫 竝笞五十收贖 解見任別敍 竝私罪施行 允之 教 以正圭冀錫 各功減一等

1015.

건명 : 李寅禹을 蔚山府使로 삼음

발신처 : 吏曹

검색어 : 蔚山府使, 李寅禹

출처 : 哲宗 11年 庚申 2月 7日 ; 63-123下

有政 吏曹判書洪鍾應進

以金尙鉉爲大司諫 (中略) 李寅禹爲蔚山府使 (下略)

1016.

건명 : 蔚山 등의 燒戶에 恤典을 지급함

발신처 : 慶尙監司

검색어 : 慶尙監司, 洪祐吉, 蔚山, 恤典, 燒戶

출처 : 哲宗 11年 庚申 2月 21日 ; 63-135上

給蔚山等邑燒戶恤典

慶尙監司洪祐吉 以蔚山府民家失火 十戶延燒 密陽府民家失火 二十戶延燒 馳啓 竝教 以聞甚矜惻 元恤典外 別加顧助 結構奠接之方 廟堂措辭分付

1017.

건명 : 時囚 尹行福 등을 議處하도록 함

발신처 : 義禁府

검색어 : 原情, 蔚山, 李周喆, 屯稅, 奴婢放科條, 執錢

출처 : 哲宗 11年 庚申 閏3月 5日 ; 63-208上~209上

命時囚尹行福等議處

義禁府啓言 (中略) 東萊前前水使李周喆 原情以爲 繡論中 豆毛浦萬戶洪熙燮處 捧賂錢七百兩事 前水使在任時 該鎭還逋一千石代錢三千兩 軍器修補戰船改造所入一千五百兩 該鎭將謂以自備 至有啓聞請賞之擧 且有繡永之褒啓 而渠到營後 入聞之說 初無一分自備云 則繡褒營啓 自歸無實 故鎭校推捉棍囚 所謂自備錢四千五百兩 不日督捧 使之充還 修改右錢 渠旣準納 則寧有納賂之理 聚點時 移貿錢事 屢千名犒饋所入 爲三百兩 則一百八十兩取剩之說 亦非近理 巡營納排年條還寢時 浮費中二百二十兩取剩事 還寢浮費 果非創 始實是舊例 而該色依例入下 餘耗米八十石取用事 此是秋捧 而前水使未及畢捧 十一月遞歸 盡爲取用事 非穩當 故折米四十石還推 渠遞歸 亦在十一月 故依昨年例 折米取用 今此全取半取等說 亦未知其意 以將校捧賂言之 三船將白仲老 初不知名 蔚山屯稅 一不災減 高價執錢云者 此屯稅 卽奴婢放科條也 再昨年 因歉荒災減 六十石 每石價以三兩 依民所願 酌定捧上 今此高價執錢之說 尤極爽實云 (中略) 李周喆曾經閫帥 請除刑推議處 允之 (下略)

1018.

건명 : 蔚山 등의 燒戶에 恤典을 지급함

발신처 : 慶尙監司

검색어 : 蔚山, 燒戶, 恤典

출처 : 哲宗 11年 庚申 4月 5日 ; 63-245上

給朔寧蔚山等邑燒戶恤典

京畿監司金炳雲 以朔寧郡民家失火 十八戶延燒 馳啓 慶尙監司洪祐吉 以蔚山府民家失火 十三戶延燒 人命爛死一名 馳啓 竝教 以聞甚矜惻 元恤典外 別加顧助 結構奠接之方 廟堂措辭分付

1019.

건명 : 統制使 沈樂臣을 重推함

발신처 : 承政院

검색어 : 蔚山府使, 李寅卨, 重推

출처 : 哲宗 11年 庚申 4月 7日 ; 63-246下

重推統制使沈樂臣

政院啓言 卽見統制使沈樂臣異船狀啓 則蔚山府使李寅卨之寅字 誤以仁字書之 萬萬未安 不可無警 請重推 允之

1020.

건명 : 張寅植을 慶尙左兵使로 삼음

발신처 : 哲宗

검색어 : 慶尙左兵使, 張寅植

출처 : 哲宗 11年 庚申 4月 12日 ; 63-253上

有政 吏曹參議鄭健朝兵曹判書金炳學進

以鄭基勉爲修撰 (中略) 張寅植爲慶尙左兵使 (下略)

1021.

건명 : 慶尙左兵使 張寅植 등을 改差함

발신처 : 哲宗

검색어 : 改差, 慶尙左兵使, 張寅植

출처 : 哲宗 11年 庚申 4月 22日 ; 63-261上

改差健陵參奉趙恩植慶尙左兵使張寅植

恩植等 俱以身病呈狀 吏兵曹竝啓 請改差也

1022.

건명 : 趙台顯을 慶尙左兵使로 삼음

발신처 : 哲宗

검색어 : 慶尙左兵使, 趙台顯

출처 : 哲宗 11年 庚申 4月 22日 ; 63-261上

有政 吏曹判書洪鍾應參判沈敬澤兵曹判書金炳學進

教曰 (中略) 趙台顯爲慶尙左兵使 (下略)

1023.

건명 : 韓圭錫을 蔚山府使로 삼음

발신처 : 哲宗

검색어 : 蔚山府使, 韓圭錫

출처 : 哲宗 11年 庚申 6月 25日 ; 63-320下~322上

都政下批 吏曹判書洪鍾應參判金應均兵曹判書金輔根進

吏批 (中略) 韓圭錫爲蔚山府使 (中略) 教曰 守令邊將初仕人 皆令明日待令

1024.

건명 : 東萊府使 鄭獻教가 漂民을 領來한 差倭의 問情을 馳啓함

발신처 : 東萊府

검색어 : 東萊府使, 鄭獻教, 漂民, 差倭, 問情, 蔚山, 棉花, 甘藿, 別幅謄本, 駕船路, 倭船路

출처 : 哲宗 11年 庚申 7月 6日 ; 63-338上~338下

東萊府使鄭獻教以漂民領來差倭問情馳啓

狀啓以爲 到付釜山僉使申泰善馳通內 六月初八日 荒領山烽軍李突伊進告內 未辨船四隻 自水宗渡來云 哨探次 本鎭船將金在仁定送 而初九日 同僉使馳通內 卽接哨探將馳報 則未辨船四隻 以倭大船三隻 我國漂船一隻 領付館所云 追到訓導玄學魯手本 夜深 門鎖待明朝 問情云 初十日 同僉使馳通內 卽接機張縣監曺錫瓚 及哨探將馳報 則武知浦止泊倭船一隻中 別差率通事 問情 則蔚珍漂民 借騎倭船格船二十名 漂民六名領來 而倭等言內 俺船一隻 漂民領來船一隻 他大船二隻 漂民本船一隻 合五隻 今月初七日 自馬島待風同發 風勢不利 四隻船落後 不知所向 俺船洋中經夜 初八日 止泊此處云 漂民等處 問其漂風緣由 居住名數 則船主金致中等六名 以蔚珍縣居 而同里居姜萬億金明元 幷八名 作爲沙格 戊午十月 自本土離發 到蔚山 綿花甘藿 貿載離發 己未四月 向往本土 到多大外洋 風作漂蕩 出沒死生 漂着一處乃日本國見島郡也 乘倭船離發 到同州府中 則朝夕供饋 青木貼 長衣

具帶一領 煙竹一箇 南草一匣 各贈給留 連晉州東萊珍島漂民 追後相逢 或出往 或落在 渠徒乘本船 與領來船一隻他船二隻 自馬島離發 到此 差倭及他船漂民問情所告 亦無異云 上項到館 全羅道珍島漂民六名 江原道蔚珍漂民八名 慶尙道晉州漂民十九名 臣府漂民九名 釜山僉使捧招後 押送臣府 而沿海民之毋得濫行 朝禁申嚴 今此漂民等漂越 極爲痛駭 而觀其供辭 實無故漂情跡 三邑漂民 給糧資 成草料 移文發送于各其原籍官 而漂民等役姓名年歲居住 成冊上送于備邊司 領來差倭等接待接慰官 以近邑守令差定之意 報于道臣 差倭齎來書契別幅謄本 及漂民順付書契四度 別幅六度 借騎船路引一度 駕船路引三度 倭船路引二度 竝上送該曹 差倭宴禮 令該曹磨鍊撰出下送

1025.

건명 : 貢價와 祿料를 區劃해 달라는 戶曹의 청을 許施함

발신처 : 備邊司

검색어 : 嶺南, 左兵營山城穀, 貢價, 祿料, 移劃穀, 折米區劃

출처 : 哲宗 11年 庚申 9月 4日 ; 63-401下

許施戶曹貢價祿料區劃之請

備邊司啓言 卽見戶曹所報 則以爲 西闕修理 今幸告訖 而實入貢價 實無支調之策 且米邊不足 頒祿放料 將有五六朔難繼之慮 無論某衙門某道米錢限二十萬兩 區劃爲辭矣 大役後 各貢實入 數旣不些 至於米邊 則將有祿料闕朔之憂 今此區劃 雖出於剜肉醫瘡之計 事詘力窘 無他措施 以嶺南本司句管 丙申別貿穀 左兵營山城穀 均廳句管 壬戌移劃穀 各三千石 惠廳句管 丙寅別置穀四千石 湖南均廳句管 癸丑會錄穀 軍移作米 壬戌移劃穀 甲午別置米 各三千石 湖西本司句管 丙申別貿米 營賑穀 各二千石 元山穀一千石 幷折米區劃 請取用 允之

1026.

건명 : 時囚 蔚山前前府使 李忠翼 등을 勘放함

발신처 : 義禁府

검색어 : 蔚山前前府使, 李忠翼, 杖六十, 收贖, 告身, 私罪, 減一等

출처 : 哲宗 11年 庚申 9月 14日 ; 63-412下

勘放時囚李忠翼等

義禁府啓言 蔚山前前府使李忠翼照律 杖六十 收贖 奪告身一等 私罪施行 允之 教以 功議各減一等 (下略)

1027.

건명 : 南宮溶을 彦陽縣監으로 삼음

발신처 : 哲宗

검색어 : 彦陽, 彦陽縣監, 南宮溶

출처 : 哲宗 11年 庚申 12月 20日 ; 63-515上~516上

都政下批 吏曹判書金炳國參判李宜翼兵曹判書鄭基世進

教曰 (中略) 吏批 (中略) 南宮溶爲彦陽縣監 (中略) 教曰 守令邊將初仕人 皆令明日待令

1028.

건명 : 太僕寺에서 아뢴 牧場의 馬畜 數爻 가운데 울산 부분

발신처 : 太僕寺

검색어 : 各道牧場馬畜數爻啓, 太僕寺, 蔚山, 監牧官, 洪冀錫, 己未籍付馬

출처 : 哲宗 11年 庚申 12月 30日 ; 63-524上~526下

太僕以各道牧場馬畜數爻啓

司僕寺啓言 (中略) 蔚山長鬐等 監牧官洪冀錫 所管二牧場 己未籍付馬一千四百二十二匹 今生馬一百六十四匹內 封進馬四匹 故失馬一百七十三匹 除今年實留放壯兒雌雄馬 竝一千四百九匹內 壯雌馬五百十五匹 一年應孶産馬一百五十四匹 今生馬一百六十四匹 加報十匹 (下略)

1029.

건명 : 還御 이후 수리할 役事에 京外의 米錢木布을 劃送하여 쓰도록 명함

발신처 : 備邊司

검색어 : 京外米錢, 劃送, 左兵營山城穀, 留作穀, 別貿穀, 別儲穀

출처 : 哲宗 12年 辛酉 4月 19日 ; 63-659上~659下

命還御後修理之役以京外米錢木布劃送入用

備局啓言 卽見戶曹所報 則以爲 經用不敷 支調沒策 而還御後 修理之

役 極爲浩大 不可不次第經紀無論 京外米錢木布 限十萬兩 趁今劃下爲辭矣 度支事勢 不可無別般措劃 而見今京外枵儲 實難依請準施 以嶺南左兵營山城穀留作穀各三千石 甲辰別儲穀二千石 丙申別貿穀一千石 湖南軍移作米 甲午別置米 船儲置米各三千石 湖西丙申別貿米二千石 營賑穀 元山穀 各一千五百石 竝折米取用 本司別置中 惠廳錢五千兩 木布各十同 訓禁兩營錢各一千五百兩 兵曹錢一千兩 劃送 以爲入用之地 允之

1030.

건명 : 刑曹에서 각 道의 殺獄案을 覆啓함

발신처 : 刑曹

검색어 : 蔚山, 殺獄案, 朱小斤德

출처 : 哲宗 12年 辛酉 7月 26日 ; 63-761下~762下

秋曹以各道殺獄案覈啓

該曹啓言 (中略) 又啓言 蔚山朱小斤德獄事 互相扶勢 無怪狃手 而肆力因仍頡頏 豈意觸頭而致 折究其情 非出用意 論其死 可曰由我 勘以惟輕 實合欽恤 請上裁 從之

1031.

건명 : 慶尙左兵營에서 관리하는 山城의 米太를 절반은 남기고, 절반은 나누어주도록 함

발신처 : 備邊司

검색어 : 慶尙左兵營, 慶尙左兵使, 鄭周應, 山城米, 山城太, 捧還

출처 : 哲宗 12年 辛酉 8月 24日 ; 63-792下

許施慶尙左兵營句管山城米太半留半分之請

備邊司啓言 卽見慶尙左兵使鄭周應所報 則以爲 本營曾多半留各穀而駸駸減縮 每當風和之時 倉無餘畜 疏虞莫甚 就本營句管山城太中六千石劃付軍餉 而以太四千石 折米二千石 則米太各爲二千石 以此半留半分 永爲定式 自明年 取耗補用 先自今秋捧還中 米太各一千石別般精捧 以爲留庫之穀爲辭矣 山城太中 劃付此數 取今年耗條 以爲添補支放 兼存留儲之方 則事甚便宜 此不過就本餉中 推移區劃而已

不必斬許 請依所報施行 允之

1032.

건명 : 慶尙左兵使 鄭周應 등을 推考함

발신처 : 備邊司

검색어 : 慶尙監司, 金世均, 慶尙左兵使, 鄭周應, 應作, 別作, 推考

출처 : 哲宗 12年 辛酉 11月 12日 ; 63-904上

推忠淸監司趙獻永慶尙監司金世均全羅監司金始淵咸鏡監司趙然昌統制使申觀浩平安兵使柳昌根北兵使尹守鳳南兵使吳一善慶尙左兵使鄭周應右兵使白樂莘忠淸兵使尹致誼全羅兵使李熙永

備邊司啓言 月前本司草記 諸路穀 今年應作別作 實數報來之意行會矣 其間報來者 只是兩道而 其餘 則計程計日 優可有復 而尙無一言 朝令之視同文具 未有甚於此時 如是而何以上令而下施乎 兩西監司及黃海兵使外 一竝緘辭推考 以今晦來初間 一齊修報事 請更關飭 允之

1033.

건명 : 太僕寺에서 아뢴 각 牧場의 馬畜 數爻 가운데 울산 부분

발신처 : 太僕寺

검색어 : 各道牧場馬畜數爻啓, 蔚山, 監牧官, 洪冀錫, 高益鎭, 庚申籍付馬

출처 : 哲宗 12年 辛酉 12月 30日 ; 63-957下~960上

太僕以各道牧場馬畜數爻啓

司僕寺啓言 (中略) 蔚山長鬐等 監牧官 前任洪冀錫 時任高益鎭 所管二牧場 庚申籍付馬一千四百九匹 前任洪冀錫所報 今生馬一百六十三匹 時任高益鎭所報 今生馬五匹 合馬一千五百七十七匹內 封進馬四匹 冀錫所報 故失馬七十一匹 益鎭所報 故失馬五十二匹 除今年實留放壯兒雌雄馬 竝一千四百五十匹內 壯雌馬五百三十七匹 一年應孳産馬一百六十一匹 今生馬一百六十八匹 加報七匹 (下略)

1034.

건명 : 徐兢淳을 蔚山府使로 삼음

발신처 : 哲宗

검색어 : 蔚山府使, 徐兢淳
출처 : 哲宗 13年 壬午 1月 4日 ; 64-6上~7上
都政下批 吏曹判書徐有薰參議李升洙兵曹判書李鍾愚進
教曰 (中略) ○ 吏批 (中略) 徐兢淳爲蔚山府使 (中略) ○ 教曰 守令邊將初仕人 皆令明日待令

1035.

건명 : 李基肇를 彦陽縣監으로 삼음
발신처 : 哲宗
검색어 : 彦陽縣監, 李基肇
출처 : 哲宗 13年 壬午 3月 19日 ; 64-88下~89上
有政 吏曹判書金炳喬進
以李在聞爲執義 (中略) 李基肇爲彦陽縣監 (下略)

1036.

건명 : 李東植을 慶尙左兵使로 삼음
발신처 : 哲宗
검색어 : 慶尙左兵使, 李東植
출처 : 哲宗 13年 壬午 4月 6日 ; 64-117上
有政 吏曹判書金炳喬兵曹判書尹致秀進
以宋徹萬爲獻納 (中略) ○ 再政 以沈炳奎爲禧陵參奉 李東植爲慶尙左兵使 (下略)

1037.

건명 : 李秉熙를 慶尙左兵使로 삼음
발신처 : 哲宗
검색어 : 慶尙左兵使, 李秉熙
출처 : 哲宗 13年 壬午 4月 11日 ; 64-121下
有政 吏曹參判徐衡淳兵曹判書尹致秀進
以沈敬澤爲大司憲 (中略) 李秉熙爲慶尙左兵使 (下略)

1038.

건명 : 刑曹의 放未放 回啓를 判下함

발신처 : 哲宗

검색어 : 慶尙道, 稟秩, 未放秩, 蔚山, 黃三福, 閔昇元, 宋瀅仁

출처 : 哲宗 13年 壬午 6月 12日 ; 64-182下~184下

判下秋曹放未放回啓

刑曹啓言 (中略) 又啓言 慶尙道稟秩中 義興朴妙哲 昌寧朴洪錫 居昌朴武秉 未放秩中 熊川金致白朴喜赫 高靈金岳只 龍宮趙老迪李汝範金得璜 昆陽崔周錫 泗川車京獜 眞寶李宗根 仁同鄭沃心 機張姜錫根晉州金汝千 聞慶尹億乭 車希京 尙州趙敬汝 昌原李益錫 蔚山黃三福閔昇元宋瀅仁 寧海柳炳達 慶山金達性 朴白玉 興海官奴仲一 固城吳成岳 義城金仲三 山淸官奴太辰 鎭海韓永信 豊基韓而權 安義金洛西玄風曺錫允愼學源 草溪崔判金 淸道徐先璧 竝放送之意 請分付道臣(下略)

1039.

건명 : 東萊府의 下納米 수천 石을 신속히 收刷하여 우선 入給하도록 함

발신처 : 備邊司

검색어 : 東萊府使, 嚴錫鼎, 愆限, 蔚山, 萊府下納米, 推考, 準納

출처 : 哲宗 13年 壬午 6月 25日 ; 64-212下~213上

命萊府下納米限數千石斯速收刷姑先入給

備邊司啓言 卽見東萊府使嚴錫鼎報本司者 則以下納米木太之愆限 請一依前此廟飭行會爲辭矣 就其中 星善兩邑 固有民擾 而高靈之至今愆納 又何故也 星善之諉以民擾 不納當納 則民擾二字 適足爲好話柄而已 安有如許事理乎 該倅所當嚴勘 而或莅任未久 或新到屬耳 有難以常時恒規責之 限八月內 準數裝送 若過此限 道臣直爲請罪 至於高靈 則無他可諉之事故 而若是悠泛 不可無警 七月內準納後 該倅 令該府拿處 其外 大邱密陽仁同漆谷草溪蔚山慶州玄風 八邑守令 竝緘辭推考 雖以萊府言之 不患無方便之道 本府旣有立本取剩之穀 而元限在冬間矣 當此窘急之會 何可坐待年終 準其取剩之數 而不思所以先期變通乎 限數千石 斯速收刷 姑先入給 以紓目前之患 而如或初不動

念 則該府使 難免溺職之罪 以此意 請星火行會 允之

1040.

건명 : 金俊根을 蔚山府使로 삼음

발신처 : 哲宗

검색어 : 蔚山府使, 金俊根

출처 : 哲宗 13年 壬午 7月 1日 ; 64-225下~227上

御春塘臺行七夕製及都政讀券官金炳國徐有薰李承益對讀官金德根洪爽鍾任承準洪軒鍾

具翼善冠袞龍袍 乘輿出協陽門 至春塘臺 (中略) 金俊根爲蔚山府使 (中略) 教曰 守令邊將初仕人 皆令明日待令

1041.

건명 : 慶尙左道暗行御史 朴履道가 올린 書啓와 別單

발신처 : 慶尙左道暗行御史 朴履道

검색어 : 慶尙左道暗行御史, 朴履道, 左兵使, 李秉熙, 鄭周應, 蔚山府使, 金俊根, 都結, 愆滯, 稅米, 賦米, 需米, 徐兢淳, 韓圭錫, 蔚山監牧官, 高益鎭, 左兵營, 糧餉, 左山城太, 還穀

출처 : 哲宗 13年 壬午 7月 25日 ; 64-294上~301下

慶尙左道暗行御史朴履道進書啓別單

書啓以爲 左兵使李秉熙 恬簡律已 聲績素著於治郡 嚴明來下 威望尤重於制梱 莅纔屬耳 姑無施措之可言 前兵使鄭周應 聰明不遺於巨細 事多修擧 號令至及於遠近 威著憚壓 一百石之埋鹽 措劃有方 千餘兩之徵鍰 修繕所需 嚴於詰戒之政 務盡制梱之責 而完餉穀之創設 縱備一營之不虞 支放米之統分 蓋思五坊之不願 營建生祠 莫信奸類之納媚 添作新還 實爲窮蔀之呼寃 諸面之民 成群作鬧 聲勢非不危怖 光景非不驚怪 至於放砲 吶喊竪戟 捍禦 則未免擧措之乖 當以致聽 聞之駭惑 乃其衆民 一擁而入呼訴營庭 畢竟許施 以爲解紛 而作鬧時 人家毁破 至爲八戶 故臣於露蹤之日 亂民起鬧者 分等刑懲 首倡者以照律發配之意 文移於道臣 (中略) 蔚山府使金俊根 未赴任 前府使徐兢淳 都結革罷 先察窮民之情 公納漸就 莫售猾胥之奸 衆擾賴以止熄 寬嚴互

濟宿瘼 期欲矯捄 施措得宜 爲治未滿半載 稱頌已播一境 前前府使韓圭錫 上下納之愆滯 莫察吏手之操縱 先後結之倂督 蓋念民情之倒懸 斃局無振刷之望 窮蔀蔑懷保之效 辛酉結役磨鍊中 稅米賦米需米剩餘合爲一百七十五石四斗九合三夕 倭太剩餘 爲十石三斗一升五合二夕 結錢剩餘 二千一百九十二兩七錢二分 謂以該色輩之謬例任賴 而自官取用錢 亦爲一千兩 蘭谷鶴湖兩書院修案時 謂以冒入捧錢 一千一百兩 座首金時潑處 捧賂錢三百兩 安炳老等處 一千兩 躬犯如此 有難參恕 (中略) 蔚山監牧官高益鎭 勤以供職 志切矯瘼 攻駒有蕃息之效 收稅無濫捧之弊 隨事殫心 多有稱譽 (中略) ○ 別單 一 左兵營 以左路重梱 凡係器械 糧餉之務盡備預 固是帥臣之職 而年前左山城太六千石 報籌司 請得其中四千石作米二千石 或換麰租 或本太作還 名之曰完餉穀 分給於還民 蔚山有內八面外五面 內八面卽 兵營還所食者 外五面卽 本府還所食者 而該營前在還餉各穀 爲一萬五千十六石五斗六合 又添此完餉米太麰租 四千餘石 則比諸府還所食之面 不無過重之歎 乃以左水營納本色支放米三百石之營還面所納者 移送於府還面 則還面民人輩 以其曾前所無之例 忽地移疾執 以爲說轉致鬧端 竟至依挐 該營之完餉設施 雖出於重軍需之意 此穀不有變通 則無以謝蔚之民情 而該營還穀之散在各邑者 不爲不多 則惟此完餉穀 何必糶糴於營下 然後爲軍需乎 事係民情 宜思兩便之道同 左兵營完餉米二千石太一千石 租一千石 麰二百五十石 段移送於左沿各邑 依節目糶糴 其句管與勘簿 全屬該營 從便施指 允合事宜 令廟堂稟處

1042.

건명 : 吏曹에서 慶尙左道御史 朴履道의 書啓를 覆啓함

발신처 : 吏曹

검색어 : 蔚山前前府使, 韓圭錫, 辛酉結役, 稅米, 需米, 賦米, 倭太

출처 : 哲宗 13年 壬午 7月 28日 ; 64-308上~309上

吏曹以慶尙左道御史朴履道書啓覆啓

該曹啓言 觀此御史朴履道書啓則 (中略) 蔚山前前府使韓圭錫 辛酉結役磨鍊中 稅米需米賦米剩餘倭太剩餘結 錢剩餘 謂以該色之謬例任賴自官取用 (中略) 上項四邑守令一驛察訪 竝不可以已遞而勿論 令該府

拿問處之 (下略)

1043.

건명 : 兵曹에서 慶尙左道暗行御史 朴履道의 書啓를 覆啓함

발신처 : 兵曹

검색어 : 慶尙左道暗行御史, 朴履道, 蔚山監牧官, 高益鎭

출처 : 哲宗 13年 壬午 8月 1日 ; 64-316下

兵曹以慶尙左道暗行御史朴履道書啓覆啓

該曹啓言 觀此慶尙左道暗行御史朴履道書啓則 (中略) 蔚山監牧官高益鎭 似當施以陞敍調用之典 而不敢擅便 請上裁 而其餘梱帥虞侯邊將等 別無優績 亦無顯疵 請竝置之 從之

1044.

건명 : 備邊司에서 慶尙左道御史 朴履道의 別單을 覆啓함

발신처 : 備邊司

검색어 : 慶尙左道御史, 朴履道, 蔚山, 左兵營完餉米

출처 : 哲宗 13年 壬午 8月 3日 ; 64-320下~321上

備局以慶尙左道御史朴履道別單覆啓

備邊司啓言 卽見慶州安東蔚山靑松比安 暗行御史朴履道 別單 則其一 左兵營完餉米二千石 太一千石 麰二百五十石 移送左沿各邑 糶糴勘簿 全屬該營事也 便否關問該營 後更稟 (下略)

1045.

건명 : 時囚 宋廷和 등을 議處하도록 명함

발신처 : 義禁府

검색어 : 蔚山前前府使, 韓圭錫, 原情, 稅米, 結錢, 刑推

출처 : 哲宗 13年 壬午 8月 6日 ; 64-326下~328上

命時囚宋廷和等議處

義禁府啓言 (中略) 蔚山前前府使韓圭錫 原情以爲 繡論中 稅米結錢之剩餘 旣曰該邑之襲謬 則官何干於其間 而兩院之修案 卽士林之輿情 非官長之參聞 則有何捧錢乎 鄕任 則或因瓜代 或因犯科 數次遞易

而皆從一鄕之公議 則雖欲捧賂 其勢末由云 (中略) 請竝刑推得情 允之 教 以除刑推議處

1046.

건명 : 時囚 宋廷和 등을 勘放함

발신처 : 義禁府

검색어 : 蔚山府使, 韓圭錫, 杖一百, 收贖, 告身, 流三千里定配

출처 : 哲宗 13年 壬午 8月 18日 ; 64-351下~352上

勘放時囚宋廷和等

義禁府啓言 慶州前府尹宋廷和 安東前府使金尙鉉 前前府使嚴敦永 蔚山前前府使韓圭錫 自如前察訪李錫宙 晉州前牧使洪秉元 全州前營將趙在豊 安東前營將鄭克鉉 會寧前府使李明錫 全州前判官趙然明 照律 各杖一百收贖告身盡行追奪 流三千里定配 (下略)

1047.

건명 : 刑曹의 放未放 回啓를 判下함

발신처 : 刑曹

검색어 : 蔚山, 放未放成冊, 慶尙道, 徒流案, 竝放

출처 : 哲宗 13年 壬午 8月 22日 ; 64-356下~356上

判下秋曹放未放回啓

因該曹放未放成冊 (中略) 慶尙道徒流案中 豊基金石崇 聞慶申大亨 梁山鄭甫汝 李興秀 蔚山吳成允 崔基煥 南海尹星采 昆陽李學良 山淸金甫國 咸陽鄭化巡 咸昌金景俊 盈德成仁默 (中略) 竝放

1048.

건명 : 慶尙左兵使 李秉熙 등을 推考함

발신처 : 承政院

검색어 : 諸道今秋冬等褒貶啓本, 慶尙左兵使, 李秉熙, 觀察使, 李敦榮, 推考

출처 : 哲宗 13年 壬午 12月 15日 ; 64-541上

推京畿監司韓正教咸鏡監司李鍾愚全羅監司鄭獻教平安監司尹致定公忠水使李承駿黃海水使李奎奭慶尙左水使李基春南兵使任泰錫京畿水

使鄭周應黃海兵使李元熙慶尙左兵使李秉熙

政院啓言 卽見諸道今秋冬等褒貶啓本則 (中略) ○ 又啓言 奏御文字何等審愼 而慶尙左兵使李秉熙 褒貶啓本中 觀察使李敦榮之榮字 誤書以永字 事甚疏忽 萬萬未安 該兵使 不可無警 請推考 允之

1049.

건명 : 慶尙左兵使 李秉熙를 重推함

발신처 : 兵曹

검색어 : 慶尙左兵使, 李秉熙, 褒貶啓本, 觀察使, 李敦榮, 推考

출처 : 哲宗 13年 壬午 12月 17日 ; 64-542上

重推慶尙左兵使李秉熙

兵曹啓言 卽見慶尙左兵使李秉熙褒貶啓本 則觀察使李敦榮之榮字 誤書以永字 奏御文字 何等審愼 而如是疏忽 不可以已經問備 寘而勿論 請從重推考 允之

1050.

건명 : 太僕寺에서 올린 각 牧場의 馬畜 數爻 가운데 울산 부분

발신처 : 太僕寺

검색어 : 各牧場馬畜數爻. 蔚山, 監牧官, 高益鎭, 辛酉籍付馬

출처 : 哲宗 13年 壬午 12月 30日 ; 64-561上~562上

太僕進各牧場馬畜數爻

江華兼監牧官草芝僉使 (中略) 蔚山長鬐等 監牧官高益鎭 所管二牧場 辛酉籍付馬一千四百五十匹 今生馬一百七十八匹內 封進馬四匹 故失馬一百七匹 (下略)

1051.

건명 : 慶尙左兵使 李秉熙 등 軍布를 未納한 守令을 拿勘하고 申飭하지 못한 帥臣을 重推함

발신처 : 兵曹

검색어 : 軍布, 重推, 慶尙左兵使, 李秉熙

출처 : 哲宗 14年 癸亥 8月 20日 ; 64-818上~818下

命軍布未納守令拿勘不飭之帥臣重推

兵曹啓言 列邑軍布上納 厥有排番定限 法意莫嚴 不可違越 而挽近守宰 則專事玩愒 營梱 則不念董飭 關督非不屢矣 而一向伈泄 頓不知警致 使曹用窘絀 莫之塗抹 揆以事體 萬萬駭然 未納守令 固當一一論勘 (中略) 雖以帥臣言之 不飭之失 在所難免 公忠兵使沈宜豊 全羅兵使韓元植 慶尙左兵使李秉熙 請幷從重推考 允之

1052.

건명 : 慶尙左兵使 李秉熙 등을 改差함

발신처 : 備邊司

검색어 : 慶尙左兵使, 李秉熙, 改差

출처 : 哲宗 14年 癸亥 10月 5日 ; 64-862上~下

改差慶尙左兵使李秉熙大興郡守趙英和

秉熙英和 以身病呈狀乞遞 備局吏曹 啓請改差也

1053.

건명 : 徐相益을 慶尙左兵使로 삼음

발신처 : 哲宗

검색어 : 慶尙左兵使, 徐相益

출처 : 哲宗 14年 癸亥 10月 5日 ; 64-862下

有政 吏曹判書洪說謨兵曹判書金炳學進

教曰 (中略) 徐相益爲慶尙左兵使 (下略)

1054.

건명 : 慶尙左兵使 徐相益 등을 改差함

발신처 : 兵曹

검색어 : 改差, 前兵使, 李秉熙, 慶尙左兵使, 徐相益

출처 : 哲宗 14年 癸亥 10月 15日 ; 64-873下

改差慶尙左兵使徐相益右兵使金永求

相益與前兵使李秉熙 有娚妹應避之嫌 永求 以母年七十三歲 竝呈狀 兵曹啓請改差也

1055.

건명 : 李承駿을 慶尙左兵使로 삼음

발신처 : 哲宗

검색어 : 慶尙左兵使, 李承駿

출처 : 哲宗 14年 癸亥 10月 15日 ; 64-873下

有政 吏曹判書洪說謨兵曹判書金炳學進

以宋敦玉 爲執義 (中略) 李承駿爲慶尙左兵使 李容熙爲右兵使 李玄璣爲黃海水使

1056.

건명 : 太僕寺에서 올린 각 牧場의 馬畜 數爻 가운데 울산 부분

발신처 : 太僕寺

검색어 : 各牧場馬畜數爻啓, 太僕寺, 蔚山, 監牧官, 具命禧

출처 : 高宗 1年 甲子 1月 10日 ; 65-62上~下

太僕寺以各牧場馬畜數爻啓

楊州兼監牧官本寺判官 金普根所管一牧場 (中略) 蔚山長鬐等 監牧官具命禧 所管二牧場 馬五百八十七匹 (下略)

1057.

건명 : 京外의 殿最를 開坼함

발신처 : 高宗

검색어 : 慶尙監司, 徐憲淳, 彦陽縣監, 李基肇

출처 : 高宗 1年 甲子 1月 11日 ; 65-64上~下

開坼京外殿最

京畿監司韓正敎啓本 (中略) 慶尙監司徐憲淳啓本 豊基郡守李琦鉉 蓋察吏橫 所嗟民困 下 河陽縣監金百善 謗或无妄治固懋實 彦陽縣監李基肇 可禶悃愊倘益淬勵 義興縣監李能亨 璧豈無瑕金其成鍊 以上 竝中 (下略)

1058.

건명 : 吏曹에서 守令 降考를 啓함

발신처 : 吏曹

검색어 : 各道褒貶啓本, 彦陽縣監, 李基肇, 下考, 推考

출처 : 高宗 1年 甲子 1月 16日 ; 65-81上

吏曹以守令降考啓

該曹啓言 考見各道褒貶啓本則 (中略) 彦陽縣監李基肇 以倘益淬勵爲目 (中略) 則俱宜寘諸下考 而寘諸中考 殊無嚴明殿最之意 六道道臣竝推考警責 上項六邑守令及一驛察訪 請竝罷黜 允之

1059.

건명 : 徐益輔을 彦陽縣監으로 삼음

발신처 : 高宗

검색어 : 彦陽縣監, 徐益輔

출처 : 高宗 1年 甲子 1月 20日 ; 65-89上~90上

都政下批 吏曹判書洪說謨參議金敬鎭兵曹判書徐戴淳進

教曰 (中略) ○ 吏批 (中略) 徐益輔爲彦陽縣監 (下略)

1060.

건명 : 刑曹에서 審理한 啓目을 判下함

발신처 : 刑曹

검색어 : 秋曹審理啓目, 蔚山, 李光道

출처 : 高宗 1年 甲子 7月 9日 ; 65-375上~377下

判下秋曹審理啓目

該曹啓言 (中略) 蔚山李光道 以法則雖難曲恕 其情則非由必殺 (下略)

1061.

건명 : 鄭顯奭을 蔚山府使로 삼음

발신처 : 高宗

검색어 : 蔚山府使, 鄭顯奭

출처 : 高宗 1年 甲子 8月 4日 ; 65-426下~427上

有政 吏曹判書尹致定參議徐承輔兵曹判書申觀浩進

(前略) ○ 再政 以鄭顯奭爲蔚山府使 李赫文爲高原郡守 (下略)

1062.

건명 : 新舊納을 마치지 못한 星州 등의 수령들로 하여금 우선 行公하게 함

발신처 : 備邊司

검색어 : 蔚山, 新舊納, 下納愆滯, 逋吏

출처 : 高宗 1年 甲子 10月 15日 ; 65-534下~535上

命星州等邑新舊納未畢之該倅姑令戴罪行公

備局啓言 頃以下納愆滯摘發修報之意 關飭萊府矣 卽見該府使姜㳣所報 則以爲 星州仁同蔚山等邑 不惟新舊納之未畢 俱値前後官之交替 拔逋裝發 杳無其望云矣 該倅重勘之外 逋吏之先斬後啓 向來慈教截嚴行會而 今此三倅 赴任屬耳 今若罷拿 適足以添迎送之弊 無益於收刷之節 竝姑令戴罪行公 若到至月晦前 而依前愆拖 則道臣具由登聞 先罷後拿之意 請知委 允之

1063.

건명 : 李章濂을 慶尙左兵使로 삼음

발신처 : 高宗

검색어 : 慶尙左兵使, 李章濂

출처 : 高宗 1年 甲子 12月 5日 ; 65-589下

有政 吏曹判書金炳國兵曹判書申觀浩進

(前略) ○ 兵批 (中略) 李章濂爲慶尙左兵使 (下略)

1064.

건명 : 慶尙左兵使 李章濂 등을 改差함

발신처 : 高宗

검색어 : 改差, 慶尙左兵使, 李章濂

출처 : 高宗 1年 甲子 12月 8日 ; 65-592下

改差慶尙左兵使李章濂公忠水使尹喜秀

章濂喜秀 俱以身病 呈狀乞遞 兵曹啓請改差也

1065.

건명 : 李基春을 慶尙左兵使로 삼음

발신처 : 高宗

검색어 : 慶尙左兵使, 李基春

출처 : 高宗 1年 甲子 12月 8日 ; 65-592下

有政 吏曹判書金炳國兵曹判書申觀浩進

敎曰 (中略) 兵批 以李基春爲慶尙左兵使 (下略)

1066.

건명 : 慶尙左兵使 李基春 등을 改差함

발신처 : 高宗

검색어 : 改差, 慶尙左兵使, 李基春

출처 : 高宗 1年 甲子 12月 11日 ; 65-595下

改差慶尙左兵使李基春慶尙左水使白樂貞

基春以身病呈狀 樂貞以母年呈狀 兵曹啓請改差也

1067.

건명 : 李奎奭을 慶尙左兵使로 삼음

발신처 : 高宗

검색어 : 慶尙左兵使, 李奎奭

출처 : 高宗 1年 甲子 12月 11日 ; 65-595下

有政 吏曹判書金炳國兵曹判書申觀浩進

以朴齊寬爲司諫 (中略) 李奎奭爲慶尙左兵使 (下略)

1068.

건명 : 太僕寺에서 올린 각 牧場의 馬畜 數爻 가운데 울산 부분

발신처 : 太僕寺

검색어 : 各牧場馬畜數爻啓, 蔚山, 監牧官, 具命禧, 徐仁宇, 癸亥籍付馬

출처 : 高宗 1年 甲子 12月 29日 ; 65-622下~623下

太僕以各牧場馬畜數爻啓

江華兼監牧官 (中略) 蔚山長鬐等 監牧官 前任具命禧 時任徐仁宇 所管二牧場 癸亥籍付馬五百八十七匹 前任具命禧所報 今生馬七十匹 封進馬四匹 故失馬七十四匹 (下略)

1069.

건명 : 刑曹에서 罪人 金源集 등을 定配할 것을 알림

발신처 : 刑曹

검색어 : 犯逋罪人, 金興斗, 蔚山府, 流三千里, 定配所

출처 : 高宗 2年 乙丑 3月 7日 ; 65-721上~下

秋曹以罪人金源集等定配啓

刑曹啓言 在囚罪人 各嚴刑一次後 四百石以上犯逋罪人 (中略) 金興斗蔚山府 (中略) 竝流三千里 定配所(下略)

1070.

건명 : 刑曹에서 姜一範을 定配 押送한다고 알림

발신처 : 刑曹

검색어 : 蔚山府, 姜一範, 犯逋罪人, 流三千里, 定配所

출처 : 高宗 2年 乙丑 3月 20日 ; 65-744下

秋曹以姜一範定配押送啓

該曹啓言 未就捕船主 一百三十八石犯逋罪人姜一範 自畿營押來矣 嚴刑一次後 蔚山府流三千里定配所 待拷限 決杖押送

1071.

건명 : 曺演承을 蔚山府使로 삼음

발신처 : 高宗

검색어 : 蔚山府使, 曺演承

출처 : 高宗 2年 乙丑 6月 22日 ; 65-906下~907下

都政下批 吏曹判書洪鍾序參判金壽鉉兵曹判書金炳冀進

教曰 (中略) ○ 吏批 (中略) 曺演承爲蔚山府使 (下略)

1072.

건명 : 延日縣監 尹養桂 등이 漂到 異船에 대한 처리를 잘못한 罪를 논함

발신처 : 慶尙左兵使

검색어 : 慶尙左兵使, 李奎奭, 漂到異船, 哨探將

출처 : 高宗 2年 乙丑 8月 3日 ; 66-7上

命延日縣監尹養桂包伊萬戶洪錫五論罪置之慶尙左水使李鍾武勿待罪
慶尙左兵使李奎奭狀啓以爲 延日縣漂到異船 不謹防守 因風漂失 地方官尹養桂 哨探將包伊萬戶洪錫五罪狀 令攸司稟處 教 以已有道伯狀啓判付 論罪一款 置之 ○ 慶尙左水使李鍾武狀啓以爲 臣職在邊梱常時不飭 惶恐待罪 教 以延日縣監 旣已容恕 則今此鎭將 更何論罪也爾其勿待罪事 回諭

1073.

건명 : 延日縣監 尹養桂의 罪狀을 지난 번의 判付대로 施行하도록 함
발신처 : 慶尙監司
검색어 : 慶尙左兵使, 漂到異船, 李奎奭
출처 : 高宗 2年 乙丑 8月 5日 ; 66-9下~10上

命延日縣監尹養桂罪狀以前判付施行
慶尙監司李參鉉狀啓以爲 延日縣漂到異船 防守疏忽 忽地回去 事未前有 該縣監尹養桂 爲先罷黜 其罪狀令 攸司稟處 ○ 慶尙左兵使李奎奭狀啓以爲 延日縣漂到異船 因其風順 閃倏徑發 寔緣防護之失 地方官尹養桂 哨探將包伊萬戶洪錫五罪狀 令攸司稟處 竝教 以前判付 施行

1074.

건명 : 慶尙兵使를 口傳으로 差出하도록 함
발신처 : 高宗
검색어 : 慶尙兵使, 慶尙左兵使, 口傳差出
출처 : 高宗 2年 乙丑 8月 14日 ; 66-17上

命慶尙兵使口傳差出
教曰 慶尙左兵使有闕之代 令該曹 口傳差出 不日下送

1075.

건명 : 金箕錫을 慶尙左兵使로 삼음
발신처 : 高宗
검색어 : 慶尙左兵使, 金箕錫, 口傳
출처 : 高宗 2年 乙丑 8月 15日 ; 66-19上

以金箕錫爲慶尙左兵使 口傳也

1076.

건명 : 議政府에서 嶺南의 災實分等狀을 覆啓함

발신처 : 議政府

검색어 : 嶺南, 災實分等狀, 慶尙監司, 李參鉉, 蔚山, 事目災, 不足災, 準劃, 定配所, 徵債

출처 : 高宗 2年 乙丑 10月 20日 ; 66-93下

議政府以嶺南災實分等狀覆啓

政府啓言 卽見慶尙監司李參鉉狀啓 則晉州等十三邑 置之尤甚 慶州等三十九邑 置之之次 蔚山等十九邑 置之稍實 事目災二百五十結外 不足災四千七百十五結零 特許準劃 後錄條件 請令廟堂稟旨分付矣 檢踏實數 若是精略 分等依施 事目災外 四千七百餘結 準劃 其一 尤甚邑 限明秋 勿定配所 推奴徵債 防塞事也 請竝依狀請 施行 允之

1077.

건명 : 太僕寺에서 아뢴 각 牧場의 馬畜 數爻 가운데 울산 부분

발신처 : 太僕寺

검색어 : 蔚山, 各牧場馬畜數爻啓, 監牧官, 徐仁守, 甲子籍付馬

출처 : 高宗 2年 乙丑 12月 10日 ; 66-145下~146下

太僕以各牧場馬畜數爻啓

江華兼監牧官 草芝僉使趙基俊 所管二牧場 (中略) 蔚山長鬐等 監牧官徐仁守 所管二牧場 甲子籍付馬五百七十九匹 今生馬七十匹 封進馬四匹 故失馬七十一匹 (下略)

1078.

건명 : 慶尙左兵使 金箕錫 등을 推考함

발신처 : 高宗

검색어 : 慶尙左兵使, 金箕錫, 嘉禮陳賀, 方物

출처 : 高宗 3年 丙寅 3月 22日 ; 66-339下

推慶尙左兵使金箕錫右兵使李周膺前統制使李鳳周

嘉禮陳賀時方物 越不來到 禮曹請推也

1079.

건명 : 梁山郡의 殺獄罪人 李松牙致를 訊推하도록 명함

발신처 : 慶尙監司 李參鉉

검색어 : 彦陽前縣監, 初檢官, 覆檢官, 邊弘圭, 檢狀

출처 : 高宗 3年 丙寅 4月 14日 ; 66-387下~388下

命梁山郡殺獄罪人李松牙致訊推得情果川縣任延福施惟輕之典吉州牧金宗權再勘勿施

慶尙監司李參鉉狀啓以爲 梁山郡松牙致 捧打匠人孫伊 第五日致死 癸丑八月 因初檢官梁山前郡守李秉德檢狀 實因 以被打骨折致死懸錄正犯 以李松牙致懸錄 覆檢官彦陽前縣監邊弘圭檢狀 實因正犯 與初檢同 此獄 則麤憤不計於先失挺身攅擔 橫逆至被於忽擊折脛重傷 未檢先逃 自知其罪 閱朔就捕 孔昭之理 十目莫掩 三尺至嚴 依前訊推期於得情 恐不可已 ○ 刑曹啓言 此獄 則不忿戚屬已解之紛 戕害屠家無辜之兄 詞證具備正干 自分殺心 何論有無常法 不可低仰 正犯李松牙致 連加訊推 期於得情之意 請分付道臣 允之 (下略)

1080.

건명 : 刑曹의 여러 道 放未放 回啓를 判下함

발신처 : 刑曹

검색어 : 慶尙道, 放秩, 未放秩, 彦陽, 崔奉烈

출처 : 高宗 3年 丙寅 5月 18日 ; 66-446上~下

判下秋曹諸道放未放回啓

該曹啓言 (中略) 又啓言 慶尙道放秩中 軍威孫啓文等三十八人 稟秩中河東李德恒等五人 未放秩中 彦陽崔奉烈等一百六十一人 未至配所秩中 雲峯鄭碩昊等三人 依啓下 竝放送之意 請分付各該道臣 (下略)

1081.

건명 : 京外 殿最를 開坼함

발신처 : 高宗

검색어 : 殿最, 慶尙左兵使, 具胄元

출처 : 高宗 3年 丙寅 12月 15日 ; 66-783下~784下

開坼京外殿最

公忠監司申櫶啓本 (中略) ○ 慶尙左兵使具胄元啓本 開雲浦萬戶朴敬謨 有實難譽 無瑕易謗 中 (下略)

1082.

건명 : 太僕寺에서 아뢴 각 牧場의 馬畜 數爻 가운데 울산 부분

발신처 : 太僕寺

검색어 : 各道牧場馬畜數爻啓, 蔚山, 監牧官, 徐仁宇, 乙丑籍付馬

출처 : 高宗 3年 丙寅 12月 30日 ; 66-802下~805上

太僕以各道牧場馬畜數爻啓

江華兼監牧官草芝僉使趙基俊 所管二牧場 (中略) 蔚山長鬐等 監牧官徐仁宇所管二牧場 乙丑籍付馬五百七十四匹 今生馬七十匹 合馬六百四十四匹內 封進馬四匹 故失馬七十八匹除 今年實留放壯兒雌雄馬竝五百六十二匹內 壯雌馬二百五匹 一年應孶産馬六十一匹 今生馬七十匹 加報九匹 (下略)

1083.

건명 : 趙致中을 蔚山監牧官으로 삼음

발신처 : 高宗

검색어 : 蔚山監牧官, 趙致中, 口傳擬入

출처 : 高宗 4年 丁卯 1月 3日 ; 66-813上

以趙致中爲蔚山監牧官

教曰 蔚山監牧官作窠 醫官趙致中 令該曹 口傳擬入

1084.

건명 : 承旨 申正熙를 遞職해 金箕錫으로 대신했다가, 다시 申正熙로 함

발신처 : 高宗

검색어 : 慶尙左兵營任所, 金箕錫

출처 : 高宗 4年 丁卯 4月 8日 ; 66-943上

遞承旨申正熙以金箕錫代之尋遞箕錫以正熙代之

(前略) ○ 政院 以箕錫時在慶尙左兵營任所 啓請下諭 敎 以許遞前望入之

1085.

건명 : 鄭雲翼을 慶尙左兵使로 삼음

발신처 : 高宗

검색어 : 慶尙左兵使, 鄭雲翼

출처 : 高宗 4年 丁卯 4月 10日 ; 66-946上~下

有政 吏曹判書洪淳穆兵曹判書金炳湺進

(前略) ○ 再政 (中略) 鄭雲翼爲慶尙左兵使 (下略)

1086.

건명 : 慶尙左兵使 鄭雲翼 등을 改差함

발신처 : 高宗

검색어 : 慶尙左兵使, 鄭雲翼, 改差

출처 : 高宗 4年 丁卯 4月 11日 ; 66-947上

改差童蒙敎官金德均慶尙左兵使鄭雲翼

德均雲翼 俱以身病呈狀 吏兵曹 竝啓請改差也

1087.

건명 : 朴來命을 慶尙左兵使로 삼음

발신처 : 高宗

검색어 : 慶尙左兵使, 朴來命

출처 : 高宗 4年 丁卯 4月 12日 ; 66-948上

有政 吏曹判書洪淳穆兵曹判書金炳湺進

以南憲珍爲執義 (中略) 朴來命爲慶尙左兵使 (下略)

1088.

건명 : 慶尙左兵使 朴來命 등을 改差함

발신처 : 高宗

검색어 : 慶尙左兵使, 朴來命, 改差
출처 : 高宗 4年 丁卯 4月 15日 ; 66-952下
改差假監役周相炫健元陵參奉李用憲慶尙左兵使朴來命
相炫等 俱以身病呈狀 吏兵曹 竝啓請改差也

1089.

건명 : 申桓을 慶尙左兵使로 삼음
발신처 : 高宗
검색어 : 慶尙左兵使, 申桓
출처 : 高宗 4年 丁卯 4月 15日 ; 66-952下
有政 吏曹參判姜㳣兵曹判書金炳淅進
以韓正教爲判義禁 (中略) 申桓爲慶尙左兵使 (下略)

1090.

건명 : 慶尙左兵使 申桓 등을 改差함
발신처 : 兵曹
검색어 : 慶尙左兵使, 申桓, 改差
출처 : 高宗 4年 丁卯 4月 18日 ; 66-955上
改差健元陵參奉李裕植慶尙左兵使申桓
裕植等 俱以身病呈狀 吏兵曹 竝啓請改差也

1091.

건명 : 李祉秀를 慶尙左兵使로 삼음
발신처 : 高宗
검색어 : 慶尙左兵使, 李祉秀
출처 : 高宗 4年 丁卯 4月 18日 ; 66-955上
有政 吏曹參議李玄翼兵曹判書金炳淅進
以金世均爲禮曹判書 (中略) 李祉秀爲慶尙左兵使 (下略)

1092.

건명 : 慶尙左兵使 李祉秀 등을 改差함

발신처 : 高宗

검색어 : 慶尙左兵使, 李祉秀, 改差

출처 : 高宗 4年 丁卯 4月 20日 ; 66-957下

改差假監役趙命鎬健元陵參奉李根培慶尙左兵使李祉秀

命鎬等 俱以身病呈狀 吏兵曹 竝啓請改差也

1093.

건명 : 任興模를 慶尙左兵使로 삼음

발신처 : 高宗

검색어 : 慶尙左兵使, 任興模

출처 : 高宗 4年 丁卯 4月 20日 ; 66-957下

有政 吏曹判書洪淳穆兵曹判書金炳淑進

以洪兢周 爲同敦寧 (中略) 任興模爲慶尙左兵使 (下略)

1094.

건명 : 경상좌병사 任興模를 改差함

발신처 : 兵曹

검색어 : 慶尙左兵使, 任興模, 改差

출처 : 高宗 4年 丁卯 4月 22日 ; 67-19下

改差慶尙左兵使任興模

興模 父年七十七呈狀 曹啓請改差也

1095.

건명 : 申正熙를 慶尙左兵使로 삼음

발신처 : 高宗

검색어 : 慶尙左兵使, 左兵使, 申正熙

출처 : 高宗 4年 丁卯 4月 24日 ; 67-25下

有政 吏曹判書洪淳穆兵曹判書金炳淑進

(前略) ○ 再政 以李周老爲結城縣監 (中略) 申正熙爲慶尙左兵使 (下略)

1096.

건명 : 慶尙左兵使 申正熙 등을 改差함

발신처 : 高宗

검색어 : 慶尙左兵使, 申正熙, 改差

출처 : 高宗 4年 丁卯 4月 28日 ; 67-32上

改差假監役金哲秀沈晩泰健元陵參奉李載昌慶尙左兵使申正熙

哲秀等 俱以身病呈狀 吏兵曹 幷啓請改差也

1097.

건명 : 朴承儒를 慶尙左兵使로 삼음

발신처 : 高宗

검색어 : 慶尙左兵使, 朴承儒

출처 : 高宗 4年 丁卯 4月 28日 ; 67-32上~下

有政 吏曹參議李玄翼兵曹判書金炳湝進

以鄭基世爲判義禁 (中略) 朴承儒爲慶尙左兵使 (下略)

1098.

건명 : 慶尙左兵使 朴承儒 등을 改差함

발신처 : 高宗

검색어 : 慶尙左兵使, 朴承儒, 改差

출처 : 高宗 4年 丁卯 5月 1日 ; 67-38下

改差假監役李承祐沈興澤健元陵參奉李基文慶尙左兵使朴承儒

承祐等 俱以身病 呈狀乞遞 吏兵曹 竝啓請改差也

1099.

건명 : 李熙完을 慶尙左兵使로 삼음

발신처 : 高宗

검색어 : 慶尙左兵使, 李熙完, 初仕

출처 : 高宗 4年 丁卯 5月 1日 ; 67-39上

有政 吏曹判書洪淳穆兵曹判書金炳湝進

以金聲根爲校理 鄭漢朝朴定鉉爲副校理 (中略) 李熙完爲慶尙左兵使

沈正一李秀英爲武兼 方允明爲守門將 正一以下 初仕也

1100.

건명 : 慶尙左兵使 李熙完 등을 改差함

발신처 : 高宗

검색어 : 慶尙左兵使, 李熙完, 改差

출처 : 高宗 4年 丁卯 5月 3日 ; 67-42上

改差假監役黃鍾九李秉民敬陵參奉李禮憲慶尙左兵使李熙完

鍾九等 俱以身病呈狀 吏兵曹 竝啓請改差也

1101.

건명 : 尹善應을 慶尙左兵使로 삼음

발신처 : 高宗

검색어 : 慶尙左兵使, 尹善應

출처 : 高宗 4年 丁卯 5月 3日 ; 67-42上~下

有政 吏曹判書洪淳穆兵曹判書金炳淅進

以洪萬燮沈相穆爲副校理 韓喆愚爲修撰 (中略) 尹善應爲慶尙左兵使

沈永奎爲全羅左水使

1102.

건명 : 京外의 殿最를 開坼함

발신처 : 高宗

검색어 : 殿最, 慶尙左兵使, 金箕錫, 瓜期

출처 : 高宗 4年 丁卯 6月 15日 ; 67-118下~119上

開坼京外殿最

京畿監司李宜翼啓本 (中略) ○ 慶尙左兵使金箕錫啓本 慶州營將孫海

遠 瓜期雖迫 有難全恕 中 (下略)

1103.

건명 : 慶尙道暗行御史 朴瑄壽가 書啓와 別單을 올림

발신처 : 慶尙道暗行御史 朴瑄壽

검색어 : 慶尙左兵使, 尹善應, 金箕錫, 蔚山府使, 曺演承, 鄭顯奭, 金俊根, 彦陽縣監, 徐益輔, 李基肇, 蔚山監牧官, 趙致中, 徐仁宇, 蔚山, 彦陽, 蔚州, 趙坦

출처 : 高宗 4年 丁卯 7月 18日 ; 67-151下~179上

慶尙道暗行御史朴瑄壽進書啓別單

書啓以爲 (中略) 左兵使尹善應 莅任在臣過境之後 前兵使金箕錫 恬約自持 頗有儒將之風 寬猛互濟 足爲邊門之重 倉捧弊甚 務盡矯捄之方 公廨頹久 不憚修繕之勞 (中略) 蔚山府使曺演承 開倉親捧 奸猾莫售 抄飢賙急 顉顑獲全 年還之減價 燒木之精捧 民情胥悅 校宮之塗堅 客舍之修理 邑樣就完 前府使鄭顯奭 軍布案之釐正 黃白無寃 下納米之親捧 升斗無濫 蠲海夫之戶斂 革民庫之加下 辦財養士 有興學之效 鄕約曉民 見斥邪之功 前前府使金俊根 嚴明爲治 亂類戢畏 撫字所及 窮蔀紓力 (中略) 彦陽縣監徐益輔 募丁負土 補校宮案山之缺 捐廩辦材 修邑城雉堞之圮 堤堰之董役 不煩戶斂 柴木之減價 足爲民惠 賑救多頌 殘邑賴安 前縣監李基肇 訟牒之捧賂 下記之減數 俱係乖當 動輒得謗 旣已貶歸 不足多論 (中略) 蔚山監牧官趙致中 赴任日淺 前監牧官徐仁宇 養馬自是職分 捐救可貴實心 (中略) ○ 別單以爲 (中略) 一 迎日之浦項倉 寧海丑山浦 俱以海邊喉阨之地 曾有別將之設 而浦項道光 壬寅因繡單革罷 丑山革罷已久 臣於今行 歷覽形便 則浦項卽海水斗入之處 山如拱抱 水成滙澤 可容十萬艨艟 三面開野 土地甚沃 浦人之居者 殆過千戶 兄山之江 東流而入 泝流上數十里 則始登岸而連陸 若永川新寧河陽 西出之路也 若慶州蔚山彦陽 南出之路也 水陸之勢 實爲莫緊 丑山乃海津初境 南北船隻之往來 莫不輻湊於此 關東之平海 爲五十里距 鬱島不遠 南距邑治 爲數里 遵海而南 則盈海淸河興海也 依山而西 則由英陽眞寶靑松 而入于安東 分兩路 一趨竹嶺 一趨鳥嶺 緊要尤非浦項之比 南沿 則鎭堡甚多 東沿 則自東萊至寧海 初無一鎭之設 此倭船去來 多在於南 故備禦亦密於南 而今則 異舶之出沒無定候瞭之謹 無間於南北 浦項革罷 今爲二十六年 自監營 定送校吏各一人 謂以營監色主 張其還穀 凡百鋪列 依舊 有倉廒衙舍 有下隸使令 爲其監色者 藉勢自傲 還穀 則隨手奸弄 浦民 則惟意侵虐 其所爲弊 不翅幾倍於前 咸曰 前則有一別將 今有兩別將 生弊反有甚焉 民何聊生也 蓋罷鎭之擧 出於爲民利國之意 而民弊 則如此其甚焉 國計 則

未免疏虞 臣以爲 浦項丑山兩浦 竝爲復鎭 則庶可爲安民固圉之策 竝令廟堂稟處 (中略) 一 咸安故判官趙坦 卽忠臣貞節公旅之玄孫也 志行峻潔 勇力絶倫 當倭寇之變 散家財 募鄕兵 赴忠翼公郭再祐之陣 戰于宜寧之鼎津 多立奇功 及至丁酉 倭寇再入 其父之墓 爲賊所發 坦冒突兇鋒 抱柩痛哭 賊壯其義勇 而捨去 遂乃矢心必死 號爲復讐將軍 宣廟聞而嘉之 特除訓鍊判官 陞折資兼助防將 惟時天將麻貴 被圍於蔚山 坦挺身自誓曰 都督天朝命將 蔚州我國重鎭 豈可坐視而不救乎 卽以輕騎赴之 張空拳 冒白刃 竟死於陣中 以若忠節 尙未蒙褒揚之典 宜其有賫鬱之情 合施旌贈之擧 令該曹稟處 (中略) 蔚山故士人安尙勳妻徐氏 于歸未幾 奄遭夫喪 送終之具 營窆之節 躬自措辦 曲盡情禮 一日語其娣曰 吾之不卽死滅 以喪葬之無人主事故也 今則襄禮已成 他日家事 凡公在矣 吾將從夫於地下 我死之後 願埋於同穴 遂於卒哭之日 乘家人會食之暇 潛入寢房 堅鎖窓牖 以其夫臨終時所着腰帶 結項而死 從容就義 極爲嘉尙 (中略) 以上孝子八人 孝婦二人 烈女七人 合施褒嘉之典 竝下該曹稟處 (下略)

1104.

건명 : 吏曹와 兵曹에서 慶尙道暗行御史 朴瑄壽의 書啓를 覆啓함

발신처 : 吏曹 등

검색어 : 彦陽前縣監, 李基肇, 捧賂, 前左兵使, 金箕錫, 倉捧

출처 : 高宗 4年 丁卯 7月 21日 ; 67-185下~191下

吏兵曹以慶尙道暗行御史朴瑄壽書啓覆啓

該曹啓言 觀此慶尙道暗行御史朴瑄壽書啓則 (中略) 彦陽前縣監李基肇 接物 則失於剛果 聽斷 則溺於偏信 訟牒之捧賂 下記之減數 俱係乖當 (中略) 前左兵使金箕錫 恬約自持 頗有儒將之風 寬猛互濟 足爲邊門之重 倉捧之爲弊滋甚 務盡矯捄之方 公廨之頹圮已久 不憚修繕之勞 營壘每多整暇 軍民俱頌其便 (下略)

1105.

건명 : 慶尙監司 李參鉉이 표류해 온 倭人에 대한 問情을 아룀

발신처 : 慶尙監司

검색어 : 慶尙監司, 李參鉉, 漂倭問情啓, 蔚山, 馬島

출처 : 高宗 4年 丁卯 10月 3日 ; 67-296上~下

慶尙監司李參鉉以漂倭問情啓

狀啓以爲 九月初十日亥時 倭船一隻 漂泊于東海面 而倭人則四名 船隻則小艇 十五日問情 則今初六日 自館所 待風處發船 入歸馬島 及到水旨 風雨大作 他大船落後 不知所向 俺等爲波濤所驅 簸蕩于東洋大海 格軍四名 跳下小船 僅全性命 其他十六名 淹沒無餘 所乘小船 無櫓無帆 逗遛於大洋 初十日開東 得順風 亥時 僅到此處云 故依例供饋 十六日酉時 交替蔚山境 二十一日午時 交替東萊境

1106.

건명 : 議政府에서 嶺南의 災實分等狀을 覆啓함

발신처 : 議政府

검색어 : 嶺南, 災實分等狀, 慶尙監司, 李參鉉, 蔚山, 災結

출처 : 高宗 4年 丁卯 11月 8日 ; 67-333下~334上

議政府以嶺南災實分等狀覆啓

該府啓言 卽見慶尙監司李參鉉災實分等狀啓 則蔚山等四邑 置之尤甚 安東等二十六邑 置之之次 慶州等四十一邑 置之稍實 各樣災二千七百八十三結五十負零 特許準劃 尤甚邑 限明秋 勿定配所 推奴徵債防塞事 竝請令廟堂稟旨分付矣 嶺外年形之爲諸路最 已有傳聞之所可據 而若而災損 不過是若 而邑而止矣 依各道已施之例 尤甚以之次施行 所請災結 置之 推徵防塞 請依施 允之

1107.

건명 : 都政에 批答을 내림

발신처 : 高宗

검색어 : 蔚山府使, 趙端鎬

출처 : 高宗 4年 丁卯 12月 25日 ; 67-378下~379下

都政下批 吏曹判書金炳冀兵曹判書金壽鉉進

敎曰 雖非親政注書尙瑞院官員 依例陞六 ○吏批 (中略) 趙端鎬爲蔚山府使 (下略)

1108.

건명 : 禮曹에서 嶺南御史 朴瑄壽 등의 孝烈別單을 覆啓함

발신처 : 禮曹

검색어 : 蔚山, 安尙勳, 旌閭之典

출처 : 高宗 4年 丁卯 12月 28日 ; 67-380下~381上

禮曹以京畿御史朴齊寬嶺南御史朴瑄壽孝烈別單覆啓

本曹啓言 卽見京畿御史朴齊寬別單則 (中略) 又啓言 卽見慶尙道御史朴瑄壽別單則 (中略) 安義故鄕吏金得禹 義城故良人金益聲 聞慶故良人朴日喊 永川故良人李開之 醴泉故良人金福巖妻權氏 慶山幼學李錫東妻鄭氏 寧海故士人南趾煥妻朴氏 巨濟故士人姜斗璜妻具氏 英陽故士人趙秉誠妻金氏 東萊故閑良宋邦騮妻鄭氏 金山故良人白守權妻林氏 蔚山故士人安尙勳妻徐氏 星州故士人金柱厦妻權氏等 十人 以孝烈 俱極卓異 旣登繡單之博採 又有廟覆之請褒 竝施旌閭之典 恐合樹風之政 而事係恩典 臣曹不敢擅便 請上裁 竝從之

1109.

건명 : 太僕寺에서 올린 각 牧場의 馬畜 數爻 가운데 울산 부분

발신처 : 太僕寺

검색어 : 各牧場馬畜數爻啓, 蔚山, 監牧官, 趙致中, 丙寅籍付馬

출처 : 高宗 4年 丁卯 12月 30日 ; 67-383上~384上

太僕以各牧場馬畜數爻啓

江華兼監牧官草芝僉使趙基衡 所管二牧場 丙寅籍付馬七百八十七匹 今生馬五十九匹內 故失馬八匹 (中略) 蔚山長鬐等 監牧官趙致中 所管二牧場 丙寅籍付馬五百六十二匹 今生馬六十七匹內 封進馬四匹 故失馬六十七匹 (下略)

1110.

건명 : 蔚山府使 趙端鎬 등을 相換하도록 함

발신처 : 高宗

검색어 : 蔚山府使, 趙端鎬, 口傳相換

출처 : 高宗 5年 戊辰 1月 29日 ; 67-414下

命鳳山郡守李明應成川府使蔡東述果川縣監李泰應松禾縣監宋秉瓚免山縣監高奭鉉蔚山府使趙端鎬竝令該曹口傳相換

1111.

건명 : 長水察訪 金宅基를 仍任하도록 명함

발신처 : 吏曹

검색어 : 仍任, 慶尙監司, 吳取善, 蔚山, 富平驛, 瓜滿差代

출처 : 高宗 5年 戊辰 윤4月 26日 ; 67-535下

命長水察訪金宅基仍任

吏曹啓言 觀此慶尙監司吳取善狀啓則以爲 長水察訪金宅基 志切救瘼官需減價 而廐無玄黃 民皆安堵 所屬慶州仇於驛 蔚山富平驛 潰決位土 今方除出廩餘 次第疏築 而役未告訖 難付生手 蘇完間仍任事 請令該曹稟處 瓜滿差代 金石之典 驛勢民情 旣如此 依狀請 請姑許仍任允之

1112.

건명 : 京外의 殿最를 開坼함

발신처 : 慶尙監司

검색어 : 彦陽縣監, 徐益輔, 慶尙監司, 吳取善

출처 : 高宗 5年 戊辰 6月 15日 ; 67-577下~578下

開坼京外殿最

京畿監司李宜翼啓本 延曙察訪李應呂 思歸已久 下 (中略) ○ 慶尙監司吳取善啓本 草溪郡守安鶴善 旣有營飭盍察校弊 梁山郡守柳敎祚 失囚雖警治固無疵 彦陽縣監徐益輔 胡爲久曠致此失囚 熊川縣監李容鎭損體宜警志則原治 漆原縣監趙宅顯 莅任未久盍念速謗 竝中 (下略)

1113.

건명 : 慶尙監司 吳取善이 장계를 올려 彦陽縣監 徐益輔를 파직함

발신처 : 慶尙監司

검색어 : 慶尙監司, 吳取善, 彦陽縣監, 徐益輔, 口傳差出

출처 : 高宗 5年 戊辰 8月 4日 ; 67-632下

慶尙監司吳取善狀罷彦陽縣監徐益輔

益輔 以其身病呈狀也 ○ 敎曰 令該曹 口傳差出 催促下送

1114.

건명 : 李文欽을 彦陽縣監으로 삼음

발신처 : 高宗

검색어 : 彦陽縣監, 李文欽, 口傳

출처 : 高宗 5年 戊辰 8月 5日 ; 67-633下

以李文欽爲彦陽縣監 口傳也

1115.

건명 : 慶尙左兵使 尹善應이 邪學罪人 金宗倫 등을 梟警하였다고 아룀

발신처 : 慶尙左兵使

검색어 : 慶尙左兵使, 尹善應, 邪學罪人, 金宗倫

출처 : 高宗 5年 戊辰 8月 15日 ; 67-643下

慶尙左兵使尹善應以邪學罪人金宗倫許仁伯李陽登梟警啓

1116.

건명 : 慶尙左道暗行御史 成彛鎬가 올린 書啓

발신처 : 慶尙左道 暗行御史

검색어 : 蔚山府使, 高奭鉉, 彦陽縣監, 李文欽, 徐益輔, 左兵使, 尹善應, 蔚山 監牧官, 趙致中

출처 : 高宗 5年 戊辰 11月 8日 ; 67-790上~794上

慶尙左道暗行御史成彛鎬進書啓

書啓以爲 監司吳取善 爲臣妹壻 嫌在應避 (中略) 蔚山府使高奭鉉 夲之安詳 濟以柔克 春徭薄斂 深軫民情 夏糶精捧 頗多頌聲 諭市勤幹 飭社越勸 (中略) 彦陽縣監李文欽 莅任未幾 施措無聞 前縣監徐益輔 公廨之捐廩修補 殆近數千 社錢之越期均分 餘頌尙多 (中略) 左兵使 尹善應 號令申明 壁壘從以肅靜 (中略) 蔚山監牧官趙致中 稅實無濫 馬固蕃息 (下略)

1117.

건명 : 吏曹와 兵曹에서 慶尙左道暗行御史 成彛鎬의 書啓를 覆啓함
발신처 : 吏曹
검색어 : 慶尙左道暗行御史, 成彛鎬, 彦陽前縣監, 徐益輔
출처 : 高宗 5年 戊辰 11月 10日 ; 67-796下~797上

吏兵曹以慶尙左道暗行御史成彛鎬書啓覆啓

吏曹啓言 觀此慶尙左道暗行御史 成彛鎬書啓 (中略) 彦陽前縣監徐益輔 公廨之捐廩修補 殆近數千兩 (中略) 上項八邑前後守令 一驛察訪 茂績如此 合有褒賞 似當竝施陞敍調用之典 其餘前後守令察訪等 績乏優賞 疵無顯著 請置之 (下略)

1118.

건명 : 蔚山府使 高奭鉉과 林川郡守 金九鉉의 相換을 명함
발신처 : 高宗
검색어 : 蔚山府使, 高奭鉉, 相換
출처 : 高宗 5年 戊辰 12月 1日 ; 67-829下

命蔚山府使高奭鉉林川郡守金九鉉相換

1119.

건명 : 太僕寺에서 아뢴 각 牧場의 馬畜數爻 가운데 울산 부분
발신처 : 太僕寺
검색어 : 各牧場馬畜數爻啓, 蔚山, 丁卯籍付馬, 監牧官, 趙致中
출처 : 高宗 5年 戊辰 12月 29日 ; 67-861上~863上

太僕寺以各牧場馬畜數爻啓

江華兼監牧官草芝僉使趙基衡 所管二牧場 丁卯籍付馬八百三十八匹 今生五十九匹 合馬八百九十七匹內 故失馬十二匹 江華府移送馬二十匹 除今年實留放壯兒雌雄馬 竝八百六十五匹內 壯雌馬一百八十六匹 (中略) 蔚山長鬐等 監牧官趙致中 所管二牧場 丁卯籍付馬五百五十八匹 今生馬六十七匹 合馬六百二十五匹內 封進馬四匹 故失馬六十七匹 除今年實留放壯兒雌雄馬 竝五百五十四匹內 壯雌馬二百六匹 (下略)

1120.

건명 : 慶尙左兵使 尹善應을 仍任하도록 함

발신처 : 議政府

검색어 : 蔚閫, 慶尙左兵使, 尹善應, 仍任

출처 : 高宗 6年 己巳 2月 24日 ; 67-929上

命慶尙左兵使尹善應仍任

議政府啓言 蔚閫滿狀已到 此帥臣 茂著之績蔚然 爲軍民之所誦 而昨冬繡褒 可見實心修擧之政 請限一年仍任 俾責終始之效 允之

1121.

건명 : 慶尙左兵使 尹善應 등을 仍任하도록 명함

발신처 : 議政府

검색어 : 慶尙左兵使, 尹善應, 仍任

출처 : 高宗 6年 己巳 8月 7日 ; 68-105下~106上

命慶尙左兵使尹善應右兵使任商準姑爲仍任

議政府啓言 蔚矗兩梱加年之限 又不遠矣 實心著績軍民之惜去愈切 尹善應任商準 請並姑爲仍任 允之

1122.

건명 : 蔚山府使를 改差하도록 명함

발신처 : 吏曹

검색어 : 蔚山府使, 金九鉉, 改差

출처 : 高宗 6年 己巳 12月 3日 ; 68-221上

改差蔚山府使金九鉉

吏曹啓言 蔚山府使金九鉉 以其親病不得下去云 請改差 允之

1123.

건명 : 尹庚鎭을 蔚山府使에 임명함

발신처 : 高宗

검색어 : 蔚山府使, 尹庚鎭, 初仕

출처 : 高宗 6年 己巳 12月 11日 ; 68-228上~下

有政 吏曹判書南性元參議鄭稷朝兵曺判書李景夏進

以尹秉鼎爲吏曺參判 秉鼎及朴孝正申佐模李沇應李勉愚李寅命 並新通也 徐相敦爲校理 朴齊寅爲戶曺參判 金基纘爲兵曺參判 趙熙一爲大司成 熙一及兪晩源張錫龍 並新通也 金壽鉉爲知經筵 李參鉉爲藝文提學 朴珪壽趙啓昇爲同成均 徐肯淳洪健植 爲注書 李元應爲健元陵參奉 鄭憲時爲明陵參奉 元應以下 並初仕也 南羲元爲金海府使 尹庚鎭爲蔚山府使 李奭信爲延安府使 趙康夏爲安岳郡守 姜涍爲同敦寧趙雲兢爲星州牧使 李俊永爲金山郡守 李道植爲通川郡守 尹稷儀爲居昌府使 李憲昭爲慶山縣令 李貞夏爲砥平縣監 宋泰鎭爲韓山郡守 洪承褘爲安峽縣監 洪淳廻爲大邱判官 李承敬爲殷栗縣監 朴承顯爲槐山郡守 李會淑爲歙谷縣令 梁憲洙 爲黃海兵使 李秉德爲宣傳官 朴奎哲爲守門將 李容顯爲璿源殿守門將 秉德以下 並初仕也

1124.

건명 : 각 牧場 馬畜數爻啓 가운데 蔚山 부분

발신처 : 太僕寺

검색어 : 各牧場馬畜數爻啓, 蔚山, 蔚山, 監牧官, 李明宇, 戊辰籍付馬

출처 : 高宗 6年 己巳 12月 29日 ; 68-244上~245下

太僕寺以各牧場馬畜數爻啓

(前略) 蔚山長鬐等 監牧官李明宇 所管二牧場 戊辰籍付馬五百五十四匹 今生馬七十二匹 合馬六百二十六匹 內封進馬四匹 故失馬七十六匹 除今年實留放馬 並五百四十六匹 內壯雌馬二百一匹 (下略)

1125.

건명 : 開雲浦萬戶 劉運泰를 仍任하도록 명함

발신처 : 兵曹

검색어 : 開雲浦萬戶, 劉運泰, 仍任

출처 : 高宗 7年 庚午 1月 11日 ; 68-262上~下

命開雲浦萬戶劉運泰特爲仍任

兵曹啓言 觀此慶尙左水使具冑元啓本 則開雲浦萬戶 劉運泰莅任以後凡係鎭弊 次第矯弟捄 瓜期已報 群情惜去 特爲仍任事 令該曺稟處矣

請依狀 請施行　允之

1126.

건명 : 慶尙左兵使 尹善應 등의 加資를 청함

발신처 : 領議政 金炳學

검색어 : 慶尙左兵使, 尹善應, 加資

출처 : 高宗 7年 庚午 1月 22日 ; 68-271上~下

命慶尙左兵使尹善應右兵使任商準加資

領議政金炳學啓言 慶尙左兵使尹善應 右兵使任商準 屢擬亞將之望矣 履歷旣優實合收用 而且其由來 治績蔚然可紀 特爲加資 以爲奬進之地恐好 故敢達矣 從之

1127.

건명 : 곡식을 횡령한 沙工 河定圖 등을 慶尙左兵營에 압송하여 梟首토록 함

발신처 : 議政府

검색어 : 慶尙監司, 金世鎬, 河定圖, 逋穀, 沙工, 朴基得, 慶尙左兵營, 負逋

출처 : 高宗 7年 庚午 8月 28日 ; 68-469下~470上

推慶尙監司金世鎬密陽府使南廷顯姑令戴罪擧行

議政府啓言 卽見宣惠廳所報 則密陽沙工河定圖 收逋穀之添載八十五石零全然偸食並與邑報陳省而隱匿 且他沙工添載穀四十一石 亦爲乾沒沙工朴基得昨年負逋爲二百二十二石之多 押送本邑使之徵刷 而及其來納欠縮 又爲一百二十一石 兩漢所犯 俱係罔赦 合施懲創云矣 漕挽法意何等嚴重而么麽 沙工輩之許多乾沒若是其無嚴無憚 國穀日縮國綱日弛 痛惋之極 寧欲無言 此若一任其奸僞不之大懲創 則日後無窮之弊 亦安所屆罪犯罔赦情無可恕 沙工河定圖朴基得 兩漢並自秋曹押送慶尙左兵營 令帥臣大會軍民梟首警衆 所逋穀 依法典蕩減 負逋沙工之毋得更差 已有新頒節目 而營邑之 又此差遣者 甚非定式攸在該道臣 推考該守令令該府 請拿問處之 允之 敎 以守令拿處安恕 姑令戴罪擧行

1128.

건명 : 開雲浦萬戶 劉運泰의 仍任을 청원함

발신처 : 慶尙左水使 具胄元

검색어 : 開雲浦萬戶, 劉運泰, 慶尙左水使 具胄元, 仍任

출처 : 高宗 7年 庚午 11月 9日 ; 68-555下

命開雲浦萬戶劉運泰特久仍任

兵曹啓言 因慶尙左水使具胄元狀啓 覆啓以爲 開雲浦萬戶劉運泰 捐出薄廩以備賞射畓懷保軍卒一鎭賴安 特久仍任 終始責效之意 請令該曹稟處矣 該萬戶劉運泰 以若殘廩辦備賞射之資 武藝勸奬誠爲可尙 請依狀請施行 允之

1129.

건명 : 慶尙左兵使 尹善應의 仍任을 청원함

발신처 : 三軍府

검색어 : 慶尙左兵使, 蔚梱, 尹善應, 仍任

출처 : 高宗 7年 庚午 11月 24日 ; 68-568上

命南兵使李鍾承慶尙左兵使尹善應*仍任*

三軍府啓言 靑梱蔚梱報滿之期且迫矣 一是歉餘之迎送有弊也 一是城役之未及告畢也 且兩帥臣優異聲績 實爲軍民之所惜去 請南兵使李鍾承 姑爲仍任 慶尙左兵使尹善應 竣役間亦爲仍任 允之

1130.

건명 : 각 牧場馬蓄數爻啓 가운데 蔚山 부분

발신처 : 太僕寺

검색어 : 蔚山, 監牧官, 李明宇, 己巳籍付馬

출처 : 高宗 7年 庚午 12月 29日 ; 68-607下~609下

太僕寺以各牧場馬蓄數爻啓

(前略) 蔚山長鬐等 監牧官李明宇所管二牧場 己巳籍付馬五百四十六匹 今生馬六十四匹 合馬六百十匹 內封進馬四匹 故失馬六十四匹除今年實留放壯兒雌雄馬竝五百四十二匹 內壯雌馬一百九十匹 (下略)

1131.
건명 : 祖父喪을 당한 彦陽縣監 李文欽을 擇差하도록 함
발신처 : 慶尙監司 金世鎬
검색어 : 慶尙監司, 金世鎬, 彦陽縣監, 李文欽, 口傳, 別差
출처 : 高宗 8年 辛未 2月 4日 ; 68-657下

命彦陽縣監各別擇差不多日內下送

慶尙監司金世鎬 以彦陽縣監李文欽 遭承重祖父喪馳啓 教 以令該曹口傳 各別擇差 不多日下送

1132.
건명 : 李民熙를 彦陽縣監에 임명함
발신처 : 高宗
검색어 : 彦陽縣監, 李民熙, 口傳
출처 : 高宗 8年 辛未 2月 5日 ; 68-659上

以李民熙爲彦陽縣監口傳也

1133.
건명 : 李民熙를 彦陽縣監으로 빨리 赴任하도록 청원함
발신처 : 議政府
검색어 : 彦陽縣監, 李民熙, 量田, 差代
출처 : 高宗 8年 辛未 2月 7日 ; 68-660上~下

命彦陽縣監李民熙當日辭朝赴任

議政府啓言 彦陽纔已差代 量田之役 見此旁午 而際因前倅之遭艱 未免中撤民事 邑勢誠甚悶急 新除縣監李民熙 當日辭朝倍道赴任之意 請申飭 允之

1134.
건명 : 蔚山 新興寺 성벽의 축조와 新興別將의 임명에 대한 청원
발신처 : 三軍府
검색어 : 慶尙左兵使, 尹善應, 蔚山, 新興寺, 築堡, 別將, 武士之試, 差出
출처 : 高宗 8年 辛未 2月 26日 ; 68-680下

許施蔚山新興堡置別將之請

三軍府啓言 卽見慶尙左兵使尹善應所報 則本營別砲義武士一百人 今爲創設 而本府新興寺形便 山勢險阻可以築堡置鎭矣 以武士之試 放居優者 永作遷轉窠 稱以新興別將 望報差出 事合便宜云 請依報辭許施 允之

1135.

건명 : 蔚山 등의 渰死한 자들에게 恤典하도록 함

발신처 : 慶尙左兵使 尹永夏

검색어 : 蔚山, 慶尙左兵使, 尹永夏, 人命渰死, 身還布, 恤典

출처 : 高宗 8年 辛未 3月 23日 ; 68-709下

給蔚山等邑渰死恤典

慶尙左兵使尹永夏 以蔚山等三邑 人命渰死二十五名 馳啓 敎 以聞甚矜惻 元恤典外 別加顧助 如有生前身還布並蕩減 未拯屍身 期於拯得之意 廟堂措辭分付

1136.

건명 : 河陽縣監 李明宇를 蔚山監牧官으로 삼도록함

발신처 : 領議政 金炳學

검색어 : 河陽縣監, 李明宇, 蔚山監牧官, 新差, 方任, 口傳相換

출처 : 高宗 8年 辛未 4月 6日 ; 68-722上

命三和府使柳冀喆仍任河陽縣監李明宇陰竹縣監趙熙軾相換

領議政金炳學啓言 (中略) 又啓言 新差河陽縣監李明宇 方任蔚山監牧官 善於做治 又設砲軍 自巡營褒啓奉 有守令承傳擧擬 此邑而聞有親病不得遠赴行將呈遞云 似此褒賞之人 亦不可許解而 止陰竹縣監 請令該曹 口傳相換 從之

1137.

건명 : 洪南周를 慶尙左兵使로 임명함

발신처 : 高宗

검색어 : 慶尙左兵使, 洪南周

출처 : 高宗 8年 辛未 5月 19日 ; 68-767下

有政 吏曹判書李承輔參議吳俊泳兵曹判書姜渷進

以權鼎鎬爲應敎 李敦夏爲副應敎 沈東臣爲大司成 鄭煥翼爲安邊府使 李秉呂爲守門將 初仕也 洪南周爲慶尙左兵使 洪肯謨爲善山府使 李胤植爲狼川縣監

1138.

건명 : 慶尙左兵使 洪南周가 侍母하기 어려움으로 改差해달라는 청원

발신처 : 兵曹

검색어 : 慶尙左兵使, 洪南周, 改差

출처 : 高宗 8年 辛未 5月 24日 ; 68-773上

改差慶尙左兵使洪南周

兵曹 以南周母年七十二 法不當遠離啓 請改差 允之

1139.

건명 : 梁柱台를 慶尙左兵使에 임명함

발신처 : 高宗

검색어 : 慶尙左兵使, 梁柱台

출처 : 高宗 8年 辛未 5月 28日 ; 68-780下

有政 吏曹判書李承輔參議吳俊泳兵曹判書姜渷進

以安念鎭爲承旨 金有淵爲大司憲 李彙承爲大司諫 權鼎鎬爲執義 趙名龜爲司諫 李載德趙漢益爲掌令 李元祺李有臣爲持平 李載晩爲獻納 金秉鍵洪羲燮爲正言 (中略) 梁柱台爲慶尙左兵使 韓用善爲大阜島僉使 再政以徐相敦爲應敎 趙秉轍爲修撰 李顯稷爲判尹 李晩運爲禮曹參判 鄭泰好爲刑曹參判 三政以金永穆爲校理 趙寧夏爲右尹

1140.

건명 : 具胄元를 慶尙左兵使에 임명함

발신처 : 高宗

검색어 : 慶尙左兵使, 梁柱台,

출처 : 高宗 8年 辛未 6月 1日 ; 68-785下~786上

有政 吏曹判書李承輔兵曹判書姜浴進
以姜蘭馨爲大司憲 兪世煥爲大司諫 趙秉轍爲掌令 盧鎭燮爲持平 金德均李寅會爲正言 (中略) 具冑元爲慶尙左兵使 李容益爲多大僉使 朴元陽爲法聖僉使 李輔恒爲全羅中軍 權秉銖爲荖坡知僉使

1141.

건명 : 慶尙左兵使 梁柱台를 改差함
발신처 : 兵曹
검색어 : 慶尙左兵使, 梁柱台, 親年, 改差
출처 : 高宗 8年 辛未 6月 1日 ; 68-786上
改差慶尙左兵使梁柱台
柱台 以親年呈狀 兵曹啓 請改差也

1142.

건명 : 蔚山府使 尹庚鎭의 加資를 청원함
발신처 : 慶尙監司 金世鎬
검색어 : 慶尙監司, 金世鎬, 蔚山府使, 尹庚鎭, 積逋, 加資
출처 : 高宗 8年 辛未 6月 10日 ; 68-793下~794上
命蔚山府使尹庚鎭加資聞慶縣監趙在淳以別薦例陞遷咸安郡守韓圭稷南海縣令兪鎭泰巨濟府使李朋來梁山前郡守張泰秀並加資
慶尙監司金世鎬狀啓 蔚山府使尹庚鎭 積逋自備淸帳設砲盡心措處 聞慶縣監趙在淳 辦得萬餘金設砲關防可恃 咸安郡守韓圭稷 矯還逋修城廨而設砲支放殫心措劃 南海縣令兪鎭泰 葺戰船修公廨設砲之方極有條理 巨濟府使李朋來 梁山前郡守張泰秀 俱爲捐廩設砲各有聲績合有褒典 令該曹稟旨分付事 教 以蔚山府使尹庚鎭加資 聞慶縣監趙在淳以別薦例陞品遷轉 無碍施行 咸安郡守韓圭稷 南海縣令兪鎭泰 巨濟府使李朋來並加資 梁山前郡守張泰秀加資

1143.

건명 : 稅船의 문제를 일으킨 文尙遇 등을 慶尙左兵營으로 압송하여 梟首함
발신처 : 議政府

검색어 : 慶尙左兵營, 沙工, 漕倉, 嶺南稅船, 格軍, 徵捧

출처 : 高宗 8年 辛未 6月 25日 ; 68-806上~下

命嶺南稅船致敗色吏沙工梟警格軍絶島爲奴未拯米徵捧

議政府啓言 卽見完伯狀啓 則嶺南後漕倉稅船致敗於興陽者 所犯情節萬萬叵測六百包 未拯三格軍假渰寧有似此駭惡之習也 罪著故敗律無可貸 色吏文尙遇沙工孫起榮 假渰格軍丁延五金致文金已贊 並押送慶尙左兵營梟首 警衆其餘格軍依法典移送本道 限已身絶島爲奴 未拯米一一徵捧之意 請分付兩道道臣 允之

1144.

건명 : 慶尙左兵營으로 압송된 文尙遇 등의 죄상을 다시 조사하라는 처분

발신처 : 議政府

검색어 : 慶尙左兵營, 嶺南, 後漕倉, 稅船, 色吏, 文尙遇

출처 : 高宗 8年 辛未 7月 25日 ; 68-836上

命嶺南後漕倉稅船致敗五罪人更査登聞

議政府啓言 向因完伯狀啓 嶺南後漕倉稅船之 到興陽致敗 色吏文尙遇等五漢 押送慶尙左兵營 用律之意 草記蒙允矣 追聞元數 幾盡拯出格軍 漂流僅生云 則與故敗假渰煞有間焉 五罪人姑令牢囚 該營更自完營到底査實 以爲登聞酌處 仍以此意 請三懸鈴知委 允之

1145.

건명 : 宋寅玉을 蔚山府使로 임명함

발신처 : 高宗

검색어 : 蔚山府使, 宋寅玉, 初仕

출처 : 高宗 8年 辛未 8月 21日 ; 68-862下~863上

有政 吏曹判書金世均進

再政 以李承輔爲工曹判書 趙秉老爲尙州牧使 李寅卨爲同經筵 尹庚鎭爲忠州牧使 宋寅玉爲蔚山府使 李賢器爲孟山縣監 金寅根爲臨陂縣令 趙中植爲泰仁縣監 金永稷爲南部都事 初仕也

1146.

건명 : 安東營將 安鶴善의 過失을 물어 추고하도록 요청함

발신처 : 議政府

검색어 : 重推, 慶尙左兵使 具胄元, 鳥嶺賊變, 推考

출처 : 高宗 8年 辛未 9月 1日 ; 68-871上

重推安東營將安鶴善推慶尙左兵使具胄元承旨李東旭

政府啓言 卽見慶尙左兵使具胄元 因鳥嶺賊變事 馳啓 則聞慶縣監姓名 誤以已遞之趙在淳書之矣 此是枚擧安東鎭所報 而然則當初做錯在於本鎭 當該營將爲先罷黜 奏御文字有失照檢 該帥臣推考 雖以政院言之 初不察推循例啓下殊甚未安 當該承旨亦爲請推考 允之 敎 以此必是無妄之過 營將罷黜安徐 施以重推之典

1147.

건명 : 慶尙左兵使 具胄元을 엄중히 推考하도록 청함

발신처 : 政院

검색어 : 慶尙左兵使, 具胄元, 重推

출처 : 高宗 8年 辛未 9月 12日 ; 68-881下

重推慶尙左兵使具胄元

政院啓言 卽見慶尙左兵使具胄元 聞慶縣鳥嶺鎭賊黨取招狀啓 則全不致愼 多有誤落 不可但以失檢言之原狀啓 所當還下送此與間漫登聞有異 雖不得不捧入而奏御文字如是微錯事 未前有萬萬駭然所當重勘 而本院請推外無他罰 何以爲之敎 以從重推考

1148.

건명 : 開雲浦 등 四鎭의 파견시 所出에 따라 해줄 것을 청함

발신처 : 領議政 金炳學

검색어 : 開雲浦, 倭館, 守門將, 四鎭, 差遣

출처 : 高宗 8年 辛未 9月 15日 ; 68-886下

命倭館守門將報仕之時境內四鎭中差遣

領議政金炳學啓言 卽見東萊府使鄭顯德牒報 則倭館守門將久勤之 差遣邊將 雖有定式 以其途遠廩薄 皆不願赴規避門將云矣 門將之因此

闕直貽羞非細就 該府境內豆毛浦開雲浦西平浦包伊等 諸鎭每於守門將報仕之時 四鎭中隨其所出差遣 恐合便宜 請以此意分付 銓曹施行 從之

1149.

건명 : 彦陽縣의 田畓을 새 量案으로 시행하게 해달라는 청원

발신처 : 慶尙監司 金世鎬

검색어 : 慶尙監司, 金世鎬, 彦陽縣, 改量, 田摠, 庚午摠, 量案

출처 : 高宗 8年 辛未 10月 25日 ; 68-922上下

命彦陽縣田摠以新量案施行

議政府啓言 卽見慶尙監司金世鎬狀啓 則彦陽縣改量纔畢 而比庚午摠加爲二百十四結三十二負七束 自今年 以新量案結數施行事 請令廟堂稟處矣 改量自是巨役 而經界無紊 田制釐正 是誠列邑之未易得者 一以新量案施行之意 請分付 允之

1150.

건명 : 각 道 牧場馬畜數爻啓 가운데 蔚山 牧場 부분

발신처 : 太僕寺

검색어 : 各道牧場馬畜數爻啓, 蔚山監牧官, 李明宇, 李萬沼, 蔚山牧場, 庚午籍付馬

출처 : 高宗 8年 辛未 12月 30日 ; 69-36下

太僕寺以各道牧場馬畜數爻啓

(前略) 蔚山長鬐等監牧官 前任李明宇時任李萬沼 所管二牧場 庚午籍付馬五百四十二匹 前任李明宇所報 今生馬五十八匹 時任李萬沼所報 今生馬四匹合馬六百四匹內 封進馬四匹 前任李明宇所報 故失馬三十二匹 時任李萬沼所報 故失馬三十匹除 今年實留放壯兒雌雄馬並五百三十八匹內 壯雌馬一百九十四匹 一年應孳産馬五十八匹 今生馬六十二匹 加報四匹 (下略)

1151.

건명 : 慶尙左兵使 具冑元이 鳥嶺의 變故를 일으킨 崔海鎭 등을 梟首한 보고

발신처 : 慶尙左兵使 具冑元

검색어 : 慶尙左兵使, 具冑元, 崔海鎭, 林德裕, 鳥嶺作變

출처 : 高宗 9年 壬申 2月 28日 ; 69-112下

慶尙左兵使具冑元 以鳥嶺作變 罪人崔海鎭林德裕等 本月十一日梟警馳啓

1152.

건명 : 豆毛浦와 開雲浦 등지에서의 倭人의 出入과 動向에 대한 보고

발신처 : 東萊府使 鄭顯德

검색어 : 東萊府使, 鄭顯德, 釜山僉使, 金澈均, 豆毛浦萬戶, 羅致淳, 開雲浦萬戶, 林鳳祥, 倭館

출처 : 高宗 9年 壬申 6月 初8日 ; 69-241下~242上

東萊府使鄭顯德以館倭等歷鎭抵府馳啓

狀啓以爲 去月二十八日未時 釜山僉使金澈均馳通內 卽接豆毛浦萬戶羅致淳馳報 則本浦來到倭人等 無弊經夜 而當日午時 仍向開雲浦境矣 開雲浦爲萬戶林鳳祥馳通內 同倭等午時來到本浦境 故多發軍校民人等 各別防塞云云矣 二十九日未時 同僉使馳通內 卽接開雲浦萬戶馳報 則同倭等無弊經夜 當日午時向往釜山鎭矣 多發鎭校及民人等曉諭捍禦使之入送計料云云矣 本月初一日酉時 同僉使馳通內 同倭等二十九日三十日 無弊經夜 而發遣軍官據理諭之於館守倭處 曰 交隣約條自來嚴密 而肆然攔出多日煩聒是何道理耶 答以爲非不知法禁攸重 而面達萊府之前萬死不還 而愈肆頑毒死在當場 則許久持難易致邊釁不得爭執同倭等 當日未時 一齊趲程過馬飛峙直向東萊府矣 府軍校等馳告內同倭等 自馬飛峙前進 同日戌時直向府城 故擁路防遏則渠等多日攔住之餘擧有飢困之狀 且有方病者 而時適日暮雨下不可任其露宿矣 館倭之歷鎭抵府有此煩聒者 雖極痛惡特念懷遠之道 不得已姑令拘置於公廨深處 使軍校及別砲等 各別守直而卽速還送之意 任驛等處另加嚴飭 而過境時不能防遏之 各鎭浦邊將不可無警 豆毛浦萬戶等從重科治之意 報于左水使處 而同倭之踰越三鎭直抵臣府 罔非溺職之罪 惶恐竢勘事 敎 以勿待罪事 回諭

1153.

건명 : 李羲性을 蔚山府使로 임명함

발신처 : 高宗

검색어 : 蔚山府使, 李羲性, 初仕

출처 : 高宗 9年 壬申 7月 27日 ; 69-293下~294上

有政 吏曹判書金炳雲兵曹參知許愹 進

以趙慶鎬爲同義禁 嚴錫鼎爲弘文提學 蔡慶默爲假監役 初仕也 宋寅玉爲羅州牧使 李羲性爲蔚山府使

1154.

건명 : 蔚山府使 李羲性 등의 品階 昇級과 施賞 내용

발신처 : 高宗

검색어 : 蔚山府使, 李羲性, 上弦弓, 賜給

출처 : 高宗 9年 壬申 9月 16日 ; 69-333下~337上

營建都監都提調以下施賞有差

(前略) 蔚山府使李羲性 三登縣令丁大林 鴻山縣監李承靖 軍資判官申萬求 德川郡守金哲根 前縣監洪永禹 禮安縣監洪在錫 金化縣令韓始東 前判官李秉雲 前郡守朴齊近 戶曹正郎徐雲輔 司饔僉正金英植 延豊縣監李容弼 宜寧縣監兪能煥 司導僉正鄭基春 漢城判官洪用周 各兒馬一匹賜給 (中略) 副提學洪遠植 粧弓一張賜給 司香官副司直金秉喆 奉常主簿朴基陽 執事 沔川郡守朴憲陽 蔚山府使李羲性 各上弦弓一張賜給 (中略) 又教曰 今番賞典中一人 雖兼教事 毋得疊授

1155.

건명 : 許璥을 彦陽縣監으로 임명함

발신처 : 高宗

검색어 : 彦陽縣監, 許璥, 初仕

출처 : 高宗 9年 壬申 11月 7日 ; 69-402下

有政 吏曹判書趙秉昌兵曹判書閔致庠進

以金炳淵爲工曹參判 鄭在憲爲假監役 曺裕承爲英陵參奉 在憲以下初仕也 許璥 爲彦陽縣監 李根弼金學初爲副總管 金壽鉉守判府事 單

付

1156.

건명 : 각 道 牧場馬畜數爻啓 가운데 蔚山牧場 부분

발신처 : 太僕寺

검색어 : 各道牧場馬畜數爻啓, 蔚山牧場, 監牧官, 李萬治, 辛未籍付馬

출처 : 高宗 9年 壬申 12月 30日 ; 69-486下~489上

太僕以各道牧場馬畜數爻啓

(前略) 蔚山長鬐等監牧官李萬治所管二牧場 辛未籍付馬五百三十八匹 今生馬六十五匹合馬六百三匹 內封進馬四匹 故失馬六十五匹除今年實留放壯兒雌雄馬並五百三十四匹內 壯雌馬一百九十三匹 一年應孳産馬五十八匹 今年生馬六十五匹 加報七匹 (下略)

1157.

건명 : 죽은 許璥을 대신하여 洪祐人을 彦陽縣監으로 除授함

발신처 : 慶尙監司 金世鎬

검색어 : 慶尙監司, 金世鎬, 彦陽縣監, 許璥, 洪祐人, 口傳

출처 : 高宗 10年 癸酉 4月 12日 ; 69-599上

以洪祐人爲彦陽縣監

慶尙監司金世鎬 以彦陽縣監許璥身死馳啓 教 以令該曹 勿拘常格口傳 各別擇差 不日下送

1158.

건명 : 慶尙左兵使에 李德熙를 임명함

발신처 : 高宗

검색어 : 慶尙左兵使, 李德熙, 初仕

출처 : 高宗 10年 癸酉 6月 13日 ; 69-669下~670上

有政 吏曹判書金炳冀兵曹判書閔致庠進

以張時杓爲應教 朴顥陽爲校理 朴容大爲副校理 金奎運權益洙爲副修撰 任孝準爲兵曹參判 徐堂輔爲知經筵 許傳爲知春秋 李承淵爲同義禁 金大根爲藝文提學 李敦夏爲谷山府使 南啓宓爲泰安府使 李建

儀爲長淵府使 韓弘烈爲富寧府使 沈東臣爲鳳山郡守 徐相鼎爲都總管 鄭雲翼爲副總管 鄭範朝爲同知 李敏斗 李鎔 宋義浩爲守門將 敏斗以下 初仕也 李德熙爲慶尙左兵使

1159.

건명 : 慶尙左兵使를 改差함

발신처 : 兵曹

검색어 : 慶尙左兵使 李德熙, 改差

출처 : 高宗 10年 癸酉 6月 27日 ; 69-681上

改差慶尙左兵使李德熙

德熙 以身病呈狀乞遞 兵曹啓請改差也

1160.

건명 : 慶尙左兵使로 李種兢을 임명함

발신처 : 高宗

검색어 : 慶尙左兵使, 李種兢, 初仕

출처 : 高宗 10年 癸酉 閏6月 10日 ; 69-690下

有政 吏曹判書金炳冀參判兪日成煥兵曹判書閔致庠進

(前略) 李種兢爲慶尙左兵使 黃鍾顯爲同知 朴顥陽爲副應敎 權昌洙爲修撰 許傳爲刑曹判書 任商準爲右參贊 睦仁培爲禮曹參判 兪日成煥爲同經筵 金鶴根爲同春秋 尹永顯爲假監役 初仕也 李廷器爲密陽府使 金奎運爲校理 南學熙爲陜川郡守 朴永軫金斗龍爲假監役 永軫以下 初仕也

1161.

건명 : 慶尙左兵使를 改差함

발신처 : 兵曹

검색어 : 慶尙左兵使, 李種兢, 身病, 改差

출처 : 高宗 10年 癸酉 閏6月 17日 ; 69-697下

改差慶尙左兵使李種兢

種兢 以身病呈狀乞遞 兵曹啓請改差也

1162.

건명 : 慶尙左兵使에 李儒增을 임명함

발신처 : 高宗

검색어 : 慶尙左兵使, 李儒增, 初仕

출처: 高宗 10年 癸酉 閏6月 17日 ; 69-698上

有政 吏曹判書金炳冀參議吳俊泳兵曹判書閔致庠進
以趙秉徽爲弘文提學 徐能淳李萬秀朴永培爲假監役 能淳以下 初仕也
閔致序爲驪州牧使 李容儀爲南陽府使 李俊永爲瑞山郡守 趙翼永爲梁
山郡守 任應準爲同知 申檍爲都總管 朴昇壽爲副總管 柳應魯李膺泰爲
守門將 應魯以下 初仕也 李儒增爲 慶尙左兵使 李圭浩爲全羅左水使

1163.

건명 : 慶尙左兵使를 改差해 달라는 청원

발신처 : 兵曹

검색어 : 慶尙左兵使, 李儒增, 改差

출처 : 高宗 10年 癸酉 閏6月 22日 ; 69-702上

改差慶尙左兵使李儒增
儒增 以身病呈狀 兵曹啓請改差也

1164.

건명 : 慶尙左兵使에 李敏樹를 임명함

발신처 : 高宗

검색어 : 慶尙左兵使, 李敏樹, 初仕

출처 : 高宗 10年 癸酉 閏6月 22日 ; 69-702上

有政 吏曹參議吳俊泳兵曹判書閔致庠進
以閔謙鎬爲同義禁 洪膺周爲瑞興府使 朴龍熙爲鐵山府使 李種兢爲副
總管 金商七 申天熙爲守門將 商七以下 初仕也 李敏樹爲慶尙左兵使

1165.

건명 : 慶尙左兵使에 趙義純을 임명함

발신처 : 高宗

검색어 : 慶尙左兵使, 趙羲純, 初仕

출처 : 高宗 10年 癸酉 閏6月 27日 ; 69-705下~706上

有政 吏曹判書金炳冀兵曹判書閔致庠進

以洪士元 爲戶曹參判 李啓魯爲司經筵 李熙圭趙晳顯爲假監役 熙圭以下 初仕也 安鶴善爲碧潼郡守 鄭基泰爲玄風縣監 李憲基爲淸河縣監 沈宜豊爲副總管 白昌欽 李亮遠 洪龍華爲守門將 昌欽以下 初仕也 趙羲純爲慶尙左兵使

1166.

건명 : 慶尙左兵使를 改差함

발신처 : 兵曹

검색어 : 慶尙左兵使, 趙羲純, 身病, 改差

출처 : 高宗 10年 癸酉 7月 3日; 69-710上

改差慶尙左兵使趙羲純

羲純 以身病呈狀 兵曹啓請改差也

1167.

건명 : 慶尙左兵使로 李載鵬를 임명함

발신처 : 高宗

검색어 : 慶尙左兵使, 李載鵬, 初仕

출처 : 高宗 10年 癸酉 7月 4日 ; 69-711上

有政 吏曹參議吳俊泳兵曹判書閔致庠進

以李載元爲工曹判書 趙龜夏爲判尹 徐臣輔爲左尹 閔泳緯爲知義禁 睦仁培爲同義禁 洪翊鉉閔泳善尹斗鉉爲守門將 翊鉉以下 初仕也 李載鵬爲慶尙左兵使

1168.

건명 : 慶尙左兵使를 改差함

발신처 : 兵曹

검색어 : 慶尙左兵使, 李載鵬, 親病, 改差

출처 : 高宗 10年 癸酉 7月 9日 ; 69-714下

改差慶尙左兵使李載鵬

載鵬 以親病呈狀 兵曹啓請改差也

1169.

건명 : 慶尙左兵使로 鄭志鎔을 임명함

발신처 : 高宗

검색어 : 慶尙左兵使, 鄭志鎔, 初仕

출처 : 高宗 10年 癸酉 7月 10日 ; 69-720上

有政 吏曹判書金炳冀兵曹判書閔致庠進

再政以李時敏爲副總管 林斗喆李錫永柳錫龜爲守門將 斗喆以下 並初仕也 鄭志鎔爲慶尙左兵使 沈裕慶爲假監役 初仕也

1170.

건명 : 慰諭使 金奎軾이 嶺南 地方의 재해에 대해 올린 보고

발신처 : 慰諭使 金奎軾

검색어 : 慰諭使, 金奎軾, 嶺南, 彦陽

출처 : 高宗 10年 癸酉 9月 3日 ; 69-772下~774上

召見慰諭使金奎軾于慈慶殿

嶺南慰諭後復命也 (中略) 予曰 大邱以下 則皆是全災耶 奎軾曰 大邱以下 雖不如其上 東萊梁山彦陽等邑近豊矣 予曰 東萊梁山等邑 則登稔耶 奎軾曰 比其隣邑則稍勝矣 (下略)

1171.

건명 : 草梁客舍 수리의 책임을 소홀히 한 金敬孚와 開雲浦萬戶에 대한 처분

발신처 : 義禁府

검색어 : 金敬孚, 豆毛浦, 開雲浦萬戶, 草梁客舍, 刑推

출처 : 高宗 10年 癸酉 9月 13日 ; 69-788上

命時囚金敬孚議處

義禁府啓言 (中略) 又啓言 金敬孚原情以爲 草梁客舍三門修葺時 以豆毛浦開雲浦兩鎭萬戶主管看役而役費 則例以各鎭分當 而觀其修葺量其所用役費 濫下殆不成說 故渠暫往役所數語詰問責其濫用矣 兩鎭

萬戶以渠無端醉酗㨾構報水營 致有此淑問之擧惶恐遲晩 請刑推得情教 以除刑推議處

1172.

건명 : 德積僉使 全泰亨을 彦陽縣에 귀양 보냄

발신처 : 義禁府

검색어 : 德積僉使, 全泰亨, 彦陽縣, 遠惡地定配

출처 : 高宗 10年 癸酉 9月 19日 ; 69-797上~下

配時囚全泰亨

義禁府啓言 德積僉使全泰亨原情以爲 供職無狀還穀加分漁箭勒稅醉後 濫杖之至登營啓 焉敢發明乎惶恐遲晩云 請刑推得情教以么麽小校居鎭 而不田圖報之心有此抵罪究其罪犯 萬萬痛惡嚴刑 一次遠惡地定配 又啓言 罪人全泰亨嚴刑 一次彦陽縣遠惡地定配 請依例押送 允之

1173.

건명 : 각 道 牧場馬畜數爻啓 가운데 울산 목장 부분

발신처 : 太僕寺

검색어 : 各道牧場馬畜數爻啓, 蔚山, 監牧官, 李萬治, 壬申籍付馬

출처 : 高宗 10年 癸酉 12月 23日 ; 69-962上~964下

太僕以各道牧場馬畜數爻啓

(前略) 蔚山長鬐等 監牧官李萬治 所管二牧場 壬申籍付馬五百三十四匹 今生馬六十四匹 合馬五百九十八匹 內封進馬四匹 故失馬六十四匹除 今年實留放壯兒雌雄馬並五百三十匹 內壯雌馬一百八十九匹 一應年孶產馬五十七匹 今生馬六十四匹 加報七匹 (下略)

1174.

건명 : 蔚山府使로 鄭基大를 임명함

발신처 : 高宗

검색어 : 蔚山府使, 鄭基大

출처 : 高宗 11年 甲戌 7月 12日 ; 70-316上~下

都政下批 吏曹判書趙基應參議李起鏞兵曹判書徐相鼎進

以趙駿九爲順興府使 鄭基大爲蔚山府使 朴憲陽爲慶山縣令 李源進爲沔川郡守 吳正善爲順川郡守柳 昌烈爲价川郡守 洪承億爲禮曹參判 李錫應爲利川府使 李裕敦爲沃川郡守 李承靖爲咸興判官 蔡奎常爲靈巖郡守 閔種洙爲沃溝縣監 張啓煥爲利原縣監 李喆在爲鴻山縣監 趙奭永爲洪川縣監

1175.

건명 : 慶尙左道暗行御史 朴定陽이 암행의 결과를 보고한 내용

발신처 : 慶尙左道暗行御史 朴定陽

검색어 : 慶尙左道暗行御史, 朴定陽, 蔚山府使, 鄭基大, 李羲性, 彦陽縣監, 洪祐人, 西生僉使, 金達權, 趙萬成, 蔚山監牧官, 邊應翼

출처 : 高宗 11年 甲戌 12月 13日 ; 70-603下~614下

慶尙左道暗行御史朴定陽進書啓別單

又安詳 蔚山府使鄭基大赴任 在臣過境之後 前府使李羲性 持心每切於奉公爲政 壹主於矯弊 (中略) 彦陽縣監洪祐人 愛民而隨事賙恤奉公則恒切圖報 眞寶縣監洪觀錫 十考將滿群情惜去 (中略) 西生僉使金達權 處構以城役不善擧行勤捧錢一千兩 (中略) 西生僉使趙萬成 誠勤所推鎭堡賴安 浦項僉使孫養倫 濱海殘堡奉職推勤 前僉使徐奎賢 誠心做去一鎭晏 如包伊萬戶尹弘謙 事欠誠實鎭屬無譽 豆毛萬戶劉運泰撫恤鎭卒給代無闕 開雲萬戶劉鼎鉉 捐廩繕廨鎭樣稍完 西平萬戶徐永根 奉職宜勉守鎭益勤 蔚山監牧官邊應翼 做官未久毁譽無聞 (下略)

1176.

건명 : 彦陽縣監 洪祐人을 비롯한 각 지역의 守令들에 대한 평가

발신처 : 慶尙監司 洪坃

검색어 : 殿最, 慶尙監司, 洪坃 , 彦陽縣監, 洪祐人

출처 : 高宗 11年 甲戌 12月 15日 ; 70-619下

開坼京外殿最

慶尙監司洪坃 啓本 咸昌縣監李晩昇 其爲損體不可不觀 長鬐縣監李升烈 仁善固好聽吏曰賢 禮安縣監尹致能 遞任由冊志則願治 英陽縣監李鍾信 年老且病曠非得已 並中 星州牧使徐光斗 一任吏校害將安

歸 居昌府使姜駿秀 營配畜妓官宜嚴斥 永川郡守趙熙奭 權歸吏冊民誦言佛 奉化縣監李東植 左之右之宜其似之 彥陽縣監洪祐人 信吏金石坐堂泥塑 金泉察訪宋祥淳 怨由賣任 並下

1177.

건명 : 각 道 牧場馬畜數爻啓 가운데 蔚山 부분

발신처 : 太僕寺

검색어 : 各道牧場馬畜數爻啓, 蔚山, 監牧官, 邊應翼, 癸酉籍付馬

출처 : 高宗 11年 甲戌 12月 29日 ; 70-676下~678上

太僕以各道牧場馬畜數爻啓

(前略) 蔚山長鬐等監牧官邊應翼 所管二牧場 癸酉籍付馬五百三十匹加現馬三匹 今生馬六十三匹 合馬五百九十六匹 內封進馬四匹 故失馬六十四匹除 今年實留放壯兒雌雄馬並五百二十八匹 內壯雌馬一百九十一匹 一年應孳産馬五十七匹 今生馬六十三匹 (下略)

1178.

건명 : 彥陽縣監으로 鄭璣相을 임명함

발신처 : 高宗

검색어 : 都政, 彥陽縣監 鄭璣相

출처 : 高宗 12年 乙亥 1月 28日 ; 70-746上~747上

都政下批

以鄭璣相爲彥陽縣監 李玄翼爲右尹 尹滋悳爲知義禁金鶴根 兪世煥爲同義禁 李信魯爲同春秋 金曾鉉爲刑曹參判 黃鍾林爲同敦寧 尹弘大爲慈城郡守

1179.

건명 : 蔚山府使 鄭基大를 罷黜하고, 蔚山府에 按覈使를 파견함

발신처 : 慶尙監司 洪圻

검색어 : 蔚山府使, 鄭基大, 按覈使, 慶尙左兵使, 結斂, 作鬧, 推考, 吏逋, 越俸之典

출처 : 高宗 12年 乙亥 4月 24日 ; 70-860上~下

命蔚山府使鄭基大戴罪擧行安東府使洪徹周按覈使差下詳查修啓

慶尙監司洪𡊠 以蔚山府無賴之輩 擔舁官長將欲過境 該府使鄭基大罷黜馳啓 敎 以該府使姑令戴罪擧行 亂民與結斂事 令道臣査覈措處罔夜登聞事 廟堂措處三懸鈴行會 議政府啓言 蔚山民作鬧事 設令官有所失 民有可寃 具由稱屈以冀釐革可矣 而嘯聚無賴突入政堂 猝打官隷舁去命吏者 是何悖悪之擧乎 其在杜亂懲惡之道不容不到底鉤覈 安東府使洪徹周 蔚山府按覈使差下 使之斯速行查分首從區別登聞 大抵吏逋 何關於民而無難加之於結致此滋擾 該府使固當卽地罷拿 而以今兇頑之民心徒爲適中其願謹依判付 姑令戴罪擧行待査 事究竟更爲論勘變出省內藉曰 意外按察有失其責焉 歸該道臣 姑先施以越俸之典 且以左兵使言之 當初事端縱非所管追後擒捕 未免疏忽不可無警 從重推考 吏逋顚末結歛委折 道臣與按使詳査修啓 此邑作鬧之後愚頑之類謈不知畏 如或煽動而繼起者 隨所捉先斬後啓之意 請一體嚴飭於道帥臣處 允之

1180.

건명 : 蔚山府의 실정을 조사하기 위한 按覈使의 파견

발신처 : 慶尙監司 洪𡊠

검색어 : 慶尙監司, 洪𡊠, 蔚山府, 亂民, 按覈使

출처 : 高宗 12年 乙亥 4月 29日 ; 70-864上

命蔚山府亂民首倡捉得嚴覈

慶尙監司洪𡊠 以蔚山府亂民輩散去馳啓 敎 以亂民雖已散去 首倡諸漢 刻期捉得嚴覈登聞事 廟堂措辭 分付于道帥臣及按覈使

1181.

건명 : 蔚山府의 亂民으로 慶尙左兵使 鄭志鎔을 譴罷하고, 監司 洪𡊠을 推考함

발신처 : 議政府

검색어 : 慶尙左兵使, 鄭志鎔, 慶尙監司, 洪𡊠 , 蔚山府, 亂民, 譴罷, 重推

출처 : 高宗 12年 乙亥 5月 1日 ; 70-866上

譴罷慶尙左兵使鄭志鎔重推監司洪𡊠

議政府啓言 蔚山府亂民嚴覈登聞事 廟堂措辭分付于道帥臣 及按覈使

命下矣 似此變怪古所罕聞 而作鬧已在半月 擒獲汔無一漢慨然之極寧欲無言 且道啓中兵使之遣裨遣校屢度申諭亂民始爲散歸云者 是何擧措也 初未猛力而戢捉末 乃沮愓而求解此不可 但以罷軟論 該兵使鄭志鎔 亟施譴罷之典 且以道臣言之此時詗戢之政 若是稽緩 慶尙監司洪圻 爲先捉重推考 使之星火嚴飭於各鎭營 亂類諸漢刻期跟捕後馳啓事 請三懸鈴知委 允之

1182.

건명 : 慶尙左兵使 鄭志鎔의 파직을 분간하여 처리하도록 명함

발신처 : 議政府

검색어 : 慶尙左兵使, 鄭志鎔

출처 : 高宗 12年 乙亥 5月 2日 ; 70-867上

命慶尙左兵使鄭志鎔罷職分揀

教曰 飭已施矣 且迎送之弊不可不念 慶尙左兵使鄭志鎔罷職分揀 姑令戴罪擧行

1183.

건명 : 慶尙左兵使 鄭志鎔의 파직을 잠시 보류해 달라는 청원

발신처 : 政院

검색어 : 慶尙左兵使, 鄭志鎔, 重勘, 倭船, 問情, 推考

출처 : 高宗 12年 乙亥 5月 15日 ; 70-886上

命慶尙左兵使鄭志鎔重勘安徐

政院啓言 帥臣如非拿問與削黜例 不得替行封啓 而慶尙左兵使鄭志鎔謂以方呈辭狀 廢閣公務倭船問情狀啓 使虞候替行原狀啓 係是邊情雖不得不捧入 揆以事體極涉駭然所當重勘 而本院請推外無他罰 何以爲之 教 以從重推考 教曰 武臣之無難廢務誠極駭 然慶尙左兵使 鄭志鎔當嚴處 而念其迎送之弊 姑爲安徐以更無敢如是之意 廟堂別般申飭

1184.

건명 : 蔚山府使 鄭基大를 罷黜함

발신처 : 吏曹

검색어 : 蔚山府使, 鄭基大, 罷黜
출처 : 高宗 12年 乙亥 5月 16日 ; 70-887上
罷黜蔚山府使鄭基大
基大 以身病呈狀 吏曹啓請罷黜也

1185.
건명 : 蔚山府使에 張錫龍을 임명함
발신처 : 高宗
검색어 : 副護軍, 張錫龍, 蔚山府使
출처: 高宗 12年 乙亥 5月 18日; 70-890下
中批以張錫龍爲蔚山府使
教曰 蔚山府使之代 副護軍張錫龍除授 不多日內下送

1186.
건명 : 蔚山府使 張錫龍에게 給馬하여 주도록 요청함
발신처 : 議政府
검색어 : 蔚山府使, 張錫龍, 給馬下送
출처 : 高宗 12年 乙亥 5月 23日 ; 70-896上
命蔚山府使張錫龍給馬下送
議政府啓言 新除授蔚山府使張錫龍 不多日內下送事命下矣 見今邑事旁午不可遲延 令該曹請給馬下送 允之

1187.
건명 : 蔚山府 逋吏들의 수탈 실정을 아뢴 보고
발신처 : 前縣監 金炳昱
검색어 : 前縣監, 金炳昱, 蔚山亂民, 蔚逋吏
출처 : 高宗 12年 乙亥 6月 3日 ; 70-909上~910下
前縣監金炳昱疏陳禦防之策賜批
疏略曰 今聞倭虜無端構釁設辭嘗試 其所謂書契之 捧與不捧在我國顧非審 且愼者乎 所以廟堂之議論拖至八年終不得歸一矣 (中略) 怪百出彼蔚山亂民恐將走附於彼賊 而爲明璉之子可不懼哉 今速出令安集蔚

民梟示逋吏 則衆心成城庶無民散之慮矣 臣復請以病喩 今國中之變怪灾象卽內傷之症也 邊境之構釁嘗試 乃外感之祟也 若先治內傷而元氣充 然則彼外感之病自可消除矣 臣有所著泰平五策一編 此是積年費慮精誠所到也 倘蒙乙覽而付之廟堂爛議許施 則豈非民國幸甚伏乞勿以人輕而廢言 專從持正之論而禦防之策劃 卽講究特軫安民之道而 措處之事隨卽施行 批以所陳當留念矣

1188.

건명 : 蔚山逋吏 金養舒를 梟首하고, 前府使들도 문책하도록 명함

발신처 : 蔚山府按覈使 洪澈周

검색어 : 蔚山府, 按覈使, 洪澈周, 逋吏, 金養舒, 前府使, 鄭基大, 前前府使, 李羲性, 左兵營, 公錢, 吏逋

출처 : 高宗 12年 乙亥 6月 7日 ; 70-916上~917下

命蔚山逋吏金養舒令左兵營大會軍民梟首警象前府使鄭基大前前府使李羲性令該府拿問重勘

議政府啓言 卽見蔚山府按覈使洪澈周狀啓 則本邑犯逋由吏金養舒 捉致盤覈 則所逋公錢無計充報至於倍歛竟致民擾逋吏之正法警衆斷不可已 故具格移囚于左兵營以待處分 吏逋一萬五千八百餘兩 內查括諸條七千六百餘兩另爲充補 而實餘在還作錢八千二百餘兩 自巡營區劃於他邑移貿 而尙未出給者也 虛留還之除耗排捧旣有已例以本邑 邑還租作錢歲殖條一千六百餘兩 自今年除耗排納 則不出五年足可了勘 請令廟堂稟旨分付 前府使鄭基大 前前府使李羲性 不可以已遞勿論其罪狀令攸司稟處矣 一府公貨專委於一小吏之手移此挪彼眩幻乾沒末流之害窮蔀何辜惹 其鬧者卽渠也 激其變者亦渠也 亂魁殲殛之 前不容不先正 其法以辭 蔚邑之民 罪人金養舒 令左兵營大會軍民梟首警衆 而按使與帥臣同爲擧行 前府使鄭基大 逋吏任其逃躱 而不施當律加結徒使彌縫馴致擾攘 況又加結之報營本非許題者乎 前前府使李羲性 由吏遞改 奚其顚倒始逋源委胡爲掩置 兩守令 令該府拿問重勘至 若刷逋諸條俱甚綜詳依此施行 而八千餘金之還錢措處 實無其方依狀請以邑還歲入者使之 限五年除耗排捧 以爲欶底淸帳之意 請並爲分付 允之

1189.

건명 : 慶尙左兵使 鄭志鎔의 仍任에 대한 요청

발신처 : 慶尙監司 洪玩

검색어 : 慶尙左兵使, 鄭志鎔, 仍任

출처 : 高宗 12年 乙亥 6月 10日 ; 70-920下

命慶尙左兵使鄭志鎔姑爲仍任

左議政李最應啓言 卽見慶尙監司洪玩 狀啓 則左兵使鄭志鎔莅任 以後愛恤軍民聲績藹蔚瓜期將熟群情惜去 該兵使仍任一款請令廟堂稟旨分付矣 此帥臣之夙著茂續已有入聞 而纔經民擾處事得宜 今及瓜代輿誦願借依道臣狀 請姑爲仍任俾責終始之責 從之

1190.

건명 : 逋吏의 수탈로 발생한 蔚山府 백성들의 난동에 대한 보고

발신처 : 蔚山府按覈使 洪澈周

검색어 : 蔚山府按覈使, 洪澈周, 吏逋, 班逋, 結隱, 亂民

출전 : 高宗 12年 乙亥 6月 29日 ; 70-942上~下

命蔚山府亂民等査啓令廟堂稟處

慶尙道蔚山府按覈使 洪澈周狀啓 以爲多般鉤問得其情節 是雖民之起鬧實緣吏之所召 所謂吏逋班逋殆近二萬民 結隱結濫排五千蓬藋騷擾於是乎 好事之徒 謂此時可乘通邑愚迷之氓煽動衆心南倉 初會謂以訴冤東川再集 已具稱亂白巾群凶簇擁升堂窓壁破碎 至於舁出藍輿 叫入紅門 破獄縱囚 必非一二漢所爲毁屋劫財 幾至五十處居多事係罕例不敢擅便 請令廟堂稟處 敎以苟欲訴弊 何患無辭 苟欲籲寃 何患無道而朝廷差遣之命吏詬逼曳逐 若是悖惡乎 碎其獄而劫其舍 攫其財而扯其簿 此果何許民習也 査啓分等自有輕重 令廟堂稟處

1191.

건명 : 蔚山府 난동의 주범인 朴南杓, 衙前과 狹雜한 高景和 등을 효수하거나 유배하라는 처분

발신처 : 蔚山府按覈使 洪徹周

검색어 : 蔚山府按覈使, 洪徹周, 亂民, 朴南杓, 高景和, 柳煥基, 島配, 結斂,

重推之典

출전 : 高宗 12年 乙亥 7月 5日 ; 70-946上~下

命蔚山府亂民朴南杓等梟首高景和等島配柳煥基等令道臣酌處

議政府啓言 因蔚山府按覈使洪徹周狀啓 令廟堂稟處事命下矣 糾黨聚漣額巾手竿闖入印符之堂舁出、字牧之吏恣意作變胡至 此極朴南杓隨處先唱爲此獄之元惡 金連巖 李層習 踴躍上軒捽曳下堂 最其獰頑之一貫來者也 以上三囚 大會軍民梟首警衆 高景和締結吏鄉計售狹褋李圭淵發通揭榜毁破吏家 洪致殷抄錄各人脅衆入邑 安萬宗甘聽指嗾破窓舁官 宋士宗並力助虐 金應已隨 南杓突入東軒而擔往崔乙用自作前茅變幻 其名梁希周多般醞釀肆行倡率 朴時項陽示排論陰嗾凶謀 金洛俊假托以沮戱加斂陰嗾 而竟致召亂裵景斗違法之斂增衍其數 李復白鄉稟面通爛熳可否 今此諸囚所犯別無差等至若朴光復首鄉也 而事關民隱變及官長 且未防遏金鎭塤戶長也 而結斂之初不之探情變出之時急於謀身 朴寅絢吏房也 而刷逋未圖方便臨急莫效捍衛 朴晚倬首校也 而先爲喫㤼備禦奚論以上十六囚並嚴刑 二次限已身島配 其次趙八十以下十四囚並刑配 柳煥基以下諸囚並令道臣酌處覈獄大事也 而覆啓前旋卽還任難免急遽之責 按覈使洪澈周 請施以重推之典 允之

1192.

건명 : 蔚山府 亂民의 사건을 重推하도록 명함

발신처 : 議政府

검색어 : 鄭志鎔, 按使, 洪徹周, 蔚山府, 逋吏, 重推

출전 : 高宗 12年 乙亥 7月 11日 ; 70-951下~952上

命道帥臣鄭志鎔按使洪徹周承旨金奎弘刑曹堂上趙濟華並重推

議政府啓言 蔚山府逋吏梟警事覆啓在於去月旬前 而卽見按覈使狀啓則政府關文雖卽下來 秋曹勘合到付以致十餘日遲滯不得已 先爲擧行云 具由馳聞之不暇容 或無怪 刑政所關非輕 道帥臣及按覈使 並從重推考 出納之地 初不知委於該曹其失在於喉院啓稟 文蹟之頒晩始行會未及於施律之前 其失在於秋曹 當該承旨與該曹堂上 請一體施以重推之典

1193.

건명 : 蔚山前前府使 李羲性의 汰任에 대한 보고와 처분

발신처 : 義禁府

검색어 : 蔚山前前府使, 李羲性, 蔚邑, 巨逋, 欠逋, 吏逋, 結斂, 民擾

출전 : 高宗 12年 乙亥 7月 27日 ; 70-964下

命時囚李宜文等議處

義禁府啓言 (中略) 又啓言 蔚山前前府使李羲性 原情以爲首吏之汰任甄任作爲始逋積逋之源委者 是指何人乎始也 見汰於渠莅任之前終焉見汰於渠遞任之後 則汰任甄任誰執其咎 始逋積逋刱自何時 況蔚邑自來無巨逋而欠逋一款實無印簿之明執矣 吏逋也結斂也民擾也 何關於渠乎 泛稱遲晩請刑推得情 並教 以除刑推議處

1194.

건명 : 蔚山前前府使 李羲性에 대한 私罪 施行을 허락함

발신처 : 高宗

검색어 : 蔚山前前府使, 李羲性, 杖一百, 收贖告身, 徒三年定配, 禁錮, 私罪, 功減一等

출처 : 高宗 12年 乙亥 8月 11日 ; 71-14上~下

勘放時囚李宜文等

義禁府啓言 (中略) 又啓言 蔚山前前府使李羲性照律 杖一百 收贖告身 盡行追奪 徒三年定配 又五年禁錮 私罪施行 允之 教 以功減一等

1195.

건명 : 柳興永의 謀逆에 대한 조사와 처벌 내용

발신처 : 前掌令 李東榮

검색어 : 蔚山, 柳興永, 李觀秀, 謀逆, 定配, 結案, 鄭基大, 吏逋, 勒奪

출처 : 高宗 12年 乙亥 8月 12日 ; 71-15上~16上

前掌令李東榮陳疏諸條賜批

疏略曰 去壬申柳興永李觀秀之謀逆也 軍器軍服木等諸具 藏于興永兄芝永家 興永奴子口招及五鎭營文券自在 而伊時守土之官阿私符合 以

興永只止教其門內處斷 李觀秀以興永妹夫聚屯謀逆 方孟爲名漢告變于道伯 道伯以觀秀詣京只施定配 其餘徒黨從玆踵起爲盜 亟施追捕追律 不勝幸甚 前月疏賊之伏閤也 以犯上不道下教 則渠當退伏而肆然陳疏 天威震疊亟捧結案爲教 而判堂臣李承輔終懷後君之義慢不擧行聖上以欲爲北面 卽爲擧行八字下教 少敢以護黨之計 冒犯不敬之罪且都事之押去也 以卽日倍道下教 則出門留連中途 逍遙少無顧忌 此輩之萬戮猶有餘罪 伏乞正國綱而立人紀 不勝幸甚 前府使臣鄭基大之任蔚山也 吏逋枉徵于民 民訴齊到大發兵戈 屠戮幾名民莫知其罪 尙今嗷嗷 前牧使臣趙秉老之任尙州也 以雜技淫行爲罪案 富民四十八戶勒奪 幾萬金沒入官庭矣 今以善治移任淸州 繡衣亦褒啓 則善治者 果以貪虐爲長技乎 猛加睿燭威刑懷德 不勝幸甚 通功易事隨物稱情 聖王制治之要務也 市物論價高歇無常 市井任情沽直 以雨不三日 旱災托之雲 過一點水患 稱之價至倍簁 見今滿城遑遑 若不保朝夕矣 伏乞明用刑賞嚴立法 程所陳數三條 只在聖主一心誠 則治平之效可立而待矣 批以所陳諸條 雖曰 言事說弊 語多荒雜矣

1196.

건명 : 蔚山府民 薛熙祚 등에게 五衛將을 加設하도록 명함

발신처 : 議政府

검색어 : 蔚山府, 薛熙祚, 五衛將, 慶尙監司, 朴齊寅, 亂民作挐, 內廂, 上府, 東面, 盧昌彦, 黃濟鍾

출처 : 高宗 12年 乙亥 10月 初5日 ; 71-61下

命蔚山府民薛熙祚等五衛將加設單付

議政府啓言 卽見慶尙監司朴齊寅狀啓 則蔚山府亂民作挐時 內廂上府東面 三面民之不爲所撓 極爲嘉尙 三面頭民薛熙祚盧昌彦黃濟鍾等請令廟堂稟處矣 一境之民作擾 三面人之守法不亂 可見淑慝之斯辨而今着臣陳啓 亦勸懲之義三人 請令該曹 五衛將加設 允之

1197.

건명 : 慶尙左兵使 鄭志鎔을 重推함

발신처 : 政院

검색어 : 慶尙左兵使, 鄭志鎔, 火輪船, 問情, 倭船, 推考
출처 : 高宗 12年 乙亥 11月 23日 ; 71-110下

重推慶尙左兵使鄭志鎔東萊府使洪祐昌

政院啓言 撥路申飭前後 何如 而慶尙左兵使鄭志鎔 去月二十三日 封發火輪船問情 二十八日封發火輪船到館 東萊府使洪祐昌 二十七日封發倭船入歸狀啓 今始到院 揆以邊情萬萬駭忽 該帥臣及府使 請竝從重推考 允之

1198.

건명 : 蔚山府使 張錫龍이 先祖 文康公 張顯光의 억울함을 풀기 위한 上疏
발신처 : 副護軍 鄭墧
검색어 : 文穆公, 文純公, 李滉, 儒疏, 蔚山府使, 張錫龍, 哲廟, 文康公, 張顯光
출처 : 高宗 12年 乙亥 12月 22日 ; 71-155上~下

副護軍鄭墧上疏陳勉仍附尾達賜批

疏略曰 殿下天啓之淵衷 先正其心 以正朝廷 以正萬民 日與正人君子講義於聖賢之書 則二帝三王之道 不外是矣 今因疏奏敢復尾達 無或僭越耶 臣之八代祖臣文穆公 述以文純公 臣李滉嫡傳儒疏 請廡前後七度 哲廟辛亥批旨若曰 先正問學淵源之正士林論之發久矣 文康公臣張顯光 亦以請廡同時 疏籲批旨若曰 文康操履進修之篤嘗欽歎爲敎儒紳目睹尙皆無恙 國史所載昭如日星 今蔚山府使張錫龍 以其先祖文康公 勿稱先正揭板事 上章訟寃 而以臣先祖疏 批十六字 幻作文康疏批無難奏御少無忌憚 如錫龍者 殿下之罪人 先朝之亂臣 文康之悖孫也 臣衷情所鬱言不知裁 批以下款事 非如是煩陳者矣

1199.

건명 : 太僕寺에서 올린 각 道 牧場의 馬畜數爻 가운데 울산 부분
발신처 : 太僕寺
검색어 : 各道牧場馬畜數爻啓, 蔚山, 監牧官, 邊應翼, 甲戌籍付馬
출처 : 高宗 12年 乙亥 12月 29日 ; 71-164上~166上

太僕寺以各道牧場馬畜數爻啓

(前略) 蔚山長鬐等 監牧官邊應翼 所管二牧場 甲戌籍付馬五百二十八

匹 今生馬六十五匹 合馬五百九十三匹內 封進馬四匹 故失馬六十五匹 除今年實留放壯兒雌雄馬 竝五百二十四匹內 壯雌馬一百八十三匹一年應孶産馬五十五匹 今生馬六十五匹 加報十匹 (下略)

1200.

건명 : 火輪船 問情이 지체된 사유를 참작하도록 함

발신처 : 議政府

검색어 : 釜山僉使, 林百鉉, 慶尙左兵使, 鄭志鎔, 火輪船, 問情, 慶尙左水使, 梁柱華, 假訓導, 假別差, 任譯

출처 : 高宗 13年 丙子 正月 初3日 ; 71-175上~下

命釜山僉使林百鉉重勘分揀假訓導李濬秀假別差韓寅鎭請罪置之

議政府啓言 卽見慶尙左兵使鄭志鎔狀啓 則以火輪船問情遲滯報事 糢糊該僉使罪狀 令廟堂稟處矣 揆以邊情固當重勘 而此時替代 不可不念 請特令分揀 又啓言 卽見慶尙左水使梁柱華狀啓 則火輪船問情時不能善辭斡旋之假訓導假別差 令廟堂稟處矣 帥臣論啓 無怪其然 而彼情叵測 有不可責之於任譯 請罪特爲置之嗣後擧行 請倍加申飭 竝允之

1201.

건명 : 作梗罪人 鄭武釗을 彦陽縣에 定配함

발신처 : 刑曹

검색어 : 作梗罪人, 鄭武釗, 彦陽縣, 定配, 三朔會計簿

출처 : 高宗 13年 丙子 正月 15日 ; 71-194上

秋曹以巡廳作梗罪人鄭武釗彦陽縣定配押送啓京各司各營進乙亥冬三朔會計簿

戶曹餉廳惠廳兵曹訓局禁營御廳總廳時 在黃金一百五十一兩二錢四分零 銀子十二萬二千二十兩零 錢文二十四萬二千八百六十六兩零 淸錢一萬三千九百二十七兩零 木一千八百二同七疋零 布子一千一百六十五同三十六疋零 米二十二萬三千三百三石零 太二萬七千六百八十一石零 田米五百四十六石零 皮雜穀九石零

1202.

건명 : 慶尙左兵使 鄭志鎔을 重推함

발신처 : 政院

검색어 : 慶尙左兵使, 鄭志鎔, 倭人, 重推, 火輪船

출처 : 高宗 13年 丙子 正月 16日 ; 71-195下

重推江華留守趙秉式慶尙左兵使鄭志鎔

政院啓言 江華留守趙秉式申飭之 下一向廢務 倭人去來狀啓 使判官替行 事體未安 請重推 又啓言 卽見慶尙左兵使鄭志鎔狀啓 則去月二十九日封發 火輪船發船狀啓 今始到院 邊情疏忽 請重推 竝允之

1203.

건명 : 先祖 文康公을 위한 蔚山府使 張錫龍의 陳疏

발신처 : 蔚山府使 張錫龍

검색어 : 蔚山府使, 張錫龍, 鄭文穆, 副護軍, 鄭墧

출처 : 高宗 13年 丙子 正月 21日 ; 71-210上~下

命領議政李最應都承旨沈履澤別迎慰使出去蔚山府使張錫龍陳疏自引賜批

疏略曰 伏見副護軍鄭墧疏下者 以臣爲臣先祖文康 請下板疏誤引鄭文穆 請廡疏批事追罪焉 第臣先祖與鄭文穆生 竝一時故躋廡之 請每爲合疏 正廟朝批旨若曰 兩先正經術行誼 予所欽尙爲教 哲廟朝始爲分疏 而先批鄭文穆疏若曰 先正問學淵源之正士林 此論之發久矣爲教 批臣先祖文康疏若曰 纔已批諭於鄭文穆疏爲教 以臣愚迷之見 先正字爲蒙上文而向疏中援引矣 噫彼鄭墧 爲此格外之疏欲爲擠陷者 抑獨何心臣久居嫌悚之地 因此據陳乞勘當律焉 批以無論本事之如何 此非煩聒者矣

1204.

건명 : 鄭完默을 慶尙左兵使로 삼음

발신처 : 高宗

검색어 : 鄭完默, 慶尙左兵使

출처 : 高宗 13年 丙子 2月 17日 ; 71-260下

有政 吏曹判書閔奎鎬兵曹判書李載元進
以海崙爲同經筵 金興均爲直閣 尹永夏爲平山府使 鄭完默爲慶尙左兵使 鄭雲星爲慶尙右兵使

1205.

건명 : 內侍 鄭志峻을 遠惡島의 奴로 삼도록 한 처분
발신처 : 慶尙監司, 朴齊寅
검색어 : 慶尙監司, 朴齊寅, 左兵營, 決棍三十度, 遠惡島, 勘處
출처 : 高宗 13年 丙子 8月 4日 ; 71-423下

命內侍鄭志峻遠惡島爲奴其餘罪囚及在逃諸漢一體勘處
慶尙監司朴齊寅 以內侍鄭志峻 假托差遣恣行侵虐詐稱承傳矯造私通其罪狀 令攸司稟處馳啓 敎 以假託官侍恣行侵虐 已是罔赦之罪而況虛傳奉命者乎 此不可不施以極律 而特推好生之義 罪人鄭志峻 令左兵營回示後 限死決棍三十度 遠惡島爲奴 其餘罪囚 竝分輕重照律嚴勘 在逃諸漢亦期於捉得 一體勘處事 廟堂分付

1206.

건명 : 蔚山 良人 朴景勳을 放事하도록 함
발신처 : 刑曹
검색어 : 擊錚原情, 蔚山良人, 朴景勳, 殺獄, 定配, 放事
출처 : 高宗 13年 丙子 9月 4日 ; 71-452下

秋曹以衛外擊錚原情勿施啓
刑曹啓言 取考擊錚人等原情 則黃州私奴順成 醴泉私奴得伊 爲其上典殺獄稱寃事也 捧供時 竝不待令 黃州良人李春實 蔚山良人朴景勳爲其父定配 請放事也 開城良人金錫弼 爲其兄定配 請放事也 或罪犯稍重 或到配屬耳 竝原情勿施 東部良人韓成昌 爲其子定配 請放事也此罪已放呼寃無怪 請參酌放送 允之

1207.

건명 : 太僕寺의 각 도의 牧場馬畜數爻啓 가운데 울산 부분
발신처 : 太僕寺

검색어 : 蔚山, 各道牧場馬畜數爻啓, 監牧官, 金濟鳳, 乙亥籍付馬

출처 : 高宗 13年 丙子 12月 30日 ; 71-606上~608下

太僕寺以各道牧場馬畜數爻啓

(前略) 蔚山長鬐等 監牧官金濟鳳 所管二牧場 乙亥籍付馬五百二十四匹 今生五十八匹 合五百八十二匹內 封進四匹 故失四十六匹 除今年實留放壯兒雌雄 竝五百三十二匹內 壯雌一百七十三匹 一年應孳五十二匹 今生五十八匹 加報六匹 (中略) 已上 今年實留放壯兒雌雄馬 竝五千一百四十六匹

1208.

건명 : 和姦 문제를 다스리지 못한 東萊府使 洪祐昌 등을 罷黜함

발신처 : 慶尙監司 朴齊寅

검색어 : 蔚山, 東萊府使, 洪祐昌, 檢監官, 金時燾, 辨察官, 吳連伊, 捧錢, 新草梁, 崔善鶴, 鄭順岳, 貿米, 釜山

출처 : 高宗 14年 丁丑 4月 24日 ; 71-744下~746上

慶尙監司朴齊寅以東萊府使洪祐昌釜山僉使林百鉉罷黜馳啓

狀啓以爲 東萊府使洪祐昌謄報內 海關句檢監官金時燾告目以爲 我國女人三名潛入關中 隱匿於倭人陀加麻家 故通報於辨察官 搜捉三女結另押上矣 卽發問目取招 則良女吳連伊 渠以釜山居 生家夫飢死 生活無路 男兄吳致敬誘引 同往倭人陀加麻家 遂與倭和奸經宿 捧錢五兩與兄出來 是後請兄同往于前到倭人家 則舊館崔哥女先在其處新草梁鄭哥女又爲追到渠 幷三女晝則同留其家 夜則崔女移宿早田淺治倭家鄭女移宿館司馬夫倭家 因倭人所囑 與崔鄭兩女換着倭服 三日留連同爲被捉云 崔善鶴 渠以舊館居 生家夫病死 米商爲業 隣居李在順來言曰 全羅道商船多載米牟 方在舊草梁前洋 要我求女 汝若聽吾言 可得四十兩錢云 故轉到早田淺治倭家 而與倭和奸換服被捉事情與吳女所供無異 鄭順岳 渠以新草梁居 生家夫病死 捿屑道路 釜山居金日五來言曰 蔚山人貿米次 船泊前洋 而欲求女人 汝若一往 則可得十兩錢云 故隨到西館 一則穆守倭 一則阿多池倭云 果與阿多池倭交奸 經二日 捧錢七兩出來 其後獨往于穆守倭交奸經宿三日 而外他事情與吳崔所供無異 李在順金日五知機逃躲 吳致敬發問目取招 則渠以沙上面場

門里居生 移接于釜山矣 今二月誘引女弟 至於入館和奸之境 自顧所犯焉 逭當律云 更推罪人等奸倭罪狀綻露無餘 則犯奸倭等依律勘處之意 使辦察官玄昔運 責諭於管理官倭處 則答以爲不意下輩 有此冒法之事 俺先爲覈實 則犯奸人果是私商陀加麻早田淺治穆守及馬丁阿多池等矣 鄙國之奸淫論法近有增減 而果於交際 則未嘗立科從當商確以聞云 故以務從嚴法無或輕勘之意各別申飭 今此罪人等所犯關係大辟 竝令廟堂稟處云矣 新定條約之後 邊禁雖曰稍弛 豈意今日致此之變乎 吳致敬人理蔑如罪惡貫盈 而李在順等之漏網痛惋 嚴飭各鎭刻期捉得和奸之三女 尤係罔赦犯奸倭等 飭諭館倭 押送島中施律之意 關飭于該府使 而該府使洪祐昌 釜山僉使林百鉉爲先罷黜 辦察官玄昔運譯學李濬秀罪合施警 竝令廟堂稟處 而臣職忝統轄惶恐待罪 教 以竝令廟堂稟處 卿勿待罪事 回諭

1209.

건명 : 統制使 李奎奭에게 南道 守令 가운데 歷典이 있는 자를 물음

발신처 : 高宗

검색어 : 左兵使, 統制使, 李奎奭, 統營, 交龜, 固城邑, 忠武公

출처 : 高宗 14年 丁丑 5月 初6日 ; 71-757上

召見奉審閣臣尹用求及統制使李奎奭于迎春軒

(前略) ○ 予曰 諸陵上太平碑閣丁字閣亦無頉乎 用求曰 果皆無頉矣 予曰 何時將事而何時離發乎 用求曰 三更量將事四更量離發矣 予曰 沿路農形何如 而麥農亦何如耶 用求曰 秋牟登場春牟向熟矣 予曰 注秧何如 而民無望雨之歎耶 用求曰 姑無旱氣矣 予曰 統營異於他處善爲下去實心對提奎奭曰 恪謹對揚矣 予曰 今日離發 則何時到任乎 奎奭曰 二十日可爲到任矣 予曰 交龜於何處乎 奎奭曰 交龜於固城邑矣 予曰 南道守令曾有歷典者乎 奎奭曰 曾經左兵使 而右道 則未曾見矣 予曰 卿是忠武公後裔 則異於他人想應善治矣 奎奭曰 聖教至此 只增惶懍矣

1210.

건명 : 朴齊萬을 蔚山府使로 삼음

발신처 : 高宗
검색어 : 朴齊萬, 蔚山府使, 擇差, 初仕
출처 : 高宗 14年 丁丑 5月 25日 ; 71-769下

有政 吏曹參判趙康夏兵曹判書金炳始進

(前略) ○ 教曰 蔚山府使之代 勿拘常格 各別擇差 ○ 以朴齊萬爲蔚山府使 李景夏爲都總管 李寅卨爲副總管 申泰熙爲宣傳官 李相悳爲部將 李亮烈朴泰慶柳學魯爲守門將 泰熙以下 竝初仕也 (下略)

1211.

건명 : 承旨 張錫龍을 兪晩源로 대신하게 함
발신처 : 政院
검색어 : 張錫龍, 兪晩源, 蔚山任所, 前望單子
출처 : 高宗 14年 丁丑 5月 26日 ; 71-771上

遞承旨張錫龍以兪晩源代之

政院 以錫龍時在蔚山任所 啓請下諭 教 以許遞前望單子入之

1212.

건명 : 蔚山監牧官 金濟鳳을 相換하도록 함
발신처 : 高宗
검색어 : 蔚山, 監牧官, 金濟鳳, 相換
출처 : 高宗 14年 丁丑 6月 13日 ; 71-791下

命全義縣監金英燮蔚山監牧官金濟鳳相換

以金永哲爲副應教 李載德爲校理 朴齊喊柳暎爲副校理 金容圭爲修撰 趙昌夏李輔榮爲副

竝前望也

1213.

건명 : 鄭璣相을 彦陽縣 任所에 체직시키도록 한 처분
발신처 : 弘文館
검색어 : 鄭璣相, 彦陽縣任所, 前望單子
출처 : 高宗 14年 丁丑 6月 18日 ; 71-797下

遞大司憲李升洙大司諫李熙準掌令洪淳馨司諫權鍾祿持平李集鎬獻納鄭元夏正言趙重弼承旨朴容大校理鄭璣相以林翊曾爲持平任冕鎬爲承旨尹相萬爲校理李鎬喆爲司書兪初煥爲吏曹參議

(前略) ○ 弘文館 以璣相時在彦陽縣任所 啓請下諭 教 以許遞前望單子入之 (下略)

1214.

건명 : 金斗榮을 彦陽縣監으로 삼음

발신처 : 高宗

검색어 : 金斗榮, 彦陽縣監, 初仕

출처 : 高宗 14年 丁丑 6月 20日 ; 71-800下~801下

都政下批 吏曹判書金輔鉉參判趙康夏兵曹判書金炳始進

(前略) ○ 吏批 (中略) 李寅卨爲冬至兼謝恩正使 李珪永爲副使 李敎榮爲書狀官 金斗榮爲彦陽縣監 鄭玹相爲懿陵參奉 金禎均爲明陵參奉 鄭海遠爲永陵參奉 李重夏爲恭陵參奉 玄祖烈爲和陵參奉 李時庠安東鍊爲假引儀 玹相以下 竝初仕也 (中略) 教曰 守令邊將初仕人 皆令明日待令

1215.

건명 : 慶尙監司 朴齊寅이 彦陽縣監 金斗榮의 身故를 아룀

발신처 : 慶尙監司 朴齊寅

검색어 : 慶尙監司, 朴齊寅, 彦陽縣監, 金斗榮, 身故

출처 : 高宗 14年 丁丑 7月 20日 ; 71-825下

慶尙監司朴齊寅以彦陽縣監金斗榮身故馳啓

1216.

건명 : 盧升熙를 彦陽縣監으로 삼음

발신처 : 高宗

검색어 : 盧升熙, 彦陽縣監, 初仕

출처 : 高宗 14年 丁丑 7月 26日 ; 71-830上

有政 吏曹參議趙濟華兵曹判書金炳始進

以鄭澐爲正言 沈東瓚爲豊基郡守 盧升熙爲彦陽縣監 閔謙鎬爲知春秋 金世均爲藝文提學 金炳三爲同春秋 趙秉甲爲禮山縣監 鄭基世爲知事 閔謙鎬爲都總管 趙文顯爲副總管 許𢾅爲守門將 初仕也

1217.

건명 : 彦陽縣監 盧升熙를 相換하도록 함

발신처 : 高宗

검색어 : 彦陽縣監, 盧升熙, 相換, 身病呈狀, 罷黜

출처 : 高宗 14年 丁丑 8月 14日 ; 71-851上

命彦陽縣監盧升熙海西守令中相換

升熙 以身病呈狀 吏曹啓請 罷黜也 ○ 議政府啓言 彦陽縣監盧升熙呈狀啓遞矣 此人 以補賑優多特蒙恩除 而啓在海西年 又衰老難於遠赴 而然則朝家酬賞之典 竟歸無實依已例 道內守令中 令該曹 今日政 請相換 允之

1218.

건명 : 太僕寺의 각 도 牧場馬畜數爻啓 가운데 울산 부분

발신처 : 太僕寺

검색어 : 各道牧場馬畜數爻啓, 監牧官, 金濟鳳, 金英燮, 丙子籍付馬, 蔚山

출처 : 高宗 14年 丁丑 12月 30日 ; 72-35上~37上

太僕寺以各道牧場馬畜數爻啓

(前略) 蔚山長鬐等監牧官 前任金濟鳳 時任金英燮 所管二牧場 丙子籍付馬五百三十二匹 前任金濟鳳所報 今生五十三匹 時任金英燮所報 今生四匹 合五百八十九匹內 封進四匹 前任金濟鳳所報 故失二十五匹 時任金英燮所報 故失二十九匹 除今年實留放壯兒雌雄 竝五百三十一匹內 壯雌一百七十匹 一年應孳五十一匹 今生五十七匹 加報六匹 (中略) 已上 今年實留放壯兒雌雄馬 竝五千一百六十五匹 (下略)

1219.

건명 : 李泰鉉을 慶尙左兵使로 삼음

발신처 : 高宗

검색어 : 李泰鉉, 慶尙左兵使

출처 : 高宗 15年 戊寅 正月 初2日 ; 72-42上~下

有政 吏曹參議嚴世永兵曹判書閔謙鎬進

以白樂薰爲鳳山郡守 閔鼎鎬爲長淵府使 李泰鉉爲慶尙左兵使 金泰郁爲全羅兵使 (下略)

1220.

건명 : 慶尙左道暗行御史 李萬植이 올린 書啓 別單 가운데 蔚山府使 朴齊萬 등의 非行에 대한 내용

발신처 : 慶尙左道暗行御史 李萬植

검색어 : 慶尙左道暗行御史, 李萬植, 公納, 蔚山府使, 朴齊萬, 移貿, 彦陽縣監, 李容觀, 前前縣監, 鄭璣相 社還分賑, 修信使, 勒捧錢, 左兵使, 李泰鉉, 前兵使, 鄭完默, 倉簿革, 西生僉使, 辛聖河, 蔚山監牧官, 金英燮, 還弊, 逋還

출처 : 高宗 15年 戊寅 5月 26日 ; 72-263上~273上

慶尙左道暗行御史李萬植進書啓別單

書啓以爲 監司李根弼 公納首先發關不待三日 而視務民瘼次第 剔簿將見一省之副望 前監司朴齊寅 一萬兩砲料措劃別設 陰雨之備二千包賑資捐補全保 朝夕之命 (中略) 蔚山府使朴齊萬 治寂一省旣登 道臣之褒績著屢典 深得良吏之體 二千包移貿耗條 自官專當八百兩 問漂應費 使民無斂 立本米之添 助載播隣頌 虛留穀之充補 永祛民瘼 (中略) 彦陽縣監李容觀 頹圮城四十間修築 不動民力 移貿還七百石 耗條悉捐官俸 前前縣監鄭璣相 社還分賑時 取其斗剩十三石 每石二十八兩 合三百六十四兩 饒民賑資 排捧二百八十三兩 社還發賣取贏二千二百兩 大同木高價取剩五百兩 修信使支站別卜定一千五百四十七兩零 勒捧錢 姜斗賢一百十五兩 李立千三百三十兩 朴在琪一百七十兩 李之守五十兩 金英澤二千五百兩 白旭實二百兩 鄭白連一百五十兩 辛慶元一千三百兩 吳尙善一百五十兩 金冕鎰五百兩 黃三允一百兩 姜召史四十五兩 薛龍俊一百二十兩 千根伊八十兩 鄭甫先五十兩 池召史四十六兩 鄭在勳一百兩 宋琦五十兩 辛斗元二百兩 金致日二十五兩 李共淳五十兩 吳始昊二十八兩 辛啓肇八十兩 朴容夏一百五十

兩 韓古之八十兩 朱南基五十兩 金沙村一百兩 辛慶元九百兩 朴飛脫八十兩 劉善山五十兩 金今谷八十兩 朴漢言一百五十兩 私屠贖錢六百四十兩 雜技贖錢一千七百九十二兩 酒禁贖錢八十兩 訟賂尹通川五十兩 崔三世八十兩 崔雲鶴二百兩 權根伊一百兩 朴梁山八十兩 尹丙日八十兩 吳致邦八十兩 辛辰孝二百七十兩 洪在守一百三十五兩 洪於音八十兩 黃召史四十兩 金守東二百兩 鄭在昇五十兩 朴廷植一百三十兩 勒貸 辛慶元三百兩 金斗周四十兩 金冕鎰四百兩 鄭述先五十兩 金洪基五十兩 修信使排站減數錢 金英澤一百兩 辛慶元三百兩 金冕鎰五百兩 朴容夏一百兩 鄭世煥五十兩 徐在燮五十兩 鄭有容三十兩 兪致化二十兩 辛相杓二十兩 任賂 座首 金英澤一千一百兩 崔學文三百兩 辛辰洪一百兩 禹璟模二百兩 姜信模三百兩 金性奎二百兩 別監 吳永坤八十兩 都有司 鄭慶珣三百兩 鄭義容一百五十兩 鄭在勳八十兩 李有根三十兩 成辰奎七十兩辛赫允七十兩講有司 禹太東七十兩 掌議 金英茁二百八十兩 金性瑞七十兩 李在坤二百五十兩 金正洪一百兩 金鍾夏四十兩 吳佑先六十兩 曺直東八十兩 齋任吳佑善二百兩 戶長仍任申泳夏四十兩 金秉直竝加下擔當三百八十兩 戶長吳致洪八十兩 吳長善一百兩 吏房仍任金秉直四百兩 吏房金允坤一千兩 吳始勳一千六百兩 都書員吳在善三百兩 金永洪二百兩 大同色吳奕坤二百兩 兵房色李順寬三十兩 兵校崔有寬一百五十兩 討捕軍官任快茁一百五十兩 都使令鄭仲元五十兩 二番使令林桂奉三十兩 首奴萬用五十兩 別砲手一百二十兩 別砲手汰差五十兩 水軍李哲用頃免三十兩 辛錫文水管推捉防報納賂三百兩 都合錢二萬八千四百六十兩零 不法諸條 不可以遞 勿論其罪狀 令攸司稟處 (中略) 左兵使李泰鉉 實心已推於試武 新令先行於詰戎 前兵使鄭完默 倉簿革四十年之謬升斗 較正賑資捐七百石之多 閭井賴活 左水使朴鼎和圖 略夙抱於鈐韜勸賞 每試於砲射 前前水使梁柱華 松贖 密陽金成五五百兩 李汝先一百二十兩 蔚山嚴哥四百六十兩 崔哥二百兩 車哥一百五十兩 機長金在福三百兩 羅今宗二百兩 辛大周一千五百兩 文國彦三百兩 崔別監五百兩 黃有昌三百兩 辛九德二百兩 梁山李學文一百兩 鄭哥三百兩 徐哥三百兩 賣科 機長愼性彦三百兩 彦陽李宗華五百兩 崔鳳浩四百兩 高弘範三百五十兩 東萊李在華二百兩 宋敬敏三百兩 李泌元三百兩 金東好三百兩 金成興四百兩 朴道洙四百兩 債訟 梁山崔先伊二十兩 蔚山李章

坤一百五十兩 東萊河龍文一百五十兩 孫海龍三百兩 崔召史一百五十兩 徐赫允五十兩 王基得三百兩 尹仁賢二百兩 金明先金之文等一百四十兩 梵魚寺僧徒二百兩 任債宋元瑞一百三十兩 金永杓八十兩 姜汝石七十兩金仁圭七十兩 姜時允七十兩 文士益七十兩 宋啓周六十兩 金益采四十兩 魏鎭哲四十兩 朴平用三十兩 李進右三十兩 金能苗三十兩 李敬億三十兩 金尙洛二十兩 文任元二十兩 李圭先二十兩 別餉米浮費冒錄條二千兩 儲留米發賣冒錄條二千四百四十六兩零 移貿米排納冒錄條一千三百兩 都合一萬七千九十六兩零 有此貪虐合施重勘 中軍崔致國介於營府 閒是佐幕 左兵虞侯李恒儀厥初爲政 姑無可論 前虞侯金命求上營 每多指麾聽理 則煩下屬亦皆心服撫恤以恩 (中略) 西生僉使辛聖河職 事雖勤還弊漸痼 (中略) 蔚山監牧官金英燮 曠固何妨政則自如 (中略) 幷行威惠 ○ 別單以爲 一本道還穀爲生民病端 而移貿尤甚 道內穀簿 自壬戌釐整以後 定爲七十二萬二千二百八十餘石 當初排劃不均紊亂轉 甚吏旣犯逋 民實受害 (中略) 一 蔚山西生 以蕞爾小堡 年久逋還多至七千餘石 雖欲蕩鎭督刷便同龜背刮毛 糴法壞損莫此爲甚 此不可不變通 本鎭居近內洋僉使擧行 不過異船偵探之事 有非鎭邊制勝之地 則今日刷逋之道勢將先罷 該鎭以每年給代錢米 竝付逋還 次第充納 令廟堂稟處 (下略)

1221.

건명 : 慶尙左道御史 李萬稙의 書啓에 따라 彦陽前前縣監 鄭璣相을 처분함

발신처 : 吏曹

검색어 : 慶尙右道暗行御史, 李正來, 左道御史, 李萬稙, 書啓覆啓, 彦陽前前縣監, 鄭璣相

출처 : 高宗 15年 戊寅 5月 29日 ; 72-276上~277下

吏曹以慶尙右道暗行御史李正來左道御史李萬稙書啓覆啓

該曹啓言 (中略) 又啓言 觀此慶尙左道暗行御史李萬稙書啓 則密陽前府使元世澈 仁同前府使李觀應 彦陽前前縣監鄭璣相 比安前縣監安㮋纁啓旣請 令攸司稟處 更無可論 (下略)

1222.

건명 : 還弊로 西生僉使 辛聖何를 罷黜시킴

발신처 : 兵曹

검색어 : 慶尙, 左道暗行御史, 李萬植, 西生僉使, 辛聖何, 還弊, 前左兵使, 鄭完默

출처 : 高宗 15年 戊寅 6月 初5日 ; 72-281上~283上

兵曹以慶尙右道暗行御史李正來左道暗行御史李萬植書啓覆啓

(前略) ○ 又啓言 觀此慶尙左道暗行御史李萬稙書啓 (中略) 西生僉使辛聖何 還弊漸痼 金井別將鄭必善 給代失時 上項兩鎭將俱係溺職 竝罷黜 (中略) 前左兵使鄭完默繡啓 雖甚推將閫帥體重 勿論其餘閫帥中軍虞候營將邊將監牧官等 別無優績亦無顯疵 請竝置之 從之

1223.

건명 : 社還으로 彦陽前前縣監 鄭璣相을 처벌함

발신처 : 義禁府

검색어 : 彦陽前前縣監, 鄭璣相, 社還, 賑資, 準給木價

출처 : 高宗 15年 戊寅 6月 18日 ; 72-308下~311下

命時囚梁柱華等議處

義禁府啓言 (中略) 彦陽前前縣監鄭璣相原情以爲 社還自備 賑資不用一石 則豈有取剩分給 本色初不發賣 則何以取贏租價 趂卽準給木價 務從精約 支站自營頃免 豈有情費之可論 其餘許多之贓 事勢所在有不敢呶呶下白云 曾經侍從勿爲 請刑請議處 竝允之 (下略)

1224.

건명 : 彦陽前前縣監 鄭璣相 등에게 私罪를 시행함

발신처 : 義禁府

검색어 : 彦陽前前縣監, 鄭璣相, 杖一百, 收贖告身, 流三千里定配, 私罪施行

출처 : 高宗 15年 戊寅 6月 23日 ; 72-326下~328上

勘放時囚李鍾承等

義禁府啓言 (中略) 又啓言 綾州前牧使金度根 彦陽前前縣監鄭璣相 雲峯前縣監尙禹鉉竝照律 杖一百 收贖告身 盡行追奪 流三千里定配

私罪施行 竝允之 (下略)

1225.

건명 : 蔚山과 西生鎭의 逋還 문제로 해당 御使 등을 推考함

발신처 : 議政府

검색어 : 慶尙左道暗行御史, 李萬稙, 還弊, 移貿, 蔚山, 西生鎭, 逋還, 推考

출처 : 高宗 15年 戊寅 7月 19日 ; 72-352下~362下

議政府以京畿暗行御史李鑢永忠淸左道御史李承皐右道御史李建昌全羅左道御史沈東臣右道御史魚允中慶尙左道御史李萬稙右道御史李正來別單覆啓

議政府啓言 (中略) 又啓言 卽見慶尙左道暗行御史李萬稙別單 則其本道還弊移貿尤甚 而且秋作時 謂以年例許貸耗條應作外 加排爛用 拖過時月始劃移貿 邑吏引用轉成巨逋 (中略) 其一 蔚山西生鎭 逋還多至七千餘石 在今刷逋之道 先罷該鎭 以給代錢米 竝付逋還充納事也 雖曰 小堡輒以革撤爲得計 揆諸古人制置之義 有不當如是輕議 該御史推考 申飭道臣 圖所以矯捄之方 (中略) 竝允之

1226.

건명 : 昌原 등 民家頹壓한 戶에 대해 恤典함

발신처 : 慶尙監司 李根弼

검색어 : 慶尙監司, 李根弼, 彦陽, 頹渰戶, 恤典

출처 : 高宗 15年 戊寅 8月 11日 ; 72-383上~下

給昌原等邑頹渰戶恤典

慶尙監司李根弼 以去七月初三日之雨 昌原咸陽梁山咸安陜川彦陽玄風迎日泗川等邑 民家頹壓七百三十八戶 馳啓 敎 以民家漂壓 若是夥多聞極驚慘 元恤典外 別加顧助 趁卽結構奠接 俾無一民失所棲遑之弊事 廟堂措辭分付 (下略)

1227.

건명 : 蔚山 등 頹渰戶에대해 恤典함

발신처 : 慶尙監司 李根弼

검색어 : 蔚山, 民家頹壓, 人物渰死, 堤堰潰決, 身還布, 恤典
출처 : 高宗 15年 戊寅 8月 19日 ; 72-395下

給高敞蔚山等邑頹渰戶恤典

(前略) ○ 慶尙監司李根弼狀啓以爲 連接各邑水退後 摘奸更報 則前啓外 蔚山東萊淸道盈德宜寧靈山機張漆原等邑 民家頹壓六百五十六戶 堤堰潰決七千四百二十三把 人物渰死九名 教 以日前之報 已不勝萬萬驚聞 而今此五邑之 人命渰死 民戶頹壓 堤堰潰決 又此夥多 極爲驚慘居焉 而失其所農焉 而失其地哀彼窮民 將何爲生 渰死人身還布竝蕩減 未拯屍身期於拯得 結構之方 修築之節亦不容少緩 自廟堂 各別措辭分付

1228.

건명 : 慶州 등 頹渰戶에 恤典함
발신처 : 慶尙監司 李根弼
검색어 : 彦陽, 頹渰戶, 民家頹壓, 人命渰死, 田畓川浦覆沙, 身還布, 恤典
출처 : 高宗 15年 戊寅 9月 初5日 ; 72-423上~下

給慶州等邑頹渰戶恤典

慶尙監司李根弼 以慶州民家頹壓四百八十六戶 人命渰死 男十五名 女十一名 畓庫川反覆沙三百結八十二負零 密陽民家漂頹八百九十一戶 人命渰死 女三名 巨濟田畓川浦覆沙十八結九十四負零 咸安田畓川浦覆沙三百八十三結二十五負零 彦陽田畓川浦覆沙五十七結七十四負零 鎭海民家漂頹四十戶 人命渰死 男二名 女三名 田畓川浦覆沙一百三十四結七十八負零 機張民家漂頹八戶 熊川田畓川浦覆沙四十二結四十一負零 漆原田畓川反一百五十三結七十負零 馳啓 教 以列邑被災固已慮之 而民家之頹壓人命之渰死 若是夥多極爲驚慘 當今秋事未成失所之民 必不免顚連之患念其情狀 尤不啻若恫在 已渰死人 生前身還布竝爲蕩減 掩埋結構之方 雖有顧助於恤典之外 此若不別般救助另爲措劃 奠居復業難期 趂速營邑必更加爛商 俾無一民棲遑之弊事 廟堂措辭關飭

1229.

건명 : 太僕寺의 각 道 牧場馬畜數爻啓 가운데 울산 부분

발신처 : 太僕寺

검색어 : 各道牧場馬畜數爻啓, 蔚山, 監牧官, 金英燮, 丁丑籍付馬

출처 : 高宗 15年 戊寅 12月 29日 ; 72-576上~578上

太僕以各道牧場馬畜數爻啓

(前略) 蔚山長鬐等 監牧官金英燮 所管二牧場 丁丑籍付馬五百三十一匹 今生六十匹 合五百九十一匹內 封進四匹 故失六十匹 除今年實留放壯兒雌雄 竝五百二十七匹內 壯雌一百七十三匹 一年應孳五十二匹 今生六十匹 加報八匹 (中略) 已上 今年實留放壯兒雌雄馬 竝五千一百二十二匹

1230.

건명 : 李玄瑞를 慶尙左兵使로 삼음

발신처 : 高宗

검색어 : 新資, 新除, 李玄瑞, 慶尙左兵使

출처 : 高宗 16年 己卯 4月 30日 ; 72-763上

吏曹參判趙在淳疏辭新資及新除亞銓之任賜例批有政吏曹參議李根秀兵曹判書李載元進

以李鍾律爲副修撰 韓喆愚爲敦寧都正 李泰鉉爲南兵使 李玄瑞爲慶尙左兵使

1231.

건명 : 慶尙左兵使 李玄瑞를 改差함

발신처 : 高宗

검색어 : 改差, 慶尙左兵使, 李玄瑞

출처 : 高宗 16年 己卯 5月 15日 ; 72-781上~下

改差慶尙左兵使李玄瑞

玄瑞 以身病呈狀 兵曹啓請 改差也

1232.

건명 : 李奎顔를 慶尙左兵使로 삼음

발신처 : 高宗

검색어 : 李奎顔, 慶尙左兵使

출처 : 高宗 16年 己卯 5月 15日 ; 72-782上~下

有政 吏曹參判鄭稷朝兵曹判書李載元進

以趙熙哲爲大司憲 金昌秀爲大司諫 愼錫九爲執義 南啓憲爲司諫 朴魯參洪時衡爲掌令 李康勳 金命基爲持平 洪鍾永爲獻納 吳壽煥權采圭爲正言 李鎬肅爲敦寧都正 宋近洙爲弘文提學 李奎顔爲慶尙左兵使 高必相爲校理

1233.

건명 : 慶尙左兵使 李奎顔을 改差함

발신처 : 高宗

검색어 : 改差, 慶尙左兵使, 李奎顔

출처 : 高宗 16年 己卯 5月 25日 ; 72-789下

改差慶尙左兵使李奎顔

奎顔 以身病呈狀 兵曹啓請 改差也

1234.

건명 : 柳冀大을 慶尙左兵使로 삼음

발신처 : 高宗

검색어 : 柳冀大, 慶尙左兵使, 初仕

출처 : 高宗 16年 己卯 5月 25日 ; 72-790上

有政 吏曹參議李龍雨兵曹判書李載元進

以姜運重爲修撰 朴宗鉉趙鍾雲爲副修撰 宋近洙爲刑曹判書 李寅命爲漢城判尹 尹秉鼎爲漢城右尹 李胄榮爲大司成 鄭順朝南廷益爲同成均 李敎獻爲春川府使 閔宗鎬爲訓鍊都正 柳冀大爲慶尙左兵使 朴來萬爲知經筵 尹泰經爲同經筵 朴履道兪晩源爲同春秋 李源命爲藝文提學 金守鉉爲童蒙敎官 張基澤爲順康園守奉官 守鉉以下 竝初仕也

1235.

건명 : 慶尙左兵使 柳冀大를 改差함

발신처 : 高宗

검색어 : 慶尙左兵使, 柳冀大, 改差, 親年, 呈狀

출처 : 高宗 16年 己卯 6月 16日 ; 72-810下~811上

改差童蒙教官金守鉉慶尙左兵使柳冀大

守鉉 以身病呈狀 吏曹啓請 改差也 冀大 以親年呈狀 兵曹啓請 改差也

1236.

건명 : 白樂薰을 慶尙左兵使로 삼음

발신처 : 高宗

검색어 : 白樂薰, 慶尙左兵使

출처 : 高宗 16年 己卯 6月 16日 ; 72-811上

有政 吏曹參議李龍雨兵曹判書李載元進

○ (前略) 洪鍾觀爲韓山郡守 李耕稙爲順安縣令 吳俊泳爲副總管 白樂薰爲慶尙左兵使 金永謨爲左衛率

1237.

건명 : 慶尙左兵使 白樂薰을 改差함

발신처 : 高宗

검색어 : 改差, 慶尙左兵使, 白樂薰, 親年呈狀

출처 : 高宗 16年 己卯 7月 20日 ; 72-851上

改差慶尙左兵使白樂薰

樂薰 以親年呈狀 兵曹啓請 改差也

1238.

건명 : 具駿鉉을 慶尙左兵使로 삼음

발신처 : 高宗

검색어 : 具駿鉉, 慶尙左兵使, 初仕

출처 : 高宗 16年 己卯 7月 20日 ; 72-851下

有政 吏曹判書閔謙鎬兵曹判書李載元進

(前略) ○ (前略) 李熙榮爲輪城察訪 申正熙爲副總管 李南軾爲同知 具駿鉉爲慶尙左兵使 姜達馨爲永宗僉使 李瑗儀爲靑山島僉使 李謇熙爲高山里僉使 元顯昌爲守門將趙載五爲宣傳官 顯昌以下 竝初仕也

1239.

건명 : 申在儉을 慶尙左兵使로 삼음

발신처 : 高宗

검색어 : 申在儉, 慶尙左兵使, 初仕

출처 : 高宗 16年 己卯 7月 23日 ; 72-854上

有政

以趙東弼爲修撰 金玉均金熙國爲副修撰 李玄瑞爲副總管 李冕熙爲同知 吳元模爲武兼 尙周鉉爲部將 劉世祐孫應岐爲守門將 尹秉綬爲右洗馬 李東濬爲仁遮外權管 元模以下 竝初仕也 申在儉爲慶尙左兵使

1240.

건명 : 別厲祭 設行에 대한 慶尙監司 李根弼의 馳啓

발신처 : 慶尙監司 李根弼

검색어 : 慶尙監司, 李根弼, 蔚山, 彦陽, 別厲祭

출처 : 高宗 16年 己卯 7月 29日 ; 72-858上~下

慶尙監司李根弼以別厲祭設行馳啓

狀啓以爲 去月晦間一種沴氣 自東萊始發 延及於梁山蔚山金海昌原密陽彦陽慶州永川淸道等邑 其證似霍 不病者鮮 病而甦者亦鮮 有若風驅雹過 或全洞相染 或闔家俱死 傳聞驚慘 自今月旬間 臣營下駸駸滋蔓在前 如此之時 別厲祭設行 有廟堂分付 則先事祈禳 恐不可別厲祭及今設行事 請令廟堂 稟旨分付

1241.

건명 : 慶尙左兵使 李泰鉉이 倭物庫舍를 絶影島에 結構한 내용을 아룀

발신처 : 慶尙左兵使 李泰鉉

검색어 : 慶尙左兵使, 李泰鉉, 倭物庫舍, 絶影島, 譯學, 劉光杓, 管理官倭, 和賣

출처 : 高宗 16年 己卯 8月 初4日 ; 72-864下~865上

慶尙左兵使李泰鉉以倭物庫舍結構於絶影島馳啓

狀啓以爲 七月初十日到付 釜山僉使任衡準馳報內 卽接譯學劉光杓手本 則管理官倭言內 見今沴氣大熾 館市和賣 姑爲停廢 輸來種儲 積無處勢 將庫舍數間 方營結構於絶影島西邊 自館所航之地云 故詰責曰 前此結幕已是規外 況又說庫是何道理耶 答以儲積難便暫此結構云矣 卽往看審則庫舍六間 果爲設置於同島西邊 湫末故卽速撤去之意 另加責諭云 而彼倭之謂以物件儲積 又此夤緣結構亦甚狡惡 連加責諭卽速撤去之意 嚴飭題送

1242.

건명 : 公納을 愆滯한 蔚山府使 朴齊萬 등을 罷拿함

발신처 : 武衛所

검색어 : 武衛所, 公納愆滯, 公作米, 蔚山府使, 朴齊萬

출처 : 高宗 16年 己卯 8月 29日 ; 72-889下~890下

武衛所戶曹宣惠廳竝以公納愆滯邑守令請罷拿啓

武衛所啓言 本所所納公作米太木代錢之經歲愆滯數 甚夥多屢度關飭之下 外邑慢不動念 未納各邑守令 所當一竝論勘 而特有斟量區別 多至三萬餘兩 少不下四五千兩者 斷不可一向容貸 前任守令若係當等所納 亦不可以已遞勿論 蔚山府使朴齊萬 仁同府使鄭弘采 漆谷府使尹錫仁 機張縣監朴齊恒 竝爲先罷黜 令該府拿問勘處 (中略)

1243.

건명 : 李基赫을 慶尙左兵使로 삼음

발신처 : 高宗

검색어 : 李基赫, 慶尙左兵使, 初仕

출처 : 高宗 16年 己卯 9月 20日 ; 72-908上

有政 吏曹參議徐鶴淳兵曹判書宋近洙進

(前略) ○ 以李升洙爲禮曹判書 韓敬源爲知經筵 洪徹周爲同義禁 鄭雲星爲江界府使 李乾夏爲副總管 李基赫爲慶尙左兵使 南錫熙爲宣傳官 洪在駿爲武兼 李學林李容秀爲部將 李弼鉉李豊熙爲守門將 錫熙以下 竝初仕也

1244.

건명 : 彦陽縣監 李容觀을 宣傳官으로 삼음

발신처 : 高宗

검색어 : 彦陽縣監, 李容觀, 宣傳官, 加設單付, 口傳單付

출처 : 高宗 16年 己卯 10月 初6日 ; 72-923上

命彦陽縣監李容觀宣傳官加設單付

教曰 彦陽縣監李容觀 令該曹宣傳官 加設口傳單付 使之承傳擧行

1245.

건명 : 慶尙左兵使 李泰鉉이 火輪船의 入歸를 아룀

발신처 : 慶尙左兵使 李泰鉉

검색어 : 慶尙左兵使, 李泰鉉, 釜山僉使, 任衡準, 火輪船, 倭海軍, 少佐, 靑木住眞

출처 : 高宗 16年 己卯 10月 初6日 ; 72-923上~下

慶尙左兵使李泰鉉以火輪船入歸馳啓

狀啓以爲 九月初六日 釜山僉使任衡準馳報 八月二十八日 回到兩帆火輪船一隻 艦長倭海軍少佐靑木住眞 代理公使花房義質 從倭六名隨員 倭外務權少書記官近藤眞鋤 海軍太尉木藤貞良 陸軍中尉海津三雄 外務四等屬奧義制 五等屬石幡貞 八等屬三坂邦寧 海軍一等警吏猪俣重雄 二等筆記新莊鏡 外務等外二等千賀方利 等外三等小野勝義 公使護衛兵三十名 士官水火夫一百四十名 留館權小錄中野許太郎 醫倭一人 通事倭三人 下代倭六名等 同騎管理官 倭私書一度載持初二日酉時 發船入歸

1246.

건명 : 李晩鉉을 彦陽縣監으로 삼음

발신처 : 高宗

검색어 : 李晩鉉, 彦陽縣監

출처 : 高宗 16年 己卯 10月 12日 ; 72-928下

有政 吏曹參議韓喆愚進

以朴鼎和爲富寧府使 李晩鉉爲彦陽縣監

1247.

건명 : 慶尙左兵使 李泰鉉이 絶影島 倭人이 庫舍를 結構했다 撤去함을 아룀

발신처 : 慶尙左兵使 李泰鉉

검색어 : 慶尙左兵使, 李泰鉉, 留館倭, 絶影島, 倭人, 釜山僉使, 任衡準

출처 : 高宗 16年 己卯 10月 12日 ; 72-928下

慶尙左兵使李泰鉉以絶影島倭人結構庫舍撤去馳啓

狀啓以爲 留館倭等 結幕四間於絶影島東邊 設庫六間於同島西邊 緣由已爲馳啓 而本月二十二日 釜山僉使任衡準馳報內 卽接譯學劉光杓手本內 管理官倭言內 絶影島儲積物件 已盡區劃 結構庫舍 今爲撤去云 以病幕一 竝曉喩撤去之意 譯學處傳令申飭

1248.

건명 : 太僕寺의 각 道 牧場馬畜數爻啓 가운데 울산 부분

발신처 : 太僕寺

검색어 : 各道牧場馬畜數爻啓, 蔚山, 監牧官, 金英燮, 戊寅籍付馬, 秋等馬總

출처 : 高宗 17年 庚辰 正月 21日 ; 73-47上~49上

太僕寺以各道牧場馬畜數爻啓

(前略) 蔚山長鬐等 監牧官金英燮 所管二牧場 戊寅籍付馬五百二十七匹 今生五十四匹 秋等不報合五百八十一匹內 封進四匹 故失三十二匹 除今年實留放壯兒雌雄 竝五百四十六匹內 壯雌一百八十一匹 一年應孶五十四匹 今生五十四匹準 (中略) 已上 今年實留放壯兒雌雄馬竝五千二百四十八匹 ○ 該寺啓言 蔚山秋等馬總尙今不報 故以春等所報錄啓 事體駭然 當該監牧官金英燮 請令該府 拿問處之 教 以特爲安徐

1249.

건명 : 慶尙左兵使 李基赫을 推考함

발신처 : 政院

검색어 : 慶尙左兵使, 李基赫, 聚點, 推考

출처 : 高宗 17年 庚辰 4月 17日 ; 73-115下

推慶尙左兵使李基赫

政院啓言 卽見慶尙左兵使李基赫聚點狀啓 則靈山縣監趙容熙之容字誤以宅字書之 奏御文字何等審愼 而如是錯誤 事甚未安 請推考 允之

1250.

건명 : 慶尙左兵使 李基赫이 洋船이 離發함을 아뢴 내용
발신처 : 慶尙左兵使 李基赫
검색어 : 慶尙左兵使, 李基赫, 異樣船, 問情, 洋船, 譯學, 劉光杓, 書契
출처 : 高宗 17年 庚辰 5月 初1日 ; 73-144上~下

慶尙左兵使李基赫以洋船離發馳啓

狀啓以爲 三帆異樣船問情纔已馳啓 而本月初一日 釜山僉使馳報內 上項船 去月二十九日 發船 直向外洋 仍無形跡云 初二日 譯學劉光杓手本內 縱小船出入裏許領事倭往來情狀 就館探問 則同倭答以當初洋船書契 使俺替納地方官 不得已齎往萊府 而退却不捧 故書契還完洋船 則洋人曰 事勢如此 不可久留 今方旋歸

1251.

건명 : 蔚山府使 朴齊萬 등에게 加資함
발신처 : 領議政 李最應
검색어 : 蔚山府使, 朴齊萬, 加資, 公納, 積年滯淹者, 嘉奬之典
출처 : 高宗 17年 庚辰 5月 25日 ; 73-169下~170上

命慶州府尹閔致序特加一資羅州牧使吳達善蔚山府使朴齊萬竝加資

領議政李最應啓言 (中略) 又啓言 羅州蔚山 近成弊局公納之積年滯淹者甚夥 而兩邑倅莅任各盡誠力 次第淸帳邑務民事 優有成效 宜施嘉奬之典 羅州牧使吳達善 蔚山府使朴齊萬 請竝特爲加資 從之

1252.

건명 : 火輪船의 問情 내용을 아뢴 慶尙左兵使 李基赫의 狀啓
발신처 : 慶尙左兵使 李基赫
검색어 : 慶尙左兵使, 李基赫, 釜山僉使, 任衡準, 龜峯, 姜成郁, 火輪船, 問情, 修信使, 東京, 譯學, 劉光杓
출처 : 高宗 17年 庚辰 8月 初5日 ; 73-237下~238下

慶尙左兵使李基赫以火輪船問情馳啓

狀啓以爲 本月十二日辰時到付釜山僉使任衡準馳報內 初九日酉時到付龜峯烽軍姜成郁進告內 當日申時 三帆火輪船一隻 自東溟出來 兩帆火輪船一隻 自水宗出來 酉時到黑巖前洋 俱爲下碇 十三日申時到付內僉使馳報內 初十日午時到付譯學劉光杓手本內 火輪船二隻中卽往問情 則第一隻段 兩帆火輪船中 船主倭德田幾雄 格倭二十名 同騎航海 公證及領事官倭了私書一度 東萊府修信使一行私書二度 齎持出來矣 船主倭言內俺等船一隻 貴國修信使行同騎 去月二十五日申時自水門外發船 二十六日酉時到長門州東關 二十七日卯時離發 二十九日巳時到攝津州神戶 本船狹窄 有難亘涉 信使一行移騎於他火輪船原騎中 浦瀨裕一人 住永一人 下代倭二名 護行次仍爲同騎 七月初四日卯時 發向東京 而神戶之距京 無過火船三日之程矣 到京遲速 果未詳知 信使一行 私書二度 逢授以來 而留館商賈所貿 唐木四千疋 尺銅三百稱 含錫一百稱 布五百疋 糧米石炭各一百石載持 今月初六日發船 昨日酉時 他火輪船相逢黑巖前洋 同爲下碇 今日申時 水門外到泊矣 以上項私書二度捧上 上送于東萊府第二隻段 三帆火輪船中 艦長倭海軍少佐瀧野直俊 士官十七名 水火夫一百二十七名 通事倭二人等同騎 總領事官倭 私書一度 載持回泊矣 艦長倭言內俺等船一隻 五月十六日午時 自水門外發船 十八日未時到元山浦 原騎中 下代倭五名下陸留館 俺等船留連守護 當初所載軍器什物仍載糧米石炭 各一百石竝載 今月初七日巳時發船 昨日酉時 與他火船一隻黑巖前洋下碇 今日辰時 水門外同爲到泊云 而船飾諸具與前無異不爲擧論矣 以修信使行到東京與否 還次遲速 嗣後船便詳探以來之意 譯學處傳令申飭

1253.

건명 : 慶尙左兵使 李基赫을 重推함

발신처 : 統理機務衙門

검색어 : 統理機務衙門, 重推, 慶尙左兵使, 李基赫

출처 : 高宗 18年 辛巳 3月 15日 ; 73-471上

重推慶尙左兵使李基赫

統理機務衙門啓言 卽見慶尙左兵使李基赫狀啓 則本衙門新設 啓下文

蹟之擅自刪節 縱因昧例 事體所在極涉駭忽 請該帥臣 施以重推之典
允之

1254.

건명 : 彦陽縣監 李晩鉉이 母喪을 당했음을 아뢴 내용

발신처 : 慶尙監司 尹滋承

검색어 : 慶尙監司, 尹滋承, 彦陽縣監, 李晩鉉, 母喪

출처 : 高宗 18年 辛巳 3月 17日 ; 73-472下

慶尙監司尹滋承以彦陽縣監李晩鉉去月二十三日遭母喪馳啓

1255.

건명 : 權一圭를 彦陽縣監으로 삼음

발신처 : 高宗

검색어 : 彦陽縣監, 孟山縣監, 權一圭, 初仕

출처 : 高宗 18年 辛巳 4月 初1日 ; 73-495上

有政 吏曹判書金炳始兵曹判書閔台鎬進

(前略) 又敎曰 彦陽縣監之代 孟山縣監權一圭擬入 (中略) ○ 以趙秉鎬爲工曹參判 尹秉鼎爲知義禁 金元性爲同春秋 金益成爲舒川郡守 金泰麟爲昌原府使 權一圭爲彦陽縣監 鄭雲翼爲同知 李可熙爲部將 李啓錫爲守門將 李熙德爲南道參軍 可熙以下 竝初仕也 (下略)

1256.

건명 : 太僕寺의 각 道 牧場馬畜數爻啓 가운데 울산 부분

발신처 : 太僕寺

검색어 : 各道牧場馬畜數爻啓蔚山, 監牧官, 閔致億, 己卯籍付馬, 各邑分養捉給馬

출처 : 高宗 18年 辛巳 5月 25日 ; 73-401上~403上

太僕以各道牧場馬畜數爻啓

(前略) 蔚山長鬐等 監牧官閔致億 所管二牧場 己卯籍付馬五百四十六匹 今生馬六十七匹 合馬六百十三匹內 封進馬四匹 故失馬八十九匹 除今年實留放壯兒雌雄馬 幷五百二十匹內 壯雌馬一百八十二匹 一年

應孳産馬五十四匹 今生馬六十三匹 加報九匹 (中略) 已上 己卯籍付馬五千二百四十八匹 今生馬四百六十三匹 合馬五千七百十一匹內 封進馬四十三匹 各邑分養捉給馬四匹 故失馬三百二十六匹 合馬三百七十三匹 除今年實留放壯兒雌雄馬 幷五千三百三十八匹

1257.

건명 : 李泰鎭을 蔚山府使로 삼음

발신처 : 高宗

검색어 : 李泰鎭, 蔚山府使

출처 : 高宗 18年 辛巳 閏7月 初10日 ; 73-612下

以朴齊萬爲淸州牧使李泰鎭爲蔚山府使

敎曰 淸州牧使之代 蔚山府使朴齊萬除授 蔚山府使之代 前牧使李泰鎭除授 令該曹 口傳下批 ○ 吏曹 以齊萬解由未出 泰鎭年限已過啓稟竝敎 以勿拘

1258.

건명 : 慶尙左兵使 李基赫을 仍任하도록 함

발신처 : 議政府

검색어 : 慶尙左兵使, 李基赫, 仍任, 蔚梱, 箇滿

출처 : 高宗 18年 辛巳 8月 15日 ; 73-645下

命慶尙左兵使李基赫仍任

議政府啓言 蔚梱已箇滿矣 聲績茂著 軍民惜去 該兵使李基赫 請限一瓜仍任 允之

1259.

건명 : 太僕寺의 각 道 牧場馬畜數爻啓 가운데 울산 부분

발신처 : 太僕寺

검색어 : 各道牧場馬畜數爻啓, 蔚山, 監牧官, 閔致億, 閔泳夏, 庚辰籍付馬, 各色分養捉給

출처 : 高宗 18年 辛巳 12月 29日 ; 73-787上~789下

太僕寺以各道牧場馬畜數爻啓

(前略) 蔚山長鬐等監牧官 前任閔致億 時任閔泳夏 所管二牧場 庚辰籍付馬五百二十匹 前任閔致億所報 今生五十八匹 時任閔泳夏所報今生四匹合五百八十二匹內 封進四匹 前任閔致億所報 故失三十六匹時任閔泳夏所報 故失三十一匹 除今年實留放壯兒雌雄 竝五百十一匹內 壯雌一百九十二匹 一年應孳五十七匹 今生六十二匹 加報五匹 (中略) 已上 庚辰籍付馬五千三百三十八匹 今生四百八十五匹 合五千八百二十三匹內 封進三十九匹 各色分養捉給四匹 故失四百四十四匹合四百八十七匹 除今年實留放壯兒雌雄 竝五千三百三十六匹

1260.

건명 : 金樂均을 蔚山府使에 임명함

발신처 : 高宗

검색어 : 初仕, 楊州牧使, 蔚山府使, 李泰鎭, 金樂均, 蔚山府使

출처 : 高宗 19年 壬午 3月 23日 ; 73-853上

有政 吏曹判書閔泳緯進

(前略) 又敎曰 楊州牧使之代 蔚山府使李泰鎭除授 又敎曰 (中略) 朴奎東爲淸州牧使 李兢柱爲利川府使 李泰鎭爲楊州牧使 趙慶鎬爲禮曹判書 金樂均爲蔚山府使 朴齊寬爲判尹 任慶準漢城庶尹

1261.

건명 : 罪人 金炳濬 등을 彦陽縣 邊遠充軍定配所에 보냄

발신처 : 刑曹

검색어 : 慶科庭試, 武科初試, 疊錄罪人, 彦陽縣, 邊遠充軍定配所

출처 : 高宗 19年 壬午 4月 26日 ; 73-878上

秋曹 以慶科庭試武科初試疊錄罪人 鄭斗永鐵山府 金炳濬彦陽 邊遠充軍定配所幷卽押送啓

1262.

건명 : 孫亮肅을 慶尙左兵使로 삼음

발신처 : 高宗

검색어 : 孫亮肅, 慶尙左兵使, 金載佑, 西生浦僉使

출처 : 高宗 19年 壬午 6月 22日 ; 73-929上~下

有政 吏曹判書鄭範朝進

(前略) ○ 以洪正厚爲執義 宋道淳爲持平 趙東協爲正言 姜凡秀爲安城郡守 趙熙百爲楊根郡守 徐衡淳成彛鎬爲知事 金箕錫爲知訓鍊 沈東臣許熠李祉秀爲同知 孫亮肅爲慶尙左兵使 沈宜弘爲忠淸水使 元世熉爲統制中軍 尹錫五爲鎭撫中軍 李淸烈爲靑山島僉使 李曾宇爲城津僉使 黃鎭奎爲黃海中軍 梁弼煥爲高山里僉使 金載佑爲西生浦僉使 林亨湜爲廣梁僉使 吳胤永爲坡州牧使 鄭基雨爲珍山郡守 韓昌錫爲金城縣令 孫相駿爲盈德縣令 洪永周爲黃澗縣令 李徽宰爲榮川郡守 徐相熙爲開寧縣監

1263.

건명 : 慶尙左兵使 孫亮肅을 改差함

발신처 : 高宗

검색어 : 改差, 慶尙左兵使, 孫亮肅, 身病呈狀

출처 : 高宗 19年 壬午 7月 28日 ; 73-964上

改差慶尙左兵使孫亮肅

亮肅 以身病呈狀 兵曹啓請 改差也

1264.

건명 : 李奎遠을 慶尙左兵使로 삼음

발신처 : 高宗

검색어 : 慶尙左兵使, 李奎遠

출처 : 高宗 19年 壬午 7月 28日 ; 73-964上

以李奎遠爲慶尙左兵使

敎曰 慶尙左兵使有闕之代行 副護軍李奎遠除授

1265.

건명 : 蔚山府 頹戶에 대하여 恤典함

발신처 : 慶尙監司 尹滋承

검색어 : 蔚山府, 民家頹壓, 頹戶, 恤典

출처 : 高宗 19年 壬午 8月 初10日 ; 74-29下

給蔚山府頹戶恤典

慶尙監司尹滋承 以今月初三日之雨 蔚山府民家頹壓爲六十三戶 馳啓教 以當此西成之時 民家頹壓 若是夥多聞甚矜惻 元恤典外別加顧助結構奠接之方 廟堂措辭分付

1266.

건명 : 蔚山 幼學 李敬權이 時務에 대한 陳言

발신처 : 蔚山 幼學 李敬權

검색어 : 蔚山, 幼學, 李敬權, 三南, 移粟, 荒政

출처 : 高宗 19年 壬午 8月 初10日 ; 74-33上

蔚山幼學李敬權疏陳時務賜批

疏略曰 今天下萬國共立公法相守私好者 天道周星一變氣數如之何 獨一東方自守 若浼偏受各國之怨乎 外國之人雜處於都下 交貨謀利不無他日 成隙之慮不可不豫備 而爲防禦之策也 願殿下實倉庫而儲糧穀擇善將而修兵器 方今上國之兵臨陣中外 日國之人雜處絡繹浮訛之說有一毫之差 則反以受侮也 自今如有訛言之傳播者 不可不洞禁鋤治者也 近年火賊愈往愈甚 此非小變亦不可不洞禁而剿滅者也 八域之內京畿一道 多月亢旱野無靑草 見今三南豊稔米賤價歇 若不於此時轉運備儲 則江漢氷合船路不通 雖欲移粟不可得也 願殿下早備糧道以活百姓批以畿內旱歉 實爲可悶移粟之策 亦荒政之一法也

1267.

건명 : 太僕寺의 각 牧場馬畜數爻啓 가운데 울산 부분

발신처 : 太僕寺

검색어 : 各牧場馬畜數爻啓, 蔚山, 監牧官, 閔泳夏, 吳致沃, 辛巳籍付馬

출처 : 高宗 19年 壬午 8月 初10日 ; 74-185上~188上

太僕以各牧場馬畜數爻啓

(前略) 蔚山長鬐等監牧官 前任閔泳夏 時任吳致沃 所管二牧場 辛巳籍付馬五百十一匹 前任閔泳夏所報 今生馬五十七匹 時任吳致沃所報今生馬四匹 合馬五百七十二匹內 封進馬四匹 前任閔泳夏所報 故失

馬三十二匹 時任吳致沃所報 故失馬三十匹 除今年實留放壯兒雌雄馬 竝五百六匹內 壯雌馬二百三匹 一年應孳産馬六十一匹 今生馬六十一匹準 (中略) 已上 辛巳籍付馬五千三百三十六匹 今生馬四百六十匹 合馬五千七百九十六匹內 封進馬四十三匹 別封進馬五十匹 各邑分養捉給馬四匹 故失馬二百九十三匹 遺失馬一百四十二匹 合馬五百三十二匹 除今年實留放壯兒雌雄馬 竝五千二百六十四匹

1268.

건명 : 梁柱華를 慶尙左兵使로 삼음

발신처 : 高宗

검색어 : 梁柱華, 慶尙左兵使

출처 : 高宗 19年 壬午 9月 23日 ; 74-51上

有政 吏曹判書李載元進

(前略) ○ 兵批 以李寅命爲知事 朴齊萬爲都總管 洪澈周爲同知 孫亮肅爲副總管 鄭雲翼爲忠淸兵使 梁柱華爲慶尙左兵使 金寅浩爲高嶺僉使

1269.

건명 : 金華鑠을 彦陽縣에 定配함

발신처 : 義禁府

검색어 : 金華鑠, 慶尙道, 彦陽縣, 遠惡地定配

출처 : 高宗 19年 壬午 11月 13日 ; 74-119上

配金華鑠于彦陽縣

義禁府啓言 時囚罪人金華鑠 慶尙道彦陽縣遠惡地定配 依例請押送 允之

1270.

건명 : 帳籍 總攷의 기한을 넘긴 守令을 拿處함

발신처 : 漢城府

검색어 : 帳籍總攷, 違限, 拿處, 彦陽

출처 : 高宗 19年 壬午 12月 初1日 ; 74-142上~下

命帳籍總攷之違限守令拿處

漢城府啓言 京內京外帳籍總攷 每式年十二月初一日修啓 而恩津礪山金堤海南彦陽昌原 屢度關飭 尙稽違限 未卽修啓 極爲未安 諸守令拿問勘處 帳籍罔夜上送 竝與各道帳籍總攷 請同爲修啓 允之

1271.

건명 : 彦陽縣監 權一圭 등을 拿問 勘處함
발신처 : 義禁府
검색어 : 彦陽縣監, 權一圭, 拿問
출처 : 高宗 19年 壬午 12月 初6日 ; 74-150上

命李承紀等待待命拿囚

義禁府啓言 恩津前縣監李承紀 礪山前府使金宜柄 金堤前郡守李渭在 海南縣監閔泳完 彦陽縣監權一圭 昌原府使崔致永等 拿問勘處事 傳旨啓下矣 金宜柄今方待命拿囚 崔致永時在任所 依例發遣 府書吏交代後拿來 李渭在下去忠淸道木川地 李承紀 以連山縣監時在任所 閔泳完權一圭俱在任所云 請依例發遣 府羅將拿來 教 以待待拿囚

1272.

건명 : 彦陽縣監 權一圭를 口傳 相換함
발신처 : 高宗
검색어 : 彦陽縣監, 權一圭, 口傳相換
출처 : 高宗 20年 癸未 2月 20日 ; 74-204上~下

命機張縣監盧悳鎭康翎縣監李圭明以下相換

教曰 機張縣監盧悳鎭 康翎縣監李圭明 旌義縣監金養善 平海郡守柳珽 熊川縣監李啓錫 彦陽縣監權一圭 令該曹 口傳相換

1273.

건명 : 韓億吉을 蔚山監牧官으로 삼음
발신처 : 高宗
검색어 : 韓億吉, 蔚山監牧官
출처 : 高宗 20年 癸未 6月 19日 ; 74-327上

有政 吏曹判書閔泳穆兵曹判書韓敬源進

(前略) ○ 再政 (中略) 嚴世永爲同成均 丁若豊爲平壤中軍 崔英煥爲全羅右水虞候 韓億吉爲蔚山監牧官

1274.

건명 : 蔚山前府使 金樂均 등을 推考함

발신처 : 吏曹

검색어 : 慶尙左道暗行御史, 李道宰, 蔚山前府使, 金樂均, 停還, 彦陽前縣監, 權一圭, 情費錢, 加斂, 推考

출처 : 高宗 20年 癸未 7月 初6日 ; 74-350上~下

吏曹以慶尙左道暗行御史李道宰書啓覆啓

該曹啓言 觀此慶尙左道暗行御史李道宰書啓 則安東前府使李雲夏 密陽前府使吳章默 榮川前郡守孫相駿 豊基前郡守李晩昇 軍威前縣監鄭在範 機張前縣監柳寅衡等 繡啓旣請 令攸司稟處 更無可論 (中略) 蔚山前府使金樂均 停還後捧糴 作夫前挪結 龍安前縣監朴孝容 訟多健忘顚倒失常彦陽前縣監權一圭 情費錢之濫排箋差費之加斂 (中略) 上項 六邑守令 一驛察訪 從重推考 (中略) 其外梱帥中軍營將虞侯邊將監牧官等 令兵曹 請稟處 允之

1275.

건명 : 太僕寺의 각 道 牧場馬畜數爻啓 가운데 울산 부분

발신처 : 太僕寺

검색어 : 各道牧場馬畜數爻啓, 蔚山, 監牧官, 吳致沃, 韓億吉, 壬午籍付馬

출처 : 高宗 20年 癸未 7月 初6日 ; 74-350上~下

太僕寺以各道牧場馬畜數爻啓

(前略) 蔚山長鬐等 監牧官前任吳致沃 時任韓億吉 所管二牧場 壬午籍付馬五百六匹 前任吳致沃所報 今生五十六匹 時任韓億吉所報 今生四匹 合五百六十六匹內 封進四匹 吳致沃所報 故失三十三匹 韓億吉所報 故失二十五匹 除今年實留放壯兒雌雄 竝五百四匹內 壯雌一百九十一匹 一年應孶五十七匹 今生六十匹 加報三匹 (中略) 已上 今年實留放壯兒雌雄馬 竝四千八百五十八匹

1276.

건명 : 蔚山府使 金樂均의 身死에 대한 보고

발신처 : 慶尙監司 趙康夏

검색어 : 慶尙監司, 趙康夏, 蔚山府使, 金樂均, 身死

출처 : 高宗 21年 甲申 3月 13日 ; 74-594上

慶尙監司趙康夏以蔚山府使金樂均身死馳啓

1277.

건명 : 慶尙左兵使 李熙忠을 改差함

발신처 : 高宗

검색어 : 慶尙左兵使, 李熙忠, 改差

출처 : 高宗 21年 甲申 3月 15日 ; 74-596下

改差假監役金容實金應律李寬童蒙教官權鍾學慶尙左兵使李熙忠
容實等 俱以身病呈狀 吏兵曹啓請 改差也

1278.

건명 : 鄭璣相을 蔚山府使, 具然泓을 慶尙左兵使로 삼음

발신처 : 高宗

검색어 : 鄭璣相, 蔚山府使, 具然泓, 慶尙左兵使

출처 : 高宗 21年 甲申 3月 15日 ; 74-596下

有政 吏曹參議沈相薰兵曹判書鄭範朝進
以兪鎭奎爲校理 鄭璣相爲蔚山府使 具然泓爲慶尙左兵使 (下略)

1279.

건명 : 慶尙左兵使 具然泓을 改差함

발신처 : 高宗

검색어 : 改差, 慶尙左兵使, 具然泓

출처 : 高宗 21年 甲申 3月 28日 ; 74-612下

改差假監役金泓根金以成全孟述慶尙左兵使具然泓
泓根等 俱以身病呈狀 吏兵曹啓請 改差也

1280.

건명 : 安鼎玉을 慶尙左兵使로 삼음

발신처 : 高宗

검색어 : 安鼎玉, 慶尙左兵使

출처 : 高宗 21年 甲申 3月 28日 ; 74-612下

有政 吏曹參判韓喆愚兵曹判書鄭範朝進

(前略) ○ 以李敏銖爲同敦寧 沈東臣爲工曹參判 閔泳駿爲寧邊府使 安鼎玉爲慶尙左兵使 申鴻均爲惠山僉使 (下略)

1281.

건명 : 慶尙左兵使 安鼎玉을 改差함

발신처 : 高宗

검색어 : 改差, 慶尙左兵使, 安鼎玉, 親年呈狀

출처 : 高宗 21年 甲申 4月 初6日 ; 74-620下

遞同敦寧金炳翊改差慶尙左兵使安鼎玉

教曰 在外同敦寧 許遞今日政差出 ○ 鼎玉 以親年呈狀 兵曹啓請 改差也

1282.

건명 : 白樂贇을 慶尙左兵使로 삼음

발신처 : 高宗

검색어 : 白樂贇, 慶尙左兵使, 初仕

출처 : 高宗 21年 甲申 4月 初6日 ; 74-620下

有政 吏曹參判韓喆愚兵曹判書鄭範朝進

以趙秉世爲同敦寧 洪淳學爲監理 白樂贇爲慶尙左兵使 李承禎爲守門將 再政 以趙羲泰金錡 安教述爲假監役 承禎以下 初仕也

1283.

건명 : 趙存昇을 慶尙左兵使로 삼음

발신처 : 高宗

검색어 : 趙存昇, 慶尙左兵使, 初仕

출처 : 高宗 21年 甲申 4月 12日 ; 74-626下
有政 吏曹參判韓喆愚進
以趙存昇爲慶尙左兵使 李在敬爲大司諫 曺國煥權應濂崔載性爲假監役 煥國以下 初仕也

1284.

건명 : 慶尙左兵使 趙存昇을 改差함
발신처 : 高宗
검색어 : 慶尙左兵使, 趙存昇, 身病呈狀, 改差
출처 : 高宗 21年 甲申 5月 初9日 ; 74-648上
改差慶尙左兵使趙存昇假監役鄭在穆任奭常殷斗哲
存昇等 以身病呈狀 兵吏曹啓請 改差也

1285.

건명 : 李敎應를 慶尙左兵使로 삼음
발신처 : 高宗
검색어 : 李敎應, 慶尙左兵使, 初仕
출처 : 高宗 21年 甲申 5月 初9日 ; 74-648上
有政 吏曹判書沈履澤兵曹判書閔泳穆
(前略) 以沈宜弘爲全羅兵使 李敎應爲慶尙左兵使 廉赫奎爲三千浦權管 閔周植爲守門將 赫奎以下 初仕也

1286.

건명 : 慶尙左兵使 李敎應을 改差함
발신처 : 高宗
검색어 : 改差, 親年呈狀, 慶尙左兵使, 李敎應
출처 : 高宗 21年 甲申 5月 18日 ; 74-655下
改差假監役金信熙鄭樂鳳任泰景全羅兵使沈宜弘慶尙左兵使李敎應
信熙宜弘等 俱以身病與親年呈狀 吏兵曹啓請 改差也

1287.

건명 : 閔京鎬를 慶尙左兵使로 삼음

발신처 : 高宗

검색어 : 閔京鎬, 慶尙左兵使

출처 : 高宗 21年 甲申 5月 18日 ; 74-655下

有政 吏曹參議朴鳳彬兵曹判書閔泳穆進

以曺始永爲副修撰 李世宰爲工曹判書 李昌濂爲全羅兵使 閔京鎬爲慶尙左兵使 (下略)

1288.

건명 : 李啓錫을 碧潼郡守로 삼음

발신처 : 高宗

검색어 : 碧潼郡守, 彦陽縣監, 李啓錫

출처 : 高宗 21年 甲申 6月 28日 ; 74-731上

以李晩綏爲高靈縣監李啓錫爲碧潼郡守

敎曰 高靈縣監有闕之代 尙州牧使李晩綏除授 又敎曰 碧潼郡守有闕之代 彦陽縣監李啓錫除授

1289.

건명 : 李奎咼을 彦陽縣監으로 삼음

발신처 : 高宗

검색어 : 李奎咼, 彦陽縣監

출처 : 高宗 21年 甲申 6月 30日 ; 74-734上~735上

都政下批 吏曹判書沈履澤參判兪晩源兵曹判書李載元進

(前略) ○ (前略) 沈宜哲爲茂山府使 趙羲周爲穩城府使 李升烈爲富寧府使 金箕斗爲萬頃縣令 李奎咼爲彦陽縣監 李鎬俊爲冬至兼謝恩正使申檀爲副使 尹榮植爲書狀官 承履祥莊錫泓爲正言 履祥錫泓及洪鍾協洪基泰朴壽昌白時洽 竝新通也 (下略)

1290.

건명 : 慶尙左兵使 閔敬鎬를 相換함

발신처 : 高宗
검색어 : 慶尙左兵使, 閔敬鎬, 相換
출처 : 高宗 21年 甲申 8月 16日 ; 74-780下

命羅州牧使趙奭永 居昌府使朴奎東 相換 黃海兵使尹錫五 慶尙左兵使閔敬鎬 相換

1291.

건명 : 秋億哲을 梟警하고 金鍾大 등을 刑配하도록 함
발신처 : 刑曹
검색어 : 李允基, 彦陽縣, 刑配, 放送, 左捕廳
출처 : 高宗 21年 甲申 8月 30日 ; 74-798下~799上

命秋億哲梟警金鍾大等竝刑配

刑曹啓言 觀此羅卒等之所供 則以吳鳳起橫被贓捉囚於左捕廳 而因其子守同 呼寃齊會欲爲救出 同參作挐之坊云矣 秋億哲段先發一言激動衆心紛挐之所由起諸招之所同然 縱其悖頑致此變怪首倡之目 無容更議 出付軍門亟施梟警 金鍾大等不念法紀敢肆悖習 同參起鬧之場焉 追隨從之律 各嚴刑一次後 金鍾大鐵山府 李允基彦陽縣 孟學先洪川縣 朴興千禮山縣 全學敎平山府 竝卽配送 吳守同段爲父稱寃容 或無怪由渠作梗 有難全恕嚴刑一次 請懲勵放送 允之

1292.

건명 : 李鍾晉을 慶尙左兵使로 삼음
발신처 : 高宗
검색어 : 李鍾晉, 慶尙左兵使, 口傳
출처 : 高宗 21年 甲申 11月 初4日 ; 74-925下~927下

以李鍾晉爲慶尙左兵使 口傳也

1293.

건명 : 太僕寺의 각 道 牧場馬畜數爻啓 가운데 울산 부분
발신처 : 太僕寺
검색어 : 各道牧場馬畜數爻啓, 蔚山, 監牧官, 韓億吉, 癸未籍付馬, 封進, 虎

囕

출처 : 高宗 21年 甲申 12月 30日 ; 74-925下~927下

太僕以各道牧場馬畜數爻啓

(前略) 蔚山長鬐等 監牧官韓億吉 所管二牧場 癸未籍付馬五百四匹 今生六十六匹 合五百七十匹內 封進四匹 虎囕二匹 故失六十四匹 除今年實留放壯兒雌雄 竝五百匹內 壯雌一百八十五匹 一年應孳五十五匹 今生六十六匹 加報十一匹 (中略) 已上 今年實留放壯兒雌雄 竝四千九百四十七匹

1294.

건명 : 蔚山府使와 金海府使를 相換함

발신처 : 高宗

검색어 : 蔚山府使, 鄭璣相, 相換, 加設單付

출처 : 高宗 22年 乙酉 4月 19日 ; 75-81上

命蔚山府使鄭璣相金海府使朴世秉相換三水府使崔得秀法聖僉使趙羲仁相換孟山縣監柳完秀堂上宣傳官加設單付

1295.

건명 : 慶尙監司와 慶尙左兵使가 火賊들을 梟警하고 馳啓함

발신처 : 慶尙左兵使

검색어 : 慶尙監司, 左兵使, 李鍾晉, 火賊, 具奉伊, 梟警

출처 : 高宗 22年 乙酉 12月 25日 ; 75-347上~下

慶尙監司南一祐以鎭海縣印符奪取火賊李大雄等三漢 今十七日梟警 ○ 左兵使李鍾晉 以火賊具奉伊等三漢今初十日梟警 竝馳啓

1296.

건명 : 太僕寺의 각 牧場 馬畜數爻 가운데 울산 부분

발신처 : 太僕寺

검색어 : 蔚山, 各道牧場馬畜數爻啓, 監牧官, 韓億吉, 甲申籍付馬

출처 : 高宗 22年 乙酉 12月 30日 ; 75-352上~353下

太僕以各道牧場馬畜數爻啓

江華兼監牧官草芝僉使金允熙所管二牧場 (中略) 蔚山長鬐等 監牧官 韓億吉 所管二牧場 甲申籍付馬五百匹 今生五十八匹 合五百五十八匹內 封進六匹 故失五十九匹 除今年實留放 壯兒雌雄竝四百九十三匹內 壯雌一百九十二匹 一年應孳五十七匹 今生五十八匹加報一匹 (下略)

1297.

건명 : 李鍾林을 彦陽縣監으로 삼음

발신처 : 吏曹

검색어 : 都政, 李鍾林, 彦陽縣監

출처 : 高宗 23年 丙戌 1月 30日 ; 75-392上~393上

都政下批 吏曹判書金壽鉉參判洪淳馨兵曹判書金永壽進

教曰 (中略) ○ 以鄭來濟爲同敦寧 崔丙斗爲萬頃縣令 李東燮爲泗川縣監 李鍾林爲彦陽縣監 (下略)

1298.

건명 : 鄭周永을 慶尙左兵使로 삼음

발신처 : 兵曹

검색어 : 慶尙左兵使, 鄭周永, 初仕

출처 : 高宗 23年 丙戌 4月 11日 ; 75-462下~463上

有政 吏曹參議李命宰兵曹判書金箕錫進

以南翊元金基璜爲持平 李範祖爲副校理 李義悳爲修撰 李載完爲判尹 丁大林爲同敦寧 金永悳爲大司成 李文永爲同義禁 李敏哲爲豊德府使 李奎鴻爲漆谷府使 鄭周永爲慶尙左兵使 金聲根爲同經筵 朴齊瑛爲後營 文案再政 以蔡亨默爲禁府都事 韓晉錫爲莊陵參奉 盧祥愚李炳洙李英儀爲假監役 亨默以下 初仕也

1299.

건명 : 慶尙左兵使 鄭周永을 改差함

발신처 : 兵曹

검색어 : 慶尙左兵使, 鄭周永, 改差, 身病呈狀

출처 : 高宗 23年 丙戌 4月 14日 ; 75-466下

遞承旨金商圭同敦寧丁大林改差假監役李達植申培模金天坤慶尙左兵使鄭周永以徐相祖爲承旨

教曰 左副承旨許遞 前望單子入之 又教曰 在外同敦寧敦寧都正許遞今日政 差出 ○ 達植等 以身病呈狀 吏兵曹啓請改差也

1300.

건명 : 柳瓚을 慶尙左兵使로 삼음

발신처 : 兵曹

검색어 : 慶尙左兵使, 柳瓚, 初仕

출처 : 高宗 23年 丙戌 4月 14日 ; 75-466下

有政 吏曹參議李命宰兵曹判書金箕錫進

以尹成鎭爲大司憲 尹禧永爲持平 趙秉轍爲同敦寧 尙澐爲漆谷府使劉興敏爲博川郡守 朴周陽爲右尹 柳瓚爲慶尙左兵使 申鉉哲爲康陵參奉 李重崙爲東部都事 韓聖會爲禁府都事 金德浩趙仁奎朴禎熙爲假監役 呂養燮爲部將 柳龍根 林尙默爲守門將 鉉哲以下 初仕也

1301.

건명 : 慶尙左兵使 柳瓚을 改差함

발신처 : 兵曹

검색어 : 慶尙左兵使, 柳瓚, 改差

출처 : 高宗 23年 丙戌 4月 18日 ; 75-471上

改差康陵參奉申鉉哲莊陵參奉韓晉錫假監役金德浩趙仁奎朴禎熙慶尙左兵使 柳瓚

鉉哲等 以身病呈狀 吏兵曹啓請 改差也

1302.

건명 : 金思翊을 慶尙左兵使로 삼음

발신처 : 兵曹

검색어 : 慶尙左兵使, 金思翊, 初仕

출처 : 高宗 23年 丙戌 4月 18日 ; 75-471上

有政 吏曹判書洪鍾軒兵曹判書金箕錫進

以李玄翼爲禮曹判書 鄭海崙爲工曹判書 李裕承爲同敦寧 李珪永爲禮曹參判 林翰洙爲知春秋 李啓魯爲同經筵 李重七金完秀爲同成均 金思翊爲慶尙左兵使 金斗植爲漆谷府使 徐瑨淳爲左參贊 金洛鉉爲工曹參判 李鍾禹爲康陵參奉 洪淳應爲莊陵參奉 韓觀洙爲禁府都事 吳命求權恒洙金秀達爲假監役 鍾禹以下初仕也

1303.

건명 : 慶尙左兵使 金思翊를 改差함

발신처 : 兵曹

검색어 : 慶尙左兵使, 金思翊, 改差, 身病呈狀

출처 : 高宗 23年 丙戌 4月 22日 ; 75-477上

改差假監役片永俊崔宅休金龍植禁府都事李鉉參莊陵參奉洪淳應康陵參奉李鍾禹慶尙左兵使金思翊

永俊等 以身病呈狀 吏兵曹啓請 改差也

1304.

건명 : 洪秉悳을 慶尙左兵使로 삼음

발신처 : 兵曹

검색어 : 慶尙左兵使, 洪秉悳, 初仕

출처 : 高宗 23年 丙戌 4月 22日 ; 75-477上~下

有政 吏曹判書洪鍾軒兵曹判書金箕錫進

以洪祐昌李元會爲知義禁 李源逸爲同經筵 朴周陽爲同義禁 安用鎬爲龍潭縣令 朴勝龍爲左翊衛 洪秉悳爲慶尙左兵使 任百璿爲莊陵參奉 洪鍾翊爲康陵參奉 鄭志完爲禁府都事 禹顯泰文壽得金鳳吉爲假監役 鄭雲杓爲部將 尹錫年崔錫麟 金正浩趙羲駿爲守門將 百璿以下 初仕也

1305.

건명 : 蔚山監牧官 韓億吉을 興陽監牧官에 除授함

발신처 : 高宗

검색어 : 蔚山監牧官, 韓億吉

출처 : 高宗 23年 丙戌 4月 26日 ; 75-481上

以馬箕昇爲敦寧都正金世熙爲嘉山郡守金聖澤爲海南縣監韓億吉爲興陽監牧官

敎曰 嘉山郡守馬箕昇 敦寧都正 除授 又敎曰 嘉山郡守之代 海南縣監金世熙 除授 又敎曰 海南縣監之代 興陽監牧官金聖澤 除授 興陽監牧官之代 蔚山監牧官韓億吉除授

1306.

건명 : 慶尙左兵使 洪秉憓을 改差함

발신처 : 高宗

검색어 : 慶尙左兵使, 洪秉憓, 親年呈狀, 改差

출처 : 高宗 23年 丙戌 4月 29日 ; 75-484上

改差假監役李圭璘李基丙申復均慶尙左兵使洪秉憓

圭璘等 以身病呈狀 秉憓以親年呈狀 吏兵曹啓請 改差他

1307.

건명 : 李敏承을 慶尙左兵使로 삼음

발신처 : 高宗

검색어 : 慶尙左兵使, 李敏承

출처 : 高宗 23年 丙戌 4月 29日 ; 75-484下

以閔泳煥爲觀象監提調李敏承爲慶尙左兵使

敎曰 觀象監提調 有闕之代 前望單子入之 又敎曰 慶尙左兵使之代 全羅左水使李敏承除授

1308.

건명 : 申錫元을 慶尙左兵使로 삼음

발신처 : 高宗

검색어 : 慶尙左兵使, 申錫元, 初仕

출처 : 高宗 23年 丙戌 5月 12日 ; 75-499下~500上

有政 吏曹參判金聲根兵曹參判鄭夏源進

敎曰 兵判旣已在外 其間行政 亞堂依例爲之 又敎曰 今日政 遷轉守令

勿拘常格 各別擇差 ○ 以金沃淳爲同敦寧 張錫龍爲同經筵 宋在華爲三嘉縣監 李肯鉉爲高陽郡守 李敏復爲順川郡守 閔泳韶爲同知 申錫元爲慶尙左兵使 再政 以李種元爲陰竹縣監 李好根爲交涉衙門主事 閔宅鎬爲禁府都事 吳學善爲部將 禹正善白南秀爲守門將 沈魯春金奎淳閔宗鎬爲假監役 宅鎬以下 初仕也

1309.

건명 : 慶尙左兵使 申錫元을 改差함

발신처 : 高宗

검색어 : 慶尙左兵使, 申錫元, 改差

출처 : 高宗 23年 丙戌 6月 4日 ; 75-518下

改差慶尙左兵使申錫源前營軍司馬閔丙承兵房徐丙懋

錫源 以身病呈狀 兵曹啓請 改差也 ○ 丙承等 有身病 該營啓請 改差也

1310.

건명 : 李敏皐를 慶尙左兵使로 삼음

발신처 : 高宗

검색어 : 慶尙左兵使, 李敏皐, 初仕

출처 : 高宗 23年 丙戌 6月 4日 ; 75-518下

有政 吏曹參議趙秉弼兵曹參判鄭夏源進

以姜友馨爲副修撰 李玄翼爲知敦寧 金奭鎭爲工曹參判 李敏皐爲慶尙左兵使再政 以鄭基會爲禮曹判書 趙秉稷爲同經筵 李乾夏爲同春秋 閔建鎬沈相弼爲禁府都事 許鑽爲部將 河肯一鄭文善爲守門將 金洛麟爲義陵參奉 建鎬以下 初仕也

1311.

건명 : 慶尙左兵使 李敏皐를 改差함

발신처 : 高宗

검색어 : 慶尙左兵使, 李敏皐, 改差

출처 : 高宗 23年 丙戌 6月 8日 ; 75-522上

改差慶尙左兵使李敏皐

敏皐 以身病呈狀 兵曹啓請 改差也

1312.

건명 : 崔致永을 慶尙左兵使로 삼음

발신처 : 高宗

검색어 : 慶尙左兵使, 崔致永, 初仕

출처 : 高宗 23年 丙戌 6月 8日 ; 75-522上

有政 吏曹參判金元性兵曹參判鄭夏源進

以鄭履源爲副應教 閔泳韶爲同敦寧 李秉文爲判義禁 沈相薰徐相雨爲同成均 朴周陽爲同知 崔致永爲慶尙左兵使 金始豊爲椒島僉使 韓章教爲禁府都事 姜鼎熙爲部將 尹壽鉉朴元相爲守門將 章教以下 初仕也 機器局總辦閔泳煥單付

1313.

건명 : 慶尙左兵使 崔致永을 改差함

발신처 : 高宗

검색어 : 慶尙左兵使, 崔致永, 改差

출처 : 高宗 23年 丙戌 6月 11日 ; 75-525上

改差慶尙左兵使崔致永

致永 以身病呈狀 兵曹啓請 改差也

1314.

건명 : 鄭雲參을 慶尙左兵使로 삼음

발신처 : 高宗

검색어 : 慶尙左兵使, 鄭雲參, 初仕, 口傳

출처 : 高宗 23年 丙戌 6月 11日 ; 75-525下

有政 吏曹參議趙秉弼兵曹參判鄭夏源進

以尹起晉鄭誾朝爲校理 李元會爲判尹 李世宰爲知義禁 尹錫元爲檼城府使 元禹常尹泳奎金泰郁李鍾兢爲司訓鍊 鄭雲參爲慶尙左兵使 李志容閔泳龜爲禁府都事 安孝完爲崇陵參奉 林基夔尹庸善爲部將 吳海根郭仁源爲守門將 志容以下 初仕也 外北道參軍韓圭文單付 口傳也

1315.

건명 : 慶尙左兵使를 重推토록 함

발신처 : 承政院

검색어 : 慶尙左兵使, 李鍾晉, 殿最, 重推

출처 : 高宗 23年 丙戌 6月 13日 ; 75-527上

重推慶尙左兵使李鍾晉科治陪持

政院啓言 殿最法意 何等謹嚴 而卽見慶尙左兵使李鍾晉褒貶啓本 則不善齎來 至有刀割之痕事 未前有 萬萬驚駭 不飭之帥臣 從重推考 當該陪持 請從重科治 允之

1316.

건명 : 蔚山府使와 靑松府使를 相換함

발신처 : 高宗

검색어 : 蔚山府使, 朴世秉, 身病呈狀, 改差, 相換

출처 : 高宗 23年 丙戌 6月 14日 ; 75-528下

命靑松府使李啓夏蔚山府使朴世秉相換陜川郡守金甲秀淮陽府使李輔仁相換

啓夏等 以身病呈狀 吏曹啓請 改差 敎 以蔚山府使朴世秉 相換 ○ 甲秀 淮陽府使李輔仁 相換

1317.

건명 : 慶尙左兵使 등을 改差토록 함

발신처 : 高宗

검색어 : 慶尙左兵使, 鄭雲參, 改差

출처 : 高宗 23年 丙戌 6月 14日 ; 75-528下

改差慶尙左兵使鄭雲參庇仁縣監黃宇玄旌義縣監姜錫祜

雲參等 以身病呈狀 兵吏曹啓請 改差也

1318.

건명 : 趙載恒을 慶尙左兵使로 삼음

발신처 : 高宗

검색어 : 趙載恒, 慶尙左兵使, 擇差, 初仕

출처 : 高宗 23年 丙戌 6月 14日 ; 75-528下~529上

有政 吏曹判書朴齊寬兵曹參判鄭夏源進

敎曰 今日政 遷轉守令 勿拘常格 各別擇差 ○ 以姜日馨爲校理 李寅命爲刑曹判書 尹成鎭爲同敦寧 金弘圭爲刑曹參判 宋秉琮爲義城縣令 表鳳錫爲庇仁縣監 朴世赫爲旌義縣監 閔應植爲知事 白樂倫爲忠淸兵使 趙載恒爲慶尙左兵使 再政 以金奭鎭爲禮曹參判 洪秉燾爲咸悅縣監 閔斗鎬爲工曹參判 吳榮錫爲松禾縣監 宋吉憲李根鶴爲禁府都事 朴馨來爲崇陵參奉 金在泓爲部將 洪成游太鶴元爲守門將 吉憲以下初仕也

1319.

건명 : 彦陽縣監 李鍾林을 堂上宣傳官에 加設單付토록 함

발신처 : 高宗

검색어 : 彦陽縣監, 李鍾林, 加設單付

출처 : 高宗 24年 丁亥 1月 21日 ; 75-714上

命彦陽縣監李鍾林鐵山府使尹泳翰堂上宣傳官加設單付

1320.

건명 : 尹秉寬을 彦陽縣監으로 삼음

발신처 : 高宗

검색어 : 彦陽縣監, 尹秉寬, 初仕

출처 : 高宗 24年 丁亥 1月 21日 ; 75-714上~下

有政 吏曹參判閔泳駿進

以李種淵鄭來陽蔡東陽爲同敦寧 趙秉弼爲同義禁 趙正顯爲鐵山府使 尹秉寬爲彦陽縣監 李啓好爲長津府使 李五應爲光陵參奉 五應初仕也

1321.

건명 : 蔚山監牧官과 召村察訪을 相換함

발신처 : 高宗

검색어 : 蔚山監牧官, 柳完根, 相換, 身病呈狀, 改差

출처 : 高宗 24年 丁亥 2月 27日 ; 75-752下

命召村察訪金濟懋蔚山監牧官柳完根相換

濟懋 以身病呈狀 吏曹啓請 改差 敎 以蔚山監牧官柳完根 相換

1322.

건명 : 慶尙左兵使 趙載恒이 火賊들을 梟首한 것을 아룀

발신처 : 慶尙左兵使

검색어 : 慶尙左兵使, 趙載恒, 火賊, 林執彦, 林根哲, 梟警,

출처 : 高宗 24年 丁亥 4月 28日 ; 75-814下

忠淸監司閔泳商以庇仁縣殿牌作變罪人崔璟承處斬慶尙左兵使趙載恒以火賊林執彦林根哲梟警啓

1323.

건명 : 金潓秀를 蔚山府使로 삼음

발신처 : 高宗

검색어 : 都政, 金潓秀, 蔚山府使

출처 : 高宗 24年 丁亥 6月 29日 ; 75-906上~907下

都政下批 吏曹判書徐衡淳參判朴周陽兵曹判書閔應植進

敎曰 皇朝人忠臣淸白吏子孫 (中略) ○ 吏批 (中略) 金潓秀爲蔚山府使

1324.

건명 : 崔聖業을 彦陽縣에 定配토록 함

발신처 : 刑曹

검색어 : 彦陽縣, 崔聖業, 定配

출처 : 高宗 23年 丙戌 6月 25日 ; 75-906上~907下

秋曹以元億錫等定配押送李鎭錫等嚴刑放送暗埋鄭哥刻期詗捉啓

刑曹啓言 昌陵字內 暗葬新塚 施威嚴覈 則罪犯罔赦 元億錫鹿島 崔聖業彦陽縣 姜億伊孟山縣 金順玉利原縣 定配所 竝卽押送 守僕李鎭錫等 各嚴刑一次 放送 暗埋情節歸於鄭哥 令左右捕廳 刻期詗捉

1325.

건명 : 八道와 四都 水陸의 諸操를 停止토록 하고, 狀啓를 올리지 않은 경상 좌병사 등을 推考함

발신처 : 內務府

검색어 : 水陸諸操, 慶尙左兵使, 趙載恒, 推考

출처 : 高宗 24年 丁亥 7月 13日 ; 75-918下

命八道四都水陸諸操竝姑停止

內務府啓言 歲再講武 卽寓綢繆之意 而積久停擱 極涉疏虞 然第念民邑事 力多有窒碍 今秋八道四都水陸諸操巡歷巡點 竝姑停止 至若官門聚點 堤堰移役 依前飭擧行 稟操狀本 原有定限 而過期始啓之 統制使李奎顔推考 尙不登聞之 平安兵使李鍾承 慶尙左兵使趙載恒 竝請從重推考 允之

1326.

건명 : 慶尙左兵使 趙載恒에게 戴罪擧行토록 함

발신처 : 高宗

검색어 : 慶尙左兵使, 趙載恒, 戴罪擧行

출처 : 高宗 24年 丁亥 12月 26日 ; 76-120上~下

命慶尙左兵使趙載恒戴罪擧行

敎曰 此時 迎送之弊 不可不念 前慶尙左兵使趙載恒 姑令戴罪擧行

1327.

건명 : 長水察訪 尹豊禎과 蔚山監牧官 李基澈을 相換토록 함

발신처 : 高宗

검색어 : 蔚山監牧官, 李基澈, 相換

출처 : 高宗 25年 戊子 2月 10日 ; 76-178上~下

命長連縣監崔丙斗嘉山郡守朴準祥相換長水察訪尹豊禎蔚山監牧官李基澈相換

丙斗以身病呈狀 吏曹啓請罷黜 敎 以嘉山郡守朴準祥相換 ○ 敎曰 長水察訪尹豊禎 蔚山監牧官李基澈相換

1328.

건명 : 韓弘烈을 慶尙左兵使로 삼음
발신처 : 高宗
검색어 : 慶尙左兵使, 韓弘烈, 初仕
출처 : 高宗 25年 戊子 3月 21日 ; 76-220下

有政 吏曹參判金哲根兵曹判書金永壽進

敎曰 鏡城判官朴珽夏 敦寧都正除授 又敎曰 按撫中軍李圭選 內禁將除授 又敎曰 機張縣監南順元 內禁將除授 又敎曰 光陽縣監李達容 內禁將除授 ○ 以李裕承爲工曹判書 洪祐昌爲判義禁 宋膺洙李𪋻金樂仁爲同敦寧 趙鍾弼爲刑曹參判 李載純爲右尹 李承河爲光陽縣監 韓白奎爲鏡城判官 趙相植爲機張縣監 韓弘烈爲慶尙左兵使 鄭學淳爲全羅左水使 李秉恒爲格浦僉使 張德仁爲咸鏡中軍 李宗珍爲按撫中軍 閔奎東爲忠淸兵虞侯 梁柱弘爲全羅兵虞侯 申獻求爲左尹 金秀郁爲安東營將 鄭益容爲慶尙左水使 金弘集單付判府事 李憲永鄭達鎔爲禁府都事 金湝熙安相良爲昭慶園守奉官 李浚鎬金膺攢爲永懷園守奉官 憲永以下 初仕也

1329.

건명 : 崔鳳煥을 彦陽縣監으로 삼음
발신처 : 高宗
검색어 : 彦陽縣監, 崔鳳煥, 初仕人
출처 : 高宗 25年 戊子 6月 30日 ; 76-312上~313下

都政下批 吏曹判書金壽鉉參議金奎軾兵曹判書閔泳煥進

敎曰 雖非親政 注書依例陞六 (中略) ○ 吏批 以洪鍾喜爲連山縣監 李文鉉爲麟蹄縣監 鄭煥大爲延豊縣監 朱冕燮爲通川郡守 洪鍾漢爲兎山縣監 李徹愚爲韓山郡守 申台善爲利原縣監 崔鳳煥爲彦陽縣監 李寅冕爲知禮縣監 趙奭永爲禮安縣監 趙爰夏爲高城郡守 朴文夏爲懷仁縣監 李周儀爲金川郡守 李憲基爲比安縣監 李敏承爲平澤縣監 任穉宰爲瑞山府使 金埰榮爲富寧府使 (中略) ○ 敎曰 守令邊將初仕人 皆令明日待令

1330.
건명 : 彦陽縣監 崔鳳煥을 改差함
발신처 : 吏曹
검색어 : 彦陽縣監, 崔鳳煥, 改差
출처 : 高宗 26年 己丑 3月 30日 ; 76-571下
改差三水府使李秉世彦陽縣監崔鳳煥漆原縣監兪元錫
秉世 以身病呈狀 吏曹啓諵 罷黜也

1331.
건명 : 尹養大을 彦陽縣監으로 삼음
발신처 : 高宗
검색어 : 彦陽, 彦陽縣監, 尹養大, 初仕
출처 : 高宗 26年 己丑 3月 30日 ; 76-572下
有政 吏曹參議金春熙進
以趙秉健丁奎會爲校理 趙秉世爲知敦寧 閔正植爲同成均 李秉濾爲漆原縣監 朴秀輪爲三水府使 李漢膺爲萬頃縣令 尹養大爲彦陽縣監 徐臣輔爲同敦寧 李道相爲宗府參奉 初仕也

1332.
건명 : 太僕寺에서 울산 등 각 道 牧場의 馬畜數爻를 아룀
발신처 : 太僕寺
검색어 : 蔚山, 各道牧場馬畜數爻啓, 監牧官, 尹豊禎, 戊子籍付
출처 : 高宗 26年 己丑 12月 30日 ; 76-872上~873下
太僕以各道牧場馬畜數爻啓
江華兼監牧官草芝僉使金鴻周所管二牧場 (中略) 蔚山監牧官尹豊禎所管一牧場 戊子籍付五百四匹 春秋等不報 今年實留放壯兒雌雄 竝五百四匹內 壯雌一百九十九匹 一年應孳五十七匹 今生不報 (下略)

1333.
건명 : 李敏兢을 慶尙左兵使로 삼음
발신처 : 高宗

검색어 : 慶尙左兵使, 李敏兢, 初仕人

출처 : 高宗 27年 庚寅 1月 29日 ; 76-916下~917上

都政下批 吏曹判書趙康夏參判李鑢永兵曹判書閔泳煥進

教曰 雖非親政 注書依例陞六 (中略) ○ 兵批 以南斅元爲同知 任璨鎬 柳灃烈爲訓鍊副正 閔鳳鎭爲加里浦僉使 鄭峻永爲洪州營將 趙羲林爲 全州營將 李榮鎬爲安東營將 尹明根爲三陟營將 李敏兢爲慶尙左兵使 洪泰謨爲白翎僉使 閔泳旭爲統虞侯 梁性煥爲全羅兵虞侯 李斗瑢爲黃 海中軍 李秉和爲按撫中軍 ○ 教曰守令邊將初仕人 皆令明日待令

1334.

건명 : 金永稷을 蔚山府使로 삼음

발신처 : 高宗

검색어 : 蔚山府使, 金永稷, 初仕

출처 : 高宗 27年 庚寅 6月 25日 ; 77-178下~179上

有政 吏曹判趙秉書式進

教曰 仕滿初仕 今日政差出 ○ 以李輔榮爲副校理 李海昌爲修撰 李宋 宋世鉉爲副修撰 金永珪爲同敦寧 李奎遠爲同義禁 徐相祖爲同成均 鄭基會爲弘文提學 趙駿九爲善山府使 金濩秀爲長城府使 金德潤爲鎭 海縣監 朴寅和爲興德縣監 鄭宓源爲燕岐縣監 金永稷爲蔚山府使 李 憙翼爲大邱判官 李錫麟爲機張縣監 高濟殷爲仁陵參奉 兪致元爲元陵 參奉 李應參爲長陵參奉 金允甲爲和陵參奉 趙相夏爲禁府都事 濟殷 以下 初仕也

1335.

건명 : 彦陽縣監 尹養大를 內禁將에 除授함

발신처 : 高宗

검색어 : 彦陽, 彦陽縣監, 尹養大, 內禁將

출처 : 高宗 27年 庚寅 10月 29日 ; 77-342下

以尹養大等爲內禁將

教曰 彦陽縣監尹養大 開寧縣監閔昌鎬 竝內禁將除授

1336.

건명 : 具志鉉을 彦陽縣監으로 삼음

발신처 : 吏曹

검색어 : 彦陽縣監, 具志鉉, 初仕

출처 : 高宗 27年 庚寅 10月 29日 ; 77-342下~343下

都政下批 吏曹判書趙秉式參議李容稙兵曹判書閔泳煥進

教曰 今日政 遷轉守令 勿拘常格 各別擇差 (中略) ○ 以趙義升爲知義禁 李敏皐朴周陽爲同義禁 朴魯洙爲校理 金復性爲副校理 李鍾文爲修撰 金蘭圭爲平澤縣監 曺斗煥爲河陽縣監 朴來卿爲南海縣令 沈相璜爲開寧縣監 趙章熙爲靑陽縣監 李寅祐爲槐山郡守 具志鉉爲彦陽縣監 柳道夔爲丹城縣監 趙箕夏爲嘉山郡守 吳普泳爲中和府使 沈耕澤爲牙山縣監 盧炳穆爲沔川郡守 宋在華爲淮陽府使 金斗煥爲舒川郡守 宋秉琮爲韓山郡 守申性均爲坡州牧使 申勝休爲三陟府使 丁大懋爲順安縣令 成冕鎬爲旌善郡守 沈殷澤爲順川郡守 吳友善爲淸安縣監 李命錫爲積城縣監 車永洙爲連山縣監 吳應善爲敬陵參奉 趙徹熙爲宣陵參奉 金稷洙爲元陵參奉 李健榮爲章陵參奉 宋鍾圭爲崇陵參奉 鄭德教爲厚陵參奉 李洪珪爲順康園守奉官 崔旭榮爲禮賓參奉 姜敏熙爲禁府都事 應善以下 初仕也 (下略)

1337.

건명 : 彦陽縣監 張雲澤, 張教駿 등을 內禁將에 除授함

발신처 : 高宗

검색어 : 彦陽縣監, 張雲澤, 尹永昌, 張教駿

출처 : 高宗 27年 庚寅 10月 30日 ; 77-345上

以申錫周等爲內禁將

教曰 中和府使申錫周 閔建鎬 南海縣令李在鳳 田箕聖 彦陽縣監張雲澤 尹永昌 河陽縣監車永洙 平昌縣監李友魯 愼宗源 中和府使尹奎善 李昌鎔 柳吉魯 金佐鳳 嘉山郡守李秉鎬 姜元善 南海縣令金聲重 裴翰永 鄭暢鉉 宋桂琓 權集 李完輝 申厦均 嘉山郡守林炳鎬 李鳳珪 前縣監金應銓 鄭基峻 河陽縣監尹達成 平澤縣監洪文煥 李台憲 南海縣令柳琬 彦陽縣監張教駿 趙義俊 金俸基 權廷履 尹岐善 竝內禁將除授

1338.

건명 : 彦陽縣監 張雲澤 등을 內禁將에 제수함

발신처 : 高宗

검색어 : 彦陽縣監, 張雲澤

출처 : 高宗 27年 庚寅 11月 3日 ; 77-350下

以尹養大等爲內禁將

教曰 前縣監 尹養大 河陽縣監 車永洙 彦陽縣監 張雲澤 南海縣監 田箕聖 前縣監 尹永昌 竝內禁將除授

1339.

건명 : 太僕寺에서 올린 각 道 牧場馬畜數爻啓 가운데 울산 부분

발신처 : 太僕寺

검색어 : 蔚山, 尹豊禎, 各道牧場馬畜數爻啓, 監牧官, 尹豊禎, 己丑籍付馬

출처 : 高宗 27年 庚寅 12月 30日 ; 77-455上~457下

太僕寺以各道牧場馬畜數爻啓

江華兼監牧官草芝僉使崔貞學所管二牧場 (中略) 蔚山監牧官尹豊禎所管二牧場 己丑籍付馬五百四匹 今生馬六十一匹 合馬五百六十五匹內 封進馬故失馬五十一匹除 今年實留放壯兒雌雄馬 竝五百十匹內壯雌馬一百八十三匹 一年應孶產馬五十五匹 今生馬六十一匹 加報六匹 (下略)

1340.

건명 : 閔致高를 慶尙左兵使로 삼음

발신처 : 高宗

검색어 : 慶尙左兵使, 閔致高,

출처 : 高宗 28年 辛卯 4月 19日 ; 77-586下

有政 吏曹參議成大永進

(前略) ○ 兵批 以金晚植爲知事 閔泳駿爲知訓鍊 鄭漢朝李暐爲同知 閔致高爲慶尙左兵使 閔建鎬爲多大僉使 金學基爲訓戒僉使

1341.

건명 : 刑曹에서 武科科場에서 부정을 저지른 사람들을 울산 등 定配所에 充軍하도록 명함

발신처 : 刑曹

검색어 : 蔚山, 趙鏞武, 充軍定配所, 用奸罪人

출처 : 高宗 28年 辛卯 7月 17日 ; 77-688上

秋曹 武科科場用奸罪人 以吳星根 平安道肅川府 權鍾渙 全羅道求禮縣 李宜忠 慶尙道蔚山府 趙鏞武 平安道鐵山府 權在瀞 寧邊府 李漢奎 順川郡 充軍定配所 竝卽押送 訓鍊院奉事趙錫煥 考律重勘啓

1342.

건명 : 太僕寺에서 올린 각 道 牧場馬畜數爻啓 가운데 울산 부분

발신처 : 太僕寺

검색어 : 各道牧場馬畜數爻啓, 蔚山監牧官, 尹豊禎, 庚寅籍付馬, 虎囕馬

출처 : 高宗 28年 辛卯 12月 30日 ; 77-895下~897下

太僕以各道牧場馬畜數爻啓

江華兼監牧官草芝僉使崔貞學所管二牧場 (中略) 蔚山監牧官前任尹豊禎 時任未差所管一牧場 庚寅籍付馬五百十匹 前任尹豊禎所報 今生馬五十九匹 合馬五百六十九匹內 封進馬四匹故失馬五十一匹 虎囕馬二匹除 今年實留放壯兒雌雄馬 竝五百十二匹內 壯雌馬一百六十四匹 一年應孳產馬四十九匹 今生馬五十九匹 加報十匹 (下略)

1343.

건명 : 稟操之啓를 올리지 않은 慶尙左兵使 閔致卨을 推考함

발신처 : 內務府

검색어 : 春秋講武, 水陸諸操, 巡歷, 巡點, 慶尙左兵使, 閔致卨, 推考

출처 : 高宗 29年 壬辰 1月 12日 ; 77-911下

重推慶尙兵使閔致卨

內務府啓言 春秋講武 有國大政 積久寢廢 豈不疏虞 而今春 八道五都水陸諸操巡歷巡點 竝姑停止 至若官鎭之聚 堤堰之移役 另加操飭 期圖實效 稟操之啓 原有定限 而尙不登聞 殊涉稽忽 慶尙左兵使閔致卨

請從重推考 允之

1344.

건명 : 慶尙左兵使 李敏兢의 일과 蔚山兵營이 피폐하여 慶尙右兵營보다 못함을 아뢴 慶尙道暗行御史의 보고

발신처 : 慶尙道暗行御史 金思轍

검색어 : 慶尙道暗行御史, 金思轍, 慶尙左兵使, 李敏兢, 慶尙左兵營, 蔚山兵營, 上納都總成冊, 恤典, 嶺南還弊, 結總, 下納米, 錢還

출처 : 高宗 29年 壬辰 3月 初8日 ; 78-10下~13上

召見慶尙道暗行御史金思轍于乾淸宮

復命也 ○ 予曰 下去幾月 無恙善在 好還耶 思轍曰 王靈攸曁 無事往返矣 予曰 然則 下去已經三載矣 思轍曰 臣於庚寅十月初四日 承命出去 今年二月十六日復路 在本道首尾十七朔 而年跨三年矣 予曰 見書啓則 其間上納督刷之數不少矣 思轍曰 上納都總成冊 今纔修上之 曠費年月 不勝惶悚 予曰 昨年農形果何如 而水患太甚 民何以聊生乎 思轍曰 統論農形 幸免歉歲 而八月水災 近所罕有 景色甚悶 際下恤典 洽慰民望 予曰 別恤典 恨未豊贍也 思轍曰 民情感祝 在於德義 不在於物矣 予曰 左兵使李敏兢事聞 甚痛恨矣 思轍曰 以若武宰之列 全昧事體 贓犯之數 有此夥然 不勝駭惋矣 予曰 在渠圖報之誠 倘倍於他人矣 豈敢如是 思轍曰 臣亦疑訝 多岐廉探 而邑査吏招 吻合無隱 故果爲據實 修啓矣 予曰 以實直指此 誠繡衣之事也 仍敎曰 慶州公作木謬例 胡至此乎 思轍曰 流來之弊 宜革 不革故 臣於査簿後 揭示民間 文移監營 永杜濫價 收斂之弊矣 予曰 如此然後 可除民弊矣 思轍曰 革弊非難 惟在嗣後 營邑之遵守如何耳 予曰 仁同延日 今果淸帳否 思轍曰 兩邑十餘年上納 今果了勘矣 予曰 然則 李南熙許璥 可謂勤於收刷 而亦由於繡衣董飭效也 思轍曰 此莫非憑杖聖靈 以至竣事矣 予曰 洪秉燾 雖是善治立碑 太早爲一欠事矣 予曰 大抵守令善政碑 多出於諸民去思之意 而在任時立碑 猶有後言矣 予曰 然則 守令遞去後 立碑宜矣 而所謂繡傘 亦不如無也 思轍曰 誠然矣 予曰 任稱宰 雖稱移邑得無民弊乎 思轍曰 陜川舊邑 水圮 衙舍 不得不移 而采探實際 則措劃得宜 別無民弊矣 予曰 李敏兢·李秉翼·沈能肯·黃夔仁 贓犯最多 而沈能

肯 則至於封庫 其不治可知 黃夔仁 則間又移任他道矣 思轍曰 周咨之道 初無愛增 而惟此四人 贓數太多 故以耳目所覩記 無隱畢陳 而沈能肯 則庶情莫咈 不得已封庫矣 予曰 勿憚大吏 御史之責也 思轍曰 以臣柔弱 不能剛克 不勝悚悳 予曰 列邑治績之優者幾人耶 思轍曰 盡在書啓中矣 予曰 然則 最優者趙元植 而此則 重峯祀孫也 名家後裔 宜其如是也 思轍曰 誠然矣 而近日 守宰之捐廩補弊 果是罕有矣 予曰 別單諸條 當留念 而別砲闕額 料布偸弄 是果大弊也 兵雖百年 不用用在一日 則安可不審飭耶 思轍曰 已爲備陳於別單中 而其於陰雨之備 不可無別般操飭矣 予曰 結政爲弊 誠如別單 而何以則 可盡祛此弊乎 思轍曰 已陳膚見 惟在上裁矣 予曰 嶺南還弊 曾所稔聞 而見此所啓 尤爲纖悉 若破還歸結 則結總爲幾何 可排幾兩耶 思轍曰 結總爲十九萬五千四百餘結 而統計還耗上納數及各營支放條 每結所排假 量爲三兩 而本道公議僉同至有道臣狀請矣 予曰 統營及右兵營還總 各爲幾何 而均爲歸結 亦可無碍乎 思轍曰 統營還總 爲九萬八千餘石 右兵營還總 爲一萬五千餘石 而隨其支放數爻 以大小詳定價取用 亦有本道公議 可無爲碍之弊矣 予曰 以不虞之弊 蕩還 果便好耶 思轍曰 逋還可捧者捧之 別爲立本 除耗改色 以備不虞之需 恐合便宜 故已陳於別單矣 予曰 驛弊之爲民瘼 非徒一二件事 又有自驛勒奪民田云 亦詳覈乎 思轍曰 諸條驛弊 已有所陳 而驛奪民田 則別無顯著矣 予曰 各公行之貽弊 各驛有嚴防之飭 而尙未操束 不得其人而然耶 從當嚴覈禁斷矣 思轍曰 此弊不得不嚴防後已 予曰 各司例納別單中所言 不可不痛禁也 自漢城府五家作統 互相之警 可防竊發之患耶 思轍曰 已陳愚見 惟在處分矣 予曰 智異山有火賊窩窟云 果然耶 思轍曰 山距兩道交界 而指爲匪類潛伏處 故別岐跟探 初無作窩處 而無賴之徒 聚散無常云耳 予曰 上納差人 一款痛禁可也 思轍曰 誠然矣 予曰 昌寧泗川 未納本爲幾許 而許令代捧 寧失於民可也 當分付廟堂矣 思轍曰 實爲兩邑 再造之澤 不勝欽頌萬萬 予曰 嘉爾治績 以善於對揚也 思轍曰 以臣無似實多僨誤 惟威罰是竢矣 予曰 露踪於幾處耶 思轍曰 繡衣露踪之後 每有浮費斂民之弊云 故擇其大吉處 最劇邑只止於五處矣 予曰 陸路周行爲幾許里乎 思轍曰 爲五千餘里矣 予曰 巨濟在海島乎 思轍曰 果是島嶼 而自鎭海所通海路 爲一百里矣 予曰 公米木上納 在前輸送東萊 而今旣移付轉運所矣 思轍曰 曾前下納米 太代錢還 屬上納之

後 或自邑上納 或自巡營都聚上納矣 移屬轉運之後 庚寅條以代錢從市直督刷 辛卯條以本邑今方發令收捧矣 予曰 何時踰嶺 而經過忠州在何日 沿路守令臧否如何耶 思轍曰 臣於去月二十日踰嶺 二十三日過忠州界 而守令臧否 謹探道路 聞見已有所陳矣 予曰 其間雨雪繽紛秋麥春耕不無害苗之慮乎 思轍曰 日候不調 雨雪頻行 秋麥姑未蘇醒春耕亦有愆時之慮 所見可悶矣 予曰 自東萊八館 則日人淸人家舍 甚櫛比云 得見 而絶影島石炭庫 亦見之乎 思轍曰 自釜山距港口爲十里而我民家舍 濱海稠疊 間間有淸人家舍與廛 舍館中則 皆是日人家舍而一望櫛比 石炭庫在絶影島 而自釜山隔海相望之地也 借地積煤 未定稅則 誠爲可歎 予曰 當初未慣外國事務而然矣 仍教曰 統營營樣 果何如 而閑山島未見乎 自統營相距幾里乎 思轍曰 統營營樣 雖爲稍實比前則差減云 而閑山島絶在海中 小路爲三十里 島中所居人家 爲百餘戶矣 予曰 嶺營及左右兵營 各樣何如耶 思轍曰 嶺營及晉州兵營 物衆地大 比前無減 蔚山兵營 則地穿土瘠 不可侔樣於右兵營矣 予曰 左水營 想必草草矣 亦爲往見乎 思轍曰 營樣 雖爲凋殘 有魚鹽藿之利民多賴生 予曰 然則 日人不至窺覘耶 思轍曰 別無此弊矣 予曰 書啓修正 在於何處乎 思轍曰 臣到南門外 借得旅舍一間內房 深鎖索居修啓矣

1345.

건명 : 慶尙道御史 金思轍을 推考함

발신처 : 兵曹

검색어 : 慶尙道暗行御史, 金思轍, 前左兵使, 李敏兢, 左兵使閔致卨, 推考, 虞侯營將, 邊將, 監牧官

출처 : 高宗 29年 壬辰 4月 16日 ; 78-65下~66下

推慶尙道御史金思轍

兵曹啓言 觀此慶尙道暗行御史金思轍書啓 則前左兵使李敏兢 前後犯贓 合爲四萬三千四百四十三兩 俱有吏招之明的 莫掩邑査之畢 露如此罪狀 合施重勘 以警而制梱之地 如是所犯 係是不法 令該府拿問處之也 前右兵使蔡奎常 保障重地 宜勉鎭邊之策禦侮雄圖 必須撫民之政 營還之加作 已爲釐正 幕佐之私貿 旋卽嚴防 淳言奚信 施措無瑕

則營還之加作 幕佐之私貿 雖曰釐正嚴防 係是不職 從重推考 中軍安潤明 以謹慤之性 盡兼務之責 嚴束戢盜之政 閭境賴安 禁飭猾校之習 鎭壘底整 如此優績 似當施以加資之典 金烏前別將洪範九 衰年居鎭 頗有益壯之氣 課日試藝 却見克勤之政 三千鳥道之險 誠不憚於巡察 七里雉堞之固 職亦圖於防守 而巡察不憚鳥道之險 防守亦圖雉堞之固 如此實心 合有示意之擧 似當施以兒馬 賜給之典矣 俱係恩賞 不敢擅便 上裁 前統制使鄭騏澤 左兵使閔致卨 續啓論列 俱甚推奬 梱帥事體 與守令邊將 有異今 姑勿論其餘梱帥 虞侯營將邊將監牧官等 別無優績 亦乏顯疵 竝只置之 奏御文字 何等審愼 而右兵使徐廷書之書字 誤以珪字書之 中軍誤以大邱營將書之 殊涉不審 當該御史金思轍 請推考 從之

1346.

건명 : 閔峻植을 彦陽縣監으로 삼음

발신처 : 高宗

검색어 : 都政, 彦陽縣監, 閔峻植

출처 : 高宗 29年 壬辰 7月 30日 ; 78-256下~258上

都政下批 吏曹判書李承五兵曹判書閔泳韶進

敎曰 雖非親政 注書依例陞六 (中略) ○ 吏批 以金在容爲大司憲 (中略) 朴處陽爲昆陽郡守 閔峻植爲彦陽縣監 李敦鎬爲漆原縣監 李啓善爲端川府使 鄭逵贊爲鎭海縣監 (下略)

1347.

건명 : 元容銈을 彦陽縣監으로 삼음

발신처 : 高宗

검색어 : 彦陽縣監, 元容銈

출처 : 高宗 29年 壬辰 10月 17日 ; 78-337下

有政 吏曹判書金壽鉉進

(前略) ○ 再政 以宋仁憲爲交涉主事 安淇壽爲元陵參奉 元容銈爲彦陽縣監 (下略)

1348.

건명 : 申宅熙를 慶尙左兵使로 삼음

발신처 : 高宗

검색어 : 慶尙左兵使, 申宅熙

출처 : 高宗 30年 癸巳 3月 30日 ; 78-520下

有政 吏曹參判鄭漢朝兵曹判書閔泳韶進

(前略) ○ 兵批 以趙東冕張錫龍爲知事 申宅熙爲慶尙左兵使 李秉承爲左水使 趙吉夏爲曹司衛將

1349.

건명 : 慶尙左兵使 申宅熙를 改差함

발신처 : 高宗

검색어 : 慶尙左兵使, 申宅熙, 改差

출처 : 高宗 30年 癸巳 4月 25日 ; 78-549上

改差慶尙左兵使申宅熙

兵曹 以宅熙身病 啓請改差也

1350.

건명 : 李民熙를 慶尙左兵使로 삼음

발신처 : 高宗

검색어 : 慶尙左兵使, 李民熙

출처 : 高宗 30年 癸巳 4月 25日 ; 78-549上

有政 吏曹參判鄭漢朝兵曹判書閔泳韶進

(前略) ○ 兵批 以李基赫趙羲轍爲知事 李鑢永爲同知 金稷洙爲左翊衛 李民熙爲慶尙左兵使 閔貞植爲釜山僉使 朴淇瑗爲多大僉使

1351.

건명 : 慶尙左兵使 李民熙를 改差함

발신처 : 高宗

검색어 : 慶尙左兵使, 李民熙, 改差

출처 : 高宗 30年 癸巳 5月 10日 ; 78-565下

遞同敦寧鄭基老大司成金思轍知春秋閔泳柱同春秋李鑢永改差慶尙左兵使李民熙

敎曰 在外同敦寧 敦寧都正 泮長許遞 今日政差出 ○ 敎曰 呈告春秋許遞 今日政 差出 ○ 兵曹 以民熙身病啓 請改差也

1352.

건명 : 李啓興을 慶尙左兵使로 삼음

발신처 : 高宗

검색어 : 慶尙左兵使, 李啓興

출처 : 高宗 30年 癸巳 5月 10日 ; 78-565下~566上

有政 吏曹判書金永哲兵曹判書閔泳韶進

敎曰 春坊有闕之代 今日政差出 (中略) ○ 兵批 以李啓興爲慶尙左兵使

1353.

건명 : 慶尙左兵使 李啓興을 改差함

발신처 : 高宗

검색어 : 慶尙左兵使, 李啓興, 改差

출처 : 高宗 30年 癸巳 6月 12日 ; 78-592上~下

改差淸河縣監李錫夏慶尙左兵使李啓興釜山僉使閔貞植

(前略) ○ 兵曹 以啓興等身病啓 請改差也

1354.

건명 : 李升漢을 慶尙左兵使로 삼음

발신처 : 高宗

검색어 : 慶尙左兵使, 李升漢

출처 : 高宗 30年 癸巳 6月 12日 ; 78-592下

有政 吏曹參判權膺善兵曹判書閔泳韶進

(前略) ○ 兵批 以李升漢爲慶尙左兵使 吳致沃爲釜山僉使

1355.

건명 : 慶尙左兵使 李升漢을 改差함

발신처 : 高宗

검색어 : 慶尙左兵使, 李升漢, 改差

출처 : 高宗 30年 癸巳 6月 27日 ; 78-602上

改差泰川縣監李方德慶尙左兵使李升漢訓戎僉使李商協

吏兵曹 以方德等身病啓 請改差也

1356.

건명 : 李瑗儀을 慶尙左兵使로 삼음

발신처 : 高宗

검색어 : 慶尙左兵使, 李瑗儀

출처 : 高宗 30年 癸巳 6月 27日 ; 78-602上

有政 吏曹參判權膺善兵曹判書閔泳韶進

吏批 以金處圭爲同敦寧 朴敦和爲泰川縣監 吳仁鉉金洙燕爲 義陵參奉 仁鉉洙燕初仕也 兵批 以李胄榮爲同知 李瑗儀爲慶尙左兵使 具然軾爲忠淸水使 李商協爲鐵島僉使 金元孝爲訓戎僉使

1357.

건명 : 白性基를 慶尙左兵使로 삼음

발신처 : 高宗

검색어 : 慶尙左兵使, 白性基

출처 : 高宗 30年 癸巳 6月 29日 ; 78-604上

有政

(前略) ○ 兵批 以白性基爲慶尙左兵使 鄭煥敎爲忠淸水使

1358.

건명 : 慶尙左兵使 白性基를 改差함

발신처 : 高宗

검색어 : 慶尙左兵使, 白性基, 改差

출처 : 高宗 30年 癸巳 7月 26日 ; 78-624上

改差高靈縣監李俊凡麟蹄縣監金奎煥新昌縣監高景鎭慶尙左兵使白性基忠淸水使鄭煥敎永陵參奉金永瑗

(前略) ○ 兵曹 以性基等身病啓 請改差也

1359.

건명 : 高永根을 慶尙左兵使로 삼음

발신처 : 高宗

검색어 : 慶尙左兵使, 高永根

출처 : 高宗 30年 癸巳 7月 26日 ; 78-624上

有政 吏曹判書沈相薰兵曹判書閔泳韶進

(前略) ○ 兵批 以高永根爲慶尙左兵使 尹錫仁爲忠淸水使

1360.

건명 : 具鍾書를 慶尙左兵使로 삼음

발신처 : 高宗

검색어 : 慶尙左兵使, 具鍾書

출처 : 高宗 30年 癸巳 7月 28日 ; 78-626上~627上

都政下批 吏曹判書沈相薰兵曹判書閔泳韶進

教曰 雖非親政 注書依例陞六 (中略) ○ 兵批 (中略) 具鍾書爲慶尙左兵使 尹秉善爲忠淸水使 蔡奎昇爲城津僉使 趙祐永爲椒島僉使 李教源爲神光僉使 李泰鎔爲格浦僉使 李基東爲淸州營將 金演夏爲公州營將 沈啓澤爲三陟營將 吳泰泳爲京畿中軍 鄭東奎爲慶尙左水虞候 基東以下竝新資也 尹教性爲仁遮外萬戶 ○ 教曰 守令邊將初仕人 皆令明日待令

1361.

건명 : 韓應周를 蔚山府使로 삼음

발신처 : 高宗

검색어 : 蔚山府使, 韓應周, 初仕

출처 : 高宗 30年 癸巳 10月 28日 ; 78-746上

有政 吏曹參判姜瓚進

教曰 今日政 遷轉守令 勿拘常格 各別擇差 ○ 以閔泳煥爲知敦寧 朴豊周爲同敦寧 趙昌夏爲工曹參判 南廷順爲知經筵 金弘圭爲同義禁

趙應顯爲仁同府使 金甲秀爲襄陽府使 金靖鎭爲通川郡守 金學模爲泗川縣監 洪南周爲昌原府使 趙鼎九爲永興府使 洪冕周爲晉州牧使 金永順爲江陵府使 李秀永爲木川縣監 金鳳模爲淸安縣監 韓應周爲蔚山府使 李敬翼爲平壤庶尹 金澤秀爲咸興判官 柳遠奎爲寶城郡守 南廷獻爲益山郡守 李輔仁爲信川郡守 趙爰夏爲醴泉郡守 洪祐奭爲玉果縣監 黃演秀爲鎭安縣監 黃㵯爲高敞縣監 金鳳求爲坡州牧使 黃兢淵爲假監役 閔泳禧李時容爲 懿寧園守奉官 羅鍾錤韓禹錫爲 順康園守奉官 兢淵以下 初仕也

1362.

건명 : 尹弘植을 彦陽縣監으로 삼음

발신처 : 高宗

검색어 : 彦陽縣監, 尹弘植

출처 : 高宗 31年 甲午 1月 28日 ; 78-806上~807上

都政下批 吏曹判書沈相薰參判李冕相進兵曹判書鄭基會參知南廷琦進 (前略) ○ 吏批 以閔啓鎬爲大司憲 (中略) 沈殷澤爲三水府使 尹弘植爲彦陽縣監 (下略)

1363.

건명 : 安鍾悳을 蔚山府使로 삼음

발신처 : 議政府

검색어 : 守令議薦望啓, 蔚山, 蔚山府使, 安鍾悳

출처 : 高宗 31年 甲午 9月 14日 ; 79-111上

政府以守令議薦望啓

議政府啓言 守令多窠 當爲差出 故臣當日 會同各衙門大臣 議薦單望 請聖鑑施行 從之 ○ 以鄭寅燮爲仁川府使 安鍾悳爲蔚山府使 尹泌爲茂長縣監 李應烈爲鐵原府使 洪岐周爲瑞興府使 李敏皐爲鳳山郡守 李載覲爲水原判官 徐相元爲庇仁縣監 徐相洛爲江東縣監

1364.

건명 : 새로 除授한 蔚山府使 安鍾悳을 興海縣監으로 移拜함

발신처 : 內務衙門
검색어 : 蔚山, 蔚山府使, 安鍾悳
출처 : 高宗 31年 甲午 9月 15日 ; 79-112上

命蔚山府使安鍾悳茂朱府使尹泌求竝除朝辭赴任

內務衙門啓言 新除授蔚山府使安鍾悳 以興海縣監移拜 茂朱府使尹泌求 以金堤郡守移拜 俱在任所幷除朝辭赴任事 兩道觀察使處 請行會 允之

1365.

건명 : 彦陽縣監 尹泓植을 罷黜함
발신처 : 嶺南慰撫使 李重夏
검색어 : 嶺南慰撫使, 李重夏, 彦陽縣監, 尹泓植
출처 : 高宗 31年 甲午 12月 27日 ; 79-224上~225下

政府以嶺南慰撫使吏治臧否論列狀覆啓

議政府啓言 卽伏見嶺南慰撫使李重夏狀本 則論列吏治臧否矣 (中略) 彦陽縣監尹泓植 濫斂致擾 百度舛錯 幷罷黜 (下略)

1366.

건명 : 鄭肯朝를 彦陽縣監으로 임명함
발신처 : 內務衙門
검색어 : 彦陽縣監, 鄭肯朝
출처 : 高宗 32年 乙未 1月 11日 ; 79-237下

內務衙門以守令敍任奏大臣朴泳孝

驪州牧使李範仁 忠州牧使李鍾元 長湍府使趙民熙 楚山府使權用哲 三水府使柳完秀 彦陽縣監鄭肯朝

1367.

건명 : 慶尙左兵使 具鍾書를 改差함
발신처 : 軍務衙門
검색어 : 慶尙左兵使, 具鍾書, 改差
출처 : 高宗 32年 乙未 2月 2日 ; 79-251上

改差南兵使李容翊慶尙左兵使具鍾書
軍務衙門奏 請改差也

1368.

건명 : 尹雄烈을 慶尙左兵使로 任官함
발신처 : 高宗
검색어 : 慶尙左兵使, 尹雄烈
출처 : 高宗 32年 乙未 2月 2日 ; 79-251上
以李在正爲法務協辦許璡爲南兵使尹雄烈爲慶尙左兵使
幷政府奉勅任官也

1369.

건명 : 勅令 第九十八號 第三條에 의해 蔚山과 彦陽을 東萊府에서 관할케 함
발신처 : 高宗
검색어 : 勅令, 地方制度改正, 蔚山郡, 彦陽郡, 東萊府
출처 : 高宗 32年 乙未 5月 26日 ; 79-339下~341上
裁下監留廢止件及地方制度改正件
勅令第九十七號 (中略) 勅令第九十八號 (中略) ○ 第三條各府管轄區域 如左事 ○ (前略) 晉州府 晉州郡 固城郡 鎭海郡 泗川郡 昆陽郡 南海郡 丹城郡 山淸郡 河東郡 居昌郡 安義郡 咸陽郡 陜川郡 草溪郡 三嘉郡 宜寧郡 漆原郡 咸安郡 昌原郡 熊川郡 金海郡 東萊府 東萊郡 梁山郡 機張郡 蔚山郡 彦陽郡 慶州郡 延日郡 長鬐郡 興海郡 巨濟郡 大邱府 大邱郡 慶山郡 漆谷郡 仁同郡 星州郡 知禮郡 高靈郡 善山郡 開寧郡 金山郡 義城郡 義興郡 軍威郡 比安郡 密陽郡 淸道郡 永川郡 慈仁郡 新寧郡 河陽郡 昌寧郡 靈山郡 玄風郡 安東府 安東郡 靑松郡 眞寶郡 英陽郡 盈德郡 寧海郡 淸河郡 榮川郡 禮安郡 奉化郡 順興郡 豊基郡 咸昌郡 龍宮郡 醴泉郡 尙州郡 (中略) ○ 第五條 本令施行之日 時任 府尹牧使府使郡守庶尹判官縣令縣監之官職現在者 雖無別用辭令 依本令施行 各其郡守事

1370.

건명 : 尹泳翰을 蔚山郡守에 敍任함

발신처 : 內部

검색어 : 蔚山郡守, 尹泳翰

출처 : 高宗 32年 乙未 9月 28日 ; 79-468上

內部以郡守任免奏大臣署理協辦兪吉濬

(前略) ○ 蔚山郡守尹泳翰 固城郡守鄭濟斌 泳翰敍奏任四等 濟斌敍六等也

1371.

건명 : 蔚山郡守 安鍾悳을 罷免함

발신처 : 內部

검색어 : 蔚山郡守, 安鍾悳

출처 : 高宗 32年 乙未 9月 28日 ; 79-468上

免蔚山郡守安鍾悳本官

內部 因該道觀察使論報 奏請免本官也

1372.

건명 : 彦陽郡守 鄭肯朝를 罷免하도록 아룀

발신처 : 內部

검색어 : 彦陽郡守, 鄭肯朝

출처 : 建陽 元年 丙申 3月 10日 ; 79-615上~下

內部以觀察使參書官及郡守任免奏大臣朴定陽

該部 以江界府觀察使金禎根 公州府參書官李石齡 彦陽郡守鄭肯朝請願奏免也 (下略)

1373.

건명 : 李根榮을 彦陽郡守에 敍任하도록 아룀

발신처 : 內部

검색어 : 彦陽郡守, 李根榮

출처 : 建陽 元年 丙申 3月 15日 ; 79-620上

內部以郡守敍任奏大臣朴定陽

鍾城郡守金鴻翼 楊口郡守金一鉉 安峽郡守許梅 彦陽郡守李根榮 原

州郡守朴齊七 羅州府參書官李祐珪 鴻翼敍奏任五等 梅以下敍六等也

1374.

건명 : 勅令으로 13道의 소관 郡을 5等으로 나누고, 蔚山郡을 慶尙南道의 3等郡, 彦陽郡을 4等郡으로 함

발신처 : 高宗

검색어 : 勅令, 蔚山郡, 彦陽郡

출처 : 建陽 元年 丙申 6月 25日 ; 79-703下~708上

裁下地方制度官制俸給經費改正件地方官吏職制所關件地方官吏事務章程地方官廳俸給經費支給規程

勅令 第三十六號 第一條 (中略) ○ 第五條 十三道之所管各郡 以五等分定 仍舊郡守管轄區域 如第一表 而官吏經費 如第二表事 第一表 京畿 三十八郡 一等 廣州府 開城府 江華府 仁川府 二等 水原郡 三等 驪州郡 楊州郡 長湍郡 通津郡 四等 坡州郡 利川郡 富平郡 南陽郡 豊德郡 抱川郡 竹山郡 楊根郡 安山郡 朔寧郡 安城郡 高陽郡 金浦郡 永平郡 麻田郡 交河郡 加平郡 龍仁郡 陰竹郡 振威郡 陽川郡 始興郡 砥平郡 積城郡 果川郡 漣川郡 陽智郡 陽城郡 喬桐郡 (中略) 慶尙北道 四十一郡 一等 尙州郡 慶州郡 二等 大邱郡 星州郡 義城郡 永川郡 安東郡 三等 醴泉郡 金山郡 善山郡 淸道郡 四等 靑松郡 仁同郡 寧海郡 順興郡 漆谷郡 豊基郡 盈德郡 龍宮郡 河陽郡 榮川郡 奉化郡 淸河郡 眞寶郡 軍威郡 咸昌郡 英陽郡 興海郡 慶山郡 比安郡 玄風郡 高靈郡 長鬐郡 南道 三十郡 一等 東萊府 晉州郡 二等 金海郡 密陽郡 三等 蔚山郡 宜寧郡 昌寧郡 昌原郡 居昌郡 咸安郡 河東郡 陜川郡 咸陽郡 固城郡 四等 梁山郡 彦陽郡 靈山郡 機張郡 巨濟郡 草溪郡 昆陽郡 三嘉郡 漆原郡 鎭海郡 安義郡 山淸郡 丹城郡 南海郡 泗川郡 熊川郡 (中略) 第二表 郡守以下等級年俸 (中略) ○ 三等郡守 七十 二八百元 月俸六十六元零 鄕長 上同 巡校 五人 二百四十元 月俸五元 首書記 一人 八十四元 月俸七元 書記 上同 通引 六人 七十二元 月給三元 使令 六人 二百十六元 月給三元 使傭 二人 七十二元 月給三元 使僮 二人 七十二元 月給三元 客舍直 鄕校直 上同 享祀費 八十元 廳費 上同 旅費 七十元 單合計二千五百六元 ○ 四等郡守 二百十 七百元 月俸

五十八元零 鄕長 上同 巡校 四人 一百九十二元 月俸四元 首書記 上同 書記 六人 三百六十元 月俸五元 通引 使令 使傭 使僮 客舍直 鄕校直 上同 享祀費 八十元 廳費 六十元 旅費 六十元 單合計 二千一百五十四元 (中略) ○ 總合計 七十七萬六千九百六十八元 (下略)

1375.

건명 : 勅令에 의해 蔚山과 彦陽은 2일 간격으로 우편물을 發送하는 1路로 함

발신처 : 高宗

검색어 : 臨時郵遞規則, 勅令, 蔚山, 彦陽

출처 : 光武 元年 丁酉 11月 30日 ; 80-220上~221下

裁下臨時郵遞規則

勅令 第四十三號 臨時郵遞規則 ○ 第一條 國內郵遞 現今間 姑未普通開設 故臨時郵遞規則 另定事 ○ 第二條 自郵遞司所在地限二十里外 稱以郵遞區外 而臨時郵遞創設事 ○ 第三條 臨時郵遞區域 則參互各該道所管各府郡間道里 形便劃定 其各區分內 劃定線路 每日或間二日 遞送臨時郵遞物 而區域之界分及日子之期限 依左表事 ○ 每日發送直路 ○ 漢城 開城間 高陽 坡州 漢城 春川間 加平 漢城 水原間 果川 水原 公州間 振威 公州 水原間 天安 稷山 (中略) 間二日發送 一路 始興 安山 南陽 全義 木川 禮山 溫陽 牙山 平澤 新昌 金溝 泰仁 井邑 古阜 扶安 泗川 固城 鎭海 巨濟 南平 羅州 務安 咸平 任實 長水 智島 靈光 茂長 興德 高敞 長城 延豊 淸風 丹陽 永春 淸州 淸安 龍宮 安東 禮安 奉化 榮川 順興 豊基 醴泉 慶山 慈仁 慶州 長鬐 延日 永川 河陽 機張 蔚山 彦陽 梁山 豊德 白川 免山 新溪 谷山 遂安 祥原 三登 陽德 成川 江東 龜城 雲山 渭原 楚山 朔州 昌城 碧潼 楊口 麟蹄 三陟 蔚珍 平海 平康 伊川 安峽 鐵原 安邊 三水 甲山 富寧 會寧 茂山 慶源 穩城 鍾城 長津 (中略) 但農商工部大臣 從事務之 使宜區域 或日子 可得臨時改正事 (下略)

1376.

건명 : 勅令 第43號 第3條 중 別表를 改正함

발신처 : 高宗

검색어 : 臨時郵遞規則, 勅令, 蔚山, 彦陽

출처 : 光武 2年 丁酉 3月 13日 ; 80-258上~下

裁下臨時郵遞規則中改正件

勅令 第八號第 三條中 別表 如左改正事 每日發送直路 漢城 開城間 高陽 坡州 漢城 春川間 加平 漢城 水原間 果川 水原 公州間 振威 淸州 安城間 公州 水原間 天安 稷山 公州 全州間 魯城 恩津 洪州 公州間 大興 全州 公州間 礪山 南原 光州間 淳昌 南原 晉州間 雲峯 晉州 南原間 丹城 山淸 咸陽 光州 南原間 潭陽 尙州 忠州間 咸昌 聞慶 安東 尙州間 醴泉 龍宮 大邱 釜山間 淸道 大邱 尙州間 漆谷 釜山 大邱間 密陽 (中略) 間二日發送 一路 始興 南陽 淸安 木川 長水 泰仁 井邑 古阜 安山 陽城 全義 任實 金溝 扶安 泗川 固城 鎭海 巨濟 南平 羅州 咸平 靈光 延豊 槐山 陰城 鎭川 善山 開寧 金山 知禮 義城 慶山 慈仁 慶州 長鬐 延日 永川 河陽 機張 蔚山 彦陽 梁山 豊德 白川 兎山 新溪 谷山 遂安 祥原 三登 陽德 成川 江東 咸從 甑山 龜城 朔州 昌城 雲山 渭原 楚山 楊口 麟蹄 三陟 蔚珍 平海 金化 金城 淮陽 安邊 長津 甲山 三水 富寧 會寧 禮山 溫陽 牙山 茂山 慶源 穩城 鍾城 平澤 新昌 (下略)

1377.

건명 : 正爽永을 蔚山郡守로 임명함

발신처 : 內部

검색어 : 蔚山郡守, 鄭爽永

출처 : 光武 2年 丁酉 12月 27日 ; 80-630上~下

內部以郡守任免奏大臣署理閔丙漢

該部 以甲山郡守金河聲 靈巖郡守金中鉉 旌義郡守康仁鎬 金浦郡守 崔基柱 請願 奏免也 ○ 會寧郡守趙秉聖 (中略) 蔚山郡守鄭爽永 旌義郡守金在鏞 (下略)

1378.

건명 : 崔時明을 彦陽郡守로 임명함

발신처 : 內部

검색어 : 彦陽郡守, 崔時明

출처 : 光武 3年 己亥 1月 20日 ; 80-647下~上

內部以各郡守任免奏大臣署理閔丙漢

(前略) ○ 光陽郡守金漢鼎 (中略) 彦陽郡守崔時明 靈光郡守趙夔夏 (下略)

1379.

건명 : 內部의 郡守 任免과 등급

발신처 : 內部

검색어 : 內部, 郡守任免, 蔚山郡守, 朴炳淑

출처: 光武 3年 己亥 12月 16日 ; 81-109下~110上

內部以郡守任免奏大臣李乾夏

該部 以昌城郡守柳澧烈 (中略) 蔚山郡守朴炳淑 完秀敍奏任二等 東萬敍三等 天洙以下敍四等 鎭哲以下敍五等 準憲以下敍六等也

1380.

건명 : 鎭衛聯隊의 編制件을 재가함

발신처 : 高宗

검색어 : 鎭衛聯隊編制, 蔚山, 勅令

출처 : 光武 4年 庚子 6月 29日 ; 81-405上~406上

裁下鎭衛聯隊編制件

勅令第二十六號鎭衛聯隊編制件 ○ 第一條全國各道府或郡重要之地方設置鎭衛聯隊 而地方鎭撫及邊境守備使之專任事 ○ 第二條鎭衛聯隊位置分寘於五處事 ○ 第三條各鎭衛聯隊以三大隊編成事 (中略) ○ 第一位置表隊號區域 鎭衛第一聯一大隊 京畿江華 第二大隊 仁川 第三大隊 黃海道黃州 鎭衛第一聯一大隊 京畿水原 第二大隊 忠淸北道淸州 第三大隊 全羅北道全州 鎭衛第三聯一大隊 慶尙北道大邱 第二大隊 慶尙南道鎭南 第三大隊 蔚山 鎭衛第四聯一大隊 平安南道平壤 第二大隊 平安北道義州 第三大隊 江界 鎭衛第五聯一大隊 咸鏡南道德源 第二大隊北靑 第三大隊 咸鏡北道鍾城 (中略) ○ 第四經費表 一聯隊本部經費四千五百十七元 一大隊經費十二萬五千二百五十四元二

十戔 一聯隊摠計三十八萬二百七十九元六十戔

1381.

건명 : 각 道 觀察使를 咸寧殿에서 召見함

발신처 : 高宗

검색어 : 蔚山, 雲峯, 戰勝碑, 碑閣

출처 : 光武 4年 庚子 7月 初8日 ; 81-417下~420下

召見各道觀察使于咸寧殿全羅南道觀察使趙鍾弼平安北道觀察使李道宰忠淸北道觀察使尹容植平安南道觀察使尹相衍黃海道觀察使尹吉求江原道觀察使宋錫冕

辭陛也 (中略) 朕曰 自京必有措處 而北關事亦可慮也 鍾弼曰 三南亦有水路陰雨之備 不可心緩矣 朕曰全州安東光州大邱固城皆是要害 蔚山雲峯亦皆要害處矣 鍾弼曰 然矣 雲峯曾是我太祖高皇帝戰勝處矣 朕曰 見之乎 鍾弼曰 未及見之矣 朕曰 曾是太祖高皇帝破阿只拔都 而其地有戰勝碑矣 道宰曰 然矣 而臣於年前奉審碑閣矣 朕曰 卿等善爲下去 而至於西道綢繆 善爲方略也 (下略)

1382.

건명 : 蔚山前郡守 曺錫永을 拿囚함

발신처 : 平理院

검색어 : 曺錫永, 公納愆滯, 蔚山前郡守

출처 : 光武 4年 庚子 閏8月 初8日 ; 81-513下~514上

放載寧前郡守金思準拿前郡守曺錫永

法部奏言 現接平理院報告書內 載寧前郡守金思準在任時 公納愆滯事曾已審查放送 則今不可再勘 故被告金思準請放免 允之 又奏言 現接平理院報告書 則公納愆滯之蔚山前郡守行將拿審之際 該員自現就囚云矣

1383.

건명 : 內部의 蔚山郡守 등의 任免에 대한 上奏

발신처 : 內部

검색어 : 郡守任免, 蔚山郡守, 朴炳淑, 李圭穆

출처 : 光武 4年 庚子 10月 17日 ; 81-561上~562上

內部以郡守任免奏大臣李乾夏

該部以羅州郡守李鎬奭 (中略) 蔚珍郡守李圭穆 蔚山郡守朴炳淑 (中略) 定山郡守金閏煥 蔚山郡守李圭穆 陽城郡守黃兢淵 交河郡守金大鎭 咸悅郡守李疇宇 扶安郡守黃觀秀 林川郡守李俊相 臨陂郡守洪悳周 蔚珍郡守朴炳淑 韓山郡守 李喬永 伊川郡守徐相鳳 南陽郡守閔舜鎬 靑山郡守金益慶 機張郡守李承在 漢膺敍奏任二等 用哲以下敍三等 鎬奭以下敍四等 炳翌以下敍五等 相文以下敍六等也

1384.

건명 : 內部의 각 郡守敍任과 등급 上奏

발신처 : 內部

검색어 : 郡守敍任, 蔚山郡守, 金佑植

출처 : 光武 5年 辛丑 6月 14日 ; 81-793下~794上

內部以各郡守敍任奏大臣李乾夏

長連郡守崔正益 (中略) 蔚珍郡守金佐鳳 保寧郡守成輔永 春川郡守金泳圭 楚山郡守李秉洪 長鬐郡守 林秉斗 豊川郡守尹甯求 蔚山郡守金佑植 正益敍奏任三等 用善等敍四等 羲淳等敍五等 章鎔以下敍六等也

1385.

건명 : 時囚 徐相津 등을 放免함

발신처 : 法部

검색어 : 徐相津, 漢城義塾, 蔚山, 商家

출처 : 光武 5年 辛丑 8月 12日 ; 81-855上~855下

放時囚徐相津等

法部奏 以被告徐相津再昨年分在任水輪院主事時 該課長姜冕熙據金俊熙請願仁川港月尾島開拓 事許題後 被告處繕給公文曰 汝須往付於該港 監理該島形便摘奸以來云 故前往該島記取以來而已 無他所以請放免 允之 又奏 以被告任炯準丁酉十二月分說始漢城義塾求敎師之際 聞卞河璡日語卒業 邀爲敎師矣 已亥五月十六日卞河璡聞親患下去

蔚山時 追到銅峴食 商家送別而已 無他所犯 請放免 允之 (下略)

1386.

건명 : 議官 李鳳來 등이 花山君 千萬里에 特施節惠典의 賜批를 疏請함
발신처 : 議官 李鳳來 등
검색어 : 萬曆, 花山君, 千萬里, 節惠, 蔚山, 西生鎭
출처 : 光武 5年 辛丑 8月 18日 ; 81-867上~867下

議官李鳳來等聯疏請花山君千萬里特施節惠之典賜批

疏略曰 大明守衛使兼摠督將千萬里 萬曆壬辰以調兵領糧 使率鐵騎二萬 與其子祥從提督李如松 渡江初戰郭山勝之 進軍平壤 圍住屯賊 提督與萬里攻七星門 用大砲撞碎門板 整軍而入 乘勝爭戰 斬獲一千二百八十餘級 轉鬪至東萊 連捷挫鋭 丁酉又以中司馬來 與島兵戰于稷山 伏兵擊之 賊披靡而走至蔚山 乘勝直擣而磔之 勒功于西生鎭層巖巓 及明師還 仍住王京 三入金剛 再陟頭流 隨處感吟以寫其懷 蓋其抑鬱卿國之戀 作孤臣於殊方者的知 明朝末運 中國變夷欲使遺裔不入於左衽之域也 宣廟封花山君賜復三十結 肅廟命從享于大報壇 純廟丁亥令立不祧 列聖朝禮遇之典 可謂備盡 而尙未蒙易名之恩 今春弘文學士金永穆上諡狀於禮院寢 而無聞 此豈非朝家之欠典 伏願特施節惠以爲樹風聲奬勳業之地 批以疏辭令政府稟處

1387.

건명 : 朴琫煥을 彦陽郡守에 임명함
발신처 : 內部
검색어 : 朴琫煥, 彦陽郡守
출처 : 光武 5年 辛丑 8月 27日 ; 81-878上~879上

依內部任免奏

依願免草溪郡守李敎承 (中略) 高城郡守許鎬官 以李鎬奭任廣州郡守 (中略) 朴琫煥任彦陽郡守 (下略)

1388.

건명 : 언양군수에 朴琫煥을 임명함

발신처 : 內部
검색어 : 彦陽郡守, 朴琫煥, 李寅聲
출처 : 光武 6年 壬寅 正月 28日 ; 82-96上~98上

依內部任免奏

依願免長鬐郡守張漢基 (中略) 彦陽郡守朴琫煥 (中略) 延安郡守申泰哲官 以嚴健永任內部參書官 (中略) 李寅聲任彦陽郡守 李章鎔任長鬐郡守

1389.

건명 : 蔚山前郡守 李圭穆 등을 拿囚함
발신처 : 法部
검색어 : 蔚山前郡守, 李圭穆, 公錢愆納
출처 : 光武 6年 壬寅 4月 13日 ; 82-179上

拿昌原前電報司長權在赫蔚山前郡守李圭穆前郡守尹勳相因法部以在赫有査處事 圭穆因公錢愆納 勳相因公貨査問 幷奏拿也

1390.

건명 : 언양군수에 李寅聲을 임명함
발신처 : 內部
검색어 : 彦陽郡守, 李寅聲, 安鍾卨
출처 : 光武 6年 壬寅 7月 22日 ; 82-281下~282下

依內部任免奏

依願免鴻山郡守閔晋鎬 (中略) 彦陽郡守李寅聲 (中略) 安山郡守徐相珪官 以申泰哲任砥平郡守 (中略) 安鍾卨任彦陽郡守 (下略)

1391.

건명 : 언양군수에 安鍾卨을 임명함
발신처 : 內部·外部
검색어 : 彦陽郡守, 安鍾卨, 李在寅
출처 : 光武 6年 壬寅 8月 初2日 ; 82-290上

依內部外部任免奏

依願免內部參書官裴瀗 彦陽郡守安鍾髙 軍威郡守李在寅 梁山郡守張漢基 外部參書官宋淳協官 以李翰承任內部參書官 張漢基任軍威郡守 安鍾髙任梁山郡守 李在寅任彦陽郡守 崔達斌任外部參書官

1392.

건명 : 鄭東植을 울산군수에 임명함

발신처 : 內部

검색어 : 鄭東植, 蔚山郡守

출처 : 光武 8年 甲辰 9月 初2日 ; 83-128上

依內部任免奏

依願免恩津郡守尹英烈 振威郡守申錫賢官 以尹容求任龍川郡守 張駿遠任忠州郡守 鄭東植任蔚山郡守 (下略)

1393.

건명 : 울산군수에 鄭東植을 임명함

발신처 : 內部

검색어 : 蔚山郡守, 鄭東植, 沈選澤

출처: 光武 9年 乙巳 4月 28日 ; 83-376上

依內部任免奏

依願免安城郡守李膺鍾 順安郡守趙昌植 陰竹郡守尹奎燮 蔚山郡守鄭東植 (中略) 沈選澤任蔚山郡守 宋振玉任谷城郡守 禹起東任陰竹郡守 金商燮任莞島郡守

1394.

건명 : 蔚山郡守 沈選澤 등을 파견함

발신처 : 內部

검색어 : 蔚山郡守, 沈選澤, 殿最, 下考

출처 : 光武 10年 丙午 正月 16日 ; 83-597上

免比安郡守林秉斗眞寶郡守尹順伯金化郡守千世顯瑞興郡守吳景祚蔚山郡守沈選澤陽德郡守李容九安邊郡守徐晩淳官

因內部奏 以殿最 居下考也

1395.

건명 : 金德漢을 울산군수로 임명함

발신처 : 內部

검색어 : 金德漢, 蔚山郡守

출처 : 光武 10年 丙午 正月 16日 ; 83-597上~597下

依內部任免奏

依願免鳳山郡守徐相奭官 以李義國任朔州郡守 (中略) 金德漢任蔚山郡守 (下略)

1396.

건명 : 李啓弼을 언양군수로 임명함

발신처 : 內部

검색어 : 李啓弼, 彦陽郡守

출처 : 光武 10年 丙午 2月 初4日 ; 83-618下

依內部任免奏

依願免慶源郡守楊麟郁 (中略) 警務廳警務官嚴錫祜康台植李旼鎬黃鍾復李悳應官李載益任密陽郡守 (中略) 李啓弼任彦陽郡 柳哲熙任慶山郡守 尹舜儀任孟山郡守 李元鎬任居昌郡守

1397.

건명 : 울산군수에 李鎬奭을 임명함

발신처 : 內部

검색어 : 蔚山郡守, 金德漢, 李鎬奭

출처: 光武 10年 丙午 閏4月 初9日 ; 83-696上~696下

依內部任免奏

依願免咸悅郡守權泰容 (中略) 蔚山郡守金德漢官 以李鎬奭任蔚山郡守 李冑相任咸悅郡守 鄭薰謨任龍川郡守 玄昇奎任端川郡守 朴勝俊任瑞山郡守

1398.

건명 : 京外 각 裁判所 罪人 李政來 등을 處絞함

발신처 : 法部
검색어 : 裁判所, 蔚山郡, 殺獄正犯罪人, 金曲甘
출처: 光武 10年 丙午 6月 初8日 ; 83-757下~759上

處絞京外各裁判所罪人李政來等

法部奏 (中略) 蔚山郡殺獄正犯罪人金曲甘 晉州郡殺獄正犯罪人林萬春 金海郡殺獄正犯罪人金斗彦 (中略) 請幷處絞 勅以依奏 金斗彦安永元容有可原特減一等

1399.

건명 : 文宗煥을 放免함
발신처 : 軍部
검색어 : 蔚山隊, 公貨
출처 : 光武 11年 丁未 3月 29日 ; 84-73下

放文宗煥

軍部奏言 被告在蔚山隊時 所逋公貨 今旣淸勘 請卽行放免 允之

1400.

건명 : 鄭海八을 울산군수에 임명함
발신처 : 內部
검색어 : 鄭海八, 蔚山郡守
출처 : 隆熙 元年 丁未 9月 初2日 ; 84-232上~232下

依內部任免奏

依願免淸州郡守閔泳殷 (中略) 鄭海八任蔚山郡守 朴來榮任三陟郡守 (下略)

1401.

건명 : 度支部稅務官 李宗稙의 免官을 奏請함
발신처 : 度支部
검색어 : 度支部, 稅務官, 李宗稙, 蔚山郡, 隱結
출처 : 隆熙 元年 丁未 10月 18日 ; 84-271上

免度支部稅務官李宗稙官

度支部以該員管內蔚山郡隱結受賂掩置 奏請免官也

1402.

건명 : 蔚山郡守 李啓宓의 免官을 청원함

발신처 : 內部

검색어 : 蔚山郡守, 李啓宓

출처 : 隆熙 2年 戊申 3月 3日 ; 84-337下

免魯城郡守李宗烈高城郡守金麟洙蔚山郡守李啓宓官

內部奏宗烈徑歸私第多月 曠官麟洙過由多月 尙不還任 啓宓敍任 多月尙不赴任也

1403.

건명 : 石井瀨太郎을 蔚山區裁判所判事에 보임함

발신처 : 法部

검색어 : 石井瀨太郎, 蔚山區裁判所, 判事

출처 : 隆熙 2年 戊申 11月 30日 ; 84-490下~491上

裁下法部補職奏

以文鳳儀補鏡城區裁判所判事 (中略) 石井瀨太郎補蔚山區裁判所判事 (中略) 川崎爲三補釜山區裁判所判事 近東壽穗補仁川區裁判所判事

1404.

건명 : 朴茂永을 彦陽郡守에 임명함

발신처 : 內部

검색어 : 具然浩, 機張郡守, 朴茂永, 彦陽郡守

출처 : 隆熙 2年 戊申 12月 3日 ; 84-493下

裁下內部任免奏

山淸郡守李臣穆 南海郡守李鍾協 (中略) 以朴晶奎爲密陽郡守 (中略) 具然浩爲機張郡守 朴茂永爲彦陽郡守

1405.

건명 : 金雨均을 蔚山區裁判所判事에 보임함

발신처 : 法部

검색어 : 金雨均, 蔚山區裁判所

출처 : 隆熙 2年 戊申 12月 18日 ; 84-501上

裁下法部補職奏

趙元奎補群山區裁判所判事 魯丙洙補光州區裁判所判事 金雨均補蔚山區裁判所判事 (下略)

1406.

건명 : 慶尙南道 觀察使 黃鐵 등을 召見함

발신처 : 純宗

검색어 : 慶尙南道觀察使, 黃鐵, 彦陽郡守, 朴茂永

출처 : 隆熙 3年 己酉 1月 10日 ; 84-519下~520上

召見慶尙南道觀察使黃鐵等

慶尙南道觀察使黃鐵 昌原府尹申錫麟 慶尙南道書記官田結鉚三郎 (中略) 機張郡守具然浩 鬱島郡守沈能益 彦陽郡守朴茂永 梁山郡守李元鎬 財務官白喆鏞 通政鄭允植 正三品金聲遠 前稅務官鄭箕斗 前參書官李光昱 高齡者十一人 特志者三人 孝子二人 烈婦二人

1407.

건명 : 울산군수 鄭海八을 파면함

발신처 : 內部 등

검색어 : 蔚山郡守, 鄭海八

출처 : 隆熙 3年 己酉 6月 9日 ; 84-609下

裁下內部度支部法部任免奏

宜寧郡守李啓弼 蔚山郡守鄭海八免 以蓮元康丸爲內部事務官 小野政太郎爲判事 野尻隣太郎羅瑨爲檢事 石原錠太郎爲建築所技師

1408.

건명 : 尹命殷을 울산군수에 임명함

발신처 : 內部

검색어 : 尹命殷, 蔚山郡守, 金澈禎, 彦陽郡守

출처 : 隆熙 4年 庚戌 5月 2日 ; 84-790上

裁下內部任免奏

內部繙譯官李正圭 德川郡守柳基泳 成川郡守千象河免 以谷川金一郎爲警視 李元鎬爲巨濟郡守 沈宜昇爲三陟郡守 尹命殷爲蔚山郡守 朴晶奎爲晉州郡守 洪性郁爲草溪郡守 金澈禎爲彦陽郡守 (下略)

1409.

건명 : 鄭哲欽 등의 充軍을 청원함

발신처 : 兵曹

검색어 : 科場, 李濟鳳, 蔚山府

출처 : 純祖 27年 丁亥 4月 初10日 ; 85-94下

兵曹以鄭哲欽等充軍達

該曹達言 攔入科場罪人鄭哲欽寧遠郡 鄭乃濂利原縣 李濟鳳蔚山府 全亨祿茂長縣 竝水軍充定 依例押送

1410.

건명 : 蔚山 등 渰死人에 대해 恤典 지급을 명함

발신처 : 慶尙左水使 柳弘源

검색어 : 渰死人, 恤典, 慶尙左水使, 柳弘源, 蔚山, 身還布

출처 : 純祖 27年 丁亥 5月 12日 ; 85-160上

給淸河等邑渰死人恤典

慶尙左水使柳弘源以淸河蔚山等邑人物十四名渰死馳達 令以聞甚矜惻 元恤典外 別加顧助 如有生前身還布 竝蠲蕩事分付

1411.

건명 : 慶尙左兵使 尹載鍵과 左水使 柳弘源 등을 削職함

발신처 : 慶尙左兵使 尹載鍵 등

검색어 : 慶尙左兵使, 尹載鍵, 左水使, 柳弘源, 推考

출처 : 純祖 27年 丁亥 6月 15日 ; 85-242上

削慶尙左兵使尹載鍵左水使柳弘源濟州防禦使沈英錫宣川防禦使申緖職

政院達言 殿最入 啓載在節目 而慶尙左兵使尹載鍵 左水使柳弘源 濟

州防禦使沈英錫 淸北防禦使申緒 啓本中 有以申本修上者 雖不得不捧入 而疏忽之失 不可無警 當該帥臣及防禦使 請竝從重推考 令以褒貶 啓本事重何如 而如是疏忽者萬萬駭然 當該帥臣及防禦使 竝施削職之典

1412.

건명 : 任聖皐를 慶尙左兵使에 임명함

발신처 : 純祖(翼宗)

검색어 : 任聖皐, 慶尙左兵使, 尹義儉, 慶尙左水使

출처: 純祖 27年 丁亥 6月 17日 ; 85-246下~247上

有政 吏曹判書金敎根兵曹判書洪羲俊進

以金元根爲輔德 洪遇燮爲右尹 金蘭淳爲知春秋 徐憙淳爲同義禁 趙鐘永爲弘文提學 鐘永及金履載 鄭元容新通 李儒常爲宣川府使 金相休爲知事李止淵爲同知 朴綺壽 李忠運爲副總管 任聖皐爲慶尙左兵使 李誾彬爲全羅左水使 ○再政以尹義儉爲慶尙左水使 南錫圭爲永宗僉使

1413.

건명 : 兵曹判書 洪羲俊을 推考함

발신처 : 純祖

검색어 : 洪羲俊, 慶尙左兵使, 望筒

출처 : 純祖 27年 丁亥 6月 17日 ; 85-247上

推兵曹判書洪羲俊

慶尙左兵使 望筒誤擬也

1414.

건명 : 刑曹의 여러 道 放未放 回達을 判下함

발신처 : 刑曹

검색어 : 慶尙道, 放未放修達冊子, 放秩, 稟秩, 蔚山, 未放秩, 彦陽, 放送

출처 : 純祖 27年 丁亥 11月 初10日 ; 85-498上~502上

判下秋曹諸道放未放回達

刑曹 (中略) 又達言 慶尙道放未放修達冊子 放秩河陽黃等傑 (中略)

稟秩中 蔚山李濟鳳 機張趙正三 長鬐奴英得 禮安車天軾 蔚山趙秉心 禮安鄭松心 丹城金繼裕 昌原徐興甲 尙州李彦聖 永川奴京順 蔚山李羲鍾 知禮宋中同 鎭海姜大潤 長鬐高聖海 未放秩中 熊川趙成煥 梁山李徹熙 河東房應柱 長鬐吳大重 機張千成宅 聞慶金鎭宅 泗川李基元 彦陽奴京必 興海奴長克 鎭安李在兄 固城奴厚喆 機張玄得相 巨濟李景億等 謹依書下 竝放送 放字書下中 蔚山金女月任 機張尹碩春 漆原婢順德 淸河金永孫 彦陽張志仁 善山田日三 蔚山趙女喜 金海金弘哲 丹城南灌 陜川李仁蕃 昆陽韓女鍾喜 機張元以石 彦陽李珏采 盈德洪太星 慈仁黃得用 熊川吳成水 彦陽金召史 永川劉業用 長鬐金召史 興海徐得兼 眞寶朴用玉 機張鄭定孫 英陽朴召史等 以邪學罪人關係深重 仍字書下 機張金元喜 昌原金啓甲 長鬐林培連 機張金石奉 泗川賓國亨 興海金仁必 密陽金玉成 梁山金弘禮 靑松崔松鶴 彦陽李八卜 義興申文述 星州金尙允等 皆仍字書下 竝仍配之意 請分付道臣 放秩 陜川李尙璧 未放秩中 機張李福鉉等 謹依書下 竝放送 未至配所秩漆原曺仁垈 巨濟朱命元等 俱是私掘罪人 一體放送之意 請分付該道臣 (下略)

1415.

건명 : 太僕의 각 道 牧場의 馬畜數爻啓 가운데 울산 부분

발신처 : 司僕寺

검색어 : 各道牧場馬畜數爻, 牧政, 蔚山, 監牧官, 李圭敏, 元有永, 封進馬, 故失馬, 雌雄馬, 孶産馬

출처 : 純祖 27年 丁亥 12月 20日 ; 85-570下~572下

太僕以各道牧場馬畜數爻達

司僕寺達言 今年牧政旣無超等處 則論賞一款 不必擧論 而江華牧馬元總三百三十六匹內 虧欠之數乃至一百二十八匹之多 前前兼監牧官晉學喆 洪麗一等 請竝令該府拿問處之 準之 ○ 後錄 (中略) 蔚山長鬐等監牧官 前任李圭敏 時任元有永 所管二牧場 馬八百二十二匹內 封進馬四匹 故失馬七十九匹 除今年實留放壯兒雌雄馬竝七百三十九匹 一年應孶産馬八十九匹 今生馬一百匹 加報十一匹 (下略)

1416.

건명 : 金達衡을 彦陽縣監에 임명함

발신처 : 純祖

검색어 : 都政, 金達衡, 彦陽縣監

출처 : 純祖 27年 丁亥 12月 22日 ; 85-574上~575上

行都政 吏曹判書朴宗薰參判徐憙淳參議金敎喜兵曹判書南履翼進

令曰 臺諫有闕之代 今日政差出 ○ 吏批落點 以趙寅永爲禮曹參判 (中略) ○ 代點 以宋錫老爲知禮縣監 (中略) 金達衡爲彦陽縣監 (下略)

1417.

건명 : 蔚山府 渰死人에게 恤典 지급을 명함

발신처 : 慶尙左水使 尹義儉

검색어 : 蔚山府, 渰死人, 恤典, 慶尙左水使, 尹義儉, 蔚山府, 身還布

출처 : 純祖 27年 丁亥 12月 27日 ; 85-579上~579下

給蔚山府渰死人恤典

慶尙左水使尹義儉以蔚山府人物六名渰死馳達 令以聞甚矜惻 元恤典外 如有生前身還布 竝蠲蕩渰死人之尙未拯得 事極稽緩 各別搜訪 事嚴飭分付於沿海各邑鎭

1418.

건명 : 慶尙左兵使 任聖皐의 罷職을 청원함

발신처 : 內醫院

검색어 : 慶尙左兵使, 任聖皐, 全鰒, 內醫院

출처 : 純祖 28年 戊子 3月 14日 ; 85-673上

罷慶尙左兵使任聖皐職

內醫院達言 御供事體何等嚴重 而今此慶尙左兵使封牛乾全鰒 色渝體少 不可捧入 還爲退送 使之卽速改封 當該兵使任聖皐 請罷職 依之

1419.

건명 : 度支 經用穀 劃給에 대한 請願을 許施함

발신처 : 戶曹

검색어 : 度支, 經用穀, 劃給, 嶺南右兵營, 軍餉穀, 左兵營山城穀

출처 : 純祖 28年 戊子 11月 初4日 ; 86-37上~38上

許施度支經用穀劃給之請

備邊司達言 卽見戶曹所報 則以爲經用自來不敷 收租比前減縮 嗣歲支用實爲罔涯 無論某樣穀折半限三萬石趂 今區劃爲辭矣 大農告罄經用垂乏來頭 支調之方 不可無別劃之擧 而見今三南歉甚 兩西穀少不可遽然議 到果是十分難愼然 且外此諸道尤無可着手處就 嶺南右兵營軍餉穀中六千石 左兵營山城穀中四千石 聞慶等邑小米移貿條七千五百石 海西償債穀還錄條五千石 竝爲劃給 以準折米二萬石之數 請使之從便取用 依之

1420.

건명 : 慶尙監司 鄭基善의 蔚山府使 宋宗洙의 罪狀에 대한 보고

발신처 : 慶尙監司 鄭基善

검색어 : 慶尙監司, 鄭基善, 蔚山府使, 宋宗洙, 覆檢官, 彦陽縣監, 崔弘德

출처 : 純祖 29年 己丑 3月 17日 ; 86-181下~182上

慶尙監司鄭基善以蔚山府使宋宗洙罪狀馳達

狀達以爲 覆檢官彦陽縣監崔弘德所報 脈錄與詞證與初檢無異 而正犯倭之不得取招考之已例 每因館守倭之稱以約條 一不出送 今番行檢之日 又復如是揆以獄情萬萬疏忽 而松井龜治倭之以刃行刺 便是十目所覩 而渠自生㥘邀醫付藥往來看護 又是衆口一辭 則正犯之輸服與否固無可論 故責諭館守 卽速償命之意 更爲嚴飭於東萊府 而檢官之不得規避法意甚嚴 蔚山府使宋宗洙之不赴覆檢 聞其實病雖與無端規避 有異不可置而 勿論其罪狀 令攸司稟處

1421.

건명 : 蔚山府使 宋宗洙 등을 放免함

발신처 : 義禁府

검색어 : 宋宗洙, 赦單子, 未及就囚罪人, 放秩, 蔚山府使

출처 : 純祖 29年 己丑 4月 初6日 ; 86-201上~201下

放宋宗洙等

義禁府赦單子 未及就囚罪人放秩 蔚山府使宋宗洙 公州前營將姜鎭華 公州判官洪羲翼 時囚罪人放秩 前萬戶金和中 竝放

1422.

건명 : 金海 등 漂頹戶에 대한 恤典 지급을 청원함

발신처 : 慶尙監司 李勉昇

검색어 : 漂頹戶, 恤典, 慶尙監司, 李勉昇, 蔚山

출처 : 純祖 29年 己丑 9月 16日 ; 86-369下

給金海等邑漂頹戶恤典

慶尙監司李勉昇以金海蔚山慶州昆陽等邑民家漂頹合一百十八戶 人命壓死一名馳達 令以聞甚矜惻 元恤典外 別加顧助 結構奠接之方 令廟堂措辭分付

1423.

건명 : 閔致文을 蔚山府使에 임명함

발신처 : 純祖(翼宗)

검색어 : 都政, 代點, 閔致文, 蔚山府使, 落點

출처 : 純祖 29年 己丑 12月 25日 ; 86-601上~602上

行都政代點 吏曹判書金鏴參判朴晦壽參議李憲瑋兵曹判書徐俊輔參判申在植參議李渭達參知沈宜臣進

(前略) ○ 落點吏批 以柳基常爲宣川府使 閔致文爲蔚山府使 鄭東龜爲密陽府使 (下略)

1424.

건명 : 太僕의 각 牧場 馬畜數爻 가운데 울산 부분

발신처 : 太僕寺

검색어 : 各牧場馬畜數爻, 蔚山, 監牧官, 元有永, 戊子籍付馬

출처 : 純祖 29年 己丑 12月 27日 ; 86-612下~615下

太僕以各牧場馬畜數爻達

該寺達言 (中略) 蔚山長鬐等監 牧官元有永 所管二牧場 戊子籍付馬七百四十一匹 今生馬一百一匹 合馬八百四十二匹內 封進馬四匹 故

失馬八十六匹 除今年實留放壯兒雌雄馬 竝七百五十二匹內 壯雌馬三百十匹 一年應孳産馬九十三匹 今生馬一百一匹 加報八匹 (下略)

1425.

건명 : 沈日永을 慶尙左兵使에 임명함

발신처 : 純祖

검색어 : 沈日永, 慶尙左兵使

출처 : 純祖 30年 庚寅 2月 16日 ; 86-686下

有政 吏曹參議李憲瑋兵曹判書徐俊輔進

以南履翼爲大司憲 洪龜燮爲掌令 金若水爲持平 鄭藎爲獻納 許茂宋成龍爲正言 金鐮爲右尹 李海愚爲知事 李亨謙爲副總管 沈日永爲慶尙左兵使 李貞坤爲公忠水使

1426.

건명 : 時囚 高應斗 등의 議處를 명함

발신처 : 義禁府

검색어 : 蔚山前府使, 宋宗洙, 刑推

출처 : 純祖 30年 庚寅 3月 初8日 ; 86-713上~713下

令時囚高應斗等議處

(前略) 又達言 蔚山前府使宋宗洙原情以爲 渠在任時 定配罪人金允植以其祖母之身死請由 而葬埋之道他無 經紀之人涕泣呼訴情理可矜 故未免由限之暫給矣 不料其上京生事云 請刑推得情 令以除刑推議處 (下略)

1427.

건명 : 時囚 宋宗洙 등을 勘放함

발신처 : 義禁府

검색어 : 宋宗洙, 蔚山前府使, 收贖, 私罪

출처 : 純祖 30年 庚寅 3月 11日 ; 86-721下

勘放時囚宋宗洙等

義禁府達言 宋宗洙配囚給由 除非親喪與承重 則莫可擅許 而今因其祖

母喪葬埋無人之訴 而徑先許由者 有違格例 請以此照律 又達言 蔚山前府使宋宗洙照律 笞五十收贖 解見任別敍 私罪施行 (中略) 竝準之

1428.

건명 : 備邊司의 嶺伯 北關移轉穀 致敗査覈狀에 대한 覆達

발신처 : 慶尙監司 李勉昇

검색어 : 嶺伯, 北關移轉穀, 慶尙監司, 李勉昇, 蔚山府, 浦海戶

출처 : 純祖 30年 庚寅 4月 初2日 ; 86-761上~下

備局以嶺伯北關移轉穀致敗査覈狀覆達

備局達言 卽見慶尙監司李勉昇狀達 則以爲北關移轉穀 到長鬐縣致敗委折 今始詳覈 則四隻船所載米一百八十七石 租八百五十三石內 御下米租爲三百八十石 拯得米租爲四百三十八石 而已拯米租 待其乾淨地方邑 長鬐縣及附近蔚山府近浦海戶處 從便分給後 以其應受之還使之充數裝載 未拯米租及已拯中縮穀 依法例分徵 於各該騎船監色船格等處 待秋充納事 請令廟堂稟令分付 領運差使員 興海郡守兪膺煥鎭海縣監趙存常 迎日縣監玄烜不善擧行之罪 竝請令攸司稟處矣 拯穀分給 向日令敎特軫南民之受病 付之道臣 從便區處 俾勿用拯劣米之例 還捧一款 自在勿論縮穀之分徵 監色船格拯穀之當俵於民間者 猶蒙格外之典 則此亦宜用一視之政 特許蠲蕩差員等 揆以法意竝當拿勘而此時領運之役 時日爲急難 付生手 請姑令戴罪竣事 依之

1429.

건명 : 慶尙左道暗行御史 趙然春의 別單

발신처 : 慶尙左道暗行御史 趙然春

검색어 : 慶尙左道暗行御史, 趙然春, 左兵虞侯, 李圭殷, 鄭日復, 蔚山府使, 閔致文, 宋宗洙, 賑穀, 彦陽縣監, 崔弘悳, 西生僉使, 尹光漢, 蔚山監牧官, 李懿喆, 元有永

출처 : 純祖 30年 庚寅 閏4月 初6日 ; 86-809下~824下

慶尙左道暗行御史趙然春進書達別單

書達以爲 監司李勉昇以廉勤堅確之操任承流宣化之責誠心 所到軍民悅服聲望 攸暨州郡彈壓一路 澄淸奸究莫售 前監司鄭基善昨春歉憂

近古所無 而賑資 則自備萬餘石 民忘阽危驛弊 則劃給數千兩 站支幾絶去後之頌 播諸道路 左兵使沈日永新莅未幾坐鎭有方 前兵使尹義儉剛而克柔 威而且惠軍器 則逐朔申飭 無朽鈍之患 公廨 則隨毁修繕 有輪奐之美 士卒之實心賙救 已有成勘之文 蹟流丐之招集接濟 亦多漏報之錢穀 試射之捐廩 施賞武士 興起捧糴之躬 自檢飭還戶稱頌 旣得制閫之體 亦有字民之惠 左水使安光質素以綜理之才 熟諳嶺海之俗殫誠匪懈糶糴賙賑 俱有稱停之頌 守法不撓松禁防布 皆得申明之效 舊退船 則付諸軍倉 添補改造之資 支放米則許以減價 快紓還民之力 旗幟之自備修繕 射亭之捐廩新建 莫非實績之顯著 (中略) 左兵虞侯李圭殷莅任 未滿三朔疵釁 姑無可論 前虞侯鄭日復安詳做去不煩不弛 頗有去後之思 左水虞侯金昌植聽言觀貌優於奉公 前虞侯邊擎仁已爲身故不必論列 (中略) 蔚山府使閔致文新莅弊府政 先矯捄民庫利條之減給北運穀雜費之自備 實惠已著 前府使宋宗洙性本柔善 疏於政治 奸吏壅蔽 房孽蠱惑 臭謗狼藉 己丑私賑 稱以自備 一任委屬 已不誠實而飢民加報一千七百五十五口 賑穀加報一百十四石六斗零 而粥米三石七斗零 醬太八斗零 隨以冒錄藿 則報營之數 雖爲一千八十丹九條半 查出實入不過九十二丹五條半 則文簿之幻弄 穀數之虛增者 亶由於昏謬 而自歸於沽衒 戊子冬捧還時 稱以補賑米一千八十三石十三斗零 每石四兩六錢作錢太三百二十石零 每石二兩一錢作錢租六百二十五石十三斗零 每石二兩作錢米太租 竝以詳定立本後取剩 合爲二千五百二十兩八錢內 二百四十兩 謂以捄弊 出給京營主人 其餘二千二百八十兩八錢 移下設賑所 以爲自備穀立本之資 而都付奸猾之手 竟失照察之方 吏緣偸食 民受實害 民訟 則無論大小 動輒行賂 差任 則不分厚薄 隨卽捧錢 吏鄕皆疲 無事之邑遂成弊局 原情定罪 煞有異於用意 故犯賑簿之加數瞞 報倉穀之作錢取剩 律以公法在所難貰 (中略) 彦陽縣監崔弘悳人本慈諒 治又綜詳 官耗米租 減價收捧 民納柴草 給價貿用 捐出牟租 接濟窮春之貧民 多備米肉 頒給歲時之老人地境 站支供之革罷 無亡布洞徵之防給 實惠已著 己丑春私賑時 鹽藿 則以富民錢分給 而價牟一百二十四石零 歸之自備 冒錄勘簿 賑穀 則以還牟租貸下 而加出九十三石五斗零 賣以高價補用官備 旣有瞞報之失甘犯取剩之罪 願納錢五百六十兩 稱以義還 每石六錢 派分民間防給 吏逋欲爲奸吏之了 逋竟致殘 民之貽害者 苟究其歸 有非經法 (中略) 西

生僉使尹光漢不惜捐廪 悉心圖報 包伊萬戶姜錫斗恪勤奉職久而靡懈 豆毛萬戶趙復𤠫勉其撫摩他何可評 開雲萬戶李枝郁新到殘鎭 無譽無毁 前萬戶玄義浚一心奉公 鎭卒惜歸 西平萬戶陳漢文防守之節 別無大疵 浦項別將崔命顯旣無攸爲 何足可論 前別將 沈範良人固鄙瑣 事多駭乖 架山別將崔百宗職是乘障 勤於守城 前別將姜萬周捧餉旣精 撫卒且勤 金井別將丁壽星僻處山鎭 別無可論 蔚山監牧官李懿喆新到無聞 前監牧官元有永小心供職 別無疵政 屯稅繁濫 未免襲謬 以上本道守令邊將察訪監牧官 (中略) 每年九月堤堰有無頉形止 各邑報于監營 而有頉處冬春之間 預令修築後 自監營抽栍摘奸 以其勤慢擧論於褒貶 以爲勸懲之道 一左水營處 在倭館二十里之地 邊門動靜 莫不主管 其爲緊重 反有甚於統營 則固圉之道 宜先於詰戎 而地本斥鹵營 又凋殘城池軍民 已不得聳觀 制閫體貌 果多有疏略 舟師校屬之合 試於統營 終欠武士激勸之端 該營之距統營 幾近三百里 而往來之費 其數不些 故每當科期 則雖優於武藝者 坐於盤纏 有意未赴 多有齎鬱之心 少無興起之望 雖以本道言之 監營之別武士都試 兵營之馬兵都試 各有所取 皆爲奬勸之方 則水營之獨 未蒙一視之澤者 豈可無向隅之歎 今若以左沿舟師別設一科 於左水營居首一人 直赴殿試之 次一人直赴會試依統營例試取 足可爲關防增鞏之道 科制變通 事係難愼 令廟堂稟處 (下略)

1430.

건명 : 吏曹의 嶺南左道暗行御史 趙然春 書達에 대한 覆達

발신처 : 慶尙左道暗行御史 趙然春

검색어 : 嶺南左道暗行御史, 趙然春, 慶尙左道暗行御史, 彦陽縣監, 崔弘德, 鹽藿, 賑穀, 蔚山府使, 宋宗洙

출처 : 純祖 30年 庚寅 閏4月 11日 ; 86-833上~837下

吏曹以嶺南左道暗行御史趙然春書達覆達

該曹達言 觀此慶尙左道暗行御史趙然春書達 (中略) 彦陽縣監崔弘德己丑春私賑時 鹽藿 則以富民錢分給 而價米一百二十四石零歸之自備冒錄勘簿 賑穀 則以還米租貸下 而加出九十三石零 賣以高價 補用官備 旣有瞞報之失 甘犯取剩之罪 願納錢五百六十兩 稱以義還 每石六

錢式派分民間防給 吏逋欲爲奸吏之了 逋竟致殘民之貽害 苟究其歸有非經法 蔚山前府使宋宗洙己丑私賑 稱以自備 一任委屬 已不誠實而飢民加報一千七百五十五口 賑穀加報一百十四石零 而粥米三石零醬太八斗零 隨以冒錄藿 則報營雖爲一千八十丹零 查出實入不過九十丹零 則文簿幻弄 穀數虛增者 本情亶由於昏謬 歸趣自歸於沽衒 戊子冬捧還時 稱以補賑米一千八十三石零 每石四兩六錢式作錢 太三百二十石零 每石二兩一錢式作錢 租六百二十五石零 每石二兩式作錢 米太租 竝以詳定立本後 取剩錢爲二千五百二十兩零內 二百四十兩謂以捄弊 其餘二千二百八十兩零 以爲自備穀立本之資 而都付奸猾之手吏緣偸食 民受實害 民訟 則動輒行賂 邑村俱騷 差任 則隨卽捧錢 吏鄕皆疲賑口之加數 瞞報倉穀之作錢取剩 律以公法在所難貰 (中略) 其外閫帥營將中軍虞侯邊將監牧官令兵曹稟處 而奏達文字何等敬謹 而英陽縣監李玹之玹字 以炫字書之 前縣監權曦之曦字 以爔字書之 彦陽縣監崔弘德之德字 以悳字書之 有此不審 不可無警 當該御史趙然春 請從重推考 從之

1431.

건명 : 時囚 權聖祜 등의 議處를 명함

발신처 : 義禁府

검색어 : 彦陽縣監, 崔弘德, 賑穀, 巡營, 巡營別備, 帖價租, 還穀

출처 : 純祖 30年 庚寅 閏4月 14日 ; 86-840下~842下

令時囚權聖祜等議處

義禁府達言 (中略) 又達言 彦陽縣監崔弘德原情以爲 頃在戊子適値歛荒 民情遑急爲設私賑 而十四等饑口爲九千九百賑穀 所入爲九百十石巡營別備爲三百石 士民願納爲一百六十石零 帖價租爲四十六石 合爲五百六石外 四百四石他無變通之道 先以還穀貸下 而旣非公賑 則元無會減捐廩備報 而數又零星 要賞賭利 竝絶其嫌 則冒錄瞞報 殆無意趣 出庫九十三石零 卽地簸簸揚之縮 元無執錢之擧 義還事已 自己甲之歉年 便成荒歲之流 例戊子年 饒民輩依 自願出義 而實非勸出之事云 (中略) 金鐥李秉溫等 曾經侍從崔弘德別軍職 竝議處李憲英 請刑推得情準之令 以李憲英除刑推議處

1432.

건명 : 慶尙左兵使 沈日永을 重推함

발신처 : 政院

검색어 : 重推, 慶尙左兵使, 沈日永, 鄕軍停番

출처: 純祖 30年 庚寅 閏4月 19日 ; 86-850上

重推慶尙左兵使沈日永

鄕軍停番狀啓 油痕狼藉 政院達請重推也

색인

(ㄷ)